管理政策

矛盾、辩证法与实践

黄卫伟 著

图书在版编目（CIP）数据

管理政策：矛盾、辩证法与实践 / 黄卫伟著 . --北京：中信出版社 , 2022.6
ISBN 978-7-5217-4041-7

Ⅰ.①管… Ⅱ.①黄… Ⅲ.①企业管理 Ⅳ. ① F272

中国版本图书馆 CIP 数据核字 (2022) 第 035783 号

管理政策——矛盾、辩证法与实践
著者：　　黄卫伟
出版发行：中信出版集团股份有限公司
　　　　　（北京市朝阳区惠新东街甲 4 号富盛大厦 2 座　邮编　100029）
承印者：　北京诚信伟业印刷有限公司

开本：880mm×1230mm 1/32　　印张：23　　字数：608 千字
版次：2022 年 6 月第 1 版　　　　印次：2022 年 6 月第 1 次印刷
书号：ISBN 978-7-5217-4041-7
定价：158.00 元

版权所有·侵权必究
如有印刷、装订问题，本公司负责调换。
服务热线：400-600-8099
投稿邮箱：author@citicpub.com

目录

推荐序 _ XI

序　言 _ XV

绪　论 _ 001

第一篇　创业

第 1 章　理性与欲望 _ 033

1.1 创业是从什么开始的？ / 034
万物生于"有"，"有"生于"无" / 熊彼特关于企业家的创业动机的假设

1.2 理性与欲望 / 039
利润来自不确定性，办企业犹如"火中取栗" / 欲望与勇气 / 运用理性 / 理性与勇气的结合

1.3 创业是个试错过程 / 054
选择容易生存的行业还是有发展前途的行业？ / 有限理性

第 2 章　生存与扩张 _ 060

2.1 生存永远是首要目标 / 061
掘第一桶金的重要性 / 致力于改善客户体验 / 现金为王 / 作为一种生存方式的扩张 / 创办企业要有一个比赚钱更宏大的目标

2.2 探索成功的生意模式 / 079
什么是生意模式？/ 从重视要素到重视联系 / 生意模式与战略

2.3 回归价值的本质 / 089
利润最大化目标的局限性 / 什么是价值？什么决定了价值？
基于价值的经营 / 华为公司的价值管理方针

第3章　契约与信任 _ 099

3.1 企业是一个契约综合体 / 100
关于企业性质的交易成本理论 / 关于企业性质的契约理论

3.2 不完全合同与产权 / 106
所有权就是对企业资产的剩余控制权 / 非人力资产产权的重要性
显性契约与隐性契约

3.3 企业组织契约的不完全性与信任机制 / 111
合伙制契约的不完全性与信任机制 / 公司制契约的不完全性

3.4 劳动合同的不完全性与信任机制 / 132
劳动合同的不完全性 / 劳动合同要遵循人类本性的要求
信任是企业与劳动者的心理契约

第4章　资本与劳动 _ 139

4.1 资本与劳动的地位消长 / 139
智力劳动在企业价值创造中的地位日益上升 / 企业是为谁的？
应给予股东在高层决策中最重要的地位 / 核心问题是劳资双方如何分配生产所得

4.2 人们为什么要求所有权？ / 152
所有权为人们带来经济自由 / 经理人和雇员持股在美国的实践
员工持股制度在华为公司的实践

4.3 分享制与员工参与管理 / 161

4.4 攸关每个人的企业 / 175

第5章　物质与精神 _ 198

5.1 物质变精神，精神变物质 / 199
人寻求意义 / 陈述使命与价值观，无为而治
企业精神是一种文化现象 / 企业文化的物质基础

5.2 企业文化与领导力是一体两面 / 213
领导所要做的唯一重要的事情就是创造和管理文化 /
深入实际，身体力行

5.3 资源是会枯竭的，唯有文化生生不息 / 219
为什么要起草《华为公司基本法》？ /《基本法》关于华为核心价值观的阐述

第二篇 成长

第6章 目标与能力 _231

6.1 确立战略意图 / 232
什么是战略意图？/ 战略是目标与能力的结合 / "刺猬与狐狸"——战略思维方式

6.2 建立基于核心能力的战略架构 / 241
能力是什么？/ 基于核心能力的战略架构 / 高层管理的责任是建立核心能力的战略架构

6.3 战略就是做取舍 / 249
没有舍弃就没有战略 / 机会牵引与资源驱动
弥补制约整体竞争力的能力短板 / 错开相位发展

第7章 聚焦与多元化 _ 259

7.1 成功的公司大多数是聚焦的 / 260
聚焦核心是成功企业的永恒主题 / 资本市场不看好联合企业集团
聚焦核心，压强投入，厚积薄发 / 战略竞争力量不应消耗在非战略机会点上
企业有一种内在的多元化扩张冲动

7.2 产品组合与业务组合的管理 / 271
产品组合管理的核心是现金流的平衡 / BCG 矩阵的局限性
增加一个思考的维度 / 管理业务组合以应对产业的周期性波动

7.3 并购应该在企业的长期战略框架下进行 / 282
美国企业并购的近况和历史回顾 / 并购的协同效应 / 并购必须服从企业的长期战略

第 8 章　确定性与不确定性 _ 295

8.1 以客户为中心还是以技术为中心 / 296

什么才是创新者的真正窘境 / 以客户为中心说到底是以商业成功为中心 /
技术创新只有与企业家精神结合才能结出硕果 /
企业有一种偏离以客户为中心的自发倾向

8.2 先开一枪，再开一炮 / 307

没有选择，做正确的事就是一种偶然 / "移动、锚定搜寻"模式 /
消费者需求拉动和基础研究推动的创新模式

8.3 管理不确定性 / 319

应对不确定性先从减少不确定性入手 / 大规模定制——管理范式的转变 /
将规范性与灵活性结合

8.4 公司风险投资 / 337

近年来 CVC 投资活动日趋活跃 / 公司风险投资的动机 / 赚大钱不赚小钱

第 9 章　竞争与合作 _ 345

9.1 竞争与垄断 / 346

完全竞争假设及对垄断的限制 / 产业组织的 SCP 范式 /
以施蒂格勒为代表的芝加哥学派的贡献 / 技术创新与市场结构 /
利润最大化还是销售收入最大化 / 全球化竞争与垄断

9.2 囚徒困境与合作 / 363

囚徒困境 / 一报还一报

9.3 标准竞争与联盟 / 367

移动通信标准从 1G 到 5G 的演进 / 围绕 5G 标准的竞争

正式标准和事实标准 / 围绕标准竞争的技术联盟战略

9.4 活在生态，赢在生态 / 378

商业生态系统日益成为竞争的焦点 / 如何培育一个健康的商业生态系统
华为公司的商业生态战略 / 生态系统的协同制约着创新的先发优势

第 10 章　集权与分权 _ 393

10.1 战略决定结构 / 394

多元化战略与分权化结构 / 斯隆为通用汽车公司制定的战略与组织政策
分权化组织设计的辩证思维

10.2 分权与控制 / 408

斯隆在通用汽车公司实行的财务控制 / 分权化、激励与经理人的人性
华为公司财务的三个垂直管理

10.3 基于核心能力的组织结构 / 417

核心能力的产品技术体系及相应的组织结构 / 华为公司组织结构的演进

10.4 模块化组织与平台架构 / 433

用模块化解决复杂系统问题 / 模块化组织结构 / 组件化业务模型
平台架构 / 内部市场化

第 11 章　组织与人 _ 448

11.1 组织目标与个人目标 / 449

目标管理 / 平衡记分卡 / OKR——目标与关键结果 / 绩效考核与程序公正

11.2 薪酬与激励 / 464
薪酬管理的基本问题 / 绩效曲线与薪酬曲线 / 利益分享 / 非物质激励——荣誉

11.3 员工参与管理 / 480
分享制成功的关键在于员工参与管理 / 林肯电气公司的激励体系
京瓷公司的阿米巴经营法 / 组织认同

11.4 企业内部环境 / 493
企业文化 / 群体选择 / 纪律与自由 / 凝聚与耗散 / 混沌与秩序

第三篇 变革

第12章 繁荣与危机 _ 513

12.1 惯例与路径依赖 / 514
惯例是企业一向的做法，它是企业的非正式约束 / 路径依赖
戈恩与日产公司的复兴 / 日产复兴的启示

12.2 危机的征兆 / 528
企业衰落的征兆 / 企业内在的自发演变趋势 / 通用电气公司重回制造业

12.3 变革与领导力 / 544
领导力的本质 / 领导的首要职能是发起和实现成功的变革
变革型领导与交易型领导 / 稻盛和夫如何重建日航 / 重建日航的启示

第 13 章　演化与革命 _560

13.1 工业革命与管理革命 / 561

所有权与管理权的分离，职业管理层的形成 /
集权与分权——分权经营与集中控制的悖论 /
科学管理运动，体制是第一位的 / 组织与人：寻求为共同目的的合作
管理的职业化与管理教育

13.2 第四次工业革命及其对管理的挑战 / 593

第四次工业革命 / 第四次工业革命给企业带来的机遇和挑战
西门子公司向工业 4.0 的战略转型

13.3 管理革命的新趋势 / 615

公司治理的重点正转向创新资源的配置与利用 / 从管理确定性到管理不确定性
大公司再次掀起设立基础研究实验室的热潮 / 创始人的作用无可替代
所有权与价值创造要素的结合

第 14 章　否定之否定 _653

14.1 企业生命周期 / 654

企业生命周期各阶段的特征和问题 / 企业为什么存在生命周期
公司衰退原因的整治 / 技术周期、技术创新与企业转型 / 戴尔公司的战略转型

14.2 重拾创业精神 / 671

创业精神弥足珍贵 / 从创业精神中汲取力量 / 继承与创新
郭士纳如何领导 IBM 重整旗鼓

14.3 再思管理 / 690
管理是一个端到端的过程 / 领导是管理的重要职能
管理不只是科学与艺术 / 未来的企业竞争根本上是管理的竞争

参考文献 _ 709

推荐序

这次三天的清明假期里我只做了一件事，就是阅读了黄卫伟教授的《管理政策》，记得上两次花整个假期时间阅读的是陈春花的《协同共生论》与李东生的《万物生生》。一改以前总爱啃外国人经管书的习惯，我现在是越来越喜欢读我国本土管理学家和企业家们写的书了，我想这是场进步，因为无论是中国企业管理理论的发展，还是中国企业家的成长，都是令人欣喜的。黄卫伟教授的这本书是集企业管理的大成，全面、系统、深刻地阐述了企业管理的理论和实践，是一本难得的优秀的经管书。

说它全面，是因为这本书涉及了企业的方方面面，用了14个章节从企业的创业、成长、变革三个大的方面进行了深入的论述，每一方面又都充分展示了不同生命周期下企业可能面临的主要矛盾与困境，也传授了化解这些主要矛盾与困境的框架方法。书中还大量引用了管理学前卫的观点和经典案例，读这本书可以提升我们对当代企业管理理论发展脉络的理解。这本书与斯图尔特·克雷纳的《管理百年》有异曲同工之效，只不过《管理百年》更多的是记述有影响力的事件，而《管理政策》更多的是揭示原理。

说它系统，是因为这本书是从辩证的哲理出发，把古代和当代的一些闪光思想与企业的管理哲理都结合了起来，视野既近又远。我做企业常是思辨性地看待问题，不仅要看到事物的对立性，也要看到其统一性，用哲学思维做企业是我的一大特点，这点也正好印合了黄教授在书中所提倡运用的方法论。世上万物原理都是相通的，虽说现代企业是工业革命后的产物，但它毕竟是社会组织，它的大运行逻辑越不出哲学规律的边界。同时，企业自身成长和发展的逻辑与进步也不断地丰富着社会哲学的内容。

说它深刻，是因为这本书认真探讨了创业的生存与扩张，企业的目标与能力，业务的聚焦与多元，客户与技术，以及竞争与合作等关乎企业的核心问题。黄卫伟教授不是简单地下结论，而是辩证地厘清它们之间的关系，并亮明自己的观点，关键还可以引发深度思考。《管理政策》后边的再思管理部分我也尤为看重。我做企业四十年，有许多经验与教训，也经历过很多次的思考上的否定之否定，许多感受也是验证了书中的观点，如战略中要先定目标，业务应归核化，客户是企业的生存之本，市场要从竞争走向竞合……我想做企业有不少是基于常理，而这些常理又可上升为指导企业的管理政策。

细读《管理政策》这本书，还让我想到今天我们做企业的人常思考的几个问题。一是做企业的人还要不要继续学习。有些人认为企业家读书是摆摆样子，其实我不这么看。做企业是个永久实践和学习的过程，读书是学习别人的实践，这本书大量的案例都是他人的实践，参考一下不是更好吗？二是做企业要不要有原则立场，这本书概括为企业政策。记得毛主席说过，"政策和策略是党的生命"，同理，企业政策也是企业的生命，是那种不可不察的大事。三是企业的竞争力到底是资源、技术还是管理制度。在黄教授看来，只有好的管理制度才能整合好资源、开发好技术，而不是相反。

管理政策是对企业领导层而言的，制定、理解和落实管理政策至关重要，纲举目张，政策是纲，其他则都是目。做企业一定要深刻理解企业的生存意义和价值所在，要理解企业成长的基础和边界，要理解企业葆有发展的活力与动力的内在机制和创新的逻辑，而这些，正是《管理政策》所给予我们的。

随着经济和技术的不断发展，我国企业已进入高质量发展阶段，同时，各种不确定性也在考验着我们，这个时候我国企业尤其需要高水平的企业管理理论的指导。所幸的是，最近一段时间，我国企业管理界和企业家们陆续推出了一些好书，在我看来，《管理政策》就是其中的佼佼者。

说起来，我和黄卫伟教授其实只见过两次，一次是一起开会时见过，一次是我向他当面请教华为的经营机制，因我知道他多年来担任华为和TCL的管理顾问，早在1996年他就作为《华为基本法》的执笔者，为华为的发展贡献了智慧。当时，在我印象中他是个知识渊博、和蔼友善、诲人不倦的老师，这次读了《管理政策》更觉得他是一位治学严谨、思想深邃、观点透彻的管理大师。

诚恳地推荐这本书给大家，相信读者会和我有同样的感受，也有属于自己的不一样的收获。

宋志平
2022年春

序　言

美国小说家弗朗西斯·菲茨杰拉德（Francis Fitzgerald）被广泛引用的一段话是：检验一个人的才智是否一流，要看他能否同时在脑海中持有两种相反的想法，并且仍然保持行动力。这正是成功的企业家和经理人的思维特征，然而，迄今为止的管理学却将其忽略了。本书是写给企业家和经理人的一本管理学图书，用矛盾和辩证法的逻辑重新诠释管理的思维方式、成功实践和面临的困境。

本书将企业视为一个矛盾的综合体，将矛盾的对立统一和向对立面的转化视为推动企业发展的动力，将唯物辩证法视为企业高层制定管理政策的方法论。所谓管理政策，是企业最高管理层制定的处理内外基本矛盾和重要利益关系的方针和原则，是各级管理者决策的指南。

本书分为三篇，分别是创业篇、成长篇和变革篇。创业篇重点分析理性与欲望、生存与扩张、契约与信任、资本与劳动以及物质与精神的矛盾，成长篇重点分析目标与能力、聚焦与多元化、确定性与不确定性、竞争与合作、集权与分权以及组织与人的矛盾，变革篇重点分析繁荣与危机、演化与革命以及否定之否定的矛盾。本书的结构安排遵循历史与逻辑的一致性。笔者的分析表明，成长阶段的各种矛盾是创业阶段各种矛盾的展开，变革阶段的各种矛盾在成长阶段就已经潜伏着了；成功的变革是向创业原点的回归，是重拾创始人核心价值观的过程；持续成长的企业的生命周期不是单向延伸的，而是一种否定之否定的螺旋上升过程。

要恰当处理企业发展中的各种矛盾，关键是要把握好尺度，管理在矛盾不断地对立统一的发展过程中成为一种集科学、艺术与手法为一体的智慧和实践。正如德鲁克所言：管理实际上是一门类似临床医学的学科。在医学实践中，对于临床医学实践的检验标准不是治疗方法是否"科学"，而是看病人能否康复。检验管理理论的正确性基本上是不能用科学的证伪方法的，大量的成功实践是检验管理理论正确性的标准。所谓管理的艺术性也不同于通常所说的艺术，艺术是没有检验标准的，而管理却有着严格的检验标准，那就是市场。明茨伯格关于管理是一种手法的观点，强调了管理对经验，包括自身的和他人的经验的依赖。这也是管理教育面临的挑战。

本书的写作要特别感谢王丙乾博士的贡献，他为本书搜集和提供了大量的文献、资料和案例，并提出了许多重要的建议和观点，没有他的无私帮助，本书难以完成。此外，我还要特别感谢中信出版集团的宋冬雪编辑和她的同事们职业化的、严谨的和一丝不苟的工作，她们确保了本书的精美呈现。

本书关于管理政策的理论不追求完美。不要说读者，就是本人每次重读时都感到还有许多地方要修改和补充，但这只有留到再版时进行了。欢迎广大读者的批评指正。

黄卫伟
2022 年 3 月 30 日

绪　论

本书将企业看作一个矛盾的综合体,将矛盾的对立统一和向对立面的转化看作推动企业发展的根源,将如何运用辩证法管理矛盾对立面的冲突和转化看作企业管理政策的方法论。

1.

什么在推动企业运转?

为什么鲍尔默领导微软转型不成功而萨提亚成功了?

2018年2月4日,萨提亚·纳德拉(Satya Nadella)从史蒂夫·鲍尔默(Steve Ballmer)手中接过首席执行官职务整整四年,微软公司的市值整整上涨了3倍,突破了7 000亿美元。2019年9月,云计算业务的快速增长加上股票回购计划和派息推动微软市值再次突破10 000亿美元,稳居与苹果公司和亚马逊公司比肩的市值最高的公司之列。

纳德拉领导微软向云计算和人工智能成功转型的例子,成为大型高技术企业成功转型的典范,学术界对此展开了多角度的研究。萨提亚

2017年出版的《刷新》①一书，为我们深入理解这一经典事件的内在机制提供了翔实的资料和真知灼见。

微软的转型尝试从第二任首席执行官史蒂夫·鲍尔默的任期内就开始了，但他领导的微软向移动业务的转型为什么不成功？其一，是鲍尔默的惯性思维。不再像创业时那样以客户为中心，而是以产品和技术为中心，不是利用或创造产业的颠覆性变化，而是试图凭借自身的资源优势沿着竞争者的路径硬上。其二，是微软文化的退化。部门的墙越来越厚，部门间的协作越来越弱化，它使得微软不能坚决地、迅速地作为一个整体执行正确的转型战略。其三，满足于传统业务的财务表现。鲍尔默任期内微软的利润增长了2倍，使得管理层缺乏转型和变革的紧迫感。其四，收购诺基亚的移动业务。试图通过并购的拿来主义弥补能力短板，实现快速转型，而不是预见性地在核心能力和业务组合的构建上为未来的转型做准备。

2014年2月4日，萨提亚·纳德拉正式出任微软首席执行官，成为继比尔·盖茨、史蒂夫·鲍尔默之后微软的第三任首席执行官。微软的转型再次开始了，它具有以下五个主要特征：

第一，萨提亚·纳德拉认识到，必须重新发现微软的灵魂、微软的根和微软最初存在的理由，重新找回当初激励比尔·盖茨和保罗·艾伦（Paul Allen）的梦想。建立在这一梦想上的企业使命，用比尔·盖茨的话来说，即"让每一张桌子上、每一个家庭里都有一台运行微软软件的个人电脑"。萨提亚知道，员工对首席执行官的期望是，能够做出改变，但同时又能尊重微软最初的理想，即一以贯之改变世界的理想。萨提亚更新了微软的使命宣言："予力全球每一人、每一组织，成就不凡。"（Empowering others: Our mission is to empower every person and organization on the planet to achieve more.）萨提亚意识到，要想重新发现微软的灵魂，

---

① 《刷新》由中信出版社于2018年2月出版。——编者注

最直接的做法就是让比尔回来，让他更多地介入微软的产品和服务的技术愿景中。大量企业再生的转型实践表明，创始人的思想、直觉、洞察力和个人魅力是无可替代的。只要创始人在，公司就应该建立一种以创始人为精神领袖的文化体系，而不应舍近求远、舍本逐末。

第二，重新发现微软的灵魂就是回归创业的初心，这并不意味着墨守成规，而是在继承的基础上创新。萨提亚在《刷新》一书中特别提到，他领导的微软转型继承了史蒂夫·鲍尔默主张的开发新技术和新市场必须满足的"3C"原则——我们是否有振奋人心的概念（concept）？我们是否有成功所需的能力（capability）？我们是否具备拥抱新想法和新方法的文化（culture）？这是一个很精辟的归纳。但鲍尔默在领导微软向移动互联网转型时似乎忘记了他的"3C"原则，而是选择收购诺基亚的移动业务，试图用拿来主义的方式一步到位地完成微软的转型，结果并不成功。

第三，萨提亚坚持认为，我们是一个公司、一个微软，而不是各自为政的邦联。微软多年来在个人计算机方面的垄断地位，导致内部滋生了严重的官僚主义，部门之间以邻为壑的现象已经发展到非常严重的地步。萨提亚坚持把团队放在优于个人地位和个人荣誉的位置上。一个有才华的人如果不把团队放在首要位置，就会毁掉整个团队。

第四，微软需要加强创新精神，对新的趋势大胆下注。在萨提亚成为首席执行官之后，就将制定正确的战略作为重中之重。他主张："云为先"战略是我们的北极星；我们的产品和技术会按照云服务的要求进行优化；虽然我们采取"云为先"战略，但基于我们的服务器实力，我们可以向客户提供混合云解决方案，即私有的本地服务器和公有云相结合的解决方案。微软必须回答的是：这家公司是做什么的？我们为什么存在？我们的与众不同之处是什么？萨提亚·纳德拉从三个增长层面构建微软的投资策略：第一，发展今天的核心业务和技术；第二，为未来孵化新创意和新产品；第三，投资于长期的突破。萨提亚·纳德拉的投资逻辑就是科技行业的增长逻辑。不对未来投资就没有未来，微软重点投资的三种关键技术——混合现实、人工智能和量子计算都将在未来重塑IT行业和其他领域。

第五，必须以客户为中心，而不是以产品和技术为中心。这是微软创业成功的基础。萨提亚认为，微软的业务核心就是要保持用伟大的技术满足客户未能表达的和未被满足的需求的渴望。如果对客户需求缺乏深刻洞见和同理心，微软是无法做到这一点的。2017年，微软云业务规模达到200亿美元，微软的主要业务从之前的套装产品（Office和Windows）转向了前景更为广阔的云平台Azure和Office 365等云服务。业务组合发生了重大变化。

上述微软成功转型的五个特征，实际上是对五个管理基本矛盾的平衡和取舍。即：

战略转型与文化重塑。文化重塑是战略转型的关键，而对一个曾经取得巨大成功的企业来说，文化重塑就是要重新发现过去成功的文化基因，向创业初心回归。

以客户为中心与以技术为中心。创业的首要目标是生存，而以客户为中心是生存的保障，这是创业阶段企业上下无须解释的共识。但是随着企业规模的增长和市场地位的提升，以技术为中心越来越居于上风，技术导向渗透到企业的资源配置、绩效考核、人员晋升、利益分配等各个方面，成为导致企业发展停滞和从巅峰跌落的内在原因。转型实质上就是要重新回到以客户为中心的轨道上来。

继承与创新。作为一种经济组织的企业的长期生存和发展，实际上是一个继承与创新的过程。继承将过去成功的思想和经验保留下来，使得创新不必从零开始，而能够专注于成功基础上的变化和机会。

创新与模仿。模仿可以逼近竞争对手，是追赶者的战略，也是创新必不可少的学习过程。但单靠模仿是不可能超越竞争对手的，何况还会受到知识产权的制约。所以，争夺行业领导地位的创新需要独辟蹊径。

部门分立与协同。部门的分立符合专业化分工原则，分工促进了专业化，从而促进了生产率的提高，但生产率的大幅提升是靠分工基础上的协作完成的。企业之所以相对于市场而存在，靠的就是协作。而大企业过细的分工，加重了协调的负担，使得规模效率递减。所以，任何事物都有它的度，超过了合理的度就会向对立面转化。

这些矛盾和冲突的长期演进，既成就了优秀的企业，也在外部环境发生巨变时，阻碍其转型。从这个意义上说，转型就是重建平衡管理基本矛盾的优先次序。

为什么惠普经历七次转型仍然不能算成功？

读了罗伯特·A. 伯格曼（Robert A. Burgelman）等著的惠普的《七次转型》一书，我不禁产生疑问：为什么惠普经历了七次转型仍不能在主要业务领域的市场上取得领先地位，仍未能抓住移动业务、云计算、人工智能等代表未来的商业机会？也就是说为什么惠普的转型仍然不能算成功？

1990年8月，惠普公司的创始人之一戴维·帕卡德（David Packard）最后一次在全员大会上的发言提出了引导惠普持续发展的三大原则：首先，惠普致力于做出根本性的贡献，而不是模仿性产品；其次，惠普的团队应当关注外部的竞争者，而不是内部的斗争；最后，惠普应该持续发现并进入新的科技领域。这三大原则，加上与惠普在测量测试仪器仪表领域多产品创新战略相匹配的高度分散、自主经营、充满活力的组织结构，成为"惠普之道"的核心。

约翰·扬（John Young）是创始人帕卡德之后第一位继任的首席执行官，于1977年接任，此前他已经在惠普工作了20多年，他上任时惠普的年收入是14亿美元，而到1992年他卸任时，该公司的年收入达到1 643亿美元，进入了《财富》世界50强名单。在扬的领导下，惠普开发出了非常成功的激光打印机和喷墨打印机产品线，开发并推出了惠普PA/RISC，使公司在小型机市场上排名第三。此外，扬为了加速进入计算机业务，还改组了惠普高度分散的组织结构，将公司分为三个主要部门，没有触动众多的自主经营组织，但整合了销售和服务平台。这三个主要部门是：测试和测量部门，拥有所有非计算机业务相关的销售组织；计算机产品部门，包含处理机、打印机、个人电脑以及通过经销商销售的其他产品及相关部门；计算机系统部门，包含工作站、服务器、存储器、相关软件、服务，这些产品和服务是直接销售给企业的内容。这三个部门专门销售队伍的出现，受到了业界领袖的好评。

1992年，卢·普拉特（Lew Platt）接替约翰·扬担任惠普的首席执行官，他是惠普计算机系统部门的主管，该部门是公司收入最高的部门。在普拉特任期内，计算机产业正在经历一场根本性的重大变革，一个是基于Wintel的行业标准的兴起，再有就是互联网的兴起，互联网流量从20世纪90年代中期开始以10倍速增长。然而，卢·普拉特没能理解互联网对其业务的长期战略影响，在他的任期内，惠普在战略和组织上没有大的改变。普拉特认为，惠普不适合采用类似通用电气那样的拆分的组合模式，惠普的业务都相关，强行拆分会造成棘手的管理问题。更严重的问题还是首席执行官的继任计划，普拉特迫使公司最强的战略领导者之一威姆·罗兰茨离开，并且打压了最有远见的战略领袖伯恩鲍姆。在考虑继任者时，董事会认为公司内没有任何高管有能力承担公司的领导责任，惠普的高度分散的结构虽然培养了大量的经营人才，但也使得业务单元的主管缺乏对全局和未来的视野。

1999年，当44岁的卡莉·菲奥莉娜（Carly Fiorina）受聘担任惠普新一任的首席执行官时，她带来了一系列"第一"：第一个惠普外部来的首席执行官，第一位非工程师，也是第一位担任硅谷老牌公司领导的女性。菲奥莉娜对她接受惠普首席执行官的职位在开始时就有明确的意向，她说她想测试她的意图，如果他们想保持分散化，只是渐进地改变，"那么我将不会接受这份工作"。

收购普华永道咨询业务的意图很明确，旨在使惠普在企业计算机市场上有更强的市场地位，在高端信息技术服务方面具有强大的独特优势。但这一收购计划的受阻，导致惠普的战略开始出现重大转向。当菲奥莉娜宣布计划收购计算机制造商康柏时，该项交易包括换股的交易总额为250亿美元，是截至当时高技术产业最大的一笔并购交易。反对的意见认为：这是一个突然掉头的战略，这无疑推动了惠普在商品化业务方面的进一步发展，使惠普开始转向销售驱动的扩张而不是创新驱动的成长。

在菲奥莉娜来到惠普公司时，公司就像一个有80多个业务部门的联盟一样，每个部门都自负盈亏。菲奥莉娜希望新的组织能够减少产品类别的分散性。她大幅度减少了产品部门，而且产品部门不再承担损益责任，这是惠普自成立以来工作方式的根本变化。此外，分离制造和销售部门与产品部门形成的前端/后端结构，对惠普的长期运营来说也是一个非常重要的变化。现在的产品部门只负责研发和未来的产品营销，一旦产品开始制造，它们就被转移到前端。公司对于究竟是前端还是后端承担损益责任态度有些模糊，而要求销售和服务部门与产品部门共担损益责任，又会导致责任不清的问题。也许是为了减轻收购康柏对公司损益表的压力，研发支出被削减了，平均研发支出在菲奥莉娜任职期间下降到收入的5.63%。对康柏的大规模收购改变了惠普的战略和业务组合，且与帕卡德为惠普定下的三原则渐行渐远。

2005年3月，董事会聘用马克·赫德（Mark Hurd）作为惠普的新一任首席执行官。48岁的赫德是NCR公司的首席执行官，与惠普相比，NCR是一家很小的公司，生产和销售扫描仪与ATM机，2005年的收入只有60亿美元，而惠普这一年的收入是860亿美元。但是赫德在NCR有一个美誉，人们称他是"逆转型首席执行官"，因为他通过无情地削减成本迅速扭转了这家陷入危机的公司的财务状况。

在评估惠普的战略和运营时，赫德强调了他最重要的试金石："任何数字都可以说谎，除了现金流。"这体现了赫德一贯地对削减成本和改善运营状况的关注。对赫德来说，没有运营的有效性就没有宏伟的愿景，没有效率就没有运营的有效性，而这恰恰是菲奥莉娜欠缺的。在战略方面，赫德延续了菲奥莉娜基于规模和范围的战略，认为收购是惠普实现增长目标的关键驱动因素，而不是通过内部新业务发展来追求有机增长。赫德把并购提升到了一个更高的水平，在其任内完成的最大一笔收购交易是 2008 年对 EDS（电子数据系统公司）的收购，收购意图是增强惠普的"软件即服务"（SaaS）业务，收购金额高达 132 亿美元，随后的重组又花去了 80 亿美元，并且由于削减成本的力度过大，导致人才大量流失，这使得 EDS 对惠普软件即服务战略的贡献大打折扣。尽管赫德在任职期间通过大规模并购使惠普的规模达到 1 200 亿美元，但惠普错失了移动计算、软件即服务和云计算的机会。并且，惠普的研发投入比例从占收入的 5.5% 以上下降到 2.5% 左右，尤其大幅度削减了研究支出。惠普作为一家"致力于做出根本性贡献"的公司的光环逐渐褪去了。

2010 年 9 月，惠普董事会选定李艾科（Léo Apotheker）为公司的第七任首席执行官。李艾科在德国商业软件巨头 SAP 公司工作了 20 年，在加入惠普前刚担任该公司首席执行官七个月，反对意见认为李艾科缺乏担任首席执行官的经验和硬件业务经验。在李艾科看来，惠普错过了移动领域和云计算的机会，而它们是过去 10 年中 IT 领域最大的突破。惠普将面临一个非常不确定的未来。他担心惠普将进入不再有活力的科技公司的长名单中。李艾科似乎要带领惠普进入企业软件业务，他花费 110 亿美元收购英国数据分析公司 Autonomy，这展示了他的新战略意图。但事实上，惠普花那么多钱收购的公司，2015 年只有 8.7 亿美元的收入。在李艾科短暂的首席执行官任期内，平均研发支出进一步下降，仅略超过收入的 2.5%。李艾科和他的团队提出了惠普战略。"我们得出的结论是，惠普可以做的最聪明的事就是把重点放在企业端而不是消费者方面，"他说，"通过软件和服务建构增值能力，使得顾客更加具有黏性，且能够驱动潜在的硬件能力，这实质上是这个想法的核心。"李艾科说："我认为惠普的生存快到期了，它可能不会死亡，但为什么要等到像 IBM 一样处于深渊的边缘？为什么不在从悬崖上掉下去之前改变？"然而，董事会留给李艾科的时间不多了，在李艾科 11 个月的任期中，惠普的市值从 954 亿美元跌到了 473 亿美元，虽然公正地说，这样的市值下跌有很大一部分是由他的前任引起的。

2011 年 1 月梅格·惠特曼（Meg Whitman）加入惠普董事会并于当年 9 月起担任首席执行官，之前她一直是易贝公司（eBey）的首席执行官。当时雪上加霜的是，智能手机和平板电脑的流行导致惠普长期以来的"现金牛"打印机业务需求减少。人们喜欢通过电子邮件、脸书（Facebook）或其他社交媒体分享图片，而不选择直接打印。梅格·惠特曼在酝酿了几年后终于下决心分拆惠普的消费者业务和企业业务。这两大业务的不同之处在于面向消费者的业务（个人电脑＋打印）是交易导向的，而企业业务则是以提供解决方案为主。不同业务针对的客户群不同，产品和成本结构也不同。为了执行基于解决方案的战略，惠普需要运营模式，即由以研发为主向以提供解决方案为主转变。这是惠普文化中最难改变的部分。分拆后，新的惠普公司（HP Inc.）专注于个人系统和打印技术，其在 2014 财年中创造了约 575 亿美元的收入[1]，雇员数为 5 万多人。而新成立的惠普企业（HP Enterprise）则旨在"通过提供世界上最全面的企业 IT 解决方案帮助各种规模的企业更快地实现自己的目标"。在 2014 财年中，惠普企业创造了约 584 亿美元的收入，雇员人数为 252 000 人。从人均收入上可以看出二者运营模式的显著差异。一种商品化的、增长停滞且开始下滑的业务却是人均效益最高的业务——这也是一种战略选择上的"创新者的窘境"。同时，2015 年 10 月下旬，惠普企业决定放弃其在 2012 年推出的公有云产品 Helion。惠普认为，在私有云技术以及帮助企业客户将公有云服务融入其 IT 基础设施

---

[1] 此段中惠普公司和惠普企业 2014 年的收入数据均来自罗伯特·A. 伯格曼的《七次转型》一书。——笔者注

方面将有更大的机会。这将与微软和IBM的混合云业务战略发生碰撞。

纵观惠普的七次战略转型，我们能得到什么认识呢？

一个是追求规模增长还是追求核心能力的增长。惠普原本的宗旨是通过做出根本性贡献的创新进入新领域，在新领域中起初可能增长速度会慢一些，但这是由核心能力驱动的坚实的增长。而外来的首席执行官热衷于通过并购进入新领域，同时还不断地减少研发投入以掩饰并购对损益表的负面影响。而且大规模的并购极大地改变了惠普的战略定位和核心能力结构，改变了惠普的文化。所以，通过大规模并购获得成长可能是一个伪命题，增长不等于成长。

再有，收购自身战略都不清晰且面临类似的转型问题的大公司，不可能成为收购者转型的驱动力，甚至会导致战略方向的严重偏离，使自身的转型更加困难。

接下来，是立足于满足资本市场的诉求还是释放企业内生增长的潜力。像惠普这样具有强创新文化的大企业，其内生的成长潜能是巨大的，充分释放这种潜力将获得健康的、可持续的增长。而一味满足资本市场对短期回报的诉求，可能会严重损害企业的长期增长能力。

还有，从内部培养出能够领导企业走向未来的杰出领导人，是企业核心价值观得以传承从而实现可持续成长的关键。所以，制订和实施企业领导人的继任计划是董事会最重要的职责，而不仅仅是选择继任者，甚至不惜冒文化冲突的风险，从外部选择继任者。

最后，企业高层领导体制究竟应该用个人决策制还是集体决策制，这是值得研究的。批评的观点认为集体决策等于无人对结果负责。但是惠普曲折的转型之路使我们看到，个人决策制也有极大的风险，它可能因个人的价值取向从根本上改变公司的方向和文化，而且使得继任者不得不沿着改变的方向继续走下去，产生新的路径依赖。

从惠普的七次转型中我们可以看到，企业领导人的价值观和管理哲学对企业领导人在重大抉择中的取舍有着关键影响。

为什么联想做得好个人电脑却做不好手机?

2014 年年初,联想以 29.1 亿美元现金加股票的方式从谷歌手中收购了摩托罗拉移动的智能手机业务。联想在 2014 年的一份声明中表示,此次收购将提高其"在智能手机市场的地位",并扩大其在美国的业务。联想投资者关系网站称,2017 年第三季度,移动业务部门的收入较 2016 年同期下降 5%,至 21 亿美元。该公司报告称,联想手机业务"表现符合预期"。那么,谷歌为何出售摩托罗拉的移动业务呢?谷歌的主要意图是:(1)谷歌的移动战略不是要生产手机硬件,而是要让尽可能多的手机安装安卓(Android)系统,从而大幅扩大基于安卓的应用及其广告业务的营收。(2)谷歌想要摩托罗拉的专利,而不是制造。苹果正发起对安卓授权商的专利攻击,而摩托罗拉拥有庞大的专利库,可以用于防御。(3)收购摩托罗拉移动业务从未使谷歌赚过一分钱,剥离和出售这项业务可以改善谷歌的整体业绩。(4)通过出售摩托罗拉移动业务,谷歌可以成为一个中立的、诚实的操作系统提供商,这有利于更多的手机厂家采用安卓系统,谷歌可通过收取专利授权费的方式赚钱。可见,出售摩托罗拉移动业务显示出谷歌对自身商业模式的清晰定位。

而联想为什么从谷歌手中收购摩托罗拉移动业务呢?其意图是:(1)当时联想是全球五大智能手机制造商之一,但它在美国这个全球最大的智能手机市场之一的市场份额不高,而摩托罗拉在美国已有 85 年的历史,采用摩托罗拉移动的品牌和畅销的产品,有助于提高联想在美国智能手机市场上的份额。(2)联想公司最大的业务仍然是个人电脑,它是世界上最大的个人电脑制造商。但个人电脑销量增长出现停滞,联想需要寻求新的增长方向。(3)联想不仅想成为一家消费类智能手机制造商,它还想依托已有的 ThinkPad 和 Lenovo 品牌的电脑,培育一个面向消费者和企业的相对完整的生态链,这一战略意图可以从接下来它又收购了 IBM 的低端服务器业务看出。(4)联想拥有整合和运营美国科技公司业务的经验。它从IBM手中收购了ThinkPad业务，并取得了成功。它又想在摩托罗拉的移动业务上复制整合IBM个人电脑业务的模式。

但是为什么联想做得好个人电脑业务却做不好手机业务？第一，个人电脑实际上已经是一种商品化的产品，特别是其商业数据处理功能、互联网功能、社交功能、电子商务功能、娱乐功能等正在被智能手机大量蚕食，世界性的行业市场趋向停滞甚至下降。世界上的个人电脑厂家都在进行战略转型，至少到目前还未有转型成功的先例。第二，两种业务的核心能力不同。联想收购IBM的个人电脑业务之所以整合成功，是因为联想已经在个人电脑业务上积累了设计、渠道销售、品牌等核心能力以及专业队伍和世界范围的销售与服务网络。但移动业务不可能简单地拷贝个人电脑业务的核心能力，需要重建核心能力，这是个风险很大、很艰巨的任务。第三，面临"创新者窘境"的两难选择。联想进入传统的2G（第二代手机通信技术）手机市场的时间在国内是较早的，而且发展得比较成功，但行业开始向智能手机转型的时候，联想试图保留传统手机业务，同时发展智能手机业务，这陷入了类似惠普战略转型的两难困境：代表未来的有前途的战略产品一直亏损，从而动摇了决策者持续大规模投入的决心；而应当逐步放弃的业务却是该领域利润的主要来源，舍不得放弃。第四，战略与组织不匹配。联想选择了事业部的组织模式，分别建立了通用手机事业部和智能手机事业部，考核各自的收入和利润。这使得严重亏损的智能手机业务没有用于发展的战略投入来源，严重影响队伍士气，难以吸引和留住顶尖人才。与华为在智能手机业务上后来居上的组织结构比较，华为采用的是大平台加业务部的组织模式：核心部件如芯片的开发在大平台上分专业进行，并借助集团公司已有的技术平台、管理平台和销售平台的优势。这种模式有利于新业务的核心能力的发育，同时又保持了销售的灵活性和经营责任的落地。第五，创新不足。一方面是创新能力的积累不足，一方面是创新资源的投入不足。这使得决策层试图通过收购摩托罗拉的移动业务专利、品牌和产品，实现跨越式成长，结果表明，收入可能通过并购出现跳跃式增长，但核心能力的成长是连续的，没有办法实现跳跃式增长，是需要长期逐步积累的。

联想在向移动业务转型的过程中，遇到了规模与核心能力的矛盾、继承与创新的矛盾、传统业务与新兴业务的矛盾、战略与组织的矛盾、先发优势和后发制人的矛盾，而在处理这些矛盾时的权衡、取舍以及对尺度的把握，为我们深入研究其中的规律提供了一个很好的案例。

以上我们简要讨论了几家著名企业在发展和转型中遇到的矛盾和它们的选择。我们看到，处理这些基本矛盾的关键是，我们需要改变自己看问题的观点，即不再把对立面看作负面的东西，不再把发展看作没有边界的东西，不再把事物看作孤立的东西，而是从事物之间的联系中把握事物及其本质，更深入地挖掘推动事物变化的内在原因。这个内在的推动事物发展的根源就是矛盾的对立统一和向对立面的转化。

将矛盾双方的对立统一和向对立面的转化看作企业发展的根源，在混沌中探索处理企业各种矛盾和内外利益关系的恰当尺度，这种对管理中的基本矛盾的平衡、取舍、转化和尺度的把握，恰恰是企业高层管理的实质。本书将其定义为管理政策。

2.

什么是管理政策

管理政策的概念

管理政策是企业最高管理层制定的处理内外基本矛盾和重要利益

关系的方针和原则,是各级管理者决策的指南。管理政策涉及使命与目标、战略的短期与长期利益、组织的集权与分权、决策的集中与分散、管理控制流程与下属的自由裁量权等的优先原则和规定。管理政策的制定和运用,是对管理基本矛盾的平衡和取舍,是一种高超的领导艺术和手法,它体现的是最高管理层的智慧。

关于管理政策的概念,赫伯特·西蒙(Herbert Simon)认为,"我们还应该指出,'政策'一词的含义比这里介绍的要广泛、宽松得多。特别是在私营企业管理文献中,'政策'往往有两种意思:(1)组织规定的限制下属自由裁量权的一般规则;(2)它至少指由最高管理层颁布的比较重要的规定。这两种用法都没有'政策含有道德成分'的含义。……管理的道德前提可以称为'法定政策',最高管理层制定的广泛的非道德规章可以称为'管理政策',而其他规章就成为'工作政策'"[1]。

我们上面列举的几个案例就从多个角度说明了管理政策的概念。

例如,微软公司的使命,最初用比尔·盖茨的话来说,即"让每一张桌子上、每一个家庭里都有一台运行微软软件的个人电脑"。萨提亚为了领导微软战略转型,首先沿用了微软的使命宣言,即"予力全球每一人、每一组织,成就不凡"。使命显然是指导企业战略方向和定位决策的方针。史蒂夫·鲍尔默主张的开发新技术和新市场必须满足的"3C"原则为萨提亚所继承,成为他转型决策的准则。萨提亚坚持认为,"我们是一个公司、一个微软,而不是各自为政的邦联",为微软转型的组织结构设计确立了原则。萨提亚从三个增长层面构建的微软的投资策略——第一,发展今天的核心业务和技术;第二,为未来孵化新创意和新产品;第三,投资于长期的突破——以及必须以客户为中心而不是以产品和技术为中心的原则,确定了微软处理继承与创新矛盾的优先次序。

---

[1] 西蒙 H A. 管理行为 [M]. 第 4 版. 詹正茂,译. 北京:机械工业出版社,2004:60.

惠普公司的基本政策，是戴维·帕卡德在最后一次全员大会上提出的引导惠普持续发展的三大原则：首先，惠普致力于做出根本性的贡献，而不是模仿性产品；其次，惠普的团队应当关注外部的竞争者，而不是内部的斗争；最后，惠普应该持续发现并进入新的科技领域。我们从惠普的七次转型中深刻认识到这些原则的深远意义。约翰·扬为了加速进入计算机业务，改组了惠普高度分散的组织结构，将公司分为三个主要部门，整合了分散的销售平台；梅格·惠特曼将惠普一分为二，分拆了消费者业务和企业业务，这些都是"战略决定结构"这一政策原则的体现。菲奥莉娜宣布计划收购计算机制造商康柏，是一个突然掉头的战略，使惠普朝商品化业务方向发展，改变了惠普作为一家创新驱动的技术公司的性质。而菲奥莉娜基于规模和范围的通过大规模并购实现增长的政策，改变了惠普的成长路径，使继任者形成了新的路径依赖。平均研发支出在菲奥莉娜任职期间开始下降，直到李艾科任期内下降到2.5%左右，这一在平衡短期利益和长期利益矛盾中更倾向于短期利益的政策，严重阻碍了惠普向移动业务和云计算转型的能力的发育。

谷歌为何出售摩托罗拉的移动业务？看起来这只是一个决策问题，但其背后有诸多的政策权衡。联想的战略转型不仅仅因为联想希望成为一家消费类智能手机制造商，它实际上是要延伸电脑的设计和分销优势，培育一个面向消费者和企业的相对完整的生态链。这一战略应该说是正确的，但联想未能将实施这一战略的重点放在内生的核心能力的提升上，而是试图通过并购走捷径，显然这一政策不是一个转型决策的正确的指导方针。

管理政策更具有艺术的性质

政策是一种尺度，是对事物内在的质的规定性的把握。这样理解管理政策，就将管理政策与辩证法的质、量、度的概念联系起来了。辩证法认为，某物之所以是某物，乃由于其质，如失掉其质，便会停止其为某物。[①]企业发展是一个从量变到质变的过程，企业的质规定了企业量的扩张的度，超过了合理的度，企业的规模和效益增长就会停滞甚至下降，这时只有改造质，在新的质的基础上才能实现量的增长，这就是企业要转型的内在原因。但企业量的扩张是否已经达到了质所规定的度，是否必须改变质才能获得量的继续扩张，这是企业最高管理层在决定是否要进行战略转型时需要慎重判断的一个政策问题。另一方面，企业质的改变存在继承和创新的矛盾，哪些优良的质应当被继承，哪些需要改变，朝着什么方向改变，这也是企业战略转型需要权衡的重要政策问题。

惠普的转型，是在菲奥莉娜任职首席执行官期间首先面临的方向性问题，当时向移动计算、云计算的转型在整个产业还处在初期阶段，如果按照惠普创始人帕卡德提出的"惠普致力于做出根本性贡献"的原则，惠普是有可能加强内生的核心能力，并通过并购弥补核心能力的短板，抓住向移动计算和云计算转型的机会的。惠普致力于做出根本性贡献的质并没有达到它的限度，只是在原有的测量和测试仪器仪表领域的成长空间受到了限制，本来应当通过正确的转型打开这种优良的质的新的增长空间。但对康柏的并购改变了惠普的质，不但未能使惠普过去成功的优良的质得到增强，反而因为向商品化方向的大规模转型而受到削弱。继任的首席执行官们的几次转型仍未能使惠普回到正确的道路上来。

管理政策作为一种政策，其性质是调节，是平衡，是取舍，而不是管控。这是区别管理政策与管理控制的关键。管理政策也不同于一般管理原则，它不是操作指南而是决策指南，而且是制定战略性、全局性决策的指南。管理政策的制定需要战略高度、历史视角和哲学思

---

① 参阅黑格尔. 小逻辑[M]. 贺麟, 译. 北京: 商务印书馆, 2014: 202.

考，对其有效运用则需要原则性与灵活性的结合，故在性质上管理政策更多的是一种管理艺术，虽然制定管理政策需要科学地观察环境、采用科学的方法分析数据、有逻辑地归纳数据并做出推断，但衡量管理政策是否正确的标准是实践，是结果，而不是实验，也不适用否证（falsification，又称证伪）。

解释管理矛盾的对立统一和向对立面的转化，及其推动事物发展的机制，这已经上升到哲学的层次。尽管管理政策以唯物辩证法作为其认识矛盾、平衡矛盾和推动矛盾向对立面转化以促进企业发展的方法论，但管理政策不同于哲学。管理政策不必像一般哲学那样采用假设的、抽象的例子来说明理论，而是直接分析管理的困境和难题、成功与失败的案例，从中引出概念、命题和理论，理论与实践的结合是其典型特征。可能有读者会问，既然管理政策依据哲学的理论与方法解释管理问题，那为什么不直接讨论管理哲学，不去建立管理哲学的体系呢？作者认为，因为管理哲学事实上是哲学在管理领域的应用，哲学自有其演进了几千年的各种体系，我们完全可以借鉴其中的正确理论和方法论，来解释和解决管理问题，而不必单独为管理建立一套哲学体系，这也是我将本书定名为"管理政策"的原因。强调实用性，更贴近管理实践，更贴近企业家和经理人面临的困境和抉择，为他们基于经验和直觉处理管理矛盾的尺度提供批判性的反思和理论解释，加深他们对其经验的认识，使其上升至概念，从而更有利于指导他们的管理实践。这就是本书的写作目的。

从决策到政策

赫伯特·西蒙提出过一个著名的命题：管理就是决策。这一命题抓住了管理的实质，推动了管理科学的发展。但这一命题未能解决为什么许多管理者陷在大量的决策中以及管理者依据什么做决策的问题。

实际上，管理者（特别是高层管理者）面临的不是决策难题，而是政策难题。我们下面就来谈谈对决策和政策关系的看法。

决策是一个过程，需要政策指导，最终的正确决策来自对情况的调查研究和分析判断，指导决策过程的是规律和政策。毛泽东同志在《中国革命战争的战略问题》一文中对指挥员的战略、战役和战斗决策过程做过精辟的论述，他写道："指挥员正确的部署来源于正确的决心，正确的决心来源于正确的判断，正确的判断来源于周到的和必要的侦察，和对于各种侦察材料的联贯起来的思索。指挥员使用一切可能的和必要的侦察手段，将侦察得来的敌方情况的各种材料加以去粗取精、去伪存真、由此及彼、由表及里的思索，然后将自己方面的情况加上去，研究双方的对比和相互的关系，因而构成判断，定下决心，作出计划，——这是军事家在作出每一个战略、战役或战斗计划之前的一个整个的认识情况的过程。"[1] 这里的政策指导原则是什么呢？首先是目标要清晰，也就是明确做什么决策和为什么做决策；其次是要使用一切可能的和必要的侦察手段搜集情报，减少决策的不确定性；再有就是通过对侦察得来的情报进行去粗取精、去伪存真、由此及彼、由表及里的思索，透过现象抓住本质；还有就是研究敌我双方的对比和相互关系，知己知彼。这个过程在时间允许的情况下做得越彻底，就越能保证决策的正确性。这些构成了决策过程，也是决策的指导原则。

管理决策实际遵循的是"满意准则"，而满意是一种度的把握，寻求恰当的度在性质上属于政策。赫伯特·西蒙认为："尽管'经济人'追求最优，也就是从所有备选方案中选择最好的那种，他的近亲'管理人'却追求满意，也就是寻找一种令人满意或'足够好即可'的行动方案。""管理人只考虑几个最攸关也最关键的要素。"[2] 显然，

---

[1] 毛泽东.毛泽东选集（一卷本）[M].北京：人民出版社，1964:163-164.
[2] 西蒙 H A.管理行为[M].第4版.詹正茂，译.北京：机械工业出版社，2004：109.

管理决策绝不仅仅意味着在"是"与"非"之间进行抉择，更多情况下超出了简单的是非判断，是对二者之间的度的把握。如何把握事物的度？这恰恰是政策要回答的问题。

保护对立面是防止重大决策失误的重要政策，二者相反相成。管理就是决策，如何防止重大决策失误？除了上面提到的调查研究和收集信息，管理理论还强调要明确谁对决策结果负责。那么仅有这两方面够不够呢？我们看到，重大决策大都存在不同意见的争论，即使最后的决策选择了一方（通常情况下是多数人）的意见或方案，也不等于反对意见就没有存在的价值了。相反，正是由于反对意见的存在，才使得被肯定的意见和方案自身的不足能够得到修正。保护持反对意见者，使之按照议事规则充分发表自己的看法，是减少重大决策失误的关键。这不是一项决策，而是一项政策。

规定下属的自由裁量权是面对不确定情况的一种必要政策。决策，尤其是战略和重大的决策，在执行上要有一定的灵活性，要给予下级面对不确定情况时一定的自由裁量权。重大决策本身既需要坚持，又需要根据变化了的情况适当修正，即所谓"坚定正确的政治方向，灵活机动的战略战术"。实践中，能否因地制宜，既坚持原则，又保持一定的灵活性，通常被用来衡量一个管理者的管理水平。

人与人的关系、企业与企业的关系，实质上是利益关系，利益关系需要政策来调节。企业高层要做的重要工作之一是调节和平衡冲突各方的利益。比如，资本与劳动的利益分配，经营单元与支撑及服务部门的贡献评价和利益分配，老员工的历史贡献与新员工的当期和未来贡献的评价和利益分配，企业与合作者及供应商之间的利益分配等，这通常需要放眼长远，制定稳定的政策，而不是头痛医头，脚痛医脚。稳定的政策才能带来稳定的预期，有稳定的预期才能进行持续的投入并保证持续的贡献。

通常认为，管理的最高境界是无为而治，而无为而治实际上是一种政策治理。对于老子的无为而治的管理思想,学者们通常的解释是不强为,不妄为,顺其自然,但顺其自然并不意味着统治者什么都不用做。无为而治在于用政策而不是干预的方法进行自动调节和治理,使事情沿着预期的轨道向目标前进。中国历史上历代王朝在建立初期,为了休养生息,都实行无为而治的政策,如裁减兵员、休战和亲、移民分田、轻徭薄赋等,几十年内经济和社会就达到了盛世。

鉴于管理决策的这些政策特征,以及大量的高层管理决策是决定政策,我们把管理决策放到一个更广泛的政策的框架中去研究,由此产生了我们称为管理政策的概念。

3.
管理政策研究的方法论

管理政策研究的方法论是唯物辩证法

管理政策研究的任务是揭示企业管理的内在矛盾及其对立统一和向对立面的转化,并说明它如何推动企业的发展。管理政策研究为企业家和经理人提供处理企业矛盾和内外重大利益关系的理论和方法。

管理政策以管理矛盾为研究对象。辩证法认为,矛盾是一切运动和生命力的根源;事物只因为本身包含着矛盾,所以它才能运动,才有冲动和活动。[①]黑格尔认为:"天地间绝没有任何事物,我们不能或

---

① 列宁.黑格尔《逻辑学》一书摘要[M]//列宁.哲学笔记.中央编译局,译.北京:人民出版社,1974:145.

不必在它里面指出矛盾或相反的规定。"① "凡一切现实之物都包含有相反的规定于其中。因此认识甚或把握一个对象,正在于意识到这个对象作为相反的规定之具体的统一。" "一切对象之矛盾性乃是哲学思考的本质。"② 例如,创业也是因为其本身包含着矛盾,才有创业冲动和行动。创业本身包含的矛盾是什么呢?管理政策研究必须打开这个内在(内心)世界,否则无法解释企业家的创业冲动和行动。

列宁指出:"普通的表象所把握的是差别和矛盾,而不是前者向后者的转化,可是这却是最重要的东西。"③ 换言之,只讨论矛盾对立双方的差别,还不算把握住矛盾的实质,只有讨论前者向后者的转化,才是真正把握住了矛盾对立面的实质。

列宁进一步指出:"辩证法是一种学说,它研究对立面怎样才能够同一,是怎样(怎样成为)同一的——在什么条件下它们是相互转化而同一的——为什么人的头脑不应该把这些对立面看作僵死的、凝固的东西,而应该看作活生生的、有条件的、活动的、互相转化的东西。"④ 列宁认为:"不仅是(1)一切概念和判断的联系、不可分割的联系,而且是(2)一个东西向另一个东西的转化,并且不仅是转化,而且是(3)对立面的同一——这就是黑格尔的主要的东西。"⑤

那么什么是辩证法的要素呢?列宁总结道:

(1) 从概念自身而来的概念的规定应当从事物的关系和它的发展去观察事物本身;

---

① 黑格尔. 小逻辑 [M]. 贺麟,译. 北京:商务印书馆,2014:200.
② 同前注,第 133 页.
③ 列宁. 黑格尔《逻辑学》一书摘要 [M]// 列宁. 哲学笔记. 中央编译局,译. 北京:人民出版社,1974:149.
④ 同前注,第 111 页.
⑤ 同前注,第 188 页.

（2）事物本身中的矛盾性（自己的他者），一切现象中的矛盾的力量和倾向；

（3）分析和综合的结合。

大概这些就是辩证法的要素。或者可以较详细地把这些要素表述如下：

（1）观察的客观性（不是实例，不是枝节之论，而是自在之物本身）。

（2）这个事物对其他事物的多种多样的关系的全部总和。

（3）这个事物（或现象）的发展、它自身的运动、它自身的生命。

（4）这个事物中内在矛盾的倾向（和方面）。

（5）事物（现象等等）是对立面的总和与统一。

（6）这些对立面、矛盾的趋向等等的斗争或展开。

（7）分析和综合的结合，——各个部分的分解和所有这些部分的总和、总计。

（8）每个事物（现象等等）的关系不仅是多种多样的，并且是一般的、普遍。每个事物（现象、过程等等）是和其他的每个事物联系着的。

（9）不仅是对立面的统一，而且是每个规定、质、特征、方面、特性向每个他者的转化。

（10）揭露新的方面、关系等等的无限过程。

（11）人对事物、现象、过程等等的认识从现象到本质、从不甚深刻的本质到更深刻的本质的深化的无限过程。

（12）从并存到因果性以及从联系和相互依存的一个形式到另一个更深刻更一般的形式。

（13）在高级阶段上重复低级阶段的某些特征、特性等等。

（14）仿佛是向旧东西的回复（否定的否定）。

（15）内容和形式以及形式和内容的斗争。抛弃形式、改造内容。

（16）从量到质和从质到量的转化。（15和16是9的实例）[①]

列宁进一步指出："可以把辩证法简要地确定为关于对立面统一的学说。这样就会抓住辩证法的核心，可是这需要说明和发挥。"[②]

我们看到，在这诸多的要素中，参考张世英的观点[③]，对管理政策来说有6个要素是最基本的，它们是：

（1）对管理政策以及企业管理规律的认识是一个由简单到复杂的过程；

（2）认识过程在逻辑上与历史上是一致的；

（3）管理政策研究应当揭示出企业管理的内在矛盾及其对立统一和向对立面的转化；

（4）说明以上因素推动企业发展的机制；

（5）发展过程遵循量变到质变的规律；

（6）发展过程遵循否定之否定的规律。

管理政策研究遵循这样的发展逻辑：越是处于创业阶段的概念越简单；越是处于之后的发展阶段的概念越复杂、越丰富。所以，在整体上这是一套概念框架，经历从创业到成长，再到成熟和变革的过程，从简单到复杂。并且发展是螺旋式的，经历否定之否定，向原点回归的上升过程。当然，也不排除在企业发展过程中，会产生新的矛盾或发展出新的概念。但这些新的矛盾和概念是在原有矛盾的基础上发展出来的，是原有基本矛盾的展开。

管理政策研究的方法论是唯物辩证法。在此基础上，综合运用经济学的产权理论、价值理论、契约理论和企业理论，心理学的人的需

[①] 列宁. 黑格尔《逻辑学》一书摘要[M]//列宁. 哲学笔记. 中央编译局, 译. 北京：人民出版社, 1974: 238.

[②] 同前注, 第240页.

[③] 张世英. 论黑格尔的逻辑学[M]. 第3版. 北京：中国人民大学出版社, 2010.

要层次理论和伦理学的人性论,以及管理学的战略理论、组织理论等,分析企业的基本矛盾和内外部利益关系。管理政策研究在引用上述多学科的理论和观点时,采取的是批判的态度,并结合管理实践,试图用唯物辩证法进一步解释上述理论关于企业的各种观点和结论,以获得对企业及其各种矛盾的更深刻的认识。

用矛盾的对立统一说明管理政策,其一般的步骤是:首先找出现存事物的对立面,说明其内在矛盾;进而说明矛盾的对立统一及其向对立面的转化,以及这种转化的质、量、度,即转化的内在规定性;接下来说明对立面的相反相成,以及发展向开端的回复即否定之否定的发展特征。

管理政策研究是从经验出发的,通过剖析有代表性的企业案例,以批判性的视角重新认识这些案例中的矛盾和政策选择,然后抽象为概念,上升到理论。列宁指出:"当思维从具体的东西上升到抽象的东西时,它不是离开——如果它是正确的——真理,而是接近真理。物质的抽象,自然规律的抽象,价值的抽象等等,一句话,一切科学的(正确的、郑重的、不是荒唐的)抽象,都更深刻、更正确、更完全地反映着自然。从生动的直观到抽象的思维,并从抽象的思维到实践,这就是认识真理、认识客观实在的辩证途径。"[①]

《矛盾论》为研究和处理事物的各种矛盾提供了指南

长征胜利到达陕北后,毛泽东同志撰写了三篇重要的论文:《中国革命战争的战略问题》《实践论》以及《矛盾论》,从战略高度和哲学高度总结了长征、五次反"围剿"以及第一次和第二次国内革命战争

---

① 列宁.黑格尔《逻辑学》一书摘要[M]//列宁.哲学笔记.中央编译局,译.北京:人民出版社,1974:181.

的经验教训。它丰富了马克思列宁主义的唯物辩证法的理论体系,时至今日仍然具有深刻的指导意义。我们下面仅就毛泽东同志在《矛盾论》中的主要理论观点,阐述其对管理哲学与管理政策的指导意义。

毛泽东同志首先抓住了"矛盾"这个事物发展的本源,阐述了事物内部的矛盾性是事物发展的根本原因。他指出:"和形而上学的宇宙观相反,唯物辩证法的宇宙观主张从事物的内部、从一事物对他事物的关系去研究事物的发展,即把事物的发展看作是事物内部的必然的自己的运动,而每一事物的运动都和它的周围其他事物互相联系着和互相影响着。事物发展的根本原因,不是在事物的外部而是在事物的内部,在于事物内部的矛盾性。"[1] "唯物辩证法认为外因是变化的条件,内因是变化的根据,外因通过内因而起作用。"[2] 由此可见,抓住矛盾这个事物发展的本源,揭示事物内部的矛盾性,才能使管理政策在分析和解释企业管理问题时具有清晰的研究对象。

毛泽东进一步阐述了矛盾的普遍性与矛盾的特殊性的关系,并指出这是关于事物矛盾的精髓,不懂得它,就等于抛弃了辩证法。他说:"矛盾的普遍性和矛盾的特殊性的关系,就是矛盾的共性和个性的关系。其共性是矛盾存在于一切过程中,并贯穿于一切过程的始终,矛盾即是运动,即是事物,即是过程,也即是思想。否认事物的矛盾就是否认了一切。这是共通的道理,古今中外,概莫能外。所以它是共性,是绝对性。然而这种共性,即包含于一切个性之中,无个性即无共性。……一切个性都是有条件地暂时地存在的,所以是相对的。这一共性个性、绝对相对的道理,是关于事物矛盾的问题的精髓,不懂得它,就等于抛弃了辩证法。"[3] 可见,矛盾存在于一切过程中,并贯穿一切过

---

[1] 毛泽东.毛泽东选集(一卷本)[M].北京:人民出版社,1964:276.
[2] 毛泽东.毛泽东选集(一卷本)[M].北京:人民出版社,1964:277.
[3] 同前注,第294–295页。

程的始终这一概念，应当是管理政策洞察事物本质的独特视角。

毛泽东同志在《矛盾论》中最具独创性的观点之一是他关于主要矛盾和矛盾的主要方面的论述，这是与实践联系最紧密的辩证法理论，实践中最容易在此问题上迷失方向。他指出："在复杂的事物的发展过程中，有许多的矛盾存在，其中必有一种是主要的矛盾，由于它的存在和发展，规定或影响着其他矛盾的存在和发展。"[1]"研究任何过程，如果是存在着两个以上矛盾的复杂过程的话，就要用全力找出它的主要矛盾。捉住了这个主要矛盾，一切问题就迎刃而解了。……万千的学问家和实行家，不懂得这种方法，结果如堕烟海，找不到中心，也就找不到解决矛盾的方法。"[2]可见，全力找出事物的主要矛盾和主要矛盾的主要方面，是厘清事物复杂的矛盾关系的方法，是人们摆脱矛盾交织的困境的出路。

《矛盾论》结合实践清楚地阐述了矛盾的同一性这一最抽象又最实际的概念，为如何处理矛盾的对立统一及向对立面的转化提供了指导。毛泽东同志指出："同一性、统一性、一致性、互相渗透、互相贯通、互相依赖（或依存）、互相联结或互相合作，这些不同的名词都是一个意思，说的是如下两种情形：第一，事物发展过程中每一种矛盾的两个方面，各以和它对立着的方面为自己存在的前提，双方共处于一个统一体中；第二，矛盾着的双方，依据一定的条件，各向着其相反的方面转化。这些就是所谓同一性。……一切矛盾着的东西，互相联系着，不但在一定条件之下共处于一个统一体中，而且在一定条件之下互相转化，这就是矛盾的同一性的全部意义。"[3]显然，只有深刻理解矛盾的同一性，才可能克服认识事物的片面性，掌握推动事物发展的内在力量。

---

[1] 毛泽东. 毛泽东选集（一卷本）[M]. 北京：人民出版社，1964：295.
[2] 同前注，第297页。
[3] 同前注，第301–302页，第304页。

《矛盾论》指出，辩证法的叙述和研究方法，应当从现代社会的最简单、最基本、最常见的关系中，揭示一切矛盾的萌芽。毛泽东引述列宁的话："马克思在《资本论》中，首先分析的是资产阶级社会（商品社会）里最简单的、最普通的、最基本的、最常见的、最平常的、碰到过亿万次的关系——商品交换。这一分析在这个最简单的现象之中（资产阶级社会的这个'细胞'之中）暴露了现代社会的一切矛盾（以及一切矛盾的胚芽）。往后的叙述又向我们表明了这些矛盾和这个社会各个部分总和的自始至终的发展（增长与运动两者）。"列宁说了上面的话之后，接着说道："这应该是一般辩证法的……叙述（以及研究）方法。"① 这一研究方法和研究路线，为管理政策研究企业的生命周期现象，即从企业的最初形态，也就是创业开始，到企业的成长、成熟、停滞甚至衰退的过程，揭示其中的规律，研究重振辉煌的变革举措，提供了叙述和研究的结构。

吸收中国古代哲学中的辩证思想丰富管理政策研究

黑格尔《逻辑学》一书中阐述的逻辑严密的辩证法与中国先秦哲学作品《道德经》和《庄子》中阐述的朴素的辩证法，都是管理政策研究的方法论。这体现了哲学上的中西结合，缺少任何一个方面，都不具普遍性，是存在结构缺陷的。

《道德经》的辩证思想贯穿全书，我们在此仅试举几例。

老子云："道可道，非常'道'；名可名，非常'名'。'无'，名天地之始；'有'，名万物之母。"

任继愈说："老子的哲学在先秦哲学中的巨大贡献之一就是'无'与'有'一对范畴的初次被认识。老子的'道'是常'无'、常'有'

---

① 毛泽东. 毛泽东选集（一卷本）[M]. 北京：人民出版社，1964：282-283.

的统一。老子所说的'无'是含藏着无限未显现的生机,'无'乃蕴含着无限之'有'的。"①

老子云:"天下万物生于'有','有'生于'无'。"

老子的"无"与"有"的范畴与黑格尔的"有"与"无"的范畴是有区别的,而且在老子所处的时代,不可能建立像黑格尔的《逻辑学》那样的哲学体系,但它仍然促使我们用"有"与"无"的概念去思考。什么是企业的"有"?什么是企业的"无"?笔者的观点是,实物形态是企业的"有",精神形态是企业的"无"。比如,创业是从哪里开始的?企业家要证明自己的价值的欲望,企业家的人生追求、核心价值观,早在创办企业之前就存在了,它是企业的"无",也就是企业的"质",它决定了企业是个什么企业,决定了企业间的差异。这对于我们追溯企业成败的源头是一个很重要的思路。

老子云:"有无相生,难易相成,长短相形,高下相盈,音声相合,前后相随,恒也。"②

王安石说:"夫善者,恶之对;善者,不善之反,此物理之常。"③我们认识到,世界上的事物总是成对地出现和存在,实际上这是事物本身的对立统一,在对立统一中相互作用和转化。故当看到事物的一面时,就要洞察其反面,以及向对立面转化的条件。

老子云:"三十辐,共一毂,当其无,有车之用。……故有之以为利,无之以为用。"

"有"给人便利,"无"发挥了它的作用。依王弼的注释是:"有"所带给人的便利,只有当它和"无"相配合时才能显示出来(有之所以为利,皆赖无以为用也)。④

---

① 陈鼓应. 老子注译及评介 [M]. 北京:中华书局,1984: 64.
② 同前注,第 55 页。
③ 同前注,第 64 页。
④ 同前注,第 103 页。

老子云："将欲歙之，必固张之；将欲弱之，必固强之；将欲废之，必固兴之；将欲取之，必固与之，是谓微明。"

《史记·管晏列传》云："故曰知与之为取，政之宝也。""将要合起来，必先张开来"（将欲歙之，必固张之），即在事物发展的过程中，张开来是闭合的一种征兆。老子认为事物处在不断对立转化的状态，当事物发展到某一个极限的时候，它必然会向相反的方向运转。好比花朵盛开的时候，它就要萎谢了。①

老子云："反者'道'之动；'弱'者'道'之用。天下万物生于'有'，'有'生于'无'。"

车载说："什么叫作'反者道之动'呢？反有两个含义：一指对立面的关系说；另一指对立面复归于统一的关系说。前者说明相反的含义，后者说明转化的含义。两者都能产生推动道的作用。老子处处从对立面的关系里观察事物。以相反相成的道理来说明对立的关系。有无、难易、长短、高下、前后等等，都是由于有了相反的方面才能存在的。对立面是推动事物的力量。对立面的关系不但存在着相反的含义，而且存在着转化的作用。这种重视对立物的相互影响、相互渗透、相互转化的见解，是辩证思想较高的运用。"②

老子云："祸兮，福之所倚；福兮，祸之所伏。"

冯友兰说："对立面必须在一定的条件下，才互相转化，不具备一定的条件，是不能转化的。祸可以转化为福，福也可以转化为祸，但都是在一定的条件下才是如此，例如主观的努力或不努力等，都是条件。"童书业说："老子至少已经知道矛盾统一的规律，相反的东西是可以相成的。……同时他又知道相反的东西可以互相转化，例如'美'可以转成'恶'，'善'可以转成'不善'。因为每件东西之中，都包含

---

① 陈鼓应. 老子注译及评介 [M]. 北京：中华书局，1984：205.
② 同前注，第 223 页。

有否定本身的因素。……这种观察事物的辩证方法，是老子哲学上的最大成就。"[1]

有无相生的思想，相反相成的思想，事物中蕴含着对立面的思想，"反者道之动"的事物向对立面转化的思想，从事物的现象观察事物变化征兆的方法，这些都是利用矛盾推动事物发展的辩证法，也是管理政策可以从中国哲学思想中汲取的丰富营养。

本书关注的许多管理矛盾，都已经被不同的学者从各自专业的角度研究过了，这就产生了一个问题：既然如此，我为什么还要研究？首先，传统的管理学虽然大量吸收了微观经济学、心理学、运筹学等学科的理论和方法，但只是面向企业的中、基层管理者和专业人员建立的管理理论和方法体系，尚缺乏面向企业高层管理者的管理理论体系，我将其称为管理政策的理论体系。其次，尚没有人从矛盾及其对立统一的观点对管理政策及其制定思路做过系统的研究。再有，据我观察，企业家，尤其是获得了巨大成功的企业家，虽然他们在运用辩证法思考和处理管理矛盾，但他们更多运用的是他们的直觉，也就是基于过去的经验和知识处理管理矛盾，尚缺乏处理管理矛盾的理论和方法。我试图从实践与理论结合的角度，对诸多的管理矛盾进行分析，总结处理这些矛盾的政策选择，上升到理论，给企业家和企业的高层管理者提供新的思维方式。

本书按认识的逻辑与历史的演进的一致性，按企业发展是一个螺旋式上升的过程安排全书的结构。

让我们开始对这个内涵极其丰富、极富挑战性的主题的讨论吧。

---

[1] 陈鼓应. 老子注译及评介 [M]. 北京：中华书局，1984：290.

第一篇

创 业

人为什么要创业？创业以生存为先还是以扩张为先？企业是什么？它为什么能存在？创业企业靠什么吸引和凝聚人才？促使创业成功的核心价值观为什么是企业转型时重新认识自己的源头？

马克思指出："物质的原始形式是物质内部所固有的、活生生的、本质的力量，这些力量使物质获得个性，并造成各种特殊的差异。"[1] 这段话再好不过地说明事物原始形式的重要性。对于企业也是如此，追踪其在创业阶段形成的固有的、充满活力的、本质的因素，是解释其与众不同之处的根源。

列宁指出："开端在自身中包含着'无'和'存在'[2]，它是二者的统一；正在开始的东西还不存在，它只是走向存在。"[3] 对于新创企业，什么是它的"无"，什么是它的"有"？从创业的物质形态来看，创业是从创立一个实体组织开始的，也就是从"有"开始的；而从精神层面来看，创业者的深层动机先于实体组织存在于创业者的思维里，是创业的"无"；从这个意义上说，创业又是从"无"开始的，是从"无"到"有"。创业自身包含着"无"和"有"，是二者的对立统一，这个观点对理解创业很关键。

创业具有偶然性的一面，试图以必然性来解释所有创业行为，那就误入歧途了。黑格尔提醒我们："我们必须预先提防，不要被寻求理性知识的善意的努力所错引，想要对于具有显著的偶然性的现象界，去指出其必然性，或如一般人所常说的，想要对于现象界予以先验的构造。"[4]

按照认识的逻辑与历史的一致性的观点，创业阶段的哪些价值观、行为方式、基本矛盾和管理政策会对企业后来的发展产生深远影响？如果我们把企业的发展看作一个螺旋式的过程，那么，创业阶段的哪些价值观和行为模式具有使企业的发展回归原点的价值？

---

[1] 马克思，恩格斯. 神圣家族[M]// 马克思，恩格斯. 马克思恩格斯全集：第2卷. 北京：人民出版社，2006：163.
[2] 又译为"有"。——笔者注
[3] 列宁. 黑格尔《逻辑学》一书摘要[M]// 列宁. 哲学笔记. 中央编译局，译. 北京：人民出版社. 1974：104.
[4] 黑格尔. 小逻辑[M]. 贺麟，译. 北京：商务印书馆，2014：304.

第 1 章 理性与欲望

合抱之木，生于毫末。
——老子《道德经》，第六十四章

列宁指出："矛盾确是一切运动和生命力的根源；某物只因为在本身之中包含着矛盾，所以它才能运动，才有冲动和活动。"[1] 同样，创业也是因为其本身包含着矛盾，才有创业冲动和活动。而创业本身包含的原始形式的矛盾是什么呢？我们必须打开这个内在世界，否则无法解释企业家的创业冲动和活动，无法解释企业在后来的发展中哪些是不断变化的，哪些是不变的，甚至无法解释为什么一些企业成功了，而另一些企业失败了。

哲学家冯友兰认为，每个人行为的原动力只能是个人冲动及欲望，这是不可选择人人一样的自然本性，所以是无所谓善恶的："活动的原动力是欲……人皆有欲，皆求满足其欲。种种活动皆由此起。"[2] 创业作为企业家发起的重新组合生产要素以创造出新的效用的一种活动，解

---

[1] 列宁.黑格尔《逻辑学》一书摘要[M]//列宁.哲学笔记.中央编译局，译.北京：人民出版社，1974：145.
[2] 王海明.人性论[M].北京：商务印书馆，2005：89.

释其动机也应从欲望入手。人的欲望是受到外部环境和自身能力的限制的,欲望如果不受限制任其发展一定会自我毁灭。认识到欲望的受限制,就是理性。但创业是一种冒风险的活动,光靠理性不可能规避所有的风险,何况理性也是有限的,它受到不完全信息和信息处理能力的限制。所以,仅有理性是创不了业的,创业还需要勇气。勇气从何而来?勇气来自欲望和自信。这样,我们又回到了欲望。可见,理性与欲望是一对基本矛盾,是一对原始形式的矛盾,它不仅存在于创业决策中,而且是企业家面对企业成长的诸多矛盾、挑战和风险进行决策的心理机制,它是一个源头,企业家决策的正确与失误都可以追溯到这对矛盾。所以,我们有必要先来讨论它。

萧伯纳(George Bernard Shaw)说:"理性的人适应环境,不理性的人则试图让环境适应他们,因此所有的进步都是不理性的人努力的结果。"[1]

1.1

创业是从什么开始的?

创业是从创立企业开始,还是在创立企业之前就开始了?

万物生于"有","有"生于"无"

创业作为企业的开端,看起来是从"有"开始的。"有"是创业的实物形态,白手起家,创办企业,哪怕是从工商局拿到注册的营业执照,也是一种"有"。列宁说得好:"在自然界和生活中,是有着'发展

---

[1] 爱迪思. 企业生命周期[M]. 王玥, 译. 北京: 中国人民大学出版社, 2017: 34.

到无'的运动。不过'从无开始'的运动,倒是没有的。运动总得是从什么东西开始的。"[1]那创业是从什么东西开始的?如果我们问企业家:世上有那么多的职业供你选择,你为何选择创业呢?有的企业家会说是为了赚更多的钱而不是年复一年地挣那点儿固定工资;有的企业家是忍受不了整天在别人的支使下做事情,他要独立自主;有的企业家是为了改善自己和家庭的窘困境遇……至少我们看到,从创办企业组织这种实物形态上来看,创业确实是从"有"开始的;但是从观念形态上来看,也就是从创业的动机和理念来看,创业是从"无"开始的。这个"无"是一种精神,是价值观,存在于企业家的头脑中,存在于由过去的经历形成的意识中,存在于企业家的性格中,更深一步地说,存在于企业家的欲望中。它体现为企业家思维的理性与欲望的矛盾和冲突。创业的这个"无"是真正需要探讨的东西,因为这个潜在的"无"是相对固定而影响深远的。

那么,创造了伟大企业的企业家,在最初的创业阶段是否就怀揣宏伟的志向呢?换言之,企业家的志向和野心是在创办和发展企业的过程中逐渐形成的,还是在创业之前就已经蕴含在其个性和欲望中的?这是创业的"无"与"有"矛盾的另一个令人感兴趣的问题。黑格尔指出:"我们必须明白肯定地说,如果历史上的英雄仅单凭一些主观的形式的兴趣支配行为,那么他们将不会完成他们所完成的伟大事业。如果我们重视内外统一的根本原则,那我们就不得不承认伟大人物曾志其所行,亦曾行其所志。"[2]显然,在黑格尔看来,我们说的创业是"无"与"有"的对立统一,但伟大企业的创始人是如何在其创业时就"曾志其所行,亦曾行其所志"的?我们从伟大企业家的自传中很少能找到这样

---

[1] 列宁.黑格尔《逻辑学》一书摘要[M]//列宁.哲学笔记.中央编译局,译.北京:人民出版社,1974:138.
[2] 黑格尔.小逻辑[M].贺麟,译.北京:商务印书馆,2014:295.

的证据。当然，这不会削弱我们探索这一问题的兴趣。我们之所以对企业家创业的"无"感兴趣，是因为它是企业之间差异的源头，对于企业之后的发展具有深远意义。我们在伟大企业家的自传中虽然没有看到他创业的宏伟志向，但我们看到了塑造伟大企业家意识和性格特质的影响因素和过程，这些早在一个人的青少年时期甚至幼年时期就存在了。那么这个创业的"无"是什么呢？

我们仅以蝉联多年《财富》世界500强第一位的世界最大的零售企业沃尔玛的创始人萨姆·沃尔顿（Sam Walton）创业前的经历为例。下面的材料选自萨姆·沃尔顿的自传《富甲美国》一书。[①]

萨姆·沃尔顿价值观的形成

萨姆·沃尔顿1918年出生在俄克拉何马州的金菲舍镇。父亲做过保险代理人和不动产经纪人，萨姆说他的父亲是他生平见过的最善于讨价还价的人，父亲对他的教育是绝不乱花一分钱，这使得萨姆即使把企业做到了世界领先，但始终对一个美元的价值怀有一种强烈的、根深蒂固的珍重态度。萨姆始终认为，沃尔玛公司的存在是为顾客提供价值，这意味着除了提供优质服务之外，还必须为他们省钱。每当为顾客节约了一美元时，那就使自己在竞争中领先了一步。不过父亲从未有过创建自己的事业的那种雄心和信心。

萨姆说他不知道什么原因会使一个人变得雄心勃勃，但是事实是他从呱呱坠地起就天生带有过多的冲动和野心。他的母亲对她的子女怀有极大的抱负，并培养她的子女对实干始终有一种强烈的偏爱，这成为沃尔玛公司传奇中一个主要部分的一种特征。当他读大学二年级时，就下定决心要当学生会主席。萨姆说他早

[①] 参阅沃尔顿，休伊.富甲美国：零售大王沃尔顿自传[M].沈志彦，等译.上海：上海译文出版社，1996：9—21.

就领悟了要成为校园领导的许多秘诀之一：对人行道上对面走来的任何人在对方开口之前先主动向对方打招呼。

萨姆说他在小学五年级时就开始参加球队，学习如何协同作战。在高中他当过学生会主席，是许多俱乐部的积极分子——他尤其是在演说俱乐部被推选为多才多艺的男生。

自从萨姆读高中起，他就一直是自己赚钱买自己所穿的衣服。这种情况一直持续到上大学，大学期间他还用自己赚来的钱支付学费、饭钱、联谊会会费和交女朋友的花费。

萨姆的妻子海伦·沃尔顿在说到她为什么接受了萨姆的求婚时特别提到，她总是告诉她的父亲，自己要嫁一个精力旺盛、干劲冲天、有追求成功的强烈欲望的人。

要成为一个领导者的强烈欲望，在球队中显示出的竞争的欲望、强烈的求胜心和协作精神，不放过任何一个出人头地的机会，在演说俱乐部中培养自己的鼓动和号召能力，对独立和经济自立的渴望和从点滴做起的赚钱实践，以及干劲冲天和踏实的工作作风，这些是成功的企业家早期经历和体验的共同特征。创业前的经历实际上是企业家领导力的养成过程。

熊彼特关于企业家的创业动机的假设

作为一个领导者，其人生目标背后的心理诉求是什么？企业家追求什么？对此，经济学家约瑟夫·A.熊彼特（Joseph Alois Schumpeter）有一个入木三分的概括，即他对企业家创业动机的假设[①]：

---

① 熊彼特. 经济发展理论 [M]. 何畏, 等译. 北京：商务印书馆, 1997: 103–104.

这自然不能证明不存在享乐主义的动机。然而它指出了另一种非享乐主义性质的心理学，特别是当我们考虑到对享乐主义的享受无动于衷时，这种淡漠在这一类型的人的突出代表者身上常常是很显著的，而这也是不难理解的。

首先，存在有一种梦想和意志，要去找到一个私人王国，常常也是（虽然不一定是）一个王朝。现代世界实际上并不知道有任何这样的地位，但是工业上或商业上的成功可以达到的地位仍然是现代人可以企及的最接近于中世纪的封建贵族领主的地位。对于没有其他机会获得社会名望的人来说，它的引诱力是特别强烈的。权力和独立的感觉，并不由于这两者主要是一种梦幻而有丝毫的损失。更仔细的分析将会引导到发现在这一类动机中有无穷的变种，从精神上的野心到只是趋炎附势。

其次，存在有征服的意志，战斗的冲动，证明自己比别人优越的冲动，求得成功不是为了成功的果实，而是为了成功本身。从这方面看，经济行动变得和体育运动很相似——有着金钱上的竞赛，或拳击比赛。金钱上的输赢是次要的考虑，或者无论如何，只是作为成功的指标和胜利的象征才受到重视。……它同上面所描写的"需要的满足"有本质的不同，换句话说，即同"享乐主义的适应"有本质的不同。

最后，存在有创造的欢乐，把事情办成的欢乐，或者只是施展个人的能力和智谋的欢乐。这种类型的人以冒险为乐事。这一类动机，在三类之中，是最明白不过地反享乐主义的。

只在第一类动机中，作为企业家活动的结果的私有财产，才是使得这种活动起作用的必要因素。而在其他两类中则不是。金钱上的收益的确是成功的一个非常精确的表现。

熊彼特在企业家的创业动机假设中特别提到，创业是企业家寻求快乐的冲动和活动。心理学家弗洛伊德也指出:"在个人发展过程中,循由快乐原则而追求幸福,是持久的主要目的。"[①] 创业必是一种快乐,即使历经拼搏、失败、磨难,也乐此不疲。

创业作为企业家的一种理性和欲望结合的行为,虽然更多地表现为观念对行动的驱动,但观念还是来自实践,来自企业家的存在。必须从思维与存在的关系中解释创业行为。企业家对创业的雄心和认识,也只有从实践中来,否则就容易落入唯心主义。所以,创业的"无"和"有"的矛盾,创业的动机和欲望,以及创业的领导力,都是在创业之前就逐步养成的。没有"无"就没有"有",而没有"有","无"就无从依附,或是选择其他的人生道路。

因此,在选择创业之前就有意识地培养自己的领导力,是创业成功的关键。

从企业家创业的最初行为中能预见到什么?企业家的创业初衷对企业的成长会产生什么潜移默化的影响?能否认为企业家的创业初衷既促进了创业的成功,又制约着企业最终的发展?

我们的观点是,企业从哪里来,影响甚至决定了企业往哪里去。

1.2

理性与欲望

创业是企业家的理智还是冲动?"理智无力,欲无眼。"离开了理智的欲望是无目的的,而理智不过是欲望、感情的眼睛,不过是用来指导实现欲望和感情的受端而已。哲学家王海明先生认为:"理智只能

---

① 王海明. 人性论 [M]. 北京:商务印书馆,2007:114.

叫人知道某件事情该做,某件事应该怎样做,却不能叫人去做事,能叫人去做事的,只有感情。"而"最基本的感情,非欲望莫属"①。理智无力,也就是光凭理智不会产生创业的冲动,冲动来自欲望,创业是一种冒风险的活动,没有强烈的欲望是不会承担创业的不确定性和风险的。

利润来自不确定性,办企业犹如"火中取栗"

办企业是要赚钱的,钱来自利润和现金流,那么,利润又从何而来呢?

弗兰克·H. 奈特(Frank Hyneman Knight)在其《风险、不确定性与利润》一书中指出:"对于发明创造、发现新资源等活动,一旦这些活动失去了投机特性,那么,针对这些活动的回报与其他任何种类的生产性行为产生的工资、利息以及租金并无二致。如果在相同的竞争性市场,这些回报数量上相等,决定方式相同,简而言之,它们将仅仅是工资、利息和租金,而不是利润。……只有当变化及变化的后果在本质上不能预期时,动态变化才能够产生特殊形式的收入。"②

奈特给风险的定义是:可度量的不确定性。他说:"可度量的不确定性,或者严格地说'风险'(我们就这么使用这个术语),与不可度量的风险有天壤之别,前者实际上不能算不确定性。我们严格将'不确定性'限定在不能量化处理的那一类。这种'真正的'不确定性,而不是风险,形成了合理的利润理论之基础,也能够解释实际竞争和理论竞争之间的差异。"③

奈特继续写道:"不过我们目前最重要的任务,是研究无法度量也无法消除的不确定性。正是这种真正意义上的不确定性,阻碍着理论

---

① 王海明. 人性论[M]. 北京:商务印书馆,2005:60.
② 奈特. 风险、不确定性与利润[M]. 郭武军,刘亮,译. 北京:华夏出版社,2011:30.
③ 同前注,第16页。

上的竞争趋势达臻完成,从而赋予了整个商业组织'企业家职能'这个独一无二的形式,并揭示了企业家的特殊收入。"[1]

利润是企业在收入扣除了物料成本、工资、费用、税金后的剩余收益(Residual Income,RI)。收入是来自顾客的,物料成本和费用是给供应商、合作伙伴的,利息是给贷款人的,工资是给员工的,税金是给政府的,只有剩余收益也就是利润才是属于企业家和投资人的。所以,这么多利益相关者参与利润的形成,使得剩余收益的获取带有极大的不确定性和风险。那企业家为何乐此不疲呢?为什么芸芸众生不都去做企业家呢?

欲望与勇气

哈罗德·德姆塞茨(Harold Demsetz)指出:"奈特就像他在论述各种社会制度的著作中常常做的那样,也是把自己对企业问题的观点建立在关于人的本性假定或推断之上,在这种情况下,成为企业家的那些人,其本性就不同于非企业家,他们更敢于直面风险而不回避风险。"[2]

既然企业的利润来自不确定性,即无法预测的风险,那企业家创业靠什么呢?显然要靠勇气。心理学家阿尔弗雷德·阿德勒(Alfred Adler)说:"人会成功,凭借的是勇气。"[3] 面对不确定性,创业需要极大的勇气。勇气何来呢?勇气来自欲望,与信心几近同义。正如奈特所说:"我们根本无法将信心和冒险精神分开。这两种禀赋近乎同出而异名,殊途同归。"[4] 人的欲望又从何而来呢?哲学家王海明指出:"研究表

---

[1] 奈特.风险、不确定性与利润[M].郭武军,刘亮,译.北京:华夏出版社,2011:175.
[2] 德姆塞茨.所有权、控制与企业——论经济活动的组织:第一卷[M].段毅才,等译.北京:经济科学出版社,1999:305.
[3] 阿德勒.人做得到任何事:阿德勒心理学讲义[M].吴书榆,译.北京:北京时代华文书局,2018:194.
[4] 同[1],第202页。

明人的一切需要和欲望最终便是在生理需要的基础上产生的，都是生理需要相对满足的产物：生理需要和欲望是引发人的一切需要和欲望的始源，因而也就是产生人的一切行为目的的最终原因，是引发人的一切行为的原动力。"①

如果企业家冒不确定的风险创业成功了，那一定会更加增强他面对风险的勇气和自信，会使他更具冒险精神。这种在创业中形成的企业家的思维定式会影响到他在成长阶段的重大决策，直到遭遇重大挫折或失败才会通过反思形成教训，从而在理性与欲望之间建立新的平衡。所以，一个人吃过苦，经受过磨难，遇到过挫折，犯过轻率决策的错误，从中得出的经验和教训会使他养成正确的思维习惯和直觉，增强他的勇气和自信，这对他成功创业是非常有益的。

奈特认为："在个人的禀赋和能力中，我们至少能找到五个基本变数：（1）感知事件的未来进程，并对之形成准确的判断，个人的能力在这方面存在差异；（2）判断解决方法、分辨和计划相应的步骤和调整的能力，个人采取这些行动的能力也相差悬殊；（3）执行计划，并做出必要而有用的调整，这方面的能力也各不相同；（4）信心程度，一是形成判断时的信心程度，二是对自己执行能力的信心程度；（5）意志态度（conative attitude）是针对某种情况的意志态度，是在一定信心下做出判断的基础。"②

洞察力、判断力、执行力、自信心、意志力，这些都是领导力的要素，所以，从领导力要素角度考察企业家的素质，与政治家和军事家的素质没有本质的区别。正如司马迁在《史记·货殖列传》中引述的战国时代巨商白圭的话："吾治生产，犹伊尹、吕尚之谋，孙吴用兵，商鞅行法是也。是故其智不足与权变，勇不足以决断，仁不能以取予，

---

① 王海明．人性论[M]．北京：商务印书馆，2005：86．
② 奈特．风险、不确定性与利润[M]．郭武军，刘亮，译．北京：华夏出版社，2011：182．

强不能有所守，虽欲学吾术，终不告之矣。"[1]

运用理性

创业决策的关键是在激情和勇气高涨时保持理性。

创业是从发现一个商业机会入手的。创业机会大体上有两个来源：一种是顾客未被满足的潜在需求，一种是顾客未被很好满足的现实需求。发现机会是靠直觉还是靠分析呢？实践表明，即使是凭直觉发现的机会，也是可以运用理性进行分析的。机会是有因果逻辑在里面的。所以，企业家在选择创业机会时应当充分运用理性。这方面，京东集团首席执行官刘强东就明确秉持机会选择原则。他认为：

> 我做生意有个原则：如果行业很完美，几乎看不出来这个行业还有什么问题，京东是从来不碰的，因为这意味着对你来说几乎没有机会。如果你发现一个行业太乱、太糟糕，简直可怕，那就是巨大的机会，一定要进去，因为你的商业模式只要能够解决问题，就一定能够获得成功，这是我的思维观念。

彼得·F.德鲁克（Peter Ferdinand Drucker）在《创业精神与创新》一书中认为，创新机会是可以通过系统性的分析发现的。他归纳了七种创新机会的来源，这些创新机会同时也是宏观意义上的创业机会，它们是：

- 意想不到的事情。首先是意想不到的成功，利用意想不到的成功提供的机会需要分析。意想不到的成功是一种征兆，但究竟是什

---

[1] 司马迁. 史记·货殖列传 [M]. 北京：中华书局，1959：3259.

么征兆？其次是意想不到的失败，如果在精心设计、审慎计划、严密执行的情况下仍然遭到失败的话，这个失败极可能预示着潜在的变化和随之而来的机会。最后，是意想不到的外部变化。

- 不协调的现象。当实际情况与人们的主观判断通常认识不一致或相矛盾时，不协调的现象就产生了。
- 过程中的需要。与其他创新机会来源不同的是，它不是以周围的环境为核心，而是以工作为核心，它是完善现有的工作过程，替代原来的薄弱环节，运用新知识重新设计老的生产过程。
- 产业与市场结构的变化。实际上，市场与产业结构是相当脆弱的。有时只要轻轻一击，就会迅速解体。一旦这种情况发生，产业中的每个成员必须立即响应，如果还按原有的方式经营企业，往往会带来灾难，而且很可能是没顶之灾。然而，市场和产业结构的变化也正是创新的大好机会。
- 人口变动。在所有外部变化中，表现最明显的是人口变动，其定义包括人口规模、年龄结构、组成成分、就业情况、教育程度和收入等方面的变化。人口变动对消费品、消费者和产品质量都有巨大的影响。
- 观念的转变。在数学上，"半满的杯子"与"半空的杯子"是没有区别的。但是，这两种描述的含义是完全不同的，因而产生的结果也不同。如果我们的观念从视杯子为"半满"转为"半空"，就会发现许多创新机会。
- 新的知识。知识性创新是创业精神的"超级明星"，人们通常所说的创新即是指此而言。当然，这里所说的知识并不局限于科学或技术的范围。以知识为基础的社会创新具有相同甚至更大的影响。[1]

---

[1] 参阅德鲁克.创业精神与创新[M].柯政，译.北京：工人出版社，1989：43-172.

德鲁克关于创新机会的来源是可以通过系统分析发现的观点，主要针对的是大的变化带来的商业机会，其中洞察产业和市场需求演变的必然性和大趋势在捕捉商业机会中起着重要作用。当然，我们也应当看到，创业也具有偶然性的一面，试图以必然性来解释所有创业的理性选择，那就误入歧途了。黑格尔提醒我们："我们必须预先提防，不要被寻求理性知识的善意的努力所错引，想要对于具有显著的偶然性的现象界，去指出其必然性，或如一般人所常说的，想要对于现象界予以先验的构造。"[①]

赫伯特·西蒙指出："就目前所知，解决结构不明的问题的根本过程与解决结构明晰问题的根本过程没有什么不同。然而有些论点刚好相反，这些论点认为，结构不明的问题的解决过程包括'直觉''判断'甚至'创造性'过程，这些过程与结构明晰的问题解决过程中例行的普通逻辑分析过程有着本质的差异。我们可以从实证的角度对这种论点进行反驳。"[②]

笔者认为，在选择创业方向上应注重理性分析，从大的创业方向中选择创业入口，要凭观察、直觉并加上分析。选择创业方向就是做正确的事，做正确的事是创业中最重要的事，重要的事情不着急。

理性与勇气的结合

光靠理性是创不了业的，光靠勇气也不能保证创业的成功，创业成功依赖理性与勇气的结合。欲望是创业的源头驱动力。欲望产生勇气。

面对不确定性，理性得出的判断通常是保守的，所以仅有理性对于创业来说是不够的，还要靠欲望和勇气面对不确定性。没有欲望和

---

① 黑格尔. 小逻辑 [M]. 贺麟, 译. 北京：商务印书馆，2014：304.
② 西蒙 H A. 管理行为 [M]. 第 4 版. 詹正茂, 译. 北京：机械工业出版社，2004：117.

勇气的理性对创业来说毫无用处。

另一方面，欲望必须自我节制，要靠理性节制欲望的盲目性。不受节制的欲望最终会毁掉良好的创业开端。理性要与欲望结合，二者要取得平衡。

京东集团首席执行官刘强东的创业历程，就是一个理性与勇气结合的典型案例。我们下面摘录的是刘强东在英国牛津大学的演讲，这篇演讲在网络上被冠以"我人生的4个重要抉择是怎么做出的"[1]这个题目。

我人生的4个重要抉择是怎么做出的

当年我上人大的时候，家乡还很穷，全家和所有亲戚、朋友，还有全村的村民，凑了500块钱，还有所有的76个鸡蛋，都拿出来送给我，我就背着它们去了北京。到了学校之后，对于我来讲最大的挑战就是如何生存，因为我知道，家里面还有村里面再也不可能给我一分钱了，只有500块钱、76个鸡蛋，从此就要靠自己。

那个年代，在北京打工是很难的，没办法，我就跟很多同学一样去做家教，去学校食堂门口刷广告，第一年相对来讲虽然很辛苦，但是基本上能够生存。同时，在课外努力学外语，学计算机。

到大三的时候我就想，虽然打工赚很多钱，但只装电脑，这不是一个事业，只是可以赚点儿钱。经过详细分析，我觉得中国有十几亿人口，民以食为天，吃一定会成为未来二十年在整个中国不断发展的一个行业，所以我想开一家餐厅，希望有一天能够在中国开一万家餐厅，像麦当劳、肯德基。

---

[1] 刘强东在牛津大学的演讲，来源：https://zhuanlan.zhihu.com/p/38073837。

我在人民大学西门附近用几年打工积攒下的24万元盘下一家餐厅，由于管理疏漏，收银员、大厨、采购员勾结起来掏空企业，把我辛辛苦苦攒下的钱全亏光了。因为我在很年轻的时候是非常理想化的，对这件事情觉得很痛苦、很伤心，那种痛苦和伤心不是来自金钱的损失，更多的是对人性的某种失望。我认识到自己管理能力的极度欠缺，毕业后就进了一家日本公司，从电脑担当做起，到库管担当，再到销售担当，积累第一手的基层管理经验。两年后我离开了这家公司，那股劲就是不服气、不服输，激励自己要再去创业。

在日企工作了两年，把餐厅亏的钱还了，还剩12 000元钱，我就拿着这12 000元钱去中关村寻找创业机会，因为之前自学过电脑编程，想进入IT行业，就在中关村租了一个最便宜的柜台，开始做起了电脑生意。我很快发现，那个年代在中关村做生意的几乎都在骗，假冒伪劣商品横行，没有什么服务。于是我说一定要做到跟别人不一样。我1998年开的柜台，是中关村第一个明码标价的柜台，卖的全部都是正品行货，不卖假货、水货，客户来了之后不讨价还价，以非常公平的价格保证自己基本的利润。再就是服务好。来买电脑的客户大多没碰过电脑，我就现场教客户怎么用电脑。别人做一单生意可能三分钟、五分钟，钱收到了尽快打发走，而我在那有可能教他三四个小时，一个个教，所以生意很火。大概坚持了半年的时间，所有买电脑的，都认识了"京东多媒体"这个品牌。

后来生意开始扩张，租了一个门脸儿不够，两个、三个、四个……6年的时间，我在中国就有了12个IT连锁店面。那时候我就希望做连锁，因为看到国美、苏宁家电连锁的成功，我想IT连锁没人做，这应该也是能够成功的。

结果到了2003年，"非典"来了，因为不想让自己的员工感染上"非典",我把12个门店全部关掉,要求员工在家里不许出去。撑了四个月的时间,眼看着再撑下去京东就会面临第二次倒闭,绝地求生,最后逼出了电子商务。

到2003年年底的时候我做了一个分析,判断电子商务一定是零售的未来。因为6年线下传统的零售,让我知道零售最重要的三个关键点是前端用户体验、后端成本以及效率。到2003年的时候,虽然线上大概只有一两百人买我们东西,但成本比我们12个连锁店成本低了50%。因为我学过编程,我就开始用我有限的编程知识,分析出来客户对什么感兴趣。这样我就可以对我的库存做销售预测,做到精准库存,这样可以让库存周转天数更低,让整个零售链条的效率更高。

2004年的时候,公司全年的电商业务占了5%销售额,95%来自线下,90%的净利润来自线下12个店,线上只占净利润的10%。但是我做了我创业做电商以来第一次大的抉择。我坚持要把线下的店全关掉。那也是我的团队第一次动荡,那次前前后后有十几个兄弟走了,为什么?他们觉得没有希望,觉得老板疯了。线下连锁店这么好不做,要做什么线上?人们对未知的东西都会本能地充满恐惧。但是坚持做下来,证明整个京东的发展非常好。

2007年,我做了做电商之后第二次大的抉择,决定扩充品类。之前我们只做电子产品,我说要从一个只是卖IT、数码的垂直平台,做到全品类。结果投资人非常反对,她说:你看,在美国有一个NewEgg公司,在那个年代NewEgg一年净利润2 000万美元,销售额18亿美元。她说你就做成中国的NewEgg就行了,说你市值能值10个亿。但是我说:如果只是做一个垂直品类的话,那么京东永远是一个小公司,我不愿意停止,所以一定要扩充大的品类,将来可以做成100亿美元市值的公司。

管理政策 / 048

品类扩充与否，决定了京东是一个IT数码垂直小电商公司，还是一个超级大的平台，这是一个公司要面临的两个完全不同的走向，2007年的时候，我们决定做全品类的超级大平台。

我认为对的，即使所有人都反对我也要坚决去赌。

到2007年年底的时候，我们又面临第三次大的抉择，就是自建物流。2007年年底，我发现全年72%的投诉都来自物流，我们卖的产品太高值了，被偷窃调包的风险也大，所以说我一定要做物流。那个年代整个中国的物流行业效率低下，成本高，服务意识差。在中国，既然快递行业、物流行业没有一个像样的公司，那对于我来讲就是一个机会。

我做生意有个原则：如果行业很完美，几乎看不出来这个行业还有什么问题，京东是从来不碰的，因为这意味着对你来说几乎没有机会。如果你发现一个行业太乱、太糟糕，简直可怕，那就是巨大的机会，一定要进去，因为你的商业模式只要能够解决问题，就一定能够获得成功，这是我的思维观念。

当时就做物流，投资人又不看好。2008年的时候，几乎所有的投资人都反对。最后跟他们做了对赌：我说这个决策是我做出来的，如果将来亏了钱，我拿我的股份补偿给你们，如果赚了，大家按照股份比例，享受公司带来的相应的收益。

今天京东在中国大陆，已经管理了超过515个大型物流中心，我们的库存周转天数大概只有34天。这在零售行业也创造了一个奇迹。这就是我们自建物流带来的好处，用户体验、成本和效率都得到了。这也就是为什么去年京东物流独立，因为我们觉得不独立的话，大家只是想做集团内部的生意，服务好京东电商业务就可以了，我们希望京东物流，一定要为我们国家做出贡献，未来要成为全球化的供应链基础设施，不能只服务于京东，要服务于整个社会。

最后给大家总结一下，我永远不知道怎么去成功，我也永远没法教你们如何成功。但是我可以告诉各位同学，如果你真心想成功，不用恐惧，不用迷茫，你只需要每天保持向前，一直向上，永不停止，那么你的梦想终究能够实现。谢谢大家！

从刘强东的演讲中我们可以得到什么启示？

第一，创业的理性选择只能是一种方向性的选择，它是忽略细节的。企业家的勇气和直觉关注的是机会，是目标，而不是风险。刘强东的第一次创业选择的是餐饮行业，这是从他的直觉和改变窘迫的生存状况的强烈欲望出发的。当然其中也有理性，即认为"民以食为天"，中国有十几亿人口，餐饮业一定会成为未来二十年整个中国不断发展的一个行业。而他想开一个餐厅，希望有一天能够在中国开一万家餐厅，像麦当劳、肯德基，这是他野心和抱负的流露。这种野心更使他勇气倍增。

第二，理性选择虽然有助于做正确的事，却不能保证正确地做事，也就不能保证创业的成功。创业的成功还在于创业管理。刘强东第一次创业失败后，进入一家日本企业，从基层做起，就是在夯实自己的管理能力。那么，什么是创业管理？笔者归纳了它的 5 个特征。[1]

- 特征一：创业管理是"以生存为目标"的管理方式。新事业的首要任务是从无到有，把自己的产品或服务卖出去，掘到第一桶金，从而在市场上找到立足点，使自己生存下来。在创业阶段，生存是第一位的，一切围绕生存运作，一切危及生存的做法都应避免。最忌讳的是在创业阶段提出不切实际的扩张目标，盲

---

[1] 黄卫伟. 创业管理是经理人的基本功 [J]. 中国企业家，2003（3）.

目铺摊子、上规模，结果只能是"企而不立，跨而不行"。那么什么是生存的来源呢？只有赚钱。赚钱是企业生存的唯一来源，赚钱是创业管理的首要目标。在创业阶段，亏损，赚钱，又亏损，又赚钱，可能要经历多次反复，直到最终持续稳定地赚钱，才算是度过了创业的生存阶段。把持续赚钱作为唯一标志，还因为只有开始持续地赚钱，才能证明新事业探索到了可靠的生意模式（business model，又译商业模式），因此才有了追加投资的价值。从投资回报的角度来看，新事业新在哪里？不是新在技术上，不是新在产品上，而是新在生意模式上，也就是新在满足顾客需求、创造价值和赚钱的不同方式上。新事业要超越已有的竞争对手，一定要探索到新的成功的生意模式，这是创业管理的本质所在。在没有找到可靠的生意模式之前就大量投资，是风险投资在 .com 公司上损失惨重的原因。

- 特征二：创业管理是"主要依靠自有资金创造自由现金流"的管理方式。现金对企业来说就像是人的血液，企业可以承受暂时的亏损，但不能承受现金流的中断，这也是笔者为什么强调"赚钱"而不是"盈利"的原因。自由现金流一旦出现赤字，企业将发生偿债危机，可能导致破产。企业在创业阶段，由于融资条件苛刻，只能主要依靠自有资金运作来创造自由现金流，所以管理难度更大。创业管理要求企业家必须锱铢必较，千方百计增收节支，加速周转，控制发展节奏。

- 特征三：创业管理是充分调动"所有的人做所有的事"的团队管理方式。新事业在初创时，尽管建立了正式的部门结构，但很少有按正式组织方式运作的。典型的情况是，虽然有名义上的分工，但运作起来是哪里急、哪里紧、哪里需要，就都往哪里去。这看似"混乱"，实际是一种高度"有序"的状态。每个人都清楚组织的目标和自己应当如何为实现组织目标做贡献，没有人计较得失，没有人计较越权或越级，相互之间只有角色的划分，没有职位的区别，这才叫作团队。这种运作方式培养出团队精神、奉献精神和忠诚，成为企业文化的基因。

- 特征四：创业管理是一种"经理人亲自深入运作细节"的管理方式。经历过创业的经理人大都有这样的体验：曾经直接向顾客推销过产品，亲自与供应商谈判过扣点，亲自到车间里追踪过顾客急要的订单，在库房里卸过货、装过车，跑过银行，催过账，策划过新产品方案，制订过工资计划，被经销商骗过，让顾客当面训斥过，等等。这才叫创业，要不一切怎么会从无到有？由于对经营全过程的细节了如指掌，才使得生意越做越精。"细节是魔鬼"，生意不赚钱，就是因为在细节上下的功夫不够。

- 特征五：创业管理是彻底奉行"顾客至上，诚信为本"的管理方式。创业的第一步，就是把企业的产品或服务卖给顾客，这真是一种惊险的跨越，如果不是顾客肯付钱，怎么收回成本？更不要说利润。企业是发自生存的需要把顾客当作衣食父母的。经历过创业艰难的企业家，一生都会把顾客放在第一位，可以说是铭心刻骨。再有，谁会借钱给没听说过的企业？谁会买没听说过的企业的东西？谁会加入没听说过的企业？企业靠什么迈出这三步？靠的是诚信，也只有靠诚信。诚信是立业之本。所以，一个企业的核心价值观不是后人杜撰的，是创业阶段自然形成的。创业管理是在塑造一个企业。

第三，刘强东的第二次创业是从自己的能力出发，做自己擅长的事，做到与众不同，使企业脱颖而出。这是理性的创业，因为第一次创业失败暴露了自己能力的短板。但就是这种基于自身能力的理性创业，也是有欲望驱动的。他选择进入IT业，不惧激烈竞争，在生意站住脚解决了生存问题后，就希望做连锁，要像国美、苏宁家电连锁那样做IT连锁。

第四，树立诚信的口碑，全部是正品行货，不卖假货、水货，不讨价还价。再就是服务好，超出顾客的预期，为客户创造价值。坚持了半年的时间，就树立起了"京东多媒体"这个品牌。

第五，战略就是取舍。既然选择了电子商务这个颠覆性的事业，就下定决心，全力投入，背水一战，关闭线下店，专注做线上。这个决策被刘强东称为第一次抉择。刘强东内在欲望驱动的宏伟目标开始主导企业的扩张了。

第六，第二次抉择是扩大品类，做一个全品类的超级大平台。这仍然是目标驱动的决策逻辑。用刘强东的话说，如果只是做一个垂直品类，那么京东永远是一个小公司，他不愿意停止，所以一定要扩充大的品类，将来做成100亿美元市值的公司。欲望和勇气驱动的抉择是不能用投资人的投资回报逻辑评价的，理性在这里让位于感性。刘强东的性格就是：我认为对的，即使所有人都反对我也要坚决去赌。

第七，第三次抉择是自建物流。这一方面反映出刘强东的睿智和勇气，作为电子商务的后来者，靠跟随不可能超越领先者，只有独辟蹊径，才可能后来居上。另一方面反映了刘强东选择生意机会的原则："如果行业很完美，几乎看不出来这个行业还有什么问题，京东是从来不碰的，因为这意味着对你来说几乎没有机会。如果你发现一个行业太乱、太糟糕，简直可怕，那就是巨大的机会，一定要进去，因为你的商业模式只要能够解决问题，就一定能够获得成功，这是我的思维观念。"

第八，创业是一条不归路，惧怕失败就不要创业。用刘强东的话来说："如果你真心想成功，不用恐惧，不用迷茫，你只需要每天保持向前,一直向上,永不停止,那么你的梦想终究能够实现。"

1.3

创业是个试错过程

创业是一个试错过程,是一个学习过程。对于那些胸怀大志的企业家来说更是如此。

选择容易生存的行业还是有发展前途的行业?

我把行业选择看作一种创业政策,它深刻影响企业未来可能成长成什么样。

创业选择容易生存的行业还是有发展前途的行业,取决于企业家的勇气和抱负。选择容易生存的行业,企业会由于进入门槛低,模仿和同质化严重,面临激烈的低水平的价格竞争,最终反而可能使企业陷入长期的生存困境。奈特说:"滚滚红尘的每一种运动,都是也可以被视为趋向平衡的发展。水流趋向于同水平面,气流趋向于同气压,电流趋向于同电压,辐射趋向于同温度。每一种变化是对导致该项变化的力量的平衡,该项变化趋向于带来这样的条件,在此条件下该变化不再发生。"[①] 而选择更有发展前途的行业,企业马上就会面临行业巨头的竞争,这使得企业生存成为最紧迫的问题。但如果能在有发展前途的行业中生存下来,一家伟大的企业可能会就此诞生。因此,这种创业选择是需要勇气的。

---

① 奈特.风险、不确定性与利润[M].郭武军,刘亮,译.北京:华夏出版社,2011:14.

在创业的产业选择问题上，华为公司的任正非总裁曾说过：最初之所以选择通信产业，完全是出于幼稚，只知道通信产业是一个非常大的产业，全国13亿人口都需要通信，在这样大的产业中，我们怎么还不能在其中占一小块市场？只要能占一小块市场，就够我们活的了。当时政府为了加快通信这种重要的基础设施的发展，采取了向世界通信巨头开放的政策，中国的通信市场，已经是"七国八制"了，几乎世界上所有著名的通信设备公司都进来了。那么任正非的这种判断是幼稚还是远见？显然，这种乐观主义不能说是出于幼稚的盲目乐观，其中蕴含着远见和宏伟的目标。任正非说自己幼稚是可以的，别人重复他的话说华为选择通信市场完全是出于幼稚就不行了。不过他同时也补充道：没想到通信市场是一个遵循国际通信标准的这么规范的市场，但是进去了就别无选择了，只有坚持做下去。通信设备是一个高技术行业，任正非是外行，他凭借着凑来的24 000元资本就敢选择通信设备市场创业，胆量真是不小。当然，当时的中国通信市场还在起步阶段，既有一、二线城市以及300多个本地网这样的大型网络，需要装备千门甚至万门的交换机；也有分布于三、四线城市和广大农村地区的市场，这些市场客户的需求是几百门甚至几十门的用户机，非常适合华为这样的初创公司经营。

所以，有雄心壮志的企业家在创业的时候，一定是选择或者在创业过程中找到有发展前途的大市场，同时在其细分市场上先活下来。

马云在创业时最终选择了电子商务，创立了阿里巴巴，成功地开启了B2B（企业对企业）模式，树立了"让天下没有难做的生意"的使命，这是一个典型的试错和学习过程，我们从中可以得到重要的启示。

我们说创业是个试错的过程，试错可以是失败的经历，也可以是对企业发展方向的探索。以下是对马云最终创立阿里巴巴的创业试错过程的概述和评论，资料均引自《阿里巴巴：天下没有难做的生意》

一书[1]，笔者在此基础上加入了自己的理解和评论。

第一次试错：互联网可能有戏。1992 年，当时还是杭州电子工学院（后改名为杭州电子科技大学）的一名英语教师的马云下海经商，创办了海博翻译社，在很长时间内，这个翻译社入不敷出，马云这个老板必须经常像个小贩一样到各种市场里批发小商品再零售以维持它。创办这个小得不能再小的商业机构，说明此时的马云已经很有走出学校闯一闯的想法了。1995 年，马云被杭州郊县的一家公司聘为代表，与美国合作方谈判一项投资，来到了西雅图。在西雅图的一所大学里，在朋友的帮助下第一次接触了电脑，他给他的海博翻译社做了一个简陋的网页放到互联网上，几个小时里接到了 5 封电子邮件。这 5 封电子邮件都说，他们有事情要与他合作。马云当时在想，这个东西可能会有戏。

我们可以想见，如果不是下海创办了海博翻译社，开始有了商业意识，马云不会在第一次接触互联网时就产生了用它做生意的念头。但对马云来说，显然海博翻译社不是个合适的生意载体。

第二次试错：互联网是用来赚钱的工具，但从什么客户那里能赚到更多的钱呢？从西雅图回来的马云显然沉浸在互联网给他带来的巨大冲击中，他决定用互联网这个工具创业了。1995 年 4 月，他创建了中国黄页公司。显然，马云的想法是，把自己的公司做成类似于电话号码黄页一样的公司，把中国公司的网址像黄页中的电话号码一样一个个地搬到互联网上去，介绍给世界。马云一直把中国黄页的这段经历说成是成功的经历。这段最初的互联网传奇故事基本上决定了马云之后在互联网领域闯荡的线索：互联网企业要赚钱，为中小企业服务是赢利的最好途径。同时，中国黄页的经历为自称不懂电脑的马云聚集了一批铁杆伙伴，这里面就有阿里巴巴的 18 位创业元老。另外，由

---

[1] 郑作时. 阿里巴巴：天下没有难做的生意 [M]. 杭州：浙江人民出版社，2007：20-42.

于中国黄页起步的领先和之后的出色经营，马云给整个互联网行业留下了深刻的印象，而他的很多机会也正是从这里来的。

第三次试错：未来网站的架构和经营理念是什么样的？1997年，马云被当时的外经贸部选中，带着他中国黄页的8个伙伴，赴北京构建外经贸部的官方网站。该网站实际上是一个封闭的内部网站，由外经贸部下属的中国国际电子商务中心主持，不是真正意义上在互联网上开放的网站。对网站性质的争论促使马云和他的团队在完成此项目后，接着去做了外经贸部的另外一个项目——网上中国商品交易市场。该网上交易市场开展得比较成功，但对马云来说，更重要的是未来网站的初步架构和思想开始成形，并得到了初步验证。网上中国商品交易市场网站中的很多想法和要素，比如说搜索引擎、商品分类、客户交费等，都是构成后来阿里巴巴的核心要素。可以说，网上中国商品交易市场就是阿里巴巴的一个雏形。特别是，马云和他的团队发现，他们当时作为对客户的一个增值服务而设立的BBC（电子公告牌系统）论坛，在整个运作过程中特别活跃，这几乎就是接下来他们做阿里巴巴从BBC的公告牌开始的原因。但中国商品交易市场也不是一个完全市场化的交易市场，两年的北京之行对马云和他的团队来说，是一次不成功的实践。所以，到1998年年底，马云决定回杭州再去开创一项自己的事业，他发誓一定要建立一家伟大的公司。

第四次试错：电子商务别人还没有走过的路在何方？返回浙江杭州再创业，使马云他们离后来的主要客户——大量的民营中小型企业更近，"离钱更近"了。但是新公司从哪里起步呢？它的生意模式是什么呢？它吸引和凝聚人才的使命是什么呢？它叫什么名字呢？经过讨论，他们决定成立一家基于互联网、立足于商业的网络公司，这是他们在中国黄页和外经贸部的两段经历决定的，新公司的起步先以BBC形式来实现把商人聚集起来从中寻找生意机会的想法，来自中国商品交易市场网站的实践。关于新公司要采取的生意模式，在互联网的先行国家美国,已经有公司用自己的行动给电子商务领域定出了初步方向,在后来被定义为 B2C(企业对个人)领域,著名的网上购物平台亚马逊已经有了相当规模的业务收入,得到资本市场的认可;在 C2C(个人对个人)领域,易贝也已经走出了自己的道路;只是在 B2B 领域,美国的先行经验是不成功的,而这恰恰成为马云为新公司选择的方向。浙江是民营中小企业扎堆的地方,新公司就是要让天下没有难做的生意。而新公司叫什么呢?为了这个名字,马云苦恼了很久,最终突发奇想,发现阿里巴巴的故事被全世界人所熟知,而且"阿里巴巴"的中文与外语发音一样,那为什么不用此作为新公司的名字呢?因此,他们决定用"阿里巴巴"作为新公司的名称。

纵观阿里巴巴的创业历程,公司的创始者们从第一次接触互联网,打开了生意的想象空间;到第二次试错,认识到互联网是用来赚钱的,为中小企业服务是赢利的最好途径;再到第三次试错,使未来网站的初步架构和思想得以成形;最后到第四次试错,解决的是创办阿里巴巴,选择 B2B 的生意模式,明确定义公司的使命是"让天下没有难做的生意"。他们一次比一次站得高,一次比一次看得远,一次比一次更接近生意的本质。这正有点儿像俗话所说的:孔子登东山而小鲁,登泰山而小天下。

为了充分激发发展潜力而选择更有前途的行业,会增加失败的风险和不确定性。怎么规避大的风险呢?《华为公司基本法》中写道:"顺应技术发展的大趋势,顺应市场变化的大趋势,顺应社会发展的大趋势,就能使我们避免大的风险。"[①]

笔者的政策建议是:创业要在发展前途大的行业里求生存。这也是任正非始终强调活下去是最低纲领的原因,"剩者"为王。

---

① 黄卫伟等.走出混沌[M].北京:人民邮电出版社,1998:9.

有限理性

赫伯特·西蒙指出："实际上，在现实世界里，人类的行为才是有意的理性行为，但只是有限的理性行为。"[①] 西蒙，或者说是与詹姆斯·马奇（James G. March）一起，首次提出有限理性的概念。他们认为人类行为具有目的性，因而是理性的行为；但由于信息的不完整，这种理性只能是有限的。

对创业来说尤其如此，进入什么行业，所进入的行业的机会，未来竞争的激烈程度，对手的实力，失败的风险等，都是不确定的，企业家对此只可能获得有限的信息。所以，创业必然是有限理性的，必然是根据不完整信息进行抉择的。创业不能追求完美，虽然理性有限但要执意为之。所以，创业一定是一种欲望和勇气驱动的行为。只是企业家要在理性和欲望之间取得一种平衡。

有限理性决定了创业是个学习过程，是个试错过程，是一个将欲望转化为抱负和目标的过程，是一个实践—认识—再实践—再认识的循环递进的过程。

企业家是乐观主义者，但极度乐观也可能导致不理智地看待未来。当乐观态度遇到挫折时，企业家会更理智地看待未来和问题。

即使是通过系统分析从创新机会来源中发现了创业机会，也必须看到，通常这种变化和大的机会几乎已经是产业和学界的共识。就像创业领域的一句俗语所言：如果这是个好主意，别人也一定想到了（If it's a good idea, it's too late.）。所以，差别就在于对其中风险的态度和对自己成功的信心。

创业一定要有紧迫感，尤其在互联网和数字经济时代。机不可失，时不再来。

想到了就去做。

---

① 西蒙 H A. 管理行为 [M]. 第 4 版. 詹正茂，译. 北京：机械工业出版社，2004：81.

第 2 章　生存与扩张

> 企者不立，跨者不行。
> ——老子《道德经》第二十四章

创业是生存为先还是扩张为先？在传统产业中，这个问题的答案几乎是不言而喻的：当然是生存为先，一个初创企业都不能活下来，谈何扩张？靠什么扩张？然而随着互联网新经济的兴起，扩张型创业大行其道，各种"免费"的创新生意模式令人眼花缭乱，风险资本当然也乐此不疲，创业期间，风险资本是大肆扩张背后的主要推手。难道生意的常识被颠覆了吗？本章将讨论这一问题，搞清楚生存与扩张这对矛盾的对立统一，其意义在于：生存与扩张不仅是创业的一对基本矛盾，而且是贯穿企业生命周期的基本矛盾。这里存在一个悖论：企业的生命力就在于增长和扩张，企业增长一旦停滞，活力将不再，生存也堪忧；而另一方面，那些曾经获得巨大成功的企业从巅峰上跌落大多由于扩张过度，物极必反。所以如何把握生存与扩张的节奏和尺度，的确是一项非常重要的管理政策。

2.1

生存永远是首要目标

创业阶段,生存一定是第一位的目标,新创企业首先是要活下来。活下来就是要有正现金流,要有利润。但创业阶段就大肆扩张,挥金如土,为什么成为一种风气?其背后的逻辑是什么?

掘第一桶金的重要性

对于创业来说,什么是最重要的?是把产品或服务卖给顾客,并赚到钱,也就是通常所说的掘到第一桶金。这是一个惊险的跳跃,它是对企业家所有关于创业的假设和计划的无情的检验。

对创业的企业家来说,你的第一笔生意不管成功与否,都会是一种你从未有过的体验。你可能为你第一笔生意的成功欢欣鼓舞,但也不必因为出师不利而沮丧。创业就是这样,屡败屡战,这是一个难得的学习过程,失败是成功之母。

《促进企业成长》(Growing a Business)一书的作者、美国企业家保罗·霍肯(Paul Hawken)说过:"生意最基本的失败原因不是缺钱,而是没有顾客,市场对你无动于衷。""为了找到起点,必须让你的生意概念回归明显的本质。只要有可能,就使它更显而易见。……因为起点决定了随后的一切。"[1]

最接地气的创业概念看上去应该是显而易见的,没有什么标新立异之处,事情本该如此。比如共享单车,不就是为顾客提供了一种可随时随地租用的方便廉价的交通工具吗?尤其是在没有公交的情况

---

[1] Hawken P. Growing a Business[M]. New York: Simon & Schuster, 1987:23.

下，骑共享单车比步行省力、省时又不贵，且不需要拥有和维护单车。创业概念不仅应该让创业者容易解释清楚，重要的是让顾客能很容易理解并且确实能满足顾客需求，当然在实现创业概念的细节上是需要下功夫的，要在同业竞争者中与众不同。

低价甚至免费并不是打开市场的万能钥匙。低价和免费使得顾客不珍惜产品或服务，企业也赚不到钱。其实，比起大企业来，初创企业的优势是质量和服务。如果产品质量还免不了有瑕疵，服务就越发重要。我们仍举共享单车的例子，由于是"风口"，吸引了众多的企业加入竞争，同质化导致残酷的价格竞争。企业为了降低价格，拼命压低成本，车子设计简陋，用材低劣，使用者用过以后随便乱扔。结果车子的破损率非常高，以致出现了"共享单车坟场"这种令人发指的现象。如果相关企业能做到在车子的设计上再坚固美观一些，骑行体验再舒适一些，材料再耐用一些，利用车子上读卡器的数据发射功能把车辆的存放地点信息收集上来，通过大数据分析找到不同地点车子的集散和流量规律，加强人工调度，提高共享单车的使用率，减少破损率，即使定价高一些，相信人们还是愿意使用这项服务的。也不至于这阵风过去了，车都被摔在地上，企业血本无归。

致力于改善客户体验

新创企业成功的关键是质量与服务，尤其是服务，它应当是新创企业特有的优势。而服务本质上是客户体验。关于这方面，美国经济学家约瑟夫·派恩二世（B. Joseph Pine Ⅱ）与詹姆斯·吉尔摩（James H. Gilmore）合著的《体验经济》一书中的许多观点颇具启发性。

派恩和吉尔摩认为，经济形态从货品（commodity）到制作的商品（good），再到服务（service），再到体验（experience），是一个不断增值的演进序列。而体验的价值数倍于服务，服务的价值数倍于商品，商品的价值数倍于大宗商品。①

派恩和吉尔摩主张,信息不是"新经济"的基础,因为信息不是一种具有经济性的产品(offering),信息就是免费的。只有当公司将其组成信息服务的形式或信息商品或告知体验,它才创造经济价值。派恩和吉尔摩不赞成互联网的免费(free)模式,它使互联网经济流于平庸和千篇一律;只有收费,才会迫使互联网企业与众不同,使顾客感到物有所值。"体验不仅是一种营销手段,更是可以买卖的经济产品。只有收费,才能鼓励企业创造更好的体验。如果物超所值,消费者也不会有任何怨言。"②

派恩和吉尔摩进一步从体验的角度重新定义了客户满意,他们还进一步定义了客户牺牲和客户惊奇的概念:

客户满意 = 客户期望获得什么 – 客户感受到的获得
客户牺牲 = 客户真正期望得到的 – 客户无奈得到的
客户惊奇 = 客户实际感受到的 – 客户期望的

客户满意是客户期望获得什么减去客户感受到的获得,客户感受到的获得越接近客户的期望,客户就越满意,反之,与客户的期望差距大,客户就越不满意。例如,亚马逊推出 Prime 会员制送货业务,加入 Prime 的会员客户只需交费 79 美元,就可以享受全年无限次的两天内免费送货服务,如果再增加 3.99 美元,还可以享受 24 小时送货服务。该项服务深受客户欢迎,加入者纷纷尽量多地从亚马逊网站上购物,增强了客户黏性。同时承诺两天内送达,也管理了客户预期,亚马逊的

---

① Pine II B J, Gilmore J H. The Experience Economy[M]. Updated Edition. Cambridge, MA: Harvard Business Review Press, 2011: 2.
② 吉尔摩,派恩二世. 真实经济:消费者真正渴望的是什么[M]. 陈劲,译. 北京:中信出版社,2010:191.

自建物流系统保证了承诺的履行，结果这大大提高了客户满意度。

客户牺牲是客户真正期望得到的与客户无奈得到的二者之间的差距，派恩和吉尔摩指出："面向平均需求的设计，是导致客户牺牲的根本原因——这种平均的客户并不存在。"[1] 客户是具有不同性格、不同偏好的个人，客户需求本质上是个性化的，即便购买了无差异、无特色的货品化商品，这也是一种无奈的选择，并不是客户的期望，对于客户来说是体验和价值的一种牺牲，是退而求其次。

当客户实际感受到的超出了客户的期望时，将会给客户带来惊奇。然而对同样的体验感受来说，客户惊奇只有一次。带来客户惊奇的体验，会增加客户的期望，之后要么提高客户满意的标杆，要么厂商不断推陈出新，总之不敢稍有懈怠。

按照《体验经济》的观点，伴随着货品向制作商品、制作商品向服务、服务向体验的进化，也存在着体验向服务、服务向制作商品、制作商品向货品回归的趋势，这是一种反向的演变趋势，它形成对正向演变趋势的制衡。体验的乐趣具有边际效应递减的性质。你第二次体验某种东西，其乐趣会比第一次边际性地下降，第三次会比第二次的体验进一步下降，以此类推，直到你最后注意到体验不再像最初那样吸引你。体验的边际效应递减要比产品需求偏好的边际效应递减更甚。

我们应该欢迎体验的这种货品化过程。一方面，通过不断创造新体验或维持高满意度的体验，使竞争对手的商品和服务因为失去特色而货品化。另一方面，客户体验虽然易变，而且有边际效应递减趋势，但只要坚持高标准地做下去，最终可以建立产业的进入门槛。这就是为什么亚马逊的创始人杰夫·贝索斯一开始就要自建亚马逊的物流体系，他的客户体验标准是便捷、选择和服务，他要在客户体验上做到

---

[1] Pine II B J, Gilmore J H. The Experience Economy[M]. Updated Edition. Cambridge, MA: Harvard Business Review Press, 2011: 121.

与众不同,这是依赖第三方物流不可能做到的。为了达到这个目标,他义无反顾地在物流体系和自采存货上投入重金,哪怕承受短期的亏损也在所不惜。京东集团的刘强东也很早就做出了自建物流的抉择。他说:"2007年年底,我发现全年72%的投诉都来自物流,我们卖的产品太高值了,被偷窃调包的风险也大,所以说我一定要做物流。那个年代,整个中国的物流行业效率低下,成本高,服务意识差。在中国,既然快递行业、物流行业没有一个像样的公司,那对于我来讲就是一个机会。"京东通过自建物流以及高效的物流系统运作,在消费者中树立了口碑。并且,在战略上,物流系统成为京东网购业务的"护城河",使得其他的电子商务企业难以望其项背,与其差距越拉越大。在自建物流取得成功后,京东将物流体系划出来独立运作,显然,京东物流体系发展的长期目标除了服务于自身的网购业务,还要成为中国甚至世界范围的物流提供商。

派恩和吉尔摩指出:"我们必须接受一个悖论:所有的企业都是存在主义层面的虚假——在存在之初就是假的——但是这些企业的产品从现象主义层面来说是真实的,而且这种真实是由购买产品的消费者感知到的。"[1] 所谓在存在之初就是假的,是因为公司这种组织形式是法人,并不是真正的自然人,但它像自然人一样承担偿债责任。办企业就是要赚钱,是利己的;但是企业只有提供客户满意的产品,只有创造与众不同的体验,客户才愿意掏钱购买。所以,办企业不只是为了赚钱,企业又必须是利他的,通过利他而利己。

现金为王

亚马逊成立于1995年7月,1997年5月公开上市,但直到2002年,企

---

[1] 吉尔摩,派恩二世.真实经济:消费者真正渴望的是什么[M].陈劲,译.北京:中信出版社,2010:99.

业一直处于亏损状态。为什么多年亏损的初创企业还能生存？亏损的初创企业现金从哪里来？

我们在上一节提到美国企业家保罗·霍肯在他的《促进企业成长》一书中，对新创企业的资金问题根据他的切身经历给出了非常精辟的论述。他认为：对于新的和成长中的企业，钱太多是一个比钱太少更大的问题。他进一步阐述道：

> 这个世界没有理由创建一个企业让你对钱过于焦虑——你是否会亏损，怎么赚回来，等等。……"人的腿应当有多长？能够到地就行。"林肯（Abraham Lincoln）说。一个企业需要多少钱？只要足够进入市场就行。依靠最低限度的资源或自力更生的运营促使你比任何其他生意结构更快地处于市场中心。没有资本，会使你不得不快速地销售商品以便建立现金流。为了吸引顾客迅速接受你，你的产品和服务将不得不又好又实用。依靠最低限度的资源或自力更生的运营给予你巨大的优势，它在暴露你生意的优势和劣势方面胜过你可能进行的千百次最初的市场研究和调查。正如饥饿使你的味觉特别灵敏一样，如此缺乏资金将使你对生意环境的感觉异常敏锐。[①]

众多新创企业的创业历程表明，度过了初创阶段后，企业为了抓住成长机会，往往会冲动地进入迅速扩张阶段，像亚马逊从网上书店进入全品类经营并同时发展出覆盖全美的物流配送系统，像京东集团决定自建物流体系甚至为了提升客户体验将配送人员也吸收为公司正式员工，像华为公司投入巨资研发万门数字程控交换机，等等。这种迅速的经营范围扩张、固定资产投入、研发投入或人员投入，会对企

---

① Hawken P. Growing a Business[M]. New York: Simon & Schuster,1987:123.

业的盈利和现金流造成极大的压力，导致企业的利润和库存现金急剧下降。在这种情况下，企业应当守住哪条生存底线呢？是利润还是现金流？守不住利润底线能否守住现金流底线？

要回答这个问题，先要搞清利润和现金流到底是什么关系。亏损的情况下有没有可能现金流为正？为了说明这个问题，我们需要引入几个关键概念。

首先是自由现金流（free cash flow，简记作FCF）的概念。如下式所示：

$$FCF=NOPAT-（营运资本增加额+固定资产增加额）$$
$$NOPAT=NP+K_d(1-T)-NWP$$

其中：NOPAT，税后净营业利润；FCF，自由现金流；NP是净利润；K_d，利息支出；T，所得税率；NWP，非营业性损益。

定义：自由现金流是满足了企业再投资需求之后，可以供资本提供者（包括股权资本和债务资本提供者）支配的、可以向资本提供者分配的现金流。

自由现金流是估计企业价值的重要指标，我们将在下一节中详细讨论。由上式可以看出，自由现金流等于税后净营业利润（net operation profit after tax）减去企业为了增长需增加的营运资本（working capital）和固定资产投资额。比如对亚马逊来说，营运资本增加额主要是增加自采库存占用的资金，固定资产增加额主要是扩大自建物流中心需增加的固定资产投资。由于计算税后净营业利润不包括利息，所以要从税后净利润（net profit）中还原税后净营业利润，需要加上扣除所得税率影响的利息支出。

从公式可以看出，税后净营业利润是自由现金流的主要决定因素，或者再简单一点说，净利润是自由现金流的主要决定因素。其次是营运资本增加额和固定资产投资增加额。但是，亚马逊创业为什么在亏损的状况下现金流为正？回答这个问题需要引入另外一个重要概念：经营现金周转期，简称现金周转期。根据定义，现金周转期是向供应商付款到客户付款的间隔时间，其与应收账款收款天数、应付账款付款天数以及存货占用天数的关系如下图所示：

图 2-1　经营现金周期与经营现金占用周期

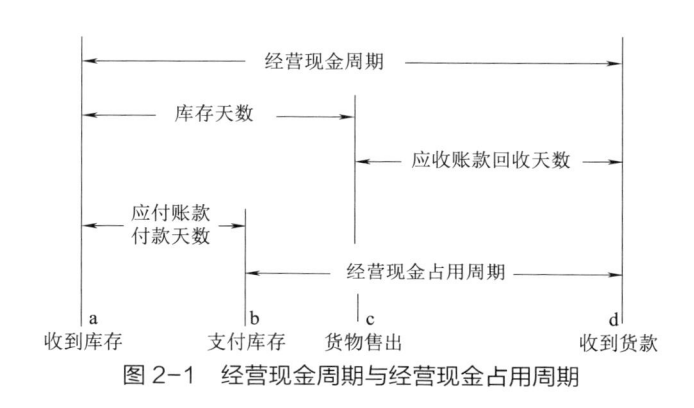

图 2-1 中的经营现金周期和经营现金占用周期可以用公式表示为：

经营现金周期 = 应收账款平均回收期 + 库存平均周转期

经营现金占用周期 = 经营现金周期 - 应付账款平均付款期

图 2-1 和上式表明，应收账款平均回收期和库存平均周转期越短，经营现金周期就越短；经营现金周期越短，应付账款平均付款期越长，经营现金占用周期就越短。当应收账款平均回收期趋于零，库存平均周转期短于应付账款平均付款期时，经营现金占用周期为负（图 2-1 中 d 点趋于 c 点，c 点缩短到 b 点的左边）；也就是说，企业在运营层面会有大量现金结余，等于是在用供应商的钱做生意。

这就解释了为什么亚马逊经营亏损，但现金流为正，它是用运营创造的现金流支持其扩张的投入。由于亚马逊的网购生意几乎不形成应收账款，也就是应收账款平均周转期趋于零；亚马逊的应付账款平均付款期遵守行业惯例，均为 75 天左右，而亚马逊的库存周转率在创业期平约为每年 9 次（20 亿美元/2.2 亿美元），也就是库存周转期平均为 40 天左右，所以，亚马逊的经营现金周期为负 35 天。由此可以判断，亚马逊虽然经营亏损，但账上有大量的现金，额度几乎相当于其采购成本的一半。这种模式下，经营规模越大，内部创造的现金流越多。正如贝索斯在随 1999 年年报发布的致股东的信中所言："1999 年，我们继续受益于一种固有的资本效率的商业模式。我们不需要建立实体店，也不需要库存，我们的集中式分销模式允许我们建立一个年销售额超过 20 亿美元的业务，但只需要 2.2 亿美元的库存和 3.18 亿美元的固定资产。在过去五年里，我们总共只使用了 6 200 万美元的运营现金。"[1] 不仅亚马逊，凡是具有现付或预付零售性质的快消商品行业，只要管理得当，现金流和利润都存在类似的关系。这样的例子有很多，比如，戴尔公司在 2010 财年的现金周转期是负的 36 天。这意味着戴尔的营运资本是负的，它也是在用供应商的钱做生意。

作为一种生存方式的扩张

　　创业是赚钱优先还是增长优先？这似乎成了新经济创业的一个悖论：不赚钱靠什么增长？不增长靠什么赚钱？利润与增长不仅是创业的基本矛盾，也是企业在整个生命周期中经常面临的一对基本矛盾。

　　贝索斯创立亚马逊取得的巨大成功，在某种程度上助长了创业者扩张的欲望。风险投资的早期介入，使得创业者似乎没感受到创业的生存压力，反而感受到了扩张的压力。那么扩张到底与生存是什么关系？

---

[1] 摘自亚马逊公司 1999 年年报中贝索斯致股东的信，下载地址：https://ir.aboutamazon.com/annual-reports。

以下内容摘自1997年年报中贝索斯致股东的信。[①]

致我们的股东

亚马逊在1997年突破了许多里程碑：到年底，我们服务的客户数量超过150万，收入增长了838%，达到1.478亿美元，并且尽管竞争激烈，但我们仍巩固并扩大了市场领导地位。这是互联网的第一日，如果执行得当，它是属于亚马逊的。今天，在线商务为客户节省了金钱和宝贵的时间。明天，通过个性化，在线商务将加快真正的发现过程。

亚马逊利用互联网为客户创造真正的价值，通过这样做，我们希望即使在成熟和大型市场中也能创造持久的特许权（franchise）。当较大的商家集合资源追求在线商务机会以及当在线商务的新客户愿意接受建立新关系，我们就有了一个机会窗。竞争局势一直在快速发展。许多大型企业已经通过可信的产品进入在线市场，并投入了大量的精力和资源建立品牌意识、流量和销售量。我们的目标是迅速采取行动以巩固和扩大我们目前的市场地位，同时开始寻求其他领域的在线商业机会。我们在目标市场中看到了巨大的机会。这种策略并非没有风险：它需要针对既有的特许权领导者进行大量的投资和干脆利落的执行。

这一切都事关长期

我们相信，成功的根本标准是我们可以长期创造股东价值。这一价值将是我们巩固并扩展我们当前市场领导地位的能力的直接结果。我们的市场领导力越强，我们的经济模式就越强大。市场领导地位可以直接转化为更高的收入、更高的盈利能力、更高

[①] 亚马逊公司1997年年报中贝索斯致股东的信，下载地址：https://ir.aboutamazon.com/annual-reports。由笔者根据原文翻译。

的资本流动性以及相应更强的投资资本回报率。

我们的决定始终反映了这一重点。我们首先度量自己最能代表我们市场领导地位的标准：客户增长和收入增长，客户重复购买的程度以及我们品牌的实力。我们已经投资并将继续投资建立我们持久的特许权，积极地扩展和利用我们的客户群、品牌和基础设施。由于我们着眼于长期，因此我们做出决定和权衡取舍的方式可能与某些公司不同。因此，我们希望与您分享我们的基本管理和决策方法，以便您（我们的股东）可以确认我们的基本管理与决策方法与您的投资理念一致：

我们将坚持不懈地致力于关注我们的客户。

- 我们将根据长期的市场领导地位而不是短期盈利率的考虑或者华尔街的短期反应继续做出投资决定。
- 我们将继续分析性地衡量我们的计划和我们投资的效果，以抛弃那些不能提供可接受的投资回报的投资，并加大对最有效的项目的投资。我们会继续从我们的成功和失败中学习。
- 当我们看到获得市场领导地位会带来足够的利润率时，我们会做出大胆而不是怯懦的投资决策。其中一些投资会获得回报，其他则可能不会，我们将会从二者中得到有价值的教益。
- 当我们被迫在优化符合通用会计准则（GAAP）的报表数字与核算和最大化未来现金流的现值之间进行选择时，我们将采用现金流标准。
- 在我们做出大胆的选择时，我们将与您分享我们的战略思考过程（在竞争压力允许的程度内），以便您可以从自身利益出发评估我们是否在进行合理的长期领导力投资。
- 我们将尽力明智地控制支出并保持我们的精益文化。我们知道持续强化成本意识文化的重要性，特别是当企业处在净亏损状态时。

- 我们将平衡关注成长与强调长期盈利性。在此阶段，我们选择增长优先，因为我们确信规模是获得我们生意模式潜能的核心要素。

- 我们将继续专注于雇用和留住技术全面的有才华的雇员，并继续加大股票期权而不是现金在他们薪酬中的比重。我们知道我们的成功将在很大程度上受到我们吸引并留住积极进取的员工的能力的影响，他们每个人必须被看作是、实际上也必须是一个所有者。

- 我们并不敢宣称以上的投资理念是"正确的"，但这是我们的哲学，如果我们对采用的和将继续采用的方法不清楚，我们将是不负责任的。

心里想着客户

从一开始，我们就一直致力于为客户提供引人注目的价值。我们意识到，Web（网络）过去是，现在仍然是 World Wide Wait（"全网等待"）。因此，我们着手向客户提供他们根本无法以其他方式获得的东西，并开始向他们提供书籍。我们为他们带来了更多选择，而这在实体商店里是不可能的，并以实用、易于查找和易于浏览的方式进行展示，商店每年 365 天、每天 24 小时营业。我们一直坚持改善购物体验，1997 年我们大幅提高了商店的质量。我们现在为客户提供礼品券、一键式（SM）购物以及更多的评论、内容、浏览选项和推荐。我们大大降低了价格，进一步提高了客户价值。口口相传仍然是我们最强大的客户获取工具，我们非常感谢客户对我们的信任。重复购买和口碑结合起来，使亚马逊成为在线书籍销售市场的领导者。

通过采取多种措施，1997 年亚马逊有了长足的进步：

- 销售额从 1996 年的 1 570 万美元增长到 1.478 亿美元，增长了 838%。

- 累计顾客账户从 18 万个增加到 151 万个,增长了 738%。
- 来自回头客的订单百分比从 1996 年第四季度的 46% 以上增长到 1997 年同期的 58% 以上。
- 就受众群体而言,根据 Media Metrix 的评估,我们的网站从排名第 90 位进入前 20 位。
- 我们与许多重要的战略合作伙伴建立了长期关系,包括 America Online、Yahoo!、Excite、Netscape、GeoCities、AltaVista、@Home 和 Prodigy。

基础设施

1997 年,经过努力,我们扩展了业务的基础设施以支持大幅增长的流量,提高销售和服务水平:

- 亚马逊的员工人数从 158 人增加到 614 人,我们大幅度加强了我们的管理团队。
- 配送中心的容量从 5 万平方英尺增加到 28.5 万平方英尺,包括对西雅图 70% 的设施进行的扩建以及在特拉华州设立了我们的第二个配送中心。
- 到年底,库存增加到 20 多万种,使我们改进了商品对客户的可获得性。
- 到年底,我们的现金和投资余额为 1.25 亿美元,这得益于我们在 1997 年 5 月进行的首次公开募股以及 7 500 万美元的贷款,也为我们提供了巨大的战略灵活性。

我们的员工

过去一年的成功得益于才华横溢的、精明的和勤奋的团队的贡献,我为身为这个团队的一员而感到自豪。在我们的招聘中设定高标准一直并将继续成为亚马逊成功的最重要元素。

在这里工作并不容易(当我面试人们时,我告诉他们:"您可以长期、勤奋和聪明地工作,但在亚马逊您不能只选择其中的两个。"),

但我们努力建立重要的、关系客户利益的东西，这是我们可以讲给我们的孙子孙女听的事情。这样的事情并不简单。我们难以置信地拥有这么一群敬业的员工，他们的牺牲和激情打造了亚马逊。

1998年的目标

我们仍处于学习如何通过互联网商务和大宗商品销售为客户带来新价值的初期阶段。我们的目标仍然是继续巩固并扩展我们的品牌和客户群。这就需要持续投资于系统和基础设施，以便在我们成长的同时支持客户个性化的需求，为他们提供便利性、选择和服务。我们正在计划将音乐添加到我们的产品目录中，随着时间的推移，我们相信其他产品也会是谨慎投资的对象。我们也相信存在更好地为海外客户提供服务的重大机会，例如减少交货时间，更好地量身定制客户体验。可以肯定的是，我们面临的挑战不在于寻找扩展业务的新途径，而在于考虑我们投资的优先次序。

与亚马逊成立时相比，我们现在对在线商务有了更多的了解，但我们还有很多东西要学习。尽管我们很乐观，但我们必须保持警惕，保持紧迫感。我们实现亚马逊的长期愿景将面对的挑战和障碍是：积极进取，能力，因此保证竞争的充足资金来源；大幅增长的挑战和执行风险；产品和地域扩张的风险；以及大量持续投资以满足不断扩大的市场机会。但是，正如我们早已说过的，在线图书销售以及一般意义上的在线商务，将会被证明是一个巨大的市场，而且很可能许多公司都将看到其巨大利益。我们对所做的事情感到满意，甚至对我们想做的事情感到兴奋不已。

1997年确实是令人难以置信的一年。我们在亚马逊上对客户的选择和信任，对彼此的辛勤工作，以及对我们股东的支持和鼓励，表示感谢。

杰夫·贝索斯
亚马逊创始人兼首席执行官

通过贝索斯1997年年报中致股东的信，我们可以看出几个明确的指导思想：

（1）不提利润，只提增长，只强调扩张，为什么？一是因为产业的机会窗已经打开；二是因为许多大型企业已经进入在线市场。在线商务市场的机会窗是稍纵即逝的，一旦错过就再也没有生存的可能，时不我待，必须迅速采取行动巩固和扩大目前的市场地位，同时开始寻求其他领域的在线商业机会。

（2）不提利润，只提现金流，为什么？因为正现金流说明公司的财务是健康的，从财务角度看生存暂时没有大的问题。

（3）不提利润，只提价值，为什么？因为股东追求的是公司价值的最大化，而价值是根据自由现金流计算的，并且依赖于对公司成长性的预期。

（4）不强调控制成本，只强调增强客户体验，为什么？因为对于在线商务产业，满意的客户体验带来客户黏性，客户黏性带来重复购买，重复购买不仅是增长的基础，而且是降低成本的来源，规模经济会降低单位产品成本，留住老客户的成本远低于发展新客户的成本。

（5）不强调资源限制，只强调抓住市场机会，这是典型的企业家思维。正如霍华德·H.史蒂文森（Howard H. Stevenson）给创业下的定义：创业是一种管理方式，我们将其定义为"追求机会而不顾手中的资源"（Entrepreneurship is an approach to management that we define as follows: the pursuit of opportunity without regard to resources currently controlled.）。[1]

（6）不强调短期，只关注长期。贝索斯相信，成功的根本标准是我们可以长期创造股东价值。这一价值将是我们巩固并扩展当前市场领导地位的能力的直接结果。

（7）淡化成绩，强调紧迫感。贝索斯很清楚实现亚马逊长期愿景

---

[1] Stevenson H H, et al. New Business Ventures and the Entrepreneur[M]. 5th ed. New York: McGraw-Hill Companies, Inc., 1999: 5.

将面对的挑战和障碍，因此必须保持警惕，保持紧迫感。

（8）既为员工自豪，也为员工设立高标准。贝索斯要求员工必须在亚马逊长期、勤奋、聪明地工作，不能只选择其中两个。

但是，我们要强调的是，创业阶段就选择扩张政策，是因为对特定产业、特定时机来说，扩张成为一种生存方式。扩张的目的是取得市场领导地位。正如贝索斯所言：市场领导力越强，我们的经济模式就越强大。市场领导地位可以直接转化为更高的收入、更高的盈利能力、更高的资本流动性以及相应更高的投资资本回报率。

如果仔细分析亚马逊在创业初期的财务数据，我们会发现，尽管亏损，但它的毛利始终是正的。如图2-2所示：

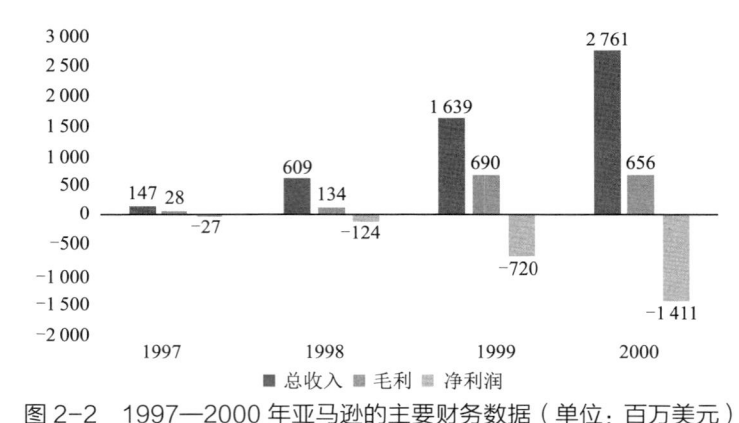

图2-2　1997—2000年亚马逊的主要财务数据（单位：百万美元）

资料来源：整理自亚马逊公司1997—2000年的年报中披露的财务数据（年报下载自亚马逊官网投资者关系栏目，网址：https://ir.aboutamazon.com/annual-reports）。

也就是说，如果片面追求赢利，只要减少营运资本投入，减少固定资产投入，就可以实现，但这绝不是我们所主张的始终将生存放在第一位的经营行为。必须辩证地、实事求是地理解生存是第一目标的观点。亚马逊在创业阶段的毛利始终是正的，说明亚马逊的经营是审慎的、稳妥的，它可靠地支持了扩张。

需要指出的是，只有作为一种生存方式的扩张才有意义，而为了上市的高估值被动扩张、强行扩张，是作茧自缚。即使一时得志，也会为未来的发展埋下机会主义、急功近利的祸根，正所谓"福兮，祸之所伏"。

创办企业要有一个比赚钱更宏大的目标

创业阶段，创业者会不会、应不应怀着成为行业领先者的宏伟目标去创业？创业者是不是要有抱负？是的，创业者都有抱负，只是大小不同、性质不同而已。即便是想赚大钱，也是一种抱负。成功企业的创始人往往怀着更远大的抱负创业。

我们看到，成功的企业家都是在创业阶段就清楚地定义了企业的使命，也就是清楚地回答了德鲁克的经典命题：我们的企业是个什么企业？我们的企业将是个什么企业？我们要围绕使命打造企业。例如，贝索斯在创业时将亚马逊的使命定义为：成为地球上最以客户为中心的公司，在这里人们可以找到并发现他们想在网上购买的任何东西。任正非将华为的使命定义为：成为世界一流的设备供应商，未来通信市场三分天下，华为有其一。马云将阿里巴巴的使命定义为：让天下没有难做的生意。刘强东将京东物流的使命定位为：我们希望京东物流一定要为我们国家做出贡献，未来要成为全球化的供应链基础设施，不能只服务于京东，要服务于整个社会。

从哲学的角度来看，新创企业的定位和使命陈述是在规定企业的"质"。按照唯物辩证法的观点，事物是先有"质"，才有"量"，企业也是如此。

黑格尔指出："某物之所以是某物，乃由于其质，如失掉其质，便会停止其为某物。"[1] 进一步地，"质"也规定了某物的限度。"某物之所

---

[1] 黑格尔. 小逻辑 [M]. 第 2 版. 贺麟, 译. 北京：商务印书馆, 1980: 202.

以为某物，只是由于它的限度，只是在它的限度之内。……一个人要想成为真正的人，他必须是一个特定的存在，为达此目的，他必须限制他自己。"① 企业家清楚阐述企业的使命，实际是对自己欲望和目的的限制，它会抑制创业阶段的盲目扩张，会自觉抵制偏离使命的赢利机会的诱惑。

黑格尔进一步指出："我们观察事物首先从质的观点去看，而质就是我们认为与事物的存在相同一的规定性。如果我们进一步去观察量，我们立刻就会得到一个中立的外在的规定性的观念。按照这个观念，一物虽然在量的方面有了变化，变成更大或更小，但此物却仍然保持其原有的存在。"②

这个"质"与"量"的辩证关系的观点很重要。它回答了对于创业来说，企业是先有"质"还是先有"量"的问题。一定是先有"质"，后有"量"。"质"尚未确定，"量"从何而来？互联网企业流行追求先上"量"，再确定企业是个什么企业的"质"，其实在放量的时候，"质"的规定性已经存在了，这种自发形成的"质"，在企业随后的发展中很难改变，或者需要花费很大的力气才能改变。所以，企业家要深入思考并清楚地表达"我们的企业是个什么企业，将是个什么企业"这个关系企业的"质"的问题。这有利于企业家在做扩张决策时恰当把握扩张的"量"和"度"。

我们前面提到的保罗·霍肯，他于20世纪70年代创立的无添加剂的有机食品公司，虽然规模不大，却在美国的有机食品产业中开了先河。他主张："许多企业创立的目的就是为了赚钱，赚大钱，越快越好，但这与我对什么是好企业的想法大相径庭。……事实上，我相信那些好企业之所以成功是因为它们具有更广阔的视野。看清楚你周围的世界是确定一个生意概念的关键的一步。"③

---

① 黑格尔．小逻辑[M]．第2版．贺麟，译．北京：商务印书馆，1980：205．
② 同前注，第217页。
③ Hawken P. Growing a Business[M]. New York: Simon & Schuster,1987:18.

"质"与"量","无"与"有",这些哲学概念虽然看起来抽象了一些,却能够更深刻地解释新创企业的本质和规律。

2.2

探索成功的生意模式

20世纪90年代中后期,互联网的迅速普及带动了一大批像亚马逊这类基于互联网的公司的兴起。像亚马逊这种自成立以来一直处于亏损状态的公司,其股价在2000年1月3日一度达到237.50美元,使许多传统产业的绩优公司相形见绌。那么,怎么解释这种现象?人们将其归结为亚马逊公司基于互联网的生意模式。亚马逊的生意模式创新带来了巨大的想象空间。一时间,"生意模式"这个术语在文献中、媒体中大量出现,生意模式创新甚至超过了技术创新,成为互联网公司创新的热土,新创企业试图通过生意模式创新绕过传统企业的产业壁垒,争夺产业的领导地位。我们不禁要问:生意模式创新有那么大的能量吗?怎么使生意模式创新难以模仿?生意模式与战略是什么关系?

什么是生意模式?

笔者将生意模式定义为赚钱的关键要素及逻辑。其中的逻辑体现为关键要素之间互相强化的良性循环机制。

任何产业,只要是做生意都有自己的模式。只是由于传统产业生意模式长期稳定,成为一种范式,所以人们不是研究怎么改变它,只是研究怎么把它做得更好。历史上许多产业中也不乏生意模式创新的例子，比如，赊购、按揭，用信用代替了现金交易，从根本上改变了传统的交易模式，促进了市场的扩张；信用卡，创造了透支的、无现金的消费模式，方便和促进了消费；集装箱运输，彻底改变了散货运输的模式，大大便利了货物的运输和流转；风险投资，促进了高技术产业的创业，创造出一些暴富的明星企业；掉期，用于规避外汇波动的风险，推动了巨量的金融衍生品市场；等等。

生意模式概念受到人们的广泛关注，是伴随着互联网公司的创业兴起的。它们在互联网这个技术创新基础上进行了大量的生意模式创新，令人耳目一新的生意概念和由此带来的估值的想象空间，加上风险资本的推波助澜，投机开始盛行，20世纪末，投机的泡沫越吹越大。

随着 IT 泡沫在 2001 年的破灭，大批互联网公司倒闭，人们又把这归咎于其华而不实的生意模式，真是成也萧何，败也萧何。持批评观点的代表性文章是琼·麦格雷塔（Joan Magretta）的《生意模式怎么了》（Why Business Models Matter）一文。麦格雷塔把创造一个新的生意模式形象地比喻为"写一个新故事"。她认为，一个好的生意模式应当能够回答德鲁克的四个老问题：谁是我们的顾客？顾客重视的价值是什么？我们怎么从这项生意中赚钱？我们以适当的成本向顾客提供价值的内在经济逻辑是什么？生意模式必须经受两种关键的检验；一是逻辑检验（narrative test），即检验生意模式的故事是否有道理；二是数值检验（number test），即检验生意模式能否赚钱。该文试图澄清生意模式的概念，重新强调战略的重要性，并在结尾处指出："除非我们清楚地界定生意模式的含义，否则这些概念仍会是迷乱的和难于应用的。"[1]

学术界对生意模式结构有多种描述，其中具有代表性的是哈佛商学院教授林达·M.阿普尔盖特（Lynda M. Applegate）的三要素模

---

[1] Magretta J. Why Business Models Matter[J]. Harvard Business Review, 2002(5): 86–92.

型[①]，其框架如图2-3所示：

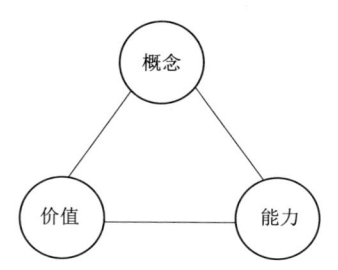

图2-3　林达·M.阿普尔盖特的三要素生意模式模型

其中，概念要素是指生意的创意，它定义了市场机会、价值主张、生意要解决的客户问题和将给客户带来的惊喜；价值要素是指顾客价值和投资价值，包括顾客购买意愿、客户愿意支付的成本、企业的收入、成本、现金流以及投资的回报率；能力要素是指产品与服务的质量、先进的技术、运营流程、组织与文化，以及资源。阿普尔盖特也强调要对生意模式的赢利模式进行检验。

阿普尔盖特的生意模式框架是一个极其简练的一般性的生意模式概念框架，它不仅可以用来分析互联网企业的生意模式，也可以用来分析传统产业的生意模式。但也正是由于其一般性的特点，它不适合具体地分析生意模式的成功要素及其逻辑。

笔者主张，要解释生意模式的成功要素和逻辑，就必须把实现方式从概念、价值和能力三个基本要素中分离出来，作为生意模式的第四个要素，研究概念、能力和价值是怎么结合起来的，是怎么创造出价值的。这里，实现方式的含义既包括手段、渠道、供应链、交易模式、运营模式，也包括技术、产品和服务以及资本。实现方式一定是具体的。

[①] Applegate L M. Emerging Networked Business Models: Lessons from the Field[J]. Harvard Business School Note, 2001, 9-801-172.

事实上，正是实现方式将概念、价值和能力结合在一起，并促使这三种要素相互作用，形成一种良性循环。不同的实现方式创造价值的能力是不一样的。仅仅一个新颖的生意概念是没有价值的，概念不能消费；仅仅具备能力也是不够的，传统企业并非没有能力，但这些能力强化的只是传统的生意要素，它们没有带来改变。所以我们强调新生意概念的端到端的流程设计，以及新生意机制的设计。正是在这个意义上，我们甚至可以说，没有新的实现方式，就不存在新的生意模式。加入了实现方式的生意模式框架如图 2-4 所示：

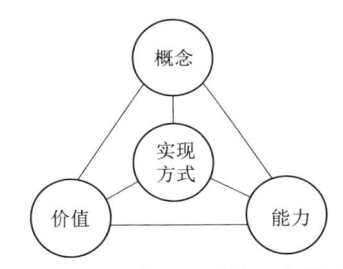

图 2-4　加入了实现方式的生意模式模型

资料来源：黄卫伟. 生意模式与实现方式 [J]. 中国人民大学学报，2003（4）.

　　实现方式包含了概念、能力和价值要素中多种成分的有机组合，我们可以识别出其中几个关键的要素，它们是互联网、技术和资本。

　　无所不在的互联网被看作第四次工业革命的"破坏性创新"要素之一。[1] 从生意角度看，互联网的最大作用，一个是连接，一个是选择，一个是体验，再一个是省去了中间环节。移动互联网更使生意不受时间地点的限制。网络的价值服从梅特卡夫定律（Metcalfe's Law），即网络的价值等于网络节点数的平方，换句话说，网络的价值与联网的用户数的平方成正比。按照梅特卡夫定律，当一项技术已建立必要的

---

[1] 施瓦布. 第四次工业革命 [M]. 李菁，译. 北京：中信出版社，2016：4.

用户规模，它的价值将会爆炸性增长。基于互联网的新创企业多快才能达到必要的用户规模？这取决于用户的体验和进入网络的成本，体验越好，成本越低，达到必要用户规模的速度就越快。这就是基于互联网的创业公司大多通过提供低价甚至免费的服务来扩大用户数量的原因。同时，通过不断地增加品种和增加新业务，为用户提供更多的选择，并与更多的著名网站实现链接，极大地提升客户体验，促使更多的用户加入网络。另外，省去中间环节从而大幅度节约成本，这是互联网生意模式的另一个优势，也是对传统产业企业最大的冲击。

技术创新是生意模式创新的推动因素。互联网、移动互联网、云计算、人工智能、先进的传感器、先进的数字通信技术……每一种重大的技术创新都带来生意模式的创新。如云计算为消费者提供了几乎无限的存储空间，从而省去了手机和电脑本地化存储的硬件成本。5G（第五代移动通信技术），使得无人驾驶汽车、远程手术、工业互联网成为现实。人工智能技术大大提高了机器的智能程度，将为我们建设更安全、更智慧的城市并丰富我们的生活。

资本在推动互联网企业、生物科技企业、人工智能企业等需要长周期、高投入的新创企业成长方面是重要的推手，而资本市场灵活的退出机制为风险资本的投入降低了风险。

我们看到，生意模式中任何一个因素都是关键的，但单凭任何一个因素都不可能构成一个完整的、成功的生意模式。以网络设备制造商为例，根据麻省理工学院博士格雷格·塔尔（Greg Tarr）提出的新塔尔定律（New Tarr's Law），数据（资源）网络当且仅当在运营（含虚拟运营）、终端、业务使能等各方面都在利润共享的环境下达到协同工作时，才能真正发展起来。所以，网络设备制造商仅仅靠提供先进技术和设备这种传统的方式是启动不了市场的，它们还必须帮助价值链上的终端、内容、应用、软件开发商等相关企业建立盈利模式，这也就是通常所说的要培育网络的生态。

生意模式是一个体系，生意模式的创新要求人们改变思维方式，即从重视要素转向重视联系。

从重视要素到重视联系

身体的各部分只有在其联系中才是它们本应是的模样，脱离了身体的手，只是名义上的手（亚里士多德）。[①] 生意模式也是这样，它的各种要素只有在与其他要素的联系中，才能作为整体的一部分发挥作用。贝索斯在一张餐巾纸上勾画的亚马逊价值创造的蓝图（如图2-5所示）就是亚马逊的生意模式，几个成功的关键要素加上相互强化的良性循环机制，价值就是这么创造出来的。这很像杰克·韦尔奇在餐巾纸上勾勒出的通用电气公司的"数一数二"的业务组合框架。可以认为，在企业家的头脑中，都有一个由成功关键要素及其相互联系构成的简练的生意模式。

图2-5 亚马逊的生意模式

资料来源：摘自全球知名创投研究机构 CB INSIGHTS, "Amazon strategy teardown", 2018, 40.

---

① 列宁.黑格尔《逻辑学》一书摘要[M]//列宁.哲学笔记.中央编译局，译.北京：人民出版社，1974：217.

图中内环的四个要素是：客户体验、流量、供货商（第三方）和选择（品种）。其反馈作用机制是：客户体验越好，网上的流量越大—网上流量越大，吸引来的网上供货商企业就越多—供货商企业越多，商品的品种选择就越多—客户体验更好。这是一个自我强化的正反馈循环，该循环推动收入的持续增长。图中套在内环上的外环的两个要素是：低成本结构和更低的价格。其反馈作用机制是：随着收入的增长，规模经济性愈加显著，从而使得单位商品成本结构中的固定成本和可变成本不断下降；由此为降价带来更大的空间，而更低的价格又带来更愉悦的客户体验，这进一步促进了收入的增长，这是另一个正反馈循环。企业收入在这两个正反馈循环的共同作用下持续增长。而这两个正反馈循环初始的驱动力是客户体验，是客户体验驱动增长，而所有的经营环节的改善都是为了提高客户体验。牵住了客户体验这个"牛鼻子"，就抓住了生意的主要矛盾和矛盾的主要方面，就能牵一发而动全身。

生意模式的概念，为思考竞争战略提供了一种系统性的框架。它把竞争战略的视角从重视要素转向了重视联系。将联系摆在与要素同样重要的地位，甚至更重要的地位。再好的生意概念，如果不落实到实现方式的各个方面，也不能创造价值；再强的核心能力，如果不着力改善客户体验，不与生意概念创新和实现方式创新结合，也不能创造更大的价值。从要素之间相互联系的观点来看，成功的生意模式是成功的关键要素之间相互强化的良性循环。任何生意要素的短板，都会制约整个体系功能的发挥；任何生意要素的增强或创新，都可能推动整个体系进入更大的良性循环。生意模式在理论上和实践上体现了竞争战略与企业整体经营活动的结合。

在创业阶段，创新生意模式、选择不同的实现方式组合成功关键要素，然后另辟蹊径，是避开与在位企业的能力差距从而脱颖而出的有效途径。

生意模式与战略

实践表明,仅凭概念创新的生意模式很容易被模仿。生意模式不同于技术,它是不受专利保护的。如果生意模式创新很容易模仿,那么研究生意模式还有什么意义?怎么防止生意模式创新被模仿?

对同一产业中相互竞争的企业来说,由于相互模仿,会出现生意模式雷同的现象,此时核心能力的差距以及运营流程细节的差距就成为竞争优势的决定因素。比如,曾经的凯马特(K-Mart)与沃尔玛都是大型连锁零售商,生意模式非常接近。但是经过长期的竞争,2002年1月22日,凯马特向位于芝加哥的伊利诺伊州北区美国破产法院提出破产保护申请,这家美国当时排名第三的零售业巨头轰然倒下。如果深入细致地考察,就可以发现:二者尽管业务类似,生意模式相近,但在运营流程细节上还是存在明显的差异的。我们从沃尔玛公司的创始人萨姆·沃尔顿的自传[1]中能够窥见一斑。

萨姆认为:"在零售业中,你要么是以经营驱动的——这种情况下你的主要推动力是减少经营费用和提高效率,要么是以销售驱动的。那些真正以销售驱动的零售商总是能够改善经营状况的。但是那些以经营驱动的零售商却往往业绩平平并开始衰退。""如果他想发展,就得学会如何控制。为此,必须得到及时的、全方位的信息,这些信息包括:店里有多少商品?是什么商品?哪些商品销得较好?哪些卖不出去?哪些该补货?哪些该降价求售?怎样替换那些滞销商品?""我认为,作为管理者,我喜欢到处巡视,在巡视中我会关心大小事情。我对数字特别感兴趣,因此非常关心商店的经营报告,以及各方面获得的信息。""我们在星期六早晨的会议坐下来讨论业务时,总喜欢集

---

[1] 参阅沃尔顿,休伊.富甲美国:零售大王沃尔顿自传[M].沈志彦,等译.上海:上海译文出版社,1996:69-220.

中于一家商店，看它如何对付那个市场的竞争对手。我们讨论这家商店的做法，哪些是对的和哪些是错的。"

萨姆指出："我们的战略计划就是在别人忽略的小城镇开设大型的折价商店。在那个时代，凯马特百货是不会到5万人口以下的小镇去开店的。""我们的方式是先向外抢占据点，再向内填满，最后全面占领市场。在折价售货刚兴起的年头，有很多具有分销系统的全国性大公司——如凯马特——都是因建立全国分销系统的网络而屹立于市场，当然，我们没有能力那么干。""我们沃尔玛开店的原则是必须有分销中心，或叫仓库，可以照顾到有关的分店，而总公司也要确实能掌握每家分店的运转情况。每家分店与仓库之间的距离不能超过一天的车程，这样商品的供应和补充才不会发生问题。我们就是这样，以州为单位，一县接一县地去填满，直到整个州的市场饱和之后才向另外一个州发展。"

战略管理大师迈克尔·波特（Michael E. Porter）认为：整体要比其中任何一部分重要，竞争优势是在经营活动的整个体系中产生的。单项经营活动的竞争价值（或相关的技术、核心能力或资源）是不能与系统或战略分开的。因此，在竞争性公司中，通过特定的单项力量、核心能力或关键资源来解释成功，将会形成误导。波特在《什么是战略》（What is Strategy）一文中特别举出了美国西南航空公司的例子，并绘制了西南航空公司的经营活动图来说明他的观点。他指出："西南航空公司的核心竞争力是什么？它成功的关键因素是什么？正确的答案是每一件事情都重要。西南航空公司的战略涉及全部系列的经营活动，而不是其中的一部分。它的竞争优势来自经营活动的适应性与相互加强的方式。……一个试图模仿一个经营活动体系的竞争者，仅靠模仿一些经营活动而不模仿整个体系会毫无所获。而经营活动的概率合成导致对整个体系的模仿极不可能。"① "竞争优势来自各项活动的整合方式,以及相互强化的方式。" "战略就像秘方,如果少放一种成分就不灵了。"②

生意模式创新绝不否定和低估核心能力的关键作用。伴随着成功的实现方式创新,业界的模仿也随之发生,而且信息技术和互联网会加剧这一过程,这使得许多行业内相互竞争的企业都呈现出生意模式趋同的现象,此时核心能力的差距就成为成败的关键。所以,生意模式创新也是需要核心能力支撑的,生意模式概念并不否定已有的战略理论。

当同一产业中相互竞争的企业采用不同的生意模式时,生意模式的内在规定性就日益显示出战略意义。当年戴尔电脑公司战胜康柏电脑公司,就是其直接模式(the direct model)相比康柏的分销模式的优势决定了最终的胜负。在这两种生意模式的竞争中,康柏也曾试图引进直接模式,但由于担心直接模式会让分销渠道短路,损害大量分销商的利益,会引起组织和人员的重大调整,可能导致短期收入的大幅下降,损害股东的利益,故战略转型的决心不坚定,转型终未成功。康柏电脑公司过去的成功,是不断完善分销模式的结果,但原有的模式越是成功,向新模式的转型就越困难。这就是为什么在IT产业成功也会是失败之母的原因。不同生意模式之间由于专有能力的差异,也就是资源、流程和文化的差异,使得生意模式又是难以模仿的,一经选择就会沿着不同的方向演进,难以改变。

当同行业竞争者各自的生意模式不同时,生意模式固有的潜在优势将最终决定竞争的胜败,如上面提到的戴尔公司和康柏电脑公司之间的竞争。这种情况下,核心能力不是竞争优势的最终决定因素。不同的生意模式具有不同的创造价值和赢利的潜能,且相互间难以模仿,

---

① Porter M E. What is Strategy[J]. Harvard Business Review, Nov.–Dec., 1996:73.
② Ibid.

难以转换，笔者把这一性质称为生意模式的内在规定性。正因为生意模式具有竞争优势的内在规定性，所以生意模式的选择才具有重要的战略意义。

生意模式创新本身是机会导向的，通常带有机会主义性质。当一个企业在初创阶段尚未积累起与业界巨头相抗衡的资源和实力的时候，只有在生意模式上寻求突破才能生存和发展。因此，生意模式创新更多地属于一种创业理论的话题。它与基于产业组织理论的竞争战略理论，以及基于资源基础观的核心能力理论，所针对的企业发展阶段及其所面临的战略困境是不同的。

创业要先探索成功的生意模式，切忌在没有经过市场检验的生意模式上大规模投入。

2.3

回归价值的本质

创业期间采取扩张的战略，有一个堂而皇之的财务解释，就是追求公司的市场价值。尤其是那些依赖风险资本投资的初创企业，更是以此为目标。那么什么是价值？它是由企业决定的还是由市场决定的？

利润最大化目标的局限性

公司价值最大化是在公司利润最大化目标基础上的发展，因此，在讨论公司价值最大化目标之前，让我们先来讨论利润最大化目标。

根据微观经济学理论，利润最大化是一个边际的概念，如图 2-6 所示：

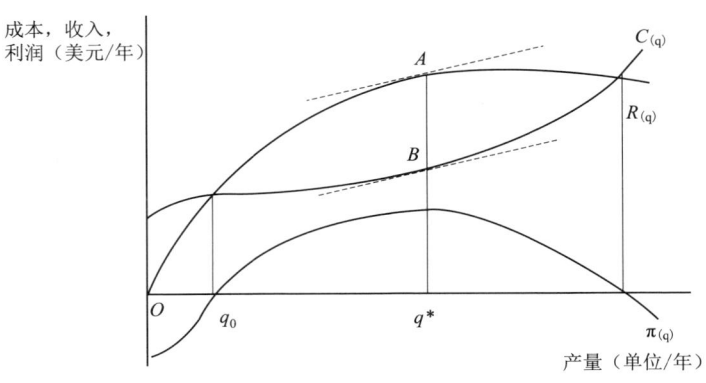

图 2-6 微观经济学利润最大化示意图

资料来源：参阅平狄克，鲁宾费尔德.微观经济学[M].第6版.王世磊，等译.北京：中国人民大学出版社，2006：266.

其中，$R_{(q)}$：收入曲线；$C_{(q)}$：成本曲线；$\pi_{(q)}$：利润曲线；A：收入曲线的斜率，即边际收入；B：成本曲线的斜率，即边际成本；$q*$：对应利润最大化的产量。

图 2-6 表明，产量在边际收入等于边际成本那一点上，利润达到最大化。超过这一点，边际收入小于边际成本，增加的产量是亏损的，总利润是下降的。

我们的问题是：超出利润最大化那一点的产量有没有意义？有什么意义？

从理论上来看，按照追求利润最大化的目标，超过 $q*$ 的边际产量没有经济意义，但从追求市场领导地位和追求长期有效增长的目标来看，它具有战略意义。因为：（1）新产品在上市初期，由于销量尚小，往往是亏损的，扩大新产品的销售需要市场投入，所以，不能用利润最大化目标来考核新产品上市的绩效；（2）市场地位决定了产品的长期收入和利润，所以，争夺市场地位不能计较短期的利润与亏损；（3）战略市场的争夺不能计较局部的盈亏。正如华为公司总裁任正非先生所言："上甘岭是不打粮食的,但上甘岭丢了,就没有打粮食的地方了。"所以,甚至可以说,没有超过 $q*$ 的产量,就没有战略,就没有公司的长期有效增长。这也是引入价值概念来度量公司长期健康状况的原因。

从会计核算角度来看,利润最大化目标是短期的。在权责发生制的会计制度下,利润是主观的,是可以被操纵的。减少研发投入,降低折旧率,减记存货的跌价损失,减记应收账款的坏账损失,减少呆死料的核销和超长期应收账款的核销,都可以虚增纸面上的利润。难怪一些企业存在损益表上有利润但现金流量表上缺少净现金流的怪现象。

所以,利润最大化目标既存在理论上的局限性,也存在实践上的局限性。经济学理论中的利润概念是一个抽象的、理想的概念,它并不涉及可操作性问题。实践中采用利润指标衡量企业当期的经营状况是有效的、通行的,但利润最大化不是一个衡量企业长期竞争力的恰当指标。那么在利润最大化目标基础上产生的价值最大化目标是否是一个可操作的、恰当的指标呢?

什么是价值?什么决定了价值?

现代标准的金融文献普遍认可的假设是:公司以价值最大化为首要财务目标;公司价值的最大化也就是股东价值的最大化。

公司价值等于未来自由现金流的贴现,用公式表示:

$$V = \sum_{i=1}^{\infty} \frac{\text{FCF}_i}{(1+C)^i} = \sum_{i=1}^{t} \frac{\text{FCF}_i}{(1+C)^i} + \frac{\text{FCF}_{t+1}}{C-g}$$

其中,V:公司价值;FCF:自由现金流;C:资本成本,即加权的债务资本成本和股权资本成本;g:长期的平均通货膨胀率。

上式也可定义为公司价值等于预测期经营现金流的现值与预测期

末（即第 t 期期末）公司的残值（或永续价值）的现值之和。公司残值的计算是假设公司可以永续经营，则公司超出预测期的未来各期自由现金流的贴现可以用无穷等比级数的求和公式简练地表达。

自由现金流（FCF）是满足了企业再投资需求后，可以供资本提供者（包括股权资本提供者和债务资本提供者）支配的现金流。债务和股权资本的加权平均资本成本（weighted average capital cost，简记作WACC）是经市场风险调整的折现公司现金流的适当比率。

从定义和公式中可以看出，强调长期现金流是股东价值方法的本质。

公司价值定义公式也存在缺陷。其一，为了得到一个简练的、看上去非常漂亮的公司残值的计算公式，就假定公司作为法人是可以永续存在的，这不是一个科学的假定，永续存在的公司在现实中是不存在的。其二，实例计算表明，依据这样的公式计算出的公司残值在整个公司价值中的比重过大，这等于承认对公司的估值主观成分很大，这岂不是在为股票投机提供依据？谁能算得准5年后的公司永续价值是多少！

那么，公司价值到底是由企业决定的还是由市场决定的？价值是一个市场的"幽灵"，公司一旦进入资本市场就被其主宰，身不由己了？还是说，价值是经营的灯塔，能够指引上市公司和非上市公司的健康经营？

为了展开后面的讨论，我们将自由现金流的定义式重新列在下面：

$$FCF=NOPAT-（营运资本增加额+固定资产增加额）$$

从价值的定义式和自由现金流的定义式可以推论，公司价值的决定因素分别是：

增长，准确地说是税后净营业利润NOPAT或自由现金流的持续增长。

投入资本回报率（Return of Invest Capital，简记作ROIC），也就

是说，如果仅有税后净营业利润的增长，但每年需投入大量的营运资本和固定资产驱动增长，即投入资本回报率很低，还是不能带来自由现金流的增长，从而不能带来公司价值的增长。

加权平均资本成本，风险越高，加权平均资本成本也就是贴现率越高，同样的自由现金流折现的现值越小。合理的资本结构和稳定的投资回报率有助于降低资本成本。

投资率，即税后净营业利润中用于再投资的比率。增长率是与投资率正相关的，但自由现金流是与投资率负相关的，也就是说，加大低效投资并不能带来公司价值的增长，这就是粗放增长。只有投入资本回报率保持在超过加权平均资本成本的较高水平上，加大投资率才会带来公司价值的快速增长。另一方面，投资不足，仅靠高投入资本回报率，还是不能带来公司价值的高增长。

企业的目标应是长期有效增长，这里的有效指的是有利润的收入，有现金流的利润，而不是投入资本回报率最大化。

即便是资本市场，也不可能无根据地对上市公司估值，它依据的还是企业的经营状况。所以，尽管资本市场可以将某家公司的股票推高到令人咂舌的天价，但公司的价值根本上还是由企业决定的。但资本市场的反应往往是依据上市公司的短期业绩，资本市场没有耐性，对上市公司的长期投入缺乏合理的长期估值。这一点我们可以从亚马逊公司2002年和2003年年报中贝索斯致股东的信里看到。

亚马逊公司于1995年7月成立，1997年5月首次公开募股（IPO），股价最高时（2000年1月3日）达到237.5美元，当时亚马逊还处于亏损中。2002年的前两个季度，亚马逊仍在亏损，这已是上市连续第5年亏损。2002年第三季度终于实现了上市后的首季赢利。贝索斯在2002年年报致股东的信中大谈公司如何提供世界领先的客户体验和最低价格的一贯政策和措施，在业界看来这个双重目标似乎即使不是十足的堂吉诃德式的古怪念头也是自相矛盾的。2002年公司的订单处理周期改善了17%，电子产品选择增长了40%，是典型的大型电子商店的10倍；书籍的选择范围增长了15%，主要是在难以找到的和绝版的书籍方面。在当年最权威的机构发布的《美国客户满意度指数》中，亚马逊公司得到了88分，这是该指数有记录以来的最高分。贝索斯同时强调了公司的财务绩效，2002年的净销售额增长了26%，达到创纪录的39亿美元；销售量增长达到34%；自由现金流达到1.35亿美元，比上一年增加了3.05亿美元。贝索斯在信的最后再次强调对客户有利对股东也一定有利的观点，并附上他在1997年年报中致股东的信，以显示公司政策的一贯性，并鼓励当前和潜在的股东看看。

但这封言之凿凿的致股东的信并没能阻止亚马逊的股价在2002年11月29日跌至23美元，比最高点跌去了90%。为什么一直亏损的亚马逊有过那么大的价值？为什么终于赢利了的亚马逊的股价却跌到了谷底？

在2003年年报致股东的信中，贝索斯的言辞有点儿不客气了，他指出："许多投资者实际上是短期'租户'，他们如此迅速地转换他们的投资组合，他们实际上只是在租借他们暂时'拥有'的股票。我们再次强调我们在1997年致股东的信中的长期观点，这是我们作为上市公司的第一封信，因为这种方法实际上推动了许多具体的而不是抽象的决策。在亚马逊，我们广泛地使用'客户体验'这个术语，它涵盖了我们生意面向客户的每一方面——从我们的产品价格到我们的选择，从我们网站的用户界面到我们如何包装和运送物品。我们到目前为止创造的客户体验，是我们业务最重要的驱动力。在设计客户体验时，我们会从长期所有者的利益出发考虑问题。"贝索斯强调："我们的定价策略不是试图最大化边际利润率，而是寻求最大化客户价值，从而长期创造更大的利润。例如，我们将珠宝销售的毛利率设定在大大低于行业标准的水平上，因为我们相信随着时间的流逝——客户将这些事情弄清楚了——这种方法将为股东带来更多价值。"

西方企业理论认为，企业的目的是为股东创造价值。而价值创造在于公司的目标长期化，以及长期投入。公司的成长不可能是一帆风顺的，越是在业绩的低谷期，越要加大长期投入。资本市场的效率在于其流动性，但投资者逐利的本性，使得资本很难持续地支持注重长期价值创造的公司。这就迫使公司经营者的目标短期化，以迎合资本市场的诉求。这对初创公司的损害尤其大。

我们的看法是：资本市场最终是对的，因为这个世界不可能永远是投机者的天下；但资本市场经常是错的，之所以经常是错的，就在于投资者的投机性，根本上在于人性对金钱的贪婪。有人说没有投机就没有市场，也许这话是对的。但那种认为市场永远是对的观点，不过是一种市场拜物教的信条。

基于价值的经营

对上市公司来说，价值是由市场决定的，公司追求价值的最大化。但市场定价根本上依据的也是公司的经营状况。而对非上市公司来说，要不要基于价值来经营呢？基于价值经营相比基于利润经营有什么优点呢？

价值创造有两种可能的来源：第一，公司经营的行业的一般吸引力和公司的行业地位，又称为外部来源；第二，相对于竞争对手的竞争优势，又称为内部来源。迈克尔·波特基于产业组织的竞争战略理论，就是对第一种来源的分析；基于资源基础观的核心能力理论是对第二种来源的分析。行业吸引力实际上来自两方面：行业的高增长或产业的集中度（即垄断程度）；竞争优势来自公司的核心能力，它应当是专有的、难以模仿的，是公司长期专注投入的结果。

公司价值驱动因素如图 2-7 所示：

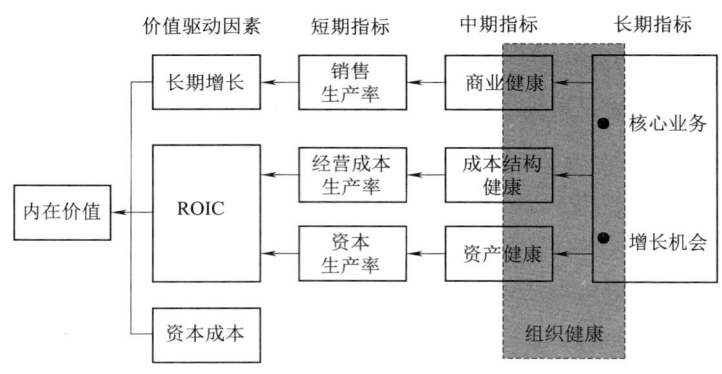

图 2-7　公司价值驱动因素图

资料来源：科勒，戈德哈特，威赛尔斯．价值评估：公司价值的衡量与管理 [M]．第 4 版．高健，等译．麦肯锡公司，审校．北京：电子工业出版社，2007：338．

其中，公司的内在价值由三个指标决定：长期增长、投资资本的回报率、资本成本。而这三个指标又取决于短期指标、中期指标、长期指标和组织健康。

短期指标包括：（1）销售生产率指标：销售收入增长率、市场份额、销售队伍生产率等；（2）经营成本生产率指标：单位成本、销售成本率、销售毛利率、销售与一般管理费率等；（3）资本生产率指标：存货周转率、应收账款周转率、总资产周转率等。

中期指标包括：（1）商业健康指标：R&D 费用比率、新产品收入占比、品牌力、客户满意度等；（2）成本结构健康指标：单位成本优势、人力成本优势、劳动生产率等；（3）资产结构健康指标：库龄结构、账龄结构、固定资产新旧程度等。

长期指标包括：（1）核心业务可持续成长性；（2）开发新增长机会的能力。

组织健康指标包括：维持和改善绩效的人力资源状况、技能水平和企业文化。

从公司价值驱动模型中可以看出,基于价值的经营也是以利润为基础的。然而基于价值的经营比起基于利润的经营,更注重长远利益与短期利益的结合,更强调公司经营的"硬"因素与"软"因素的结合,即结果导向与组织和文化的结合。价值最大化是比利润最大化更合理的目标。这也是我们主张公司经营要以价值为纲的原因。基于价值的经营无论对于上市公司、拟上市公司还是非上市公司,都是适用的。

在这方面,华为公司的经营管理实践就是一个很好的基于价值经营的例子。

华为公司的价值管理方针

- 业务为主导,会计为监督。"业务为主导"是指华为公司的价值主要是业务创造的,不是通过资本运作创造的,要通过技术创新、人才引进、市场扩张赢利。"会计为监督"是指财务的职责是支撑和服务业务,创造价值,同时履行好公司赋予的管理与监控职责。
- 正确处理扩张与控制的矛盾。从财经视角看,华为的竞争战略有几个关键点:
  - 加大对未来机会的投入,错开相位发展,在大机会时代,千万不要奉行机会主义。
  - 要成为领导者,一定要加强战略集中度,有所不为才能有所为。
  - 创新的目的是为客户和公司创造更大价值。
  - 坚持开放、竞争、合作的方针,建设商业生态圈的关键是利益分享。
  - 投资不确定性项目,要保持适度的灵活性。
  - 不开展以获取财务回报为目的的产业投资。
- 平衡好长期利益与短期利益。

- 以规则的确定应对结果的不确定。
- 建立公正和公平的价值评价与分配制度。
- 紧紧围绕为客户创造价值简化组织和流程。

基于价值的经营也是以利润为基础的,但更重视现金流的管理,更注重企业的长期利益。这也是我们主张公司经营要以价值为纲的原因。

第3章 契约与信任

善闭无关楗而不可开,善结无绳约而不可解。
——老子《道德经》,第二十七章

企业是一种契约综合体。对企业家来说重要的是关于企业所有权和控制权的契约,对员工来说重要的是劳动合同,对客户来说重要的是企业的质量承诺。这些契约或合同都是不完全的(契约与合同是同一事物的不同表达,本文在不同场合视上下文的需要交替使用这两个术语),合同双方不可能将与未来可能发生的所有情况对应的责任和义务全都写入合同。那么,不完全合同靠什么来维护,靠什么有效执行?

契约的有效执行首先靠的是法律保障。但合同的不完全性意味着合同执行不可能完全依赖法律保障,诉诸法庭往往是最后的解决手段,是一种威慑,更多的情况下靠的是信任。契约是建立在不信任基础上的信任,信任是比合同的惩罚条款更重要的履约保障。初创企业与股东之间、与员工之间有契约也有信任,包括与供应商的关系也不是完全靠契约维护的,通常供应商给企业一定时段的账期,账期的长短体现了一种信任。许多初创企业是靠供应商的账期和信任起步的。"先小人,后君子"是一般的商业行为规则,但指望合同务求详尽的做法实际上走向了反面,"过度签订合同"意味着合同双方之间互不信任。信任一旦丧失，其影响绝不仅限于具体合同的履行，甚至可能动摇企业契约结构的大厦。所以，契约与信任是一对基本矛盾，它是企业的立命之本。

本章从讨论作为一种契约综合体的企业概念入手，接着阐述不完全合同下的企业定义和剩余控制权的作用，然后转向合伙制、公司制和劳动合同制契约的不完全性，最后进一步讨论自由雇佣制下如何建立劳资信任的问题。

3.1

企业是一个契约综合体

什么是企业？罗纳德·科斯（R. H. Coase）将企业定义为市场价格机制的替代物，究竟是选择市场还是企业取决于交易成本。哈罗德·德姆塞茨将企业定义为一种契约结构，契约决定了企业是如何建立的。奥利弗·哈特（Oliver Hart）将认为：企业由其所拥有的资产组成，所谓所有权就是对资产及其收益的剩余控制权。我们赞成企业是一种契约结构的观点，同时对如何降低契约的成本也予以关注，因为它是交易成本中的制度成本。同时，哈特的不完全合同理论向我们提出了一个问题：如果企业的契约是不完全的，那么靠什么机制使之履行？

关于企业性质的交易成本理论

关于企业性质存在两派代表性理论，它们是交易成本理论和契约理论。让我们先对这两派理论的主要观点做一个简单的回顾，以便在此基础上讨论不完全合同和信任这对矛盾。

企业是市场经济制度的基本单元,但在科斯之前,经济学界一直没有人提出成体系的企业理论,科斯在 1937 年发表的《企业的性质》一文中提出的交易成本理论,奠定了企业理论的基础。

科斯提出:"马歇尔(Alfred Marshall)将组织作为第四种生产要素引入经济体,克拉克(J. B. Clark)认为企业家具有协调职能,奈特教授介绍了管理者的协调作用。如果正如人们通常认为的那样,协调工作可以由价格机制来完成,那么为什么需要承担协调职能的组织存在呢?……假如生产由价格机制协调,那么在不存在任何组织的情况下,生产仍然能够进行。面对这一现象,我们就不得不问,组织为什么存在?……我认为,可以假定企业的显著特征就是,它是价格机制的替代物。"[1]

科斯进一步解释说:"市场的运行要花费一些成本,形成一个组织并允许某个权威(一个'企业家')来配置资源能够节省某些市场运行成本。考虑到这个企业家能够以低于他所替代的市场交易的价格获取生产要素,因此,他必须以较低的成本行使自己的职能,如果他不能做到这一点的话,通常很可能又回到公开市场交易的方式。"[2]

在回答了企业为什么存在的问题后,科斯进一步提出了与此相关的企业的边界问题。他说:"前面提到,企业的引入主要是市场运行成本的存在。一个与此相关的问题就是,如果通过组织可以消除某些成本,并且确实减少了生产成本,那么为什么还会有市场交易呢?为什么不是由一个大企业来完成所有的生产呢?"科斯对此问题的解释是:"当企业规模变大时,企业家的职能可能存在收益递减的现象,也就是说,在企业中组织追加交易的成本可能会上升。……其次,当组织的

---

[1] 科斯.企业的性质[J]//威廉姆森,马斯滕.交易成本经济学:经典名篇选读[C].李自杰,蔡铭,等译.北京:人民出版社,2008:5.
[2] 同前注,第 8 页。

交易增加时，企业家可能无法将生产要素安排在价值最大的地方，也就是说，他可能无法充分利用这些要素。"科斯得出结论："企业将持续扩张直到组织一项交易的成本等于通过公开市场完成同比交易的成本，或等于在另一个企业中组织同样交易的成本。"[1]

经济学家奥利弗·威廉姆森（Oliver Eaton Williamson）对科斯的开创性贡献的评价是：罗纳德·科斯的开创性论文《企业的性质》是交易成本经济学的开山之作。它突破了新古典经济学将企业看作一种生产函数的思维模式，提出了一个在新古典的框架中不可能提出的问题：既然市场这么完美，那么为什么会存在企业？当然反过来，问题也是一样。如果企业比市场更有优势，那么为什么不是将所有的生产集中于一个大的企业中？为了解答这一问题，科斯引入了交易成本的概念。在他看来企业和市场是组织的两种形式。企业选择市场还是企业的组织形式取决于交易成本的权衡。[2]

这使我们想起我们在第一章中引用过的京东集团创始人兼首席执行官刘强东先生的创业原则："我做生意有个原则：如果行业很完美，几乎看不出来这个行业还有什么问题，京东是从来不碰的，因为这意味着对你来说几乎没有机会。如果你发现一个行业太乱、太糟糕，简直可怕，那就是巨大的机会，一定要进去，因为你的商业模式只要能够解决问题，就一定能够获得成功，这是我的思维观念。"显然，刘强东的创业原则的理论解释就是交易成本，当市场太乱、太糟糕时，就是市场交易成本太高的时候，这时客户呼唤交易成本更低、效率更高的企业为他们提供产品和服务。如果某家企业的交易成本低于该行业市场所有的在位企业，理论上它就可以垄断这个市场。所以，规模大小还不是问

---

[1] 科斯.企业的性质[J]//威廉姆森，马斯滕.交易成本经济学：经典名篇选读[C].李自杰，蔡铭，等译.北京：人民出版社，2008：10.
[2] 威廉姆森，马斯滕.交易成本经济学：经典名篇选读[C].李自杰，蔡铭，等译.北京：人民出版社，2008：3.

题的关键,关键是管理,而对管理能力构成挑战的是不确定性。

科斯在提出交易成本概念来解释企业的性质的同时,也没有忽略契约问题。他认为企业作为一个契约替代了市场上的一系列契约。但他不认为企业是一种完全的契约结构。他指出:"当然,企业依附于市场,而且没有消除所有的契约,但是一种生产要素的所有者并不一定要与由企业内部协调的其他生产要素的所有者分别签订一系列合同。"[①] 投入品所有者,例如人力资本的所有者,在企业内部的活动不是契约化的,它只受最初与企业签订的雇佣契约的约束。而最初的契约与市场交易中实行的契约没有区别,它就是市场交易契约,是外部化的。投入品所有者通过与企业的一种市场契约使自身内部化了,不再市场化了。

奥利弗·威廉姆森指出:"实际上,任何一种关系,不论是经济关系还是其他关系,只要它表现为或者可以表述为签约的问题,那都能根据交易成本经济学的概念做出评价。它不仅适用于最明显的合同关系,也适用于不太明显的合同关系。"威廉姆森进一步指出:"日趋一致的看法是,把制度问题更突出地引入我们的视野,有助于更好地摆平各种因素。因为交易成本经济学从本性上说就是研究制度问题的。"[②]

关于企业性质的契约理论

要进行大规模生产,必然要分工,分工带来专业化,专业化促进了机器的发明和大量采用,机器的大量采用促进了生产技术和产品的创新。分工的好处,早在亚当·斯密的《国富论》中就详细讨论过了。分工必然

---

① 科斯.产业组织:研究的建议[J]//威廉姆森,马斯滕.交易成本经济学:经典名篇选读[C].李自杰,蔡铭,等译.北京:人民出版社,2008:61.
② 威廉姆森.资本主义经济制度:论企业签约与市场签约[M].段毅才,王伟,译.北京:商务印书馆,2004:538.

要求合作，合作生产是这样一种生产，在其中投入品——诸如人力资本、原料、资产的结合和协作——产出了比投入品单独使用的产出更大的产出。由于分工必然要求合作，而合作通常面临对成员努力的计量和监督，包括作业层面的监督和对大规模协作的监督，而对协作的监督需要一个最终的监督人。为使最终的监督人得到足够的激励以履行监督职责，最好的方法是给这个人以剩余收益的索取权。由于只有增加收入并有效地控制成本、工资、费用、借款和利息等支出才能产生剩余收益，或者说扣除支付其他投入的报酬后才能有剩余收益，这就促使监督者有动力防止人们推卸责任、偷懒或者"搭便车"。于是，作为最终监督人的企业家出现了，企业也因之产生。

协作生产组织（简称为团队）的成员要想提高他们的生产率，必须同意监督者享有以下权利，这些权利不仅包括剩余索取权，还包括调整成员结构并纠正每个成员在团队中的行为的权利。只有监督者才有权单方面终止其他任何人的团队成员身份。哈罗德·德姆塞茨认为，这一切是一个完整的权利组合，包括：（1）作为剩余索取者的权利；（2）观察投入行为的权利；（3）作为各种投入合同公认的中心的权利；（4）增减团队成员的权利；（5）出售这些用于界定古典企业所有权的权利。[1]

德姆塞茨进一步指出，由一个共同的中心作为一方，与其余各方签订各种双边合同，由此形成一种组织，把团队生产中使用的各种要素有效地联合起来，这种合同的条款就成为人们称之为企业——特别适合于组织团队生产——的那种实体的基础。如果我们把"这种"企业看成按照这样或那样的协议建立起来的一组特殊行为关系，那么成本的作用就仅限于解释这种企业是否能够存在，而不能回答它是如何

---

[1] 参阅德姆塞茨.所有权、控制与企业——论经济活动的组织：第一卷[M].段毅才，等译.北京：经济科学出版社，1999：154.

建立的。企业之所以成为企业，在于它具有各种合同条款规定的行为特点。[1]

在企业是一种契约综合体的假设下，每个成员与企业所有者（即各种投入合同公认的，并且作为剩余索取者的一方）的关系，其实就是"交换"的关系。其中每一方都是既买又卖。雇员与雇主一样，能够随时终止合同。这种契约是自由的，它有什么样的内容，完全取决于契约签订各方在契约签订之前拥有什么。

奈特指出："正如我们已经看到的，所有权的主要内涵是控制权与收益权的组合。这里需要强调的是，在一个基于纯粹的自由合约的社会制度下，所有权和控制权这两个概念可以互换，除此之外，没有其他形式的控制。需要明确的是，在这个社会里，需要有某种类型的政府（state，即某个行政机构）来维护这种制度。但是，政府的功能也仅限于确保合约的执行，并防止合约以外的关系。……也就是说，在自由合约制度下，政府的作用是将人类关系严格限定在相互自愿的范畴之内，也就是仅限于合约关系。我们再重复一下，在这种制度下，一无所有的人将无法生存，除非他能够忍饥挨饿，或者接受有产者的恩赐。任何人拥有多大的自由，取决于他有多少所有权。在一个纯粹的自由合约制度下，没有产权就没有权力（控制）。产权的（实际状态）的变化与自由选择相联系，选择的广度完全取决于之前的状态，也就是说，最终取决于个人进入合约系统的初始状态。"[2]

产权是一个权利束，包括所有权、使用权、收益权、处置权等。产权实质上是一套激励与约束机制。新制度经济学认为，产权安排直接影响资源配置效率，一个社会的经济绩效如何，最终取决于产权安

---

[1] 参阅德姆塞茨. 所有权、控制与企业——论经济活动的组织：第一卷 [M]. 段毅才，等译. 北京：经济科学出版社，1999：188.
[2] 奈特. 风险、不确定性与利润 [M]. 郭武军，刘亮，译. 北京：华夏出版社，2011：261.

排对个人行为提供的激励。

3.2

不完全合同与产权

由于合同双方不可能将与未来可能发生的所有情况对应的责任和义务全都写入合同，因此可以说，长期合同，甚至所有的合同都是不完全的。不完全合同靠什么执行？持法律至上观点的人可能会说，如果出现单方面违约的情况，可以诉诸法庭裁判，但当合同中的部分内容是第三者无法验证的时候，法庭也没有办法裁判。不完全合同的客观存在，对企业的性质、所有权和控制权的配置，以及人力资产和非人力资产的关系有着决定性的影响，哈特的不完全合同理论对此做了深入研究。

所有权就是对企业资产的剩余控制权

哈特的工作是对科斯定理的重要发展。他把注意力集中到合同不完全上。他指出，现实中合同经常是不完全的。当合同不完全的时候，就会产生这样一个问题：当合同中没有规定的情况发生时，谁负责任？为什么由他负责任？在这种情况下产权的作用就很清楚了：只有资产的所有者有对资产的支配权。也就是说，当合同不完全时，资产的所有者拥有合同没有详细规定的那部分内容的解释权，也就是合同的剩余权力（residual powers）。

哈特的基本观点是：企业产生在人们无法拟定完全合同，从而使产权或控制的配置变得十分重要的地方。"我们将企业定义为：企业由其所拥有的资产（例如机器、存货）组成。我们提出一种有成本的合同理论，它强调合同性权利可以有两种类型：特定权利和剩余权利。如果合同的一方当事人要——列出他希望的对另一方当事人资产的全部特定权利是一件成本高昂的事时，那么前者购买除了合同特别规定的权利之外的所有权利就是最优的。所有权就是所购买的这些剩余控制权。"①

哈特针对科斯关于企业性质的理论进一步指出："什么是企业？企业内部的交易与企业之间的交易有何区别？这些由科斯在大约 50 年前首次提出的问题已成为经济学家经常讨论的题目。……我们研究一个企业及其所拥有的资产，并认为所有权即对企业资产的剩余控制权：在最初的合同所限定的特定用途以外决定如何使用资产的权利。"②哈特并不区分所有权和控制权，他实际上把所有权定义为实施控制的权力。

合同的特定权力是缔约双方对等的权利，而剩余权利才是所有权要控制的对象。如果缔约的一方既拥有合同的特定权利，又拥有合同的剩余权利，那他就拥有了合同的全部权利，也就拥有了全部资产的所有权。

哈特的上述观点解释了为什么实物或非人力资产的产权是重要的。他的回答是，"在合同不完全时，所有权是权力的来源。要理解这一点，就必须注意到，不完全合同总有漏洞、遗漏的条款或模棱两可之处，所以一定会出现未对非人力资产使用的某些方面做出规定的情况。既然合同不可能对每一种可能的情况下资产使用的所有方面都做出规定，那么谁有权来决定合同未提及的用法呢？按照产权观点，有关资产的所有者拥有这种权利。也就是说，一项资产的所有者拥有对该项资产的剩余控制权：可以按任何不与先前的合同、惯例或法律相违

---

① 哈特 O,等.不完全合同、产权和企业理论[M].费方域,蒋士成,译.上海:格致出版社,2016：4.
② 同前注,第 33 页。

背的方式决定资产所有用法的权力。事实上,拥有剩余控制权已被作为所有权的定义。这与较为标准的所有权的定义是不一致的;在标准定义中,所有者拥有资产的剩余收入而不是该资产的剩余控制权"[1]。

以人力资产的支配权为例,理论上人力资产是由劳动者支配的。但按照产权理论,在不完全合同情况下,资产的所有者拥有支配非人力资产的权利。假如人力资产只有与非人力资产结合才能实现自身权利,那么,只要资产所有者与人力资产所有者签订了雇佣合同,在合同不完全时,资产的所有者实际上就拥有了对人力资产的支配权。

非人力资产产权的重要性

哈特认为:"首先,合同的不完全性意味着一个人当前行动的未来收益将取决于他明天的谈判地位,而后者是无法通过最初合同加以控制的。第二,资产专用性的存在意味着行为人的谈判地位取决于他所接近的资产,因而将对资产所有权的配置非常敏感。"[2]

哈特进一步指出:"在我们的分析背后有一个重要的概念是,所有权所带来的一个关键的权利是能排除其他人使用资产。我们已经讨论过,这一对资产的权力演变成对人的权力。一些非人力资产对我们的观点是重要的,事实上我们感到它们是任何企业理论的重要组成部分。理由是,在没有非人力资产的情况下,就不清楚权威或控制意味着什么?对什么有权威?控制什么?"[3]

哈特的不完全合同理论认为,人力资产只有与非人力资产结合才能实现自身的权利。正是在这个意义上,对一项物质资产的控制可以

---

[1] 哈特 O,等.不完全合同、产权和企业理论[M].费方域,蒋士成,译.上海:格致出版社,2016:74.
[2] 同前注,第34页。
[3] 同前注,第58页。

间接地导致对人力资产的控制。仅仅一份雇佣合同还不能给予一个企业主对工人人力资本的直接控制权。"企业必须要有除工人人力资本之外的某种资产,就是说,某种'黏结物'(glue),以拴住它的工人。……但是,如果没有能使企业凝聚在一起的东西,那么企业就只是一个幻影。因此,企业的非人力资产,就代表这种把企业联接在一起的黏结物,不管它是什么。……如果这类资产不存在的话,那么,使企业凝聚在一起的究竟是什么,或者,企业内的权力究竟用什么来定义,就不清楚了。可以预期,不具备若干重要的非人力资产的企业,只是脆弱的和不稳定的实体,时刻有终止或解体的可能性。"[1]

我们看到,人力资产必须依附于非人力资产才具有价值,所以,控制非人力资产是控制人力资产的前提条件。人力资产越具有专用性,对与其相结合的物质资产的配置依赖性越强。但即使这样,企业所有者也并不拥有工人人力资本的控制权,这是劳动者的权利。那么,对现代企业来说,"黏结员工的资产"是什么呢?是平台,包括技术平台、产品平台、销售平台、供应链平台、管理平台等。企业的各类平台越大、越深厚,对人才的吸引力和"黏结性"越强。而对于初创企业来说,由于平台小,对人才的依赖性就大。华为公司总裁任正非说:企业要实现自由的发展,必须摆脱对资金的依赖、对技术的依赖、对人才的依赖。其含义正在于此。

赫伯特·西蒙认为,新制度经济学的关键观点是:把多数组织现象看成另一种市场行为,即员工与雇主相互的市场关系。这种观念关注雇佣合同。新制度经济学试图通过分析雇佣契约及其他个人与组织之间的各类隐性或显性契约,来解释组织的运作方式。[2]

---

[1] 哈特 O,等. 不完全合同、产权和企业理论[M]. 费方域,蒋士成,译. 上海:格致出版社,2016:59.
[2] 参阅西蒙 H A. 管理行为[M]. 第4版. 詹正茂,译. 北京:机械工业出版社,2004:17.

显性契约与隐性契约

哈特在《不完全合同、产权和企业理论》一书中指出:"本文区分了字面绩效（perfunctory performance）与实质绩效（consummate performance），换句话说，即依照合同具体条款执行的绩效和依照合同之合作精神所执行的绩效。法律可以让缔约方执行字面绩效，而不可能使之执行实质绩效。其次，本文引入了重要的行为因素。我们假设，如果一方认为他获得了他应得的结果，那么他将很愿意提供实质绩效；而如果他未获得他应得的结果，那么他将减少一部分实质绩效——我们称后一种情况为'折减'（shading）。然后我们做了另一个重要假定，即缔约方所认定的权利取决于已签署的初始合同。这就是合同是'一个参考点'的意思。"[①]

以劳动合同为例，要得到员工的合作，前提是雇主必须完全履行劳动合同的字面绩效。但这只是得到员工合作意愿的前提条件，而要真正得到员工的主动合作，还必须在合同之外提供额外的激励，在这个意义上，即使是一个在法律意义上完备的合同，实际上也是不完全的。要得到员工的主动合作，仅靠履行法律意义上的劳动合同是不够的。

合同的合作精神，简而言之，就是信任，它是一种隐性契约。如果合同双方能建立起信任，即使合同未能穷尽可能情况下的责任和义务，也可以在发生意外或分歧时用协商的办法解决。信任实际上来自一种共识，即双方认识到完全地履行合同符合双方的利益。其次，信任来自以往打交道的经历和口碑，它是对合同对方信誉的一种认可，能得到合同对方的信任是一笔精神财富，精神财富是可以转化为物质财富的。信任一旦被打破，合作的基础也就没有了，不信任对方，怎

---

① 哈特O，等. 不完全合同、产权和企业理论[M]. 费方域，蒋士成，译. 上海：格致出版社，2016：101.

么可能与之签订合同呢？当然，强调信任并不否定或降低法律的作用，只是把诉诸法庭作为最后的选择。

3.3
企业组织契约的不完全性与信任机制

企业组织形式按类型划分，分为个人独资制（proprietorship）、合伙制和公司制。合伙制是比公司制历史更悠久的企业制度，现在还被初创企业大量采用，常见于律师事务所、会计事务所、咨询公司、投资银行等服务企业。公司制是最流行的企业制度，公司的基本特征有三个：一是法人，一是有限责任，再一个是股票的自由买卖。这三个基本特征大大降低了投资者的风险，大量的资本投入绩优的公司，使得公司规模几近无限地扩张。公司被看作近现代最伟大的创新。

合伙制和公司制都是一种契约，都有相应的法律对其创立和治理结构加以规范。我们关注的是合伙制契约和公司制契约的不完全性，以及现实中这种不完全契约是怎么履行的。

合伙制契约的不完全性与信任机制

现代公司制在法律上确立以前，企业大多采用的是合伙制。即使1862年英国的《公司法》（1862 Companies Act）颁布之后，有限责任公司如雨后春笋般涌现，合伙制仍具有顽强的生命力。例如，安德鲁·卡内基从创立联合铸铁厂到合并多家公司成立美国钢铁公司，一直采用的是合伙制。

卡内基创立公司用的是他自己的钱，是投机于铁路积累起来的。他公开声称自己对公众所有权的深度的不信任。他批评道："在该种情况下，股票被一个庞大的人群持有，属于任何人的企业是没有人负责的企业（What anybody's business is nobody's business.）。"[1] 他将自己的公司构造成一系列的合伙制，每一个都在自己的控制下，并且受到全局性的"铁壳协议"（Iron Clad Agreement）的约束，该协议要求任何合伙人如果想要退出，都必须将自己的股份以账面价值卖给公司。直到美国钢铁公司上市，该事件成为美国公司发展的一个转折点。从那以后，公众公司成为公司组织形式的主流，私人拥有的产业公司开始成为一种例外。

即使在卡内基经营美国钢铁公司的年代，与有限责任的公司制相比，合伙制的局限性也是显而易见的：无限责任限制着企业筹集资本的能力；关键合伙人过早地去世或即使有后嗣通常也会使企业终止；决策须在合伙人之间达成共识大大降低了决策的效率；随着合伙企业的成长，最初的利润分配方案与合伙人各自对企业的贡献渐行渐远，由此产生的裂痕日益危及合伙企业的存续。总之，合伙制是脆弱的创造物，当初生意人之所以固守它是因为他们不想让政府和外人插手他们的私人事务。

可以从四个方面比较合伙制、公司制和个人独资制的企业性质。

表3-1　公司制、合伙制及个人独资制企业性质比较

	公司制	合伙制	个人独资制
企业的延续性	是	否	否
管理的集中化	是	否	是
有限责任	是	否	否
所有权的自由让渡	是	否	否

---

[1] Micklethwait J, Wooldridge A. The Company: A Short History of a Revolutionary Idea[M]. New York: Random House, Inc., 2003:70.

我国于 1997 年 2 月 23 日第八届全国人民代表大会常务委员会第二十四次会议通过了《中华人民共和国合伙企业法》（以下统称《合伙企业法》），2006 年 8 月 27 日第十届全国人民代表大会常务委员会第二十三次会议对其进行了修订。下面我们主要针对《合伙企业法》对普通合伙企业的法律规定讨论一下合伙制合同的不完全性和信任机制。

　　合伙制最核心的性质是合伙人对合伙企业债务承担无限连带责任。这是对合伙制企业规模扩张的最强的约束。合伙合同就是合伙协议。由于要对合伙企业债务承担"无限连带责任"（第二条第二款、第三十九条），使得合伙协议只适于在少数人之间达成，这样责、权、利最容易对等，相互之间也有深入的了解和信任。虽然《合伙企业法》没有限制参与合伙协议的人数，但合伙人越多，合伙协议的责任意识、激励和约束作用越弱化。这虽然不影响合伙企业雇佣大量的员工，但由于他们不是合伙人，所以他们不享有剩余收益的利益，这导致员工对企业的信任和忠诚度较低，员工的流动率较高。怎么处理少数合伙人与大多数员工之间的利益关系是合伙企业管理的关键。合伙企业用吸收新人入伙的方式吸引和留住优秀人才，但数量不可能很多，而且吸收新人入伙要经全体合伙人一致同意（第四十三条），这意味着原有利益分配格局的调整，其中暗含的对既得利益的维护以及复杂的内部利益交换，使得达成一致的过程难免磕磕绊绊。

　　合伙企业最受诟病的恐怕还是决策机制。除了要考虑决策的正确性、前瞻性，更要关注谁对决策的结果负责。责任是对个人而言的，群体负责等于没人负责。在公司制下，经营决策的责任最终是落在个人头上的，是高度集中的。但在合伙企业中，由于合伙人对执行合伙事务享有同等的权利（第二十六条），所以合伙企业的决策是群体参与、群体负责的。合伙制至少有两个合伙人，更多的情况是多个合伙人，有钱的出钱，有力的出力。即使是在只有两个合伙人的情况下，分歧也是难免的，那出现分歧的话怎么做决策？一种是经过充分的讨论最后达成一致,这在时间上至少是漫长的。一种是按分工,归谁管的由谁拍板,另一方保留不同意见,但这往往导致局部最优而不是全局最优。如果存在多个合伙人,那么要达成一致意见就更难了。所以,《合伙企业法》中规定了"按照合伙协议的约定或者经全体合伙人决定,可以委托一个或者数个合伙人对外代表合伙企业,执行合伙事务"(第二十六条第二款),以及"委托一个或者数个合伙人执行合伙事务的,其他合伙人不再执行合伙事务"(第二十七条),并补充了"受委托执行合伙事务的合伙人不按照合伙协议或者全体合伙人的决定执行事务的,其他合伙人可以决定撤销该委托"(第二十九条第二款)。不过,这最后一条规定太模糊了。其他合伙人会议如何召集?由谁来召集?怎么判定"受委托执行合伙事务的合伙人不按照合伙协议或者全体合伙人的决定执行事务"?这些法条的规定都是不完备的。法律规定了可以按照合伙协议的约定或者经全体合伙人决定,委托一个或者数个合伙人对外代表合伙企业,执行合伙事务,这提高了合伙企业的决策集中度,现实中对于多人合伙的情况,也是这么办的。但这与"合伙人对执行合伙事务享有同等的权利"又是矛盾的。所以,合伙协议的达成和执行的确是更依赖信任的。

合伙制的另一个缺点是收益分配依据合伙协议的规定,与实际贡献大小无关。在合伙人人数较少的情况下,只要每个人都在尽自己最大的努力,其他合伙人也不会过于计较贡献大小与分配多少的关系。但在合伙人数量较多的情况下,就难免会存在"搭便车"的问题。而且随着企业规模的扩大,可分配数量的增加,这个问题就会日益严重。所以,合伙企业的有效运行是非常依赖合伙人之间的信任的。

《合伙企业法》针对合伙企业的纳税,规定"合伙企业的生产经营所得和其他所得,按照国家有关税收规定,由合伙人分别缴纳所得税"。由于个人所得税的最高累进税率高于企业所得税税率,所以合伙企业不倾向于实现更多的利润然后分到合伙人个人名下缴纳个人所得税,而更愿意将可能实现的利润尽量投入企业的未来，比如加大研究与开发支出，而不是把利润分了。合伙企业的纳税规定很适合初创企业，这也是初创企业愿意选择合伙制的原因之一。

《合伙企业法》在多处都有"按照合伙协议的约定或者经全体合伙人一致同意"（第十九条、第二十二条、第三十条、第三十一条、第三十三条、第五十条等）以及"合伙协议另有约定的除外"（例如第四十三条）的规定。这隐含了合伙协议的不完全性，以及弥补合伙协议不完全性的措施，但这么多情况都可能需要全体合伙人一致同意，确实增加了操作的难度。

合伙制的利弊与公司制恰成对照。这使得创业初期选择合伙制有利于在合伙人之间形成紧密的命运共同体，有福同享，有难同当。有助于企业上下拧成一股绳，共克创业的艰难，排除外部投资者对企业经营和收益分配的干预。在合伙企业达到一定规模时，再转换为公司，利用公司的有限责任性质助力企业的扩张。

弗兰克·奈特的研究表明：正是这种把大量资本借给单独一个企业家（即独资企业）的特殊"风险"，使这种形式的企业单位得不到必要的财产资源，其经营范围便受到了限制。另一方面，随着合伙制企业规模的不断扩大，组织本身的无效率，不能实现利益的有效一致，以及由败德现象引发的更大的风险等，这些都反过来限制了企业规模的继续扩大，并且导致了用公司制来代替合伙制的变革。[1]

中国的创业企业有一种偏爱合伙制的倾向。有些公司在创业时选择了公司制，经营多年后，又翻回来试图建立合伙制。其实它们要建立的不是法律意义上的合伙制，而是在公司制下试图吸收合伙制的优点，形成更有凝聚力的核心群体。我们下面以万科公司的事业合伙人

---

[1] 德姆塞茨.所有权、控制与企业——论经济活动的组织：第一卷[M].段毅才，等译.北京：经济科学出版社，1999：307.

制改革为例探讨一下这个问题。

万科再战野蛮人[①]

万科上市前，王石拥有公司 40% 的股权。

1988 年万科股份制改造。40% 归个人，60% 归政府，净资产 1 324 万元。也就是说，王石当时只要筹集到 500 万元，就可以拥有 40% 的股份，从而成为公司的老板，但他放弃了。王石曾经解释说："在中国社会，尤其在 20 世纪 80 年代，突然很有钱是很危险的，从中国传统文化来讲，不患寡而患不均，大家可以都穷，但是不能突然你很有钱。在名和利上只能选一个。我的本事不大，我只能选一头，我就选了名。"

1989 年万科上市。王石放弃了万科的原始股份，从而放弃了成为万科老板的机会，成为一名职业经理人——因此，万科的"股权分散"被奠定了基础，王石倡导的职业经理文化沿袭了 20 多年。

1994 年 3 月，万科第一次遇到"门口的野蛮人"。

1994 年 3 月 10 日，君安证券联合深圳新一代公司、海南证券、俊山投资和创意投资四家万科大股东发出了《告万科企业股份有限公司全体股东书》，文中指出万科经营和管理中存在的问题，并提出了对万科业务结构和管理层进行重组的建议。这就是著名的君万之争的发端，而这份《告股东书》的本质就是恶意收购、恶意改组董事会。

2014 年，刚好是"君万之争"20 年以后，万科股价处于历史低点时，"野蛮人"的敲门声再次响起。

2014 年 3 月，郁亮在春季例会上宣布建立事业合伙人机制时，曾举着一本《门口的野蛮人》说，想要控股万科只需 200 亿元。

[①] 唐伟，车红. 种下股权的苹果树 [M]. 北京：机械工业出版社，2016：115-118.

2014年4月23日,万科事业合伙人创始大会召开。

除了少数几名计划离职的,剩下超过99%的员工共1 320人,其中包括郁亮在内的全部8名董事、高级管理人员等签下名字,将经济利润奖金委托给"盈安合伙"做投资,自此,万科"事业合伙人制"成立,"盈安合伙"就是一家为万科事业合伙人制而专门成立的公司。1 320名万科员工组成的盈安合伙企业通过"国信金鹏分级1号集合资产计划"持有万科4.14%的股权。

万科事业合伙人制度在集团层面的执行要点:

(1)事业合伙人将其在经济利润奖金集体奖金账户中的全部权益,委托给持股平台(合伙企业)的一般合伙人(GP)进行投资管理,包括引入投资杠杆进行投资。

(2)在集体奖金(即上年度经济利润为正时按10%提取的奖金,为负时按相同比例返还公司)所担负的返还公司的或有义务解除以及融资本息偿付完成前,该部分奖金及衍生财产统一封闭管理,不兑付到具体个人。

表3-2 万科事业合伙人构成

	员工人数	事业合伙人
地产开发	6 959	1 320
物业管理	27 648	
商业服务	723	
合计	35 330	1 320(占3.7%)

郁亮曾经发言称事业合伙人有四个特点:我们要掌握自己的命运;我们要形成背靠背的信任;我们要做大我们的事业;我们来分享我们的成就。郁亮先生的这个发言有一个细节:排在第一位的是掌握自己的命运。这种排序的背后,是万科面临严峻的"野蛮人入侵"的危机。公司优质、股价低估、核心团队变革动力不足,

是"野蛮人"很看重的切入点,"野蛮人"再次瞄准万科,与这家崇尚民主和自我竞争力的公司没有看重控制权设计有比较大的关系。

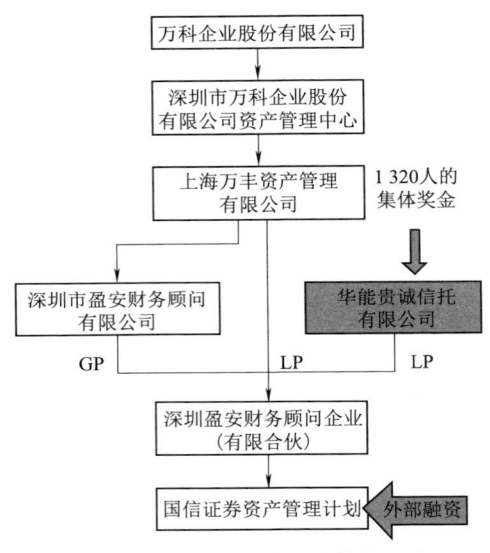

图 3-1 万科事业合伙人执行示意

对于万科的事业合伙人制,我们有以下看法:

第一,事业合伙人制提供了一种稳定机制。实行事业合伙人制后,1 320名员工,包括董事和高管,除了以个人名义持有万科的股份外,还以他们组成的合伙企业"盈安合伙"的身份持有万科4.14%的股份。这部分股份的买卖行为受到"盈安合伙"企业合伙协议的限制。这对万科的股权结构来说是一种稳定机制。

第二,事业合伙人制有利于企业对抗"野蛮人"的恶意收购。员工持股本来是一种与企业共命运的制度安排,但除非这部分股票是赠予的或是优惠授予的,从而对其转让施加了限制,否则股票可以自由买卖，也就不能在企业面临危机时形成一种保护机制。但由事业合伙制企业持有万科的部分股份就有利于在面临危机时发挥一种集体保护作用。另一方面，一旦企业被恶意收购，职业经理人和骨干员工与新老板的价值观不和从而威胁到他们的地位时，事业合伙人的合伙企业也可成为一条后路。

第三，什么事情有利必有害。加入事业合伙制企业的员工的关注焦点一定程度上被分散了。这1 320名员工只是万科全体员工的一小部分，占当时万科公司全体员工的3.7%，他们是万科的骨干。他们的投资收益不再完全取决于万科的业绩，还取决于合伙企业的业绩。这在一定程度上分散了他们的关注焦点。

第四，1 320名员工来自经济利润的奖金是作为集体奖金以有限合伙人（LP）的身份投入"盈安合伙"企业的，这部分奖金实行统一封闭管理，不兑付到个人。《合伙企业法》规定有限合伙人不执行合伙事务（第六十八条），其退伙受到合伙协议的限制（第四十五条）。

第五，要追问万科为什么不得已在公司制基础上实行事业合伙人制，就不能不追溯到当初公司上市时王石放弃自己作为创始人的股权，甘当职业经理人的选择。对于上市公司，所有权与控制权是不宜分离的，所有权可以和经营权分离，但控制权要掌握在创始人手中。王石放弃的实质上是公司的控制权，看起来"野蛮人"收购的是公司的股权，实际上是要夺取公司的控制权。公司的控制权一旦易主，职业经理人的地位就朝不保夕了。所以，要有一个具有长远眼光、博大胸怀，不为自己敛财的董事长掌舵，职业经理人心里才能踏实，才能一心扑在企业上。所以，创始人是为了企业、为了与自己共克时艰的兄弟们才牢牢掌握控制权，并不是因为要拥有财富。万科的事业合伙人试验给中国民营企业家们上了一堂课。

了解了合伙制的利弊，特别是信任机制对合伙制的重要性，我们就有了讨论公司契约的不完全性的基础。

公司制契约的不完全性

公司的历史从17世纪初到19世纪60年代，经历了长期的、曲折的演化过程。起初是荷兰商人们觉得由国家发起的共谋更适合远航东方的商业冒险，最终在1602年他们从国家获得了垄断权——荷兰东印度公司（Dutch East India Company），或称为VOC（Vereenigde Oostindische Compagnie），也被称为十七人董事会（Heren XVII）——成为所有特许企业的模型。与英国东印度公司最初将每一次航行作为单独的商业冒险、各自拥有不同的股东不同，VOC将所有的航行作为有21年存续期的风险企业的一部分（10年后英国也仿照这种做法）。VOC的特许还清楚地告诉投资者，他们只负有有限责任。荷兰投资者是第一批在正规的股票交易所买卖他们的股票的人，该股票交易所设立于1611年。[1]

早期的股份公司（joint-stock companies）是狂热的金融投机以及经济帝国主义的工具。在18世纪早期，法国和英国政府利用两家特许公司——在法国是密西西比公司（Mississippi Company），英国是南海公司（South Sea Company）——重组1689—1714年期间由于战争积累起来的巨额债务。他们的目的是通过将每年支付固定利息的政府年金转换为较低收益的股票，以减少服务于公共债务的成本，从而减轻政府的财政负担，结果导致了历史上最大的金融泡沫。之后，股份公司的概念沉寂了一个世纪。

被尊称为"现代公司之父"的罗伯特·洛（Robert Lowe），毫不怀疑自由市场的优点以及使公司完全摆脱政府控制的好处。他表示："直到1825年，法律禁止股份公司的建立，从那时到现在（1850年前）这

---

[1] Micklethwait J, Wooldridge A. The Company: A Short History of a Revolutionary Idea[M]. New York: Random House, Inc., 2003:20.

一直是一种特权（privilege），我希望使它成为一种权利（right）。"

在 19 世纪 50 年代以前，公司都是经政府特许成立的。洛的 1856 年法案允许企业拥有有限责任，其自由的程度几乎相当于特许，只有银行和保险公司除外。而且没有对股份资本规定最低限额，所需要的只是 7 个人签署一份联合的备忘录，公司要登记其办公地点，同时，公司要公告自己的身份是有限责任的，即称自己为"Ltd"。正是这个法案，稍加修改，构成了全面的 1862 年《公司法》。这是公司作为法人的法律地位确立的标志。正如德鲁克指出的：这种新型的"法人团体"（corporation）恐怕不是用改革就能解释的，这种新型的法人团体显然是一种创新。这是几百年来第一种自治的机构，是第一次创造了一个权力中心，它处于社会中但独立于民族国家的中央政府。

我们可以看到，现代公司背后存在三大特征：它应当是一个"人为构造的人"（artificial person），与真人一样具有同样的从事生意的能力；它能够向任何投资者发行可买卖的股票；这些投资者拥有有限的责任（因此这些投资者可能损失的只是他们投入企业的钱）。

被誉为进步时代的伟大的哲人之一的尼古拉斯·默里·巴特勒（Nicholas Murray Butler）公开赞扬道："有限责任公司是现代最伟大的发明，甚至蒸汽机和电力都不如它重要。"[1]

我国于 1993 年 12 月 29 日第八届全国人民代表大会常务委员会第五次会议通过了《中华人民共和国公司法》（以下简称《公司法》），1994 年 7 月 1 日正式实施。期间经历了两次修订，目前实施的《公司法》是 2005 年 10 月 27 日第十届全国人民代表大会常务委员会第十八次会议修订的。下面我们主要针对《公司法》对有限责任公司和股份有限公司的法律规定，特别是其中关于有限责任公司的法律规定，讨论一

---

[1] Micklethwait J, Wooldridge A. The Company: A Short History of a Revolutionary Idea[M]. New York: Random House, Inc., 2003: xxi.

下公司制合同的不完全性和信任机制。

《公司法》中公司合同的不完全性主要包括以下几方面：

一是，公司股权的自由转让和分散化问题。《公司法》对公司性质的规定，体现了现代公司的三大特征：一是法人，二是有限责任，三是所有权可以转让。但《公司法》也明确规定：有限责任公司成立后，股东不得抽逃出资（第三十六条）。《公司法》维护了股东转让股份的权利，只是规定对有限责任公司股东向股东以外的人转让股权，应当经其他股东过半数同意。其他股东半数以上不同意转让的，不同意的股东应当购买该转让的股权；不购买的，视为同意转让（第三十六条）。这些规定不是限制股权的转让，而是限制股东向股东以外的人转让股权，这有利于维护有限责任公司股东权益的完整性。而对股份有限公司则无此限制。

允许股东自由转让股权，在哈罗德·德姆塞茨看来，就引入了一种新型的、经过调整的合伙关系，即每个股东都享有无须其他股东同意就可卖掉自己的股票的权利。股票的自由转让制度给每个股东提供了一个更可取的解脱方法。当公司股东或外部人士认为经营者没有做好公司工作时，就可以自由转让股票，由此大大提高了撤免（不称职的经营者）的可能性。[1] 对上市的股份有限公司来说，股票的自由转让、买卖，一方面对经营者构成提高公司业绩的压力，另一方面也可能导致经营者为了公司的短期利益而牺牲长期利益。

二是，公司章程对公司合同的不完全性的补充问题。《公司法》赋予公司章程很大的效力，以补充公司合同的不完全性。但这有可能进一步强化公司合同的不完全性。《公司法》规定，公司章程对公司、股东、董事、监事、高级管理人员具有约束力（第十一条）。有限责任公司的

---

[1] Micklethwait J, Wooldridge A. The Company: A Short History of a Revolutionary Idea[M]. New York: Random House, Inc., 2003:163.

公司章程应当载明的事项还包括：股东会会议认为需要规定的其他事项（第二十五条）。

伊斯特布鲁克（Frank H.Easterbrook）和费希尔（Daniel R. Fischel）认为："公司是一套复杂的明示的和默示的合同，公司法赋予参与者在大型经济体的诸多风险和机会的不同组合中，选择最优安排的权力。不存在一套可以适用于所有情事的最佳方案，因而也就塑造了公司法的'赋权型'（enabling）结构。最好的治理结构并非从理论中产生，它一定是从实践中发展而来的。对于那种声称某一种结构或某一类结构是最好的治理结构的观点，我们持一种怀疑态度。"[1] 所谓赋权结构，就是赋予公司根据自身实际在公司法基础上增加或补充合同的权力，以满足投资者和利益相关者的需求。这主要是通过公司章程来规定的。我们后面将要讨论到的所有权与控制权的分离、董事会投票权规则的设定等，都可由公司章程规定。例如，阿里巴巴集团的公司章程中，就规定只有阿里巴巴合伙人具有董事提名权，要改变公司章程，必须有95%的股东投票通过，而马云一个人就有8.9%的股权。马云作为创始人虽然已不是控股人，但他通过公司章程保障了他的控制权。

三是，《公司法》对经营者参与董事会的程度没有明确规定。《公司法》对公司的治理结构规定得很清晰，设有股东会、董事会和经理三个治理层次，这是公司优于合伙企业之处，《公司法》对其各自的职权和表决程序规定了一般原则，但允许公司章程另有规定。《公司法》规定，股东会是公司的权力机构，依照本法行使职权（第三十七条）。董事会的职权中包括决定聘任或者解聘公司经理及其报酬事项（第四十七条）。公司董事会可以决定由董事会成员兼任经理（第一百一十五条）。

---

[1] 伊斯特布鲁克，费希尔.公司法的经济结构[M].罗培新，张建伟，译.北京：北京大学出版社，2014：4.

奥利弗·威廉姆斯认为：应该把董事会看作股东们手中的一种治理手段。要使股权持有者把它看作抵制侵蚀、防止极其拙劣的管理的一种手段，就要假定董事会是依照以下条件建立的：（1）由持有可转让股票的股东按股票比例投票选举产生；（2）董事会有权更换经营者；（3）能定期使用内部标准来考核经营业绩；（4）可授权审计人员针对具体问题穷根究底进行调查；（5）在重要投资及实施方案付诸实施之前就能获得有关信息；（6）审批企业经营者的其他决策并加以监督。[1] 只有让股东有监督企业事务的权力，遇到危机时又能撤换经营者，企业才有理由以优厚条件从权益所有者那里获得投资。就是凭这一点，才能把董事会看作主要为股东服务的一种治理手段。

《公司法》允许经营者参与董事会，但按照威廉姆斯的观点，董事会的主要职能仍然是提供一种保护股东利益的治理结构。经营者参与的程度再高，也不允许达到推翻董事会的基本目标的程度。《公司法》对经营者参与董事会的程度没有明确规定，但并不排除在公司章程中做出补充规定。

四是，所有权与控制权分离的问题。《公司法》对股东投票权的规定遵循"一股一票"的原则，规定股东会会议由股东按照出资比例行使表决权，但是，公司章程另有规定的除外（第四十三条）。董事会决议的表决，实行一人一票（第四十九条），但同时也规定：董事会的议事方式和表决程序，除本法有规定的外，由公司章程规定（第四十八条）。这就为企业通过公司章程规定董事会决议的表决权提供了灵活性。实际上是为所有权与控制权是统一还是分离，以及分离到什么程度，提供了灵活性。

对于投票权，哈特认为，公司上市之前，公司的初始所有者有必

---

[1] 威廉姆森.资本主义经济制度：论企业签约与市场签约[M].段毅才，王伟，译.北京：商务印书馆，2004：423.

要设计一种证券投票结构以使得未来的经营者时刻都受到来自公司控制权市场的适度压力,并确保经营者的更替在适当时候进行。可以证明,在一组合理的假定下,最优证券投票结构是单一种类附带投票权的股票(即一股一票)。这项结果也许可以解释为什么美国和英国的许多公司都采用一股一票规则,以及为什么证券交易所和管理当局时常对企图不采纳这一规则的公司产生怀疑。一股一票规则之所以最优,并不完全是因为它给予股东适当的决策激励,而是因为它迫使想要获取公司控制权的人去取得与控制权相称的公司股息流量份额。[1] 所谓取得与控制权相称的公司股息流量份额,也就是按持股比例决定在董事会的席位。在一股一票规则下,只有公司的大股东才拥有公司的控制权。对大公司来说,如果初始所有者保持一个相当大的股权份额,上市后对公司的恶意收购就很难发生,因而公司的控制权就很难易主。

哈特进一步指出,在背离一股一票原则的大多数公司中,所有者兼经营者都拥有足够的投票权,因此,没有他们的同意,控制权就不可能发生改变。这也就是说,对一股一票原则的背离,并非对应于广泛持有的证券具有不同的有效投票权的情况;相反,它对应于所有者兼经营者具有维持控制权所必需的全部有效投票权的情况。不过,在许多情况下,所有者兼经营者是一个家族,家族成员的股权总和一般足以支持所有者对公司的控制权。但哈特也认为,已经证明,一股一票结构常常并非最佳的。鉴于此,似乎没有多大理由对新公司的证券投票权结构设置限制,这种限制只会增加资本成本。[2]

在公司的历史上,早就有了发行不同投票权的股票的先例,即所谓的双重股权制或A、B股。而在董事会中不遵循"一人一票"的决议表决原则,在今天的民营公司中屡见不鲜,如阿里巴巴、京东、小米等。

---

[1] 参阅哈特O. 企业、合同与财务结构[M]. 费方域,译. 上海:格致出版社,2016:195.
[2] 同前注,第212页。

这种将所有权与控制权分离的做法，尤其适合创始人将股权适当分散，降低自己的持股比例，以有利于股权融资和公司估值，但仍掌握控制权的情况。由于现在大量新公司在董事会中已经不再遵守一股一票的原则，证券市场也放宽了这方面的准入限制，并因此开展竞争。在保持创始人所有者对企业的控制权方面，可以有多种股权结构的灵活安排。

公司创始人将所有权与控制权分离的做法，是随着公司规模扩张、经营管理日益复杂的一种必然趋势。对于初创公司所有者来说，即使将控制权部分转移到经理人手中，但由于所有者直接或间接参与经营，所以所有权与控制权并未真正分离。而对于一般公司所有权与控制权的分离，一些学者是有担心的。

所有权与控制的分离问题由伯利（A. A. Berle）和米恩斯（G. C. Means）于50年前非常成功地引入现代公司理论的核心，直到近期关于企业问题的经济理论著作中，这一问题仍处于中心地位。伯利与米恩斯将这一问题简明地表述如下：所有权与控制权的分离导致所有者的利益与最终经营者的利益可能而且往往背道而驰；以前用来限制权力的很多手段（checks）也销声匿迹了。事实上，公司股票的持有者正在失去对其资源的控制，原因是公司所有权已分散在如此众多的股东手里，使得现代公司中典型的股东已不再能真正行使权力，去监督经营者的行为。与所有者亲自管理企业相比，或至少与所有权利益更为集中时相比，现在，经营者对企业资源的支配要自由得多。道理在于，当所有者与经营者不再是一个人时，所有者的利益与经营者的利益并不会自然趋于一致。伯利和米恩斯认为，随着所有权的扩散，这种利益冲突的结果总是以有利于经营者一方而告终。[1]

所有权与控制权分离的问题，在上市公司中尤为普遍。这引发了

---

[1] 德姆塞茨. 所有权、控制与企业——论经济活动的组织：第一卷[M]. 段毅才，等译. 北京：经济科学出版社，1999：232.

中小股东的控制权利如何体现的问题。

五是,公司中小股东的监督问题。尤其是对股份有限公司来说,中小股东为数众多,无法实施日常控制,而且分散的股东很少或没有激励监督经营者。因为监督是公共产品,如果一位股东的监督引起公司的绩效改善,那么所有的股东都能受益。由于监督是有代价的,所以每个股东都倾向于搭便车,希望由其他股东履行监督职责,遗憾的是,所有的股东想法相同,结果是几乎没有监督发生。①《公司法》就此问题规定了累积投票制,股东拥有的表决权可以集中使用(第一百零六条),这在一定程度上加强了中小股东的权利。

六是,经营者追求自身效用最大化的问题。这几乎是公司聘用非所有者经理人最容易产生的问题,这也是所谓的"委托-代理理论"未能解决的问题。《公司法》规定公司董事会可以决定由董事会成员兼任经理(第一百一十五条)。但是在这种情况下,由董事会决定聘任或解聘经理人(第四十九条,第一百一十四条)就很难执行了。

有两个关于企业的概念,一个是经济理论的概念,另一个是与之相反的、现代公司的真正概念。这两个概念之间的矛盾使伯利与米恩斯把社会无效率的原因归咎于现代公司。第二个概念认为,企业基本上是由与企业赢利行为利害关系不大的经营者所控制的单位。按 L. 鲍莫尔(La Baumol)的说法,这种企业追求的目标不过是保持能使股东满意的、可以接受的最低限度的投资回报,一旦超过这一限度,就要牺牲利润来提高经营者效用。经营者行为的效用最大化,要求利用企业资源给经营者提供工作乐趣。这可能不只是通常意义上的工作乐趣,还要包括经理高得令人咋舌的工资及其庞大的企业规模。②

---

① 哈特 O,等. 不完全合同、产权和企业理论 [M]. 费方域,蒋士成,译. 上海:格致出版社,2016:133.
② 德姆塞茨. 所有权、控制与企业——论经济活动的组织:第一卷 [M]. 段毅才,等译. 北京:经济科学出版社,1999:233.

到 20 世纪末，股东显然未能以其希望的方式保持管理权力。9/10 的美国大公司将公司注册地设在特拉华州，该州的法律偏爱管理者胜过股东，使管理者更能以股东的方式行事的试验，因为过度地使用股票期权以求快速致富而走上了邪路。到 20 世纪 90 年代末，大公司的执行总裁的税后收入平均为 1 240 万美元——6 倍于 20 世纪 90 年代的水平。两年后，安然（Enron）丑闻曝光，它所揭露的管理层滥用职权的规模是 20 世纪 50 年代稳重的公司人（company men）绝对想象不到的。[1]

当所有权与经营权分离的时候，公司所有者能够怎样控制经营者的行为呢？一种可能性是把经营者置于激励计划（incentive scheme）中。但是，尽管激励计划也许能很好地激励经营者努力，但可能无法有效地抑制经营者营造企业帝国（empire-building）的欲望。在资本结构中增加债务，是抑制经营者盲目扩张的一种有效机制。因为债务是必须到期偿还的，否则企业将进入破产程序，经营者的位置将不保。

七是，员工参与管理的问题。《公司法》对员工参与监事会以及职工代表如何产生，做了较详细的规定（第五十二条），但对员工参与董事会，只规定股份有限公司的董事会成员中可以有公司职工代表（第一百零九条）。这方面留下的探索空间很大。

员工参与管理是西方利益攸关者企业理论所倡导的。但是西方企业理论主流的观点认为，利益攸关者资本主义还是没能经受住历史的考验，它抬高了劳动成本和社会责任成本。最终公司还是为股东的利益服务的。资本的流动性代表了股东的选择，是决定公司效率的根本力量。

我们已经简要地讨论了公司合同的不完全性，其中最大的不完全性也是最大的灵活性就体现在所有权与控制权的分离。不过，好在还

---

[1] Micklethwait J, Wooldridge A. The Company: A Short History of a Revolutionary Idea[M]. New York: Random House, Inc., 2003:141.

有公司章程作为补充。对创业公司来说，这既可通过股权结构的多元化达到融资的目的，又可通过公司章程的规定确保创业者或者创业团队的控制权。这方面的典型例子就是阿里巴巴的在公司基础上的合伙人制度。

阿里巴巴，独一无二的合伙人制度[①]

阿里巴巴合伙人制度在2010年正式确定。

2010年7月，阿里巴巴集团建立合伙人制度，定名为"湖畔合伙人"。湖畔花园是马云创办阿里巴巴时居住的小区名称。

2014年，马云在阿里巴巴集团14周年庆时"高调"宣布：

2010年开始，集团开始在管理团队内部试运行"合伙人"制度，每一年选拔新合伙人加入。合伙人，作为公司运营者、业务的建设者、文化的传承者，同时又是股东，最有可能坚持公司的使命和长期利益，为客户、员工和股东创造长期价值。在过去的三年，我们认真研讨合伙人章程，在前三批28位合伙人选举的过程中，与每一位候选人激烈的争论，对公司重要的决策深入讨论，积累了很多经验。在三年试运行基础上，我们相信阿里巴巴合伙人制度可以正式宣布了！

阿里巴巴合伙人的产生必须满足"在阿里巴巴工作五年以上，具备优秀的领导能力，高度认同公司文化，并且对公司发展有积极性贡献，愿意为公司文化和使命传承竭尽全力"的条件。我们相信，只有一个热爱公司、使命驱动、坚持捍卫阿里文化的群体，才能够抗拒外部各种竞争和追求短期利益的压力。

有别于绝大部分现行的合伙人制度，我们建立的不是一个利益集团，更不是为了更好地控制这家公司的权力机构，而是企业

---

① 唐伟，车红. 种下股权的苹果树[M]. 北京：机械工业出版社，2016：96-97.

内在的动力机制。这个机制将传承我们的使命、愿景和价值观，确保阿里创新不断，组织更加完善，在未来的市场中更加灵活，更有竞争力。这个机制能让我们更有能力和信心去创建我们理想中的未来。同时，我们也希望阿里巴巴合伙人制度能在公开透明的基础上，排除目前资本市场短期逐利趋势对企业长远发展的干扰，给所有股东更好的长期回报。

表 3-3 阿里巴巴上市时的股权结构

股东	软银	雅虎	其他	马云	蔡崇信
持股数量	7.977 亿股	5.236 亿股	7.102 亿股	2.061 亿股	8 350 万股
占比	34.4%	22.6%	30.5%	8.9%	3.6%

表 3-4 阿里巴巴董事会组成

阿里巴巴合伙人	其他成员
马云 蔡崇信 陆兆禧 张勇	软银提名的孙正义担任非执行董事 其余 4 名独立董事： 董建华、杨致远 毕马威合伙人郭德明 前高盛副主席 Michael Evans
阿里巴巴合伙人占 4 席	董事会其他成员占 5 席

阿里控制权特别安排

- 如果阿里合伙人提名的董事会成员未能获得股东大会通过，则合伙人有权委任一名临时董事。
- 阿里分别同软银、雅虎及中投达成一致，在未来的董事会投票中，基本上支持阿里合伙人团队。
- 阿里合伙人提名董事会的权力可以写到公司章程中，变成一条"法律"。如果想要改变章程，必须有 95% 的股东投票通过，而马云一个人就有 8.9% 的股权。

- 阿里规定，只有永久合伙人将一直作为合伙人，直到其自己选择退休或死亡，或丧失行为能力，或被选举除名。目前阿里的永久合伙人只有马云和蔡崇信。
- 选举新的合伙人需得到所有合伙人75%的投票支持，而罢免合伙人则需要得到所有合伙人51%的投票支持。

从阿里巴巴合伙人制度案例可以看到：

（1）阿里巴巴集团还是公司制，尽管引入了阿里巴巴合伙人制度，但并未改变其公司性质。阿里巴巴合伙人制实际要解决的是阿里巴巴集团的控制权问题，因为根据股权结构，如果按一股一票制的话，阿里巴巴董事会的控制权应掌握在第一大股东孙正义和第二大股东杨致远的手中。而现在控制权掌握在阿里合伙人团队手中。

（2）阿里合伙人制度及其对董事会的控制，是写入了公司章程的，公司章程是股东会通过的，是具有法律效力的。而且公司章程规定，如果想要改变公司章程，必须有95%的股东投票通过，而马云一个人就有8.9%的股权。换言之，如果马云不同意，是不能修改公司章程的。

（3）在新的董事会结构中，第一大股东的代表孙正义只是非执行董事，第二大股东的代表杨致远只是独立董事。显然，马云是董事长，这都是写入了新的公司章程的。

（4）阿里合伙人团队有董事会的提名权和委任临时董事的权力。

（5）董事会的议事日程是由董事长马云决定的，虽然阿里合伙人团队在董事会中不占多数席位。

（6）阿里合伙人协议规定永久合伙人不可罢免，目前阿里的永久合伙人只有马云和蔡崇信两人。马云通过合伙人协议确立了自己的永久合伙人的合法地位。阿里合伙人协议是合伙人的内部契约，它是靠合伙人之间的信任维护的。

从阿里巴巴合伙人制中我们看到，公司的所有权与控制权是可以分离的，只要写入公司章程，经股东大会通过，就具有合法性。

3.4

劳动合同的不完全性与信任机制

劳动合同是一种典型的不完全合同。例如，劳动合同的条款可以限定工作时间是每周 40 小时，却无法说明这 40 小时内具体会做什么事。既然如此，员工为什么愿意加入企业并做出贡献？企业用什么交换员工的投入与贡献？

劳动合同的不完全性

《中华人民共和国劳动合同法》（以下简称《劳动合同法》）由第十届全国人民代表大会常务委员会第二十八次会议于 2007 年 6 月 29 日修订通过，自 2008 年 1 月 1 日起施行。其后在 2012 年 12 月 28 日，第十一届全国人民代表大会常务委员会第三十次会议对该法案进行了修改，于 2013 年 7 月 1 日起施行。让我们先来看看《劳动合同法》的不完全性。

第一，《劳动合同法》的立法宗旨之一是解决劳动合同短期化问题。而劳动这个生产要素的高流动性是信息社会、智能社会发展的大趋势，《劳动合同法》应当促使劳动者终身学习，永无止境地提升自身能力以适应社会发展的要求，而不是依赖企业提供无固定期限的就业保障。市场不可能保证企业无固定期限的生存，企业怎么可能保证劳动者无固定期限的服务呢？

第二，《劳动合同法》对签订无固定期限劳动合同对劳动者的要求是可选择的,而对企业的要求是强制性的(第十四条)。与《劳动合同法》的公平、平等自愿、协商一致原则(第三条)不符。这埋下了发生纠纷的可能性。

第三,《劳动合同法》规定的企业与劳动者解除劳动合同的权利是不对等的。企业解除劳动合同要与劳动者协商一致(第三十六条),劳动者解除劳动合同只需提前三十日通知用人单位(第三十七条)。

第四,劳动合同中约定的工作内容与工作地点、劳动报酬,都是基于订立时点的,而不是在合同存续期的,是可变的。(第十七条)

第五,《劳动合同法》规定劳动者不能胜任工作,经过培训或者调整工作岗位,仍不能胜任工作的(第四十条),用人单位可以解除劳动合同。何谓不能胜任工作?是劳动者能力达不到工作要求,还是存在"搭便车"现象?定义十分模糊,这一条给了用人单位解除劳动合同的理由,但也是容易产生纠纷之处。

总之,企业与劳动者之间是相互依赖的。企业要靠劳动者创造价值,劳动者要依附于企业的专有资产和平台才能为企业也为自己创造价值,这是企业与劳动者建立以信任为基础的劳动合同关系的前提。而《劳动合同法》的立法假设缺乏信任基础。企业在市场竞争中的长期生存是劳动者就业的保障,而不是劳动者的长期就业保障了企业的生存。随着自动化、机器人、信息技术、人工智能的广泛应用,企业间的竞争日趋激烈,劳动者日益分化。掌握了专业技能又能够不断学习的劳动者成为企业争相聘用的人才,而低技能劳动者面临失业的压力。这种压力有利于促进劳动者终身学习,跟上社会的发展,从整体上提高劳动者素质,从而提高国家的国际竞争力。而一时的落伍者需要社会提供基本保障和培训机会,为其再就业创造条件,这是社会的责任,而不是推给企业就能解决的。试图通过修改《劳动合同法》增加企业解除劳动合同的难度来保障就业,其结果只能导致企业在招聘员工时更加谨小慎微,反而造成失业率上升,而且年轻人的失业率居高不下,长此以往会造成深刻的社会问题。这已经为西方一些发达国家的实践所证明。

哈罗德·德姆塞茨认为：在雇员的使用上变化越大，使用雇员就越要灵活，长期雇佣就要让位于短期雇佣。由此，雇主和雇员是否会连续合作，首先会受到交易成本大小的影响。[1] 所谓雇员使用上变化大，主要指的是雇员的流动率高，这是外部劳动力市场的高流动性造成的。而长期雇佣要让位于短期雇佣，不是雇主不想长期雇佣专业人才，而是专业人才本身不愿意被劳动合同所束缚。雇主与雇员的连续合作合同的条款，应当确保企业维持现有劳动力的成本低于从市场上吸收新劳动力的成本。所以《劳动合同法》应有助于降低企业的交易成本，这是企业生存的底线。

劳动合同要遵循人类本性的要求

劳动合同既然是企业与劳动者签订的雇佣合同，就应当遵循人类本性的要求。

哈罗德·德姆塞茨指出：在一个巨大复杂的社会中，成千上万的人们每天都面临着众多的选择问题，这就对筛选机制提出了严峻的考验。在这种情况下，实践中任何一种选择标准都不允许违背人类本性的要求，成本收益标准所依据的，也正是这种本性中最有力的因素——自利性。不能指望把社会组织也建立在这种自我牺牲的基础之上。关于这一点，亚当·斯密在《国富论》中曾经做过精辟的论述[2]：

---

[1] 德姆塞茨. 所有权、控制与企业——论经济活动的组织：第一卷[M]. 段毅才，等译. 北京：经济科学出版社，1999: 200.
[2] 同前注，第314页。

我们从来不指望屠户、酿酒商和面包商会出于仁慈为我们提供晚餐，我们告诉自己，他们这样做不过是为了自己的私利和自爱。

那么，员工为什么加入一家新创企业？为什么感觉到劳动合同是不完全的，却要在合同上签字？

这使我们不禁想起切斯特·I. 巴纳德（Chester I. Barnard）关于员工行为和动机的假设。

巴纳德指出：人的有机体只有同其他人的有机体相关联才能行使其机能。我们除非做个人做不到的事，否则就没有理由进行协作。协作存在的理由就是克服个人能力的限制。如果不以人类行为的心理力（psychological force）的某些假设为依据，就不可能构建起协作体系或组织理论，也不可能对组织、经理人员或参加组织的其他人的行为做出有意义的说明。[①]

巴纳德继续说道：协作努力的有效性（effective），即效果，同协作体系的目的的实现有关，而效能（efficient）则同个人动机的满足有关。一个协作体系的效能就是它为成员个人提供满足以维持体系的能力。从生产性的观点来看，效能不仅取决于生产什么和生产多少，还取决于给予每个做贡献的成员个人什么和给予多少。因此，效能部分地取决于协作体系中的分配过程。协作体系要成为有效能的，就必须创造出满足的剩余。对个人来说，效能就是满足的交换。从这个观点来看，协作过程只不过是交换过程，即分配过程。后者成为有效能协作的基础。构成组织力量的人的努力的贡献是由诱因（inducement）引起的。自我保存和自我满足的利己动机是支配的力量。协作意愿首先是诱因同相关牺牲相比较的净结果，其次是同其他机会提供的实际可以得到的净满足相比较的结果。……而这个净结果的衡量则完全是主观的。因此，

---

① 巴纳德.经理人员的职能[M].孙耀君，等译.北京：中国社会科学出版社，1997：12.

组织依存于个人的动机和满足个人的诱因。[1]

巴纳德最轰动也最具争议的观点是他认为权威取决于接受者。他论证道：要使权威对一个人发生作用，必须有他的同意。一个人只有在同时具备以下四个条件时，才会承认一个命令对他是有权威的。这四个条件是：（1）他能够而且的确理解了命令；（2）在他做决定时，他认为这个命令同组织目的是没有矛盾的；（3）在他做决定时，他认为这个命令，整体来讲同他的个人利益是一致的；（4）他在精神上和肉体上能够执行这个命令。巴纳德认为：一个人对上级的命令毫不犹豫地接受，是因为存在一个"不计较区"（zone of indifference）。"不计较区"的宽窄取决于诱因超过负担或牺牲的程度（后者决定着个人同组织结合的程度）。因此得出的推论是，对那些只是勉强被诱使去做贡献的人来讲，能接受的范围是很有限的。共同体的共同感对人们的态度施加影响，使他们不愿对不计较区以内或接近不计较区的权威提出疑问。[2]

巴纳德提出的员工对权威的"不计较区"概念，其实就是员工对企业的信任度，是员工为实现企业目标努力而不计个人得失的程度。企业与员工之间的信任度越高，不计较区越宽，企业内部的交易成本就越低，执行力就越强。这种信任的基础是企业管理政策对人类本性的尊重。什么是人类本性呢？哲学家王海明认为："行为原动力只能利己。为己利他是基本且恒久的原则。"[3] 可见，信任是基于为己利他的人类本性，无论是企业信守对员工的承诺还是员工对企业的忠诚，都不是通过一纸劳动合同就能实现的，但这是企业与劳动者之间真正的契约。

---

[1] 巴纳德. 经理人员的职能 [M]. 孙耀君，等译. 北京：中国社会科学出版社，1997：48–69.
[2] 巴纳德. 经理人员的职能 [M]. 孙耀君，等译. 北京：中国社会科学出版社，1997：134.
[3] 王海明. 人性论 [M]. 北京：商务印书馆，2005：5.

信任是企业与劳动者的心理契约

奥利弗·E.威廉姆森认为:"雇佣合同其实就是一种不完整的协议。雇佣合同给雇员规定的只是一组最低的任务标准,并不能保证其奋发进取,取得最佳业绩……法定的权威既不能也无法支配雇员的意志,使他尽其所能地贡献聪明才智以完成业绩……它可以使员工更遵守纪律,更服从规定,但并不能鼓励他们去尽力工作、承担责任或发挥其创造性。"[1]

那怎么使劳动者尽其所能地承担责任,发挥创造性,出色地完成工作,创造优异的业绩呢?

威廉姆森进一步指出:"同样是签订合同,但在不同的文化背景下,其效率却大不一样,其中的原因就在于信任程度不一样。信任对一个经济组织来说太重要了。每一份合同都会在某种程度上含有一些道德因素,没有它们,什么市场都不起作用。每次交易中都含有某种信任的因素。……因此我们必须问这样一个问题:他们为什么真去做他们在合同中约定的事情呢?"[2]

如何建立信任?我们耳熟能详的例子有很多,比如著名的商鞅徙木立信的例子。商鞅是靠真实性建立了信任。

詹姆斯·H.吉尔摩和B.约瑟夫·派恩二世在他们合著的《真实经济》一书中为真实性设定了三条公理,他们说:在当今的企业经营中,经理人经常会意识到,他们的领导技能跟他们的一种能力休戚相关,那就是他们能否让员工认为他们是真实的。真实是没有办法表现的。一个人试图变得真实,变得可信,但一旦这种企图被察觉,泡沫就会

---

[1] 威廉姆森.资本主义经济制度:论企业签约与市场签约[M].段毅才,王伟,译.北京:商务印书馆,2004:365.
[2] 同前注,第564页.

破灭，不真实性就会出现。因此我们建立了下面三个真实性的公理：

> 公理1：如果你是真实的，就没有必要说自己可信。
> 公理2：如果你说自己可信，那么你最好是真实的。
> 公理3：如果你不说自己可信，那么做到可信会变得更容易。[1]

实践告诉我们，劳动合同并没有规定员工应履行的责任和义务，要使他们尽力所为，就要靠信任。就像华为公司的分配理念——不让雷锋吃亏，奉献者定当得到合理的回报——那样，虽然没有写在劳动合同中，却使每个员工都能从实践中深切感受到，这才是真正起作用的契约。它是依靠企业长期一贯的对员工贡献评价的公正性和利益分配的公平性建立起来的。员工一旦被企业录用，进入企业工作后，劳动合同写了些什么也许早就忘了。员工记得的是每天发生在自己身上的和自己周边的事情，员工信任的是看得见、摸得着的东西。

信任是企业与员工的心理契约，是非书面的、真正具有约束力的合同。

---

[1] 吉尔摩，派恩二世.真实经济：消费者真正渴望的是什么[M].陈劲，译.北京：中信出版社，2010：50.

第4章 资本与劳动

> 将欲取之,必固与之。
> ——老子《道德经》第三十六章

资本主义的特征之一就是雇佣劳动制。劳动创造出超过自身价值的剩余价值,资本占有剩余价值,这在资产阶级经济学家看来是天经地义的事情。但对于现代公司,由于创新和技术进步在价值创造中越来越发挥主要作用,这一切正在发生改变。资本与劳动不再仅仅是雇佣与被雇佣、控制与被控制的关系,更是一种合作与利益分享的关系。劳动创造价值的潜能是无限的,在旧的资本与劳动的生产关系下,这种潜能远没有被释放出来。怎么开发劳动创造价值的潜能?资本与劳动的生产关系需要做出什么改变?收入分配制度需要做出什么改变?这就是本章要讨论的问题。

4.1

资本与劳动的地位消长

资本与劳动的矛盾是企业的基本矛盾。资本与劳动是相互依存、相互转化的，没有劳动内置其中的资本只是一个符号，劳动仅靠双手，不与资本结合，也创造不了价值。资本包含着劳动，企业家的经营活动和经理人的管理活动也是劳动；另一方面，劳动也是一种资本，即人力资本，它的投入也要求回报，这种回报应当不仅来自作为成本的工资，而且来自利润。资本不与劳动合作，不能充分发挥劳动的价值创造潜能，就创造不出高利润；利润只归资本所有而不与劳动分享，就很难创造出超过资本成本的经济利润。劳资双方如何分配生产所得？这是企业价值分配的核心问题。

智力劳动在企业价值创造中的地位日益上升

随着价值创造过程的技术含量日益增加，高级经理人和顶尖科技人才在价值创造中的地位日益上升，智力劳动在现代企业特别是高技术企业中的贡献日益重要。劳动是企业价值创造的主体，这是一个事实。那种认为资本积累在经济增长中具有压倒一切的重要性的观点，已经过时了，公认的观点是人力资本投资和技术进步是经济增长的主要动力。罗伯特·默顿·索洛（Robert Merton Solow）是第一个提出长期的经济增长主要依靠技术进步而不是依靠资本和劳动在数量上的投入的发展经济学家，他在1957年的经典论文中改进了哈罗德-多马（R. F. Harrod and E. D. Domar）的增长模型，提出全要素生产率分析方法，并应用这一方法根据美国1909—1949年的经济数据对他的新古典增长模型进行了检验。他发现：在此期间每工时的总产出增加了1倍，但其中只有12.5%的增长来自资本的使用，其余87.5%的增长来自技术变化。[1]索洛用技术进步对那部分长期的、不是来自劳动和资本投入的

---

[1] Solow R M. Technical Change and the Aggregate Production Function[J]. The Review of Economics and Statistics, Vol. 39, No. 3, Cambridge, MA: The MIT Press,1957:312–320.

产出"剩余"做了说明,这一命题被学术界称为"索洛剩余"。鉴于索洛对经济增长理论做出的开创性贡献,1987年他被授予诺贝尔经济学奖。

事实上,许多企业家在创业之初就认识到了这一点。例如,华为公司总裁任正非早在1996年起草《华为公司基本法》时,就亲自在核心价值观中加入了一条:"资源是会枯竭的,唯有文化才会生生不息。一切工业产品都是人类智慧创造的。华为没有可以依存的自然资源,唯有在人的头脑中挖掘出大油田、大森林、大煤矿……",并确定了在华为公司的成长战略中,人力资本不断增值的目标优先于财务资本增值的目标。① 任正非在华为创立之初,就明确将华为定义为一家主要依靠企业家和知识劳动者创造价值的企业,一家轻资产公司。正是在这一核心价值观的基础上,他制定了华为公司独具特色的战略、人力资源管理政策和管理体系,大规模地吸引各类优秀人才,依靠公正的贡献评价和公平的价值分配以及以奋斗者为本的文化,凝聚广大员工,充分调动管理者和员工的积极性和创造力,终于将华为公司打造成一家信息与通信技术行业的世界领先企业。

《21世纪资本论》一书的作者托马斯·皮凯蒂认为,这可以被称为"人力资本上升假说"。换句话说,技术的进步理应导致人力资本较之于金融资本和房地产的胜利、有能力的管理者对股东大亨的胜利、技术实力对裙带关系的胜利。……在很长一段时间内,推动更进一步平等的主要力量仍是知识和技能的扩散。②

需要说明的是,我们这里讨论的资本和劳动的概念,是从企业的微观角度对其定义的,与经济学从宏观角度的定义有所区别。从企业的角度,我们将劳动者定义为受聘于企业的所有非所有者,包括企业

---

① 参阅黄卫伟. 走出混沌[M]. 北京:人民邮电出版社,1998:6-8.
② 皮凯蒂. 21世纪资本论[M]. 巴曙松,等译. 北京:中信出版社,2014:22-23.

的各级管理者、专家、工程师、技术人员、工人、职员。他们的共同特征是其收入来自工资、奖金、社会保险以及其他具有劳动收入性质的企业费用支出，其收入在企业的利润核算中是作为成本和费用从收入中扣除的。我们将资本定义为企业的股东权益，以及投资于股东权益的企业的所有者、合伙人和参与剩余收益分配的管理层。资本的收益主要来自企业的财产价值和利润。现代公司流行的激励制度通常会授予高层管理者一定数量的公司股票，如果来自股票的收入只占管理层全部收入的少部分，我们就将其看作劳动；如果股票收入占其全部收入的大部分，我们就将其看作公司的所有者之一，也就是资本。我们在第3章中讨论过的阿里巴巴集团的合伙人制度，实际上定义了企业的内部所有者核心群体。

　　智力劳动在企业价值创造中地位的上升，还由于优秀经理人、顶尖科学家和工程师的稀缺性，以及人力资源要素市场的高流动性。市场竞争加大了企业对创新的投入，创新增加了对顶尖人才的需求，使之更加稀缺，而顶尖人才的稀缺性又进一步加剧了争夺顶尖人才的市场竞争。所以说未来企业的竞争是人才的竞争，一点都不为过。另一方面，劳动者受教育程度提高，知识日益丰富，视野更加开阔，也是其地位提升的重要原因。

　　尽管智力劳动在现代企业中的地位逐渐上升，但这绝不意味着资本的作用已经不重要了。皮凯蒂就指出："有些人认为资本已经不重要，我们已经不可思议地从一个基于资本、遗产和亲缘关系的文明走向了一个基于人力资本和才华天赋的文明；仅仅由于技术的变化，有钱有势的股东就已经被才华横溢的经理人取代。……我已经对这种盲目乐观提出了足够多的提醒：资本还没有消失，就是因为它还有用。"[1] 现代技术仍然使用大量的资本。这方面，近20年来风险投资大量增加就

---

[1] 皮凯蒂. 21世纪资本论 [M]. 巴曙松，等译. 北京：中信出版社，2014：228.

管理政策 / 142

是一个典型的例子。今天的高技术初创企业由于突破性新技术开发周期长、基于互联网的商业模式需要迅速扩张覆盖市场，以及需要吸引顶尖人才并为其创造研究与开发环境，因此在早期需要投入大量的资本。所以，尽管资本的供给总体上相对充裕，但其地位并未因此削弱。

《第二次机器革命》的作者埃里克·布莱恩约弗森（Erik Brynjolfsson）和安德鲁·麦卡菲（Andrew McAfee）在书中指出："几十年来（如果不是几个世纪），几乎每一种经济体系都是通过技术手段来达成用资本代替劳动力的目标。……机械化的经济体系将会使工人的命运更加恶化，最终逼迫他们只能获得维持生存的工资。在过去10年里，劳动力在收入中所占的份额和实体资本之间始终不变的区分看起来好像要走向终结了。那么谁攫取了价值？在很大程度上说，是实体资本的所有者。"[1]但他们同时也指出：在一个资本可以被以相对较低的成本（想一下计算机芯片或者甚至软件）进行复制的世界里，资本的边际价值是倾向于下降的——即使在整体经济中有更多的资本会被使用。当新的资本边际价值在低廉地增加时，实际存在的资本价值是被挤压下降的。因此，资本所有者获得的收益相对于劳动力来说，并不是自动增长的。相反，他们的收益份额将取决于生产、分配和管理运营体系的整个流程。最重要的是，投入回报的多少取决于哪些生产投入是最稀缺的。[2]

我们看到，资本与劳动是一对互相依存的矛盾：一方供给的充裕会造成另一方的稀缺；反之，一方的稀缺又会刺激另一方供给的充裕。

---

[1] 埃里克·布莱恩约弗森，安德鲁·麦卡菲.第二次机器革命：数字化技术将如何改变我们的经济与社会[M].蒋永军，译.北京：中信出版社，2014：165.
[2] 同前注，第167页。

企业是为谁的？

资本与劳动的矛盾涉及的根本问题是：企业是为谁的？这方面经济学存在两种几乎对立的理论。一种是股东价值理论，另一种是利益相关者理论。

米尔顿·弗里德曼（Milton Friedman）经常被引用的话可以作为股东价值理论的代表性观点："企业的社会责任有一个，且仅有一个——不带欺骗或欺诈行为地参与开放的、自由的竞争，利用其资源进行活动，以增加利润。"[①]

这些思想由迈克尔·詹森（Michael Jensen）和威廉·梅克林（William Meckling）进一步发展，他们设置了股东价值理论的基本前提：

- 股东拥有公司，他们是"委托人"，拥有管理公司生意和事务的最初的权利。
- 公司股东授予管理者制定决策的权力，因此他们是股东的"代理人"。
- 作为股东的代理人，管理者有义务按照股东的期望经营公司的生意。
- 股东要求公司的经营方式要保证他们的经济回报最大化。[②]

与之相对的是利益相关者理论。"Stakeholder"一词在管理文献中的首次出现，确切地说是在1963年斯坦福研究院（Stanford Research

---

① 弗里曼，等．利益相关者理论：现状与展望[M]．盛亚，李靖华，等译．北京：知识产权出版社，2013：110．
② Bower J L, Paine L S. The Error of at Heart of Corporate Leadership: Most CEO and Boards Believe Their Main Duty is to Maximize Shareholder Value. It's Not[J]. *Harvard Business Review*, 2017 May–June.

Institute, SCI, 现 SRI 国际公司）内的备忘录中。利益相关者的概念原本是对"股东是管理需要应对的唯一群体"思想的一般化，因此概念起初被定义为"组织没有这些群体的支撑将无法存在"，包括股东、员工、客户、供应商、债权人和社团。[1]

爱德华·弗里曼（Edward Freeman）的定义则被广泛使用：组织中的利益相关者是能够影响企业达到目的的或者受企业影响的个体或者群体。[2] 按我们今天的理解，根据这个定义，利益相关者通常至少会包括客户、投资者、员工、供应商和社区等。弗里曼认为，管理者的首要任务是为利益相关者创造尽可能多的价值。

拉帕波特（Alfred Rappaport）是主张股东价值理论的，他认为："在承认私有产权的市场经济中，公司唯一的社会责任是合法并诚实地创造股东价值。……公司管理层既没有政治合法性也没有专业技能决定社会利益意味着什么。试图平衡每一个人利益的利益相关者模型，很容易成为公司管理者为不经济的多元化或者在衰退的核心业务上过度投资的挡箭牌。因为较之股东，这些做法更容易获得公司其他成员的支持。简而言之，创造价值的公司不仅使股东受益，也使其他利益相关者受益，如果管理者不能创造股东价值，所有的利益相关者都可能受损。自利的动机驱使股东和其他利益相关者积极合作，致力于价值创造。"[3]

利益相关者理论对利益相关者的定义太宽泛了，这么多的利益相关者给企业"下注"，而且利益（stake）诉求的性质和大小不一，这让企业经理人如何平衡？另一个严重的缺点是，管理者很难找到平衡利

---

[1] 弗里曼，等.利益相关者理论：现状与展望[M].盛亚，李靖华，等译.北京：知识产权出版社，2013：27.
[2] 同前注，第177页。
[3] 拉帕波特.创造股东价值[M].北京天则经济研究所，北京江南天慧经济研究有限责任公司，译.昆明：云南人民出版社，2002：7.

益相关者利益的测量尺度,不像股东价值理论可以用股东价值最大化这个指标来衡量公司的绩效。而经验表明,不能度量就不能管理。

德鲁克根据他早年在通用汽车公司担任顾问的深入观察和思考,撰写了《公司的概念》一书,阐述了他对于企业目的和价值观的观点。他指出,任何关于机构(公司)的社会分析和政治分析都必须从以下三个层面展开:

必须将机构看作独立的主体——按照自身结构的要求进行管理并按照自身生存的需要进行决策,可以根据它自己的目标来评价它。

每个组织必须按照它所服务的社会的信仰和价值观来进行分析,即该组织是否促进了社会的道德信仰和价值观的实现,从而增强了公民对社会的忠诚。

机构是社会的一员,必须根据它与所处社会的功能要求之间的关系来进行分析;机构以什么样的方式组织最有益于组织社会的生存和稳定,以及作为独立主体的公司的目标与它所处的社会的需要之间存在什么冲突?[1]

时任美国通用汽车公司总裁的艾尔弗雷德·斯隆(Alfred P. Sloan Jr.)看到德鲁克的《公司的概念》一书很恼火,他不同意德鲁克的观点,他认为职业经理人员没有权力去关心任何局外的事情,为了阐述他经营通用汽车公司的管理哲学,他写了《我在通用汽车的岁月》一书。斯隆作为董事会聘用的经理人,是为股东利益最大化而经营企业的,但在书中,他也描述了他实行的管理者利润分享计划的细节,该计划的受益者为通用汽车公司的高级管理者,占当时通用汽车公司员工总数的10%,分享的利润额为净利润扣除7%的资本成本后的经济利润的5%。通用汽车公司利润分享计划的目的之一,是使公司的高级管理者成为事业的合伙人。基于这一目的,这种刺激性奖金报酬逐步

---

[1] 德鲁克.公司的概念[M].慕凤丽,译.北京:机械工业出版社,2006:13.

向公司股票过渡。因此，公司逐步从市场上回购普通股票用于每年发放利润分享奖金。从1943年起，通用汽车公司正式施行了部分现金、部分股票的红利奖赏政策。

斯隆的观点是典型的"在商言商"。这里所谓的"商"并不意味着排除社会责任，只是不包含公司权利之外的社会责任。而德鲁克主张的公司应当对员工承担的社会责任，是包含在公司权利之内的，从本质上对公司实现股东价值或利益相关者价值是有利的。

《公司的概念》一书出版近40年后，德鲁克在该书再版的跋中写道："我极力主张通用汽车公司将它的战后雇员关系建立在工人对工作和产品的自豪感的基础上，主张通用汽车公司和整个工业界将工人看作一种资源而不是成本。具体而言，《公司的概念》建议通用汽车公司在恢复和平生产之后致力于培养我称之为有'管理能力'的、有'责任感'的工人和一个'自我管理的工厂社区'。从此这也成为我所有管理领域著作的基调。"[①] 我们不得不为德鲁克关于企业目的和责任的深刻见解表示钦佩，时至今日，它仍然具有指导意义。

如果我们生硬地按股东价值理论和利益相关者理论对斯隆和德鲁克的观点进行分类，虽然斯隆的观点符合股东价值理论的假设似无异议，但若硬将德鲁克的观点归为利益相关者理论就有些牵强附会了。德鲁克只是强调企业有三个使命：完成它作为独立主体的经济目标并持续生存下去；使员工对工作和产品富有自豪感并获得成长；公司的发展应有益于社区的生存和稳定。如果利益相关者理论能把企业的使命聚焦在这三个方面，而不是对所有影响企业达到目的的或者受企业影响的个体或者群体承担责任，那这一理论的实践指导意义将更大。

---

① 德鲁克.公司的概念[M].慕凤丽，译.北京：机械工业出版社，2006：249.

应给予股东在高层决策中最重要的地位

利益相关者理论只是定义了企业目的和社会责任，没有阐明在企业治理中应如何进行制度设计，特别是企业最高决策层怎么组成。公司这种经济组织的特点之一是股权的分散化和决策的集中化，旨在实现民主和集中的统一。董事会应当由拥有优势股权的股东组成并经股东大会民主选举产生。董事会必须保证决策集中、责任明确、权责对等，这是由市场竞争的优胜劣汰法则决定的。

詹森认为，应在管理决策中给予股东最重要的地位，因为他们是企业生存过程中唯一有着长远利益的支持者。他指出：对于公司来说，要想追求利益最大化就不可能满足所有支持者的利益。他认为从理论上讲这是不可能的，只有股东价值理论是指导管理者行为的唯一可行理论。利益相关者理论的拥护者没有给出解决不同的利益相关者之间的冲突的方案。该理论也没有给出管理者做基本决策所应依据的原则，管理者仅按照自己的偏好承担责任，具有讽刺意味的是，实际结果与利益相关者理论希望达到的结果大相径庭。最大化剩余索取权的全部市场价值则对社会整体做出了最大的贡献。股东作为剩余风险的承担者，拥有控制公司和使公司价值最大化的动机，尽管他们把这种控制权大量地授予董事会，而董事会拥有聘用、解聘以及至少对首席执行官设置薪酬方案的权力。[1]

有三个有关股东理论的争论提出了与利益相关者理论相关的问题：（1）股东价值模型能够为管理者承担管理风险提供适当的激励，而利益相关者模型显然不具备这一特性，它把激励的焦点分散了；（2）企业要达到的目标越集中越好，如果一个企业有多于一个的目标，那将变得很难管理，这对利益相关者理论是一个直接的批评，因为它的目

---

[1] Jensen M C. A Theory of The Firm: Governance, Residual Claims, and Organizational Forms[M]. Cambridge, MA: Harvard University Press, 2000: 2.

标太宽泛;(3)通过股东来理解利益相关者变得更加容易,反之却不容易做到,因为利益相关者理论没有规定利益相关者目标的优先次序。

不过,主张给予股东在管理决策中最重要的地位,并不否认为员工提供参与管理的机会的必要性。并非只有股东才关心企业的未来,那些长期投入企业的员工与企业的利害关系可能更大。持股东价值理论观点的经济学家也注意到了这一点。威廉姆森就指出:"如果把公司看作一个把所有生产要素结合起来并且持续经营的企业制度,那么,为公司提供劳动的雇员就与提供资本的股东一样,都是企业的成员。的确,与很多股东相比,雇员可能为企业投入了更多的服务时间,可能更难撤出这种投资,与企业未来的利害关系也可能更大。这样看来,雇员董事与公司的利益冲突并不比股东董事更多。"[1]

托马斯·皮凯蒂在《21世纪资本论》一书中指出:德国企业的市值较低应该反映了所谓"莱茵资本主义"(Rhenish capitalism)或者说"利益相关者模式"(stakeholder model)的特点。具体来说,在这种经济模式里,企业不但归股东所有,而且还受其他"利益相关者"的控制,其中包括企业工人的代表(他们在德国企业的董事会有席位,虽然不见得是股东,但不仅能发挥建议作用,而且是决策的积极参与人),以及地方政府、消费者协会、环保组织等机构的代表。这里的关键不是说此类分享式社会所有制模式很完美,它也有其局限性,我们只是想指出此种模式至少能产生与盎格鲁-撒克逊式市场资本主义(Anglo-Saxon market capitalism)或"股东模式"(shareholder model,虽然实际操作往往较为复杂,但企业的所有决策权至少在理论上都归股东)同样的经营效率,尤其是,利益相关者模式虽然不可避免地会造成企业市场价值被低估,但其社会价值却未必。[2]

---

[1] 威廉姆森. 资本主义经济制度:论企业签约与市场签约[M]. 段毅才,王伟 译. 北京: 商务印书馆,2004: 415.
[2] 皮凯蒂. 21世纪资本论[M]. 巴曙松,等译. 北京:中信出版社,2014: 147.

让员工这个重要的利益相关者参与企业管理能够给企业带来诸多的益处,这已经为大量的利益分享和参与管理实践所证明。问题在于参与企业什么方面的管理,在什么组织层级上参与管理以及怎么参与管理。我们在后面的章节中还要结合典型案例深入讨论这一问题。

我国的《公司法》规定:有限责任公司和股份有限公司设监事会,监事会应当包括股东代表和适当比例的公司职工代表,其中职工代表的比例不得低于1/3,具体比例由公司章程规定。监事会中的职工代表由公司职工通过职工代表大会、职工大会或者其他形式民主选举产生(第五十二条、第一百一十八条)。监事可以列席董事会会议,并对董事会决议事项提出质询或者建议(第五十五条)。《公司法》同时规定:股份有限公司设董事会,董事会成员中可以有公司职工代表(第一百零九条)。这些规定从法律上对员工参与管理进行了规范,是一种有益的探索。

核心问题是劳资双方如何分配生产所得

皮凯蒂指出:19世纪的经济学家将分配问题置于经济分析的核心地位并致力于研究其长期趋势,这一做法值得称道。他们的答案并不总是令人满意的,但至少他们提出了正确的问题。这提醒我们(如果我们需要提醒的话):多少产出应作为劳动者的工资,多少产出应该作为所有者的利润?更通俗地说,劳资双方如何分配生产所得?这一直是分配冲突的核心问题。

一种流行的观点认为,按照收益与风险对等的原则,谁在企业中承担的风险大,谁的收益就应该相应更大。所有者拥有企业的剩余收益,而且在企业清算时,依次偿付工人工资、国家税收、债权人的债务,最后才轮到股东。所以,所有者承担的风险更大,相应的收益应该更大。

人们习惯上将资本与劳动的分配比例比作切蛋糕。经济蛋糕可以理解为企业每年的可分配价值,包括三部分:员工工资性收入(或工资总额）、股东分红、未分配利润转增的股东权益。经济蛋糕中多大的一块会以工资和奖金的形式发给员工，多大的一块以红利的形式给股东，或是被企业自己保留起来作为投资？谁在经济蛋糕的分配中承担的风险更大，是资本还是劳动？例如，员工承担着被解雇的风险，股东承担着支付员工工资、缴纳税收、偿付企业债务的压力和企业破产的风险，企业一旦破产，资本是最后得到偿付的，可能投入的资本会分文不剩。经济蛋糕的分割比例对企业管理至关重要。比如员工工资性收入的占比是多少，股东分红的比例是多少，两者的比例又是多少？行业的比例是多少，企业的比例长期来看应该是多少？这些是每个企业都需要探索的分配政策。

很长一段时间，大部分经济学家都接受这样一个观点，国民收入中劳动收入和资本收入的相对份额在长期内是非常稳定的，一个普遍接受的数据是劳动收入占 2/3，资本收入占 1/3。[①] 宏观方面的长期趋势是如此，而微观方面呢？以华为公司为例，根据利润率和工资占销售收入的比例来推算资本收入与劳动收入的比例，大体上也是劳动占 2/3，资本占 1/3。如果某一个时期公司决定加大未来的投入，比如加大研究与开发的投入，由于研究与开发投入主要是工资性投入，增加当年的研发投入会减少当年的利润，所以劳动收入的占比还会上升，利润也就是资本收入的占比还会下降，因而劳动收入与资本的收入比率差距还会加大。但从长期来看，劳动与资本的收入比例维持在 2∶1 左右，与宏观劳动收入与资本收入的比例类似。对于一个经营良好的企业来说，这是一个比较合理的比例。

在分析宏观的劳动占国民收入的比例和资本占国民收入的比例时，经济学家经常要进一步分析收入的结构，通常的做法是分析占劳动人口前 10% 的人群的收入占比是多少，前 1% 的人群的收入占比是多少，

---

① 皮凯蒂.21 世纪资本论 [M]. 巴曙松，等译. 北京：中信出版社，2014：41.

甚至前 0.1% 的人群的收入占比是多少。分析表明，在收入最不平等的国家，如 21 世纪头 10 年之初的美国，收入最高的 10% 的人拿到工资总额的 35%，收入最低的 50% 的人只拿到工资总额的 25%。进一步，在收入最高的 10% 的人群中，最上层的 1% 拿到工资总额的 12%，其后的 9% 的人拿到工资总额的 23%。[1] 造成劳动收入差距拉大的原因是知识扩散和技术进步的速度加快，在美国，人力资本的价值要比全部的实物资本大 5~10 倍。当日常工作变得越来越自动化以及对人类创造力的需求逐渐增加时，对人力资本投资的重要性将会凸显出来。直接的数字化管理和控制需要雇用最出色的管理者和最优秀的开发者，这要比雇用二流的管理者更加重要，当然代价也更高。首席执行官与普通职员获得的薪酬比例已经从 1990 年的 70∶1 扩大到 2005 年的 200∶1。[2] 乔布斯在世时就发现：一般资质的人才和最优秀人才的成就比例是 1∶50，甚至 1∶100。正是人力资本和创造力的差距决定了劳动收入的差距。

企业也可以仿照宏观收入分析的方法，分析企业内部收入的结构及其变化趋势，以预测未来的走向及其对人力资源管理政策的影响。

4.2

人们为什么要求所有权？

人们要求所有权首先是为了获得经济自由。其次，是为了拥有剩余索取权，从而在劳动收入之外获得资本收入。

---

[1] 皮凯蒂.21 世纪资本论 [M]. 巴曙松，等译 . 北京：中信出版社，2014：251.
[2] 埃里克·布莱恩约弗森，安德鲁·麦卡菲 . 第二次机器革命：数字化技术将如何改变我们的经济与社会 [M]. 蒋永军，译 . 北京：中信出版社，2014：175.

所有权为人们带来经济自由

黑格尔说："从自由的角度看，财产是自由最初的实在，它本身是本质的目的。"[1]对企业员工来说，拥有企业的部分所有权，通常是股权，就拥有了该企业的部分剩余索取权。在不拥有所有权的情况下，他的行为和收入是受到劳动合同约束的。而一旦拥有了所有权，哪怕仅仅是很小一部分，至少减少了对劳动合同的依赖。而且即使他退休或因其他原因离开原有的企业，这部分所有权还属于他，他还可以通过这部分所有权获得收入。这就是一种自由。一个人拥有的所有权越多，他的经济自由就越大。拥有流通的股票、债券、继承的遗产或其他投资的所有权越多，来自分红、利息、租金、投资回报的收入就越多，经济自由度就更大。

其次，人们要求所有权是为了减少劳动无法分散的风险。哈罗德·威廉姆森指出：所有者可以用他的股票进行多元化投资以分散风险，而工人只有自己的劳动力和一个工作岗位。与此有关还有几种说法。第一，从狭义的技术上说，劳动者不能将其风险分散化的观点是正确的。除了雇佣合同中规定他要给别人打工不说，在人力资本市场上，他也不可能像在股票市场上那样，通过买卖股票来分散个人收入的风险。第二，工人掌握的究竟是通用技术还是专用技术，他可以选择。如果他选择了前者，就能给很多雇主打工。只有那些在某个企业的专用技术上下了大量功夫的人，才算是"一个劳动权力只能得到一份工作"。即便如此，一般来说他还是有其他的就业机会的，但其生产率会降低。此外还有更重要的一点，那就是谁接受了这种企业专用的雇佣合同，谁就理应看到这种风险，并且应该坚持要求提供保护性的治理结构，来保

---

[1] 黑格尔.法哲学原理[M].北京：商务印书馆，1961：50.

护自己的工作。[①] 拥有企业的部分所有权，有利于为雇佣提供保障，减少或避免劳动无法分散的风险。

再有，有了所有权即使不工作也可以消费和积累，所以追求所有权是人性使然。我们在上文中提到，哈罗德·德姆塞茨指出："在一个巨大复杂的社会中，成千上万的人们每天都面临着众多的选择问题，这就对筛选机制提出了严峻的考验。在这种情况下，实践中任何一种选择标准都不允许违背人类本性的要求，成本收益标准所依据的，也正是这种本性中最有力的因素——自利性。不能指望把社会组织也建立在这种自我牺牲的基础之上。"[②] 显然，拥有财富的好处是，人们即使不工作也可以消费和积累，从自利性的本性来看，这是再明白不过的道理了。

最后，拥有所有权是为了获得高于经济增长率的稳定的收入。托马斯·皮凯蒂在《21世纪资本论》中指出："资本导致的不平等总比劳动导致的不平等更严重，资本所有权（即资本收入）的分配总比劳动收入的分配更为集中。……劳动分配中收入最高的10%的人一般拿到总劳动收入的25%~30%，而资本收入前10%的人总是占有所有财富的50%还多。在美国，美联储最近所做的调查覆盖相同年份（2010—2011年），表明最上层10%占有美国财富的72%，而最底层的半数人口仅占2%。"[③] "关于资本收益率，显然确定的是，资本收益率长期观察得到的中间值是4%~5%。纵观人类发展史，一个无可撼动的事实就是，资本收益率至少是产出（及收入）增长率的10~20倍。实际上，这一事实很大程度上恰恰是社会发展的根本动力所在：正是基于这一点，

---

① 威廉姆森. 资本主义经济制度：论企业签约与市场签约[M]. 段毅才，王伟，译. 北京：商务印书馆，2004：360.
② 德姆塞茨. 所有权、控制与企业——论经济活动的组织：第一卷[M]. 段毅才，等译. 北京：经济科学出版社，1999：314.
③ 皮凯蒂. 21世纪资本论[M]. 巴曙松，等译. 北京：中信出版社，2014：261-262.

有产阶层才可致力于发展出谋生以外的各种事物。"[1]

从宏观角度来看,资本收益率明显而持久地高于经济增长率。这也是为什么人们更希望靠资本而不是仅靠劳动获得收入,而且是稳定的收入。什么人更要求所有权?资本收入在最高收入人群中越来越占主导地位。可以肯定的是,今天和过去一样,随着收入阶层的逐步提升,劳动收入的地位逐步削弱,而在收入分布的最高 1% 和 0.1% 中,资本收入越来越占主导地位——这一结构性特征没有改变……目前,资本收入超过劳动收入只存在于收入分布中最高 0.1% 的人群中。[2] 可见,要使个人进入 10% 甚至 1% 的收入人群,只有增加资本收入占总收入的比例。

经理人和雇员持股在美国的实践

为了将经理人和雇员的利益与公司的长期利益结合起来,使之能够向所有者那样为公司也就是为股东谋取利益,人们设计了多种基于股权的激励制度,主要有股票期权、股票增值权以及雇员持股计划等。

股票期权(Stock Option) 股票期权是公司给予高级管理者和骨干员工未来一段时间后以现在的一个价格购买公司股票的权利。一般来说,管理者是以期权被授予时的价格(即行权价)在期权到期时购买公司股票的。期权的行权年限一般是 5~10 年。股票期权一旦行权,被授予者也就拥有了公司的股权,成为公司的股东。股票期权激励公司管理者和骨干努力创造公司的优良业绩,使得期权到期时的股票价格高于授权时的股票价格,这样公司的股东和被授予期权的管理者和骨干员工同时受益。往往对被授予了期权的管理者和骨干员工来说,在期权到期时行使该权利的结果将为他们带来丰厚的收入。例如,美

---

[1] 皮凯蒂.21 世纪资本论 [M]. 巴曙松,等译.北京:中信出版社,2014:363.
[2] 同前注,第 281 页。

国通用电气公司总裁杰克·韦尔奇1998年的总收入超过2.7亿美元，其中期权收益占96%以上，工资和奖金两项合计所占的比例还不到4%。当然，如果期权到期日公司股票的市场价格低于行权价，被授予期权的管理者和骨干员工将一无所获。

股票期权的有效实施，取决于股票市场的有效性。股票市场的价格和流动性要与公司的绩效存在较高的相关性，这在经济长期增长时期比较容易做到，此时来自股票期权的收益颇丰。而一旦经济进入调整期或衰退期，股票期权就失效了。所以常听到经理人抱怨他们可以提高公司的业绩，但控制不了股票价格的涨跌，所以，薪酬和基于业绩的奖金还是他们在聘任合同中更关注的。美国之所以能如此广泛地在企业中实施股票期权计划，是和美国开放且成熟的资本市场环境、完善的法律保障体系、优惠的税收政策分不开的。相对而言，我国目前的股票市场、法律、税收环境还不完善，这限制了股票期权计划在我国上市公司中的广泛应用。

股票增值权（Stock Appreciation Rights，简称SARs） 股票增值权是指上市公司授予激励对象在一定的时期和条件下，获得规定数量的股票价格上升所带来的收益的权利，其行权价格、收益和行权的期限等仿照股票期权的规定。股票增值权激励对象不实际拥有股票，也不拥有表决权和分红权。对于非上市公司股票增值权计划按股票行权价格行权，而行权价格一般是按照锁定期公司累积营业利润或累积息税前收益（EBIT）的一定比例（一般为10%~20%）除以股票增值权计划授予的股票数量确定。对于上市公司，股票增值权往往与股票期权同步推出，行权时股票增值权的净收益作为股票期权收入纳税的补助，故又称为协力股票期权。

对非上市公司，股票增值权的行权价格与公司的营业利润挂钩，同时又不稀释股权，故其性质基本属于利润分享，类似于延期奖金计划，对于激励和留住高级管理者和骨干员工是一种很好的激励与约束机制。而且未来公司上市，股票增值权还可以转为上市公司的流通股，具有很大的灵活性和延续性。华为与3Com公司的合资公司在成立初期就实行了股票增值权计划，取得了很好的效果。

员工持股计划（Employee Stock Ownership Plans，简称ESOP） 员工持股计划是一种员工福利计划。在一项ESOP中，公司建立一个信托基金，然后根据美国的401（K）计划[①]，将员工的养老金缴款和公司的配比缴费转入该信托基金用于为员工个人购买所在公司现有的股票。该基金中购买的公司股票将全部以某种形式分配到员工个人账户，分配通常依照员工工资的高低。员工的个人受益权随着员工在加入ESOP后的工作年限的增加而增大，在还清了购股的贷款后（一般在参加计划5~7年之后），员工将获得全部的受益权。当ESOP的股票分配至个人账户时，员工无需支付税负，但如员工不到59.5岁离开公司变现了该部分股票，他不仅需要支付一般的收入税、资本所得税，还有额外10%的惩罚性税负。因死亡和丧失劳动能力离开则不在此列。

ESOP分为两种，非杠杆型的ESOP与杠杆型的ESOP。公司每年为非杠杆型的ESOP基金以本公司股票或现金形式提供资金。杠杆型的ESOP可以负债购买所在公司的股份。ESOP可以从银行及其他金融公司借钱，典型的操作是银行先借钱给实施公司，公司再转借给ESOP。ESOP用该笔款项购买的股票先保留在一个过渡账户中，待贷款偿还完后再分配至员工账户。按美国法律，公司对ESOP的支付额在以下数额时可以作为计税扣减：非杠杆型ESOP最高达工资总额的15%，如公司

---

① 401（K）计划依据1978年美国国会通过的《国内税收法案》第401条第K款设计而来，它是公司雇员在税前根据薪金的一定比例缴款建立起来的一种养老金计划。401（K）计划在缴费和投资环节不征税，只在领取款项时按照普通收入缴纳税款，雇主向401（K）计划缴纳的配比缴费可以作为生产成本在每个财政年度税前列支，不计入纳税收入基数，故401（K）计划受到雇员和雇主的欢迎，得到广泛采用，被称为美国养老金的"第二支柱"。

有非杠杆型ESOP和一种需员工现金购买的退休金计划，公司总的支付额可达工资总额的25%。杠杆型的ESOP最高达工资总额的25%。在公司向ESOP出售股份之后，ESOP必须持有30%以上该公司的股份才能享受各种相关的税收优惠。

员工通过ESOP得到股息，是员工体会到自己所在公司所有权的重要信号，同时，这种股息也有许多税收上的好处。公司如要支付员工通过ESOP产生的股息，需要考虑的是，ESOP应持有优先股还是普通股。许多私营企业只有一种普通股，如向ESOP计划的员工支付股息，就必须同时向其他股东支付，而对其他股东来说，因这部分收入是需缴税的，故他们有时并不希望得到股息。为了避免这一问题，许多私营公司在设立ESOP时，就让它持有优先股，通常是可转换的优先股。

按照同股同权的原则，对于非上市公司，员工可以根据自己通过ESOP持有的公司股票对一些公司重大问题进行表决，如歇业、迁址等，但对其他的一些公司内部管理事项，如董事会选举等，公司有权决定这些持股的员工是否可以参加。而对于上市公司，员工通过ESOP持有的股票与公司其他流通股票享有同样的权力。

通常公司董事会指定一个专门的委员会对ESOP进行管理，该委员会负责ESOP的日常性事务，但ESOP委员会不是法律规定所必须有的（法律规定ESOP必须由受托人或某个人来管理）。ESOP委员会的责任主要包括：对ESOP的方案进行设计及补充修改；指导受托人做出ESOP的决策，或者实际充当受托人的角色；沟通ESOP与员工的联系等。ESOP委员会的组成方式可以是多种多样的，有的由公司管理层或董事会成员构成，有的包含非管理层的员工，而非管理层的员工代表可以指定或由员工选举产生。

ESOP是存在风险的。首先是公司经营风险。ESOP将账户资金主要投资于所在公司股票这一类资产，从而不能通过组合投资达到分散风险的目的。如安然公司的雇员养老金计划中，就有58%投资于自己公司的股票，随着安然公司的破产倒闭，员工的养老金遭受巨大损失。其次是流动性风险。虽然一般说满 7 年后所购的公司股份就转入个人账户，但员工不可以操作这些股份，如出售、转让或以其他方式变现，都是不行的。ESOP 主要是一个福利计划，一个退休金计划，这笔钱是给大家退休后用的，所以规定职工到了退休年龄后才可能兑现或交易。

由于存在上述风险，且在拥有股权后不能支配分红，而且退出机制和吸纳新人等机制僵化，又在参与管理方面受到一些限制，所以，从实际的实施效果来看，ESOP 并不像设计者和立法者最初预想的那么好。

员工持股制度在华为公司的实践

华为公司从创业第二年开始实行员工持股计划，得到当时深圳市体改委的批准，至今已经历了 30 个年头，期间不断完善，形成了独具特色的民营非上市公司的员工持股制度，该制度对于凝聚员工，激发员工为企业目标而努力，起到了积极的推动作用。尤其令人感兴趣的是，为什么同是员工持股，美国的 ESOP 效果不明显，而华为公司的员工持股计划却效果显著？我们下面简单介绍一下华为员工持股计划的要点并稍加分析。

华为公司从创业开始就实行员工持股制度。公司员工持有的公司股份为虚拟受限股，虚拟受限股计划依托工会平台进行运作，以工会的名义持有华为投资控股有限公司股权。

工会履行股东职责并行使股东权利的机构是持股员工代表会。持股员工代表会对提交股东会表决的提案进行审议，审议通过后提交股东会表决。持股员工代表会决议的表决实行一人一票制。持股员工代表会下设持股员工理事会，持股员工理事会是虚拟受限股管理机构，对持股员工代表会负责。

华为公司的员工需要出钱购买公司的股票才能成为公司的股东。

股票价格按每股净资产计算。购买新股完全根据员工的自愿，其资金来自所持有股票的分红或者部分奖金和工资，以及员工凭自己的信用和资产抵押从银行得到的贷款。这些操作与美国公司的ESOP有很大不同。据创业期间就加入公司的老员工回忆，公司股票的分红率很高，但每年分红时又配新股，所以没看到分红就又滚进去了，甚至连数据都不知道，员工信任公司，信任老板，故连问都不问，但员工可以随时查阅个人股票账户的信息。员工购股要签署一系列文件，这些文件就是公司与员工的契约，这种契约是受法律保护的。

截至2018年年末，华为持股员工超过9万人，几乎占到员工总数的一半，而且每年都要向入职两年的绩效优良的新员工配股。为了向新员工倾斜——他们是创造价值的新生力量，为了不使老员工懈怠退化为"食利者"，同时也为了不使股票盘子越来越大难以控制，公司实行饱和配股的制度。所谓饱和配股，即为每一个职位级别规定了持股的上限，达到此上限，就不能再购新股了。这看似违反了同股同权的规定，但由于从总裁任正非先生起一视同仁，故为持股员工所理解和接受。

华为持股员工在退休后可以保留股份，继续享受股票分红和增值，这是对持股员工的所有权的维护，受到员工欢迎。华为持股员工到45岁就可选择退休，这主要是依据信息与通信技术产业人才市场的竞争规律实行的惯例。华为不实行终身雇佣制，但不意味着不能长期在华为工作，对那些高层管理者、高级专家和骨干员工，不受45岁退休惯例的限制。员工在45岁前离开公司，公司将回购该员工持有的股份，若员工从公司离职后违反了与公司签署的竞业限制规定，公司也将回购其持有的股份。为了维持资本与劳动合理的分配比例，华为有意识地管理持股员工的分红预期，使之既有一定的吸引力，又不会因过高造成对资本收入的过度依赖而丧失斗志。由于持股员工在退休后有竞业限制，故许多员工在退休后宁肯让公司回购自己持有的股份，这样自己在再就业选择甚至创业方面有充分的自由。

由于创始人任正非也与其他持股员工享有同样的权利，遵守同样的规定，故随着饱和配股制度的持续推行，他的股份比例逐年减少，到 2012 年时，公司财报中公布的他的持股比例仅为 1.42%，这在其他非上市公司中非常罕见，但这并不影响他对公司的控制权。他还是最大的股东，而且作为创始人的权威是受到公司员工认可的。加上他能够将自己的股份让渡给高管、骨干和普通员工，这种胸怀体现出的个人魅力更是为员工所信任。所以尽管他持股比例很低，但并不影响他对公司的控制力。

华为公司的员工持股制度不是仿照哪家公司的制度或依据什么理论设计的，而是在公司的成长过程中不断演变和完善而逐渐形成的，并非最初有意设计。但华为的员工持股制度遵守了一般的所有权原则，即所有权本质上是对剩余收益的索取权。只是通过员工持股制度，把劳动和知识的累积贡献转化为资本，使劳动通过资本的方式也参与到企业剩余收益的所有权与分配权中，从而实现了资本与劳动按照对价值创造的持续贡献共享企业的剩余收益，这样就把资本和劳动结合在一个共同的目标下，这一共同的目标就是为客户创造价值，实现企业的长期有效增长。

4.3

分享制与员工参与管理

在科斯看来，企业和市场是组织的两种形式，企业选择市场还是企业的组织形式取决于对交易成本的权衡。管理协调成本是企业内部的主要交易成本。詹森认为代理成本是主要的交易成本，他将代理成本定义为下列成本之和：（1）在委托人和代理人之间创建和构造合同的成本；（2）委托人的监督支出；（3）代理人发债的支出；（4）剩余损失（即股权分散导致的所有权与控制权的分离所产生的成本）。契约关系是公司的本质，不仅包括与雇员之间的合同，还包括与供应商、顾客、贷款人等之间的合同。代理成本问题以及监督问题存在于所有这些合同的履行中。[①]

但两位大师都忽略了一个事实：劳资冲突也是企业内部主要的交易成本。

劳资冲突仅靠传统的薪酬计划是解决不了的，甚至传统的薪酬计划正是导致劳资冲突的原因之一。对于传统的薪酬计划，詹森描述道：史密斯和沃特斯提供了典型的薪酬方案的详细描述，并且分析了这些条款有助于降低控制成本的方式，这些控制成本是由于管理者与其他剩余索取权者之间的利益冲突引起的。他们将观察到的薪酬计划的组成部分分为三组：（1）与公司业绩无关的薪酬（工资、退休金和保险）；（2）取决于公司绩效的市场度量的薪酬（受限的和虚拟的股票、股票期权以及股票增值权）；（3）取决于会计的绩效度量指标（奖金，绩效单元和绩效股票）。[②] 第一种薪酬是针对劳动的，第二种薪酬是针对公司管理层的，第三种薪酬是针对事业部经理的。后两种薪酬都与绩效相关，与剩余收益的分配有关，但都与劳动无关，这恰恰是劳资冲突问题的关键。

正是为了缓解劳资冲突，西方企业创造了许多分享利益的方法。美国国家经济研究署（National Bureau of Economic Research）汇总了根据2006年的综合社会调查（General Society Survey，GSS）结果所做的

---

① Jensen M C. A Theory of The Firm: Governance, Residual Claims, and Organizational Forms[M]. Cambridge, MA: Harvard University Press, 2000: 88.
② Ibid., p.145.

各项研究，发表了国家经济研究署报告（A National Bureau of Economic Research Conference Report）《工作中的分享资本主义：雇员所有权，利润和收益分享，以及有广泛基础的股票期权》[1]，对美国企业中广泛实行的利益分享计划，包括雇员所有权（Employee ownership）、雇员持股计划、雇员个人股票所有权（Individual employee stock ownership）、雇员股票购买计划（Employee Stock Purchase Plans）、利润分享（Profit sharing）、收益分享（Gain sharing）、股票期权等，进行了系统研究。调查表明，2002—2006年，大约47%的美国工人参与了至少一种形式的分享制，利润分享的比例占38%，收益分享的比例占27%，拥有公司股票的占18%，拥有公司股票期权的占9%，分享资本主义覆盖了5 340万美国工人。从20世纪70年代至今，分享资本主义的薪酬模式增长得很快。笔者在随后的章节中还将较详细地归纳研究的主要发现。这里笔者先对华为公司在其子公司华为电气公司实行的"虚拟利润"分享计划的案例做一个介绍，由于笔者参与了该分享计划的设计并对实施一年后的成果进行了追踪调查，故该案例是笔者依据第一手资料和亲身感受编写的。

华为电气公司

华为电气有限公司（以下简称华为电气公司）是深圳市华为技术有限公司（以下简称华为公司）的一家子公司，主要从事研发、生产和销售为通信设备配套的一次电源和二次电源，以及变频器、不间断电源（UPS）和集中监控产品等。截至1999年年底，公司有员工1 700余人；销售收入12.5亿元，比上年增长13.6%；

---

[1] Kruse D L, Freeman R B, Blasi J R. Shared Capitalism at Work: Employee Ownership, Profit and Gain Sharing, and Broad-Based Stock Options[C]. Chicago: The University of Chicago Press, 2010.

税后营业净利润 2.72 亿元，比上年下降 19.9%。从 2000 年起，该公司实行了"虚拟利润"分享制，这是一种吸收了剩余收益概念的分享制。新制度极大地调动了管理层与员工的积极性，深刻地改变了华为电气公司原有的片面追求规模扩张的经营模式，实施仅一年，就取得了巨大的成效。2000 年，华为电气公司的销售收入增长了 67.3%，达到 20.96 亿元；净利润增长了 101.2%，达到 5.47 亿元；人均生产效率更是从 1999 年的 73.68 万元，增加到 2000 年的 149.74 万元，增长了 103.2%。

从更广泛的意义上说，在一个多产品线、技术与市场之间强相关和实行职能制组织体制的公司中如何落实最终成果责任，如何贯彻顾客需求导向和传递市场压力，如何挖掘提高效率与效益的潜力，这是所有这类公司的成长必须解决的难题。华为电气公司实行的"虚拟利润"法和在此机制之下推行的产品线利润中心运作为解决这一难题提供了重要的启示。

一、基于剩余收益和分享制的考核与激励机制

华为电气公司自 1995 年从华为公司分离出来独立运营后，一直实行的是规模和人员的扩张战略。一方面追求原有业务领域，即通信设备一次电源的规模增长最大化；另一方面积极进入新的相关领域。截至 1999 年年底，公司一次电源产品占到国内通信电源市场份额的 30% 左右，此外，又发展出了通信二次电源、变频器、不间断电源和集中监控等产品线。由于 1999 年以前公司所处产业的平均利润率较高，这种纵向与横向同时展开的大规模扩张，在促进收入快速增长的同时，也带来了利润的大幅增长。

但进入 1999 年，通信产业进入调整期，过度竞争导致产业的平均利润率大幅下降。在这种产业的大环境下，华为电气公司原有的粗放式的增长模式，开始遇到增长与盈利的矛盾。截至 1999 年年底，公司实现销售收入 12.5 亿元，比上年增长 13.6%；税后营业净利润 2.72 亿元，比上年下降 19.9%。这是华为电气公司成立以来首次出现净利润下降的年份。特别是其中的集中监控产品，由于属于劳动密集型的工程类产品，虽然经过三年的扩张努力，人员增加到 100 多人，销售规模超过了 1 亿元，但净利润率却低于 3%，已经到了必须整顿的地步。

作为华为电气公司的母公司，华为公司的领导层没有简单地将华为电气公司利润的下降归结为产业的调整与过度竞争，而是从利润的下降中引发了对华为电气公司应当选择什么样的增长模式的思考，其中的关键是如何处理增长与盈利、规模扩张与人均效率增长的矛盾。他们得出的认识是，要把华为电气公司引导到关注人均效率和关注资产的利用效率的集约型的增长模式上来，以实现该子公司可持续的、以盈利支撑的增长。

而要达到这一目的，关键是要改变过去那种片面强调规模扩张的考核与激励制度，建立不断提高资源利用效率的增长机制。那么这种考核与激励机制该怎么设计呢？

1."虚拟利润"概念的提出

新的考核激励制度的设计，要达到两个根本目的：一是建立高效的增长与盈利模式，二是充分释放干部员工中蕴藏的巨大潜能。

在设计新的考核激励制度时，最初的想法是修改完善已有的关键绩效指标（Key Performance Indicators, KPI）体系。华为公司对其下属子公司和各大业务部门都制定了成体系的 KPI 考核指标，对华为电气公司的考核指标主要有：销售收入、销售毛利率、税前利润、产品故障率、新产品销售比重、应收账款平均回收期、人均销售收入以及变革进展指标（Transformation Progress Metrics, TPM）。该绩效考核体系是根据平衡记分卡原理设计的，应当说是兼顾了财务、市场、内部流程和组织成长等各个方面，其覆盖是比较全面的。只是在指标的权重分配上，给销售收入以较大的权重，更强调规模的增长。所以，要通过修订 KPI 指标牵引华为电气公司更注重以盈利支撑规模的扩张，对指标体系无需做大的调整，只需调整销售收入与盈利指标的相对权重即可。可见，在原有考核指标体系上做调整，很难实现绩效和激励效果的根本改进。

为了使 KPI 指标形成强有力的牵引，华为公司采取的一贯方法是将子公司的奖金与 KPI 的综合得分挂钩。其做法是在年初为每一个 KPI 指标规定与上年持平水平、达到预算目标水平和挑战水平三档目标值；根据 KPI 实际达到的水平所落入的区间，经过线性插值得到每一个指标的分值，在此基础上计算全部指标的加权平均值，最后得到 KPI 的综合得分；然后除以 100 分进行归一化，得到 KPI 完成系数；将此系数乘以子公司的奖金预算包，最后得到子公司实际应得的奖金总额。这种办法从总体上说是有效的，但也存在一些不足：一是指标体系不够简练，考核指标多了，其牵引作用会在一定程度上相互抵消；二是多指标考核容易给子公司的博弈留下较大的空间，比如，子公司可以通过加大销售收入增长以获得高分，掩盖其在利润、新产品销售比重、质量和管理变革推进方面的绩效缺陷，所谓"一好遮百丑"；三是在指标的目标值的确定上与母公司讨价还价；四是基于 KPI 综合得分的激励作用不够直接，子公司希望考核指标体系能简化为一个明确的公式，这样干好干差，拿多拿少，可以事先计算出来，一目了然。

我们看到，前面提到的考核激励制度设计的两个根本目的，即建立高效的增长与盈利模式和充分释放干部员工中蕴藏的巨大潜能，靠原有的 KPI 考核体系还未能充分实现，特别是干部员工中蕴藏的巨大潜能还远未充分释放出来。显然，有必要引入新的考核体系设计思路，有必要尝试更有效的激励机制。

在如何建立更有效的激励机制方面，华为公司总裁任正非先生早在 1997 年公司领导层的北戴河会议上，就曾提出过一种分享制的思想。其基本思想是：设法找到一种计算企业每年劳动和资本新创造的全部可分配价值的计算方法，然后探索并合理确定二者的分配比例，这样劳动和资本共同努力将每年的可分配价值做大，然后劳动和资本都可多得，二者的利益是一致的；如果产业出现周期性调整，利润下降，可分配价值减少，劳动和资本都按同样的比例减少自己的收益，形成利益共享、风险共担的机制，以确保企业的长期可持续发展。

那么每年新创造的全部可分配价值是什么呢？任正非总裁认为，粗略地说，它应当是实际发放的工资总额与税后利润的总和，在此基础上做一些必要的、合理的扣除后余下的部分。任正非总裁把它形象地称为"虚拟利润"，以区别于原有的财务意义上的利润。用任正非总裁的话说：叫什么名称不重要，重要的是机制。

建立在"虚拟利润"上的分配概念与传统的分配概念有着本质的区别，后者认为只有净利润才是可分配的对象，而工资总额则是刚性的、不可重新分配的。其结果是，在产业增长时期，资本拿走了净利润中的绝大部分，劳动缺乏促进企业抓住机会高速增长的积极性；而在产业周期性的调整时期，企业利润大幅减少，但由于工资是刚性的，劳动成本甚至整个经营成本呈现出刚性的特征，不能随市场价格的下降而降低，结果进一步加剧了企业利润的下降，大大削弱了企业的竞争力和抗风险能力。最终企业倒闭了，劳动和资本都会蒙受巨大损失。纵观西方企业的劳资争端，在产业的高涨时期和低谷时期双方的矛盾最容易激化，斗争最激烈，给企业造成的损失也最大。斗争的实质无非是利益的分配。劳资间的斗争是对利益分配格局的一种调节机制，但调节利益分配机制为什么必须要以斗争和冲突的方式激烈地进行呢？有没有可能事先达成一种利益共享、风险共担的合理的分配契约呢？

这就是任正非总裁提出"虚拟利润"分享思想的初衷。分享制对西方企业不是什么新概念,从20世纪30年代末在美国钢铁企业流行的斯坎伦计划(Scanlon Plan)开始(它也被称为收益分享计划),到"二战"后美国企业流行的利润分享计划,再到20世纪80年代开始流行的种类繁多的股票期权计划和员工持股计划等,性质上都属于分享制。但这类分享计划有一个共同点,就是对利润进行分享和对增长的收益进行分享。而任正非总裁提出的"虚拟利润"分享,是要在全部新创造价值基础上建立分享制,这在分享制的实践上不能不说是一种创造。

笔者认为,一定不要低估企业家和经理人在管理实践和管理思想方面的创造,虽然它们看起来缺乏财务和理论上的严谨性,但管理理论从何而来?还不是从管理实践中来!它们是从企业生动活泼的实践和创造中汲取灵感和营养的。

2. 基于"虚拟利润"的分享公式

在最初为华为电气公司设计的"虚拟利润"形式中,也就是每年新创造的全部可分配价值中,没有直接采用会计净利润,而是采用扣除了资本成本的经济利润。华为公司的管理层注意到,西方企业界有越来越多的企业采用经济增加值(Economic Value Added, EVA)度量经理人的绩效,他们在总体上是赞同这种观点的。他们希望在华为电气公司计划试行的"虚拟利润"指标中尽可能纳入损益责任、资产和负债责任以及现金净流量责任。引入经济增加值有利于建立这三种责任。但对于经济增加值中所做的种类繁多的会计处理和计算资本成本涉及的复杂的财务概念,他们希望能够尽量简化、直观和便于操作,所以尽管他们使用的是经济增加值的概念,但实际上更接近剩余收益的含义。

在采用权益资本还是全部资本(权益资本加债务资本)计算资本成本的问题上,尽管采用后者在理论上更有利于建立资产责任,但考虑到华为电气公司的资本结构以股东权益为主,资产负债率不超过20%，基本依靠自有资金运营，故决定还是以权益资本作为计算资本成本的基础。

在如何确定资本成本率问题上，华为公司没有严格遵循资本资产定价模型的方法，也就是在资本成本中既包含无风险的成本，又包含风险溢价，而是从如何使子公司的管理层愿意多积累，多增加股东权益，充分利用母公司的资本资源，并愿意投资于短期投资报酬率相对较低、回收期较长的重要战略项目的角度，合理确定资本成本率。最后设定在略高于资本无风险溢价的底线水平附近，即同期银行三年期贷款利率再加2个百分点。实际执行的效果证明完全达到了预期的目的。

这样，最终为华为电气公司确定的虚拟利润计算公式如下：

虚拟利润 = 实发工资总额 + 增支的投资性费用 ×（1− 所得税率）+ 剩余收益

其中：

实发工资总额：包括基本工资、职务津贴、加班工资、员工奖励、交通补贴、伙食补贴、医疗费补助、企业基金以及奖金等，也就是华为电气公司在会计期从成本和费用中列支的全部员工收入和福利。

增支的投资性费用：主要包括增支的研发费用和市场战略性补贴。前者为实际支出的研发费用减去按核定的基准提取比例应提的研发费用；后者是为抢占市场战略制高点和开拓新市场，经华为公司批准的战略性亏损补贴额，例如以成本价销售设备损失的利润以及赠送设备的成本等。在"虚拟利润"计算中列入这一项的目的是形成确保潜力投入的机制，即增加投资性费用支出不减少"虚拟利润"，从而不影响分享的工资总额；减少投资性费用支出（例如研发费用支出比例低于基准比例，从而增支的投资费用额为负值），虽然账面上增加了净利润，但不增加"虚拟利润"，从而不增加分享的工资总额。

剩余收益：等于税后净利润减去资本成本。由于华为电气公司不属于投资中心，不对外投资，故税后净利润中不含投资收益。资本成本率的确定如前所述。引入剩余收益的概念旨在明确，资本的使用不是免费的，是有成本的，超过资本成本的净利润部分才是华为电气公司真正为股东创造的价值。

按上述方法计算出"虚拟利润"后，就可以在此基础上建立劳动与资本的分享制度了。这里，关键是合理确定劳动与资本的分享比例a。根据近三年华为电气公司每年员工的实际总收入占当年"虚拟利润"的比例，并根据该公司的商业计划书对未来三年的这一比例进行合理预测，最后确定出合理的分享系数a。由此，根据"虚拟利润"确定的华为电气公司每年的工资总额的计算公式为：

华为电气公司工资总额＝a ×"虚拟利润"

这样，华为电气公司工资总额的增减机制就变得非常简单明确，即：

每增加10 000元"虚拟利润"，就可以增加a×10 000元工资总额；每减少10 000元"虚拟利润"，就要减少a×10 000元工资总额（资本成本与当年实现的净利润多少无关）。在年终决算时，由于工资总额已经发生，因此，如果已发放的工资总额超过了根据"虚拟利润"计算的应发放的工资总额，则年终奖金为负数，要从预提奖金中或下一年度的工资总额中扣回；如果根据"虚拟利润"计算的应发奖金数额较大，除适当增加年度奖金外，可以通过建立奖金池的方式以丰补歉。

用华为公司总裁任正非先生的话来说:"如果'虚拟利润'的分享比例一定三年不变,那华为电气说,我要拼命做大!那做大也该你多分了。把这个机制制度化,交给华为电气干部员工讨论。……华为电气的分配政策一定就是三年,把它固定住,这样华为电气就有个计算标准了,该干啥不该干啥,该花什么钱,不该花什么钱,就好算账了。……华为电气新的分配办法执行一段时间后,如果业绩轰轰烈烈地增长,以后也可以逐渐推广到其他子公司。如果你买了华为电气的股票,一定三年,涨上去政策也不变。"

那么,华为电气公司是怎么把这种机制向内部传递的呢?

二、"虚拟利润"责任在华为电气公司内部的落实

1. 如何分解"虚拟利润"责任

根据实发工资总额和剩余收益计算"虚拟利润",根据"虚拟利润"按固定比例计算应发工资总额,华为电气公司管理层拿到这个政策后,编制了专门的宣传提纲,在公司内部进行了深入的宣传。下面是宣传提纲和工作计划的一些要点。

(1)进行数据测算,让全体员工了解。华为电气公司管理层根据公司年度预算,分别按保守和乐观两种假设编制了收入分配预算。其中逐一列出了销售收入、销售毛利、研发费用、销售费用(分为直接销售费用和市场费用)、工资总额、占用资本金、净利润、"虚拟利润"、可分配奖金、人均奖金及其较上年增长幅度等项目,并分解到每条产品线,使每个干部员工心中有数。

(2)进行敏感度分析。计划人员专门针对净利润、期间费用和资本金,测算了每增减100万元,可分配数量的变动情况,以及敏感系数。从而使得每个干部员工都知道,他们的贡献和浪费以及损失会给自己的分配带来什么结果。表4-1是从华为电气公司的宣传手册中直接摘录下来的敏感性分析表。

表 4-1　敏感性分析表

项目	每增加（元）	可分配数量变动（元）	敏感系数
净利润	100 万	↑ × × 万	a
费用（除研发费用）	100 万	↓ × × 万	−0.85a★
资产占用	1 亿	↓ 391.6 万	−0.03961

注：0.85 为 1− 所得税率，华为公司实行深圳市高技术企业的所得税率。

手册中还对研发费用和市场战略性补贴对分配的影响做了专门的说明。如对研发费用影响的说明为：

"提示：低于 7% 的研发投入比例，表面上增加了利润，但并没有增加虚拟利润，因而不会增加可分配数量；增加研发费用投入，虽然不减少虚拟利润，但是否增加投入，主要取决于是否有利于潜力的增长。"

（3）采用杜邦图将净利润与资本占用的责任分解为可控的经营要素。

华为电气公司宣传手册中的要素分解图如图 4-1 所示。

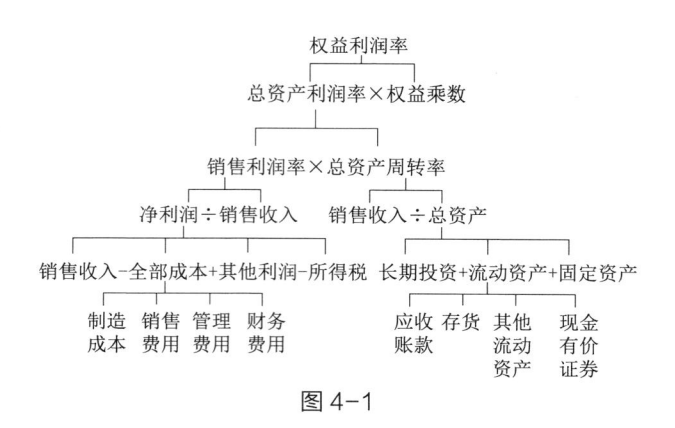

```
                    权益利润率
                        │
            总资产利润率 × 权益乘数
                        │
            销售利润率 × 总资产周转率
              ┌─────────┴─────────┐
         净利润÷销售收入        销售收入÷总资产
              │                    │
    销售收入−全部成本+其他利润−所得税   长期投资+流动资产+固定资产
    ┌────┬────┬────┐        ┌────┬────┬────┬────┐
    制造  销售  管理  财务      应收  存货  其他  现金
    成本  费用  费用  费用      账款        流动  有价
                                          资产  证券
```

图 4-1

这样，根据影响要素可以建立相应的 KPI 考核指标，然后落实到相关部门和产品线，再层层向下落实到每个岗位。

（4）制订工作计划，建立月度绩效分析、监控和预警机制。在

管理政策　/　172

要素分解的基础上，华为电气公司的管理层进一步制订出工作计划，并建立了KPI完成情况的要因分析、对策制定、整改跟踪、经验总结与推广的体系，狠抓落实。

华为电气公司推行的基于剩余收益和分享制的"虚拟利润"考核激励方案，实施仅一年，就取得了惊人的效果。

2. 新机制的效果

比较华为电气公司实施"虚拟利润"考核方案前后的财务绩效，即1999年和2000年的损益表和有关财务数据（见下表4-2），可以看到，变化十分明显。其中销售收入较上年增长了67.3%，基本工资额下降了0.6%（主要是由于人员从1 700多人减少到1 400多人，实际的人均工资还有增长），产品经营利润增长了101.2%，"虚拟利润"增长了55.2%。此外，库存周转率大幅度提高，应收账款平均回收期明显缩短，现金充裕，产品质量有明显改善并进一步带动了用服费用的大幅度下降。总之，用任正非总裁的话说："希望它增长的全长上去了，希望它下降的全降下来了。"

表4-2 华为电气实施"虚拟利润"制度前后的财务绩效比较

内容／年份	1998年实际	1999年实际	2000年测算	增长率
销售收入（发货计）	110 305	125 257	209 630	67.3%
增提研发费用	−734	1 308	−583	
增提的折旧	766	1 082	—	
基本工资	8 852	11 175	11 110	−0.6%
退休金	1 411	2 432	2 915	
产品经营净利润	33 972	27 201	54 736	101.2%
经营占用资本金	31 799	33 211	81 452	199.4%
资金成本率	11.72%	9.79%	7.94%	
资金成本	3 727	3 251	6 467	
"虚拟利润"	40 538	39 768	61 711	55.2%

数据来源：华为技术审计部。

如果进一步考察产品线的经营业绩，我们就更容易理解这种显著的变化是怎么发生的（见表4-3）。

表4-3 华为电气2000年产品线主要经营业绩　　　　　　单位：%

产品线	销售收入增长率	营业利润增长率	市场返修率上升率	产品开发计划完成率提高率	物料采购成本增长率
一次电源	48.70	73.92	-54.2	29.7	-8.1
变频器	712.09	/	/	22.2	/
集中监控	9.80	113.60	**	0.2	-8.1
UPS	/	/	/	17.2	/
二次电源	121.99	213.37	-45.7	41.0	7

数据来源：华为技术审计部

从表中可以看到，一次电源在成熟的市场上营业利润的增长率竟然超过了销售收入的增长率。尤其值得一提的是集中监控产品，该产品线在1999年由于利润率低于3%，属于劳动密集型的工程产品，被作为收缩整顿的对象。实行"虚拟利润"考核方案后，该产品线将资源收缩到核心软、硬件的开发上，施工全部外包，周边开发和维护尽量外包，从而使工程占成本比例降到8%，监控产品线又恢复了生机，2000年实现的销售利润率达到30%，高于华为电气公司的平均水平。2001年计划销售收入达到2.96亿元，净利润6800万元，净现金流入8400万元，实现维护赢利200万元。

"虚拟利润"考核方案促进了产品线的成本核算和成本控制。产品线每月都要在例会上分析成本差异，从分析整体的投入产出比入手，在每一个可能的环节上采取措施降低成本、控制费用。例如，过去一次电源产品每个点发三本产品手册，每册10元，现在合同规模大了，加之很多客户实行无人值守，故不需要再配三本产品手册，实行"虚拟利润"考核方案之前，没人去过问这些细节，现在产品线抓了一下,每个点改为发一本,按每年销售20 000套计算,仅此一项每年节省40万元。现在的产品线成本核算不仅仅是财务部门每月提供产品线的成本核算信息,更重要的是在产品线形成了一种机制,促使财务部门把成本核算的数据搞准确,把分摊原则搞合理。不仅如此,由于产品线要分摊公共费用,而这些费用会影响产品线的成本和利润,从而使得产品线对费用分摊原则和分摊数量锱铢必较,这不仅促使费用分摊原则日趋合理,而且对公司职能部门的费用控制形成一定程度的反向制约,与职能部门的预算管理和KPI考核共同发挥作用,从而有效地降低了总体费用。

华为电气的实践表明,"虚拟利润"考核方案之所以取得如此明显的效果,关键是在资本与劳动之间成功地引入了利益分享机制,从根本上调动了劳动者参与企业经营管理的积极性。这种积极性又推动了产品线这种具有利润中心责任机制的组织体制的有效运作,从而实现了"机制推动管理,管理创造效益"的良性循环。同时,"虚拟利润"考核方案的成功实施再次表明,员工中间蕴藏着巨大的积极性和创造性,当这种积极性和创造性被充分释放出来时,没有什么事情是不可能的。

4.4

攸关每个人的企业

自动化、数字化、人工智能将大量地取代从事程序化和确定性工作的岗位,加剧劳动的两极分化,也深刻地改变着资本与劳动的关系。

那么资本是否只吸引和激励高级管理者和技术专家就可以，而不需要再与普通劳动者合作了？不然！随着劳动者受教育程度的提高，即使是普通劳动者，其创造价值的潜力也是无穷的。

劳动者的价值的高低不仅在于受教育水平，还在于团队协作的默契，以及所掌握的工作诀窍的专精程度。知识管理领域的世界著名学者野中郁次郎认为，知识是一种被证明是正确的概念，通过知识持有者和接收者的概念模式和约束来创造、组织和传递，在传递知识的同时也传递着一套文化系统。知识是从不相关或相关的信息中变化、重构、创造而得到的，其内涵比数据、信息更广、更深、更丰富。他在《创造知识的企业》[①]一书中区分了两种知识形式：显性知识（explicit knowledge）和隐性知识（tacit knowledge）。根据这样的划分，我们知道，显性知识可以通过查阅文献、阅读教材或书籍、参加学术会议和查询数据库获得，对这一类知识可以对其编码和实现数字化；而隐性知识是更加含蓄的知识，难以量化和编码，难以通过正式的沟通渠道转移。隐性知识的特点是：（1）它是一种经验性知识，与个人的思考、领悟、经验积累和活动密切相关，是人力资本的重要体现；（2）隐性知识是做事的诀窍，是人们达到目标的小路或捷径，没有它，显性知识往往是纸上谈兵；（3）隐性知识是难以言传的知识，通常不能通过正式途径轻易获得，它是团队合作的一种默契，是企业的核心能力，隐性知识交流的前提是交流双方之间已经建立了信任。隐性知识显性化才能为组织成员共享，成为组织的竞争力。

所以，从创造知识提升企业的核心能力的目的来看，资本与劳动的利益分享，不仅过去是，将来仍然是企业面临的重要课题，长期行之有效的利益分享和参与管理模式即使在今天和未来仍然具有强大的

---

① 野中郁次郎，竹内弘高.创造知识的企业：日美企业持续创新的动力[M].李萌，高飞，译.北京：知识产权出版社，2006.

生命力。在美国，有两个非常成功也非常有名的收益分享和利润分享模式，即斯坎伦计划和林肯电气的激励系统，这两种模式长期作为哈佛商学院和斯隆管理学院的经典案例，使众多的学生从研习中获益。我们下面就从两本几乎已尘封的20世纪40年代和50年代的书中整理和呈现这些珍贵的信息。它们的标题分别是《攸关每个人的企业》和《林肯电气公司》。前者是一个收益分享的经典案例，后者是一个利润分享的经典案例，而两者的成功又都和员工参与管理密切相关。在本章中，我们先引述前者，而对于后者，我们将在第11章专门阐述。

攸关每个人的企业[1]

拉塞尔·W. 达文波特

凡是访问过拉普安特机床公司（Lapointe Machine Tool Company）的人都毫不怀疑这里发生了一场具有深远意义的劳资关系革命。这是一家位于马萨诸塞州哈得森市（Hudson）的小型的、整洁的工厂，装饰一新的经理人员办公室位于三层楼上，350名员工中的大多数人在家吃午饭，因为他们住得离工厂很近。拉普安特公司成立于1903年，是由法裔加拿大人拉普安特（La Pointe）创办的，随后，公司被卖给了约翰·J. 普林德维尔（John J. Prindiville）。现在的公司总裁和所有者是普林德维尔的儿子，身材高大的小约翰·普林德维尔（John Jr.）。这是一家正派的企业，拥有很高的质量声誉，以至于公司甚至自我夸耀是"世界上最悠久的也是最大的绞刀和绞孔机制造商"。但是，相较于拉普安特公司取得的社会成就，他们在劳资关系方面的创举，会使人们觉得后者在文明世界中产生

---

[1] Davenport R W. Enterprise for Everyman[J]// Lesieur F G. The Scanlon Plan: a Frontier in Labor-management Cooperation[C]. Cambridge, MA: The MIT Press, 1958:17–33.

的反响可能更大。

在拉普安特，劳工关系从来不"坏"——但也不"好"。正像其他任何企业的劳工关系一样，劳资双方之间存在着不信任，偶尔甚至是敌意，经常发生纠纷。例如，在计件工资方面，有些岗位的计件工资率太容易达到，挣了大笔的奖金，以致不得不有意限制产量以防计件工资率被削减；另一些岗位的计件工资率又太难达到，只有最熟练的工人才能挣到奖金。而辅助岗位的工人没有奖金，他们对此愤愤不平。不满和抱怨大量发生，工会每月要处理15件到20件这类投诉。结果导致了大量的生产延迟、居高不下的损坏率，以及糟糕的交货绩效。总之，上述现象是工业中普遍存在的现象，有些企业可能好一些，有些甚至更糟糕。

1945年，工厂工人加入了美国钢铁工人联合会（United Steelworkers），一年后，钢铁工人联合会发起了全国性的罢工，要求增加工资。拉普安特工厂的劳资合同还有6个月才到期，许多工人不想加入罢工，但是，他们必须服从钢铁工人联合会的决定。管理当局随即诉诸法律，寻求法庭的禁制令，理由是违反了合同，马萨诸塞高等法院法官查尔斯·C. 卡伯特（Charles C. Cabot）判资方胜诉。工会被命令禁止在工厂内设置纠察线，否则警察将介入。四月初，拉普安特工厂的罢工结束了，但是空气中弥漫着怨恨，工人的状况没有任何改善，因为正赶上机床工业在经历了战争的繁荣之后跌落到不景气的时期。有可能裁员的不安的消息在车间内到处流传。

正在这时候，碰巧发生了一件事，时任工会主席杰克·阿里（Jack Ali）拿起一份12月号的《生活》（*Life*）杂志（1946年12月23日），目光落在一条令人好奇的标题上："每个人都是资本家"，作者是约翰·张伯伦（John Chamberlain），阿里仔细阅读了这篇文章。文章是关于一家小型金属容器制造商亚当森公司（Adamson Company）的报道，这家公司的工会与资方合作实施了一项令人惊奇的生产率计划,结果,公司的利润提高了两倍半,工人们的奖金增长了相当于基本工资的54%。这项计划的设计者名叫约瑟夫·斯坎伦(Joseph Scanlon),阿里从未听说过这个人。于是,阿里将这篇文章拿到工会执行委员会上给大家看,委员们看后都极其兴奋。经过两个晚上的讨论,委员会会晤了公司执行副总裁爱德华·M.多德(Edward M. Dowd),他是位列总裁普林德维尔之后的公司第二把手,他精通绞孔机业务,同时又能设身处地地理解车间的工人们。多德认真地听取了委员会的陈述,仔细阅读了那篇文章,并被其深深打动。

随后的几周是一连串紧锣密鼓的行动。多德和阿里专程前往俄亥俄州的东巴勒斯坦城,详细考察了亚当森计划。他们发现斯坎伦先生此时正任教于麻省理工学院,距离他们工厂所在的哈德森市仅40英里(约64.4千米)的路程,于是,他们很快就在斯坎伦的办公室里见到了他本人。随后,斯坎伦将他们介绍给钢铁工人联合会的地区代表罗伊·史蒂文斯(Roy Stevens)。在得到了这位绅士的同意后,他们又返回斯坎伦的办公室,与他进行了更深入的交流。与此同时,多德先生频繁地与普林德维尔总裁开会讨论,后者终于对此想法产生了兴趣,深思熟虑后,为他们开了绿灯。于是,管理当局与工会的谈判开始了,到1947年12月1日,斯坎伦计划终于在拉普安特工厂开始实施了。

斯坎伦计划的发展

现在,由亚当森实验开启的一系列事件不再仅仅是一种劳资关系的偶然事件了,它根植于痛苦的20世纪30年代。当时,钢铁工业的一组劳工领导者在他们内部发展出一些原则,这是一种使劳工与企业,或企业与劳工之间的关系产生革命性变化的力量。约瑟夫·斯坎伦就是这些领导者之一,他的事业生涯可谓跌宕起伏,起初他是一位成本会计师,后来做过一段时间的职业拳击手,然后又重操成本会计师的旧业（这其实是他的基本职业），最后又转向生产领域，成为一名平炉工人。1936 年，在钢铁工人组织委员会（Steel Workers Organizing Committee，SWOC）成立期间，斯坎伦正在一家濒临亏损的钢铁公司的平炉车间工作，他是那里的工会领导人，还是新当选的当地工会组织的主席。

进入 1938 年，像许多其他的钢铁制造商一样，斯坎伦所在的公司已濒临破产，成本居高不下，利润是赤字，清算看来已不可避免。斯坎伦先生和他工会中的同事感到应当采取一些措施挽救公司。他们说服公司总裁同他们一起前往匹兹堡访问克林顿·戈尔登（Clinton Golden）——时任钢铁工会副主席及主席菲尔·默里（Phil Murray）[①]的得力助手。戈尔登长期以来一直是劳资合作信条的布道者，他主张合作对双方有利。不过，斯坎伦一行的突然造访着实使他有些吃惊。后来他说道："那些日子里，产业经理人访问工会总部的频繁程度就像去疫病收容所似的。但是工会领导人与公司总裁一道来访还是第一次，我立刻感到将会有什么不寻常的事情发生。"

戈尔登先生建议他们回去尝试一项工会与资方合作共同拯救企业的计划，结果，没想到这项计划成了劳资合作提高生产率计划的先驱。在此计划中，工人将得到实际劳动成本节约的奖金。尽管这项计划最初的目的只是使公司生存下来，但该计划几乎创造了一项奇迹，同时该计划也成为斯坎伦未来所有工作的核心。成本降低的幅度是如此显著，公司实际上开始赢利，而且工人也得到了奖金。例如，由工会生产委员会提出的一项建议使新设备

[①] 菲利普·莫里（1886.5.25—1952.11.9），美国劳工和钢铁工人领袖，20 世纪最重要的美国劳工领导人之一。他是钢铁工人组织委员会（SWOC）的第一任主席，美国钢铁工人联合会（USWA）的第一任主席，任期最长的产业组织大会（CIO）的主席。

的购置成本减少了8 000美元，并且使一年的成本节约达到15万美元。

在20世纪30年代末，许多有工会组织的公司生意都陷入同样的严峻状况。默里和戈尔登将斯坎伦引荐给钢铁工人联合会的全国总部，指导该计划的推行，主要是为了保住工会成员的工作。有时是公司提出请求，更多的时候是工会提出请求，基于劳资合作的提高生产率的计划先后在40~50家公司中推行。早期该计划主要是在钢铁公司中实施，其中规模最大的雇员人数超过4 000人，规模最小的一家公司是做热水炉的，人数只有150人。根据斯坎伦的说法："无论在大公司还是小公司，该计划都取得了成功。"

基于上述工作产生了一本书——《产业民主动力学》（The Dynamics of Industrial Democracy），作者是克林顿·S.戈尔登和哈罗德·J.鲁滕伯格（Harold J. Ruttenberg）——以及一个命题。这个命题是，集体谈判是一件自然而然的事情，因此一直在扩展，劳资双方未来的任务应当是发展出更成熟的关系。在这种新型的关系中，集体谈判应当不仅包括工资、工作时间、工作条件等，还应当包括谈判双方明智的合作。如果工人被硬推到一边，对生意漠不关心，仅被当作棋盘上的兵卒来回摆布，这种合作是不可能实现的。要实现合作，就必须引入新的原则，这个原则被称为参与原则（the principle of participation）。

去年10月（1949年），在当前系列文章的第一篇，即《地球上最大的机会》（"The Greatest Opportunity on Earth"）这篇文章中，上述原则被看作实现经济权利的最重要的途径。但不幸的是，当人们使用"参与"这个术语时，通常在大多数经理人的头脑中，对它的理解还是相当肤浅的。作者寻求在工人中发展一种参与的感觉（a feeling of participation），以及一种归属的意识（a sense of belonging）。但是，这是不是太天真了？使工人感到他们是在参与而实际上没有真正让他们参与，那是在愚弄他们！靠欺骗建立的劳资关系是脆弱的，更不用说还会引起愤怒。真正的参与是要找到一种方式使劳动能够从生产率的任何增长中获得奖赏，然后围绕这个公式建立劳资之间的工作关系使他们成为一个团队。一旦这种团队建立起来，就会发现劳动者的主要兴趣，像管理当局一样，将转向提高生产率。

上述结果就是多德和阿里在亚当森公司富有成果的收获——斯坎伦计划发展出的最惊人的成果。亚当森公司的成效引起了时任麻省理工学院工业关系系主任、现任安蒂奥什学院（Antioch College）院长道格拉斯·麦格雷戈（Douglas McGregor）教授的注意，麦格雷戈说服了斯坎伦先生到麻省理工学院任教。在那里，斯坎伦得到了麻省理工学院教师队伍中的经济学家、工程师、统计学家和其他专家的帮助，他的工作得以进入了一个新阶段。从那时起，斯坎伦可以运用他在劳资关系领域的丰富经验给那些找上门来的试图实行真正参与计划的公司提供建议。

公式

应用斯坎伦计划的第一项任务是找到工厂的"正常"的劳动成本，然后设计一种方法，只要劳动成本低于"标准"，就给予工人节约成本的利益。因此，在每一种情况下，必须找到工人与整个车间的生产率之间的某种联系。因为每家公司是不同的，这种联系的性质也会因公司而异。因为劳动通常要求准确度量其成本，因此斯坎伦先生使用了一些奇特的会计处理方法。对于银器制造商采用盎司作为加工银的度量单位，对于批发仓库采用吨作为度量单位，在南迪普（Deep South）的金属铸造和机械加工厂采用磅作为铸造加工的度量单位，而在市场锻造公司（Market Forge Company）——这是一家位于马萨诸塞埃弗里特的多品种金属加工工厂——它的计算单位则采用每月营业利润的百分比。

这最后一种方法，即将劳动成本节约与损益表联系在一起，通常是许多利润分享计划（Profit-sharing plan）的基础。但是，斯坎伦先生认为，市场锻造公司也同意，这实在是不得已才采用的一种联系，因为，将工人的生产效率与最终利润联系在一起，距离实在是太远了，对多数工人来说鞭长莫及。之所以在市场锻造公司采用这种度量方法是因为工厂所处理的任务类型实在是太多样化了，不可能确定平均的劳动成本标准。尽管存在这种明显的缺点，在市场锻造公司还是发展出了高水平的参与，在过去两年中，有超过300个生产率改进建议付诸实施。

在拉普安特，度量方法相对简单，斯坎伦决定采用最直接和容易理解的会计方法——劳动成本与全部生产价值的比率作为度量指标。后者的数字等于月度销售收入加上或减去库存的变化量。由于这个劳动比率属于企业的商业秘密，故拉普安特公司从来没有对外公布过这个数字。但是，该比率的确定原则是不保密的，拉普安特公司明智地按照整个机床工业的平均水平确定自己的衡量标准。根据美国商务部的统计，1947年整个工业工资与发货价值的比率为40.7%——近似取整，我们可以将其看作41%。实际上，公司认为依据战争期间的记录所确定的"标准"太高了，工会最后也同意将该比率下调3个百分点。如果这个数字用作产业范围的平均值，则上述标准应当为38%。生产率计划将按下述方式操作。如果对于给定的月份全部发货价值为7万美元，库存变化量增加了3万美元，则该月的全部产值为10万美元，可以计算出"正常"的工资支出相当于当月产值的38%，即3.8万美元。如果当月实际的工资支出为3.5万美元，则相差的3 000美元应当付给工人作为奖金。

关于这种方式有几个关键点需要进一步说明。第一，工人获得全部劳动成本的节约；资方从这一计划中所获得的利润来自增加了的销售额,且这并没有相应地增加整个"负担"(即管理费用和劳动成本)。第二——也是斯坎伦计划绝对的基础——奖金给予所有的工人而不只是那些提出生产率改进建议的个人。在市场锻造公司,奖金发给企业的每个成员,包括所有者利奥·M.贝克威思——斯坎伦先生倾向于这种安排。但是在拉普安特,奖金则是发给除14名执委会成员外的所有员工,这些执委会成员有他们自己的基于销售额的奖金系统。在拉普安特,奖金每月发放给每个人,根据他们的基本工资率计算,即根据他们的小时工资、周工资或月工资计算。

斯坎伦先生确信,最广泛的和最有意义的参与离不开工会——在他亲自指导实施的计划中只有两三个例子不需要工会出面帮助解决延迟和困难。但是需要在一般的工会事务与生产率事务之间做出严格的区分,例如,申诉由申诉委员会来处理,从不在工会——管理当局生产率委员会上讨论。更可取的情况是,最初试行斯坎伦计划的建议应当由工会提出来(正如在拉普安特公司);但是如果由管理当局提出来,必须得到工会的肯定的支持,以及产业工会地区代表的批准。在许多情况下,计划以简单的"协议备忘录"的形式确定下来;在拉普安特公司,实际上是作为集体谈判合同的一部分。

斯坎伦计划依据的基本理论是,工人应从劳动成本的节约中获益,而公司应从更有效地利用资产中获益(例如,更低的单位产品成本)。为了在劳资双方共同认可的起点上保持这种动态的平衡,双方规定当任何一方条件变化时可以通过改变公式加以补偿。因此,计划实行几周后,管理当局决定降低大约一半产品10%的价格,由于这将导致生产价值的非劳动原因的下降,所以劳动的分配比例应该增长3个百分点,这使得劳动的分配比例重新回到产业的平均水平,即41%。如果管理当局提高产品价格,按理需要进行相反的调整。

如果产业的工资水平出现普遍上涨，拉普安特公司工会则会坚持工人的工资率也应做相应调整；斯坎伦计划的一个基本原则是，生产率奖金不应该用于代替工资的增长。因此，为了保持动态的平衡，由于这种工资水平的变化会增加劳动成本，所以需要重新审视劳动分配比例，也就是适当地提高劳动分配比例。只有在下述两种情况下才无须改变劳动分配比例：（1）管理当局同意在产品提价时不改变劳动分配比例；（2）为使公司保持竞争地位，可能需要劳动吸收部分因降价而减少的收益，工人同意使劳动分配比例保持不变。因此，在拉普安特，工会与公司共同担负起消除工资不公平的责任，结果反而导致了工资的显著增长。然而这种劳动成本的增加并没有传导到产品价格上，企业仍然保持了良好的销售规模。工人对保持最初的分配比例感到满意（按照我们的假设该比例为41%），而不是坚持要求提高劳动占销售额的分配比例。所以事实上，工资的增加来自生产率的提高；由于价格没有提高，拉普安特公司的客户是主要的受益者，这种利益反过来又以更稳定的工作和利润让公司受益。

另一方面，在劳资协议条款中规定，当管理当局的投资提高了劳动生产率而没有增加工人的工作负担时，应当重新计算劳动的分配比例，这种情况下应当降低该比例。在过去的一年中，拉普安特公司事实上投资更换了大约40台主要设备。虽然它实际上带来了销售额的六位数的增加，但因为不可能准确地计算这些投资的实际效果，管理当局感觉这些投资在某种程度上是对工人额外增加的生产率的一种公平的交换，因此没有依据协议中的相应条款对分配比例进行修改。

所有这些都是高水平的集体谈判，是由参与原则带来的结果。这家公司从下到上参与到市场竞争中。因为管理当局在工人身上看到了他们梦寐以求的东西，所以他们放弃了协议赋予他们的某些权利。同时，因为工人们清楚地知道公司面临的竞争问题，所以他们对劳动分配比例的谈判是朝着改善这些问题的方向进行的。

为了不使计划失去平衡，在拉普安特公司的劳资协议中还需要增加一项条款。在计划开始实施的最初两年中有三次生产率曲线低于规定即劳动成本大于我们假设的41%的平均比例。公司已经为收益支付了奖金，谁应当为损失埋单？由于对由参与发展起来的深刻的相互理解，工人们很快就看出了由公司承担损失是不公平的，尽管合同中没有包含相应的条款，工会主动提出进行调整。最终达成的协议是，公司应当保留月度奖金的15%的一半以防止可能发生的工资高于规定的分配比例的情况。这些预留的奖金作为一种储备基金，在年终时根据计划执行情况多退少补。

储备基金产生了有益的效果。它使管理当局有理由防止临时性的不可预见的销售下降带来的冲击。另一方面，它也使工人对经营有了更合理的看法，希望保住储备基金的愿望使得工人们像管理当局一样担心经营出现赤字。

公式的实施

在斯坎伦计划下，生产率的提高不是靠通常意义上的"加快节拍"取得的，可能工人们会工作得更辛苦一些，但更加肯定的是，他们工作得更稳定。效率的提高主要是通过节约时间和体力的建议取得的。这些建议由车间委员会——"生产委员会"（production committees）——受理，委员会成员一般都在工作岗位上，很容易接近。他们被授权推动建议的落实，这些建议不需要其他部门的卷入或者大量的支出。在生产委员会之上是评审委员会（screening committee），由来自各个部门的管理者和工人代表组成，该委员会要对范围广泛的建议进行评审。每个建议都标明建议者的名字，如果建议被接受，某些委员会的成员就被指定追踪建议的落实情况。如果建议未被接受，委员会也会指定某人向提出建议的工人做详细的解释。在拉普安特公司，过去的24个月里评审委员会受理了513项建议，其中，380项被接受，28项正在评审中，32项在等待评审，65项被拒绝。

那些在他们的工厂中装设了"建议箱"系统的雇主们只收集到很少的好主意，比起斯坎伦计划的委员会来相去甚远。正是由于这个原因，那些雇主们一般都对工人们的头脑中尚未开启的想象力和智慧有多么丰富缺乏认识。在传统的管理中，这些想法被许多因素阻塞住了。一个有好主意的工人可能没有动力提出他的想法，即使有这种动力，他可能还是决定把自己的想法藏在心中，以免引起同事们的敌意和嫉妒，特别是引起他的领班的嫉妒，后者也许会将这个工人的建议看作对他的管理的批评。有好主意的工人有一种挫折感，不仅如此，因为他看到了怎么节约成本，而管理当局显然没有看到，从而使他对管理当局不那么尊敬了。再加上他与管理当局的沟通渠道不通，他不知道公司存在的难处，因此不知道为什么公司采取了在他看来十分愚蠢的行动。

这一切都是滋生敌意的土壤，这种情绪在工人圈中不断酝酿，与管理者为之奋斗的"自由企业"背道而驰。的确，在拉普安特公司，许多工人感到现在他们可以自由地讨论了，他们认为在旧的"预先计划"（pre-Plan）的日子里，他们从来没有把自己或自己的工作与公司的利润联系在一起，当他们听说公司的利润又出现赤字的时候，或许甚至有点幸灾乐祸。

如果有人走过拉普安特公司的车间，你会看到通常被称为"良好"管理的一切。如果你作为观察者在斯坎伦计划的评审委员会的现场旁听会议，你会与爱丽丝（Alice）①一起透过玻璃窗置身于一个完全不同的世界。就像是枪声响起，会议从宣布过去一个月的业绩数字开始。接着是管理当局关于公司目前状况的一个综述。然后，建议被一个接一个地宣读和辩论。大量的批评意见被提出来，而且通常会被采纳，因为所有的批评意见都朝向同一个目标——更多的利润。有时候，工人将书籍扔给管理层，有时管理层指出车间在哪里存在缺陷。工程师批评机床操作工人，领班指责工程师脱离实际的图纸，有的人要求更好的机器维护，管理层则认为支出更多的维修费用意味着更高的劳动成本。在这种辩论过程中，几乎经营的每一个方面都会被讨论到——销售问题、竞争对手、订单、投标、浪费、企业形象、原材料质量、顾客的偏好、管理的困难等。结果是动态的，大家共同努力，这种团结产生于争论的桌面上，又完全超越了争论本身。置身于其中，你会突然发现在拉普安特公司，集体谈判时代已经曙光初现。

会议没有被逐字记录下来，但是工厂中每一个参加会议的人都有发言的时间，重要的争论要点由委员们带回他们所在的车间，在那里，这些要点成为进一步讨论的主题——在午餐时间，在晚上，甚至在工会的会议上。结果是，拉普安特公司的每一个人都知道他们企业的状况，都以他自己的特殊贡献而感到自豪。

公司利益

由密切合作的劳资委员会实施的分配公式的异乎寻常的结果，如果——道来会有很多吸引人的故事，说也说不完。我们有必要把目光集中在它最重要的方面上。

首先，斯坎伦计划为所有者带来了可观的回报。由于拉普安特公司不公布它的利润数字，所以不可能进行精确计算。的确，

---

① 爱丽丝，童话故事《爱丽丝漫游仙境记》一书的女主人公。——笔者注

管理政策 / 188

拉普安特公司的利润数据不像亚当森公司那么辉煌——很可能是由于计划实施的第一年公司几乎没有任何利润。这是由于机床工业的性质所致,该行业自从"二战"后就一直处于萧条中。一个为行业普遍接受的结果是,拉普安特公司自从实行了斯坎伦计划后,业务获得了大幅增长。在1948年中,拉普安特公司的竞争能力获得了大幅度的提高,这虽然没有立刻反映在损益表上,但进入1949年,效果就非常显著了。与产业中的大多数公司形成鲜明对照,拉普安特公司目前运营良好,处于盈利状态。

所有的这些改进并非全都归功于生产率计划的实施。拉普安特公司拥有一个目光敏锐的管理当局,他们迅速地跟上了战后一直处于不景气的拉削[①]行业的新趋势,公司受益于现代工程发现的拉削技术的新应用。例如,机关枪枪管,通常拉削1支枪管的膛线要1个小时,现在1个小时可以拉削60支枪管。不仅如此,这项新技术还开启了一项全新的业务,喷气发动机的某些部件也必须用拉削技术制造。这些都是除劳动以外的长期收益因素。

但是管理当局和工人们现在的合作是如此有效,以至于在拉普安特公司,你不可能区分哪些是来自管理当局的贡献,哪些是来自工人们的贡献。团队合作产生的潜在利益还影响到公司的整个运营。例如,在交货绩效方面就有了显著的改进。通常普通绞刀的交货期一般为3~5周,而且经常延迟。现在,交货期已经缩短到1~3周,而且一般都是准时交货。这已经成为公司的一个卖点。

第二个成效是减少了客户对工艺缺陷和损坏的抱怨。拉普安特公司的政策是对任何客户不满意的产品无条件返修,不收取任何额外费用。在斯坎伦计划下,这意味着工人和公司同时受损。于是生产线上的所有工人在操作时都非常小心,结果非常令人鼓

---

① 又称为绞孔。——笔者注

舞。有一个例子可以说明，当一家大型汽车制造商的一台新机器在拉普安特工厂进行试生产时，有几个工会委员会成员撂下自己手头的工作，聚拢到设备前看汽车制造商的工程师们是否完全满意。虽然来自客户抱怨的损失已经减少到不到1%，但真正重要的无形结果是满意的客户再次向公司订货，对此，管理当局庆幸他们富有远见地实行了斯坎伦计划，它使得工人对他们的产品感兴趣了。

不仅如此，指导年轻工人的问题也有了很大进展。通常，在计件工资刺激系统下，高技能的工人不愿意向年轻人传授他们的诀窍。但是现在，为了提高车间的生产率，年长的工人热情地向年轻人传授他们的技能。在拉普安特公司最具有戏剧性的例子发生在罗伯特·胡利亚尼（Robert Juliani）身上。胡利亚尼是一位技能高超、经验丰富的成型磨工，在旧的计件工资体系下，他的小时工资是3.57美元。以前，胡利亚尼没有与别人分享他的知识和技能的积极性，但是在斯坎伦计划实施后，他重新组织了他的工作，增加了两名助手，并手把手地教他们许多他的绝活。据估计，这使他的生产率比周围的人提高了200%。

的确，斯坎伦计划完全解决了工人有意"控制产量"的问题——这是一个几乎在所有工人中普遍存在的现象，他们有意控制产量以便管理当局无法了解工人实际上能干多快。比如，刀具制作工在实施计划前，8小时能够生产20单位产品，计划实施后，每小时可以生产62单位产品。有一个表面磨工，在计件工资体系下每周的工资为76美元，计划实施后，每4天的工作就可以挣到184美元。这样的例子数不胜数。

工人的利益

工人这一边的收益同样是巨大的。斯坎伦计划实施前，拉普安特工厂工人的平均收入与该地区普通钢铁工人的收入水平大体一致。计划实施两年后，工人们领到的平均奖金高出当地平均水平的18%。实际奖金高出当地平均水平的幅度在工人之间的差距还是很大的，以1949年6月为例，当月的工人奖金高出的幅度从0到39%。1950年的情况估计还要高。

但是对于工人，就像管理当局一样，还从斯坎伦计划中得到许多无形的利益，这些利益是不能用金钱来度量的。他们看上去乐于在一起工作，共度生意的景气和艰难的时期。正如其中一位工人所言："通常每个人都是为自己的利益工作的，而现在我们都在互相为对方工作。"在拉普安特工厂中可以观察到数不清的这类现象。你可以花点时间亲自到拉普安特工厂中体验一下，在那里，你感觉不到传统管理那种把金钱的刺激作用绝对化所带来的负面效应。金钱刺激不能满足人性的许多需求——无论对管理当局还是工人都是一样，如果人们要寻求健康的、幸福的生活，需要有其他的激励。人们必须为他们自己找到自我实现的感觉，一种他们的能力得到承认的感觉。斯坎伦计划的建议系统提供了这种需要的满足，因为一个提出了好建议的人会从中得到深度的满足。他会把这个故事带回家去讲给他的妻子听；他会得到他的同事们的赞扬和感谢。斯坎伦计划的效果还不止于此，它奖励的不仅是建议提出者个人，而是车间所有的人。从另一个角度来看，这种做法消除了嫉妒，它为普通工人开启了一种社会的或社群的激励，这也是他们做出热切响应的原因。与犬儒学说相反，人们从帮助他周围的人中得到极大的满足，这在拉普安特工厂得到了证明，在那里到处弥漫的气氛是在自私的计件工资体系下不可能有的。

的确，工人们得到的另一个无形的好处是工会的作用得到了强化。如果任何雇主试图将斯坎伦计划作为降低工会作用的手段，那他最好别碰这个计划。老一套的集体谈判的结果与这里描述的恰好相反，已经到了该改变的时候了。在斯坎伦计划开始实施时，拉普安特公司的工会成员大约占工人数量的70%，其中不包括办公室职员，他们没有参加工会组织。现在，几乎所有的员工，除了三到四个以外，都是工会成员，连办公室职员也加入了工会。工人们对工会表现出热烈的兴趣。从雇主的观点来看，这件事的好处是工人们积极参加工会会议，而工会会议不再被少数反叛者控制，会议的议题绝大多数是关于公司的事务和如何提高生产率。工会主席，精力充沛和富于想象力的弗雷德·勒西厄尔（Fred Lesieur），作为阿里先生的继任者，对斯坎伦计划充满热情。结果是过去充斥工会会议的各种不满的申诉几乎完全消失了——在计划实施的24个月里，只受理过三件不满申诉，而且没有一件诉诸仲裁。

　　从工人的观点来看，这种集体谈判的最大优点是使他们了解了企业的运营。当产业萧条到来时，他们了解事情的情况，他们甚至有机会以他们自己的方式与产业萧条做斗争。比如，如果他们能够设计出成本更低的制造产品的方法，公司或许就能使业务摆脱萧条的影响，在许多情况下工人们实际上做到了这一点。最惊人的例子是，1948年12月他们争取到了来自一家大型汽车制造商的订单。即使只达到盈亏平衡点，工人们还是督促管理当局接受该订单，以便使公司度过产业萧条时期。公司总裁普林德维尔先生——他有时列席评审委员会会议——早在几个月之前就向评审委员会提到这笔生意，并阐明了它带给公司的压力。这是一份100件绞刀的大订单，每件绞刀的价格是83美元，公司因此将在这笔生意上亏损10%。"如果一定要接这笔生意，就必须提高价格。"普林德维尔从列席的座位上站起来说。显然，在激烈的市场竞争情况下，提价意味着拉普安特公司将丢掉这笔生意，而当时工厂已经面临开工不足的窘况。

　　听到普林德维尔先生宣布完公司的意见后，会场上沮丧的气氛突然被一个来自吉米·麦奎德（Jimmie McQuade）的问题激发起来。吉米是一位技能熟练的磨工，也是评审委员会最直率的成员之一，他说：难道按这个价格这笔生意就赚不了钱？吉米想知道，如果给予车间工人一个机会在生产开始前仔细研究一下图纸，然后帮助制订作业计划，是可以找到许多方法削减成本而不降低质量的。吉米的建议被接受了，第二天这个建议就像野火一样在车间里蔓延开了。结果是，订单还是以原来的价格接下来的，而最终盈利10%——这一切来自生产率提高了20%。

事实是，斯坎伦计划在整个工厂中产生了一种竞争精神：关于市场竞争，从工人那里听到的与从管理层那里听到的一样多。如果存在一个生存竞争的问题，整个公司都会一起加入竞争，所有的大脑都会聚焦在战斗上。工人不再是棋盘上的兵卒，只管前进不问为何。他们现在是弈棋者，他们乐此不疲，他们的贡献应当得到金钱的回报。

工作中的团队

这种团队效果在危机时期表现得特别明显。自从斯坎伦计划实施以后，拉普安特公司三次处于危急的时期，每一次都顺利地挺过来了，这主要是因为斯坎伦计划为公司创造出一种势不可当的动力。

第一次危机发生在斯坎伦计划实施4个月后，斯坎伦先生早就警告管理当局，产量会大幅增长，他们最好开始抢接一些新订单。但是管理当局手头还有一些积压的订单，他们还在像通常那样担心交付问题，不敢增加额外的销售压力。但是，计划实施的第一个月生产率提高到133%（100为事先确定的"正常标准"），第二个月生产率达到正常水平的128%，第三个月达到121%。结果是公司积压的订单全部清空了。管理当局这才意识到危机将至，于是立即行动。电报和电话不断从哈德森市发出，销售人员被催促上路，连公司副总裁多德——虽然他是主管生产的——甚至几个工程师都被派出去争取订单。但是，绞刀和绞孔机是技术工具和机床，通常在投产前需要几周的设计时间。结果，新订单并没有立刻帮上多大忙，随后的三个月很糟糕，公司亏损，工人没有拿到奖金。

但是，当情况越来越差时，斯坎伦计划的作用却得到了最佳的体现。工人们有了三个月的参与实践，他们可以预见未来的奖金。他们喜欢斯坎伦计划，因为它给了他们机会——一个战斗的机会，一个发挥他们的技能与其他企业展开竞争的机会。尽管境况不佳，但是工人们以压倒性的呼声继续执行斯坎伦计划，同时改进建议不断涌进评审委员会。到了1948年6月，终于又挣到了奖金（销售额的4.7%）。

但是，随后就又出现了新的麻烦。按照工厂的惯例，7月份要放假停产两周，而这时工厂刚收到一张大额的订单。订单的产品必须先由工程部门进行设计，但工程师们都要放假，谁来设计呢？难道要工程师们放弃假期？谁敢这样要求呢？何况以往机加工车间的工人们与工程师们经常发生争吵，工人们总是批评工程图纸的设计脱离实际。一个由工会组织的代表团去见副总裁多德，他答应会将此要求转达给工程部门。但是当多德去见工程师们的时候，他发现他们已经与工人们达成了协议，工程师们自愿牺牲他们的假期。整个7月份工程师们工作得非常辛苦，工厂里空荡荡的。到了8月，图纸出来了，生产又轰轰烈烈地开始了。9月份的奖金比率达到25%，10月份达到19%。恐怕很难找出比这更好的群体激励的例子了。

一个困难解决了，又一个困难出现了。问题出在如何设计一种机床，使它能够拉削某些喷气发动机的零件。当时每个人都说这些零件用拉削的方法加工恐怕是个问题，但是，拉普安特公司

管理政策 / 194

的工程师们坚持说他们能够做到，只要开发一种新的机床就行。问题最后集中在如何加工一种硬度很高且已经接近切削工具上限的钢材上。公司在努力解决这个问题的过程中遇到了很多挫折，工人们看到许多工作不得不停下来等待问题的解决。终于，眼看着这么多精力投进去却不见发货，没有收入，工人们有点不耐烦了。管理当局一次又一次来到评审委员会向大家做解释："再忍耐一下，这是一种试验材料，一旦我们找到正确的参数值，我们马上投入生产。"于是评审委员会决定继续等待。最后，缺陷终于找到了，生产又开始进行了，工人们又回到工厂上班，月度生产率曲线开始快速上升，从1948年12月的71%（试验期间）到119%，138%，140%，145%，150%，直到最后，在斯坎伦计划实施20个月后，达到161%的水平。

这三个事件提供了三个令人印象深刻的团队合作案例。在第一个例子中，工人们保持了耐性，尽管事情令人沮丧；在第二个例子中，工程师们主动牺牲假期，解决了所有问题；在第三个例子中，管理当局运用了他们的智慧，履行了他们的职能，为了抓住未来的利润承受了暂时的损失。如果试验工作失败了，某些领域的销售就对拉普安特公司关上了大门，而试验的成功，为企业在新的和成长性的业务领域奠定了坚实的基础。我们看到，所有各方都从这些成就中获益。

斯坎伦计划适合你们企业吗？

许多没有亲眼见过或调查过斯坎伦计划实施过程的人会对此计划提出许多异议。或许最常遇到的也是理由最充分的反对意见是："这个计划可能在拉普安特运行得很成功——或者还可能在一些企业成功运行——但这是因为该企业特殊的或许是偶然的环境所致。我的工厂就不同了。"

当然，每个工厂都是不同的，每个工会也是不同的。正是由于这个原因，斯坎伦先生拒绝将他的工作公式化。它依据的是人性的某些基本的原则。他以多种方式改编这些原则以适应每一个特定公司的特定问题。迄今为止，斯坎伦计划已经在超过50家企业中取得了不同程度的成功，这些企业分布在不同的行业，具有不同的规模，处于不同的环境，最初的劳资关系有好的也有糟糕的，利润状况有良好的也有亏损的，劳动生产率有容易度量的也有难以度量的，工人有技能熟练的也有缺乏技能的。当然，斯坎伦计划在个别工厂那里没有收到效果，但这种情况充其量只是一种例外。

的确，实行斯坎伦计划有两个先决条件，不能满足这两个条件就匆忙上马无异于浪费时间。一个条件是，工会领导必须是明智的。这并不意味着工会是百依百顺的，相反，工会可以是相当富有进取性的。但是，在参与层面的谈判需要真正的才智，这包括理解诸如竞争、竞争性定价、盈利性，以及许多其他的较低层次集体谈判从未涉及的因素。在拉普安特公司，新的工会主席弗雷德·勒西厄尔提供了使斯坎伦计划成功的这个先决条件，作为一个优秀的工会领导者，他意识到自己的责任是明智地抓住企业效益的生产率驱动因素。其他的工会领导人与他共同承担起这一责任。

第二，也是更重要的，是在企业的最高管理层必须有人对斯坎伦计划真正感兴趣，并且能够面对任何困境。一个与工人隔绝、高高在上的管理当局是不可能有效运作斯坎伦计划的。同样地，将这一关键领域的工作交给负责工业关系的副总裁负责也是不可能成功的。公司或工厂的实际经营者——总裁或执委会代表——必须是评审委员会的正式成员（虽然他不必是主席）；他必须愿意加入任何类型的争论，并以公平的和不带任何偏见的方式接受任何对公司管理的言辞激烈的批评。他不需要担心他的尊严，工人们会给予他应有的尊严——不多也不少。

的确，拉普安特公司在这方面是幸运的，公司总裁约翰·普林德维尔是一个心胸开阔的人，他相信企业的激励应当贯彻到最底层，也就是从管理当局一直到车间现场。还有就是公司副总裁，爱德华·M.多德，他成为斯坎伦计划的主要推动者，完全献身于计划的目标。多德先生不怕批评，也对提出批评没有顾虑。多德知道他十分真诚地努力使斯坎伦计划有效运作，他受到工人们的信任。不仅如此，他还起到了带头作用。每当争论变得激烈起来，他就脱下外套，人们将此解释为他要加入进来了。只见他挽起衬衫袖子，加入建议的争论中来，用他广博的生意知识支持或批评争论双方的观点，把双方拉回决议上来，最后指定某个人跟踪决议的落实，好像他是委员会主任似的。每当某个难题涉及公司的重要政策时，多德就主动将落实的责任揽过来。

如果能找到这样的人——一个明智的工会领导人和一个直率的企业领导者——则斯坎伦计划的原则适用于任何企业。斯坎伦计划打开了一条通向新的、创造性的工业关系领域的道路，即通向共同利益领域的道路。在进入这个领域并巩固它的过程中，工厂中的每一个人，无论职位高低，都加入了这一企业系统。

（黄卫伟译）

第 5 章 物质与精神

有无相生，难易相成，长短相形。
——老子《道德经》第二章

老子云："天下万物生于'有'，'有'生于'无'。"这个观点对理解创业和经营企业很关键。对于新创企业，什么是它的"有"，什么是它的"无"？实体组织、物质形态是企业的"有"，理念和精神是它的"无"。理念和精神的"无"脱离了企业的"有"就会失去意义，企业物质形态的"有"不与理念和精神的"无"结合就没有方向和凝聚力。创业是物质与精神的对立统一，物质转化为精神，精神转化为物质。

创业阶段形成的核心价值观是企业的"初心"，是支持企业创业生存、发展、凝聚员工、赢得客户信任的精神力量。企业做大尤其是上市后，追求利润最大化，追求股东价值最大化，会淡化和偏离初心，这是企业出问题的深层原因。要解决这些问题就要重新发现初心，回归初心。

使命、愿景、价值观就是企业文化。企业文化与领导力就像一枚硬币的两面。我们不主张将领导与管理严格区分，不懂得领导的管理者只能依靠职位权力来指挥下属，事倍功半，不是一个称职的管理者；不懂得管理的领导者不能把精神转化为物质，满足不了追随者的需要，不能算是一个真正的领导者。所以，讨论物质与精神的对立统一，就是讨论企业文化与领导、领导与管理的对立统一。这就是本章的主题。

5.1

物质变精神，精神变物质

物质与精神的矛盾为什么是对立统一的呢？从人性的角度来看，它是在人的需要的基础上相互转化的。人的基本需要首先是生理需要，但人的重要特征是追求意义，也就是人为什么活着。为了追求人生的意义，人可以忍受痛苦和磨难。

人寻求意义

人为什么愿意加入初创企业？为什么愿意为企业的目标而奋斗？这是因为他们在其中找到了人生意义。那什么是人生的意义呢？意识到人生的意义会激发出多大的力量呢？对此，我们听听创立了意义治疗学派的精神病学家维克多·E. 弗兰克尔（Viktor E. Frankl）是怎么说的。

弗兰克尔是著名的精神病学家，他的《活出生命的意义》（*Man's Search for Meaning*，又译《人生的真谛》）一书的英文版，自出版以来，截至1984年，已印刷73次，发行量超过250万册，被译为19种语言。此书之所以畅销不衰，不仅因为弗兰克尔在书中真实、生动地描述了"二战"期间他在纳粹集中营的惨无人道的遭遇，当时在奥斯维辛集中营幸存下来的人微乎其微，每28个人中至多1人免于一死；而且弗兰克尔对使他能够坚持生存下来的力量进行了心理描写。弗兰克尔说：我只不过是想通过具体事例告诉读者，在任何情况下，即使在最悲惨的境遇中，生命始终具有其潜在意义。

弗兰克尔写道：集中营生活尽管迫使人在肉体上和心理上退化到原始状态，但精神生活却有可能得到深化。……他们能够逃避周围可怕的现实，遁入丰富多彩的内心世界，享受精神自由。唯有如此，人们才能解释这样一个明显的矛盾：一些弱不禁风的囚犯反而比那些身强力壮的人更能适应集中营的生活。

有一件事情引发了他的思考。无独有偶，集中营主治医生提醒弗兰克尔注意的一件事恰与这件事及由此得出的结论完全相符。1944年圣诞节至1945年新年那一星期内，集中营囚犯的死亡率高于以往任何时期。主治医生认为，死亡率上升的原因并非劳动条件艰苦或伙食供应恶化，也不是气候变化或有新的传染病流行，其原因只不过是大多数囚犯一直抱着天真的希望，以为到了圣诞节就可以回家了，可谁知日子一天天接近，却仍听不到好消息。他们失去了勇气，陷入了绝望，抵抗力大损，许多人因此死亡。

如前所述，试图帮助集中营囚犯恢复其内在力量，首先必须为其指明未来追求的目标。德国哲学家尼采说："知道'为何'活着的人几乎能够忍受任何'苦难'。"这句话可以说是对囚犯进行心理治疗和心理卫生工作的座右铭。只要有机会，就应向他们指明"为何"活着——指明生活的目标，让他们鼓起勇气忍受人生可怕的"苦难"。

弗兰克尔认识到，我们真正需要的是彻底改变我们的人生观。首先，我们自身必须懂得，我们对人生的期望是什么真的不重要，重要的是人生对我们的期望是什么（It did not really matter what we expected from life, but rather what life expected from us.）。[1] 承担起责任，寻找人生问题的正确答案，并完成人生不断赋予每个人的使命，这就是人生的终极意义。

在纳粹集中营可以看到，那些相信自己尚需完成某种使命的人，最

---

[1] 弗兰克尔. 人生的真谛 [M]. 桑建平，译. 北京：中国对外翻译出版社，1993：59.

有能力生存。……弗兰克尔以自己为例,"以我自己来说,在被关进奥斯维辛集中营时,我的一份准备付印出版的手稿被没收了。我决心从头写起。正是依靠内心深处这个强烈愿望的支撑,我才经受住了集中营的严峻考验"[①]。对其他人来说,可能只为一个念头所驱使:为了家中翘首以待的亲人而活下去。每个人的人生意义都是独特的。

弗兰克尔以自己在集中营中的苦难经历和体验创立了意义疗法,这也发展为自弗洛伊德和阿德勒之后的又一心理治疗学派。

以同样的视角,当我们转向华为公司时,我们会提出这样的问题:华为员工为什么愿意艰苦奋斗,为什么愿意为实现公司目标做出奉献?我们下面的例子摘自《枪林弹雨中成长》[②]一书,这是一本华为员工写自己的艰苦奋斗经历和感悟的书,我们这里试摘两例。

Linda(中文名韩硕),法语专业。大学毕业后进入华为,主动要求去非洲,在那里一干就是8年,在35个国家留下过足迹,25岁担任华为公司驻科特迪瓦副代表,经历过科特迪瓦内战,得过疟疾,遭过抢劫。她的感悟是什么呢?她写道:

> 据我所知,在外奋斗的华为人,都不会仅仅因为梦想、情怀、成就感这些东西,就选择远离亲人、朋友,奔赴海外。最初的动力,还包含通过自己的努力,让疼爱我们的亲人过上更好生活的愿望。
>
> 感谢华为凝聚起这样一群"心里不长草"的人,包容年少冲动、成长的代价,让我们深信,只要坚持朝着目标努力,每天往前冲,总能够走到那个期盼的终点;感谢华为,创造了一个公平的机制,"力出一孔,利出一孔",只要做出贡献,总会得到相应的回报;

---

① 弗兰克尔. 人生的真谛 [M]. 桑建平, 译. 北京: 中国对外翻译出版社, 1993: 80.
② 田涛, 殷志峰. 枪林弹雨中成长: 华为人讲自己的故事(一)[M]. 北京: 生活·读书·新知三联书店, 2016.

感谢华为，搭起让人尽情演绎青春的舞台，撑起一片广袤的天地，让年轻的我们，实现了多彩的梦想，在不断的升腾跌宕中，扩展生命的宽度，走出一片海阔天空。

盖刚，华为路由器产品线总裁，2000年进入华为，成为一名硬件工程师。因工作努力，成绩突出，历任交换机S8500产品的项目经理、IP核心路由器团队负责人、集群路由器开发团队负责人、IP软件操作系统研发负责人以及400G核心路由器产品开发负责人。带领一个又一个新产品开发团队，一路成功地走来，特别是400G核心路由器产品，比原计划提前7个月实现商用，比世界上两大巨头领先一年半。他的感悟是什么呢？他写道：

> 我一直在想，是什么让我们最终实现超越，摘到了胜利的果实？是什么让我们为原以为不确定的未来努力奋斗？又是什么让我们十几年如一日地执着坚守？
>
> 我想，是华为公司给我们搭建了一个巨大的舞台，包容成长的代价，持续投资，压强投入，让我们尽情演绎华为IP的乐章；我想是爱，是我们的家人、可爱的同伴给了我们一片温馨的港湾，彼此温暖，相互鼓励，让我们熬过孤独，迈过坎坷，拥抱晴朗的天空；我想，是一群怀揣梦想的年轻人，为了"做世界第一的产品"无怨无悔地挥洒着青春的热血，即使再苦、再累、再艰辛，也一往无前。

现在我们可以回答上文提出的问题了：华为员工为什么愿意艰苦奋斗，为什么愿意为实现公司的目标奉献一切？因为他们在华为公司找到了人生的意义。他们收获了自己和家人的幸福；致力于实现公司的使命和宏伟愿景：把数字世界带入每个人、每个家庭、每个组织，构建万物互联的智能世界；享受着来自创造性工作的挑战、兴趣、乐趣和成就感。他们真切地体验到"重要的是人生对我们的期望是什么",他们感到世界因他们而改变。

由此我们也可看到企业的责任是什么。企业的责任是赋予员工奋斗和奉献的意义。

西蒙指出:"现代进化论提醒我们,不要将利他动机当作人们的本性。在标准的自然选择模型里,好人通常不适应,他们的繁殖速度远没有自私的同胞快。这种论断通常用来作为效用函数中的自私的个人经济标的。不过,这个论断是错误的。考虑了有限理性的自然选择模型实际上强烈地支持这个观点:组织忠诚对多数人都有强大的激励作用,即使他们明白并不能从中获得任何'私人'利益。"[1] 西蒙进一步论述道:"我的根本论点是,无论多仔细,都不可能只从一系列纯粹的事实推理出一个论断。要得出一个'应该是'的结论,一开始在前提里就应该为其埋下伏笔。我们对世界的事实知识积累得再多,也不可能完全说明这个世界应该处于的状态。想要知道这个世界应该是什么样子,我们就必须愿意开口说,我们自己想要什么样的世界,也就是除了事实,我们还应该提出一些价值观。"[2]

陈述使命与价值观,无为而治

任何企业,尤其是企业家和经理人,一定有自己的使命和价值观。使命是超越为股东创造利润和价值的企业存在的意义,价值观是一个企业赞成什么、反对什么的行为原则。企业不一定非要有文字阐述的使命或价值观,但是有远大目标的企业家有必要明确阐述企业的使命和价值观。这一方面是为了指引企业前进的方向,凝聚和鼓舞志同道

---

[1] 西蒙 H A. 管理行为 [M]. 第 4 版. 詹正茂, 译. 北京:机械工业出版社, 2004:279.
[2] 同前注,第 62 页。

合的员工；另一方面，也是为了约束自己，约束后人的短视和机会主义行为，使企业基业长青。

企业使命陈述（mission statement）在西方公司中一度非常流行，尤其在上市公司的年报中，总少不了使命陈述的章节。但仅仅陈述企业的使命和价值观并不能保证企业的兴旺，这是因为多数企业只是将使命陈述流于形式，并未将其渗透到企业的各项政策中，落在实处。但这并不说明使命和价值观的公开陈述可有可无，使命和价值观的公开陈述是向利益相关方的一种公开承诺，说到是为了做到。如果企业言行不一，谁会加入或长期留在这样的企业里呢？

使命尤其是核心价值观的陈述可以相似，它是一种社会和民族文化的体现。但企业核心价值观不能靠模仿来建立，它要靠企业家或经理人的身体力行。比如诚信，这是任何人、任何企业都应当遵守的人生准则和商业准则，但企业遵守这一准则的严格程度却是有差异的，因而导致员工献身于企业的程度也有差异。人们愿意献身于一家企业，是因为他们追随这家企业的领导人所信奉和身体力行的原则。

企业使命陈述是企业家或经理人对办什么样的企业，怎么办企业的认识的表达。这可能发生在创业阶段，也可能发生在度过了创业阶段，对企业的成功和挫折有了深刻的认识之后。许多伟大公司的创始人还在公司创业期间就为公司设定了使命和价值观，并且历久弥新，这是值得我们尊敬和深入研习的。

以下是笔者从《企业不败》[①] 一书中摘录的标杆企业的使命陈述。

1946年5月7日，索尼公司的创始人井深大在公司远未赚到正现金流，还在为生存奋斗时，就为自己的公司写了一份"说明书"，

[①] Build to Last，其再版又译为《基业长青》，本书在摘录时对照原著比较了两个译本的译文，并依照原著做了适当的修正。

确立了一套经营理念。其中关于公司愿景、目的和经营方针的陈述如下[①]：

公司愿景

如果有可能创造一种环境，使所有的人都能以一种坚定的团队精神而团结在一起，尽他们内心渴望地发挥自己的技术才能……那么这个公司一定会迎来无限乐趣，创造无限利益。……那些有共同想法的人已经自然地聚到一起，为这一理念而奋斗。

公司目的

- 建立一个工作场所，使工程师们能够感受到技术创新的乐趣，不忘他们的社会使命，按自己的意愿工作。
- 从事积极的技术和生产活动，为重建日本和提升民族文化而奋斗。
- 把先进技术应用到广大民众的日常生活中去。

管理方针

- 我们要排除任何不公平地牟取利润的做法，坚持做有巨大价值和基础性的工作，不只是一味追求增长。
- 我们要以克服技术难题为乐趣，专注于开发对社会有极大用途的高度复杂的技术产品，不管付出多大努力。
- 我们重视能力、表现和个性，以便每一个人能最大限度地发挥自己的特长。

在井深大发表他的"说明书"40年后，时任索尼公司总裁盛田昭夫在一篇题为《索尼的先驱者精神》的文章中用洗练和优雅的语言重述了索尼公司的理想：

---

① 柯林斯，波拉斯. 企业不败[M]. 刘国远，等译. 北京：新华出版社，1996：63.

> 索尼公司永远是先驱者，从来不会追随别人。通过不断进步，索尼公司希望为全世界服务。它将永无休止地探求未知领域。……尊重和鼓励个人能力是索尼公司的原则，总是使个人能够最大限度地发挥其才能，这是索尼公司的活力之源。

进入21世纪，索尼公司未能保持住电子音乐播放器、液晶彩电、智能手机等行业先入者的领先地位，逐渐失去了昔日的光辉，当然影响因素很多，但偏离了创业者和几代领导人秉持的使命和价值观不能不说是一个潜在原因。

IBM是一家具有强使命和价值观的公司，公司的核心思想可以简要地概括为三个方面：（1）充分考虑每个雇员的个性；（2）不惜花大量时间令顾客满意；（3）尽最大的努力把事情做对，谋求在其从事的各个领域取得领先地位。IBM曾经是大型计算机产业傲视群雄的霸主，这一成就是在前首席执行官小托马斯·沃森（Thomas J. Watson Jr.）的领导下实现的，他在《一个企业的信念》一书中曾谈及公司核心价值观（他称之为信念）的作用，他说：

> 我坚信，决定一个企业成败的真正因素，经常可以归结到这样一个问题，即这个企业是如何激发其员工将自己的能量和才能发挥得淋漓尽致，这个企业采取了哪些措施来帮助人们找到他们的共同事业呢？它又是如何指导人们坚持正确的方向不断前进，尽管他们之间可能存在着这样那样的竞争和分歧？此外，企业又是如何在领导人和雇员更替期间所发生的各种各样的变化中，坚持不懈地维护自己的事业和方向感呢？……我认为答案就在于我们称为信念的影响力，以及这些信念对其员工的吸引力。我坚信，任何一家企业为了谋求生存和获取成功，都必须拥有一套健全可靠的信念，并在此基础上，提出自己的各种策略和各项行动方案。我认为，对企业成功起

着最关键作用的一个因素就是,恪守这些信念。最后,我相信,如果一个企业打算迎接千变万化的世界中的种种挑战,它就必须做好充分的准备,在企业运营中,除了这些信念以外,改革自身的一切。[①]

20世纪90年代初期,IBM 一度严重亏损,是从外部聘任的首席执行官小路易斯·V. 郭士纳(Louis V. Gerstner Jr.)使之重整旗鼓,成功地向服务转型,使这头"大象"恢复了活力,重新跳起舞来。进入21世纪,IBM 又错失了云计算、移动互联网的机会,在亚马逊、微软、谷歌等 IT 巨头的夹击下,渐显疲态。究其原因,与偏离了创始人设定的使命和价值观不无关系。

《领导力与新科学》一书的作者玛格丽特·J. 惠特利(Margaret J. Wheatley)指出:"愿景、价值和文化在组织中越来越受到关注。现在我们能够体会到,建立组织连续性和一致性的最好的方式,不是采用控制手段,而是通过一些虽然看不见但能感受到的力量。很多科学家现在都借用了'场'的概念——这是一种不可见的力量,它们充满空间并影响人们的行为。组织的愿景和价值观的作用就像'场'一样,是一种不可见但真实存在的力量,它对人们的行为产生影响。"她接着写道:"场的理论告诉我们,场可以产生无形的影响,这一点有助于我们对组织生活中某些难以规范化的方面进行管理。例如,愿景是指组织的目标和方向,把它当作场来看待再恰当不过了。""如果愿景是一个场,设想一下我们会拿出怎样不同寻常的行动来发挥它的影响力。首先,我们要认识到建立愿景是在创造影响,而不仅仅是设定一个目标。其次,从场的角度进行思考,我们就会知道:我们需要高度的一致性,既要有一致的信息,更要有一致的行为。再次,我们要认识到,愿景必须渗透到组织的各个角落,以达到影响所有员工的行为

[①] 小托马斯·沃森. 一个企业的信念[M]. 张静,译. 北京:中信出版社,2003:4.

的目的。"[1]

把愿景比作"场"是一个非常恰当的比喻。同时，影响企业决策和员工行为的"场"中还包含其他多种因素，这些因素综合起来，就是企业文化。

企业精神是一种文化现象

企业是一种社会经济组织，是组织就有文化，企业的使命和价值观就是企业的文化。但是不是明确陈述了企业的愿景和价值观就表明企业有了自己的文化呢？不然。西蒙认为："近期我们常听说，组织需要一份'愿景宣言'和'使命陈述'。许多应这种需求而做出的声明，都只不过是一厢情愿的说法。一个公司声称即将生产优质产品，为顾客提供需要和想要的产品，公平地对待员工，为股东提供最大的回报等，都不可能对公司决策制定和其他行为产生显著效果。宣称所表达的感情固然值得称颂，但没有落到实处。"[2]那么什么是企业文化？怎么让使命陈述落到实处？

按照埃德加·H. 沙因（Edgar H. Schein）的观点，企业文化是员工行为的假设和信念，它是比使命与价值观更深层的企业文化本质。他指出："'文化'这个词应该包含为企业的成员所共同拥有的更深层的基本假设和信念，它们无意识地产生作用，并且用一种基本的'认为理所当然'的方式来解释企业自身的目的和它的环境。这些假设和信念是通过学习获得的对团体在外部环境中的生存问题和内部结合问题的反应。"[3]

---

[1] 参阅惠特利. 领导力与新科学 [M]. 简学，译. 杭州：浙江人民出版社，2016：73-74.
[2] 西蒙 H A. 管理行为 [M]. 第 4 版. 詹正茂，译. 北京：机械工业出版社，2004：308.
[3] 沙因. 企业文化与领导 [M]. 朱明伟，罗丽萍，译. 北京：中国友谊出版公司，1989：9.

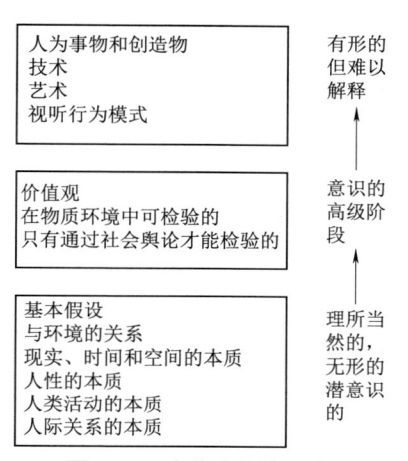

沙因根据他的观察和研究，认为企业文化包含三个层次（见图5-1）：[①]

人为事物和创造物 技术 艺术 视听行为模式	有形的但难以解释
价值观 在物质环境中可检验的 只有通过社会舆论才能检验的	意识的高级阶段
基本假设 与环境的关系 现实、时间和空间的本质 人性的本质 人类活动的本质 人际关系的本质	理所当然的，无形的潜意识的

图5-1 企业文化的层次

企业文化的第一个层次是人为事物。这是企业文化最明显的层次，包括企业的标识（logo）、标语口号、口头语言、对管理者的称谓以及庆典等。例如，华为公司从1999年开始聘请IBM顾问公司指导业务流程变革，多年后，华为公司的内部交流语言中大量采用英文首字母缩略语，甚至中英文混用，如在表述深度介入的客户关系时直接用engage来表达，在表述零部件品目时直接用item来表达，等等。这些可以直接观察到的人为事物代表了一家企业的行为特征。

企业文化的第二个层次是价值观。这是一家企业遵循的道德准则，是赞成什么、反对什么的行为标准。许多企业都有明确阐述的价值观，但这些价值观是否落到实处，是否对企业战略决策、组织设计、人力资源政策、控制政策以及变革具有指导作用，取决于价值观是否已经融入了管理层和员工的思想中，变成了他们的自觉行为。许多学者关

[①] 沙因.企业文化与领导[M].朱明伟，罗丽萍，译.北京：中国友谊出版公司，1989：17.

于企业文化的研究就止步于这个层次,但沙因认为,既然公开陈述的价值观是否起作用还取决于它是否为管理者和员工普遍接受,那么显然,企业文化还有一个更深的层次,即信念和假设。

企业文化的第三个层次是基本假设。当企业明确阐述的价值观得到成功的反复验证,被管理者和员工广泛接受,它就会逐步变成信念和假设,进入无意识状态,即所谓习惯成自然。但在许多情况下,员工的行为与公开陈述的价值观并不一致,这种不一致的行为也是受假设和信念驱使的,它也是企业文化。所以,企业文化反映了人性的本质、人际关系的本质、人的需要的结构,前者是由后者决定的。所以,我们说管理企业文化,就是要管理企业的战略、组织与政策,取得组织目标与个人目标的最大公约数。

企业文化的物质基础

司马迁在《史记·货殖列传》中说:"天下熙熙,皆为利来;天下攘攘,皆为利往。"这种现象千百年来没有改变,因为人的需要没有改变,人性的原动力没有改变。关于人的需要,最著名的理论是心理学家亚伯拉罕·H.马斯洛的人的需要层次论。

马斯洛认为,人的需要有五种基本类型,分别是:生理需要、安全需要、归属和爱的需要、自尊需要和自我实现需要。他认为,人的这五类基本需要构成一个相对优势的层次。其中生理需要在所有需要中占绝对优势。假如一个人在生活中所有需要都没有得到满足,那么生理需要而不是其他需要最有可能成为他的主要动机。如果生理需要相对充分得到满足了,接着就会出现一系列新的需要,我们可以把它们大致归为安全需要(安全,稳定,依赖,免受恐吓、焦躁和混乱的折磨,对体制、秩序、法律、界限的需要,对于保护者实力的要求,等等)。假如生理需要和安全需要都很好地得到了满足,爱、感情和归属的需要就会产生,并且以新的中心,重复着已描述过的整个环节。现在,个人空前强烈地感到缺乏朋友、心爱的人、妻子或孩子。也就是说,他渴望同人们有一种充满深情的关系,渴望在他的团体和家庭中有一个位置。他将为实现这个目标而做出努力。除了少数病态的人之外,社会上所有的人都有一种对于他们稳定的、牢固不变的、通常较高的评价的需要或欲望,有一种对于自尊、自重和来自他人的尊重的需要或欲望。这种需要可以分为两类:第一,对于实力、成就、适当、优势、胜任、面对世界时的自信、独立和自由的欲望。第二,对于名誉或威信(来自他人对自己的尊敬或尊重)的欲望。对于地位、声望、荣誉、支配、公认、注意、重要性、高贵或赞赏的欲望。自尊需要的满足导致一种自信的感情,使人觉得自己在这个世界上有价值、有力量、有能力、有位置、有用处和必不可少。然而一旦遇到挫折,就会产生自卑、弱小以及无能的感觉。最后,一个人能够成为什么,他就必须成为什么,他必忠实于他自己的本性。这一需要我们就可以称为自我实现(Self-actualization)的需要。自我实现可以归入人对于自我发挥和完成(Self-fulfillment)的欲望,也就是一种使他的潜力得以实现的倾向。这种倾向可以被表述为一个人越来越成为独特的那个人,成为他所能成为的一切。[①]

马斯洛的需要层次理论已经成为经典了,但我们想指出,生理需要,或者说物质需要,可能是大多数人始终未得到满足的需要,满足物质需要始终是驱动其行为的动机之一。一种需要的满足是一个相对的概念,人们只是在物质需要被满足到一定程度时,安全的需要、爱和归属的需要才会上升到优势地位。物质需要的更大程度的满足可以补充其他更高层次的需要,比如,物质需要的相对满足可以补充安全的需要,使人们在择业上更自由,摆脱对单一企业工作机会的依赖;

[①] 参阅马斯洛. 动机与人格[M]. 许金声,等译. 北京:华夏出版社,1987:43–54.

还可以支持爱和归属的需要，毕竟要建立美满的、舒适的家庭没有较高的经济收入是不行的；此外，物质需要的更大满足可以使人更自信、更自由、得到人们的更大认可；在一个把财富看作社会地位标志的社会中，物质需要的满足几乎是无止境的。

马斯洛的下述观点是深刻的：人类似乎从来就没有长久地感到过心满意足——与此密切相关的是，人类容易对自己的幸福熟视无睹，忘记幸福或视它为理所当然，甚至不再认为它有价值。人们存在对于旧的满足物和目的物的一定程度的轻视，人的价值观是变化的。下面的观察结果是铁的事实，即某种需要（尤其是物质需要和安全需要）一经满足，机体立即放弃压迫、紧张、紧迫、危急的感觉，允许自己变得懒散、松弛、被动，允许自己享受阳光、玩耍嬉戏。一句话，变得相对地无目的了。需要满足导致了无目的的行为的出现。[①]

在物质与精神这对矛盾中，我们既要看到没有一定的物质基础和收入水平，仅靠精神来激励人的积极性和干劲是不能持久的，所以，激励制度一定要和人们的努力及贡献挂钩。另一方面，我们也要看到，经济刺激的边际效应是下降的。人们富裕后会产生懈怠，这时，精神激励就显示出它的作用来了，在满足人们的自尊和认可的高层次的需要方面，包括使命、责任、地位、权力、荣誉、赞赏、价值典范等精神激励不可或缺。同时，我们也应看到，只有体验了丧失、挫折和被取代的经历之后，才能重新认识物质和精神激励的价值。

这就是领导的作用。领导就是在物质与精神这对矛盾中寻求二者的对立统一，把物质变成精神，把精神变成物质。一方面，我们不赞成脱离物质基础谈领导，不赞成脱离人的需要谈领导，不赞成脱离管理谈领导。另一方面，我们也不赞成脱离精神谈物质，不赞成脱离形式谈内容，不赞成脱离文化谈领导。

---

① 马斯洛. 动机与人格 [M]. 许金声，等译. 北京：华夏出版社，1987：82.

5.2

企业文化与领导力是一体两面

我们上面讨论了企业文化的概念和功能。企业文化并不是没有基础的或偶然产生的，最初的创造力量是企业创始人的个性和信念体系。领导者创造企业文化，就是为了领导一个企业的管理者和员工队伍团结奋斗，实现企业的愿景。从企业文化的视角出发，可以使我们对什么是领导力有更深刻的理解。

领导所要做的唯一重要的事情就是创造和管理文化

我们首先明确一个概念，领导力（leadership）是指一种权力和影响力。由于语言的原因，领导力经常被直接翻译成领导。我们这里特别指出，当我们提到领导时，如不是指担任领导职务的领导者，那就是泛指领导力。什么是领导力？这真是一个众说纷纭的概念，为了理解领导力概念的本质，让我们综合一下沙因、巴纳德和本尼斯的观点。

沙因没有直接给领导力下过定义，他通常认为领导力指的是领导者的重要能力。沙因说："企业文化与领导力就像一枚硬币的两面，我们不可能抛开其中的一面而单独去理解另一面。""如果缺少对企业文化产生、演化和变革的考虑，就不可能真正地理解领导力。同样地，如不考虑企业内部各层级和各职能部门的领导者如何行事，及如何影响整个企业的系统运作，就不可能真正理解企业的文化和亚文化。"[①] 将企业文化与领导力联系在一起，这是沙因一贯的观点，早在他的《企

---

① 沙因. 企业文化生存与变革指南 [M]. 马红宇，唐汉瑛，等译. 杭州：浙江人民出版社，2017：5.

业文化与领导》一书中就确立了这一命题,他说:"企业文化是由领导者创造的,领导的一个重要职能就是创造、管理,和必要时改变企业文化。仔细考察可以发现,文化与领导是同一个问题的两个方面,哪一方面都不可能片面理解。实际上领导所要做的唯一重要的事情就是创造和管理文化,领导者最重要的才能就是影响文化的能力。我们必须认识到,在领导理论中文化管理职能居中心地位。"[1]

显然,沙因的领导力概念,主要是指领导者创造、管理或影响企业文化的能力。抓住了这一核心,就抓住了领导力概念的本质。

巴纳德长期担任新泽西贝尔电话公司的总裁,他的著作《经理人员的职能》首次将企业看作一个社会系统,从相互联系的视角解释了员工行为动机和经理人员的职能,对后来的心理学、领导学、组织理论等产生了巨大影响。他认为,领导力是通过树立信念来鼓舞人们做出进行协作的决策的个人力量。"这些都使得领导成为必要,即必须有通过树立信念来鼓舞人们做出进行协作的决策的个人力量。这些信念是:共同理解的信念,可能成功的信念,个人动机最终能够得到满足的信念,客观权威正在确立的信念,共同目的比参加组织的个人目的更优先的信念。"[2]他进一步指出:"领导有两个方面。一个方面是局部的、个人的、特殊的、短暂的,它是个人在体力、技巧、技术、知觉、知识、记忆力、想象力这些项目上能够表现出优势的方面。这是直接的方面,它会随着时间和地点而剧烈变化。它会由于培养、训练、教育而得到特殊的发展。它主要在特殊的条件下有特殊的意义,是相对的、比较容易确定的、比较客观的,是积极行动所必需的。……领导的第二个方面——更一般

---

[1] 沙因.企业文化与领导[M].朱明伟,罗丽萍,译.北京:中国友谊出版公司,1989:3.
[2] 巴纳德.经理人员的职能[M].孙耀君,等译.北京:中国社会科学出版社,1997:203.

的、更不变的、更难于通过特殊培养而得到发展的，更绝对的、更主观地反映社会的态度和理想以及社会的各种一般制度的方面，是个人在决断力、不屈精神、耐久力、勇气这些项目上能够表现出优势的方面。它决定着行动的质量。……它会引起人们的尊敬和崇仰。它是通常用'责任心'这个词来表示的领导方面。它使得人的行为具有可靠性和决断力，使得目的具有先见性和理想性。"[1]

显然，巴纳德的领导力概念，是通过信念来鼓舞人们团结协作去完成共同目标的一种个人力量。这种个人力量一方面在于领导者的特质，虽然能将这些特质集于一身是很难得的，只有伟大的领导者才能具备，但是，这些特质是可习得的，可通过培养、训练、教育而得到发展的。而第二个方面，包括决断力、不屈精神、耐久力、勇气的这些个性特征，是难以通过教育和培养形成的。心理学家认为人的性格特征基本上是在幼年和少年时期形成的，是难以改变的。但是笔者通过观察杰出企业家得到的认识表明，这些性格特征是在长期的艰苦、压力和危机环境的磨炼下养成的。总之，无论从领导力的哪一方面来看，哪怕只具备其中一些特质和性格特征的领导者都是非常稀缺的人才。

沃伦·本尼斯（Warren Bennis）曾担任美国辛辛那提大学校长，也曾是四任美国总统的顾问团成员，他提出的关于领导力的概念，总结了领导力的六个要素[2]：

第一个要素是指引性愿景。除非你清楚自己正在去哪里和为什么去，否则你就不可能到达目的地。

第二个要素是激情。要有对人生希望的内在激情，领导者要热爱自己的事业，充满激情的领导者带给人们希望和鼓舞。

---

[1] 巴纳德. 经理人员的职能 [M]. 孙耀君，等译. 北京：中国社会科学出版社，1997：203.
[2] 参阅本尼斯. 成为领导者 [M]. 徐中，姜文波，译. 杭州：浙江人民出版社，2016：65-67.

第三个要素是正直。本尼斯认为正直有三个不可或缺的组成部分：自知之明、坦诚、成熟。自知之明是每一个领导者面对的最艰巨的任务。领导者应当了解自己的优点和缺点并直面自己的缺点。坦诚基于真实的思想和行动，是对原则坚定的忠诚。成熟意味着领导工作不仅仅是指明道路或发号施令。每一位领导者都需要在追随中积累经验和获得成长，学会专注、敏锐，能够与他人合作并向他人学习。

第四个要素是信任。正直是信任的基础。信任是一种无法获取、必须赢得的品质。它是同事和追随者给予的，如果没有它，领导者就无法履行职责。

第五个要素是好奇心。

第六个要素是勇气。

本尼斯强调，真正的领导者不是天生的，而是后天造就的，并且通常是自我造就的，是领导者自己创造了自己。

深入实际，身体力行

领导如何创造企业文化呢？只是陈述使命和价值观是远远不够的，企业文化既然是员工行为的深层假设，那一定是从日常的所见所闻中日积月累形成的。所以，要塑造企业文化，领导者必须能够深入实际，体察员工的生活和工作；善于倾听，使基层员工通过与企业领导者的直接接触和对话，感受企业领导者的风范、思想和品德；同时领导者也通过深入基层、走动管理，一方面发现基层员工的英雄事迹，树立榜样，另一方面也发现普遍存在的问题，通过解决问题释放员工的潜能。

沙因认为，塑造和增强企业文化最强有力的基本方法是：（1）领导者重视、调节和控制；（2）领导者对重大事件和企业危机的反应；（3）领导者进行详细的角色示范、教育和培训；（4）领导者确认分配报酬和提升的标准；（5）领导者确认员工招聘、选择、提升、退休和解雇的标准。企业挑选新成员是内化和渗透文化最核心的一个方面，而且也是最有效的方法。增强企业文化的最重要的辅助措施是：（1）企业组织的设计和结构；（2）企业的制度和程序；（3）物体的空间、外表和建筑物的设计；（4）关于重大事件和重要人物的故事、传说、神话和寓言；（5）企业宗旨、纲领和章程的正式说明。[1]

领导学界有一种占主流的观点，认为应当将"领导"与"管理"区分开，认为领导者的组织目的与管理者截然不同。"管理者是把事做对的人，领导者是做对的事的人。"[2]笔者不同意这种观点。领导者不仅要做正确的事，而且要使企业上下正确地做事。不懂得怎么正确地做事，就不知道企业的问题所在，就抓不住主要矛盾，就不知道什么是正确的事，领导就会浮在表面。我们说，企业的重大决策需要同时具备价值前提与事实前提。一个领导者一旦脱离实际，他就不再具有决策的事实前提了，也就不再能够对诸如报酬分配标准、员工招聘标准、管理者的选拔、企业组织的结构以及企业制度和程序的设计提出指导意见了。换言之，他对企业文化的塑造和控制也就只能停留在口头上和纸面上了。

笔者近年来主持编写和正式出版了华为公司的三部管理纲要，分别是《以奋斗者为本：华为公司人力资源管理纲要》《以客户为中心：华为公司业务管理纲要》以及《价值为纲：华为公司财经管理纲要》。这三部管理纲要，将任正非总裁的管理思想分类整理在一个系统的、有逻辑的框架中。从中我们可以看到，任正非先生是一位杰出的企业家、领导者，同时也是一位优秀的管理者。他的领导哲学与管理方针是结合在一起的，既包括做正确的事，也包括如何正确地做事。

---

[1] 沙因.企业文化与领导[M].朱明伟，罗丽萍，译.北京：中国友谊出版公司，1989：257.
[2] 本尼斯，纳努斯.领导者[M].赵岑，徐琨，译.杭州：浙江人民出版社，2016：1.

比如，任正非提出："我们坚持利出一孔的原则。EMT[①]宣言就是表明，我们从最高层到所有的骨干层的全部收入，只能来源于华为的工资、奖励、分红及其他，不允许有其他额外的收入。从组织上、制度上，堵住了从最高层到执行层的个人谋私利或通过关联交易的孔掏空集体利益的行为。相信我们的人力资源政策，会在利出一孔的原则下，越做越科学，员工越做干劲越大，我们没有什么不可战胜的。"[②]这既是价值观，又是管理政策，还是制度，它是基于对管理漏洞的深入调查和感知制定的。

又比如，任正非提出的"乱中求治，治中求乱"是一项指导管理变革的大的方针，他指出："我上次在英国代表处讲话，强调了精细化管理，就是在混乱中怎么走向治，乱中求治，但没有讲到治中求乱，也就是打破平衡继续扩张的问题。有些代表处执行起上次我在英国代表处的讲话来，有些偏差。我这次在墨西哥代表处讲了，市场不是绘画绣花，不光是精细化管理，一定要有清晰的进取目标，要抓得住市场的主要矛盾与矛盾的主要方面。进入大T[③]要有策略，要有策划，在撕开城墙口子时，就是比领导者的正确的决策、有效的策划，以及在关键时刻的坚强意志，坚定的决心和持久的毅力，以及领导人的自我牺牲精神。"[④]这种"乱中求治，治中求乱"的重要思想，为规范化管理与打破平衡继续扩张规定了基本管理方针，这就是领导，这也是管理，是在深入一线调查中发现的问题的基础上提出来的、具有全局性的指导方针。

再比如，面对企业内部管理和外部环境的不确定性，任正非提出以规则的确定性应对结果的不确定性的管理方针，他说："为什么我们要搞

---

① 指经营管理团队。——编者注
② 黄卫伟主编.以奋斗者为本：华为公司人力资源管理纲要[M].北京：中信出版社，2014：63.
③ 指跨国运营商。——笔者注
④ 黄卫伟主编.以客户为中心：华为公司业务管理纲要[M].北京：中信出版社，2016：196.

IFS[①]变革,实际上我们要做一件事情,我们要以规则的确定来对付结果的不确定,我们对未来公司的发展实际上是不清晰的,我们不可能非常清楚公司未来能到哪一步,因为不是我们可以设计这个公司,是整个社会和环境同时都来设计这个公司。所以我们不可能理想主义地来确定我们未来的结果是什么,但是我们可以确定一个过程的规则,有了过程的规则,我们就不会混乱,用规则的确定来对付结果的不确定,这就是我们引入 IFS 的原因。IFS 是不是一定要找到一个最佳的形式?我没有本事去拿别人公司的东西来,拿来了也未必能综合。好好向一个明白的老师学不好吗? IBM 的东西,也不是拿来就能用的。什么是业界最佳?我不知道最佳是什么,我认为这个世界就没有最佳,适合我们使用的东西就是最好的东西。"[②]

所以,正如不能把企业文化与领导截然分割一样,也不能把领导与管理清楚地区分开。脱离了管理的领导是空洞的领导,脱离了领导的管理是迷失方向的管理。

5.3

资源是会枯竭的,唯有文化生生不息

生物的遗传靠基因,企业的传承靠文化,文化也有类似基因的成分,它是创业期间形成的企业精神和成功经验,是企业的财富,是比物质财富更宝贵的精神财富。如果不提炼出来,形成文字,随着时间的流逝,它就会像云一样散去。就像华为总裁任正非说的:资源是会枯竭的,

---

① 指集成财经服务,这是一种先进的财经管理体系。
② 黄卫伟主编.价值为纲:华为公司财经管理纲要[M].北京:中信出版社,2017:175.

唯有文化才会生生不息。企业家能够留下的就是企业文化，而企业文化之所以能够延续是因为精神长存。这种精神的留存，在有些成功的企业是企业家退出经营时留下的"箴言""信条"，也有一些企业是在成功地经历了创业阶段，进入成长阶段时，企业家有意识地总结出的管理哲学。我们下面以《华为公司基本法》为例，讨论一下企业的核心价值观，及其对政策制定的指导作用。

为什么要起草《华为公司基本法》？

华为公司成立于1987年8月，最初是做用户小交换机的分销，成立不到两年，就开始了自研产品的历程。在经历了模拟交换机产品由于国家政策调整而导致的失败后，又义无反顾地开始了万门数字程控交换机的研发，公司赌上了自己的全部家当，1994年7月，华为的万门数字程控交换机C&C08机终于通过了国家邮电部的验收，取得了入网许可证，华为的产品开始从农村进入大中城市。还在C&C08机开发期间，任正非总裁就在内部提出了"将来世界电信市场三分天下，华为有其一"的愿景。此时面对市场销售爆发式增长的局面，任正非总裁感到世界电信设备高端市场的壁垒已经被华为打开了突破口，华为要向世界级高技术公司的目标迈进了。1996年开年，他给总裁办下达了起草《华为公司基本法》（以下简称《基本法》）的任务。

当任正非总裁最初提出起草《基本法》时，公司上下对《基本法》的认识还处于混沌状态。华为取得了令人瞩目的成功，但对于华为为什么成功，说法不一；华为形成了一套成功的激励机制和运作方式，但对这种机制和运作方式的规律性认识，还存在于企业家的头脑中，还不能系统地为职业管理层所理解；公司正面临大发展的机会，大量不同文化和价值观背景的新人加入公司，价值观多元化引起的冲突，搞得不好会稀释华为创业期间形成的文化，使华为的员工队伍成为一盘散沙。显然,华为的大发展需要一套统一的价值观体系并在此基础上建立具有内在一致性的政策体系,确保公司的高速成长不出现大的波折。因此,建立一套公司上下认同和自觉遵循的行之有效的政策纲领,已变得十分必要。把这套政策纲领叫作"基本法",是要强调其定位就像当年的"鞍钢宪法"一样,是指导公司管理体系建设的纲领性文件。

任正非总裁在访问了北大光华管理学院、清华经管学院后,最后确定与中国人民大学彭剑锋教授等人组成的团队合作,成立起草小组,从事起草《基本法》的工作,由笔者执笔。

起草小组首先面临的问题是《基本法》的定位问题。《基本法》是什么?它要回答什么问题?起草小组经过讨论,将《基本法》定位为华为公司的管理政策大纲。管理政策是企业的最高管理层处理内外基本矛盾和重要利益关系的准则,是管理决策的指南。基本法要回答三个基本问题:

- 华为为什么成功?
- 华为过去的成功能否使华为在未来获得更大的成功?
- 华为要获得更大的成功还缺少什么?

起草《基本法》的目的,概括起来包括四个方面:

(1)将华为公司企业家的思想、价值观、直觉、创新精神和敏锐的思维转化为成文的公司使命、核心价值观和政策方针,使之能够明确地、系统地传递给职业管理层,由职业管理层规范化地运作。

(2)阐述华为公司处理管理的基本矛盾和企业内外部重大关系的原则和优先次序,建立调整公司内部关系和矛盾的心理契约。

(3)指导公司的经营战略、组织建设、人力资源管理、业务流程再造和管理的制度化建设,使之与公司的使命和价值观具有内在的一致性。推动管理体系达到世界级公司的标准,并使华为公司的管理体系具有可移植性。

（4）《基本法》是公司宏观管理的指导原则，是处理公司发展中重大关系和矛盾的对立统一的尺度，其目的之一是培养领袖。

今天回过头来看，在20世纪90年代中期，中国的优秀企业家和管理学术研究团队就能站在东西方管理思想交会的高度，结合中国高技术企业的实践，高瞻远瞩、脚踏实地探索和完成起草《基本法》这项艰巨的、具有历史意义的工作，这不能不说是一个创举。直到今天，《基本法》中的许多阐述，仍具有指导意义。

《基本法》关于华为核心价值观的阐述

《基本法》共103条，从公司使命与愿景、核心价值观、价值分配原则到接班人与《基本法》的修改，覆盖了企业管理的诸多重要领域。那么，贯穿《基本法》的主线是什么？是愿景与核心价值观。我们下面就对此做一个简要的解读。

追求

第一条 华为的追求是在电子信息领域实现顾客的梦想，并依靠点点滴滴、锲而不舍的艰苦追求，使我们成为世界级领先企业。

为了使华为成为世界一流的设备供应商，我们将永不进入信息服务业。通过无依赖的市场压力传递，使内部机制永远处于激活状态。

第一条开宗明义阐述了华为公司的使命和愿景，即在电子信息领域实现顾客的梦想，成为世界级领先企业。华为公司是一家高技术公司，公司高于赢利的使命是满足客户的需要，为客户创造价值；科学家、工程师、专业人员可以有自己的专业梦想，但最终都是为了实现顾客的梦想。在电子信息领域，必须领先，力争做领导者，这是唯一的道路，不能领先就只有被淘汰。

要领先，做产业领导者，就必须聚焦，切忌盲目多元化，不为非主方向的利益所诱惑，这也是为什么在使命中限定公司的业务领域是电子信息领域的原因。第一条的第二段是任正非总裁亲自加进去的，在《基本法》终审会上争论很大。有人主张不应在《基本法》中限定未来的经营方向；还有人主张华为不做电信运营服务、不与客户争市场是对的，但不进入信息服务业限定的范围太宽了。但任正非坚持不改，他认为，"华为既做服务，又采购自己的设备，这会使我们的产品质量退化；我们不做服务，可能面临的产品竞争会更加激烈，这会把我们逼成世界领先者。再有，要成为产业的世界领先者，靠服务是不可能领先的，只有靠产品。强调不进入信息服务业，也是为了专注于把产品做到世界领先"。

最后，通过无依赖的市场压力传递，使内部机制永远处于激活状态，这是激活组织、保持旺盛的竞争力的关键。要保持市场压力，就不能追求独家垄断，把对手都打垮了，也就到了埋葬自己的时候了，这在世界市场上不乏先例。这就是任正非经营华为的大谋略，在公司规模尚小时，就树立了宏伟的愿景，并且已经在考虑实现了愿景后怎么办。

员工

第二条 认真负责和管理有效的员工是华为最大的财富。尊重知识、尊重个性、集体奋斗和不迁就有功的员工，是我们事业可持续成长的内在要求。

按照优先次序，阐述完对客户的使命接下来就要明确对员工的价值定位。核心价值观的第二条强调人是华为的财富，但要成为华为最大的财富，任正非加入了一个限定语：管理有效。员工工作认真负责很好，但个人自视太高，不能敞开心胸平等地融入团队，留不住他或者改变不了他的不合理的要求或行为，这样的员工，还不是公司的财富。

集体奋斗是华为文化的主旋律，从创业起，华为就崇尚"胜则举杯相庆，败则拼死相救"的文化。集体奋斗也给个人充分展现自己的才华搭建了一个平台，使那些业绩优秀的员工脱颖而出，给予他们更大、更多的成长机会。再有，任正非还在这一条中加入了不迁就有功的员工的方针，从而为人力资源政策定下了促进员工队伍吐故纳新、新陈代谢、永葆活力的政策基调。

技术

第三条 广泛吸收世界电子信息领域的最新研究成果，虚心向国外优秀企业学习，在独立自主的基础上，开放合作地发展领先的核心技术体系，用我们卓越的产品自立于世界通信列强之林。

本来技术是工具性的，一般不作为核心价值观，但第三条强调的是独立自主、开放合作的核心技术发展方针，故作为一条重要的核心价值观列在这里。华为公司在内部反对提自主创新，过于强调自主创新就有封闭之嫌。华为是要开放地利用世界上一切先进的技术和器件，这样聚合别人的优势以增强自己的优势。只要你不在关键器件和软件上对我断供，我就用你的东西，哪怕我自己也能做出来。独立自主是基础，但也不是什么都要自己做，而是在关键技术、关键软件上，你中有我，我中有你。

市场竞争到最后一定会走向合作，寡头之间一定是既竞争又合作，共同分享世界市场。合作的关键是让利，竞争还是合作根本上取决于利益的考量。

精神

第四条 爱祖国、爱人民、爱事业和爱生活是我们凝聚力的源泉。责任意识、创新精神、敬业精神与团结合作精神是我们企业文化的精髓。实事求是是我们行为的准则。

原本第四条写的是：爱祖国、爱人民、爱公司和爱自己和家人是我们凝聚力的源泉，后来因为与第七条有些重复，就将后两种改为爱事业和爱生活了。爱祖国、爱人民是鼓励员工将自己的工作与祖国和人民的利益和幸福联系在一起，开阔自己的胸怀和眼界；爱公司和爱家人，这是意识到自己对人生的期望，这四种爱都是员工的工作和人生的意义所在。华为公司不追求股东价值最大化，而是追求公司的长期有效增长，故使得爱公司也成为员工工作意义的一部分。

再有，这四种爱本质上是利己与利他的关系。认识到人性的基本动力都是利己，这就是实事求是，但在行为上可以通过利己而利己，或通过利他而利己。企业就是通过利他、满足客户需求而利己，越是能够更好地满足客户需求，就越能从客户那里得到更多、更持续的回报。员工对个人利益的追求也是同样的道理，企业的激励政策就是要使员工从切身利益角度意识到，自己对公司的贡献越大，自己的获利就越多，成长就越快。

利益

第五条 华为主张在顾客、员工与合作者之间结成利益共同体。努力探索按生产要素分配的内部动力机制。我们决不让雷锋吃亏，奉献者定当得到合理的回报。

华为实行员工持股制度，持股员工占到员工总数的一半。故我们在利益这一条中没有提股东，就是因为员工既代表了员工也代表了股东。也正因为如此，在顾客、员工、股东、合作者这些利益相关者中，任正非主张：为客户服务是华为存在的唯一理由。华为的企业目的是追求公司的长期有效增长。这正体现了我们在上一条中阐述的通过利他而利己的人性观。把公司的长期有效增长作为目标，既避免了股东价值最大化的短期性，也避免了利益相关者利益诉求的宽泛性。华为的实践是对企业目的理论的新的探索。西方理论界也在思考这个问题。

我们在契约与信任一章中已经将企业定义为一个契约综合体。企业与劳动者、企业与企业、企业与股东、企业与供应商及合作者之间都是有契约的，但现代契约理论认为契约具有不完全性，不可能在契约中规定所有的事情。不完全的契约怎么执行呢？那就要靠信任。特别是在资本（也就是企业）与劳动者之间，尽管签署了劳动合同，但在实际上离不开信任。企业和消费者之间的契约也是不完全的，保修承诺只是规定了企业一方的责任，但企业没有约束消费者的契约。企业只有靠产品的质量和优质的服务满足消费者的需要，从而赢得消费者的口碑，由此促使消费者重复购买，也就赢得了消费者的信任。所以信任无价。

华为绩效考核的标准是责任与结果。结果是可衡量的，是当期的，责任是难以量化的，通常是长期的、战略性的或支持和服务性的，二者怎么平衡？怎么确保公正和公平？这是价值评价和价值分配的主要问题。而不让雷锋吃亏就是针对责任的考核与分配而言的，这个核心价值观为人力资源的绩效管理和薪酬管理规定了原则。

文化

第六条 资源是会枯竭的，唯有文化才会生生不息。一切工业产品都是人类智慧创造的。华为没有可以依存的自然资源，唯有在人的头脑中挖掘出大油田、大森林、大煤矿……精神是可以转化为物质的，物质文明有利于巩固精神文明。我们坚持以精神文明促进物质文明的方针。

这一条是任正非总裁亲自加进来的，一个字没改。这一条上来就讲：资源是会枯竭的，唯有文化才会生生不息。这个命题是怎么形成的？笔者曾经问过他，他说，20世纪90年代初他第一次访问中东，在飞机上看到在一片荒漠中崛起了一座现代化的城市，他问随行的商务部西亚非洲司的司长这是哪里，对方告诉他这就是阿联酋的迪拜。当时迪拜的石油资源已经开采得接近枯竭，但是迪拜利用石油财富再造了一个中东的现代化商贸中心、物流中心、金融中心，使迪拜的繁荣得以延续和新生。忽然间，在他的脑海里冒出了一个命题：资源是会枯竭的，唯有文化才会生生不息。后来他访问以色列，更强化了他的这个观念。

这一条的第二层含义是对华为公司的一个定位，即华为是一家主要依靠劳动者智慧创造价值的轻资产公司。人的创造潜力是无限的，华为的技术也好，产品也好，战略也好，财务绩效也好，都建立在对员工的创造潜能的开发上。人力资源管理问题在华为的高层决策日程中占了最多的时间和精力。对企业来说，尤其是高技术企业，人力资本的重要性远远超过金融资本，但人力资本至今没有合理的核算方法，人力资本的投入在损益表中是当作成本和费用核算的，是直接冲减利润的；而且人力资本进不了资产负债表，没有其位置，这是个很大的问题。华为的这条核心价值观就是要防止在人力资本投入上的短视问题。

精神文明是人的智慧和价值观，物质文明是生理需要和利益。物质文明是基础，是必要条件，但创造价值还要靠精神文明。如何处理二者的关系是企业管理的基本任务。

社会责任

第七条 华为以产业报国和科教兴国为己任，以公司的发展为所在社区做出贡献。为伟大祖国的繁荣昌盛，为中华民族的振兴，为自己和家人的幸福而不懈努力。

关于企业的社会责任。西方经济学有两派对立的观点。一派是我们上面提到的以米尔顿·弗里德曼和迈克尔·詹森为代表的企业追求利润最大化的观点，认为企业实现效率最大化就是在履行社会责任，给企业增加额外的社会负担会降低企业的效率，对社会是一种损害。另一派是以爱德华·弗里曼为代表的企业为利益相关者创造价值的观点，认为企业对员工、顾客、股东、供应商和社区负有责任，追求利润最大化会带来一系列社会问题，如生态环境问题、外部性问题、失业问题、社区可持续发展问题等。华为在《基本法》中对企业的社会责任和为社区做贡献的方式做了界定，强调以公司的发展为所在社区做贡献。公司的发展包括公司竞争力的增强、客户满意度的提升、公司收入和利润的增长，由此带来的就业机会、员工收入的增加、政府税收的增加、供应商与合作伙伴的发展，都是企业为社区繁荣所做的贡献。企业和社区之间是可以找到共同利益的，这个共同利益建立在企业发展的基础上。

核心价值观的第七条再次强调了为祖国、为民族与为自己和家人的幸福的一致性。10年之后，任正非总裁对华为公司的核心价值观做了进一步提炼，即"以客户为中心，以奋斗者为本，长期艰苦奋斗"。显然，这三句话更加简练，更加鲜明，导向更加清楚。可见，对核心价值观的认识也是不断深化的。核心价值观越精练，越能够体现企业的精神。

对于愿景，企业能想到、说到，最终不一定能达到，但世界上没有不曾想到却做到了的事。孔子云："取乎其上，得乎其中；取乎其中，得乎其下；取乎其下，则无所得矣。"对于核心价值观，其本质实际上是社会的道德和价值观的体现，企业不加以阐述，也是可以遵循和身体力行的，但正式地公开阐述，等于向社会、向世人公开承诺，这是企业对自身行为的自觉约束，将自身置于公众的监督之下。同时，将核心价值观公开阐述，就保证了企业经营政策和人力资源政策的一致性。企业的愿景与核心价值观，是企业家对办什么样的企业、怎么办企业这一根本问题的深刻认识。

第二篇

成 长

我们需要把企业的创业阶段与成长阶段加以区分，因为这两个阶段在性质上有很大的不同。如果我们把这两个阶段适当区分，那么区分的标志是什么呢？我认为，标志就是长远目标和战略。创业是生存导向的、机会主义的；成长是长远目标导向的、战略导向的。

黑格尔在他的《小逻辑》一书中指出："某物之所以是某物，乃由于其质，如失掉其质，便会停止其为某物。再则，质基本上仅仅是一个有限事物的范畴。""一个人要想成为真正的人，他必须是一个特定的存在，为达此目的，他必须限制他自己。凡是厌烦有限的人，绝不能达到现实，而只是沉溺于抽象之中，消沉暗淡，以终其身。"个人是如此，企业也不例外，它必须成长，但又必须限制自己的边界，恰当把握成长的度，否则将流于平庸。

睿智的战略思维，是两类看似对立的思维模式的结合，这两类思维模式被比作刺猬与狐狸。"狐狸多知，而刺猬有一大知。"如果将刺猬式思维比作专注于长远目标和主营业务，矢志不渝，将狐狸式思维比作基于能力灵活地在多个目标和多个机会中进行选择，则这两种思维模式代表了两种典型的战略模式。约翰·刘易斯·加迪斯（John lewis Gaddis）在《论大战略》一书中将"大战略"定义为"无限远大的抱负与必然有限的能力之间的结合"，这一思想将贯穿成长篇的始终。

战略要落地，必须与组织结合。在战略与组织的关系中，最经典的理论是艾尔弗雷德·D.钱德勒（Alfred D. Chandler, Jr.）的"战略决定结构"。但钱德勒的《战略与结构》一书主要讨论的是多元化战略与分权化结构的关系，那么基于核心能力战略的结构以及平台战略的结构是什么模式？这将是本篇的一个讨论重点。当然，组织与人这个企业始终存在的最重要的关系，也必然成为企业成长必须深入研究的问题。

第6章　目标与能力

大器晚成。

——老子《道德经》第四十一章

黑格尔说："当量被看作无足轻重的界限时，它就是使存在着的某物遭受意外袭击而毁灭的那一个方面。概念的狡猾正在于：它从这样的一个方面去把握存在着的某物，这个方面好像与存在着的某物的质无关，而且无关到那样一个程度，以致那种给国家、所有者招致不幸的国家的扩大、财产的增加等等，起初甚至还显得是它们的幸运。"[①]

企业规模的扩张是企业的量变，量变具有渐进的、似乎具有无界限的演进特征，然而否定的因素也在增长，正所谓"祸兮，福之所倚；福兮，祸之所伏"。招致不幸的扩张、财富的增加，最初被看作幸运的象征，这就是成长的悖论。所以，关键是量的扩张必须受到质的约束，这个质就是企业的长远目标，它要回答的问题是：我们的企业应该是个什么企业？

---

① 列宁.黑格尔《逻辑学》一书摘要[M]//列宁.哲学笔记.中央编译局，译.北京：人民出版社，1974：129.

6.1

确立战略意图

企业要不要树立远大目标呢？显然，应当要有。孔子云："人无远虑，必有近忧。"这真是千真万确的哲理，企业当前面临的各种问题，根本上都是缺乏远见导致的。但远大的目标应当是什么呢？应当如何定义呢？这是需要首先搞清的问题。在战略管理领域远大目标被称为"战略意图"，让我们先来讨论战略意图的概念。

什么是战略意图？

日本企业在20世纪70年代到80年代势不可当，在许多行业挑战了美国企业的领导地位，这一度在美国掀起了一阵反思浪潮。开始，学术界流行的观点认为日本企业崛起的原因在于日本的企业文化，随着研究逐渐深入，美国学者开始分析日本企业具有全球竞争力的战略原因，在这方面，加里·哈默尔（Gary Hamel）和C.K.普拉哈拉德（C. K. Prahalad）合作在《哈佛商业评论》上连续发表的《战略意图》（Strategic Intent）和《公司的核心能力》（The Core Competence of the Corporation）两篇论文影响巨大，在公司战略理论上形成了一个新的流派。我们下面先来讨论两位大师在《战略意图》中的观点，然后在下一节再来讨论他们在《公司的核心能力》一文中的观点。

两位大师在他们1989年发表在《哈佛商业评论》上的经典论文中，首次提出了战略意图的概念，他们给战略意图下了一个定义："在过去的20年里上升到世界领导地位的公司，最初都具有与其资源和能力极不相称的雄心壮志。但是它们在组织的各个层面上获得的成功令人着迷，而且在过去的10年到20年里在寻求全球领导地位的过程中一直保持着这种令人着迷的事物。我们把这种令人着迷的事物定义为'战略意图'。"[1]

两位大师进一步指出：战略意图抓住了成功的本质。即成为全球产业的领导者，满足看似不可能的客户需求目标。如可口可乐公司的战略意图是：让可乐对世界上每一个消费者来说都触手可及。

战略意图不随时间的推移而变化。战略意图为短期行为与长期目标之间提供了一致性，同时也为捕捉新出现的机会留有余地。

战略意图给出了唯一值得员工努力和承诺的目标。新制度经济学家信奉的企业目标是追求股东价值最大化，但这最多只是少数高层经理人的目标。很难想象，中基层管理者每天醒来唯一的想法就是创造出更多的股东财富，更不用说蓝领员工了。而战略意图给出了唯一值得员工承担义务的目标：要在全球市场上夺取或保持领导地位。全球领导地位最终也会给股东带来合理的回报。

战略意图确保了长期资源配置优先次序的连续性。企业的资源是有限的，如果禁不住短期赢利机会的诱惑，就会分散有限的资源，削弱在长期目标上的资源配置强度，这其实是一种浪费。所以，比起资源有限来说，更严重的问题是不能按战略意图集中配置资源。

我们知道，企业管理最困难的问题就是，把企业的愿景和目标灌输给中基层管理人员和全体员工，转变成他们自己的目标，使他们自觉地、主动地为实现企业的愿景和目标而团结一致，奋发努力。而战略意图有助于做到这一点。

那么是不是每个企业都要树立成为全球行业领导者的战略意图呢？当然，战略意图因行业而异，因企业而异。不过，今天的市场已

---

[1] 哈默尔，普拉哈拉德. 战略意图 [J]. 哈佛商业评论，1989，5-6月，63-76。波特，哈默尔等. 麦肯锡最佳管理：1980—1994年麦肯锡一等奖 [M]. 薛有志，等译. 长春：长春出版社，2003：165-186.

经全球化了,每个企业在家门口就面临全球竞争,不管这种竞争是来自国外企业还是来自本土企业,因为大量的本土企业已经将竞争的触角伸向了全球,它们也是全球企业。那企业靠什么生存和发展呢?对大企业来说,要成为全球产业的领导者或领先者,也就是垄断者或寡头垄断者;对中小企业来说,要成为细分行业或细分市场的垄断者或寡头垄断者。市场可以按多种标准进行细分,如产品、顾客、地域等;产品又可进一步细分为整机、组件、零件、材料等;顾客又可进一步按性别、收入、年龄、职业、民族等标准细分;地域可以按发达国家、新兴市场国家、发展中国家等标准细分。也可以按综合标准——如某个国家、某个顾客群体或某种产品——对市场进一步细分。只有成为细分行业或细分市场的领导者,也就是垄断者,才可能获取较高的收益,否则会陷入同质的、激烈的价格竞争,这在经济学上被称为完全竞争,理论上处于完全竞争的市场利润趋于零。这就是所谓的"红海",大家都活得很艰难。

爱德华·H. 张伯伦 (E. H. Chamberlin) 在他的《垄断竞争理论》(*The Theory of Monopolistic Competition*) 一书中指出:"垄断通常意味着对供给进而对价格的控制。有差别就有垄断,差别的程度越大,垄断的成分就越大。只要有任何某种程度的差别,那么每一个销售者都对其产品拥有绝对的垄断,不过也要面对或多或少的不完全替代品的竞争。既然每个人都是一个垄断者,同时也存在竞争者,那么我们就可以把它们称为'竞争的垄断者',并且把这种竞争称为'垄断竞争'。垄断竞争是对传统经济学观点的挑战。在传统经济学中,竞争与垄断是替代的关系,个别价格是根据要么这个,要么另一个来解释的。与此相对,垄断竞争主张大部分经济环境是竞争与垄断两者的合成物。"[①]

那么,怎么在市场中建立领导地位呢?要靠长期积累起来的核心能

---

① 张伯伦. 垄断竞争理论[M]. 周文,译. 北京:华夏出版社,2009:7.

力。核心能力既是成为市场领导者的竞争利器,也是保护市场的壁垒。

战略是目标与能力的结合

战略意图的实现,要靠企业坚持不懈地、义无反顾地贯彻具有一致性的战略。战略意图的实现是一个长期的过程,它是分阶段、分步骤的,所以战略具有阶段性特征。战略的一致性不是将一个战略执行到战略意图实现,而是在保持灵活性以应对变化的情况的同时,保持阶段性战略的大方向一致。故我们将实现战略意图的长远目标的战略称为公司的大战略。那么,什么是战略?什么是大战略?因为公司战略的概念源自军事战略,所以我们还是从战争战略的定义入手,进一步讨论战略和大战略的概念。

卡尔·冯·克劳塞维茨(Carl von Clausewitz)在《战争论》中对战略与战术做了如下定义:"战略就是为了达到战争目的而对战斗的运用。因此,战略必须为整个军事行动规定一个适应战争目的的目标,也就是拟制战争计划;并且把达到这一目标的一系列行动同这个目标联系起来。"[1] 关于战略与战术的区别,克劳塞维茨指出:"于是就产生了两种完全不同的活动,那就是这些战斗本身的部署和实施,以及为了达到战争的目的对这些战斗的运用。前者是战术,后者是战略。……战术是在战斗中使用军队的学问,战略是为了战争目的运用战斗的学问。"[2]

英国战略学家利德尔·哈特(Basil H. Liddell Hart)在《战略论:间接路线》一书中引用德国伟大的军事统帅赫尔穆特·毛奇(Helmuth

---

[1] 克劳塞维茨.战争论:第一卷[M].中国人民解放军军事科学院,译.北京:商务印书馆,1997:175.
[2] 同前注,第103页。

Karl Bernhard von Moltke）的话给战略下了一个定义："战略就是当一位将军想要达到预定目的时，对于他所可能使用的工具，如何实际应用的方法。"[1] 显然，无论克劳塞维茨还是哈特都将战略看作战争目的与战术和军事工具的运用的结合，这揭示了战略的本质是目标与能力的结合这一思想。

美国历史学家约翰·刘易斯·加迪斯是著名的研究大战略的学者，他在《论大战略》一书中给大战略下的定义是："我将'大战略'一词定义为无限远大的抱负与必然有限的能力之间的结合。"[2] 我们非常欣赏加迪斯从目标与能力的关系角度对战略的定义，这与克劳塞维茨和哈特从战争目的与战斗、战术和军事工具的关系视角对战争战略的定义是类似的，它抓住了战略的本质，而且非常简练，符合常识。我们先从这一视角来讨论战略的概念，再延伸到大战略的概念上去。

关于战略的概念，笔者同意傅莹教授在《论大战略》一书推荐序中的观点，即："战略是目标与能力的平衡。"她进一步指出："一个好的战略未见得自始至终都能逻辑自洽，甚至不排除前后矛盾和冲突的可能。战略更多关注的是'规模'，也就是说，可以影响多少人，能带来多大收益，或导致多大成本损耗，由此判断目标与能力是否匹配。"[3]

正如亚伯拉罕·林肯所言："如果我们首先明确了自己在哪里，要去哪里，我们就能最好地判定该做什么以及如何做。"[4]

从能力与目标的平衡角度定义战略，我们就可以从企业战略理论的丛林中走出来了。比如，迈克尔·波特基于产业组织理论的五力模型，本质上是建立保护在位者领导地位的产业壁垒，而产业壁垒，无论是规模经济、专利，还是品牌，本质上是一种长期投入形成的能力壁垒。

---

[1] 哈特 B H L. 战略论：间接路线 [M]. 钮先钟，译. 上海：上海人民出版社，2010：275.
[2] 加迪斯. 论大战略 [M]. 臧博，崔传刚，译. 北京：中信出版社，2019：23.
[3] 同前注，第 vi 页.
[4] 同前注，第 253 页.

再比如，基于学习曲线的规模经济战略，实际上是学习效应带来的能力提升和生产率提高的结果。又比如，业务组合优化的波士顿咨询集团 BCG 矩阵，其中的两个维度中，公司实力的维度对业务取舍起着关键作用，公司实力不如竞争对手的业务都处于放弃决策之列。

从能力角度看战略，有助于看到自己的局限性。在中国，秦始皇筑长城、拓驿道、建阿房、修皇陵，耗尽了国家的财力物力，民不聊生，揭竿而起，最终导致了秦朝的覆灭。西方历史上也不乏类似的例子。亚历山大大帝作为马其顿王国的国王，曾率领马其顿王国的军队从希腊沿地中海东岸打到埃及，又向东打败了波斯王国，一直打到印度，最后军队打不动了，他自己也死在了巴比伦。只有经历过失败才知道能力发挥到极致时自己的局限。屋大维则在追求成功的过程中了解了自身的局限性，即使在少数情况下，他未能认清自己的局限，也会很快进行自我纠正。于是，战略自然而然地形成：他很少将愿望与能力混为一谈。亚历山大大帝一生都没有清晰地区分欲望与能力，直到生命临近终点时才意识到两者的不同。欲望虽然可使能力发挥到极致，但最终是受有限的能力制约的。这种教训太多了。

另一方面，从目标角度看战略，你会寻求目标与能力的平衡，但绝不应忘记寻求平衡的目的是从你现在所在的地方到达你想去的地方。所以，我们赞同从有限的能力与远大目标结合的角度定义战略，用战略意图牵引核心能力的提升。能力是手段，它是为目标服务的。

我们上面引述的关于战略与大战略的经典定义，都是国家层面上的关于战争与政策、战争与和平的长远谋划。近年来，大战略概念在企业管理领域逐渐兴起，大战略是什么？它与战略意图之间的联系是什么？在战略意图之上还应追求什么？这是我们关心的重点。

哈特进一步指出："战术是把战略应用到较低的一个阶层中，同样的，战略也就是把大战略应用到较低的一个阶层中。大战略和指导如何进行战争的政策，实际上完全一样，但是和专门决定战争目的的基本政策，却又自有不同之处。……所谓大战略——高级战略——的任务，就是协调和指导一个国家（或是一群国家）的一切力量，使其达到战争的政治目的。这个目的则由基本政策来加以决定。""更进一步说，当战略学的视线是以战争'地平线'为界的时候，大战略的眼光却透过了战争的限度，而一直看到战后的和平上面。大战略不仅要联合使用各种不同的工具，而且还要限制它们的用法，避免有损于未来的和平状态。"[①] 他再次强调："在这里我们又谈到了战略和大战略之间的基本差异。战略研究只是以赢得军事胜利的问题为限度，大战略却必须具有较深远的观念——它的问题是如何赢得和平。"[②]

加迪斯将大战略定义为无限远大的抱负与必然有限的能力之间的结合。那么二者的结合具有什么特征呢？我们认为，这种结合体现在坚持实现长远目标和保证努力方向上的锲而不舍，以及在路径选择上的灵活性。日本在 20 世纪 70 年代树立了成为全球领导者的战略意图的企业，为了获得西方公司的先进技术，大量与西方公司建立联盟与合资企业；大量采用 OEM（初始设备制造商）的方式为西方公司提供关键零部件；最高管理层向下穿过四到五个组织层级，直达一线，直接接触和识别一线掌握核心技术的员工，打破战略业务单元（Strategic Business Unit，简记作 SBU）的封闭，在全公司范围集中配置这些关键资源。我们很难说这只是战术，至少这是实现长远目标的手段，它是实现战略意图的大战略的组成部分。所以从这个意义上说，公司的大战略是为实现成为全球产业领导者目标的在提升有限的能力方面所采取的重大战略举措。

公司在立志实现战略意图时，要不要考虑一旦成为产业领导者后

---

① 哈特 B H L. 战略论：间接路线 [M]. 钮先钟，译. 上海：上海人民出版社，2010：277-278.
② 同前注，第 302 页。

它希望形成一种什么样的全球竞争格局呢？当然，首先是实现战略意图，但在战略意图之上又是什么呢？战略意图要解决的是企业怎么成为全球市场领导者，而大战略是要进一步解决怎么做全球市场领导者。

正如战争的大战略是要获得一个更好的、稳定的和平状态，企业的大战略是追求成为全球领导者，但不是独家垄断者，那是孤家寡人，一定是不长久的。老子说："兵强则灭，木强则折。"[1] 这个道理应当是常识。

华为公司从20世纪90年代开发万门数字程控交换机开始，任正非总裁就提出了华为在将来的通信设备市场上"三分天下有其一"的战略意图。经过近20年的持续努力，华为终于实现了这一目标。但成为世界通信设备产业的领先者后，怎么做领导者的问题就提上了议事日程。任正非总裁及时指出：

> 一个领导者要能够洞察未来，包括产业未来的走向、趋势和变化。只是看到还不够，还要能抓住未来，能牵引整个产业走向未来，时时刻刻扮演主导者的角色。第二，一个领导者要建立产业链的利益分享机制，让整个产业链挣钱多一点，风险小一点，这样大家才愿意跟着你往前走。第三，一个领导者一定要做取舍，有所为有所不为，而且一旦做出选择就不要动摇，如果领导者今天做这个明天做那个，大家跟着他就没有信心。第四，一个领导者要构筑有效的竞争环境，尤其是产业整体的盈利空间。如果领导者到处抢市场，把价格压到底线，别人就没法玩了，因为这个行业没有生存空间了。[2]

滑铁卢战役的英军统帅威灵顿公爵（Duke of Wellington）有一句名

---

[1] 老子《道德经》第七十六章。
[2] 任正非：华为总裁办电子邮件〔2012〕10号。

言："英国人是在伊顿板球场上赢得滑铁卢战役的。"伊顿公学的学生大多来自贵族或富有的家庭，该学校不仅强调基础教育，而且教育学生们成为国家的栋梁。学生要拥有历史的和全局的视野、获胜的欲望和自信、不屈不挠的竞争精神以及战略思维。战略思维就是将制订计划和随机应变这对明显的矛盾结合起来的方法，它使人们知道何时应该成为刺猬，何时应该成为狐狸。

"刺猬与狐狸"——战略思维方式

约翰·刘易斯·加迪斯引用古希腊诗人阿尔基洛科斯的断编残简中的诗句来说明战略思维的特征，这句诗是这样说的："狐狸多知，而刺猬有一大知。"[1] 这句诗最初是被以赛亚·伯林（Isaiah Berlin）引用的，他以此为题的《刺猬与狐狸》（The Hedgehog and the Fox）一文自20世纪50年代初发表以来，至今影响巨大。

伯林在他的《刺猬与狐狸》一文中解释说：刺猬"将一切归纳于某个单一的核心观念"，循着这一观念"他们的行为和言论才有意义"；狐狸"追求许多目标，诸目标间往往并无关联，甚至彼此矛盾，就算有关联，也只在'事实'层面"。这一对比简单明了，却不容轻忽：它提供了"一个用来观察与对比的视角，一个进行真正研究的起点"，它反映了"作家和思想家之间最根本的差异之一，甚至可用来对全体人类进行大致归类"。[2]

我们需要在自己的大脑中调和刺猬的方向感和狐狸对周围环境的敏感性，同时还要保持行动力。针对人类思维的这一矛盾，伯林给出的解答是："普通人的一生中往往充满了同样重要的目标……要实现其

---

[1] 加迪斯. 论大战略 [M]. 臧博，崔传刚，译. 北京：中信出版社，2019：4.
[2] 同前注，第5页.

中的一些目标必然要牺牲其他的目标。我们面临的选择往往不是非黑即白的选项（比如善与恶），而是要在同样美好的事物之间取舍，因为我们无法同时拥有它们。一个人可以专注维持自己的内心世界，也可以致力于建立、维护或服务于一个伟大而光荣的国家。""但并不总能同时达成两者。"[①]

普通人面临的选择往往不是非黑即白，战略选择就更是如此。对于战略选择来说，关键是目标，没有明确的目标，就无法在各有优劣的方案中进行选择。战略意图不清楚，路径和机会选择就失去了方向，就抵挡不住短期利益的诱惑。选择的技巧是妥协和灰度，而妥协和灰度也是为了实现更长远的目标所做的让步。

实践表明，战略思维要兼有刺猬式思维和狐狸式思维。刺猬式思维可以指导我们树立战略意图、长远目标，确定大的方向，并持之以恒。狐狸式思维可以指导我们为实现长远目标做出路径选择、策略选择，并且让我们对环境变化和机会保持敏感性。如果不是执着于长远目标、战略意图，刺猬式思维就显得僵化、偏执；而狐狸式思维如果不是为了最终实现战略意图、长远目标、长期利益，就会成为机会主义的、短期利益导向的思维方式。睿智的经理人应当将两种思维方式结合，正如毛泽东为抗大题写的校训："坚定正确的政治方向，灵活机动的战略战术。"

6.2

建立基于核心能力的战略架构

"能力"一词涵盖范围甚广，《现代汉语词典》将其定义为：能胜

[①] 加迪斯. 论大战略 [M]. 臧博，崔传刚，译. 北京：中信出版社，2019：16.

任某项工作或事务的主观条件。从目标角度来看，能力是运用客观条件达到目标的主观条件。能力可以分为一般能力和特殊能力，从企业竞争力的角度来看，一般能力指竞争各方都拥有的产品、服务和企业运作的必要能力；特殊能力指成功关键因素的执行能力，也就是通常所称的核心能力，它是企业竞争力的充分条件。核心能力的构建需要建立战略架构，并按战略架构逐步实施。那么，什么是基于核心能力的战略架构？这是本节讨论的重点，我们还是先从能力概念入手把基本概念搞清楚。

能力是什么？

克莱顿·M.克里斯坦森（Clayton M. Christensen）在《创新者的窘境》一书中，用三个要素——资源、流程、价值观描述了企业的能力这一概念。

资源 资源是影响企业能力的三个要素中最为直观的一个，其中包括人员、设备、技术、产品设计、品牌、信息、现金以及供应商、分销商和客户关系等。资源只有被利用，才构成现实的能力，资源的利用效率越高，能力就越高，闲置的资源只是一种成本，不但不构成能力还可能成为累赘。要从对企业竞争力和价值创造的贡献角度评价资源的作用，决定是持有资源还是租赁资源。人力资源是企业最宝贵的资源，是创造其他资源的源泉。所以，人力资源的管理是企业最重要的资源管理，也是难度最大的资源管理。

流程 流程是人们做事的方法和程序。在将资源转化为产品或服务以创造更大价值的过程中，人们采取的配合、协调、沟通和决策的方式就是流程。从本质上看，管理面临的一个困境就是，流程的建立是为了让员工持续不断地以最有效的方式重复完成任务。为了保持这种连续性，就意味着不要轻易改变流程——如果一定要改变，也必须在严格的评审程序下进行。华为公司任正非总裁在华为聘请 IBM 顾问实行了大规模的流程再造后,为流程的进一步优化和变革提出了"七反对"方针,他指出:管理改革要继续坚持从实用的目的出发,达到适用目的的原则。在管理改进中,要继续坚持遵循"七反对"的原则:坚决反对完美主义,坚决反对烦琐哲学,坚决反对盲目的创新,坚决反对没有全局效益提升的局部优化,坚决反对没有全局观的干部主导变革,坚决反对没有业务实践经验的人参加变革,坚决反对没有充分论证的流程进入实用。[1] 我们看到,管理在流程上面临的困境意味着"机构用以创造价值的机制从本质上说是排斥变化的"[2]。这是流程的一个悖论。所以,如何把握流程的规范性和灵活性,如何把握流程规范的度,是流程建设需要权衡的基本矛盾。

价值观 沙因的企业文化理论认为,一旦企业成员开始根据假设和信念而不是主观判断来选择工作方式和决策标准,那么这些流程和价值观就将构成企业文化。随着企业的规模从创业时的几个人发展到几百人、成千上万人,要让所有员工在做什么和如何做的问题上认识一致、步调一致,企业文化就会成为一个强大的管理工具。由于文化决定了企业做什么和如何做,它显然是企业的一种能力,是一种无形却能决定有形事物的能力。

关于能力我们要补充的一点看法是,企业的能力既决定了企业的竞争力,也决定了企业的局限性。在企业面对变化的环境必须做出改变时,改变能力,尤其是流程和价值观,可能是最难的。企业的每个改变都意味着资源、流程和价值观以及这些因素组合的变化。运营良好的企业在面临创造新业务的成长机会时,需要因此而发展出不同的资源、流程和价值观,也就是要发展新的能力结构。而此时主流业务

---

[1] 任正非:《深淘滩,低作堰》,2009。
[2] 克里斯坦森.创新者的窘境[M].胡建桥,译.北京:中信出版社,2010:159.

看上去仍然在健康成长，这就意味着高管不愿意也不能改变维持核心业务成功的资源、流程和价值观，否则他要冒业绩下降和被替换的风险。这就是大企业在颠覆性创新中往往落后于小企业的重要原因。不是因为大企业缺少资源，而是因为企业能力不仅是由资源构成的，还包括流程和价值观，而后两者是最难改变的。

有了关于能力的全面概念，我们在接下来讨论核心能力时，就不会只局限于讨论某项资源或某项技术。核心技术是核心能力的关键部分，但核心能力不只包含核心技术，核心技术的创造也不仅是个技术问题。

基于核心能力的战略架构

普拉哈拉德和哈默尔在他们合作发表的经典论文《公司的核心能力》[1]中，概括了核心能力的三个特征：

首先，核心能力提供了进入广泛的多种市场的潜力。其次，核心能力应对最终产品为客户带来的收益做出重大贡献。最后，核心能力应该是竞争对手难以模仿的。核心能力的竞争力一旦形成，要模仿它是很困难的，因为核心能力是许多单个技术、生产技能、流程和文化的复杂系统。竞争对手也许会获得组成核心能力的某些技术，但它会发现复制或照搬整个核心能力的体系几乎是不可能的，想走捷径也是徒劳的，只有从头自建。

基于核心能力的企业能力和产品体系就像一棵大树，而核心能力是公司竞争力的根。普拉哈拉德和哈默尔据此提出了基于核心能力的战略架构，如图 6-1 所示。

---

[1] Prahalad C K, Hamel G. The Core Competence of The Corporation[J]. Harvard Business Review, 1990, May–June: 79–91.

图 6-1 核心能力：竞争力的根

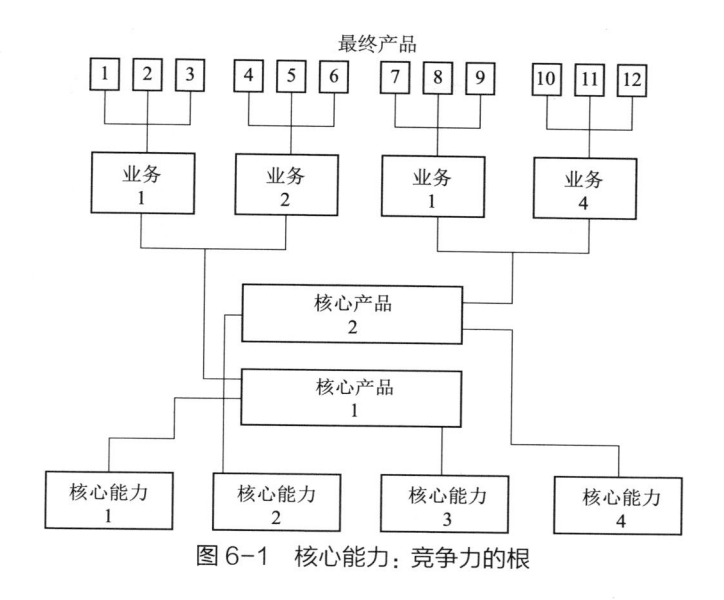

两位大师指出：多元化的公司是一棵大树。树干是核心产品，枝条是业务单位，叶子、花朵和果实是最终产品。提供养分、支撑物和稳定性的根系是核心能力。如果你只注意竞争对手的产品，你会忽视它们的实力，就像只看树叶会使你误判树的粗壮一样。

深入解读核心能力的树状图，以及深刻理解两位大师的思想，我们能使认识进一步得到深化。

根深才能叶茂，核心能力的根扎得越深，企业的核心产品、最终产品的竞争力越强。为了深入地扎根，公司必须回答一些基本问题：如果我们不能控制这种特殊的核心能力，我们这项业务的竞争力能保持多长时间？核心能力对为客户创造价值有多重要？如果我们失去这种特殊能力，未来还会失去哪些机会？

核心能力解决了聚焦与多元化的矛盾。核心能力是聚焦的、共享的；而最终产品是多元化的，从而满足客户的多样化需求。所以，不能从产品的视角评价多元化战略，而要看多样化的业务组合背后的核心能力组合是聚焦的还是分散的，要看核心能力组合的逻辑联系是紧密的还是松散的。

在核心产品上维持世界制造的主导地位，你就掌握了决定最终产品演进的力量。如果一家公司正在赢得争夺核心产品的全球制造份额的竞赛，这很可能会在改善最终产品性能和差异化竞争优势方面赢得竞争对手。如果一家公司赢得了构建核心能力的竞赛（相对于构建少数技术的领导力），几乎肯定会在新业务发展中超过竞争对手。

核心能力解决了分权化的 SBU 战略与公司战略的一致性问题。按照定义，SBU 可以直接面向市场制定和实施竞争战略，由此带来的问题是，SBU 战略与公司战略之间如何取得一致。在现实中 SBU 战略往往比公司战略强势，但是，核心能力战略一定是公司战略，核心能力一定是可以在 SBU 间共享的，核心能力战略一定要指导和约束 SBU 战略，这样才能达到整体大于部分之和的效应。但有多少 SBU 经理人关注过业务层面的竞争战略与整个公司层面的竞争战略的一致性问题？

核心能力是新业务发展的源泉。成功的多元化战略目的是利用范围经济，即利用核心能力和核心产品生产相关最终产品，开发相关业务。但没有核心能力，业务和最终产品是各自孤立的，不可能有范围经济性。没有核心能力的多元化只会分散企业的资源，使企业大而无当、流于平庸。

核心能力的树状结构不仅是一种能力架构，不仅是一种产品架构，也不仅是一种业务架构，其实质是一种基于核心能力的战略架构。而且这种战略架构应当成为组织架构的决定因素，我们将在第 10 章中讨论基于核心能力的组织架构。

核心能力战略架构不是用来预测特定产品或特定技术的，而是一个连接客户需求、业务定位、潜在技术以及核心能力的全景图。核心能力战略架构是企业其他业务和管理决策的基础，后者是前者的组成部分。

核心能力战略架构解决了合作、联盟、OEM、并购战略与公司战略之间的一致性，以及像人才招聘、采购、外包这样的职能战略如何服务于公司战略的问题。对于尚未明确自身应在哪些方面拥有领先能力的公司，要拥有一致性的外部合作战略、并购战略和内部职能战略是不可能的。那些树立了与其现有能力极不相称的战略意图的公司，需要一个战略架构作为指导，然后从核心产品，通常是核心零部件起步，通过成为全球领先公司的 OEM 供应商和参与国际联盟培育核心能力，最后扩展到最终产品。这就是核心能力战略典型的领先路径。

高层管理的责任是建立核心能力的战略架构

为什么同行的竞争对手难以模仿对方的竞争优势？迈克尔·波特的观点是："战略的本质存在于活动中，选择以不同的方式来执行活动，或执行与竞争者不同的活动。"他分析了美国西南航空等公司的竞争优势，得出的结论是："西南航空的核心能力是什么？成功的关键因素又是什么？正确的答案是，每一个相关的活动。西南航空的战略涉及一整套系统的活动，而非部分活动的集合。它的竞争优势来源于各项活动的整合方式，以及互相强化的方式。"他进一步得出结论："一旦活动可以形成互补，竞争者除非能成功地赶上整个系统，否则很少能从模仿中取得好处。"[①]

波特回避了核心能力概念，而是从活动的独特性、整体性以及相互联系、相互依赖的角度解释战略的难以模仿性。而核心能力战略是从能力的决定性以及相互联系、相互支撑的角度来解释战略的难以模仿性的，这是更本质的解释。看起来，用活动的整合来解释战略，更适用于服务型企业；而用核心能力来诠释战略，更适用于制造型企业。

---

① 波特.竞争论[M].高登第，李明轩，译.北京：中信出版社，2003：52.

但这绝不意味着服务型企业不依赖核心技术，制造型企业不依赖流程和价值观。活动的效率和质量是一种能力的体现。

构建核心能力需要企业的最高管理层有长远的战略意图、清晰的战略架构和对资源配置优先次序的长期坚持。核心能力一旦领先，竞争对手很难模仿和追赶；而基于核心能力的战略架构一旦形成整体优势，就更难复制。这就是德国、日本众多企业长期保持竞争优势的原因。

企业的最高管理层必须承担起构建基于核心能力的战略架构的责任，在整个公司范围内开发确立核心能力建设目标的战略架构。战略架构是公司竞争力提升的路线图，它确认要建立哪些核心竞争力及其构成技术。

核心能力战略架构为SBU战略与公司战略的协调和一致性提供了逻辑，SBU经理需要思考：新的市场机会是否对成为全球领导者的总体目标有贡献？它会利用或增强核心能力吗？那些偏离核心能力的机会，如果没有核心能力的支撑能领先于竞争对手吗？

基于核心能力的战略架构向中层管理人员发出了一个明确的信号：核心能力是公司资源，可以由公司管理层重新分配，单个业务不得将任何掌握此能力的人员据为己有。最高管理层要能够向下深入组织的四个或五个层级，确定谁是掌握核心能力的人员，并跨越组织边界配置他们。

多元化的公司都有产品组合和业务组合，但是将公司作为能力组合更能抓住组合管理的本质。许多公司不缺乏构建核心能力的资源，但最高管理层通常缺乏构建核心能力的远见。作为能力要素的资源，如果不优先配置在核心能力的构建上，就失去了它的战略价值。从这个意义上说，高层管理者最重要的责任是按核心能力战略架构的优先级配置资源，并坚持不动摇。

核心能力战略架构一旦形成，就为企业重大决策确定了取舍的原则。战略就是做取舍，不能下决心放弃一些非主流的、缺乏竞争力的业务，不能把资源集中到核心能力战略架构上来，这是企业战略管理常犯的错误。

美国3M公司是一家鼓励创新、以创新立企的著名公司，虽历经百年，仍长盛不衰。它销售的产品有 6 万多种，但这众多的产品依托的核心技术平台却只有几十个。最初，3M 公司的技术平台只有 3 个，2000 年时发展到 30 多个，到 2015 年达到 47 个（详见图 6-2）。3M 公司是一家仅仅围绕核心技术发展相关多元化战略的成功典型。

Ab 研磨	Bi 生物技术	Ec 能源部件				Pm 聚合物熔体加工	Sm 特殊材料
Ac 声学控制	Bt 生物识别技术	Em 电子材料			Nt 纳米技术	Po 多孔材料及膜	Su 表面处理
Ad 粘接	Ce 陶瓷	Es 电子软件	Fl 氟材料		Mi 微生物检测控制	Nw 无纺材料	Pp 精密加工	Tt 定位及追踪
Am 先进材料	Dd 药物控释	Fc 柔性包装	Fs 过滤分离及净化	Is 综合系统设计	Me 金属基复合材料	Mo 模塑技术	Op 光纤通信	Pr 流程设计及控制	Vp 真空镀膜
An 分析科学及技术	Di 显示材料	Fe 柔性电路	Im 图像	Lm 光控制	Mf 机械紧固	Mr 微复制	Pd 微粒及分散工艺	Rp 辐射处理	We 加强老化
As 应用软件	Do 齿科及畸齿矫正	Fi 薄膜	In 检测及测试	Md 医学数据管理		Pe 预测工程及模拟	Se 传感器	Wo 伤口处理

图 6-2　47 个核心科技构筑 3M 创新科技平台

资料来源：梁家广，甘德林 . 向 3M 学创新 [M]. 北京：中华工商联合出版社，2017：99.

6.3

战略就是做取舍

孙子曰："故备前则后寡，备后则前寡，备左则右寡，备右则左寡，无所不备，则无所不寡。"[①] 克劳塞维茨在《战争论》一书中指出："战略上最重要而又最简单的准则是集中兵力。除了为实现迫切的任务必须把兵力调开以外，任何部队都不应该脱离主力。我们要严格遵守

---

① 《孙子兵法·虚实篇第六》。

这一准则，把它看作一种可靠的行动指南。"① 可见，战略的第一准则是集中，而要集中就要做取舍。

没有舍弃就没有战略

"要取得相对的优势，也就是在决定性地点上巧妙地集中优势兵力，就往往必须准确地选定决定性地点并使自己的军队一开始就有正确的方向，就必须有决心为了主要的东西（即为了大量集中自己的兵力）不惜牺牲次要的东西。腓特烈大帝和拿破仑在这方面做得十分突出。"② 战略是目标与能力之间的平衡。这种平衡可能是缩小目标，即在目标上做取舍；也可能是调整资源配置使之集中于主要目标，也就是在资源分配上做取舍。所以，没有舍弃就没有战略。

华为公司总裁任正非这位军人出身的企业家深谙这个道理，他在多个场合反复强调过："战略，战略，只有略了，才会有战略集中度，才会聚焦，才会有竞争力。我们可选择的机会确实很多，但只有有所不为，才能有所为，我们有所为的标准只有一条，就是不断地提升公司的核心竞争力。"又如，"我们要学会战略上舍弃，只有略才会战胜。当我们发起攻击的时候，我们发觉这个地方很难攻，久攻不下，可以把队伍调整到能攻得下的地方去，我只需要占领世界的一部分，不要占领全世界。胶着在那儿，可能错失了一些未来可以拥有的战略机会。以大地区来协调确定合理舍弃。未来 3~5 年，可能就是分配这个世界的最佳时机，现在我们就强调一定要聚焦，要抢占大数据的战略制高点，占住这个制高点，别人将来想攻下来就难了，我们也就有明天"。

---

① 克劳塞维茨.战争论:第一卷[M].中国人民解放军军事科学院,译.北京:商务印书馆，1997: 219.
② 同前注，第 209 页。

还有,"什么叫战略?'略'是什么意思?'略'是指舍弃一部分东西。你不舍弃一部分东西,不叫略;没有方向,不叫战。对于形势不好的市场,要敢于抛弃一部分,聚焦一部分,聚焦后有利润赚就行了"。[1]

华为公司为了成为世界一流的通信网络设备供应商,坚决放弃了信息服务业的机会。为了集中力量开发GSM(全球移动通信系统,为第二代移动通信技术标准)设备,放弃了TD-SCDMA(时分同步码分多址接入,是由中国第一次提出的一种无线通信的技术标准);为了向世界领先企业爱立信看齐,毅然抛弃了落后的PHS(个人手持式电话系统,俗称"小灵通")制式。多年后,任正非在说到这个战略放弃过程时还心有余悸:"当年为了一个小灵通,一个TD,差点把我的命都给搞掉了,为什么?八年啊,看到人家小灵通轰轰烈烈,大家写报告,说三个月就能做出来,做不做?还有TD,到底上不上?你说那八年,我咋过来的?领导好难做啊!不做,错了如何办;做了,在非战略机会点上,消耗了战略竞争力量,会有今天吗?现在轮到你们来领导世界了,你才会感到是把你放在炉子上烤。"[2]

进入一个新市场、开展一项新业务很容易,但要退出一个市场、放弃一项业务有多难啊!且不说资产处置、人员转移安置的费用和损失,已经销售产品的后续服务、配件供应,还做不做?如果不做,损失的客户关系和声誉,企业是否承受得起?所以,还是要在开始时就想清楚、下决心,有所为,有所不为。只有有所不为,才能有所为。

机会牵引与资源驱动

伊迪丝·彭罗斯(Edith Penrose)在她的《企业成长理论》一书中,

---

[1] 黄卫伟主编.价值为纲:华为公司财经管理纲要[M].北京:中信出版社,2017:40-41.
[2] 同前注,第89页。

开宗明义地提出了一个富有启发性的问题:"我试图回答的问题是企业的性质中是否存在某些内在的东西,它既能激发企业的成长,同时又必定限制企业成长的速度。"①

显然,企业的成长首先在于对机会的捕捉,因此,从这个意义上说,企业成长是一个创业过程,是一种充满企业家精神的活动。什么是企业家精神呢?笔者非常欣赏霍华德·H.史蒂文森的定义:"企业家精神是一种管理方式,即追求机会而不顾手中资源。"(The entrepreneurship is an approach to management that we define as follows: the pursuit of opportunity without regard to resources currently controlled.)② 那么,企业家靠什么抓住和开发机会呢?靠资源,或者更一般地说,靠管理能力。管理能力回答了为什么同样的机会,许多企业都发现了,但只有个别企业真正抓住了,借此发展起来了的问题。

彭罗斯将企业定义为基于管理框架下的资源集合体(a collection of resources)。针对为什么企业的成长存在着一个限度这个问题,她认为存在三种解释:管理能力、产品或要素市场、不确定性和风险。她重点讨论了管理能力。她说:"随着时间的推移,从企业的运营中获得的经验导致了知识的增加,这一过程也产生了许多生产性服务,但如果企业无法扩张,就无法利用这些服务。这些服务就为扩张提供了一个内部诱因,同时也为扩张提供了新的可能性。"③ 显然,企业现存的人力资源既刺激了扩张也限制了扩张的速度。

而在企业的管理能力中,"有经验的'内生管理者'的可获得性便成为企业在任何时期计划并实施扩张的制约因素。按定义,这类管理者原本是不可能从市场上获得的,但一定是企业扩张的一个必要投

---

① 彭罗斯.企业成长理论[M].第三版.赵晓,译.上海:上海人民出版社,2007:6.
② Stevenson H H, et al. New Business Ventures and the Entrepreneur [M]. 5th ed. New York: McGraw-Hill Companies, Inc., 1999: 5.
③ 彭罗斯.企业成长理论[M].第三版.赵晓,译.上海:上海人民出版社,2007:61.

入"①。实践表明,相比资本和技术等其他资源,有经验的内生管理者是最难获得的。从外部人才市场引入的管理者,往往会因为文化和价值观的差异,很难融入企业的创业团队,而要让下属认可和接受需要较长时间的磨合。所以,对于企业成长最重要的是从内部选拔和培养胜任新业务挑战的管理者,这是成长的最大促进因素也是最大的制约因素。如果企业的成长速度快于必要经验和胜任的内部管理者的获得速度,则企业的成长就会受到影响,企业会为此付出成长的代价。欲速则不达。

华为公司在信息与通信技术的国内与国际市场上持续快速成长了30多年,就是因为企业家始终具有识别机会的前瞻性和敏锐性,且重视管理能力和干部队伍建设,较好地处理了机会牵引与资源驱动这对矛盾。我们这里不妨摘几段任正非的讲话,说明他对这对矛盾的看法。任正非指出:

> 人类社会正处在一个转折时期,未来二三十年内将变成智能社会,智能社会就是信息大爆炸的社会。这个时期充满了巨大的机会,没有方向、没有实力的奋斗是不能产生价值的。没有正确的假设,就没有正确的方向;没有正确的方向,就没有正确的思想;没有正确的思想,就没有正确的理论;没有正确的理论,就不会有正确的战略。②

> 眼前最重要的不是成本高低问题,而是能否抓住战略机会的问题。抓住了战略机会,花多少钱都是胜利;抓不住战略机会,不花钱也是死亡。节约是节约不出华为公司的。③

---

① 彭罗斯.企业成长理论[M].第三版.赵晓,译.上海:上海人民出版社,2007:8.
② 任正非:华为总裁办电邮讲话〔2016〕69号.
③ 任正非:在上海研究所的讲话,2007。

华为大学能不能把"将军的摇篮"这句口号公开喊出来？当然，这将给教学极大压力，给学生极大压力。我们执行830计划，最大的困难是缺少带兵的人，缺少优秀的拥有成功实践经验的干部。这些人在学习与实践中，会逐步成长为各级管理骨干，我们称之为"将军"。华为大学在这个历史时期应负有很大的使命。要研究一下，黄埔军校、抗日军政大学、西点军校为什么出了这么多将军。为什么我们担负不起这个历史使命来呢？[1]

弥补制约整体竞争力的能力短板

企业经理人和各级管理者需要一套思考和解决问题的方法，而约束理论（constrain theory）不失为一个很好的方法。它是《目标》[2]一书的作者埃利亚胡·M.高德拉特（Eliyahu M. Goldratt）发展出的一种方法，应用效果非常显著。这种方法是从端到端的角度看业务流程和整个系统的能力短板，该短板被称为"瓶颈"，即能力等于或小于需求的任何环节，然后发展出一套识别瓶颈、发挥瓶颈最大产能和消除瓶颈的方法。约束理论类似于经济学的"木桶原理"，即木桶能盛多少水，取决于最短的那块木板。

高德拉特运用工厂运营中的大量实践生动地阐述了约束理论的核心观点：

- 系统的产能等于瓶颈环节的产能，在瓶颈环节上损失一个小时的产能，就意味着整个系统损失了一个小时的产出。在瓶颈环

---

[1] 任正非：华为总裁办电邮文号〔2007〕2号。
[2] Goldratt E M. The Goal : A Process of Ongoing Improvement[M]. 2nd ed. Great Barrington, MA: The North River Press Publishing Corporation, 1992.

节损失的产能是不能靠增加非瓶颈环节的产能来补充的。
- 瓶颈环节的每小时成本是系统的总支出除以瓶颈环节的生产小时数，而不是瓶颈环节的支出除以瓶颈环节的生产小时数。这样的成本视角有助于提高管理者对瓶颈环节产能利用率的重视。然而瓶颈概念并非旨在降低运营成本，而是聚焦于提高产出。
- 如何提高瓶颈环节的利用率呢？首先，确保不浪费瓶颈时间，也就是不要使瓶颈环节闲置，以及不要用瓶颈环节加工有缺陷的零件。其次，是使其不要加工当前市场不需要的零件，这样只会生产库存，占用现金，是牺牲现在的钱换取未来的钱。
- 绝不能寻求最大化系统中的每个资源。局部最优系统绝不是整体最优系统，而是一个效率很低的系统。
- 存在瓶颈和非瓶颈的事实并不是因为我们对系统的设计很差。它是必然存在的。如果上游资源没有剩余能力，那么我们将无法最大程度地利用瓶颈资源，因此，瓶颈环节的闲置将不可避免。
- 我们不是在处理技术，而是在思考过程。（1）我们要改变什么？（2）要改成什么样？（3）如何改变？如果管理者不知道如何回答这三个问题，他或她有资格被称为管理者吗？

改善瓶颈的管理，提高瓶颈的利用率，必须明确最终要达到的目标是什么。目标不明确，就无法搞清什么在约束着目标的实现。高德拉特在《目标》一书中指出，人们通常把一些看似重要但并非根本的度量当作目标，比如把质量当作目标，但如果质量是真正的目标，那么像劳斯莱斯这样的公司为什么曾一度濒临破产？又如把技术当作目标，但为什么在我们见过的每个组织结构图中，研发部门总是处于与其他业务部门并列的位置上？可见技术很重要，但不是最终目标。再如把市场份额当作目标，一家企业可以占有很大的市场份额，但如果不赚钱，谁在乎它呢？高德拉特的结论是：企业的目标是赚钱。所以，提高企业的竞争力必须落实到企业的赚钱目标上，不赚钱的竞争力不是真正的竞争力。赚钱的标准是有利润的收入，有现金流的利润，长期的可持续的现金流是企业价值的本质。

约束理论实际上提出了一种取舍的标准，即无论是为赚钱目标直接做贡献的部门，还是为赚钱提供服务和支持的部门，只要在分工和协作的体系下，该部门的能力低于加在该部门的工作负荷，这样的部门就可能成为整个系统的瓶颈，就会约束企业的产出。因此，要增加系统的产出，也就是增加系统创造的利润和净现金流，就必须增加该部门的能力。这与我们的经验是一致的。如果认为要增加系统的产出就要增加直接对产出做贡献的部门的能力，加大对该部门的激励，我们很快就会发现，销售订单是增加了，但交付周期可能更长了，或是制造的质量开始下降，或是逾期应收账款上升，或新产品上市时间延长，等等，最终销售增长的势头开始放缓甚至下降。所以，高德拉特指出，我们必须改变对产能的思考方式：我们不能孤立地衡量资源的能力，其真正的生产能力取决于它在系统中的位置，我们不应该只看每个局部区域并尝试对其进行修剪；我们应该尝试优化整个系统；重要的是平滑业务流而不是能力，是思考过程而不是处理技术。这些结论富有启发性。

虽然高德拉特用的是工厂管理的实践论证约束理论，但约束理论的应用领域绝不限于工厂管理，约束理论同样适用于核心能力战略框架。约束理论给出了战略取舍的原则：根据目标和约束条件的松紧进行取舍或确定优先级。由于核心能力是约束企业竞争力的最紧的要素，所以它经常是企业竞争力的瓶颈。

错开相位发展

战略受到资源的约束，这意味着战略的实施要有节奏，张弛有度，梯次推进。

构建核心能力是为了实现成为全球行业领导者的目标。核心能力的构建是竞争对手密切关注的动向,竞争对手随时可能进行相应的操作。那么,什么时候是核心能力发展的最佳时期呢?用华为公司总裁任正非的话来说,就是"弯道超车","错开相位发展"。任正非指出:

> 错开相位发展,加大对机会的投入。研发与市场要相差两年左右的时间,现在如果不加大投入,等到春天来了我们种什么?不加大投入怎么能产生机会?研发体系要和市场体系错开相位发展,在市场下滑时,要加大研发投入,才有可能在市场重新恢复到正常状态的时候有所发展。为了迎接这种到来,我们在研发体系投入问题上是不能动摇的。[1]

> 最近,我们确定了要"在弯道里超车"。我们要在世界竞争格局处于拐点的时候敢于超车。大家看F1比赛,赛车在直线跑道从来没有超车的,因为超不了。在直线上大家都是拼命加速,你怎么超得了呢?西方同行有几十年的管理积累、品牌积累、客户的信任积累。在发展形势一片大好时,他们一加速就跑得远远的,我们超不了。而在弯道的时候,一个判断失误,可能它就掉到后面去了。因为弯道多迷惑、多犹豫。我们只要把握了我们的优势,敢于在弯道上加大投入,就有可能在某方面超越它们。[2]

发展是一个趋向平衡和打破平衡的过程,弗兰克·H.奈特认为:"滚滚红尘的每一种运动,都是也可以被视为趋向平衡的发展。水流趋向于同水平面,气流趋向于同气压,电流趋向于同电压,辐射趋向于同

---

[1] 任正非:产品线管理办公室工作汇报会议纪要,2000。
[2] 任正非:在干部部长会议上的讲话纪要,2005。

温度。每一种变化是对导致该项变化的力量的平衡,该项变化趋向于带来这样的条件,在此条件下该变化不再发生。"[1] 在经济系统中,这种趋向平衡的过程就是产业的周期性调整。严重的是经济危机,其次是经济萧条,一般的是需求饱和迫使供给端进行调整。在产业的低谷时期,那些在产业繁荣时期盲目扩张的企业往往会陷入困境,现金流出现枯竭。而对于具有远大目标的企业,这恰恰是后来居上的时机。有的是通过并购增强自身的实力和市场地位,而像华为这样的企业,则是通过错开相位发展的战略加速核心能力的构建。

错开相位发展要承受企业效益暂时下降的压力,尤其是在产业低谷时期,这种压力更大,所以,错开相位发展是在短期利益和长期利益之间的一种取舍。这是要考验企业家的勇气的。

---

[1] 奈特. 风险、不确定性与利润 [M]. 郭武军,刘亮,译. 北京:华夏出版社,2011:14.

第7章 聚焦与多元化

> 大道甚夷，而人好径。
> ——老子《道德经》，第五十三章

黑格尔指出："理性矛盾的真正积极的意义，在于认识一切现实之物都包含有相反的规定于自身。因此认识甚或把握一个对象，正在于意识到这个对象作为相反的规定之具体的统一。"[1]

聚焦与多元化是企业成长的一对基本矛盾，二者是在矛盾中确立相互地位的。聚焦就是要将分散的力量集中起来，形成一个拳头，先在关键点上突破，然后将点上的成功复制到相关领域，通过多元化的方式扩大聚焦的成功优势，分散聚焦的风险。企业在创业阶段要靠聚焦以小博大，在成长阶段要靠聚焦打破竞争的胶着状态，在取得行业领先地位后聚焦是构筑进入壁垒最有效的战略。企业选择多元化很容易，但聚焦很难。这也是企业很多，但真正成功的企业不多的原因。

聚焦战略与多元化战略，其思维方式犹如刺猬与狐狸。"狐狸多知，而刺猬有一大知。"不经历多知就不会真正懂得大知是什么；如果没有

---

[1] 黑格尔.小逻辑[M].第2版.贺麟，译.北京：商务印书馆，1980：133.

大知，多知就没有方向，就失去了意义。

本章将讨论关于聚焦和多元化这对矛盾的理论与实践，以及二者相互转化的条件。

7.1

成功的公司大多数是聚焦的

克劳塞维茨在《战争论》中指出："从这里得出一个直接的结论：必须在决定性的地点把尽量多的军队投入战斗。"他进一步强调："即使不能取得绝对的优势，也要巧妙地使用军队，以便在决定性地点上造成相对优势。"[1]

商场如战场，许多道理都是相通的。

聚焦核心是成功企业的永恒主题

克里斯·祖克（Chris Zook）曾任咨询公司贝恩公司（Bain & Company, Inc.）全球战略研究总监，他和詹姆斯·艾伦（James Allen）在他们合著的《利润来自核心》（*Profit From the Core*）一书中，基于贝恩公司数据库样本数据的分析认为：约80%的价值创造者（公司市场价值持续增长并保持每年5.5%的销售增长率）是单核业务公司，且是其单核业务的市场领导者。另外有17%的持续的价值创造者是多核业务公司，这些公司也是每个业务的市场领导者。联合企业集团（conglomerate）能够

---

[1] 克劳塞维茨.战争论：第一卷[M].中国人民解放军军事科学院，译.北京：商务印书馆，1997：208.

成为价值创造者的不到 5%。[①]

聚集自古以来就是商业成功的不二法则，我国史书就有这方面的记载。《史记·货殖列传》中列举了多位春秋战国时期的富商巨贾起家的原因。其中既有被后世称为陶朱公的范蠡、国君无不分庭与之抗礼的孔子弟子子贡以及被天下尊为治生之祖的白圭，也有从众人不屑一顾的小生意起家，最终富甲一方的人物。《史记·货殖列传》中写道："夫纤啬筋力，治生之正道也，而富者必用奇胜。田农，掘业，而秦扬以盖一州。掘冢，奸事也，而田叔以起。博戏，恶业也，而桓发用之富。行贾，丈夫贱行也，而雍乐成以饶。贩脂，辱处也，而雍伯千金。卖浆，小业也，而张氏千万。洒削，薄技也，而郅氏鼎食。胃脯，简微耳，浊氏连骑。马医，浅方，张里击钟。此皆诚壹之所致。"可见生意不在大小，只要能满足顾客的基本需求，专心致志，精益求精，不辞辛劳，最终都能富甲一方。

很少有人怀疑聚焦对企业以及对人生的重要性，但企业为什么很难聚焦？甚至曾经因聚焦而成功的公司也会失去焦点？对此问题，克里斯·祖克和詹姆斯·艾伦认为这里存在一个悖论，即你的核心业务越强，你就有越多的机会迁移到邻近的盈利领域而失去焦点。[②]也就是说，企业在核心业务上越是成功，越有强烈的欲望试图进入新的领域寻求发展，而进入的新领域越多，焦点越分散，资源越被稀释，从而导致核心业务竞争力下降，结果反被竞争对手赶超。可见，多元化潜伏着对核心业务的否定，正所谓"福兮，祸之所伏"。

这使我们想起心理学家亚伯拉罕·H.马斯洛的话：人的需要一经满足，机体立即放弃压迫、紧张、紧迫、危急的感觉，允许自己变得

[①] Zook C, James A. Profit from the Core: Growth Strategy in an Era of Turbulence[M]. Cambridge, MA: Harvard Business School Press, 2001:25.

[②] Ibid., p.19.

懒散、松弛、被动，允许自己享受阳光、玩耍嬉戏。一句话，变得相对地无目的了。需要满足导致了无目的的行为的出现。人类容易对自己的幸福熟视无睹，忘记幸福或视它为理所当然，甚至不再认为它有价值。只有体验了丧失、困扰、威胁甚至是悲剧的经历之后，才能重新认识其价值。[①]

既然多元化既可能是企业成长的必然选择，又可能成为企业成长的陷阱，那么什么是正确的多元化战略呢？那就是多元化应当有利于增强已有的核心业务的竞争力；选择进入新领域应该至少能够成为新领域的领先者之一，即杰克·韦尔奇为通用电气制定的"数一数二"原则。在这个问题上，祖克和艾伦提出5个评价向相关领域扩张的问题：

（1）该机会能够在多大程度上强化现有核心业务的地位？
（2）我们在新业务或新领域成为领导者的概率有多大？
（3）进入新领域能否保护我们现有的核心业务？例如面对未来的不确定性进行对冲（两边下注，套期保值）操作，或是先发制人或禁止现有的和未来的竞争者？
（4）新的投资是否构成清晰定义的战略扩张优先次序的一个关键步骤？
（5）能够肯定我们向相关领域的扩张能出色地实施吗？[②]

祖克和艾伦认为他们的研究得出的中心结论始终是坚实的，即：

- 只有很少的公司能够实现盈利和持续的增长，虽然几乎所有的

[①] 参阅马斯洛.动机与人格[M].许金声，等译.北京：华夏出版社，1987：82.
[②] Zook C, James A. Profit from the Core: Growth Strategy in an Era of Turbulence[M]. Cambridge, MA: Harvard Business School Press, 2001:92

公司都有这样的计划。
- 在核心业务上建立独一无二的实力,是持续增长的关键,不管聚焦的业务规模有多小和有多窄。
- 绝大多数成功的公司获得的大多数增长,都源自向逻辑上的相邻领域扩张,它具有共享的经济性以及可以强化核心业务,而不是靠不相关的多元化或进入"热点"市场。
- 战略上许多最具有破坏性的错误都源自一个基本的矛盾,即继续投资于核心业务还是进入相邻领域以获得增长之间的矛盾。
- 产业的动荡通常要求领导者重新定义其公司的核心业务,特别是当公司的市场地位遥遥领先时。①

是深挖核心业务还是打破核心业务的边界进入新领域,这种持续的紧张和矛盾存在于所有企业。到 2000 年,1974 年最大的前一百家工业企业大约有一半不是因为被收购就是破产而消失了。公司逐渐被迫聚焦于它们的"核心能力"。罗纳德·科斯对公司的要求——它们做事必须比开放的市场更有效率——正在被更痛苦地检验着。②

聚焦核心业务与试图进入新领域之间的矛盾,是一个不仅在生意领域,而且在国家事务和人生中也会面临的普遍问题。投资于相邻业务领域最终对于任何公司的持续价值创造来说都是必要的。公司必须增长,一家公司如果收入增长率持续低于主要竞争对手甚至低于产业的平均增长率,就已经病入膏肓了。仅仅通过聚焦于挖掘核心业务的潜在价值使成本不断下降以及使资产周转率不断提高是有限度的,换言之,仅靠节约是节约不出一个大企业的。

---

① Zook C, James A. Profit from the Core: Growth Strategy in an Era of Turbulence[M]. Cambridge, MA: Harvard Business School Press, 2001:148
② Micklethwait J, Wooldridge A. The Company: A Short History of a Revolutionary Idea[M]. New York: Random House, Inc., 2003:131.

但是许多企业也倒在了盲目多元化扩张的道路上。我们不妨看看业界和资本市场是怎样评价由多家业务不相关的企业组成的大型联合企业集团的。

资本市场不看好联合企业集团

联合企业集团又称为联合企业,是多元化公司的一种常见形式。大型联合企业集团是由在多个行业中运营的独立实体组成的大公司,通常是一家公司拥有其他行业独立经营公司的控股权。一家大型联合企业集团可能具有多级母子公司的复杂结构,许多大型联合企业集团是跨国公司。

美国的著名联合企业集团有通用电气、3M、摩托罗拉等,一些著名的互联网公司如亚马逊、谷歌、脸书等也是联合企业集团。欧洲著名的联合企业集团有西门子、标致和拜耳等。亚洲的联合企业集团有日立、东芝和富士等。日本的大型联合企业集团称为经连会（Keiretsu,企业联盟）,联盟内企业相互持股,并以一家核心银行为中心。三菱是经连会模式的联合企业集团的一个很好的例子。韩国的联合企业集团称为"财阀"（Chaebol）,这是一种家族企业,家族成员对公司的控制权要大于股东或董事会成员。著名的财阀有三星、现代和LG等。

通常,参与许多不同行业的业务可以帮助一家联合企业集团的母公司减少进入单一市场的风险,以及对冲不同行业市场剧烈波动的风险。但也存在由于联合企业集团规模太大而效率下降甚至失控的问题。联合企业集团这种模式不便于投资者灵活配置投资组合,投资者更愿意在多个聚焦于核心业务的公司间建立投资组合,以分散市场风险和实现最佳的投资回报。这也是为什么上市的联合企业集团剥离和分拆部分业务往往会得到股票市场的正面响应。一方面是因为联合企业集团收缩业务领域更加专注从而提高了其价值，另一方面也因为剥离的业务由于联合企业集团的管理低效而存在潜在的开发价值。

1950年，美国国会通过了《塞勒–凯弗维尔法案》（Celler–Kefauver Act），促进了联合企业集团的发展，该法案禁止公司通过收购竞争对手或纵向一体化的并购来实现垄断和增长。故使得公司开始通过其他非相关领域的并购寻求增长。

20世纪60年代，是大型联合企业集团在美国发展的繁荣时期。由于当时的低利率以及允许用目标公司资产担保贷款，杠杆收购变得更容易也更具吸引力。许多大公司收购了多个不相关领域的公司，其规模迅速扩大。银行和资本市场愿意为这些收购提供贷款，因为它们通常被视为安全的投资。这些乐观情绪使股票价格不断攀升。但是，当利率在20世纪80年代再次上升时，许多大型联合企业集团被迫分拆或出售它们收购的许多公司，联合企业集团的光芒逐渐褪去。

对联合企业集团的普遍批评集中在管理层级过多、缺乏透明度、企业文化不统一、品牌信息混杂，以及太大而无法倒闭带来的道德风险方面。联合企业集团的规模实际上会损害其股票的价值，这种现象称为联合企业集团折扣。联合企业集团持有的公司的价值总和往往比联合企业集团的股票价值高出13%至15%。所以从市场价值角度看，联合企业集团的整体价值小于所持有的公司价值之和。今天，作为一种增长战略，成为大型联合企业集团并不能像以前那样形成规模经济。而由于联合企业集团的下属企业往往从事非相关的行业，所以也不会形成范围经济。因此，对于资本市场来说，传统产业的联合企业集团已不再具有吸引力。虽然资本市场仍在追捧基于互联网和新媒体的联合企业集团，例如谷歌的母公司字母表公司（Alphabet）、亚马逊和社交媒体巨头脸书，然而那是由于其价值在于创新而不是规模。我们在下一章中还要对此进行讨论。

聚焦核心，压强投入，厚积薄发

黑格尔说："一个志在有大成就的人，他必须，如歌德所说，知道限制自己。反之，那些什么事都想做的人，其实什么事都不能做，而终归于失败。"[1]

以华为公司为例。华为公司于1987年创办，从零起步，用了30年时间，终于在2018年销售收入突破了1 000亿美元，进入世界信息与通信行业的前列。那么，华为公司是怎么取得这一令人瞩目的成绩的呢？集中到一点，就是因为华为公司的企业家和高管团队长期坚持聚焦核心，压强投入，厚积薄发。我们从华为公司总裁任正非先生多年来的讲话中可以清楚地看到这一点。

华为公司从成立第二年起，就开始重金投入研究与开发，专注在通信核心网络设备的开发上，不为其他的短期利益所诱惑。用任正非的话来说："在华为创业初期，除了智慧、热情、干劲，我们几乎一无所有。从创建到现在华为只做了一件事——专注于通信核心网络技术的研究与开发，始终不为其他机会所诱惑。敢于将鸡蛋放在一个篮子里，把活下去的希望全部集中到一点上。"[2] 他强调："通信市场是很大的，若我们各方面都投入肯定受不了。我们就集中力量打歼灭战，突破一个点，把人力、物力、资金集中在这一点上。在这个点上做到与外国公司同样的先进。这样就可撕开一个口，撕开一个口就有市场，有市场赚了钱再加大投资，加大投资又会有更大的突破，有突破又会有更多的市场，这样就会形成一个良性循环。如果我们的产品持续领先，如果有很大的市场，我们就像印钞票一样，大量拷贝软件，这样

---

[1] 黑格尔. 小逻辑[M]. 第2版. 贺麟, 译. 北京：商务印书馆，1980：174.
[2] 任正非：《创新是华为发展的不竭动力》，2000。

成本就降下来了，利润就会增长，企业就有生机。"①

2011年，华为公司的销售收入首次突破300亿美元，与世界通信行业领导者爱立信公司的收入规模处于同一水平。此时在公司高管中有一种看法，认为华为已经接近世界通信设备产业的"天花板"了，要继续增长，就要寻求进入新领域，多元化发展。面对这种意见，任正非特别提醒大家："我们要成为领导者，一定要加强战略集中度，一定要在主航道、主战场上集中力量打歼灭战，占领高地。"②"什么叫主航道？世界上每个东西都有正态分布，我们只做正态分布中间那一段，别的不做了，说那个地方很赚钱我们也不做，也卖不了几个。我们就在主航道、主潮流上走，有流量就有胜利的机会。"③

随着华为的业务组合逐步向相关领域拓展，任正非一再强调聚焦核心业务，在核心业务上做全球领导者的重要性。他说："我们一定要走在需求的前头。除了力量聚焦外，我们没有别的出路。我们要看看成功的美国公司，大多数是非常聚焦的。难道他们就不能堆出个蚂蚁包？为什么他们不去堆呢？当前，不是我们超越了时代需求，而是我们赶不上，尽管我们已经走在队列的前面，还是不能真正满怀信心地说，我们是可以引领潮流的。但只要我们聚焦力量，是有希望做到不可替代的。"④

在如何处理聚焦核心业务与多元化发展的矛盾问题上，任正非的办法是对非主航道业务课以"重税"，也就是只考核利润，不考核增长率，不考核市场份额，不考核业界排名。他说："我们只可能在一个较窄的尖面上实现突破，走到世界的前面来。我们不能让诱惑把公司从主航道上拖开，走上横向发展的模式，这个多元化模式，不可能使公司在战略机遇期中，抢占战略高地。我们的经营，也要从过往的盲目

---

① 任正非：《持续技术领先，扩大突破口》，1996。
② 任正非：华为公司总裁办电邮文号〔2012〕10号。
③ 任正非：在战略务虚会上的讨论发言，2012。
④ 任正非：华为公司总裁办电邮讲话〔2015〕16号。

追求规模,转向注重效益、效率和质量,真正实现有效增长。我们对非主航道上的产品及经营单元,要课以'重税',抑制它的成长,避免它分散我们的人力。我们在市场,要逐步学会抢占战略高地,从上向下辐射的市场策略。当然,我们得有相当'高'的产品及服务,才有高地之说。同时,没有质量好、成本低的中低端产品,包围占领山脚,就形不成规模利润。伴随这些业务的成长,人才要更快地成长。"[①]

那么,在研究与开发资源的分配上,应坚持什么原则呢?用任正非总裁的话来说,就是战略竞争力量不应消耗在非战略机会点上。

战略竞争力量不应消耗在非战略机会点上

德军元帅埃里希·冯·曼施泰因(Erich V. Manstein)在他的"二战"回忆录《失去的胜利》一书中讲道:"德军的攻击力,是德国在欧洲战场上的决定性力量,将其消耗在局部目标上,实不可取。"对此,任正非把它提炼为一条战略原则,就是"战略竞争力量不应消耗在非战略机会点上"。他指出:"我们公司一定要成功地抢占战略目标。为此,我们把研发和区域切开了,研发是一个独立的模块。研发若跟区域捆在一起,就是去满足低端客户需求,放弃了战略机会。优质资源向优质客户需求倾斜,要放弃一部分低端客户需求。将来我们不会在所有领域都做到世界领先,可能会收缩在一块领域,所以非主航道的领域,交不出利润来,就要缩减。"[②]

华为为什么要强调聚焦核心业务以及战略竞争力量不应消耗在非战略机会点上呢?就是为了走在世界前列,这是信息与通信行业生存的法则。任正非说:"聚焦在主航道上创新,这是非常非常难的,我看到

---

① 任正非:华为公司总裁办电邮文号〔2013〕93号。
② 任正非:华为公司总裁办电邮讲话〔2014〕86号。

你们做的各种各样的研究创新工作，都是在主航道上添砖加瓦，没有一定的修炼，在这个前沿阵地是无法突破的。但是，我认为人类社会出现大数据流量，应该是几千年来的第一次。当人类第一次出现大数据流量时，我们公司提供的支撑系统设备，已排在世界前列，是难得的光荣，也是难以承担的责任。我们以后还要走在世界最前列，如果我们不能走在世界最前面，我们公司就会落后，落后我们公司慢慢就会收缩，那我们前面的努力就白费了，所以我们要聚焦在主航道上创新，不在非战略机会点上消耗战略竞争力量。我们聚焦能量还不一定能成功，分散了肯定不行。技术进步太快了，我们稍有迟疑，就会被抛弃。"①

任正非还谆谆告诫新业务单位的管理团队："不要在局部竞争点上消耗战略力量，要聚焦一切战略力量攻破进入大市场的条件。如果存储现在花大量精力去了解很多行业，就是在非战略机会点上消耗战略竞争力量，针尖上的突击力不够。存储目前还在亏损中，因此对于一些不能大规模拷贝、不能大规模扩张的行业就少做一点。"②

为什么任正非一而再、再而三地反复强调聚焦核心业务呢？因为企业内部存在一种多元化扩张的自发倾向。

企业有一种内在的多元化扩张冲动

一家制造企业，从降低交易成本和提高专用资产利用率的动机出发，会向前延伸到销售和服务端，或者向后兼并主要供应商。一家大型零售商会出于充分利用自身分销和门店网络优势的动机，向上游制造环节延伸，开发自有品牌的商品。这都属于通过纵向一体化实现更大的规模经济的战略。所谓规模经济可以初步地界定为：当生产或经销单一产

---

① 任正非：华为公司总裁办电邮讲话〔2015〕75号。
② 任正非：《洞庭湖装不下太平洋的水》，2014。

品的单一经营单位所增加的规模减少了生产或经销的单位成本时产生的经济。并购上下游企业和竞争对手都属于扩大规模经济的方法,所以规模经济的最终目标是追求垄断。这也是美国的《塞勒-凯弗维尔法案》禁止公司通过收购竞争对手或纵向一体化的并购实现垄断的原因。

通过纵向一体化追求规模经济还不是真正意义上的多元化。所谓多元化,主要指通过进入相关的和非相关的领域追求范围经济。所谓范围经济,是指利用单一经营单位内的生产或销售过程来生产或销售多于一种产品而产生的经济。范围经济可以在企业原有的生产或销售过程中通过产品的多样化来实现,也可以通过进入技术相关领域、销售相关领域或并购相关领域的竞争对手的方式实现。进入相关领域和非相关领域都属于多元化,但前者的范围经济性较强,后者的范围经济性较弱。

增长是硬道理,只有增长才能获得更大的规模经济和范围经济,只有增长才能巩固和扩大市场地位,只有增长才能为员工提供职业生涯的成长机会,只有增长才能吸引和留住优秀人才。所以,对增长的无限欲求是企业多元化的一个主要驱动力。

企业多元化扩张冲动的另一个来源是经理人的欲求。哈罗德·德姆塞茨认为:"企业基本上是由与企业赢利行为利害关系不大的经营者所控制的单位。按 L. 鲍莫尔的说法,这种企业追求的目标不过是保持能使股东满意的、可以接受的最低限度的投资回报,一旦超过这一限度,就要牺牲利润来提高经营者效用。经营者行为的效用最大化,要求利用企业资源给经营者提供工作乐趣。这可能不只是通常意义上的工作乐趣,还要包括经理高的令人咂舌的工资和极其庞大的企业规模。"[1] 经理人通常热衷于并购,更大的企业规模通常意味着更高的薪酬、期权和更稳定的地位,加上杠杆收购、商誉等金融和会计处理的便利性,

---

[1] 德姆塞茨. 所有权、控制与企业——论经济活动的组织:第一卷[M]. 段毅才,等译. 北京:经济科学出版社,1999:233.

使得大型企业经理人的并购野心越来越大。而这种并购更多地是在非相关领域进行的。钱德勒对美国企业史的研究表明，美国企业在支薪经理人手上比在创始人手上获得了更大的发展。

企业多元化扩张冲动的第三个来源是企业人力资本和管理能力的积累和富余。伊迪丝·彭罗斯认为："随着时间的推移，从企业的运营中获得的经验导致了知识和能力的增加，但如果企业无法扩张，就无法利用这些能力。这些能力就为扩张提供了一个内部诱因，同时也为扩张提供了新的可能性。显然，企业现存的人力资源既刺激了扩张也限制了扩张的速度。"她进一步指出："企业本质上是资源的集合，对资源的使用是通过企业的管理框架而组织起来的。……当企业的管理结构被调整到能适应越来越大经营规模的限度范围时，没有什么企业的固有性质或其经济职能的某一方面会阻止它进行无限的扩张。"[1]

可见，任正非一再强调聚焦核心业务，是在约束企业内部盲目的多元化冲动，防止企业偏离成为全球产业领导者的奋斗目标。

7.2

产品组合与业务组合的管理

具有一定规模的企业都有多种产品，每种产品分别处于生命周期的不同阶段，有投入阶段的，有成长阶段的，有成熟阶段的，也有进入衰退阶段的产品，这些处于生命周期不同阶段的产品构成企业的产品组合。企业必须对产品组合进行有效管理，因为处于不同阶段的产品对企业现金流的贡献不同，所以产品组合的管理本质上是管理企业

---

[1] 彭罗斯. 企业成长理论[M]. 赵晓，译. 上海：上海人民出版社，2007：61，166.

现金流的平衡，而现金流决定企业的价值。另一方面，多元化的企业有多种业务，各种业务之间是相关的或不相关的，它们构成企业的业务组合。对企业业务组合的管理不仅要确保现金流的平衡，而且要防范业务组合的风险，防止出现业务风险集中爆发危及企业生存的情况。我们下面先从现金流的平衡上来讨论企业产品组合的管理，然后再进一步从风险的管理上讨论业务组合的管理。

产品组合管理的核心是现金流的平衡

对于企业产品组合的管理，波士顿咨询集团（Boston Consultant Group，简记作 BCG）的产品组合管理理论为其奠定了基础。

BCG 的产品组合管理理论主要是从现金流的平衡角度研究如何对产品组合进行管理的。著名的产品组合模型 BCG 矩阵（见图 7-1）的提出者是 BCG 的创始人布鲁斯·D. 亨德森（Bruce D. Henderson）。

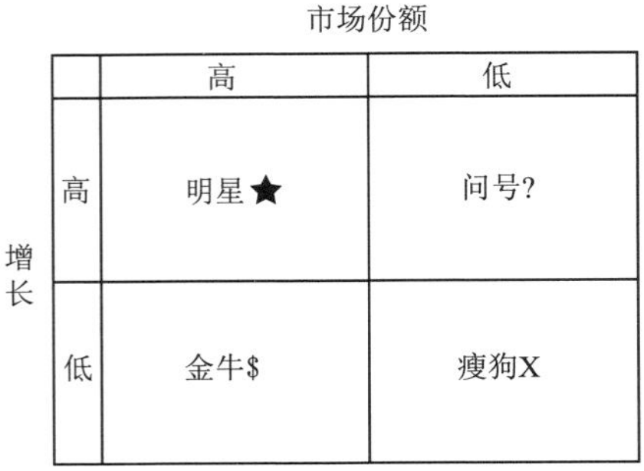

	市场份额 高	市场份额 低
增长 高	明星★	问号？
增长 低	金牛$	瘦狗X

图 7-1　BCG 矩阵

亨德森用市场份额和增长两个维度，将企业的产品组合划分为四个象限，将位于高市场份额-高增长象限的产品称为"明星"（Star），将位于高市场份额-低增长象限的产品称为"金牛"（Cash Cow），将位于低市场份额-高增长的产品称为"问号"（Question），将位于低市场份额-低增长象限的产品称为"瘦狗"（Dog）。亨德森认为："公司若要取得成功，就必须拥有增长率和市场份额各不相同的产品组合。组合的构成取决于现金流量的平衡。高增长的产品需要有现金投入才能获得增长，低增长的产品则应该产生大量的现金。这两类产品缺一不可。"[1]

显然，明星产品自身创造的现金流还不足以支持其高增长，必须有追加的现金投入营运资本与固定资产才能获得持续的高增长，因而明星产品是消耗现金流的。低增长的产品必须有大量的正现金流，这是因为不需要在营运资本和固定资产上持续投入以维持增长。低增长产品如果市场份额也低、利润率也低，不能提供现金流，就没有价值，应当放弃。

亨德森进一步指出，产品的现金流量取决于四条规则：

- 利润率与产生的现金是由市场份额的大小决定的，高利润的背后必然是高市场份额。这种现象很常见，可以用经验曲线效应来解释。
- 要想取得增长，就必须投入现金，扩充资产。维持市场份额所需的现金增量取决于增长率。
- 必须努力争取，甚至"购买"高市场份额。购买市场份额需要增加额外的投资。
- 没有哪种产品的市场会无限制地增长。增长放缓之时，即回报到来之日。否则永远也别想获得回报。此时绝不可把现金回报再度返还给这种产品。

"任何产品，最终不是变金牛，就是变瘦狗。一项产品的价值就在

---

[1] 斯特恩，斯托克. 公司战略透视：波士顿顾问公司管理新视野[M]. 波士顿顾问公司，译. 上海：上海远东出版社，1999：49.

于在增长放缓之前取得领先市场地位。"[1]

也就是说,企业的产品只有领先才能创造利润和现金,而领先地位体现在市场份额的领先上,高市场份额意味着大量生产,根据经验曲线理论成本一定会随产量的大幅增长下降到低点,带来低成本、高利润。这就是规模经济。

而经验曲线反映的是学习、分工、投资和规模的综合效应。学习效应是指,一般来说,总产量每翻一番,单位生产要素的产出水平就能提高10%~15%;分工是指,由于重复地完成固定范围的工作会进一步加强学习效应;投资是指,投资购买机器代替重复工作从而大幅提高生产效率;同时,生产规模随市场规模不断扩大进一步强化了学习、分工和投资的综合效应。这四种效应的综合作用提高了经验积累,进而导致成本下降。

所以,亨德森得出结论:"现金流的创造,是相对于竞争对手的成本差异的函数。这种成本差异应该,而且通常,是市场份额的函数。成本是扩大市场份额的直接推动力。公司战略的首要目标,就是要保护创造现金收入的产品或服务。"[2]

亨德森进一步将产品组合理论扩展到多元化公司的管理结构上,他指出,"相对于控股公司[3]来说,所有的多元化公司都有一个共同的特点:能够掌控金融资源的内部配置。没有平衡和协调优势的公司管理结构只能是一个负担。对一些不太成功的多元化公司,如果用公司组合形式进行管理,其面貌将焕然一新"[4]。

产品组合管理的 BCG 矩阵的指导思想非常简单明确,就是实现企

---

[1] 斯特恩,斯托克. 公司战略透视:波士顿顾问公司管理新视野[M]. 波士顿顾问公司,译. 上海:上海远东出版社,1999:50.
[2] 同前注,第283页。
[3] 即联合企业集团。
[4] 斯特恩,斯托克. 公司战略透视:波士顿顾问公司管理新视野[M]. 波士顿顾问公司,译. 上海:上海远东出版社,1999:290.

业的现金流平衡，从而为股东创造价值。但从长期战略的角度看，它也存在局限性。

BCG 矩阵的局限性

基于 BCG 矩阵的产品组合管理理论，主张应当剥离和放弃"瘦狗"产品，把资源集中到"明星"产品上或有选择地投入"问号"产品，开发未来的成长机会。对许多企业，特别是高技术行业领先企业，这类"瘦狗"产品往往是一些低端产品，这些低端产品通常是低增长、低利润率甚至亏损的产品。这些产品仅从现金流的贡献角度看，似乎是没有什么价值的；但从应对颠覆性创新的新兴企业的挑战来看，却具有战略价值。

克莱顿·M.克里斯坦森在他的《创新者的窘境》一书中，在说明为什么曾经的领先企业会败在新兴企业手上时，特别指出，这些新兴企业往往是从领先企业放弃的低端市场上，凭借更简单、更符合客户需要的颠覆性技术创新改变竞争格局的。那么导致这种非对称流动，即成熟企业凭借延续性技术（Sustaining Technologies）不断向高端市场进军，新兴企业凭借颠覆性技术（Disruptive Technologies）渗透和占领低端市场的原因到底是什么呢？克里斯坦森指出："这种流动是由资源分配过程推动的，资源分配过程总是推动资源流向能带来更高利润率和进入更大规模市场的新产品提案。"[1]

是呀！既然能设计和制造卖得更贵的满足高端客户的高性能、高利润产品，为什么要费力去做满足低端客户的低价、低利润的产品呢？若领先企业按照这个貌似常识性的逻辑制定战略，则是一种短视的行为。由于企业的资源、流程、文化都向高端产品聚集，以至于面对新兴企业从低端市场发起的进攻束手无策。所以，克里斯坦森说的"回不去

---

[1] 克里斯坦森.创新者的窘境[M].胡建桥，译.北京：中信出版社，2010：75.

的低端市场",就是创新者面临的一种窘境。

概括地说,这三个因素——高端市场的利润率、企业经理人满足高端客户需求的激励机制和成就欲望,以及削减成本进入低端市场并获取利润的难度——一起构成了企业向低端市场流动的巨大障碍。我们不妨看看华为是怎么解决这个问题的。

华为公司总裁任正非早在2000年就告诫华为的高管和骨干员工:"我们的产品结构是个金字塔,低层网是战略性的金字塔结构的基础。我们既然想在高层网上获得胜利,低层网上即使没有利润,我们也要干,就是为遏制竞争对手的全面进入,低端产品的低成本高质量不是退缩,而是调整主攻方向。"[①]

当华为已经进入全球信息与通信产业领先行列时,任正非更是一再提醒华为的高管们:"我们在争夺高端市场的同时,千万不能把低端市场丢了。我们现在是'针尖'战略,聚焦全力往前攻,我很担心一点,'脑袋'钻进去了,'屁股'还露在外面。如果低端产品让别人占据了市场,有可能就培育了潜在的竞争对手,将来高端市场也会受到影响。华为就是从低端聚集了能量,才能进入高端的,别人怎么不能重复走我们的道路呢?"[②]

那么低端产品销售应采取什么样的商业模式?怎么在低端产品上赚钱呢?任正非说:"低端产品要做到标准化、简单化、生命周期内免维修。我们不走低价格、低质量的路,那样会摧毁我们战略进攻的力量。在技术和服务模式上,要做到别人无法与我们竞争,就是大规模流水化生产。客户想要加功能,就买高端产品去。而且我们现在也具备这个条件。"[③]

华为公司的产品组合管理既符合BCG矩阵的理论,追求现金流的

---

① 任正非:与企业网事业部和北京研究所部分员工座谈会议纪要,2000。
② 任正非:《坚持为世界创造价值,为价值而创新》,2015。
③ 同前注。

平衡，又有长远的、全局性的战略考虑，是二者的有机结合。

增加一个思考的维度

像 BCG 矩阵这样将矛盾的两个方面做成两个维度的矩阵，划分出不同的象限，对多种选择进行分类，然后从中进行比较、折中和取舍，这是解决现实中的矛盾的一种思考方法。但这种方法仍不免经常面临两难的困境。在这种情况下，增加一个维度，错开矛盾双方的直接冲突，得到一个对立统一的解决方案，不失为一种智慧。笔者接下来就谈一次亲身经历。

1995 年，我们中国人民大学的几位老师在彭剑锋教授的带领下给深圳市宝安集团做一个管理咨询项目。当时，华为公司听说我们这个团队到深圳来了，就邀请我们给他们开一个管理讲座。那时的华为公司人数还不到 1 000 人，研发和总部人员租了南山区一栋楼房最上面的两层办公。我是第一个开讲的，题目是战略管理。我记得我借用 BCG 矩阵，将其两个维度改为公司实力和市场吸引力（利润率及增长率）。然后我提了一个问题：华为在选择未来的市场机会时，主要从公司实力出发还是从市场吸引力出发？我记得坐在前排的一位年轻女士首先发言，她主张应从市场吸引力出发，机不可失，时不再来，先抓住机会进去，然后再积累实力。另一位坐在前排的年轻男士的看法不一样，他认为市场机会多了，你总不能什么都抓，还是要从自己的实力和特长出发选择市场机会。在两人争执时，一位同样坐在前排的长者发言了，他认为，还应该增加一个思考的维度，一个时间的维度。也就是说，我在一个时期可能侧重从市场吸引力出发抓住机会，但我在接下来的时期就会把重点放在增加实力上，一个时期抓住一个主要矛盾。当时，这位长者的观点使我有一种醍醐灌顶的感觉。

中间休息时我和三位先发言的听众交换了名片。那位女士叫孙亚芳，当时主管市场部；那位男士叫郑宝用，主管研发；那位长者就是任正非，华为公司的创始人、总裁。果然姜还是老的辣。

增加一个思考的维度，比如时间的维度，或是一个层次的维度，这确实是在矛盾对立双方难分伯仲时的一种解决方法，它超越了人们惯常的妥协、折中的思路，这就是智慧。

管理业务组合以应对产业的周期性波动

按照我们上文的定义，多元化集团公司，或简称企业集团，是由多个业务单位构成的公司，每个业务单位是利润中心，相对独立经营，所创造的利润上交集团统一分配，多元化集团公司可以在不同业务单位之间配置资源和调度资源。而联合企业集团公司虽然也是由多元化的子公司构成的，但各个子公司财务完全独立，是投资中心，利润不上交集团，不能在各子公司之间配置资源和调度资源。我们下面讨论的业务组合管理，是指对多元化集团公司业务组合的管理。

业务组合管理，简而言之，就是对业务组合的期望收益和风险的管理，这方面可以借鉴金融经济学的资产组合理论。由于我们不涉及资本市场的投资组合选择的复杂问题，因此，我们下面主要引述的是资产组合理论的奠基者哈里·M. 马克维茨（Harry M. Markowitz）的《资产组合选择：投资的有效分散化》一书的观点。

通常认为，投资组合由证券构成，这里证券的含义广泛，可以包括一份工作、一种产品、一项业务等。我们下面采用的证券概念，是指一项业务。所以这里的证券组合可以理解为业务组合。证券投资的一个显著特征是不确定性。一个投资组合的表现可以用两个概括性的指标衡量：（1）期望收益率，也就是一个平均的"可能收益"，它是实际收益率的概率加权平均值；（2）一个不确定性指标，反映实际收益率偏离期望收益率的程度，一般用实际收益率偏离期望收益率的方差或标准差来表示，标准差是方差的平方根,实际收益率的标准差度量了实际收益率与期望收益率的接近程度。证券收益率序列的最高收益率和最低收益率经常距离平均收益率大约两个标准差,这虽然是一个经验法则,但它能给我们一个标准差概念的直观感觉。下面是《资产组合选择》一书的主要结论。

"期望收益"极高的资产组合会面临不确定性的约束,且不确定性可能高到无法接受的程度。不确定性最小的资产组合,它的"期望收益"也会小到无法忍受的程度。在这些极端的情况中间,存在着各种水平的"期望收益"和"不确定性"的资产组合。

在其他条件相同的情况下,证券之间的相关性越高,资产组合的标准差越大。换言之,各个证券之间越是趋向于同时上升或下降,各个证券之间相互抵消,波动性就越小,因此资产组合收益率的波动性就越大。

如果证券收益是不相关的,分散化可以消除风险。……如果证券收益之间的相关性是"完全的",即所有证券的收益步调一致地上下运动,分散化对于消除风险没有任何帮助。事实上,证券收益之间是高度相关的,但不是完全相关的,这意味着分散化可以减少风险,但不能消除风险。

避免资产组合中所有证券之间高度相关,对于减少风险是必要的。

如果证券的收益不相关,同时方差有界,足够的分散化可以实现组合收益的确定性。换言之,如果证券的收益是不相关的,一个高度分散化的证券几乎没有什么风险。

如果我们认为分散化是投资的基本原则,那么我们必须否定仅仅最大化期望收益的目标假定。任何具有较高的期望收益的资产组合一定具有更大的收益方差。[1]

---

[1] 马克维茨. 资产组合选择:投资的有效分散化 [M]. 第二版. 张扬, 译. 北京:人民邮电出版社, 2017: 4, 5, 18, 109, 206.

我们从上述结论中得出的认识是：资产组合内证券之间的相关性越小，即资产组合收益的方差越小，资产组合收益偏离期望收益的波动或风险越小。反之亦然。分散化不仅意味着增加资产组合中的证券数量，更重要的是减少证券之间的相关性。

如果从规避风险的角度减少业务组合中业务的相关性，那岂不是与范围经济的概念相冲突了？范围经济利用的就是业务之间的相关性。比如核心技术的相关性、分销渠道的相关性，或者市场或客户的相关性。另一方面，联合企业集团的各项业务之间几乎是不相关的，从规避风险的角度具有优势，但核心能力和集团的整体收益怎么增强呢？所以，收益和风险是一对矛盾。资产组合理论告诉我们，不应片面地追求业务的高收益而不顾可能存在的高风险，也不能一味降低风险而大量牺牲收益，应当取一个二者的平衡点，这又与企业家或经理人的风险偏好有关。不过，避免业务组合中所有业务之间高度相关，对于减少风险是必要的。这应看作业务组合管理的一条原则。

利用范围经济性就不可避免地存在业务组合较高的相关性，从而降低公司业务组合的抗风险性。但这种相关性在一定程度上是可以尽量减小的。比如，两种业务在核心技术上是高度相关的，但在市场选择和目标客户的选择上可以是较少相关的，如一家企业的2B（面向企业）业务和2C（面向消费者）业务可以共享企业的核心能力但业务性质几乎不相关；再比如，两种业务在核心技术上是高度相关的，但在应对产业的周期性波动上具有完全不同的性质。后一种抗风险性对企业的业务组合管理尤其重要。

企业的业务可以按市场性质分为增量市场相关业务和存量市场相关业务。增量市场相关业务的特征是，当市场需求增长时，业务的规模与市场需求的增长成比例，故又称为是与导数市场相关的；而当市场需求增长下降时，增量业务的总量则会急剧下降，当市场需求增长降为零时，增量业务总量理论上可能降为零，面临这种情况，企业的生存就可能会出现危机。比如通信网络设备业务，当3G（第三代移动通信技术）投入商用时，运营商开始大规模部署网络，市场对3G设备的需求快速增长，导致企业通信设备业务的急剧增长。而3G设备总有装满的那一天，这一天来临时，对3G设备的需求大幅度减少，导致企业的3G设备订单大幅下降，即使行业领先企业也会面临产能过剩、竞争激烈、效益下降的情况。而对于存量市场相关业务，当市场规模增长时，企业相应的业务也随之增长，而当市场饱和时，相应的业务只是总量不再增长，但仍保持了一个相对庞大的规模，使得企业能够维持生存。比如手机市场，当市场总量增长时，手机业务急剧增长，而当手机用户数趋于饱和、市场总量不再增长时，手机销量也不会降到零，因为庞大的手机存量市场转为换机市场，虽然规模不再增长，但存量市场规模仍然可观，只是竞争激烈，优胜劣汰，领先企业不断从倒下的企业手中攫取市场份额。增量相关市场与存量相关市场的动态特征如图7-2所示。

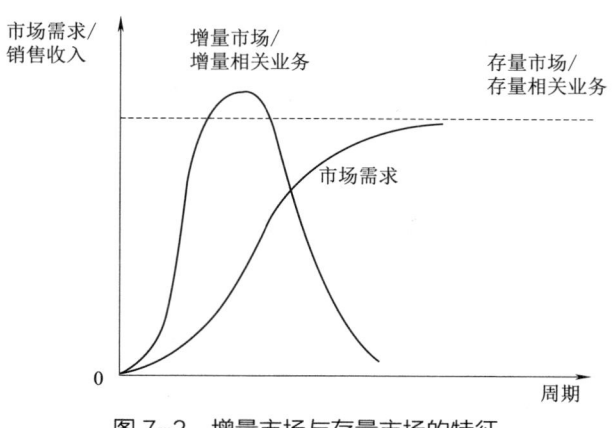

图7-2 增量市场与存量市场的特征

以华为公司和爱立信公司的业务组合为例。爱立信在2G时代曾经是移动通信网络设备和手机的巨头。2001年，由于手机业务连续几年亏损，爱立信决定剥离手机业务，宣布与索尼成立合资公司——索尼－爱立信公司，合作生产手机。到2011年10月，在智能手机已经开始兴起的时代，爱立信将所持的50%股份卖给索尼，正式退出了手机市场，专注于移动通信设备的开发、生产和销售。而在同一年，华为将终端业务划出来独立经营，推出自有品牌，开始大举进入智能手机、终端设备、可穿戴设备和智能家居市场。到2018年，华为终端业务（消费者BG）销售收入达到517亿美元，占当年华为公司销售收入的比例超过50%，智能手机销量突破2.2亿部。而当时世界通信网络设备市场正处于4G（第四代移动通信技术）设备市场接近饱和，5G设备还未开始商用的产业调整期，华为的通信网络设备销售收入只有个位数增长，而爱立信的收入较上年还略有下降，经营出现亏损。排除其他因素的影响，不能不说，业务组合的差异在很大程度上决定了两家公司经营状况的差距。手机业务属于存量市场相关业务，在增量市场相关业务增长停滞的情况下，有力地补充和支撑了公司的持续增长。

华为公司在2011年进入世界通信网络设备行业的前列，并且预见到该行业增长的周期性特征，及时拓展新的业务领域，重新构建业务组合，既利用了通信设备与智能移动终端在核心技术共享方面的范围经济性，提高了业务组合的收益率；又利用了增量市场相关业务与存量市场相关业务之间很大程度的不相关性，降低了业务组合的风险，是一个对业务组合进行战略管理的很好的例子。

7.3

并购应该在企业的长期战略框架下进行

企业战略的概念和理论众多，但战略说到底是目标与能力之间的平衡。而并购的目的应当是为实现企业的长远目标而提升自身的核心能力,包括提升规模经济和范围经济、市场份额,以及加强与母公司的战略协同。那种纯粹为了财务目标,即为了提升短期市场价值和追求杠杆收购的税收效益和融资效益的并购,大多是不成功的。

美国企业并购的近况和历史回顾

大企业怎么持续较快增长?怎么实行战略转型?怎么应对新技术的挑战?这方面,许多大企业的首席执行官更多地寄望于大规模并购。以惠普公司为例,外聘的几任首席执行官都把并购作为实现增长和战略转型的捷径。

1999年年末,卡莉·菲奥莉娜接任惠普的首席执行官,一年后,在收购普华永道的信息咨询业务不成功后,她发起了对计算机制造商康柏的大规模收购,收购金额(包括换股)高达190亿美元。对康柏的收购推动了惠普在商品化业务方面的进一步发展。显然,向商品化业务方向的转型,必然强调规模而不是核心能力,是销售驱动的扩张而不是创新驱动的成长。2005年3月,马克·赫德接替菲奥莉娜担任惠普的首席执行官。他上任之初就申明,他不希望惠普成为一家服务公司,与IBM和埃森哲在这一领域内展开竞争。相反,赫德将惠普视为一家技术和产品公司。赫德认为收购是惠普实现增长速度目标的关键驱动因素。赫德任职期间惠普收购了大约30家公司,其中最大的一笔收购是花费139亿美元收购EDS公司,以扩大惠普的产品和服务业务。2010年,李艾科接替赫德担任惠普的首席执行官。在李艾科看来,惠普错过了移动领域和云计算的机会,这两块是过去10年中IT领域最大的突破。李艾科似乎要带领惠普进入企业软件业务,他花费110亿美元收购英国数据分析公司Autonomy,这展示了他的新战略意图。事实上,惠普花那么多钱收购的公司,只有8.7亿美元的收入。这不能不说是通过并购进行战略转型的一个败笔。

为什么企业经理人偏爱以并购的方式实现增长、战略转型和应对新技术的挑战？回答这个问题需要分析并购的利弊。我们先来定义兼并的类型，再考察一下美国近年来的并购情况，并回顾美国商业史上的几次并购浪潮，然后总结并购的成功与失败的原因。

企业兼并可以分为三种基本类型：横向兼并（horizontal merger）涉及两个从事同类业务的企业；纵向兼并（vertical merger）涉及某项生产活动的不同阶段；混合兼并（conglomerate merger）涉及从事不相关类型经营活动的企业（见图7-3）。

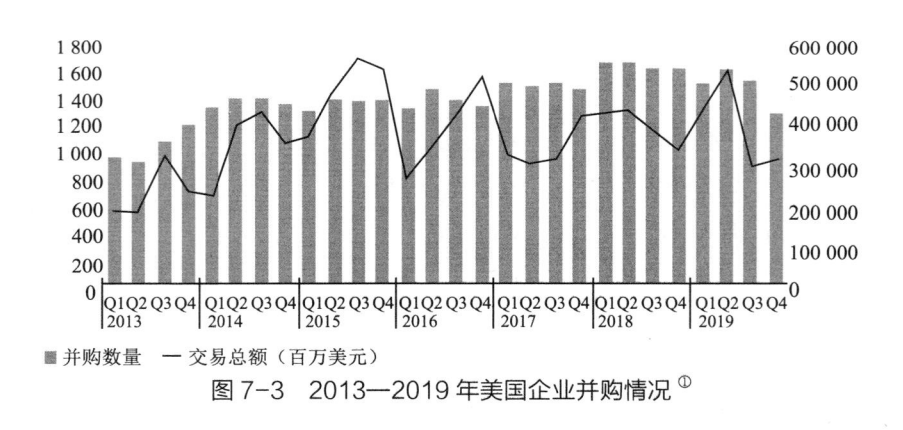

图7-3 2013—2019年美国企业并购情况[①]

美国近几年由于政府大幅度的减税政策，股市表现优异，利率维持在较低水平，对未来经济增长的乐观预期，以及颠覆性新技术的不断涌现，使得并购活动非常活跃。以下信息摘自White & Case事务所发布的2017—2019年美国并购市场的研究报告。

对美国经济的信心，以及它为企业增长和投资提供的机会，带来了一个由大型企业推动的并购市场，其中又以生命科学和TMT（技术、

---

① 资料来源：White & Case事务所发布的"Ahead of The Pack: US M&A 2019"研报。

媒体和电信）行业处于领先地位。2019 年，在涉及美国公司的价值 1.53 万亿美元的并购交易中，有 58% 符合超大规模收购（价值 50 亿美元或更多）的条件，高于 2018 年的 47%。

在 2017 年，美国的并购活动仍保持了强劲势头。虽然美国并购交易总额同比下降 14.3%，至 1.3 万亿美元，但交易量增长 0.4%，至 5 347 宗。沃尔特·迪斯尼公司以 684 亿美元收购 21 世纪福克斯公司某些资产的交易成为 2017 年美国并购价值最高的交易。紧随其后的是 CVS 健康公司以 678 亿美元收购安泰保险公司。强大的战略原因继续推动并购。技术是一个重要的驱动力，它的颠覆性创新威胁到几乎每个行业的公司，改变了商业运作的方式，模糊了传统行业之间的界限。"旧经济"公司要想在数字转型的时代生存下来，就必须购买技术技能和平台。与此同时，科技公司越来越愿意收购那些帮助它们打入它们认为对未来增长很重要的新领域的业务。

2018 年是美国并购市场又一个表现强劲的年份。美国经济的稳步增长、低失业率、有利于企业的减税措施以及强劲的股市表现，令国内交易者重拾信心。尽管交易数量同比下降 2% 至 5 682 笔，但交易价值在此期间增长了 15%，达到 1.5 万亿美元。稳定的油价（在当年的大部分时间里）鼓励了美国页岩油田的增产，这引发了马拉松石油（Marathon Petroleum）以 313 亿美元收购竞争对手安迪沃（Andeavor）的交易。自金融危机以来，随着移动、内容、互联网和数据服务的融合，TMT 行业一直是并购最活跃的行业之一。电信运营商 Sprint 和 T-Mobile 几年前取消了合并谈判，2018 年又重新启动了价值 608 亿美元的合并计划。IBM 以 326 亿美元收购开源软件供应商红帽公司（Red Hat）。2018 年，数字颠覆及其对实体零售商的影响再次给消费领域带来压力。当传统零售商寻求交易时，它们要么寻求增加在线销售，比如沃尔玛以 160 亿美元收购印度在线零售商 Flipkart，要么增加客流量。消费领域比零售业更加稳定，跨国消费品公司有信心在关键市场和产品垂直领域进行大规模扩张。对于制药行业来说，不断更新产品线是必要的，这是公司保护自己免受竞争的一种方式。特殊药物、基因药物和介入药物尤其难以开发，因此成为有吸引力的并购目标。如诺华以 74 亿美元的价格收购了专注于罕见和危及生命的神经遗传疾病治疗的基因治疗公司 AveXis，葛兰素史克（Glaxo Smith Kline）以 51 亿美元收购专注于肿瘤治疗的生物技术公司 Tesaro。

2019 年最大的一笔交易是百时美施贵宝（Bristol-Myers Squibb）以 895 亿美元收购 Celgene，两家公司拥有互补的投资组合。联合技术公司（United Technologies Corporation）和雷神公司（Raytheon）以 889 亿美元的价格合并。2019 年的超大收购案经常使用股票对价来降低收购的高成本。

再看美国历史上几次大的并购运动，我们特别关注的是美国政府反垄断法对并购市场的影响。

美国历史上有过几次大的并购运动。值得特别提及的是 1887—1904 年的兼并运动。这场发生在世纪之交的兼并运动是伴随着美国全国铁路体系的建成、电力的推广、电报的普及以及煤炭广泛应用而出现的，兼并活动在一定程度上代表了地区性企业向全国性企业的转变。这次兼并运动主要是横向兼并，其结果是导致了许多行业的高度集中。1890 年 7 月 2 日颁布的《谢尔曼法》（Sherman Act），禁止任何限制贸易的以托拉斯或其他形式进行的合并，从而多少有助于这次兼并浪潮的结束。1922—1929 年的兼并运动最后止步于经济危机。1940—1947 年的兼并运动受益于战后初期经济的迅速增长。这几次兼并运动是典型的追求规模经济和范围经济的兼并。美国经济学家乔治·J. 施蒂格勒（George J. Stigler）将这几次兼并运动的特征描述为"为垄断而进行的兼并"。

20 世纪 60 年代的兼并运动属于混合兼并。1950 年的《塞勒–凯弗维尔法案》对 1914 年的《克莱顿法案》（Clayton Act）的第七条进行了修改，使联邦政府有权宣称那些倾向于更大程度集中、使竞争受到严重削弱的兼并为非法。从那以后，横向兼并与纵向兼并的重要性相对于混合兼并来说都降低了。通常认为，1968—1986年的并购活动以及由此带来的重组为20世纪80年代的经济繁荣做出了贡献。[①]

以上这些兼并运动的共同特点是，它们都发生在经济持续高增长时期，并且与政府出台的反垄断法以及税收法规等特定的商业环境相吻合。

那么企业并购是否为股东创造了价值呢？是否增加了社会的效率和福利呢？迈克尔·C.詹森的观点是："我认为重新考察围绕收购（takeover）的争论是有意义的，因为它是一个警示性的叙述。它提醒我们，那些使我们最担心的事——大量的重组，大多数政治家、记者和管理者相信它们使得美国衰弱——实际上使我们更强壮；而那些看起来强壮和稳健的做法（例如日本企业的做法）实际上是停滞不前；那些显得有意义的活动——通过研发投资未来——实际上是浪费。或许更重要的是，围绕收购的争论凸显了生意中非常重要的真理：资产掌握在一些人（例如杠杆收购的专家们）手里可以具有更大的生产性，比起资产掌握在另一类人手中更有价值。关于这种差异令人感兴趣的是，它似乎是由制度而不是由特殊的人带来的。这种制度在我看来包括以下因素，诸如所有权、治理，以及财务政策、分权式管理和更好的、更高的激励。"他接着指出："最仔细的学术研究强烈建议收购——连同由于收购的威胁促进的杠杆重组——已经为股东和社会整体创造了大量的收益。我们的估计表明，从1976年到1994年，有超过45000个控制权交易发生——包括合并、投标、剥离和管理层杠杆收购（LBO），合计为3.3万亿美元（1994年美元价值）。支付给出售企业和它们的股

---

① 威斯通，等.兼并、重组与公司控制[M].唐旭，等译.北京：经济科学出版社，1998：12.

东的溢价合计为9 590亿美元。在这个估计中,既不包括收购者在交易中的收益,也不包括公司效率改进的价值,这种改进来自控制权市场活动的压力导致的改革,而没有明显的控制权交易。"[1]

笔者认为,将并购交易支付给股东的溢价也看作并购对效率和社会的贡献,有些不妥。因为这种溢价并没有增加社会的整体福利。关键是并购后的企业在新的东家管理之下是否真正创造出较之前更高的效率和效益。如果从这一点考察,大部分并购是失败的。问题是,为什么大部分并购,尤其是对不相关行业企业的大规模混合并购,实际上减损了股东价值,但并购还是不断地大量发生?其中一个重要的原因可能是并购的财务利益,如收购出价超过资产重购价的部分可以列入商誉,不影响当期损益,可最长在40年内摊销;以及杠杆收购扩大的资金来源和由此增加的债务利息降低了相应利润的所得税支出等,这些增加利润的效应相应增加了股东价值。另一方面,站在并购立场否定企业加大研发投入、主要靠内部投资驱动企业增长的内生增长方式,认为这不过是一种浪费,这种观点就有些站不住脚了。

还有一种对大型兼并持批评意见的观点认为:高比率的资产剥离是收购和分散经营方面的努力失败的表现。该观点曾被迈克尔·波特表述如下:"公司战略的记录是令人失望的。我研究了1950至1986年间33家大型的、有声望的美国公司的分散化经营记录,发现其中大多数对并购后的公司进行剥离的数量要多于保存下来的数量。许多公司的战略分散了股东的价值,而不是创造了股东的价值。"[2]

通常认为,企业并购成功率很低,但到底有多低,是一个存在分歧的问题。一些研究报告说,并购未能创造价值的比例是40%~60%,

---

[1] Jensen M C. A theory of the Firm: Governance, Residual Claims, and Organizational Forms[M]. Cambridge, MA: Harvard University Press, 2000:12.
[2] 威斯通,等. 兼并、重组与公司控制[M]. 唐旭,等译. 北京:经济科学出版社,1998:204.

另一些报告则称，失败率甚至高达70%~90%。经典研究结果表明，从公告收益率的分布中值接近于零这一点来看，平均而言，收购方没有多少乐观的余地。[①]

那么，什么样的并购战略更可能获得成功呢？实践表明，追求协同效应的并购，即基于企业的组织资本和核心能力开展的并购更可能获得成功。

并购的协同效应

为什么企业选择并购，而不是选择内部发展呢？我们参考《兼并、重组与公司控制》一书的观点，归纳出以下几个方面的原因。

（1）追求规模经济和范围经济。一个常被用来解释并购活动的原因是它会提高企业的市场份额，从而扩大规模经济和范围经济。尽管美国国会不断通过更加严厉的反垄断法，严格限制使竞争受到严重削弱的兼并，但在法律允许的范围内，追求规模经济和范围经济仍然是并购的主要动机。

（2）通过并购为剩余的能力寻求创造价值的机会。并购的成功取决于能否将企业的剩余能力向被并购企业成功转移。企业在并购中有四种投入要素：一般管理能力、行业专属管理能力、企业专属非管理人力资本以及投资资本。企业一般管理能力包括计划、组织、指挥与协调以及控制。行业专属管理能力主要包括研究与开发、生产与供应链、人力资源管理、营销和财务等。企业专属非管理人力资本是一种组织资本，它是组织成员个人和团队的经验和技巧，属于一种隐性知识，是由长期学习和协作积累起来的。并购企业一般都存在能力的剩余，

[①] 盖斯．重新定义并购：谷歌是如何兼并收购的[M]．阎佳，译．北京：中国人民大学出版社，2016：9，13．

这是一种内在的扩张的驱动力。"除非一个收购企业能够把它的一些能力转移到外部的多样化经营活动中，否则它只能预期自己只是众多实力相当的竞争出价者中的一个，并且这样的项目最多也只是一个净现值为零的项目。"[1]

（3）拓展成长空间。并购企业通常是由于增长空间受到了所在行业的限制，成长遇到了"天花板"。那么一个很自然的战略就是以现有能力和组织资本为核心，通过并购向多元化领域扩张。这里可能存在的问题是：是通过创新深挖行业市场空间，还是通过并购快速扩张？成功率高的战略是前者，这往往需要重新定义所在行业，不是根据产品定义所在行业，而是根据核心能力定义行业和市场。

（4）价值低估。价值低估的一个原因可能是由于被并购企业的管理层能力不足，无法使公司的经营潜力得以充分发挥。另一个方面是资产的市场价值与其重置成本间的差异，称为托宾Q比率。一般并购企业计算出被收购企业的托宾Q比率在0.6附近，即使算上收购的溢价，仍是一个不错的收购机会。

（5）财务协同效应。虽然杠杆收购提高了收购企业的负债率，增加了收购估值的资本成本，但并购后杠杆率的提高将会使企业增加来自新债务利息的税收节约额，从而增加收购企业的价值。再有，如果被收购公司有当前的营业亏损，它被其他有当前应税利润的公司收购，在并购后的企业中，损失可以用于抵扣应缴纳的税款。此外，收购企业如果有大量的自由现金流，而被并购企业往往现金短缺，二者正好形成互补。现金的注入有利于释放被收购企业的潜在价值。另一个因素是任何收购价格超过被收购企业资产公允市价的部分，均作为商誉载入收购企业的资产负债表中。商誉将在不超过40年的期间内进行摊销，不影响收购企业当期的损益。对很多公司来说，商誉比其他主

---

[1] 威斯通，等.兼并、重组与公司控制[M].唐旭，等译.北京：经济科学出版社，1998：49.

要资产负债项目（如物业、厂房和设备）要大得多。2013年，思科公司的商誉约为其他主要资产负债项目的500%，惠普为265%，微软为169%。[①]足见商誉的会计处理为这些依靠收购巩固其行业领导地位的企业带来多大的利益。

（6）管理协同效应。管理学有一种假设，即一般管理能力是可以向不同行业企业转移的。如果一家公司有一个高效率的管理队伍，其一般管理能力超过了公司日常的管理需求，该公司便可以通过收购一家管理效率较低的公司来使其额外的管理资源得以充分利用。这就是亚马逊、谷歌、阿里巴巴等巨头大肆收购的一个重要原因。它们对自己的一般管理能力非常自信，这一方面源于它们管理团队和各级管理者的高素质，一方面源于它们数字化管理手段的先进性。这也解释了它们高薪招聘顶尖人才的原因——高素质人才能够创造出更高的剩余价值。

（7）成本节约效应。收购企业在完成并购后通常都要裁减冗员，精简机构，关闭产能过剩、技术落后的工厂，大幅降低固定费用。在经过一系列重组后，又会剥离非核心业务，出售获利。但成本节约不应代替并购的战略动机。

彼得·德鲁克总结了成功并购的五条法则：（1）收购必须有益于被收购公司；（2）须有一个促成合并的核心因素；（3）收购方必须尊重被收购公司的业务活动；（4）在大约一年之内，收购公司必须能够向被收购公司提供上层管理；（5）在收购的第一年内，双方公司的管理层均应有所上升。[②]这五条法则对成功并购具有指导意义。

谷歌是把并购的协同效应运用到极致的少数顶尖的具有互联网基

---

① 盖斯.重新定义并购：谷歌是如何兼并收购的[M].阎佳，译.北京：中国人民大学出版社，2016：139.
② 威斯通，等.兼并、重组与公司控制[M].唐旭，等译.北京：经济科学出版社，1998：545.

因的公司。通过《重新定义并购》一书可以总结出它的几个鲜明的特点：

（1）重视并购的协同效应而不是成本节约。"协同"是两个或多个主体互动，其结合效应大于它们各自作用之和，"这就是并购应该达到的目的"。谷歌的许多交易都基于对未来某一时刻会出现的收入协同效应（revenue synergy）的信心，谷歌的并购交易，只有很少的几桩是着眼于谷歌与目标公司合并后带来的成本节约。[1]

（2）高技术企业的并购以小规模为主。长久以来，在谷歌和其他顶尖技术公司占主导地位的都是这种小规模收购。所以并购的价值集中在获取核心技术和关键人才上，而省去了大规模并购后的裁撤冗员、精简部门、压缩固定费用、安置被并购公司高管等烦琐的耗费时间和精力的重组。证据显示，较之非多元化交易，如果收购的是没有相关性的多元化业务，带来的财务收益往往更低。

（3）并购是为了填补空白，而不是弥补短板。收购的战略理由必须合理地建立在公司核心能力之上。发展机遇应当以公司具有独特优势的领域为中心，而非明显的短板领域。通过并购填补产品线的空白，增强已有优势，这应当是主要目的，而不是弥补短板。填补空白和弥补短板不是一个概念，后者是自己做不好的领域，很难通过并购补上。

（4）重视并购的互补性，实现半有机生长。有机生长指的是，从内部培育企业的现有业务，或是从外部开发新的业务线。……如果收购来的技术相关资产，跟公司既有的产能可以互为补充地结合起来，带来了新的产品和服务收入，这就是乔治·盖斯（George T. Geis）在《重新定义并购》一书中定义的半有机生长。两大关键互补性构造是：①目标重合度，目标公司的知识库在收购方已经掌握的知识库里占多

---

[1] 盖斯.重新定义并购：谷歌是如何兼并收购的[M].阎佳，译.北京：中国人民大学出版社，2016：6.

大比例（重合度低，则互补融合的可能性大）；②吸收能力，即收购方重组目标公司知识库的能力（吸收能力低，则互补融合的可能性小）。吸收能力在收购成败里扮演着决定性的核心角色。[1]

（5）并购如果留不住关键的人才就是失败。广义而言，如果一桩交易导致了下述结果，则谷歌会视之为失败：①目标公司的技术没有整合到谷歌的产品里；②谷歌停止开发原本有意继续开发的一种产品；③团队的离开早于谷歌的期待。

并购必须服从企业的长期战略

总体而言，谷歌的并购目的更宽泛，它希望借助并购活动，在数量飞速扩张的市场里加速扩展发展机遇。2010年谷歌完成的数量惊人的收购来自以下行业：

（1）媒体应用；（2）音频、视频和图形技术；（3）金融服务应用程序；（4）娱乐软件；（5）社交媒体；（6）广告；（7）搜索；（8）地图测绘；（9）网络零售；（10）旅游应用程序；（11）硬件组件；（12）云计算、web基础架构；（13）系统软件；（14）移动应用程序；（15）半导体；（16）办公应用软件；（17）摄影。前8个是加强现有核心能力的，另外9个是扩展相关领域机遇的。[2]

其实，相当多的收购都放在了Google X部门，这是创建于2010年的研究实验室，目的是为未来的创新提供燎原之火。尽管谷歌的收购有了新焦点，但几乎没有人否认，Google X的相关交易属于谷歌企业发展战略的重要组成部分。

---

[1] 盖斯.重新定义并购：谷歌是如何兼并收购的[M].阎佳，译.北京：中国人民大学出版社，2016：37.

[2] 同前注，第46页。

有人认为 2005 年收购安卓是谷歌有史以来最好的交易。尽管谷歌对操作系统本身并不收取许可费,但安卓手机上展示的移动广告却让公司获利颇丰,此外 Google Play 商店也带来了收入。安卓的开源战略推动了业内对该平台的快速采纳,对谷歌以广告为基础的业务模式极为有利。[①]

　　并购活动应该在企业的长期战略框架内进行,这就是谷歌并购的基本原则。

---

① 盖斯.重新定义并购:谷歌是如何兼并收购的[M].阎佳,译.北京:中国人民大学出版社,2016:58,121.

第8章 确定性与不确定性

知不知,尚矣;不知知,病也。

——老子《道德经》第七十一章

万千企业的兴衰成败,归根结底在于能否适应变化及其带来的不确定性。确定性与不确定性是一对矛盾,你中有我,我中有你。确定性带来效率,不确定性蕴含机会。确定性消除浪费,不确定性产生利润。在确定性中为不确定性留有适当空间有助于增加灵活性和应变能力,从不确定性中分离出确定性有利于缩小不确定性的范围,提高探索的成效。

企业在创新上面临的基本矛盾是以客户为中心还是以技术为中心。这里我们又要提到弗兰克·奈特的观点,他认为:经济现象最本质的特征,就是为市场而生产。可见,处理这对矛盾,或者更广义地说,处理企业的任何矛盾最终都不能脱离企业是为市场而生产的这个本质。

本章的讨论集中在确定性与不确定性这对矛盾的几个关键问题上,比如,创新应当以客户为中心还是以技术为中心,如何在不确定性中探索商业机会,如何管理不确定性以及如何进行公司风险投资。

8.1

以客户为中心还是以技术为中心

处在创业阶段的企业,不存在以客户为中心还是以技术为中心的问题,因为生存是第一位的,不以客户为中心就不能生存。但为什么企业规模大了以后,这就成了问题,甚至成了创新者的窘境?

什么才是创新者的真正窘境

克莱顿·M.克里斯坦森的《创新者的窘境》一书使优秀企业面临的困境成为业界和学界关注的焦点。那么什么是创新者的窘境呢?我们将克里斯坦森的观点归纳如下:

- 良好的管理正是导致以管理卓越著称的企业未能保持其领先地位的最主要原因。而所谓良好的管理,是在利润最大化假设下构建的管理体系。
- 即使是最具突破性、最复杂的延续性技术也很少会导致领先企业的失败。通常是破坏性技术导致了领先企业的失败。破坏性产品的结构更简单、价格更便宜、利润率更低,但更符合大多数消费者的需求。
- 技术进步的步伐可能会而且经常会超出市场的实际需求,导致产品具有太多过剩的功能,使企业为此付出高成本,推高了产品的价格,限制了消费者的购买。
- 对于那些在进入市场之前需要得到有关市场规模和投资收益率的量化数据才能做出投资决策的企业来说,它们通常会在面对破坏性技术时感到束手无策,因为无法对不存在的市场进行分析。

- 优秀企业由于放弃低端业务而创造了一个低端产品的市场真空，采用破坏性技术的竞争对手正好乘虚而入，而优秀企业的成本结构和能力结构已经使之回不到低端市场了。
- 传统的营销理论建立在消费者行为分析的基础上，但在破坏性技术变革中，消费者的个性化需求反而限制了优秀企业管理者的眼界，使他们在破坏性技术的商品化上错失良机。
- 破坏性技术通常首先在成熟企业研制成功，但往往在新创企业取得商业成功。由于采用破坏性技术的产品最初的市场太小，对企业的利润贡献微不足道甚至导致亏损，以至于在资源分配上总得不到重视。
- 创新管理中的一个关键性战略决策就是，成为技术变革的领先者是否非常重要，追随者的角色是否也可以接受。对于破坏性技术，抢先进入市场是否非常关键，后发制人能否后来居上。
- 一个机构的能力体现在其流程和价值观中，而正是构成当前业务模式核心能力的流程和价值观决定了它们无力应对市场的破坏性变化。
- 失败是破坏性技术寻找新市场的必经之路。发现新市场的过程必将是一个与失败为伍的过程。但是，企业现行的绩效考核制度却往往不宽容失败。

创新者的窘境说到底是因为把以客户为中心与以技术为中心割裂开了，似乎二者是不相容的，非此即彼，结果使自己陷入两难困境。解决这一困境的关键是跳出机械论的思维定式，用对立统一和相互转化的观点看待这一对矛盾。以客户为中心说到底就是以商业成功为中心，以技术为中心就是不要被短期的商业利益所诱惑。二者的最终目的是一致的，都是满足客户本质的、潜在的需求，追求更大的商业成功。但现实往往是很严峻的，不少极具创新精神和产生过许多突破性研究成果的企业实验室对社会和产业的发展贡献很大，但没有为公司带来商业成功，为什么？我们不妨解剖一下朗讯与贝尔实验室以及施乐与帕洛阿尔托实验室的例子。

以客户为中心说到底是以商业成功为中心

美国贝尔实验室是晶体管、激光器、光放大器、密集波分复用系统、太阳能电池、发光二极管、数字交换机、通信卫星、电子数字计算机、蜂窝移动通信设备、长途电视传送以及通信网等许多重大发明的诞生地，也是 UNIX 操作系统和 C 语言的发源地。它的存储程序控制和电子交换、数据库及分组技术为智能网的应用铺平了道路；它开发的 UNIX 操作系统使各类计算机得以大规模联网，从而成就了今天的互联网；它开发的 C 语言和 C++ 语言是被广泛使用的编程语言。自 1925 年 1 月 1 日成立以来，贝尔实验室共获得 25 000 多项专利，研究人员共获得 8 项诺贝尔奖。在基础理论研究方面，1933 年，卡尔·詹斯基（Karl Jansky）通过研究长途通信中的静电噪声发现银河中心在持续发射无线电波，通过此研究建立了射电天文学；克劳德·香农（Claude Shannon）于 1948 年发表的论文《通信的数学原理》，奠定了现代通信理论的基础。1947 年，贝尔实验室发明晶体管，参与这项研究的约翰·巴丁（John Bardeen）、威廉·肖克利（William Shockley）、沃尔特·豪泽·布拉顿（Walter Houser Brattain）于 1956 年获诺贝尔物理学奖。

直到 20 世纪 80 年代，贝尔实验室是工业界少有的几个在企业内设立的大型研究与开发机构。贝尔实验室的工作可以大致分为三个类别：基础研究、系统工程和应用开发。在基础研究方面主要从事电信技术的基础理论研究，包括数学、物理学、材料科学、行为科学和计算机编程理论。系统工程主要研究构成电信网络的高度复杂的系统。开发部门是贝尔实验室最大的部门，负责设计构成贝尔系统电信网络的设备和软件。一个大公司只从事产品开发是比较短期的行为，如果没有基础理论的研究或者方向性知识的积累，产品开发就好像无源之水，企业是无法保持行业领先地位的。贝尔实验室投入研究与开发经费的比例是 1∶10。实验室有 28 000 人，其中有近 3 000 人在做基础研究，聘用了 1 200 位博士，其余的人从事产品开发。

1984 年，美国政府依据反垄断法将 AT&T 分拆为 7 个公司，贝尔实验室属于分拆后的 AT&T 公司。由于规模缩小了，AT&T 拨给贝尔实验室的研发经费减少了，受冲击最大的是基础研究部门。1996 年，贝尔实验室以及分拆后的 AT&T 的设备制造部门脱离 AT&T 成立朗讯科技（Lucent Technologies）公司。从许多衡量标准——比如专利和获奖情况来看，分拆后的贝尔实验室仍然是一流的实验室。在刚开始的几年，朗讯的发展令同行艳羡，朗讯公司的市值最高时达到 2 700 亿美元，每年投入贝尔实验室的研发经费占到销售额的 11%~12%，大约 40 亿美元。但是，不幸的是，2000 年 IT 泡沫破灭，朗讯科技是电信设备行业第一个倒下的大公司，股价从最高时的每股 84 美元跌到每股 2 美元，最终于 2006 年 12 月被法国的阿尔卡特公司（Alcatel）并购。并购后的阿尔卡特-朗讯（Alcatel-Lucent）公司自合并以来一直亏损，市值蒸发了 62%。2008 年 8 月 7 日，阿尔卡特-朗讯不得不出售贝尔实验室大楼，从此贝尔实验室走上了衰落之路，使人不禁扼腕痛惜。

看起来贝尔实验室的衰落是母公司朗讯的衰落所致，但问题是：为什么创新精神如此旺盛、创新成果如此先进和丰富的贝尔实验室未能拯救朗讯？笔者认为，这恰恰证明，技术先进并不意味着商业的成功。掌握先进技术并不是企业最终的目的，为客户和企业创造价值才是最终的目的，技术只是手段，商业成功才是目的。贝尔实验室在基础研究方面的杰出贡献令人钦佩，而且也推动了产品开发的创新，但那毕竟是在 AT&T 独家垄断的时代。AT&T 通过大力投入贝尔实验室的基础研究与产品开发回报社会，以抵消业界和政府对其垄断的非议。创新的目的往往被定义为发明全新的技术,但其实创新的目的并不在于技术本身,而在于解决客户的问题。曾任贝尔实验室总裁的默文·凯利(M. J. Kelly)为创新设定的规则是:"要么效果更好,要么价格更低廉,要么两者兼具。"今天顶尖的信息与电子企业如谷歌,虽然也进行相关领域的基础研究,但其目的还是解决社会和消费者未来面临的重大问题,最终是客户需求导向和商业成功导向的。

在以客户为中心还是以技术为中心这个问题上,华为公司总裁任正非多年来一再向华为的研发管理者和工程师们强调,客户需求导向优先于技术导向。他说:"对技术的崇拜不要走到宗教的程度。我曾经分析过华为技术、朗讯可能失败的原因,得出的结论是不能走产品技术发展的道路,而要走客户需求发展的道路。去年我开始对华为技术进行结构性调整,现在看来是正确的。华为技术在前几年卖产品的时候,我们进行了大量的宣传,七八个月后,当盐碱地洗得差不多的时候,对手的产品也出来了。对手说他们的产品与华为的一样,价格便宜10%,这10%就是我们超前铺路的钱。这说明技术过分领先并未给我们带来效益,带来的是为人们铺路,去洗盐碱地。网络社会技术传播速度加快了,新技术涌出的速度会非常快,但新技术并没有转化为客户需求,在你费大力做了大量宣传之后,反而给别人得了好处。所以我们不能把技术领先摆在一个最高的位置,要关注客户需求。"[1]任正非认为:"目前在我们国家,很多人认为最重要的是技术。因此,在国内,重技术轻管理,重技术轻客户需求,还是比较普遍的。但主宰世界的是客户需求。我希望大家改变思维方式,要做工程商人,多一些商人味道,不仅仅是工程师。要完成从'以技术为中心'向'以客户为中心'转移的伟大变革。"[2]

对于华为公司要不要进行基础研究,任正非的观点是:"我们不能

---

[1] 任正非:与安圣电气座谈纪要,2001。
[2] 任正非:《以客户为中心,加大平台投入,开放合作,实现共赢》,2010。

为了做基础研究而做基础研究。一些业界公司进行了大量基础研究，但没有保证自身的成功，因此我们要认识到，我们要做些基础研究，但哪些应该在大学里做，哪些应该在国家基础研究部门做，哪些应该我们自己做，这都要好好研究，好好分析。不能盲目地说我们只要培养几个诺贝尔奖的获得者或者几个院士级的科学家，公司就多光荣。商人和学术还是有一定的区别的。我们要做工程商人，不要在工程商人的道路上发展不必要的基础理论研究。"[1]

与朗讯的贝尔实验室类似的问题也出现在了施乐的帕洛阿尔托实验室里。

技术创新只有与企业家精神结合才能结出硕果

施乐公司位于美国硅谷的帕洛阿尔托计算机科学实验室，自1969年建立以来，几乎贡献了数字时代所需要的全部关键技术，例如：首台命名为"图"的个人电脑、个人分布计算、图形用户界面、第一个商用鼠标、位映射显示、以太网、客户机/服务器架构、面向对象的流程、激光打印机、许多因特网上的基本通信协议、信息可视化技术、页面描述语言、专家系统、语音的压缩技术、所见即所得技术等。

提到施乐帕洛阿尔托实验室在计算机科学领域的开创性研究成果，就不能不提罗伯特·泰勒（Robert W. Taylor）的贡献。在帕洛阿尔托实验室成立之初，施乐邀请时任国防部高级研究计划局（ARPA）信息处理技术办公室主任罗伯特·泰勒负责组建帕洛阿尔托实验室。事实证明，泰勒是一个富有远见的计算机战略家和领导者，他为施乐的帕洛阿尔托实验室招募了50多名计算机科学领域的顶尖人才。泰勒资助并领导了Alto电脑的设计，而这种计算机被广泛视作现代个人电脑的前身。泰

---

[1] 任正非：《加强道德素养教育，提高人均效益，满怀信心迎接未来》，2002。

勒还对鼠标的发明起到了关键作用。这一计算机控制技术后来被融入苹果的 Macintosh 和微软 Windows 的设计中。1968 年，他与利克莱德博士[①]（J. C. R. Licklider）联合撰写的论文《作为通信设备的计算机》（The Computer as a Communications Device），描绘了计算机网络将如何改变社会的大致轮廓。斯坦福大学硅谷档案项目历史学家莱斯利·伯林（Leslie Berlin）曾评价道："不管是启动互联网项目，还是开启个人计算机革命，无论你从哪个角度看，泰勒都是我们这个现代世界的一位重要缔造者。"

但问题是，施乐公司的决策者及产品部门负责人和帕洛阿尔托实验室之间存在严重的沟通障碍，这使那些意义重大的技术的潜在商业价值根本得不到施乐决策者的理解。这说明施乐的体制存在着严重的问题，而帕洛阿尔托实验室的负责人，被视为帕洛阿尔托实验室科学家们的精神领袖的泰勒也有着不可推卸的责任。他曾傲慢地说过："我的任务是创造我力所能及的最好的技术，如果产品部门无法利用我们的技术，这不是我的罪过。"

结果发生了什么呢？帕洛阿尔托实验室那些为个人电脑和互联网革命准备的关键技术全部躺在实验室里面，无法被商业化应用。虽然帕洛阿尔托实验室发明了第一台个人电脑，但市场上第一台个人电脑是由 IBM 发布的；帕洛阿尔托实验室创造了带鼠标、图标和视窗的图形界面用户系统，但第一个 Macintosh 图形界面操作系统是由苹果发布的；帕洛阿尔托实验室发明了"所见即所得"的文字处理模式，结果被微软的 Office 办公软件大胆使用，从此整个办公软件市场只剩微软。事实上，问题的根源出在帕洛阿尔托实验室所有的研究几乎都与当时施乐的业务方向无关，这些技术与施乐的战略没有衔接，当一些非常有价值的技术研究成果出现之后，施乐根本就没有针对市场做任何准备，以致错失良机。只要施乐能确定一个方向，帕洛阿尔托实验室就

---

① 开创性论文《人机共生》（*Man-Computer Symbiosis*）的作者。

能为它提供当时最先进的技术和产品，但遗憾的是施乐没有为帕洛阿尔托实验室确定战略方向。结果那些计算机精英们研究出来的一切技术在施乐看来都没有商业价值。

"施乐完全可以在今天拥有整个计算机产业，完全可以比现在的规模大上10倍，完全可以成为90年代的IBM，完全可以成为90年代的微软。"苹果公司的创始人乔布斯在20世纪的一次关于个人电脑话题的电视节目上惋惜地说。

进入20世纪80年代，施乐与帕洛阿尔托实验室间的人事斗争以及施乐因业绩不佳而收缩拖垮了帕洛阿尔托实验室，泰勒在受到排挤后提出辞职，精神领袖一走，帕洛阿尔托实验室的那些精英们就没有任何可留恋的了，很快，他们纷纷离开帕洛阿尔托实验室，加盟其他公司或自立门户。这些人的出走点燃了个人电脑革命的野火。以太网的发明人梅特卡夫（Metclfe）离开后创办了3Com公司，图形界面的主将阿利·凯（Alley Kay）成为Atari公司首席科学家，负责Alto2个人电脑设计的约翰·埃勒比（John Ellenby）成为Grid公司主席，负责为Alto设计字处理软件的西蒙尼加入微软，当年为乔布斯演示用户图形界面的拉里·特斯勒（Larry Tesler）加盟了苹果公司，查尔斯与沃努克带着页面描述语言Postscript，成立了Adobe公司……

施乐的帕洛阿尔托实验室由盛转衰的命运历程反映出了一些发人深省的问题。比如，为什么施乐的帕洛阿尔托实验室创造了那么多改变计算技术的突破性成果，却没有在施乐公司取得商业成功，反而催生了一大批计算机和互联网的巨擘？如何避免这种撕裂的结果？

再如，大企业要不要设立从事基础研究和前沿性技术开发的实验室？这是大企业的社会责任还是保持领先地位的必然要求？

还有，企业从事基础研究和前沿技术创新的研究实验室要不要与企业的业务战略在大方向上保持一致？这是事关双方命运的要害问题，是以客户为中心和以技术为中心矛盾的焦点。帕洛阿尔托实验室第三任首席执行官大卫·卡恩斯（David Kearns）就曾经说过，帕洛阿尔托实验室的问题关键在于它的工作与公司业务没关系，而且帕洛阿尔托实验室的研究人员将这看成宽松研究环境的标志。当施乐公司力图将帕洛阿尔托实验室的研究方向与公司的主要业务进一步联系起来的时候，帕洛阿尔托实验室的主要负责人罗伯特·泰勒表示了强烈的不满，他和全体研究人员一起跳槽到DEC（美国数字设备公司）。几年之后，DEC也发现自己面临同样的问题。可见，这是每个试图从事基础研究的企业都会面临的问题。

我们可以从施乐的帕洛阿尔托实验室的盛衰中得出哪些教训呢？我认为至少有以下几点：

第一，应当肯定施乐公司设立帕洛阿尔托实验室是一项极富远见的战略举措。设立从事基础研究和前沿技术创新的实验室是企业发展到一定规模时的必然选择。要在行业保持领先，必须进行基础研究，仅靠大学和研究机构的基础研究成果，领先企业和竞争对手甚至产业的新进入者只会处于同一起跑线上，拉不开差距，胜负难定。

第二，基础研究要有突破，必须基于科学家的兴趣选择研究课题，必须为科学家们创造宽松的、跨学科交流的环境，必须尊重科学发现的规律，必须摆脱商业目标的束缚。帕洛阿尔托实验室在基础研究上的成功以及贝尔实验室的成功都证明了这一点。基础研究实验室以技术为中心，这是对的。罗伯特·泰勒说："我的任务是创造我力所能及的最好的技术，如果产品部门无法利用我们的技术，这不是我的罪过。"没错，创造不出最好的技术是他的责任，怎么实现商业化应用是企业的责任。

第三，企业从事基础研究是有边界的。基础研究实验室的研究方向要尽量与企业的长远战略在大方向上保持一致。企业是营利组织，不是公益组织，企业必须履行它的经济使命，追求商业成功。所以，企业一定是以客户为中心的，以客户为中心说到底就是以商业成功为中心。

第四，以技术为中心怎么与以客户为中心结合呢？这需要企业家精神，创新要与创业相结合。人的一生要想有所成就，就必须专注。科学家就是做研究，客户需求和商业成功的事不该由科学家考虑，否则他就是在做开发的工作而不是研究工作了。帕洛阿尔托实验室取得了突破性研究成果的科学家，许多最后走上了企业家的道路，本来他们是可以沿着科学研究的道路一直走下去的，这样可能对社会和产业的贡献更大。

第五，基础研究的成果需要企业家来发现它潜在的、巨大的商业价值。像乔布斯、盖茨这样的企业家，有狼一样敏锐的商业嗅觉，一旦捕捉到机会，就会扑上去咬住不放。但像施乐这样的大企业怎么培育企业家精神？怎么让企业家从内部脱颖而出？或者是将有前景的企业家的创业企业收入囊中？这不能不说是大企业管理的一大挑战。用华为公司总裁任正非的话来说，企业要宽容"歪瓜裂枣"人才，"裂枣"不是"劣枣"，只是这些怪才的思维方式和行为方式与众不同。

第六，大企业必须在主业之外同时尝试新创事业，以便在主业成熟后有新的增长点。这需要企业的管理层有远见卓识和忧患意识，需要在确定性之外增加不确定性。施乐在硅谷设立帕洛阿尔托实验室的初衷就在于此，但是怎么后来就变成"叶公好龙"了呢？也难怪乔布斯痛惜："施乐完全可以在今天拥有整个计算机产业，完全可以比现在的规模大上10倍，完全可以成为20世纪90年代的IBM，完全可以成为90年代的微软。"这样深刻的教训值得所有大公司董事会在选拔继任的首席执行官时深思。

企业有一种偏离以客户为中心的自发倾向

华为公司总裁任正非为什么特别强调以客户为中心呢？因为企业有一种偏离以客户为中心的自发倾向。企业，尤其是高技术企业，如果任其自然发展，很容易倒向以技术为中心，很难坚持以客户为中心。

造成这种自发趋势的因素有很多。

一是由企业目的决定的。西方经济学的主流观点认为，企业的目的是追求利润最大化和股东价值最大化，是以股东为中心而不是以客户为中心，满足客户需求是手段不是目的。凡以此为目的的企业，在客户利益与股东利益出现冲突的时候，往往会牺牲客户利益保证股东利益。

二是企业规模和分工。随着企业规模的扩大和分工的细化，内部岗位与部门离客户越来越远，感受不到市场竞争和客户需求的压力。再者，即使有人想急客户所急，但他上下游的部门和岗位着急吗？他能调动别人吗？

三是行业垄断。垄断导致竞争和生存压力减弱，从而弱化了满足客户需求的紧迫感。但市场竞争趋向于垄断，垄断企业会以客户为中心吗？企业会为了客户而追求垄断吗？

四是技术导向。在企业中，特别是在研发部门，技术拔尖往往更受人尊重，绩效评价更高，晋升和涨薪的机会也更多。在研发部门中，工程师们都愿意开发复杂的、技术难度大的产品，不屑于改进老产品，使之更简单、更可靠，而往往后者给企业带来的现金流更多，在企业中经常会出现技术很先进的产品"叫好不叫座"的现象。遗憾的是，企业的绩效考核体系往往会助长这种趋势。

五是流程的异化。流程可以让我们用更简捷、更高效的方法完成重复的工作，其最终目的是更快地响应客户的需求。流程一旦确定就成为一种标准，会在相当一段时间内保持稳定，其基本假定是只要流程是合理的，按照流程去做就会达到预期的结果。于是，员工逐渐把遵守流程、不犯错误变成了工作的目的，而把遵守流程是为了更好地满足客户需求淡忘了。官僚主义就开始滋生。

六是人性的弱点。人的行为的原动力都是利己的，人们为达到利己的目的通常采取两种行为模式：一种是通过利己的行为达到利己的目的，一种是通过利他的行为达到利己的目的。以客户为中心就是通过利他而利己，需要通过修炼才能够成为自觉的行动。

弗兰克·奈特说："滚滚红尘的每一种运动，都是也可以被视为趋向平衡的发展。水流趋向于同水平面，气流趋向于同气压，电流趋向于同电压，辐射趋向于同温度。每一种变化是对导致该项变化的力量的平衡，该项变化趋向于带来这样的条件，在此条件下该变化不再发生。"[1] 以客户为中心不是一种自发趋向平衡的力量，而是一种打破平衡、推动流动、推动变化的力量，是一种激发企业活力的力量。

8.2

先开一枪，再开一炮

彼得·德鲁克有一句常被人提及的名言：重要的是做正确的事，而不仅是正确地做事。然而，怎么确保做正确的事呢？就是要能够在多种可能的方案中进行选择。尽管受到有限理性和决策时机的限制，决策者不可能搜集到所有的方案和充分的信息，但正如管理决策中的一条经验所言：如果只有一种方案可供选择，那一定不是一个满意的方案。

没有选择，做正确的事就是一种偶然

吉姆·柯林斯（Jim Collins）和莫滕·T.汉森（Morten T. Hansen）在他们合著的《选择卓越》一书中，将美国安进公司（Amgen）的药品研发模式概括为："先发射子弹，后发射炮弹。"

安进公司成立于1981年，直到1988年，公司规模还很小，员工

---

[1] 奈特.风险、不确定性与利润[M].郭武军，刘亮，译.北京：华夏出版社，2011：14.

仅479人，没有任何产品上市。1989年6月，安进公司的第一个产品重组人红细胞生成素（erythropoietin，以下简称EPO）终于获得美国食品和药品管理局（以下简称FDA）批准，用于治疗慢性肾功能衰竭引起的贫血和HIV（艾滋病病毒）感染治疗的贫血。1991年2月，公司第二个产品重组粒细胞集落刺激因子（filgrastim，以下简称G-CSF）获得美国FDA批准，其适应证为肿瘤化疗引起的嗜中性白细胞减少症。安进公司的这两个全球商业化最为成功的生物技术药物EPO（商品名EPOGEN）和G-CSF（商品名NEUPOGEN），不仅造福了无数血液透析患者和癌症化疗患者，也为公司带来了快速的增长和巨额的利润。1992年，安进公司首次跻身《财富》世界500强。

那么，安进公司的EPO是怎么开发出来的呢？它是从安进公司最初"进行了几乎所有的尝试"中自然涌现出来的，是公司发射的大量"子弹"中的一颗，这些大量的"子弹"主要包括[1]：

（1）白细胞干扰素，用于病毒性疾病；（2）乙型肝炎疫苗；（3）表皮生长因子，用于创伤愈合和胃溃疡；（4）免疫测定，提升医疗诊断试验的准确度；（5）杂交探针，用于癌症、传染病和遗传紊乱的诊断；（6）促红细胞生成素，用于治疗慢性肾病的贫血症；（7）鸡生长激素，更好地促进鸡的生长发育；（8）牛生长激素，以获得更多的牛奶；（9）生长激素释放因子；（10）猪细小病毒疫苗，以提高猪的繁殖率；（11）传染性胃肠炎病毒疫苗，用于防治猪仔的肠道感染；（12）生物工程合成靛蓝，用于印染牛仔裤。

1984年，促红细胞生成素开始崭露头角。安进划拨了更多的"火

---

[1] 柯林斯，汉森. 选择卓越：不确定性、混沌和运气[M]. 陈召强，译. 北京：中信出版社，2012：108.

药"进行临床试验，验证效力，并确保专利不被侵犯。接下来，在完成科学研究和市场评估（美国有20万肾病患者）之后，安进发射了一枚"炮弹"，建立了测试设施，安排资本进行生产，并成立了一个启动团队，促红细胞生成素成为历史上首个超级炸弹式的生物工程产品。

安进早年的发展史表明了应对不确定性的一种关键模式：先发射子弹，后发射炮弹。在技术和商业前景不确定的时候，在可能的方向和技术路径上先发射子弹，即使打不中，损失的不过是几颗子弹，而一旦击中目标，接着就是集中资源，发射炮弹，一举赢得商业成功。

巧的是，华为公司总裁任正非的观点与柯林斯的观点不谋而合。任正非曾在华为年度市场大会上讲："对于未知领域，我们推行'先开一枪，再开一炮'的探索模式。在尖端领域，我们要多路径、多梯次、多场景地规划产品，要在目标清晰后，敢于汇聚多路力量，扑上去，撕开它，纵向发展，横向扩张。"[1] 其实，这种对不确定的尖端领域采取多路径、多梯次、多场景的研究策略，是华为公司一贯的研究管理方针。任正非就曾多次强调反对用押宝的方式开展未知领域的研究，他说："既然我们确定了大军滚滚向前的方向，就要把实现目标的多重机会都当成对目标进攻的多种方式。不能只赌一种机会，那是小公司资金不够的做法。我们是大公司，有足够的资金支持，要敢于投资，在研究与创新阶段可从多个进攻路径和多种技术方案、多梯次地向目标进攻。在主航道里用多种方式划船，这不是多元化投资，不叫背离主航道。现在的世界变化太快，别赌博，只赌一条路的公司都很难成功。因为一旦战略方向错误，损失就会巨大。"[2]

对于大企业要不要进行基础研究，怎么进行基础研究，西蒙的观点是："公司内的实验单位一般很少提供新产品的基础性发现，更多时

---

[1] 任正非：在2018年市场大会的讲话，2018。
[2] 任正非：在固网产业趋势及进展汇报会上的讲话，2015。

候是充当产生新产品观念的学术界与其他学科之间的联系纽带。它的任务就是观察学术界,并与之保持沟通,注意学术界提供的机会并将其进一步发展。"①

尽管大企业积累了大量的知识,但仅凭企业自身积累的知识是很难做出颠覆性创新的。颠覆性创新首先要有颠覆性发现和颠覆性理论,哪怕只是颠覆性假设和思想。这些颠覆性的思想和理论大量地存在于学术界。所以从这个意义上说,公司的基础性研究,主要是与学术界的前沿科学家保持沟通,密切关注学术界的最新研究进展,并在自己的实验室里探索其产品化和商业化途径。

华为深知仅凭企业一己之力进行基础研究的有限性,但走到行业的领先地位又必须有基础研究作为产品开发的支撑。所以,华为确定了自身对大学和研究机构开发方的资助战略。任正非指出:"我们除了在市场战线要获得成功外,在技术战线我们也要有所作为。我们每年除了给开发拨付80亿~90亿美元的开发经费,还将给研究每年超过30亿美元的经费。我们为什么要延伸到基础研究领域?因为这个时代发展太快了,网络进步的恐怖式发展,使我们不能按过去科学家发表论文,我们理解后去做工程实验,然后开发产品,这样缓慢的道路。我们现在就要选择在科学家探索研究的时候,就去思考如何工程化的问题。我们不仅要使自己数十个能力中心的科学家和工程师努力探索,不怕失败,而且要越过工卡文化,大量支持全球同方向的科学家。我们的投资是不具狭义目的的。正如我在白俄罗斯科学院所说的,我们支持科学家是无私的,投资并不占有他的论文,不占有他的专利、他的成果,我们只需要有知晓权。不光是成功的,包括他失败过程的知晓权。像灯塔一样,你可以照亮我,也可以照亮别人,而且灯塔是你的,完全不影响你产业化。"②

---

① 西蒙 H A. 管理行为 [M]. 第 4 版. 詹正茂,译. 北京:机械工业出版社,2004:113.
② 任正非:华为公司总裁办电邮讲话〔2016〕93 号。

"移动、锚定搜寻"模式

大企业进行基础研究的一个重要目的,是探索长期成长的可能性。这通常要求公司在从未进入过的领域内进行搜寻。那么这方面业界有没有可资借鉴的最佳实践呢?有没有可资遵循的方法论呢?有的。2006年发表在《管理科学》(Management Science)杂志上的一篇研究论文,就不乏诸多启示。

该论文是美国学者格拉伯·巴德瓦杰(Gaurab Bhardwaj),约翰·C.卡米拉斯(John C. Camillus)和戴维·霍恩谢尔(David A. Hounshell)合作发表在《管理科学》2006年2月号上的一篇论文《公司长期成长的持续创业搜寻》(Continual Corporate Entrepreneurial Search for Long-Term Growth)。[1] 该论文利用杜邦公司(DuPont Company)在1902—1921年长达20年的内容丰富的内部文件,剖析了该公司如何对长期成长可能性进行持续的创业搜寻的过程。作者们发现,杜邦公司的企业家们在搜寻长期成长可能性时遵循一种"移动、锚定搜寻"(moving, anchored search,MAS)的模式,企业家利用改变锚的位置和数量来搜寻新领域中的内容。他们发现杜邦公司的企业家们更愿意在新领域中沿着那些使他们预期未来的绩效将出现重大和持久的变化的事件进行搜寻。我们下面对该论文的主要观点做一个简要的综述。

采用这种创业搜寻模式是因为公司追求的是长期回报,必须面对高度的不确定性和模糊的因果关系做出决策,环境不断变化且信息不充分,而决策却不能推迟到一切都变得明朗的时候再做出。事实上,相关信息是在搜寻过程中才逐渐浮现出来的。学术界通常将创业定义

---

[1] Gaurab Bhardwaj, John C. Camillus, and David A. Hounshell: Continual Corporate Entrepreneurial Search for Long-Term Growth[J]. Management Science, Volume 52, Issue 2, Fabruary, 2006: 248–261.

为搜寻和开发机会的过程,而作者们使用的是"可能性"(possibilities)而不是通常所谓的"机会"的概念,因为搜寻发现和创造的实际上只是可能性,其中有些会成为机会,有些则不会;有些随后会发展成新事业,有些则会被放弃。

为了处理高度的不确定性和模糊性,"移动、锚定搜寻"过程首先选择一个宽广的领域展开搜寻。决策制定者会在该领域中选择一个搜寻锚来引导对于成长可能性的进一步搜寻。领域和锚的选择不必是显而易见和事先给定的,但也不应随机选择,而且不必只限于已有选择的边缘和增量部分。从所选择的领域出发,随后的搜寻围绕所选择的锚进行。以锚作为导引,创造和发现成长的可能性(见图 8-1)。当然也可以选择多个锚同时进行搜寻。随着时间的推移,搜寻可能转移到新的锚上,以便后续环绕锚的搜寻摆脱先前的思考局限。新的搜寻路径因此被创建。我们看到,"移动、锚定搜寻"包含了两类搜寻:环绕锚的搜寻以及移动到新的锚的搜寻。锚的作用在于作为概念性的指引,聚焦注意力和限定搜寻范围环绕锚进行。当然,随着时间的推移,还会有在领域之间的移动,以及会有一些领域被放弃,另一些新领域被创建(见图 8-1)。

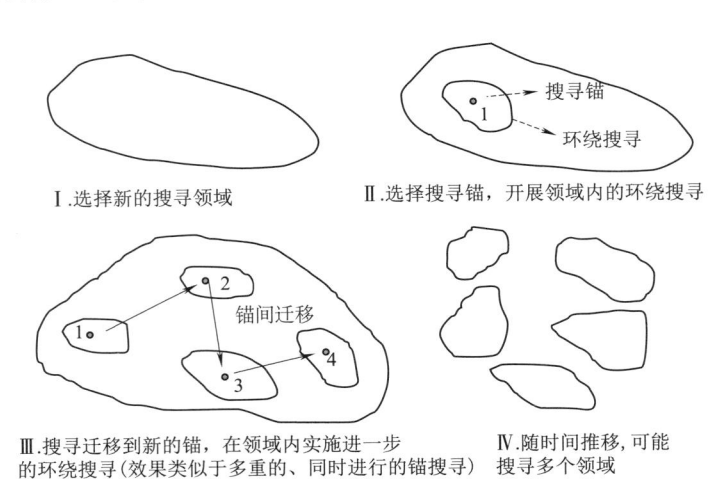

Ⅰ.选择新的搜寻领域　　　　Ⅱ.选择搜寻锚,开展领域内的环绕搜寻

Ⅲ.搜寻迁移到新的锚,在领域内实施进一步的环绕搜寻(效果类似于多重的、同时进行的锚搜寻)　　Ⅳ.随时间推移,可能搜寻多个领域

图 8-1　移动、锚定搜寻过程

需要强调的是，这种"移动、锚定搜寻"模式与广泛采用的局部和随机搜寻概念不同，后者对于公司的长期创业搜寻只具有很小的解释力。在局部搜寻中，搜寻过程是依据边际收益的概念展开的，局部搜寻对于解释短期性的增量创业搜寻是有用的，但是对于解释长期的、通常与现有路径有重大偏离的创业搜寻几乎没有帮助。

还有一点需要强调的是，搜寻域不同于产品和市场，而是一个更宽的概念。就像今天的生命科学和纳米技术一样，搜寻域先于产品和市场的创造，后者是搜寻的结果。进入新的搜寻领域不同于和先于技术和事业的多元化。在1902—1921年期间，杜邦公司的管理者们建立了9个新的搜寻领域，新的搜寻领域使杜邦公司进入了远离炸药的领域。

由于新领域是企业家未探究过的领域，那么是什么驱动企业家进入新的领域进行搜寻呢？论文作者们发现，有四种事件可能改变公司企业家们对未来的期望，并导致公司创业搜寻进入新领域，它们是：新的发现、预计的短缺、外部冲击和预计的剩余。作者们将此称为感知到的转变杠杆（perceived transitional levers），尽管后来的结果表明这些最初感知到的转变杠杆是不精确的和不完备的，但这并不要紧，重要的是它们撬动了搜寻过程从现有的领域进入新的领域。

以预计的剩余这个感知到的转变杠杆为例。爆发于1914年的第一次世界大战，使炸药需求猛涨，杜邦公司的生产能力翻了几倍。公司的管理层预计到战争过后将会出现大量的产能过剩，因此早在战争期间就开始了关于新业务的密集研究。1916年确定了五个搜寻领域：合成有机化学、无机化合物、植物油、清漆和涂料以及造纸。杜邦公司选择新业务的标准是拥有巨大的盈利潜能、能够利用预计的大量闲置能力，以及有利于进入其他新业务领域。

要有效地在从未进入过的领域中进行搜寻需要新的知识和能力，而这在新领域的搜寻开始前是不具备的。基于现有领域的知识和能力很少能够完全转移到新领域的搜寻中，其中的一些知识和能力对在新领域中的搜寻几乎没有任何帮助。随着时间的推移,新领域中的搜寻过程将产生需要的知识和能力,以及新的成长的可能性。例如,当年进入有机化学领域并非因为杜邦公司具有需要的知识和能力,而是因为它没有这些能力,这些知识和能力只可能在搜寻过程中获取。有趣的是,在完全缺乏关于新领域的能力的情况下,启动新领域搜寻的转变杠杆是潜在的国内市场,它确保了不确定的搜寻结果拥有购买者。从而,潜在的巨大市场也就成为另一个重要的转变杠杆。

论文的结论是,"移动、锚定搜寻"过程理论只是一种描述和解释的方法,旨在发现公司长期成长的可能性,它并不意味着可以凭借搜寻预测新事业的成功与失败。它只是最初的因果链,许多随后的活动、选择和情况会影响最终的搜寻绩效。但作者们相信,通过这个案例研究发展出的对搜寻过程的解释和命题可以推广到其他公司和时期,只要情况包含一系列高度不确定的选择和长期结果。

消费者需求拉动和基础研究推动的创新模式

詹姆斯·马奇认为:"要想出类拔萃,就要不走平常路,也就是要探索。探索一般是没有成果的,但是探索是争做第一的唯一途径。"[1] 在对未知世界的探索方面,做得最激进的企业就是谷歌。

谷歌公司联合创始人拉里·佩奇(Larry Page)和谢尔盖·布林(Sergey Brin)以及首席执行官埃里克·施密特(Eric Emerson Schmidt)在2004年谷歌首次公开募股时给股东的致辞中重点阐述了以下几点:

一是谷歌的使命与核心价值观,即"我们共同努力实现一个共同的使命:组织全世界的信息,使其普遍可访问和有用"。谷歌的核心价值观是"不作恶"(Don't be evil)。

---

[1] 马奇.马奇论管理:真理、美、正义和学问[M].丁丹,译.北京:东方出版社,2010:142.

二是谷歌处理长期利益与短期利益的优先次序:"如果有机会出现,可能导致我们牺牲短期结果,但是有利于我们股东的长期利益,我们将抓住这些机会。我们将坚决做到这一点。我们要求我们的股东采取长远眼光。"

三是谷歌的治理结构:"我们以三人联合执政的身份来经营谷歌。拉里和谢尔盖作为总裁,埃里克作为首席执行官;谷歌实行双重投票制的结构。我们提供的 A 类普通股每股 1 票,而许多现有股东持有的 B 类普通股每股 10 票。首次公开募股后,谢尔盖、埃里克和拉里将控制谷歌 37.6% 的投票权,执行管理团队和董事将作为一个整体控制 61.4% 的投票权。新投资者将完全分享谷歌的长期经济未来,但在影响战略决策方面只有很小的投票权。"

四是研发投入的比例:"我们已经决定,我们需要在核心服务和扩大的服务之间取得平衡。拉里和我使用的规则是 70/20/10。我们 70% 的努力都投入核心业务——我们的网络搜索引擎和我们的广告网络。我们会把 20% 的资源分配到邻近的区域,比如 Gmail 和谷歌桌面搜索。剩下的 10% 用来做其他事情,让我们有创新的自由。这就是我们加权平衡背后的逻辑。"

我们看到,正如老子所言:合抱之木,生于毫末。今天的谷歌,虽然业务和探索领域覆盖了互联网、信息技术、人工智能、自动驾驶、健康、医疗、物联网以及通信等广阔的领域,但其使命、价值观和经营宗旨仍一如既往。

谷歌于 2015 年重组为字母表控股公司,重组后的业务架构如图 8-2 所示,主要的业务板块包括谷歌业务系列及其他新的投资业务。这一结构的特征是把确定性业务和不确定性业务分开了。谷歌业务是客户需求导向的,是以解决客户的问题为导向的,其商业价值是可预见的,故属于确定性业务;不确定性业务是技术导向的,是以解决人类未来面临的大问题为导向的,其商业价值是潜在的。

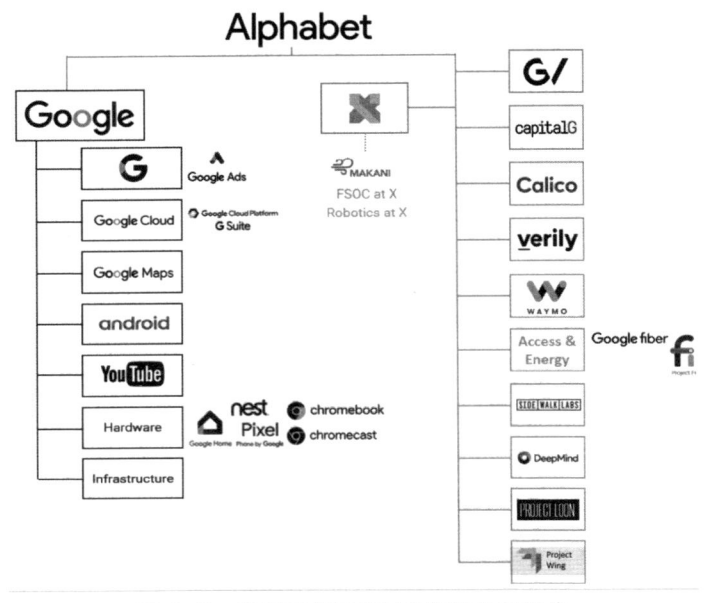

图 8-2　字母表公司 2018 年的业务架构

2018—2019 年，字母表公司的收入来源主要还是谷歌业务，其中，谷歌搜索的广告收入 2018、2019 年分别占 70.7%、74.3%，谷歌业务其他单位广告收入占 14% 左右，谷歌业务的非广告收入（应用程序、云平台、谷歌硬件）2018、2019 年分别占 14.1%、11.2% 左右，广告收入始终是字母表公司的主要收入来源。非谷歌业务收入占比近两年均为 0.4%。因此，在字母表公司的业务组合中，谷歌业务收入占 99.6%，其他非谷歌业务的收入还非常少。

在重组后的字母表控股公司中，谷歌系列的业务，包括谷歌广告（Google Ads）、电子邮件、浏览器、应用程序平台、谷歌云平台（Google Cloud）、谷歌地图（Google Map）、安卓操作系统、YouTube 视频网站、谷歌硬件（Hardware）以及谷歌基础设施等业务是谷歌收入的主要来源，2018 年的收入为 1 362 亿美元，占字母表公司总收入的 99.6%；

净利润为 307 亿美元，净利润率为 22.4%；经营现金流为 480 亿美元。资本支出为 251 亿美元。①

而在字母表公司非谷歌系列的投资部分，涵盖了广泛的领域，包括风险投资（Capital G）、生命科学（Verily）、长寿保健（Calico）、自动驾驶汽车（Waymo）、无人驾驶飞机（Project Wing）、高空风力发电与储能（Access & Energy）、谷歌气球通信（Project Loon）、机器学习和深度学习（DeepMind）、超高速光通信（Google Fiber）等。

我们下面重点关注其中的谷歌 X，这是一个纯粹从事前沿领域研究的部门。我们之所以对其感兴趣，是因为除了其自身从事的研究项目，它还像一个孵化器，诸如自动驾驶汽车、无人驾驶飞机、谷歌气球、工业机器人等，都是从中孵化出的业务部门。这体现出一种模式，即从基础研究的广泛探索入手，逐渐收拢聚焦，最终将研究成果商业化的研发模式。

谷歌 X，后更名为 X，是谷歌于 2010 年 1 月创立的半秘密研发机构，现在是字母表公司的子公司。X 的使命是发明代号为"登月"的技术，使世界变得更加美好。"登月"计划被 X 定义为一个大问题、一个激进的解决方案和突破性技术的交集。② 从 X "毕业"的一些项目成为专门的业务部门，包括：

> Loon　Project Loon 是 X 公司的一个项目，旨在通过创建一个穿越平流层的气球网络，让每个人都能上网。它使用气球中的无线路由器，这些气球可以不受天气影响，并计划为那些无法上网或需要帮助的人提供接入互联网的机会。2018 年 7 月，Loon 从 X 毕业，成为字母表公司的子公司。

---

① 上述图形和数据均来自字母表公司 2018 年年报。
② 源自官网，https://x.company。

第 8 章　确定性与不确定性　/　317

FSOC　自由空间光通信（FSOC）作为 Project Loon 的一部分获得成功后，X 决定在印度农村地区进行更多的测试。该技术使用 X 公司在维沙卡帕特南的办公室开发的光束。截至 2017 年 12 月，X 通过与安得拉邦 FiberNet 有限公司的合作伙伴关系，在印度设立了 2 000 个这样的单位。

Waymo　Waymo 是谷歌开发无人驾驶汽车技术的一个项目。2016 年 12 月，谷歌将该项目转型为一家名为 Waymo 的新公司，隶属于谷歌的母公司字母表公司。谷歌一直在游说制定无人驾驶汽车法律。截至 2016 年 3 月，谷歌已经测试了他们的车队，在自动模式下，总里程为 1 498 214 英里（2 411 075 公里）。

Wing　Project Wing 是 X 公司的一个项目，目的是通过无人机，在整个城市快速运送产品，类似于亚马逊 Prime Air 的概念。在 2014 年 8 月 28 日宣布这一消息时，它已经在谷歌秘密开发了大约两年，并在澳大利亚进行了全面测试。

Malta　Malta 于 2017 年 7 月开始利用熔盐罐开发可再生能源储存系统。2018 年 12 月，Malta 公司从 X 公司毕业，计划为未来的商业应用开发一项大规模的技术测试。

Makani　2013 年 5 月，X 公司收购了 Makani 项目，该项目旨在利用风筝产生风能。T 型飞机宽 85 英尺，有 8 个涡轮机拴在上面。与风力涡轮机相比，Makani 的风筝需要的材料少了 90%。2016 年 12 月，Makani 的风筝成为世界上第一个发电的能源风筝。2019 年 2 月，Makani 从 X 公司分离出来，成为字母表公司的子公司。

X 公司每年要对其研究项目的进展和前景做一次评估，放弃或关闭那些技术和商业前景不被看好的项目。比如，Foghorn 是一个为汽车生产液态碳氢燃料的项目，用海水作为二氧化碳的来源，利用膜技术提取，通过将海水电解得到氢。该项目于 2016 年被 X 放弃。

谷歌研发投入 70/20/10 的投资比例虽然是一个经验比例，但其中蕴含着规律。这是一个消费者需求拉动和基础研究驱动的双轮驱动的创新模式。它在研发投入上，是典型的"先开一枪，再开一炮"的在大胆探索基础上集中投入的研发模式，是以客户为中心和以技术为中心的成功结合。

詹姆斯·马奇指出："我们看出，组织面临一个基本的两难困境。利用和探索是一对永久的共生体，为了生存和繁荣，组织哪个都不能缺。然而，利用和探索又彼此干扰。利用破坏探索，利用破坏尝试和变异，而尝试和变异对组织的长期生存来说至关重要。类似地，探索破坏利用。热衷于尝试，组织就会对新想法、技术和战略缺乏耐心，等不到发展出足够胜任力展示它们的整个价值就将它们放弃了。利用和探索往往势不两立，组织一直很难在两者之间保持有效的平衡。"[1]

组织必须有这样的文化、结构和资源配置安排，使利用和探索能够并存，既相互支撑，又相互竞争，优胜劣汰。

8.3

管理不确定性

不确定性蕴含着机会，是利润的来源，但不确定性可管理吗？解决不确定性问题的思维方式真的与解决确定性问题的思维方式本质上不同吗？心理学家西蒙不这么认为，他说："就目前所知，解决结构不明的问题的根本过程与解决结构明晰问题的根本过程没有什么不同。然

---

[1] 马奇.马奇论管理：真理、美、正义和学问 [M].丁丹，译.北京：东方出版社，2010：96.

而有些论点刚好相反,这些论点认为,结构不明的问题的解决过程包括'直觉''判断'甚至'创造性'过程,这些过程与结构明晰的问题解决过程中例行的普通逻辑分析过程有着本质的差异。我们可以从实证的角度对这种论点进行反驳。"[1]

不确定性中包含着确定性,实践中人们往往是将不确定性中包含的确定性也一并当作不确定问题对待了,结果是增加了不确定性。所以,从不确定性中分离确定性,将不确定性逐步转化为确定性,这应当是管理不确定性的一个方向。

应对不确定性先从减少不确定性入手

企业的什么业务活动具有更大的不确定性?显然是研究与开发活动。正因为如此,研发管理是企业最关键的也是最难的管理。然而研发活动必须得到有效的管理,否则企业的生存就是不确定的。大量实践表明,产品开发的失败,可能是因为未能清晰地定义产品规格,可能是产品上市周期一再推迟,可能是产品质量达不到设计要求,可能是产品被过早地推向市场,等等,说到底,是因为研发过程的不确定性未能得到有效的管理。研发管理的核心问题是研发活动的成功是否存在规律,换言之,新产品的开发成功是一种偶然现象,还是存在必然性?是靠天才,依赖于人,还是靠过程,依靠人但不依赖个别人?从华为公司的实践来看,这是华为实现进入全球领先行列目标遇到的最大挑战,这个挑战的实质是如何跨越世界领先企业的管理门槛。

1998年,华为通过了《华为公司基本法》,在愿景和价值观上初步解决了华为是什么(what)和为什么(why)的问题后,华为公司的管理变革将重点转向怎么做(how)的问题。公司总裁任正非带领高管团

---

[1] 西蒙 H A. 管理行为 [M]. 第 4 版. 詹正茂,译. 北京:机械工业出版社,2004:117.

队到美国考察，目的是选择一家业界标杆企业，系统地引进其先进的管理体系。最后决定聘请 IBM 顾问团队，指导华为进行集成产品开发（Integrated Product Development，以下简称 IPD）体系的变革。任正非的决心是很大的。他在 IPD 变革启动时就为其确定了方针。他说："在管理改进和学习西方先进管理方面，我们的方针是'削足适履'，对系统先僵化，后优化，再固化。我们必须全面、充分、真实地理解顾问公司提供的西方公司的管理思想，而不是简单机械地引进片面、支离破碎的东西。我们有很大的决心向西方学习。在华为公司，你们经调查会感觉到，很多方面不是在创新，而是在规范，这就是我们向西方学习的一个很痛苦的过程。正像一个小孩，在小的时候，为生存而劳碌，腰都压弯了，长大后骨骼定型，改起来很困难。因此，在我们向西方学习的过程中，要防止东方人好幻想的习惯，否则不可能真正学到管理的真谛。"[1] 对于为什么要推行 IPD、集成供应链（Integrated Supply Chain，以下简称 ISC）变革，任正非说："为什么我要认真推 IPD、ISC？就是在摆脱企业对个人的依赖，使要做的事，从输入到输出，直接端到端，简洁并控制有效地连通，尽可能地减少层级，使成本最低，效率最高。就这么简单一句话。"[2]

IPD 的管理思想是将研发看作一个端到端的过程，其理论基础见于迈克尔·E. 麦格拉思（Michael E. McGrath）编著的《PACE® 在产品开发中的应用：产品和周期时间卓越管理指南》一书[3]，这一管理模式简称为 PACE（Product And Cycle-time Excellence，产品和周期时间卓越管理），被美国许多著名公司采用，成为产品开发事实上的标准的过程参考模式。我们下面对其精髓做一个简单介绍。

---

[1] 任正非：《活下去，是企业的硬道理》，2000。
[2] 任正非：《在理性与平实中存活》，2003。
[3] McGrath M E. Setting the PACE® in Product Development: A Guide to Product and Cycle-time Excellence[M]. Kidlington, Oxfordshire, UK: Butterworth–Heinemann, 1996.

麦格拉思认为：对大多数公司而言，改进产品开发过程在战略上的影响力远大于任何其他方面的改进。产品优势的唯一可持续的源泉是卓越的产品开发过程。依赖某项杰出设计、天赐良机、竞争对手的某个失误或某一次的运气都是不可持续的。产品开发生产率并不来自驱使员工努力工作。让开发人员夜以继日地工作只能暂时提高生产率，却会降低整体工作效率。提高产品开发生产率实际上来自正确的战略决策、缩短周期、减少开发浪费、更好地利用资源以及有能力吸引最佳人才。

麦格拉思总结了许多企业的产品开发没有取得效益的原因：一是，产品开发没有作为一个过程来审核、管理和引导。传统上，产品开发被看作一门艺术，即产品是天才与灵感相结合的产物，它并不是一种可以管理的东西，它是偶然发生的。而实际上，产品开发是一个过程。这个过程可以被定义、结构化和管理。二是，缺乏理论和标准模式，必要的概念和方法直到20世纪80年代末才开发出来。三是，这种变革需要进行文化上的改变，而这种改变横向跨越所有的职能部门，纵向涉及所有的组织层面，实施起来相当困难。四是，产品开发过程是跨部门的、端到端的，而企业难以推行跨部门的变革。五是，由于变革工作量很大，难度很大，许多公司没有坚持将其进行到底，变革只停留在表面。

PACE的产品开发过程包括七个要素，它们是过程决策、项目核心团队、结构化开发过程、开发工具和技术、产品战略过程、技术管理以及开发资源的管道管理。我们下面概述其要点。

过程决策 在PACE过程中，产品决策是通过阶段评审过程实施的。由产品审批委员会（Product Approval Committee，以下简称PAC）负责组织实施。PAC是在一个经营单位或一个公司内负责主要新产品决策的高层管理小组。PAC通过阶段评审过程制定新产品开发是继续还是下马或是调整产品方向的决策以及分配资源。阶段评审过程还肩负着筛选进入下一阶段项目的任务，其筛选机制形如一个漏斗，见图 8-3。在产品开发的概念阶段，应适当放宽范围以覆盖可能的选项，然后通过概念阶段和计划阶段的评审淘汰商业前景不被看好或关键技术准备不足的项目，以确保进入设计和后续开发阶段的项目有足够的资源保证其实施。这与我们前一节讲的"先开一枪，再开一炮"的研究与开发策略的思路是一致的。

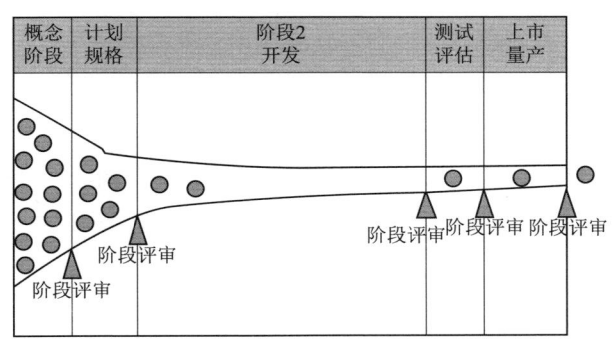

图 8-3 阶段评审过程"漏斗"机制示意图

项目核心团队 项目核心团队是承担新产品开发责任的一个小型的跨部门项目团队。团队在执行每一开发阶段时遵守与 PAC 签订的"合同"，该合同规定了关键的项目目标以及允许的偏差。项目核心团队直接决定了产品开发的绩效，其运作不良的原因主要有：一是，项目核心团队和职能部门的责权不明确，没有明确规定二者冲突的协调机制和负责协调的高层领导；二是，核心团队的责权不对等，缺乏相应的资源和权利履行责任；三是，项目团队缺乏人手和技能；四是，项目经理的领导力不足，项目团队成员的任务分配不当。

结构化开发过程 在 PACE 中，结构化的开发过程定义了开发过程的阶段、每个阶段应该做什么、相应的先后次序、其间的关联性、并行工程的应用以及开发活动的标准术语。结构化过程如图 8-4 所示。开发过程结构中通常存在三种类型的缺陷：一是，企业在产品开发上没有任何清晰的结构；二是，企业虽有具体的程序手册但没有得到遵守；三是，虽然有结构化的过程但没有在此基础上的改进。第一种情况下，每个项目团队都自行定义自己的过程，结果，不同的项目团队在执行相同的或相似的任务时，开发方式迥然不同；还有，由于开发过程结构不清晰，无法应用并行工程，无法将其设计到结构化开发过程里。第二种情况下，过程被文档化了，但并没有得到执行，项目团队各自将自己的那一套流程搬了出来，各行其是。对于第三种情况，许多公司在规范开发过程时，只是将他们现有的做法写成文件，哪怕现有过程效果很差，结果反而把存在的问题制度化了。

开发工具和技术 迄今为止有各种设计技术可供采用，例如质量功能配置（Quality Function Deployment, QFD）、可装配性设计（Design For Assembly, DFA）以及可制造性设计（Design For Manufacturability, DFM）等，这些工具和技术能促进产品成功并提高运营效率。然而，这些技术中没有哪一个能单独地解决产品开发的所有问题，如何在开发过程中综合运用多种设计技术是一个管理挑战。

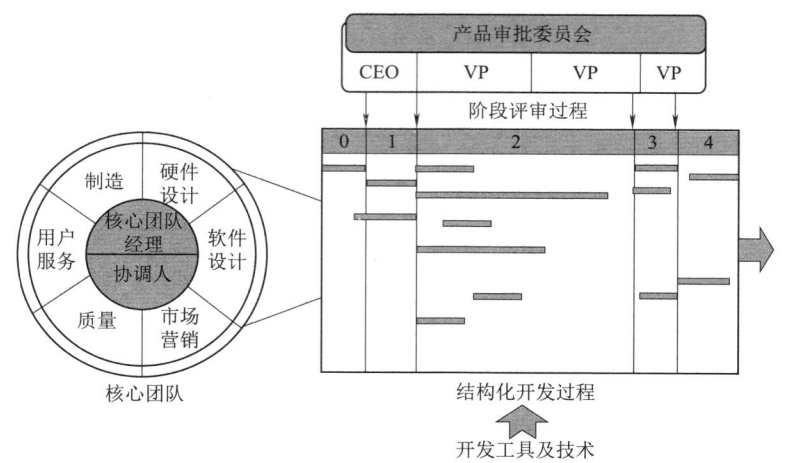

图 8-4 结构化开发过程中四个要素关系的示意图

产品战略过程 产品开发战略是新产品开发的起点，通过产品战略，企业定义要开发产品的类型，与竞争对手产品的差异化，如何将新技术引入新产品以及开发新产品的优先顺序。选择开发的产品必须与整个产品战略保持一致，但实际情况往往不是这样。产品战略常常没有被定义或表述清楚，甚至在企业内部也没有组织任何正式或非正式的讨论。产品战略制定和交流的常见不足之处在于：一是，企业将眼光过分集中于个体产品，而对产品平台重视不够；二是，企业里没人明确负责产品战略；三是，由于企业不能有效地评估其产品战略机会，导致开发出了平庸的产品；四是，产品战略过时，原因是将视野集中在当前而非未来顾客的需要和市场趋势上；五是，由于没有明确的产品战略指导项目开发团队，导致实际产品开发与初衷不符。

技术管理 技术管理的作用是发现应用新技术的机会，发起技术开发项目，从而强化企业的核心能力以及使多种产品受益。存在的问题是，一些技术型企业并没有积极管理它们的核心技术，一些企业将注意力放在产品开发上，只把技术开发当作产品开发工作的一个次要项目。经常会发生一些开发项目陷入技术难题之中的情况，大大延误了开发进度，原因在于企业没有意识到超前开发产品所需要的核心技术的重要性。这也说明达到一定规模的企业应当考虑将技术开发与产品开发适当解耦。

管道管理 当存在多个处于不同开发阶段的产品项目时，对有限资源的竞争会日趋激烈，此时资源的管道管理就成为资源合理配置的关键。所谓管道管理就是在不同开发项目和不同项目开发阶段之间合理分配资源，以及根据企业的战略目标、资源和能力决定项目的取舍。通常下面几个问题可通过管道管理来解决：一是，开发项目的资源需求大大超出企业的资源限制，从而延迟了整体开发进度；二是，做"救火"的资源调度决策时未考虑到项目的优先次序；三是，职能部门预算与项目部门要求不一致，缺乏统一计划；四是，产品开发决策没有全面考虑企业的增长、产品组合以及长/短期重点等目标。

可见，PACE——在 IBM 和华为被称为 IPD——的核心理念是把产品开发当作一个过程来管理，消除产品开发过程中的不确定性，摆脱产品开发对个人的依赖以及由于个人的随意性带来的不确定性。在制度化、流程化的开发管理基础上充分发挥人的主动性和创造性。

华为公司轮值首席执行官徐直军在总结 IPD 变革的成功经验时说："只要我们不断地按照 IPD 管理体系和流程来要求，我们的能力是能不断提升的，我们开发出来的产品是能有保证的，我们是能摆脱英雄式的产品成功模式，转变成有组织保证的产品成功模式的。任何合格的 PDT（产品开发团队）经理，通过发挥自己的能力，按照 IPD 管理体系和流程的要求，都能开发出成功的产品。"[1] 另一位华为公司轮值首席执行官郭平总结道："在 1999 年之前，华为依靠个人努力和集体突击偶尔能推出优秀产品，IPD 推行后，我们终于可以制度性、体系化地推出有竞争力的产品和解决方案。"[2]

大规模定制——管理范式的转变

随着消费者人均可支配收入的逐步提高，个性化、服务化需求日益取代了标准化、单一化的产品需求。消费者愿意为体现自身个性差异的定制化产品多付钱，但这也为企业的生产带来极大的不确定性。小批量、定制化的生产是满足消费者个性化需求的客观要求，而如何使这种定制化生产与低成本结合，是对企业的巨大挑战。未来的细分市场向着"一个人的市场"（Market of One）方向演变，面临如此深刻的变化，主导 20 世纪的大规模、标准化生产方式过时了吗？它能否与消费者的定制化需求结合？

---

[1] 徐直军：在 2005 年度优秀 PDT/TDT 团队总结暨表彰大会上的讲话，2005。
[2] 郭平：在财经体系 2011 年年会上的讲话，2011。

解决这一矛盾的生产方式称为"大规模定制"（Mass Customization）。这一生产方式的理论和模式由 B. 约瑟夫·派恩二世（B. Joseph Pine II）在 1992 年发表的《大规模定制：企业竞争的新前沿》一书中首次提出，其后经过不断完善，且与当今流行的敏捷产品开发（Agile Product Development）结合，成为企业应对顾客个性化需求的生产方式变革的大趋势。我们下面基于该书对大规模定制的精髓做一概要阐述。

大规模定制是一个合成词，它是由表面上矛盾的两个概念"大规模"和"定制"组合而成的。简单地说，大规模定制就是个性化定制产品和服务的大规模生产。[①]

定制化的概念不同于产品多样化。多样化是根据预测生产出一系列不同的产品，把它放入成品库中，期待客户上门购买，而定制化是按照客户的特殊要求生产产品。其实客户并不想过多地选择，他们只想得到确实是他们想要的东西。客户需求各有不同，所以整体市场看起来是不确定的。另一方面，客户是有实际问题要解决的具体的人，每个客户的需求从个人角度来看是确定的，在这个意义上，市场又包含着确定性。市场整体的不确定性是由几乎无数的个体需求的确定性构成的。

直到 20 世纪 70 年代，客户需求基本上是由大规模生产的、标准化的产品来满足的。这种大规模生产方式的优点是规模经济带来的低成本，其缺点是产品千篇一律，缺乏个性化。进入 20 世纪 80 年代，随着消费者可支配收入的增长，人们的需求日益个性化，由此带来市场竞争日益从低成本转向质量和时间的竞争；产品品种急剧增加，产品生命周期日益缩短；由于需求的分化，统一的大市场日益多元化；由于个性化的新产品更好地满足了客户的需求，客户愿意为此支付更高的价格，所以成为厂家竞相追逐的对象；结果虽然对每个产品的需求

[①] 派恩二世. 规模定制：企业竞争的新前沿 [M]. 操云甫，等译. 北京：中国人民大学出版社，2000：6.

量减少了，但市场总体需求却大幅增长了。于是问题来了，仍沿用大规模生产方式来定制个性化需求的产品成本太高，而大量增加的产品品种最终必须通过生产来实现。于是多种新的生产技术被开发出来，像准时生产、精益生产、全面质量管理、持续改进、流程再造、计算机集成制造、柔性制造系统、企业资源计划（ERP）、数据资源管理等生产方式和管理模式被相继开发出来。但每种生产方式或管理模式往往只是针对某一类生产和管理问题发展出的解决方案，而20世纪末的企业需要的是整体的、系统的解决方案，要求的是生产范式的转变。

"范式"的概念是科学史学家托马斯·库恩（Thomas S. Kuhn）在他的《科学革命的结构》一书中首次提出来的。库恩所谓的"范式"（paradigm），即"在科学活动中某些被公认的范例——包括定律、理论、应用以及仪器设备统统在内的范例——为某一科学研究传统的出现提供了模型"[①]。范式建立了一个信息框架和人们用以观察世界的原则集。大规模生产就是一种范式，在截至20世纪70年代的将近100年时间里主导了企业家和经理人的思维。大规模生产的规模经济带来的低成本和低价格，标准化产品带来的可靠性，使得细分市场的消费者被大量吸引过来，形成了巨大的统一市场，而巨大的统一市场又进一步扩大了大规模生产的规模经济性。这是个正反馈的循环。然而，20世纪80年代以来，消费者需求日趋个性化的变化，从根本上改变了这种大规模生产范式的前提，催生了新的范式——大规模定制的形成。这一范式有如下几个要点：

以端到端的过程效率为核心　新竞争模式的生产职能以整个过程效率为中心，这比大规模生产模式以生产效率为中心包含更多的内容，覆盖更宽的职能领域。大规模定制是一个端到端的过程，即从客户端输入订单信息到向客户输出产品和服务的整个过程，是研发、制造、采购、销售、售后服务等多个部门的集成运作。比如，研发在大规模

---

① 库恩.科学革命的结构[M].李宝恒，纪树立，译.上海：上海科学技术出版社，1980：8.

定制模式中就起着更关键的作用，新产品的结构要尽可能采用通用器件和共享模块，严格控制零部件的数量和零件表（BOM）的层次以降低产品的复杂性，更普遍地采用可制造性、可装配性、可服务性设计方法和计算机辅助设计（CAD）等工具和技术，产品形态的变化要尽可能延迟到客户直接接触的层面，更适合按照不同客户的个性化需求定制。

模块化和标准化　实现大规模定制的最好方法——最低的成本、最高的个性化定制水平——是建立能够配置成多种最终产品和服务的模块化构件。规模经济是通过构件而不是产品的大规模生产获得的，范围经济是通过在不同产品中大量采用通用性的模块化构件获得的，定制化是通过采用标准化零部件和模块化组件灵活配置客户需要的个性化产品获得的。简单地说，大规模定制就是在组件上实现大规模生产，在最终产品形态上按客户需求定制。

过程与产品解耦　在大规模定制生产中，一切都在变化。所有单个产品的重要性都下降了，因为产品种类太多了。由此导致工艺过程从产品中分离出来，因为一些产品开发出来仅仅只销售一次，而工艺过程可以比整个产品生命周期更长。实际上，过程生命周期（process life cycle）更重要，过程能力超越了产品。过程的性质决定了组织的结构。企业不再需要由其产品来定义，而是由其过程来定义。过程改进的重要性甚至超过了产品的改进。在过程再造中消除浪费意味着：如果过程既不为最终客户增加价值，又无助于内部客户为最终客户创造价值的活动，就要取消它。过程中哪一步不增值，就取消哪一步。过程必须被简化以达到经营活动等同于增值活动的程度。[①]

生产过程不断逼近单件小批、零转换的理想状态　适应市场向着"一客户一市场"的方向演进的大趋势，生产过程也向着一件一批、零

---

① 参阅派恩二世. 规模定制：企业竞争的新前沿 [M]. 操云甫，等译. 北京：中国人民大学出版社，2000：214.

作业转换的方向不断改进。同时在生产过程中大量采用数控机床、计算机集成制造、机器人、自动抓取设备和自动送货车等先进的设备和柔性制造单元、柔性生产线的过程布置。作业计划和调度系统及生产控制正在实现完全数字化。

业务单位小型化，企业组织网络化 大规模生产的另一个缺陷是不合理的层次结构。它的"命令与控制"结构与垂直沟通结构，适应大规模生产对稳定和可控的环境要求，但显然不适应崇尚快速、敏捷和响应能力的企业外部和内部环境。虽然完全取消层次结构还为时过早，但是，使层次结构扁平化，给团队一定的自主权，推进横向的网络沟通，是企业在变化的环境中增强适应能力的大趋势。这方面，ABB公司是一个实现了每个产品必须适应当地市场的全球性公司。当问到这样一个庞大的组织如何实现全球化又实现地区化时，时任ABB董事长兼首席执行官珀西·巴恩维克（Percy Barnevik）如此回答[1]：

> ABB是一个大企业，但我们的多数员工的工作是在小单位里安排的，这些小单位具有损益（P&L，Profit and Loss）责任和一定的自主权。我们的业务被分成差不多1 200个公司，平均每个公司有200名员工。这些公司又被分成4 500个利润中心，平均每个利润中心有员工50人。我们是权力分散的忠实信徒。当我们组织当地业务时，我们总是推行建立独立的法人实体。独立的公司可以产生真正对资金周转和红利负责的真正的资产负债表，独立公司也能够建立更为有效的手段以吸收和激励管理人员。在小的可以理解和为之负责的公司里，人们能够追求有意义的事业阶梯。

---

[1] 参阅派恩二世. 规模定制：企业竞争的新前沿[M]. 操云甫，等译. 北京：中国人民大学出版社，2000：222.

我们看到，正是客户需求的个性化和市场的日益多样化，推动了生产方式向大规模定制模式的转变。大规模定制模式的本质是应对市场需求的不确定性。不确定性中包含着大量的确定性，如果将不确定性适当分解，其中许多分解后的子要素、子模块实际是确定的。因此，不确定性问题在很大程度上是可以通过确定性的方式解决的。人类在过去积累起来的成功生产方式和管理模式是解决现在生产问题的基础，从这个意义上说，科学管理所主张的标准化、模块化、通用性、互换性原则并未过时。派恩认为，如果没有首先经历持续改进（continuous improvement）或精益生产（lean production），大规模生产商不能马上转向大规模定制。[①] 大量实践也表明，没有经历大规模定制模式的变革，要植入新的开发和运营模式，如敏捷开发（agile development）和开发运营一体化（DevOps）是很难的。任何开发模式、生产模式和管理模式的变革成功，都需要具备科学管理的基础。

将规范性与灵活性结合

从管理上看，确定性与不确定性的矛盾，也是规范性与灵活性的矛盾。管理模式的规范性反映了对不确定性的内在规律的认识，它会随着这种认识的深化不断完善；管理模式应用的灵活性是为了抓住不确定性蕴含的机会，建立在规范性基础上的灵活性才能创造更大价值。如果要投入重金开发的产品前景还是不确定的，那即使开发过程再规范、再有效率也无异于赌博；如果组件的模块化和标准化不是为了灵活地满足个性化的需求，那这种模块化和标准化就失去了意义。所以规范性必须与灵活性结合，二者是对立统一的，都不能脱离对方而单独存在。

---

① 参阅派恩二世. 规模定制：企业竞争的新前沿 [M]. 操云甫，等译. 北京：中国人民大学出版社，2000：8，222.

实践表明，集成产品开发体系、大规模定制模式更适合硬件或硬件与嵌入式软件结合产品的开发、生产、销售与服务，而对于软件开发更适合的先进管理模式是敏捷软件开发模式和开发运营一体化模式。我们下面简要讨论一下敏捷软件开发的管理思想和原则及其对建立软件开发管理体系的意义。以下关于敏捷开发的思想和原则的论述摘自罗伯特·C.马丁（Robert C. Martin）的《敏捷软件开发》一书。

敏捷开发是一种面临迅速变化的需求快速开发软件的能力。马丁认为：软件之美在于它的功能，在于它的内部结构，还在于团队创建它的过程。对用户来说，通过直观、简单的界面呈现出恰当特性的程序就是美的。对软件设计者来说，被简单、直观地分割，并具有最小内部耦合的内部结构就是美的。对开发人员来说，每周都会取得重大进展，并且生产出无缺陷代码的具有活力的团队就是美的。

马丁认为："过程和方法对于项目的结果只有次要的影响，首要的影响是人。""当连续地犯错误时，我们会对错误进行诊断，并在过程中增加更多的约束和人为制品来防止以后重犯这样的错误。经过多次这样的增加以后，我们就会不堪巨大、笨重的过程的重负，极大地削弱我们完成工作的能力。一个大而笨重的过程会产生它本来企图解决的问题。遗憾的是，许多团队认为，这种结果是因为他们没有采用更多的过程方法引起的。"[①] 这里我们面临一个悖论：完善过程是防止重犯错误的方法，然而由此可能导致过程日益笨重复杂，过程改善进入了错误的方向，完美的过程变成效率最低的过程，解决问题的方法变成了必须解决的问题。

敏捷软件开发强调：

- 个体和交互　　胜过　过程和工具

---

① 马丁.敏捷软件开发：原则、模式与实践[M].邓辉，译.北京：清华大学出版社，2003：2.

- 可以工作的软件　　胜过　面面俱到的文档
- 客户合作　　　　　胜过　合同谈判
- 响应变化　　　　　胜过　遵循计划

虽然右项也有价值，但是左项具有更大的价值。

合作、沟通以及交互能力要比单纯的编程能力更为重要。许多团队因为注重文档而非软件，导致进度拖延，这常常是一个致命的缺陷。有一个叫作"Martin"文档第一定律的简单规则可以预防该缺陷的发生：直到迫切需要并且意义重大时，才来编制文档。[①] 成功的项目需要有序、频繁的客户反馈。计划不能考虑得太远。较好的计划策略是：为下两周做详细的计划，为下三个月做粗略的计划，再以后就做极为粗糙的计划。计划中这种逐渐降低的细致度，意味着我们仅仅对于迫切的任务才花费时间进行详细计划。

从上述价值观中引出的以下12条原则，是敏捷实践与重型过程的主要区别。

（1）我们最优先要做的是通过尽早地、持续地交付有价值的软件来使客户满意。初期交付的系统中包含的功能越少，最终交付的系统的质量就越高。以逐渐增加功能的方式经常性地交付系统与最终质量之间有非常强的相关性。

（2）即使到了开发的后期，也欢迎改变需求。敏捷过程利用变化来为客户创造竞争优势。敏捷开发过程不惧怕变化，认为改变需求是好的事情。敏捷团队会非常努力地保持软件结构的灵活性，这样当需求变化时，对于系统造成的影响是最小的。

（3）经常性地交付可以工作的软件，交付间隔可以从几周到几个月，时间间隔越短越好。

---

① 马丁. 敏捷软件开发：原则、模式与实践 [M]. 邓辉，译. 北京：清华大学出版社，2003:4.

（4）在整个项目开发期间，业务人员和开发人员必须天天在一起工作。

（5）围绕被激励起来的个人来构建项目。给他们提供他们需要的环境，并且信任他们能够完成工作。

（6）在团队内部，最有效果并且最有效率的传递信息的方法，就是面对面的交谈。

（7）工作的软件是首要的进度度量标准。敏捷项目通过度量当前软件满足客户需求的数量来度量开发进度。

（8）敏捷过程提倡可持续的开发速度。责任人、开发者和用户应该能够保持一个长期的、恒定的开发速度。

（9）不断地关注优秀的技能和好的设计会增强敏捷能力。

（10）简单——使未完成的工作最大化的艺术——是根本的。

（11）最好的构架、需求和设计出自自组织的团队。每一个成员都具有项目中所有方面的参与权力。

（12）每隔一定时间，团队会在如何才能更有效地工作方面进行反省，然后相应地对自己的行为进行调整。

敏捷设计遵循下述原则消除拙劣设计的症状[1]：

- 单一职责原则（The Simple Responsibility Principle，SRP）。单一职责原则意味着就一个类（class）而言，应该仅有一个引起它变化的原因。如果一个类承担的职责过多，就等于把这些职责耦合在一起了。一个职责的变化可能会削弱或者抑制这个类完成其他职责的能力。这种耦合会导致脆弱性（fragility）设计。
- 开放－封闭原则（The Open-Close Principle，OCP）。软件实体（类、模块、函数等）应该是可以扩展但不可修改的。

---

[1] 马丁. 敏捷软件开发：原则、模式与实践[M]. 邓辉，译. 北京：清华大学出版社，2003：77-124.

- Liskov 替换原则（Liskov Substitution Principle，LSP）。子类型（subtype）必须能够替换它们的基类型（base type）。
- 依赖倒置原则（Dependency Inversion Principle，DIP）。高层模块不应该依赖于低层模块，二者都应该依赖于抽象。抽象不应该依赖于细节，细节应该依赖于抽象。
- 接口隔离原则（Interface Segregation Principle，ISP）。既然客户程序是分离的，所以接口也应该保持分离。为什么呢？因为客户程序对它们使用的接口施加作用力。

这些原则是根据软件工程数十年来的发展经验总结出的来之不易的成果。

从上面的概述我们看到，敏捷软件开发的思想和原则在许多地方与产品和周期卓越开发模式既有联系又有区别，这是由软件开发的性质决定的。比如：

敏捷软件开发强调通过尽早地、逐渐增加功能的方式持续地交付有价值的软件来使客户满意。初期交付的系统中包含的功能越少，最终交付的系统的质量就越高。显然，这与产品和周期卓越开发模式强调经过筛选确定开发项目然后确定计划和产品规格，通过结构化产品开发过程确保一次开发成功的逻辑是不一样的。这里不存在对错的问题，而是更适合哪类产品和系统的开发的问题。

敏捷软件开发强调在开发过程中根据客户的意见对原有的产品或软件开发规格进行修改，是一种正常的现象。敏捷开发过程利用变化为客户创造竞争优势。敏捷开发项目不是按照开发计划完成率，而是以可以工作的软件作为首要的进度度量标准，以满足客户需求的数量来度量开发进度。不过，我们很难想象一个由硬件和嵌入式软件组成的复杂系统在开发过程中不断对产品规格进行修改会是一种什么状况，这至少会导致开发周期的延长。当初，IBM 顾问在给华为公司做 IPD

变革的前期调查后得出了结论：华为有时间反复地做一件事，却舍不得花时间一次就把事情做对。这是对华为公司当时匆忙进入产品设计阶段导致不断返工的产品开发状况的真实写照。软件开发与硬件开发过程的逻辑有所不同。

敏捷软件开发强调解耦。解耦使得引起类变化的原因单一化，更容易识别和控制。功能类别解耦不仅对于软件开发，就是对于硬件开发也是非常重要的开发原则。事实上，模块化就是一种解耦，也只有解耦才可能做到组件模块化和零部件标准化。

敏捷软件开发的输出是从简单的初始交付件，到简单地吸收了增量需求的交付件，直到简单的最终交付件。简单的关键是始终以满足客户需求为标准开发产品或软件，而不是按照最初的计划开发产品或软件。产品软件包含多余的功能是使产品或软件复杂、开发周期延长以及成本居高不下的主要原因。这是软件开发的特点。客户对软件的需求最初可能是模糊的，在见到了初始交付件后，客户的真正需求才逐步明晰化，所以最初的开发计划只能是粗略的，具体的开发细节是在开发过程中逐步明确的。但硬件开发就不同了，必须在充分调研客户需求和对技术进步进行预测的基础上制订开发计划，按计划开发产品。对产品的规格可以修改，但那是用推出新版本的方式有规则地修改和切换，而不是在开发过程中随时修改。不过，使产品只包含客户需要的必要的功能，从而简化产品，降低成本，缩短开发周期，是任何产品开发模式应遵循的普遍原则。

敏捷软件开发强调开发团队内部应遵循自组织原则。所谓自组织就是调动团队成员广泛参与，根据个人的能力和贡献决定团队的意见领袖。这应当是产品开发团队的一个组织原则。领导的概念应当是一种影响力，而不只是一种职位权力概念。团队的领导者是任命的，但团队的实际领导应当是动态的，要能够遵循团队成员的正确意见对团队进行领导，而正确的意见可能来自团队的任何成员。

敏捷软件开发强调保持系统结构的灵活性以应对变化，这不仅是敏捷软件开发的特征，也应当是处于不断变化的环境中的任何开发项目应遵循的原则。

敏捷软件开发强调个体，强调与客户的交互胜过过程和工具。但敏捷软件开发也是一个过程，有过程就有阶段，有阶段就要有阶段评审，只是在怎么分阶段、根据什么标准进行评审方面，不同的产品开发过程会有所不同。问题在于，没有经历建立和完善过程的管理变革，能否一步跨越到不依靠过程和工具、仅靠个体和交互的阶段？建立和完善过程是否是企业管理进步的必经的阶段？从混沌到有序再到混沌，还是从混沌直接到混沌，也就是事物的发展是否是一个从否定到否定之否定的螺旋演进的过程？没有通过建立流程和规则对经验的不确定性的否定，就一步跨入敏捷过程可行吗？符合事物发展的规律吗？

企业要想实现可持续成长，就必须花大力气建立管理体系。管理体系的本质作用就是消除内部运作的不确定性，以规则的确定性应对外部环境的不确定性。而要建立管理体系，选择何种管理模式作为体系建设的基础非常关键。华为公司选择 IBM 等国际知名咨询公司指导自身实施了 IPD、ISC、IFS、CRM（客户关系管理）、IT S&P（信息技术战略与规划）等变革项目，坚持十几年，建立起了一个科学的管理体系。有了这个基础，就能够不断吸收世界最新的管理实践，丰富自身的管理体系，摆脱对企业家个人的依赖，实现企业的可持续成长。

8.4

公司风险投资

为了应对外部环境的不确定性，以及加强外部初创企业创新与公司内部创新的协同，填补公司技术的空白，许多行业的大型公司都采取了公司风险投资（Corporate Venture Capital，以下简称 CVC）的策略。据统计，全球百大企业中有 52% 成立了自身的风险投资基金或部门，特别是科技巨头对初创企业的投资更是活跃。所谓 CVC 是指由已成立的公司直接投资于私营创业企业。这些投资代表了一种与外部初创企业建立伙伴关系的方式，而这些 CVC 投资初创企业不同于联盟或收购。所以，研究 CVC 的投资动机和价值创造机制很有意义。

近年来 CVC 投资活动日趋活跃

全球 CVC 交易和规模在 2018 年达到历史高点。Cb insights 全球 CVC 投资研究报告表明，2018 年，CVC 投资较 2017 年增长约 47%，同期交易增长了 32%。2018 年第二季度，CVC 达到了创纪录的 757 笔交易，融资总额达到 141 亿美元。其中，互联网、移动和医疗行业的融资和交易增长得最快。谷歌风险投资（Google Ventures，以下简称 GV）是 2018 年最活跃的 CVC，而谷歌资本（Google Capital）则投资了最多的独角兽公司。在人工智能、网络安全和数字健康等新兴行业中，GV 是最积极的投资者之一。2019 年全球 CVC 共参与 3 234 项投资交易活动，较 2018 年增长 8%，而参与的投资金额达到 571 亿美元，增加 3%。[①]

2019 年参与投资案件最多的活跃 CVC 投资机构前十名中，第一名为 GV，再度蝉联第一的宝座，在 2019 年共参与了 70 家独立公司的投资案件。第二名是 Salesforce Ventures，连续两年排名第二，共参与了 66 家公司的投资交易。第三名是英特尔资本（Intel Capital），共参与了

[①] 本节数据引自 Cb Insights.（2018）: The 2018 Global CVC Report 以及 Cb Insights.（2019）: The 2019 Global CVC Report。上述报告网址为 https://findit.org.tw/researchPageV2.aspx?pageId=1332.

48个案件。接下来是日本金融巨头软银投资（SBI）以及韩国三星风险投资，他们分别投资了超过40个案件，微软旗下的M12风险投资则投资了27个案件。人工智能、网络安全、数字医疗、消费用品与金融科技等五大领域一向是CVC的投资焦点。

可以发现在2016年（含）之前，历年CVC投资北美地区新创企业的比重都超过整体投资的一半以上，然而随着亚洲地区的新创生态环境越来越健全，加上中国BAT（百度、阿里巴巴、腾讯）等科技巨头加入投资行列，亚洲新创企业成为全球CVC注目的焦点，投资的比重一路攀升，2019年的投资比重已由2018年的38%上升至40%，超越北美地区的39%。

公司风险投资CVC相对于独立风险投资（Venture Capital，以下简称VC），更多参与的是新创企业中后期阶段的募资案件，因此，CVC投资规模通常较VC高，尤其在2019年，二者间的平均投资规模差距更拉大到770万美元。整体而言，CVC在全球新创企业投资活动中扮演的角色越来越重要，尤其是新兴科技推陈出新之际，将有更多的大企业进行研发的战略布局，而崛起的新创企业往往可以补足其技术缺口。因此，大企业风险投资借由投资新创企业或采取与新创企业合作的模式，取得外部创新来源，或扩展新的产品线，寻求持续成长的动能。而公司风险投资在早期资金市场，也是新创企业茁壮成长的一大支持力量。

正是通过这种外部投资，CVC作为一种重要的创业模式在成熟企业中发挥着重要作用。研究者发现，以快速技术变革、高竞争强度为特征的动态产业促使企业追求CVC。拥有强大的技术和营销资源的企业有更多的机会和动机去追求CVC。

公司风险投资的动机

企业参与CVC活动的动机是什么？为了解决这个问题，研究人员区分了CVC活动带来的财务和战略利益。研究人员一致认为，老牌公司追求CVC活动是为了追求战略利益，而不仅仅是财务回报。有的研究人员甚至认为，单纯为了财务回报而投资是不可取的，因为如果这些资金能够返还给公司的股东的话，他们可以更好地利用这些资金。也有的研究表明，尽管CVC部门无法从投资中获得显著的财务收益，但只要企业管理者能够感知到未来的战略收益，他们就能够维持CVC的活动。

巴苏等研究者[1]发现，驱动CVC活动的四个战略动机是：（1）填补空白；（2）环境扫描；（3）提高效率；（4）生态系统建设。

填补空白　大型企业经常寻找从事开发新技术的企业，对专业知识和重点领域进行补充。通过投资开发新技术的企业，大企业的投资者试图填补其技术投资组合的空白。在研究大型制药公司的技术外包交易时，研究人员发现，从年轻的初创企业采购新技术与高科技和市场不确定性有关。一些研究认为，大公司更倾向于(由于各种原因)开发而不是探索。因此，授权在结构上独立的CVC单位进行探索，可以帮助企业变得灵活，即在探索和开发之间实现更好的平衡。也有的研究者认为，要获得潜在的颠覆性技术，投资者必须选择与自己当前能力无关的初创企业。

环境扫描　CVC投资也帮助公司扫描它们的环境，以获取新技术和与市场相关的知识。有的研究人员甚至认为，寻找新技术和新市场是CVC活动的最重要动机。公司风险投资可以被认为是对未来的一种选择，因为它的投资使企业能够获得未来行动的洞察力。

提高效率　通过将公司闲置资源提供给被投资公司（或被称为投

---

[1] Basu S, Wadhwa A, Kotha S. Corporate Venture Capital: Important Themes and Future Directions// Zahra S A, Neubaum D O, Hayton J C. Handbook of Research on Corporate Entrepreneurship[C]. Cheltenham, UK: Edward Elgar Publishing Limited, 2016:203–234.

资组合的公司），可以更有效地利用富余的工厂产能和人员，产生财务回报。投资者可以通过将未充分利用的技术提供给投资组合企业，更有效地利用这些技术。

生态系统建设 一些研究人员发现，企业利用 CVC 投资来刺激对其核心产品的需求。公司通过投资提供互补产品的初创企业来做到这一点。他们将此描述为"协同需求"目标，其中投资者的目标是建立一个互补产品的生态系统。他们认为，投资组合公司的产品在市场上的相对成功，反过来有助于增加对投资者核心产品的需求。有此目标的投资者可以利用他们的技术，以及他们投资的公司的技术，将其作为行业的潜在标准进行推广。研究人员经常引用英特尔公司的风险投资部门作为使用这种投资方法的 CVC 项目的主要例子。

有的研究人员[1]观察到，从投资组合企业获得的知识可以帮助投资者创造新的商业机会或认识到公司外部环境中潜在的技术不连续性。从基于知识的角度来看，知识也是可持续竞争优势的源泉。额外获得的相关知识可以提高组织获得竞争优势的能力。企业间的异质知识库和能力是企业维持竞争优势和卓越绩效的重要决定因素。高度创新企业的发展和成长依赖于这些组织的外部知识获取以及它们整合特定知识和资源的能力。企业能够尽早获得合作企业的新思想和技术，并与外部互补知识进行交流，这些都具有在企业内部催生根本性创新的潜力。

从投资组合企业角度考虑，经济利益是寻求 CVC 投资的主要原因。众所周知，CVC 投资者是相对耐心的投资者，他们通过多个融资回合提供金融资本。当一个企业对金融资本的需求相对较高时，它通常会寻求 CVC。研究人员还发现，除了企业投资者的财力之外，初创企业

---

[1] Dushnitsky G, Shaver M. What Inventions do Corporate Entrepreneurship Programs Access? Corporate Venture Capital Investment in Complementary and Substituting Ventures // Zahra S A, Neubaum D O, Hayton J C. Handbook of Research on Corporate Entrepreneurship[C]. Cheltenham, UK: Edward Elgar Publishing Limited, 2016: 290–311.

也寻求战略利益。研究人员一致认为,通过与企业投资者合作,新企业可以获得有形和无形的资源,而这些资源是从 VC 那里无法获得的。投资组合企业的收益可能以财务资源、补充资源和背书收益的形式积累。然而,接受 CVC 的资助也存在一定的缺陷,鉴于企业与企业投资者之间的资源和权力不对称,知识产权盗用的威胁日益突出。当企业投资者的知识补充了投资组合企业的知识时,企业更喜欢企业投资者而不是传统的风险投资。当知识具有替代性时,潜在的利益冲突就会增加,从而导致知识产权被投资者侵吞。

赚大钱不赚小钱

追求财务回报还是战略利益,这是 VC 与 CVC 动机的主要差别。这也对如何评价 CVC 的投资回报带来了一定的困难。仅从财务回报和退出机制角度来看,CVC 的平均投资回报要低于 VC;从退出机制角度看,CVC 持有上市的投资初创企业的股票的期限也长于 VC。虽然 CVC 投资的主要动机是战略的,但某些研究人员考察了 CVC 活动对财务业绩的影响,其结论是,战略利益最终必须转化为企业层面的财务成果。此外,CVC 项目本身必须产生符合或超过公司最低预期回报率的财务回报,以确保企业 CVC 机构的良性生存。

一些研究人员将实物期权的概念引入 CVC 投资评价。所谓期权,即没有相关对称义务的某种权利。只有在符合持有者利益时才会获得实施的权利,而无必须如此实施的义务。期权是一个金融学的概念,当它被引入企业风险投资时,就有了实物期权的概念。在一项研究中[1],研

---

[1] Dushnitsky G, Shaver M. What Inventions do Corporate Entrepreneurship Programs Access? Corporate Venture Capital Investment in Complementary and Substituting Ventures // Zahra S A, Neubaum D O, Hayton J C. Handbook of Research on Corporate Entrepreneurship[C]. Cheltenham, UK: Edward Elgar Publishing Limited, 2016: 290–311.

究人员提出，CVC在特定领域的投资可以用来创造增长期权，也可以用来行使递延期权，即延迟到有利的时机再行使。在这些研究人员看来，CVC投资在市场不确定性高的行业应灵活地行使固有的延迟期权。在资产使用灵活、增长潜力大、竞争激烈的行业，CVC投资的可能性更大。在这种情况下，CVC投资可能有助于为投资公司创造增长选择。由于CVC投资的实物期权性质，这种投资可以提供有助于后续行动的选择，如结盟或收购。

对于CVC，华为公司有一套既定的原则。华为公司认为：对CVC来说，试图同时实现战略意图和追求财务回报这两个目标，实际上是CVC的一种困境。兼顾这二者的结果往往是顾此失彼，CVC一旦背离了战略意图，也就与VC没有区别了。大企业如果指望CVC投资机构自身盈利，就是舍本逐末。华为CVC的战略意图非常明确，就是通过与母公司战略和业务的协同，提升母公司的核心竞争力和总体价值，而不以CVC部门的局部价值最大化为目标，严格控制CVC的投资目标和投资边界，不做多元化投资。

华为公司CVC投资的方针和原则是：

> 华为公司高层认可风险投资项目组输出的资本运作政策方案，方案要点为：（1）内生性增长是支持华为未来发展的核心和主要驱动力，资本运作可在适当的条件下运用；（2）资本运作以战略投资为目的，帮助华为获取关键技术和能力，或扩大市场份额；（3）并购仅在与现有核心主业强相关的领域开展；合资可在稍偏离核心业务的领域开展，但要有明确的业务单元权属（BU Owner）；企业风险投资侧重于促进生态系统发展、刺激市场需求、填补技术空白及获取前沿技术等投资机会；（4）资本运作是高风险业务，应始终坚持谨慎原则；监控和管理是实现资本运作目的和降低资本

运作风险的重要手段。[1]

企业风险投资是华为互补内部创新、了解和布局前沿技术、防范技术风险、应对未来不确定性的重要手段。华为企业风险投资的投资边界为在信息与通信技术领域内开展支撑主航道业务的战略投资，其目的为：构建接触业界创新资源的"触角"，洞察业界创新趋势；布局前沿技术，开展体外创新；控制关键资源，促进战略合作，保证供应安全；围绕主航道构建良性生态系统；提升管道能力，扩大管道流量，促进连接的覆盖与数量。[2]

华为高层多次重申：不开展以获取财务回报为目的的产业投资。[3]

华为公司强调：任何投资失败需由决策组织承担成本，公司禁止出售任何业务。如果任何业务不能继续发展或不符合战略诉求，直接关闭而不得出售。公司不支持、不投资也不参与内部创业。[4]

简单地说，华为公司的 CVC 投资方针就是：赚大钱，不赚小钱。

---

[1] 来源：华为财委会决议〔2011〕38号。
[2] 来源：华为 EMT 决议〔2015〕6号。
[3] 来源：华为财委会纪要〔2012〕46号。
[4] 来源：华为 EMT 决议〔2015〕12号。

第9章 竞争与合作

洼则盈。

——老子《道德经》第二十二章

竞争被看作使市场达到均衡的力量，但完全竞争的均衡状态只是一种理论假设，几乎从来没有实现过，相反，竞争一直趋向于垄断。由于独家垄断被法律所禁止，所以更常见的是竞争导致寡头垄断。当代的竞争更多地表现为一种寡头之间的垄断竞争，经济全球化正在重新定义垄断和反垄断的规则。寡头之间的垄断竞争已经扩展到全球市场，大企业的竞争力代表着国家的竞争力，大企业的利益与国家的利益息息相关。

什么是竞争的最终状态？竞争到最后是走向合作，既竞争又合作，这个生物界的演化规律对于人类社会也适用。国际竞争的最高形态是争夺标准的竞争，而争夺标准更是合作大于竞争。

今天的企业生存与发展取决于生态圈，今天的竞争已经演变为生态圈的竞争。生态圈的建设已经成为全球化企业的大战略。生态圈的建设本质上是利益的创造与分配，已故以色列总理拉宾的"以土地换和平"的主张也具有商业指导意义。

本章通过对代表性的相关理论的梳理，结合实践对竞争与垄断、产业组织的 SCP 范式、竞争与合作以及企业的生态圈战略进行深入的讨论。

9.1

竞争与垄断

竞争是企业建立市场地位、进行创新、组织生产、定价以及创造利润的决定性因素。然而，在经济生活中竞争却不是目的，它是组织经济活动以达到某个目的的手段。市场这只"看不见的手"引导着企业围绕满足客户需求、为股东和利益相关者创造价值而展开竞争，同时，法律和政策调节着竞争，使之有助于而不是损害公众利益。

完全竞争假设及对垄断的限制

西方经济学把竞争性市场的理想状态假设为完全竞争。完全竞争的均衡状态是商品的价格等于市场的平均成本。如果产品或服务价格超过平均成本，资源就会流入产业使价格降低（也可能通过提升资源价格使成本上升）；如果产品或服务价格低于平均成本，资源就会流出产业使价格升高（也可能使成本降低）。完全竞争必须满足三个条件：（1）一个产业中的最大企业在该产业的销售量（或购买量）中所占的比例微不足道，即该产业中存在销售同种商品的大量企业；（2）许多这样的企业行动彼此独立；（3）市场的参与者对买卖的报价具有完全的知识。

虽然现实中价格等于市场平均成本的完全竞争的均衡状态几乎不存在，但可以观察到存在某种程度的近似状态。比如市场上存在大量企业销售同质化产品因而各企业大打价格战；企业各自为战，以邻为壑，因为规模都很小，联合起来也不能影响市场价格。对于买卖报价具有完全知识这个条件，尽管电子商务使得价格信息透明了，但消费者对于网上销售商品的质量信息的掌握还是不完全的。这样的大量小规模企业同质化激烈竞争的市场一定是低利润率的市场，即俗话所谓的"红海"，要摆脱红海，靠逃离是不行的，因为到处都是红海，只有靠创新和加强管理，才能形成产品的差异化优势，打破商品同质化的困境。

市场竞争的大趋势是摆脱完全竞争，走向垄断。为什么市场竞争的目标是垄断？因为垄断才有市场力量，也就是影响市场价格的力量，才可能获得超额利润。而如果不对垄断加以限制，市场竞争最终会走向独家垄断。我们知道，独家垄断市场因为消除了竞争的威胁，故一定是高价格、低服务质量的低效率市场。所谓对垄断加以限制，主要是对可能通过大规模并购造成的独家垄断进行限制。在美国，自1904年基于《谢尔曼法》对北方证券案判决后，独家垄断已不可能存在。

完全竞争与独家垄断是市场结构的两极。既然完全竞争状态只是一种理论假设，其条件很难满足，独家垄断又被法律禁止，那么，竞争形成的市场结构更多的情况是在这两极之间的某种程度的寡头垄断。今天，这几乎已经是大部分产业的现状或正处在演变中的大趋势。对于市场集中度的判断，美国使用产业前四位最大的企业所占的市场份额来度量，英国是用前三位最大的企业的市场份额来度量，加拿大是以占市场80%份额的企业数量来度量。总之，企业不能成为产业市场的寡头之一，就谈不上市场地位，也就没有什么价值，终将面临被淘汰的命运。故追求市场份额就成为企业经营的重要目标，而且企业不仅追求成为市场的寡头，还要尽可能成为领先的寡头垄断者。

我们从竞争分析引出了垄断，完全竞争和寡头垄断处于不同的市场结构。我们接下来要讨论的主题就是：（1）处于不同的市场结构下的企业具有什么样的市场行为特征；（2）市场行为又会对市场绩效产生哪些影响；（3）市场行为对市场结构的反作用。

产业组织的 SCP 范式

在产业组织研究方面被广泛引用的分析框架是哈佛大学的爱德华·S. 梅森（Edward S. Mason）教授提出的[1]，这一框架被表述为：市场结构－市场行为－市场绩效（Structure-Conduct-Performance，简记作SCP），即 SCP 范式。其后许多学者的经验研究丰富了这一范式，形成了产业组织理论的哈佛学派。其中最具代表性的著作是乔·S. 贝恩（Joe S. Bain）教授的《产业组织》一书，其研究重点是市场结构与市场绩效及二者之间的联系。对于为什么不对市场行为与市场绩效之间的联系进行细致的研究，贝恩的解释是：行为变量的引入对于发展产业组织操作性的理论并没有实质性作用。对实际绩效可接受的预测只要用结构指标作为独立变量就可以生成。他指出："我们发现，不能完全充分地度量与描述市场行为的实际模式，从而无法据此在市场行为与绩效之间，或者在市场行为与结构之间经验性地建立有意义的联系。因此，直接检验市场结构与市场绩效之间的联系是适宜的，而不用去检验几乎是无法查明的行为与绩效之间联系的详细特征。"[2]哈佛学派的理论观点对美国政府制定竞争政策和美国的反垄断发挥了极大影响。

F.M. 谢勒（F. M. Scherer）是对产业组织理论的 SCP 范式的研究做出重要贡献的另一位学者。他的《产业市场结构与经济绩效》[3]一书，在肯定乔·S. 贝恩的开创性工作和重要贡献的同时，也指出他不赞同贝恩只关注市场结构与经济绩效之间的直接联系，没有强调介于中间

---

[1] Mason E S. Price and Production Policies of Large-Scale Enterprise[J]. American Economic Review, Supplement, March 1939:61-74. Mason E S. The Current State of the Monopoly Problem in the United States[J]. Harvard Law Review, Vol.62, No.8,1949:1265-1285.
[2] Bain J S. Industrial Organization[M]. New York: John Wiley & Son, Inc., 1959:295.
[3] Scherer F M. Industrial Market Structure and Economic Performance[M]. Chicago, IL: Rand McNally College Publishing Company, 1970.

的市场行为的作用的主张。与此相对照，谢勒在《产业市场结构与经济绩效》一书中，从第 5 章到第 16 章，用了大量篇幅聚焦于分析结构—绩效联系中的企业行为问题。他称如果说贝恩是产业组织占主导地位的结构学家的话，自己则是行为学家。

谢勒用一张图概括地描述了自己对 SCP 范式的理解（见图 9-1）。

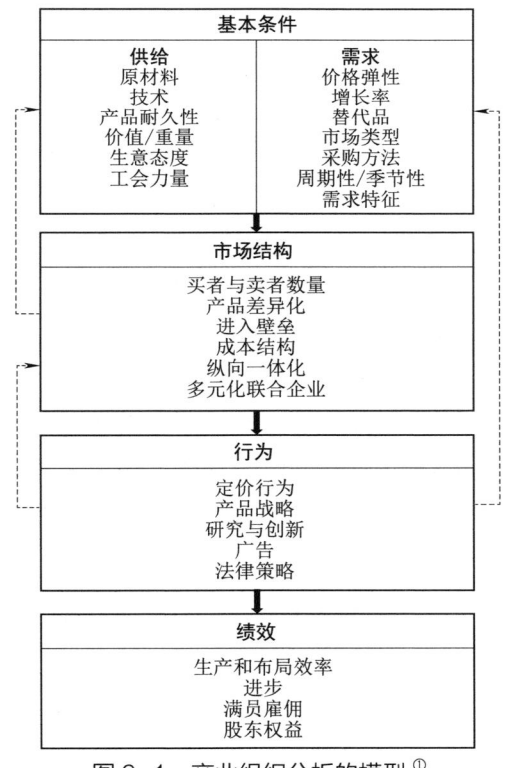

```
┌─────────────────────────────────┐
│            基本条件              │
│   供给            │    需求      │
│   原材料          │   价格弹性    │
│   技术            │   增长率     │
│   产品耐久性      │   替代品     │
│   价值/重量       │   市场类型    │
│   生意态度        │   采购方法    │
│   工会力量        │   周期性/季节性│
│                   │   需求特征    │
└─────────────────────────────────┘
              ↓
┌─────────────────────────────────┐
│            市场结构              │
│         买者与卖者数量           │
│         产品差异化               │
│         进入壁垒                 │
│         成本结构                 │
│         纵向一体化               │
│         多元化联合企业           │
└─────────────────────────────────┘
              ↓
┌─────────────────────────────────┐
│              行为                │
│         定价行为                 │
│         产品战略                 │
│         研究与创新               │
│         广告                     │
│         法律策略                 │
└─────────────────────────────────┘
              ↓
┌─────────────────────────────────┐
│              绩效                │
│         生产和布局效率           │
│         进步                     │
│         满员雇佣                 │
│         股东权益                 │
└─────────────────────────────────┘
```

图 9-1 产业组织分析的模型 [①]

从图 9-1 中可以看出产业组织的作用机制。特定产业或市场的绩

[①] Scherer F M. Industrial Market Structure and Economic Performance[M]. Chicago, IL: Rand McNally College Publishing Company, 1970: 4.

效取决于这一市场卖者与买者的行为，诸如定价政策和实践、公开的和默示的企业间的合作、产品线战略、研究与开发投入、广告战略、法律策略（例如强化专利权利）等。行为取决于企业所在市场的结构，包括诸如卖者和买者的数量和规模，相互竞争的卖者产品的物理的或感知的差异化优势，有无新企业进入的壁垒，典型企业短期内全部成本中固定部分的比例，从原材料生产到零售分销的纵向一体化程度，以企业产品线数量为特征的多元化或联合企业集团的性质，以及买者及卖者地理上分散或集中的性质。

市场结构和行为受到各种基本条件的影响。例如，在供给侧，基本条件包括地点和基本原材料的所有权，现有技术的特征（例如离散化的批量生产还是流程生产，输入替代品供给弹性的高或低），产品的耐久性，产品的价值-重量特征，商业合作态度，工会力量，等等。需求侧的基本条件包括在各种价格上的需求弹性，是否存在替代产品（需求的交叉弹性），买者购买所采用的方法（例如是否接受给出的价目表，或者要求密封的投标，或者讨价还价），产品销售的营销特征（例如专卖点、便利店或是购物中心），生产和销售的模式（例如商品是按订单生产或是从库存发货），市场周期与季节特征，等等。其他有关的基本条件是产业运行的法律环境和政府政策。

谢勒也是SCP范式的拥护者，他的贡献首先是极大地丰富了市场行为的内容和范围，包括寡头垄断者的定价策略，促进和限制寡头协调的条件，垄断和寡头定价的机制，购买侧的市场力量，价格歧视，联合企业的规模和定价行为，受管理的价格、效率和通货膨胀，刚性价格和宏观经济稳定，产品差异化，市场结构和竞争，市场结构和技术创新，以及专利系统的经济学。谢勒同时对上述市场行为类型对市场绩效和市场结构的影响进行了深入分析。其次，谢勒丰富了市场绩效的度量标准，主要覆盖以下几个方面：（1）生产者在质量和数量上满足消费者需求的程度；（2）资源得到合理配置，不应被浪费；（3）产业生产率不断提高，每单位实际收入长期增长；（4）产业的科学和技术进步；（5）充分就业；（6）价格保持合理的稳定性，通货膨胀受控。

谢勒的另一个重要贡献是认为在市场行为与市场结构之间存在着反馈效应。他认为，并非所有的影响都是从基本条件或市场结构流向市场绩效的，这其中还存在着反馈效应，如图9-1中的虚线所示。例如，充满活力的研究与开发可以改变产业成本结构中固定成本的比例，从而改变产业的规模经济性；以及研究与开发可以提高产品的差异化程度。或者，卖主采取协调它们相互的价格政策可以增加或降低进入壁垒，从而影响长期的市场结构。

我们认为，谢勒对市场行为及其对市场结构的反馈作用的深入分析，更适合解释今天的产业组织动态，并为产业组织的芝加哥学派的形成做出了贡献。

以施蒂格勒为代表的芝加哥学派的贡献

产业组织的芝加哥学派更加重视对市场结构成因的分析，不认为市场结构是先验的或外生的，而认为它是市场竞争的结果；认为市场结构—市场行为—市场绩效之间不是线性的因果关系，而是复杂的相互作用联系；主张应该从价格理论的基础假定出发，强调市场的竞争效率，反对政府通过制定政策人为地设置产业的进入壁垒。其代表学者乔治·J. 施蒂格勒（George. J. Stigler）指出："产业组织理论的目的就是让我们理解一个经济中各产业（商品或服务的生产者）的结构和行为。该理论研究企业的规模结构（一个或多个，集中或分散），这种规模结构（除规模经济之外）的成因，以及产业集中对竞争的影响，和竞争对价格、投资、创新的影响。"[①]

---

① 施蒂格勒. 产业组织[M]. 王永钦，薛锋，译. 上海：格致出版社，2006：1.

施蒂格勒的主要观点，一是认为，产生竞争的条件还包括许多潜在的竞争者，而不一定是现存的许多竞争者。潜在竞争者对于保护社会免受托拉斯的剥削具有重要意义。仅仅出于对这些潜在的进入者的担心，而不必真正出现新进入者，就往往足以防止价格畸高。因此，重要的是产业的可竞争性，即产业的自由进入和自由退出。二是认为，产品差异并不必然形成一种进入壁垒。只有当形成差异（设计、广告等）的成本对新企业来说更高时，才形成进入壁垒。三是，资源的自由流动是使产业维持合理价格水平的重要机制，如果产品或服务价格超过产业平均成本从而产生利润，资源就会流入产业使价格降低；如果产品或服务价格低于平均成本，资源就会流出产业使价格升高。

施蒂格勒最具启发意义的论断是，规模经济应根据"生存测试"来判断。其逻辑很简单：假定企业或工厂规模能够在竞争中生存下来并日益增加对产业产出的贡献，这样的规模就是最佳的。施蒂格勒认为，所有关于规模经济的判断都应当直接建立在企业生存能力的基础上，或至少为企业的生存所验证。其基本假定是不同规模企业的竞争筛选出了更具效率的企业。他指出，在我们的探索性研究中，最突出的发现或许是：最优规模的范围通常是相当宽泛的——企业的长期边际成本曲线和长期平均成本曲线在一个很宽的规模范围内通常是水平线。我想，这一发现可用一项相关的研究加以证实：如果某一产业有唯一的最优规模，那么一般而言，需求的增长主要应由与企业数目差不多成比例的增加来满足，但实际看来，需求的增长通常由现存企业扩大规模来满足。[①]

也就是说，研究何种规模更具有经济性实际上是把简单的问题复杂化了，把一个动态问题静态化了，现实中规模经济可能在多种规模水平上达到。如果在一个产业中，大企业和小企业都能够生存，那规模

---

① 施蒂格勒. 产业组织 [M]. 王永钦，薛锋，译. 上海：格致出版社，2006：115.

经济就不是一个决定的因素。决定的因素是企业的效率，而决定企业效率的诸因素中，创新能力和企业家的管理能力起着关键的作用。

显然，在以施蒂格勒为代表的产业组织理论的芝加哥学派看来，是市场行为决定了市场绩效，从而最终决定了市场结构，而不是相反。那么市场行为又是由什么决定的呢？除了市场结构，它还受到多种因素的影响，如快速的创新、政府规制、劳工关系、不稳定的国外市场等。其中重要的决定因素是企业家的管理能力。笔者赞成施蒂格勒的观点，并且认为，正是企业家管理能力的差异，决定了企业创新能力的差异，进而决定了企业效率的差异，最终决定了企业的绩效和市场结构。

技术创新与市场结构

市场行为对市场绩效和市场结构的影响的一个重要因素是技术创新，而技术创新又由谁来主导呢？很多前期研究倾向于大型企业在主导技术创新，因为现代技术创新的成本是如此之大使得其只能发生在大型企业中。问题在于：一般来讲，大型企业是否比小型企业在技术发明和将其引入商业实践方面更有效率？

研究和实践表明，大型企业在技术创新的商业化方面要比小型企业更具规模优势。但在技术发明和技术进步方面，小型企业和新创企业更活跃。另一方面，新进入者在促进技术进步方面也扮演了关键的角色，它们既是发明和创新的直接源头，也是在位企业创新的刺激因素。谢勒认为："对快速技术进步的需要成为竞争和垄断之间一种细微的黏合物，一般而言比起后者来更强调前者。"[1]

---

[1] Scherer F M. Industrial Market Structure and Economic Performance[M]. Chicago, IL: Rand McNally College Publishing Company, 1970: 378.

中国通信设备乃至世界移动通信产业的竞争和市场结构的演变，说明了市场行为，特别是技术创新对市场绩效和市场结构演变的影响。

从1980年到2000年的20年时间里，中国固定电话用户从420万户发展到1.4亿户。移动电话用户从无到有，2000年年底超过7 000万户，2001年8月14日达到1.206亿户，超过当时拥有1.201亿手机用户的美国而跃居全球第一。到2002年7月底，我国固定电话用户数达到2.01亿，加上1.8亿移动电话用户，我国电话用户总数已达到3.8亿，跃居世界首位。这一切既是市场开放政策的结果，也是开放的市场中企业自由竞争的结果。

在政策方面，1989年8月19日，邮电部通信司发布了关于实行程控用户交换机入网许可证的通告。该通告宣布："为保证国家通信网的通信质量，加强对程控用户交换机的进网审批管理，邮电部决定从1990年1月1日起，对程控用户交换机实行入网许可证制度。此后，凡接入公用通信网使用的程控用户交换机（包括国内生产的和直接从外国进口的）必须有邮电部通信司批准颁布的入网许可证，没有入网许可证的程控用户交换机一律不得接入公用通信网使用。"

值得关注的是，《通告》严格管制的并不是生产许可证，而是入网许可证。也就是说，不限制谁可以生产，只控制什么样的产品才能够入网。这是一种公平的市场竞争的管制方式，是政府运用市场机制促进产业发展的典范。

1991年年底，由中国人民解放军信息工程学院和中国邮电工业总公司合作研制开发的HJD-04型中大容量数字程控电话交换机通过邮电部组织的专家鉴定，成为我国自行研制的第一个大容量数字程控交换机，达到了国际上20世纪80年代末期的先进技术水平。这标志着我国已跻身世界上能够独立开发大型数字程控交换机的国家之列。

继HJD-04机开发成功之后，我国本土企业自主研制的大容量数字程控电话交换机相继问世，纷纷通过生产和入网鉴定，大规模进入市场。1993年9月4日，HJD-04机通过生产定型鉴定，开始进入大规模生产阶段。接着，华为公司的C&C08机、石家庄电子部54所的06机也在1994年通过了邮电部组织的生产定型鉴定。进入1995年，邮电科学研究院大唐公司的SP30超级数字程控交换机、深圳中兴新通讯设备有限公司的ZXJ10大容量局用数字程控交换机，也相继通过了邮电部的生产鉴定和进网质量认证。这样，至1995年年末，我国已有五大国产局用数字程控交换机在国家公网上运行，一时间被称为"五朵金花"。在HJD-04机率先突破的带动下，在这么短的时间内，我国本土企业在大容量数字程控交换机领域实现了群体性突破，这在其他行业的改革中十分罕见。

改革开放以来，我国政府为了加快发展通信产业，制定了"引进整机，合作生产，自主开发"三步走的程控交换机产业发展战略。很快，在我国程控交换机市场上形成了"七国八制"的局面。所谓"七国八制"，即自1982年率先引进开通日本富士通公司的F-150以来，瑞典爱立信公司的AXE-10、日本NEC公司的Neat-61、比利时贝尔的S-1240、法国阿尔卡特的E10-B、德国西门子公司的EWSD、美国AT&T公司的5ESS和加拿大北方电讯公司的D9DS程控数字交换机先后在中国通信网上开通使用，加上后来引进的芬兰诺基亚公司的设备，实际上已经是"八国九制"了。这样大规模的引进，在其他行业也是罕见的。然而，这样大规模的引进和市场覆盖，并没有抑制本土通信网络设备企业的发展，反而促进了后者在大容量数字程控交换机上的群体突破。其根本原因，是市场机制充分发挥了作用。

进入20世纪90年代后期，以巨龙、大唐、中兴、华为为代表的本土交换机厂商已经成长为交换机市场的中坚力量。国产数字程控交换机的产业化道路为民族通信工业的发展提供了借鉴。1998年3月，时任邮电部部长的吴基传同志在一次会议上高兴地称这为"巨大中华"现象。

1999年，华为、大唐、中兴的GSM全套系统设备获得信息产业部颁发的设备入网许可证。2009年1月7日，工业和信息化部宣布，批准中国移动通信集团公司增加基于TD-SCDMA技术制式的3G业务经营许可，中国电信集团公司增加基于CDMA2000技术制式的3G业务经营许可，以及中国联合网络通信集团公司增加基于WCDMA技术制式的3G业务经营许可。我国通信网络设备公司华为、中兴、大唐等获得了我国第三代移动通信网络设备市场超过50%的市场份额。2013年12月4日，工信部正式向中国移动、中国电信、中国联通颁发TD-LTE制式的4G牌照。工信部表示，三家运营企业均已开展TD-LTE规模网络试验，TD-LTE技术完善和产业发展的成熟度已具备规模商用的条件。我国以华为公司和中兴通信公司为代表的通信网络设备公司在4G的商用化上，与世界通信设备巨头爱立信、诺基亚、阿尔卡特等站在了同一起跑线上。2019年6月6日，工业和信息化部宣布正式向中国移动、中国电信、中国联通和中国广电颁发5G商用牌照。华为公司更是成为世界移动通信产业5G技术和商用网络的领跑者。

　　至此，世界移动通信产业经过从2G到5G的30年的竞争，从开始的众多企业之间分散的市场结构，最终发展为以华为、爱立信、诺基亚和中兴为主的高度集中的寡头垄断格局。这是市场行为决定市场绩效并影响市场结构演进的最有力的例证。

利润最大化还是销售收入最大化

　　追求成为市场寡头垄断者的企业的最典型的市场行为特征是什么呢？就是将销售收入最大化目标置于比利润最大化目标更优先的位置。微观经济学利润最大化假设，只能让我们定性把握而无法度量长期利润最大化，而市场地位是在不确定条件下追求长期利润最大化的一个必要的手段。

可竞争市场理论（contestable market theory）的提出者，同时也是产业组织理论芝加哥学派的倡导者威廉·J.鲍莫尔（William J. Baumol）教授的观点更是一针见血，他指出："与其说最大化利润，无论是短期还是长期，倒不如说具有市场力量的企业趋向于将销售额最大化，只是利润不能下降到低于某个特定的最低值。"[①] 鲍莫尔认为，经理人的兴趣在于增加销售规模是有其自身的原因的，因为管理者的工资和特权与销售而不是利润联系得更紧密。管理者更经常地寻求最大化销售增长率，利润是获得资本以便扩张融资的一种工具。

鲍莫尔的观点的重要含义是：如果市场份额是拥有市场力量的标志，则企业事实上是出于垄断的原因而增加销售额的。如果企业只要求一定的利润以满足对资本的需求，而不是将可获得的利润最大化，它们会设定较低的价格并生产比追求短期利润最大化目标更多的产品。

巧合的是，这与华为公司的经营目标不谋而合。华为公司在其管理纲要《华为公司基本法》中明确规定：

> 第十一条　我们将按照我们的事业可持续成长的要求，设立每个时期的合理的利润率和利润目标，而不单纯追求利润的最大化。
>
> 第十四条　我们追求在一定利润率水平上的成长的最大化。我们必须达到和保持高于行业平均的增长速度和行业中主要竞争对手的增长速度，以增强公司的活力，吸引最优秀的人才，和实现公司各种经营资源的最佳配置。在电子信息产业中，要么成为领先者，要么被淘汰，没有第三条路可走。
>
> 第十五条　我们不单纯追求规模上的扩展，而是要使自己变得更优秀。因此，高层领导必须警惕长期高速增长有可能给公司

[①] Scherer F M. Industrial Market Structure and Economic Performance[M]. Chicago, IL: Rand McNally College Publishing Company, 1970: 234.

组织造成的脆弱和隐藏的缺点，必须对成长进行有效的管理。在促进公司迅速成为一个大规模企业的同时，必须以更大的管理努力，促使公司更加灵活和更为有效。始终保持造势与做实的协调发展。

那么华为公司为什么能有较高的销售毛利率以支持在研发、市场营销和管理变革上的高投入并保持一定的利润率呢？除了研发、市场营销、管理变革的高投入的良性循环带来的产品差异化优势，以及中国的巨大市场规模带来的规模经济和人口红利带来的成本竞争力以外，还有一个原因是华为公司利用了产业寡头企业的"保护伞"。这些公司凭借其寡头垄断地位追求利润最大化，它们以其市场力量主导市场价格，使之远高于其成本，这样就形成了一个价格"保护伞"。华为公司不以低价竞争去触碰产业寡头的利益，而是利用产业寡头企业的价格"保护伞"获取高毛利率。可见，不管西方经济学怎么推崇它，追求利润最大化的目标就是饮鸩止渴，它只能使更有效率的竞争者逐渐增加市场份额，发展壮大。

全球化竞争与垄断

今天的市场竞争已经发展到深度和广度都前所未有的全球化竞争了。各国都在支持本土跨国企业的国际市场力量，从而使得各国对本国大型跨国企业的反垄断弱化，而对外国跨国公司的反垄断日益强化。各主要国家都越来越倾向于站在全球市场竞争角度和国家利益角度看待本国企业的垄断问题，在许多产业的国际竞争中，一国一企的现象很普遍。许多企业在国内的某个产业或领域中已经是独家垄断或是处于绝对垄断（即市场份额超过50%）地位，甚至在产业的世界市场上也占有垄断份额（市场份额超过35%）。例如美国的众多企业，像微软在个人计算机操作系统、办公软件领域，亚马逊在电子商务、云计算领域，谷歌在搜索、安卓操作系统领域，苹果在手机、手机操作系统、平板电脑、可穿戴设备领域，英特尔在电脑的中央处理器领域，高通在通信设备标准专利和芯片领域，通用电气在航空发动机领域，孟山都在农作物转基因种子领域，等等。

美国近年来对本国大型跨国公司的大型并购的审查和反垄断诉讼案件的判决有从轻的趋势。如 1997 年 10 月，美国司法部起诉微软公司将网络浏览器与 Windows 捆绑在一起销售。2000 年 6 月，杰克逊法官做出将微软一分为二的判决，微软随后提出上诉。2001 年 6 月，美国哥伦比亚特区联邦上诉法院做出裁决，驳回地方法院法官杰克逊做出的将微软一分为二的判决，但维持有关微软从事了违反反垄断法的反竞争商业行为的判决。面对微软在全球电脑操作系统市场上的巨大垄断，美国联邦上诉法院为何否决将微软一分为二的判决，而仅仅判决微软的市场行为违法？又比如，1996 年 12 月，波音公司宣布收购麦道公司，收购价格为 133 亿美元。波音公司和麦道公司合并之后，新波音公司的资产总额达 500 亿美元，当时预计 1997 年新波音公司的总收入将达到 480 亿美元，成为世界上最大的民用和军用飞机制造企业。根据美国的有关法律，如此大规模的合并必须经过美国反垄断当局的批准。美国反垄断法律规定，如果两家公司合并以后市场份额的平方和大于 1 800，公平交易部的反垄断处或联邦贸易委员会就立案调查。照此规定计算，两家公司市场份额平方和为 3 825，是立案调查标准的两倍多，但兼并最终还是获得了政府的批准。美国反垄断当局为何无视波音公司占美国市场几乎 100%、占全球民用飞机市场 65% 以上的巨大垄断而批准此项并购呢？显然这出于对美国国家利益和美国全球利益的考虑。

从美国联邦政府反垄断规制的新近趋势可以看出几个重要变化。一是，更加重视从经济全球化背景评估反垄断，从美国企业在全球竞争格局中的地位评估反垄断，从维护国家利益的角度评估反垄断。二是，更加重视从提高经济效率角度运用反垄断规制。传统的反垄断法规依据的是产业组织哈佛学派的理论，主要从市场结构、市场份额方面来规制垄断。近年来，美国联邦政府的反垄断规制取向更倾向于芝加哥学派的理论，认为垄断企业是竞争中的优胜者，垄断地位是高效率市场行为和高市场绩效的结果。三是，更加重视在反垄断规制中促进技术创新。美国司法部门在微软诉讼案件中，认为通过技术创新获得垄断地位或企图获得垄断地位并不违法，只是通过"不正当行为"来维持或获得垄断地位才是违法的。

与美国相比，欧盟主要运用反垄断监督、调查和罚款，削弱外国企业垄断对欧盟企业和成员国利益的侵犯。例如，2018年，根据NetMarketShare的数据，谷歌已控制了全球搜索引擎市场70%以上的份额。此外，谷歌在网络浏览器、安卓操作系统、电子邮件和其他产品类别的市场上也占据着主导地位。2010年，谷歌收到了欧盟委员会关于购物搜索结果和广告排名的反垄断投诉，这导致谷歌在2017年被罚款27亿美元。2016年，欧盟委员会再次将矛头对准谷歌，对谷歌安卓操作系统的相关行为进行了投诉，导致谷歌2018年被罚款51亿美元。2019年3月，欧盟又因非法广告原因对谷歌处以17亿美元的罚款。欧盟方面针对谷歌的这三次罚款，总额达到惊人的95亿美元。

有一个现象值得关注：各国反垄断当局往往很少关注中小企业对细分市场的垄断。对于中小企业，垄断某个全球细分市场的所谓"隐形冠军"现象在某些发达国家极为普遍。以德国为例，德国著名管理学家赫尔曼·西蒙在他的《隐形冠军：未来全球化的先锋》一书中，定义了隐形冠军的三个标准条件：（1）它是某个行业世界前三强的公司或者某一大陆上名列第一的公司；（2）年营业额低于50亿欧元；（3）不为外界所知。

比如，德国嘉特纳（Gartner）公司，专注于摩天大楼外墙材料的生产和建造，在这个领域是无可争议的世界第一，嘉特纳公司使用喷气发动机来测试外墙抗击风暴的强度，世界最高建筑——迪拜的"哈利法塔"用的就是嘉特纳公司生产的外墙材料。德国海曼（Smiths Heimann）公司，是全球领先的检查行李和货物的 X 光机制造商，超过 200 个国家和地区使用海曼公司的设备检查毒品、武器或爆炸物。德国杰里茨（Gerriets）公司是世界上唯一一个生产大幅舞台帷幕的厂家，在这一领域的全球市场份额为 100%，纽约大都会歌剧院、米兰的斯卡拉歌剧院、巴黎的巴士底歌剧院使用的都是杰里茨生产的帷幕。德国克莱斯（Klais）公司的管风琴世界闻名，它的产品出现在北京、京都、加拉加斯、布宜诺斯艾利斯、伦敦、布里斯班、奥克兰、马尼拉和吉隆坡等地的音乐厅。德国福莱希（Flexi）公司，占有伸缩狗链的大约 70% 的世界市场份额，仅这种产品就有 300 多个品种，超过 90% 的产品出口到大约 100 个国家和地区。这样的隐形冠军还有许多，不胜枚举。[①]

由于隐形冠军企业生产的产品大都并非终端消费品，更多的是中间件或关键零部件，所以这些企业并不为一般大众所熟知，就连它们自己也有意选择缄默。一家卓越的世界领先企业的首席执行官曾在给《隐形冠军》一书作者的信中写道："任何在公开场合对我们企业不必要的提及都有悖于我们追求的'隐姓埋名'的目标。"尽管它们有意低调，但它们却往往成为其所在领域客户的不二选择。

过去 20 多年，赫尔曼·西蒙收集了全世界 2 734 家隐形冠军公司的数据，其中德国拥有 1 307 家，是数量最多的国家，美国有 366 家，日本有 220 家，中国有 68 家。

对于隐形冠军为什么如此成功，西蒙教授认为：

[①] 西蒙 H，杨一安. 隐形冠军：未来全球化的先锋 [M]. 第 2 版. 张帆，等译. 北京：机械工业出版社，2019：40—46.

1. 追求市场领导地位，志在成为行业标准。世界领先的传感器科技公司西克（Sick）公司说："领导力意味着成为别人的标准，我们制定全球市场标准。"手术室医疗设备的世界领导者迈柯唯（Maquet）说："我们致力于成为医疗设备的权威标准。"全球最大的铯、锂和其他特种化学品生产商凯密特尔（Chemetall）公司的愿景是："我们的经营目标是在特种化学品的可盈利的细分市场中占据全球范围内的技术和市场领导地位。"

2. 保持专注。隐形冠军的实践表明，唯有专注才能成为世界一流。例如，全球领先的医药包装设备公司乌尔曼（Uhlmann）的策略是："我们一直以来只有一个客户，将来我们也会只有一个客户，这就是制药行业。我们只做这个，做到极致。"

3. 贴近客户。隐形冠军最大的优点是与客户的紧密关系，这甚至比技术还重要。有 3/4 的隐形冠军采用直销的模式，这是因为多数隐形冠军按客户需求定制解决方案。直销模式是隐形冠军与客户保持紧密关系的重要因素，这不仅给客户带来便利，也能同时获得有用的客户反馈信息。连接器隐形冠军浩亭（Harting）公司的总经理说："浩亭只采用直销模式。这样我们可以把客户在应用产品中积累的知识转化成浩亭的知识。"

4. 勇于创新。创新，而不是模仿，造就了世界冠军企业。隐形冠军在研发上面的支出比普通企业多一倍，它们平均在研发上的投入比例为销售收入的 6%。调查表明，大型企业中，平均每 1 000 名员工的专利产出为 6 个，而隐形冠军达到 31 个。

5. **市场全球化**。通过聚焦形成有深度的专注构成隐形冠军战略的第一个支柱，通过全球化扩大市场是隐形冠军战略的第二个支柱。专注使企业技术精湛，但市场狭小，只有通过全球化才能扩大市场，从而获得规模经济。例如，全球高压净水器市场的领导者卡赫（Karcher）公司成立于 1935 年，1962 年凯驰公司在法国开设了第一家海外子公司，现在它已经在全球 65 个国家拥有 105 家子公司。

6. 拥有高度团结和具有奋斗精神的员工。能够得到员工认同并为领导者身体力行的愿景会释放出巨大的潜能和凝聚力。隐形冠军企业的劳动生产效率非常高，员工非常敬业，流失率非常低，每年隐形冠军企业员工的离职率平均只有 2.7%。

7. 要想成为市场领导者，就直接与最强对手竞争。德国的隐形冠军凯傲（Kion）是世界第二大叉车制造商，立志在 2029 年赶超世界叉车市场的领导者丰田公司，该公司认为没有什么比与一个强大的对手竞争更能鼓舞士气的了。赫尔曼·西蒙认为这是非常重要的一点，要想成为隐形冠军，就要进入要求非常高的市场，而不是要求低的市场，去非洲不会让企业成为隐形冠军。

经济全球化正在改变和重塑竞争和垄断的格局。立志成为世界产业市场或细分市场的领先者，是在经济全球化大趋势下长期生存的唯一出路。

9.2

囚徒困境与合作

寡头垄断企业间的合谋（collusion），不管是公开的还是隐蔽的，都是为法律或政策所禁止的，但是寡头垄断企业间的合作却是大趋势。那么它们为什么不一直竞争下去而选择合作？有一个理论模型能够很好地解释寡头垄断企业的竞争与合作行为，这就是著名的"囚徒困境"。

囚徒困境

在竞争者都在谋求自身利益最大化的市场中，为什么会产生合作？怎样才能产生合作？这实际上是一个博弈论中的"囚徒困境"问题。

"囚徒困境"的概念最初由来自美国兰德公司（Rand Corporation）的几位科学家提出。1950年，兰德公司的两位科学家梅里尔·弗勒德（Merrill Flood）和梅尔文·德雷舍（Melvin Dresher）提出了自博弈论问世以来影响最大也最有争议的一种博弈，这就是看似简单、实则最能迷惑人的"囚徒的困境"（prisoner's dilemma），它几乎动摇了博弈论的部分理论基础。"囚徒的困境"这个名称是兰德公司的顾问艾伯特·塔克（Albert Tucker）起的。之所以起这个名称，是因为塔克为说明这种博弈讲了一个有关囚徒的故事。

两个被指共同犯罪的人被警察分别关押。两人都被告知：

（1）如果一个人招供而另一个人不招供，前者将得到奖金，而后者被处以罚金。

（2）如果两个人都招供，那么两个人都要被处以罚金。

同时两个人都有充足理由相信：

（3）如果两个人都不招供，两个人都将被无罪释放。[①]

迄今为止，有关"囚徒的困境"最著名的一项研究成果，是1980年由美国密歇根大学政治学教授罗伯特·阿克塞尔罗德（Robert Axelrod）在其所设计的计算机"游戏"中获得的。该研究报告后来被收入阿克塞尔罗德的《合作的进化》一书。该项研究被认为是对博弈论最有意义的发现之一。我们对阿克塞尔罗德设计的计算机"游戏"及其得到的结果简述如下。

在"囚徒困境"的游戏中，有两个决策者，他们有两个选择：合作或背叛，每个人都必须在不知道对方选择的情况下，做出自己的选择。

---

① 庞德斯通. 囚徒的困境 [M]. 吴鹤龄, 译. 北京：中信出版社，2015：144.

"囚徒困境"的游戏方法如图9-2所示。① 一方选行,合作或背叛;同时另一方选列,也是合作或背叛,这些选择放在一起就产生了四个可能的结果。在这个矩阵中,如果双方选择合作,双方都能得到较好的结果 R(Reward,对双方合作的奖励),R=3;如果一方合作而另一方背叛,那么背叛者得到 T(Temptation,对背叛的诱惑),T=5,而合作者则得到 S(Sucker,给笨蛋的报酬),S=0;如果双方都背叛,那么双方都得到 P(Punishment,对双方背叛的惩罚),P=1。

	列游戏者 合作	列游戏者 背叛
行游戏者 合作	R=3, R=3	S=0, T=5
行游戏者 背叛	T=5, S=0	P=1, P=1

R:对双方合作的奖励   T:对背叛的诱惑
S:给笨蛋的报酬   P:对双方背叛的惩罚
说明:行选择者的收益列在前面

图 9-2　囚徒困境游戏

在这个游戏中,得分最高的为胜者,那么你将如何选择呢?假设你选择合作,如果对方也选择合作,那你们都得到 3 分;但如果对方选择背叛,你就是"笨蛋",得 0 分,而对方得 5 分;反过来也是一样。为了不落到"笨蛋"的结局而让对方得到 5 分,你最好的策略是也选择背叛。相同的逻辑对另一方也同样适用。因此,另一方也将选择背叛而不管你怎么做。这样,你们双方都选择背叛,只能各得 1 分,这比你们双方合作所能得到的"奖励"3 分差很多。个体的理性导致双方得到的比可能得到的少,这就是"困境"。

如果我们假定人都是自私的,都追求个人利益最大化,两个自私者玩一次这个游戏,他们的选择都会是背叛。但是假设这个游戏一直

---

① 阿克塞尔罗德. 合作的进化 [M]. 修订版. 吴坚忠, 译. 上海: 上海人民出版社, 2016: 6-16.

玩下去，这意味着今天做出的选择不仅决定当前对局的结果，而且还影响对局者以后的选择，那结果会怎么样呢？

一报还一报

为此，阿克塞尔罗德设计了一个计算机竞赛，邀请来自五个学科，包括心理学、经济学、政治学、数学和社会学的14位专家参加竞赛，这些专家大多是已经在博弈论或"囚徒困境"方面发表过论文的学者，每个人给出不同的方案。有专家给出的方案是"始终选择背叛"，有的专家给出的方案称为"一报还一报"，即首先在第一步选择合作，然后就模仿对方上一步的选择，也有的专家的方案是"两报还一报"，即比"一报还一报"更加宽容。竞赛中每个方案都与其余的方案逐一对决，每轮游戏有200次对局，这也被称为"重复囚徒困境"。结果，什么策略胜出呢？令人惊讶的是：胜利者是所有提交的策略中最简单的一个策略，即"一报还一报"。

为了进一步检验竞赛的结果，阿克塞尔罗德组织了第二次比赛。组织者向所有参赛者通报了第一次比赛的结果，让大家知道"一报还一报"表现得多好，意思是让大家向"一报还一报"策略发起挑战，并击败它。最后，他从6个国家中征集到62个程序。参赛者的策略更加多样化，例如，有的参赛程序在前一步对方的选择基础上引入了随机性，即按一定的概率选择自己的策略。虽然大多数程序都试图打败"一报还一报"，但它又一次成为赢家。

阿克塞尔罗德从两次竞赛中得出如下结论：（1）合作的进化要求个体有足够大的机会再次相遇，使得他们能形成在未来打交道的利害关系。（2）促进双方的合作，要使得未来相对于现在更重要，相反，当未来相对于现在不是足够重要时，没有任何形式的合作是稳定的。（3）友谊关系不是合作产生的必要条件，在适当的条件下，基于回报的合作甚至可以在对抗的双方中产生。合作的基础不是真正的信任，而是关系的持续性。（4）一个有效的策略必须在任何时候都能考虑到相互作用的历史。（5）事实上是更多点宽容才能得到更多的好处。这个惊人的发现表明，即使是战略专家也没有给宽容的重要性以足够的重视。（6）许多人在游戏中没有受到挑衅就早早地开始背叛，这个特点从长远来看是要付出大代价的。（7）两次竞赛的结果有力地证明"一报还一报"的成功具有很大的鲁棒性。[①]

"一报还一报"的稳定成功的原因是它综合了善良性、可激怒性、宽容性和清晰性。它的善良性防止它陷入不必要的麻烦；它的可激怒性使对方试着背叛一次后就不敢再坚持；它的宽容性有助于重新恢复合作；它的清晰性使它容易被对方理解，从而引出长期的合作。

"囚徒的困境"会发生在生物学、心理学、社会科学、经济学、法律等领域。只要有利益冲突的地方，就会有"囚徒的困境"。笔者认为，囚徒困境导致的合作倾向，是建立在双方权力（对背叛的惩罚）和利益（合作和背叛的收益和损失）对等的前提下，如果双方的权力和利益是不对等的，囚徒困境就不会带来合作。而如何才能使双方的权力和利益对等呢？这要靠竞争，通过竞争消除双方权力和利益的不对等，从而具备合作的前提。

9.3

标准竞争与联盟

国内业界流行一种说法：一流的企业做标准，二流的企业做品牌，

[①] 阿克塞尔罗德.合作的进化[M].修订版.吴坚忠，译.上海：上海人民出版社，2016：13-16.

三流的企业做产品。我认为这种把做好产品的企业划为三流企业的说法有失偏颇，因为产品中是含有技术、专利和标准的，做好产品是获取技术专利和进而发展到形成标准的基础，产品做不好不可能做出品牌来。不过围绕标准的竞争与合作确实是企业最高层次的竞争与合作。

移动通信标准从 1G 到 5G 的演进

国际标准化组织（ISO）的国家标准化管理委员会（STACO）以"指南"的形式给"标准"的定义做出统一规定：标准是由一个公认的机构制定和批准的文件。它对活动或活动的结果规定了规则、导则或特殊值，供共同和反复使用，以实现在预定领域内最佳秩序的效果。由标准的定义可以看出，制定标准的目的是要引导和约束活动按最佳秩序运行。所以，标准对非标准的活动秩序是具有排斥性的。

发达国家政府、企业或者标准组织通过国际认可程序，将本国的技术标准变成国际通行的标准，并通过相应的专利对其中的核心技术进行保护，进而从根本上垄断国际市场。与之相适应，各国为了使本国的技术标准能够成为通行的国际标准，纷纷通过支持本国的跨国企业积极参与制定或修改国际规则，建立有利于推广本国成果和技术标准的法律平台。如果能够掌握规则的制定权，那么就能从法律上占领国际标准确认的制高点，而且在未来制定新规则时，可以抢占先机。所以，标准竞争成为跨国企业竞争的一个焦点，其背后是国家力量的较量。

信息和通信技术是未来产业革命的基础，是技术发明和创新最活跃的领域，也是国际标准竞争的焦点，从历年来国际专利申请的数量占比就可以窥见一斑。2018年，世界知识产权组织登记的国际专利申请数量最多的行业是数字通信技术，占 8.6%；其次是信息技术，占 8.1%。

伴随全球以互联网、物联网、人工智能、无人驾驶汽车等为代表的新一轮产业革命的兴起,移动通信标准已超越了其原有内涵,不再仅是技术活动中需要统一协调的规则,而且成为决定技术演进趋势、影响前沿产业生态,乃至国家核心竞争力和创新能力的关键性因素。因此,通信标准领域的竞争,不仅是信息通信技术产业的发展主动权和主导权之争,更是国家间竞争的一种高级形式。我们通过移动通信标准从 1G 到今天的 5G 的演进过程,可以看到在国际标准制定过程中的竞争与合作及其演变趋势。

20 世纪 80 年代早期,第一代移动通信系统在北欧首先实现了统一制式,1G 标准使用的是模拟通信技术,主要功能是实现语音通信,并使跨国漫游成为可能。经历过 20 世纪 80 年代末和 90 年代初的人,大概对当时的"大哥大"手机都还有印象,虽然手机的体积形似砖头,价格高昂,却是商业高端人士的地位象征。尽管市场规模很小,但它带动了通信产业的快速发展。2G 标准将通信产业带入了数字通信时代,移动通信的功能显著提升,参与竞争的世界级厂商众多,激烈的竞争使得通信网络几乎做到无缝覆盖,手机小巧玲珑,硬件价格和通信费用低廉,并且还具有低速上网功能,这一切使得用户数量爆炸性增长,快速实现了大规模普及,也推动了移动通信标准向下一代的演进。3G 时代的到来以及智能手机的出现,加速了移动通信产业向深度和广度的发展,移动互联网开始融入社会生活的各个领域,各种应用(APP)、各种平台、新商业模式、新物种纷纷涌现,商业生态开始形成并向优势企业汇集。消费者期望更快、更宽、更优质、更丰富的网络、终端和服务,从而使得移动通信标准向第四代的演进周期大大缩短。4G 时代开启了真正意义的数字经济,移动互联网开始全面进入消费领域,每个人的生活和工作都与通信网络密切相关,微信社交、网上购物、移动支付、搜索、视频、地图、远程教育为消费者带来了超乎期望的体验,并且移动互联网也开始大规模进入生产领域,大大提升了物流、大规模定制、敏捷制造的效率。今天，我们已处于5G时代大规模商业应用的起点，在高速、大带宽、低时延等网络性质的基础上，移动互联网与物联网进一步融合，推动万物互联时代的到来；移动互联网与云计算、人工智能的结合，使得自动驾驶、远程医疗等开始从实验室进入产业化阶段，未来前景无限广阔。

移动通信标准从第一代到今天的第五代标准的演进，也是世界范围围绕移动通信技术的市场竞争与合作的演进。从参与竞争的国家或地区来看，争夺1G标准主导权的主要有美国、日本、英国、法国、加拿大；争夺2G标准主导权的主要有美国、欧洲、日本；争夺3G和4G标准主导权的主要有美国、欧洲、中国；争夺5G标准主导权的目前主要是欧洲和中国，美国也不甘失去主导权。不难发现，伴随通信技术的升级，制定标准的难度和复杂性不断上升，有实力或条件参与竞争的国家和地区数量整体呈减少趋势。从参与竞争的主要通信设备企业来看，在1G到4G的发展过程中，涌现出摩托罗拉、朗讯、高通、诺基亚、爱立信、阿尔卡特、北电网络、西门子、富士通、日本电气、三星、LG，以及华为、中兴等一批世界级科技企业。而到了5G时代，有能力参与标准制定竞争的，只剩下高通、华为、爱立信、诺基亚和中兴5家企业。国际标准竞争的淘汰和联盟是在跨国企业之间进行的，从1G和2G时代几乎所有发达国家跨国通信设备企业参与的国际标准的竞争，到3G的三大标准联盟的竞争，再到4G的两大标准联盟的竞争以及5G的统一标准的竞争，也是跨国企业之间、国家或地区之间合作格局的演进。

移动通信标准之争，实际上是参与企业的创新投入和实力之争。所有国际标准都是依据相关对象的最优水平和最优程序制定的。也就是说，拥有最大技术优势的国家和企业具有最大的技术标准制定权。技术优势包括了技术水平优势和价格优势两个方面。中国企业从1G标准制定的旁观者，到2G标准制定的后来者，到3G标准制定的三大标准有其一，到 4G 标准制定的重要参与者，到 5G 标准制定的主导者之一，反映了中国企业技术优势和国际竞争力逐步增强的历程。

围绕 5G 标准的竞争

移动通信 5G 标准之争是在 3GPP 标准组织内部的竞争。3GPP 成立于 1998 年 12 月，世界多个电信标准组织伙伴签署了《第三代伙伴计划协议》。在 3G 时代，移动通信标准包括 CDMA2000、WCDMA 和 TD-SCDMA 三大标准；4G 时代的移动通信标准分为 TDD-LTE 和 FDD-LTE。多个标准同时存在不利于产业链的统一发展，不利于人们之间、万物之间的互联互通，且造成资源浪费。因此，到了 5G 时代，经过前期一轮又一轮的博弈，最终，大家共同决定采用统一的 5G 标准。

在 2016 年 10 月 3GPP 的西班牙会议上，举行了三次投票，即（1）5G 数据信道长码标准的投票：高通 39 票、华为 1 票；（2）第一次 5G 数据信道短码标准的投票：高通 16 票，华为 17 票；（3）第二次 5G 数据信道短码的投票：反对高通 25 票，反对华为 26 票。结果是：高通的 5G 数据信道长码标准以绝对优势获得采用，至于短码究竟采用哪家公司提出的标准，因为两次投票中高通和华为互为一胜一负，会议决定待本年 11 月美国会议再次投票决定。2016 年 11 月在美国举办的 3GPP 第 87 次会议的讨论中，最终确定增强型移动宽带（eMBB）场景控制信道短码编码方案采用华为主导的极化码（Polar Code）方案。

标准竞争的核心问题是内含知识产权的竞争。[①] 企业使一般技术成为标准的技术的目的是利用所占有的知识产权谋取更大利益，以及设置市场进入壁垒。目前，中国公司拥有的 5G 标准专利占全球的 36%，

---

① 毛丰付. 标准竞争与竞争政策：以 ICT 产业为例 [M]. 上海：上海三联书店，2007：146.

美国占 14%。截至 2019 年 2 月初，华为公司拥有 1529 项 5G 标准专利，超过任何公司，美国的高通公司拥有 787 项。但 5G 标准之争，已经从技术标准之争发展为政治经济之争，这充分说明国际标准之争远不只是技术之争，其背后是国家利益、国家实力和国家战略之争。

正式标准和事实标准

标准的类型可分为正式标准（formal standards）和事实标准（informal standards）。正式标准是由政府组织委托制定，或者由志愿的标准起草组织协商提出的；而事实标准是由市场通过竞争形成的。事实标准又可进一步分为无发起人（unsponsored）标准和有发起人（sponsored）标准。无发起人标准不受专利保护，可以自由使用，而有发起人标准只能由标准的权利拥有人使用或授权使用。[1] 通常有发起人标准蕴含着巨大的潜在利益，所以有发起人标准的竞争在标准战略和竞争行为上表现得更隐蔽、更深谋远虑。这方面的例子很多。

例如，20 世纪 70 年代，日本索尼公司和松下公司同时分别推出了两种不同的录像带制式：BETAMAX 和 VHS。按照技术专家的评价，索尼公司的 BETAMAX 比松下公司的 VHS 先进得多。但是，松下在录像带的市场竞争战略上实施得非常有效，松下的战略强调市场份额并且与其他国家的进口商和电视机生产商建立了比索尼公司密切得多的伙伴关系。凭借市场份额的优势，松下在十年内彻底击败了索尼的技术优势，其录像带制式成为录像带和录像机市场的事实标准。类似的例子，还有电脑操作系统标准的竞争，微软的 Windows 对阵 IBM 公司的 OS/2，尽管在专家的评价中 OS/2 技术上更先进、图形界面设计得更好，但由于占用的计算机存储资源较多，运行速度较慢，在市场竞争中胜出

---

[1] 毛丰付. 标准竞争与竞争政策：以 ICT 产业为例 [M]. 上海：上海三联书店，2007：44.

的是最终成为事实标准的 Windows。再有像移动通信 2G 时代的两种标准 GSM 和 CDMA，一个是欧洲标准组织主推的标准，一个是美国高通公司主推并受到美国政府支持的标准。二者虽然都是被标准化过程规制的正式标准，从技术上看，窄带码分多址的 CDMA 技术比起时分多址的 GSM 技术在编码的效率等性能上要更胜一筹，但最终 GSM 的市场份额远超过 CDMA，成为 2G 移动通信的事实标准。在事实标准方面做得最成功的要数谷歌的安卓系统。

安卓是由谷歌公司和开放手持设备联盟领导并开发的一种基于 Linux 的自由且开放源代码的手机操作系统，主要使用于移动设备。安卓操作系统最初是由安迪·鲁宾（Andy Rubin）的安卓公司开发的，后被谷歌于 2005 年 8 月收购。2007 年 11 月 5 日，谷歌公司正式向外界展示了这款名为安卓的操作系统，并且在这一天，谷歌宣布建立一个全球性的联盟组织，该组织由 34 家手机制造商、软件开发商、电信运营商以及芯片制造商共同组成，并与 84 家硬件制造商、软件开发商及电信营运商组成开放手持设备联盟（Open Handset Alliance），共同研发改良安卓系统。这一联盟将支持谷歌发布的手机操作系统以及应用软件，谷歌以 Apache（Web 服务器软件）免费开源许可证的授权方式，发布了安卓的源代码。2008 年 8 月 18 号，安卓获得了美国联邦通信委员会（FCC）的批准。在 2008 年 9 月，谷歌正式发布了安卓 1.0 系统，这也是安卓系统最早的版本。该平台由操作系统、中间件、用户界面和应用软件组成。2009 年 9 月份，谷歌发布了安卓 1.6 的正式版，并由宏达国际电子有限责任公司（HTC）推出了搭载安卓 1.6 正式版的手机 HTC Hero（G3），凭借着出色的外观设计以及全新的安卓 1.6 操作系统，HTC Hero（G3）成为当时全球最受欢迎的手机。到 2011 年 8 月 2 日，使用安卓系统的手机已占据全球智能手机市场 48% 的份额。目前，除苹果公司的 iOS 操作系统仅用于苹果手机外，其他手机品牌都采用安卓系统，故采用安卓系统的手机市场份额已接近 80%。安卓系统已经成为智能手机领域占有率最高的系统。

到 2012 年 1 月 6 日，谷歌安卓市场（Android Market）已有 10 万开发者推出超过 40 万活跃的应用，大多数的应用程序为免费。安卓的 Linux kernel 控制包括安全，存储器管理，程序管理，网络堆栈，驱动程序模型等。安卓开发四大组件分别是：活动，用于表现功能；服务，后台运行服务，不提供界面呈现；广播接收器，用于接收广播；内容提供商，支持在多个应用中存储和读取数据，相当于数据库。

经过多年的发展，安卓已经发展成了一个平台、一个生态体系。在优势方面，首先就是其开放性，开放的平台允许任何移动终端厂商加入到安卓联盟中来。显著的开放性可以使其拥有更多的开发者，随着用户和应用的日益丰富，一个崭新的平台也将很快走向成熟。开放性对于安卓的发展而言，有利于积累人气，这里的人气包括消费者和厂商，而对消费者来讲，最大的受益正是丰富的软件资源。开放的平台也会带来更大竞争，如此一来，消费者将可以用更低的价位购得心仪的手机。其次，安卓的优势还在于其丰富的硬件。这一点还是与安卓平台的开放性相关，由于安卓的开放性，众多的厂商会推出千奇百怪、各具功能特色的多种产品。功能上的差异和特色，并不会影响数据同步甚至软件的兼容。安卓平台的第三个优势是方便开发。它提供给第三方开发商一个十分宽泛、自由的环境，不会受到各种条条框框的阻扰，可想而知，会有多少新颖别致的软件诞生。第四个优势是与谷歌服务的集成。谷歌已经从搜索巨人发展到对互联网全面渗透，谷歌提供的服务如搜索、地图、邮件、浏览器、视频、广告、云服务等服务已经成为连接用户和互联网的重要纽带，而安卓平台手机将无缝结合这些优秀的谷歌服务。

总结谷歌的安卓系统的成功，关键要点是产品做得好、免费的商业模式、开放性、丰富的应用、与谷歌服务的集成、强大的生态、广泛的联盟，以及知识产权保护。现在的安卓系统可不再是免费的了，谷歌利用其垄断地位开始收取专利费用，成为其收入结构中仅次于广告收入的重要来源。那么，还有没有可能在移动通信的手持设备领域再成长出一个操作系统生态呢？微软曾经尝试过，试图依托其 Windows 的巨大的用户基础发展一个新的手机操作系统生态，但坚持了几年最终由于不成功而放弃。其结论是不可能在苹果的 iOS 和谷歌的安卓之外再发展出一个新的与之抗衡的手机操作系统了。即便是开发出操作系统软件，由于没有市场规模优势，不可能吸引众多的开发者为其开发应用程序，也没有像谷歌那样强大的服务可以集成，消费者的转化成本也过高，一句话，不可能形成一个强大的生态系统与之抗衡。现在就看华为能否独辟蹊径，探索出一条成功之路了。

在移动通信领域，中国企业不能说没有标准竞争意识。中国早在 3G 时代就推出过具有自主知识产权的标准体系 TD-SCDMA，试图三分天下有其一，但为何没能成功？其中的原因不是因为不开放，中国在 TD-SCDMA 开发初期就建立了广泛的技术联盟，但基本上都是国内企业，缺少世界级通信设备企业和电信服务商的参与。也不是因为获得国际电信联盟 ITU 批准得太晚，错过了最佳时机。TD-SCDMA 的发展过程始于 1998 年年初，由原电信科学技术研究院在 SCDMA 技术的基础上，研究和起草了符合 IMT-2000 要求的中国的 TD-SCDMA 建议草案，并于 ITU 征集 IMT-2000 第三代移动通信无线传输技术候选方案的截止日 1998 年 6 月 30 日提交到 ITU，从而成为 IMT-2000 的 15 个候选方案之一。也不是政府支持不够，我国政府为了等待 TD-SCDMA 标准的成熟，一再推迟 3G 牌照的发放，而且在 2009 年 1 月 7 日正式发放 3G 牌照时，将 TD-SCDMA 牌照发给了中国移动，即中国最大、最有实力的电信运营商。也不是因为中国移动通信市场不够大。那是因为什么呢？还是因为该标准的主导企业投入不足，实力不强，创新能力不够，产品做得不够好，市场没有充分接受，也就是没有成为事实标准。所以，要想做国际标准，还是要有做产品的能力和实力。

围绕标准竞争的技术联盟战略

事实标准成功的关键是拥有更多的合作者、更广泛参与的联盟。

标准的形成，首先取决于技术。新标准的推出，第一，取决于新技术的优势与产业化进程。第二，取决于市场。我们看到，即使是被国际标准组织接受的标准，只要存在不同标准的竞争，其成功最终取决于能否成为事实标准，更不用说完全由市场竞争决定的标准了。第三，一些重要行业的技术标准往往涉及很多的专利权，由于技术的庞大和复杂性，任何一个企业都难以控制某一标准的全部核心技术，因此技术标准的制定者就必须得到一定数量的有实力的企业或科研机构的支持，使技术体系更加完善并最终得以被确立为标准，而拥有关键专利的企业参与到某项标准的技术联盟中，既有利于加强该项标准的市场竞争地位，也有利于联盟内部企业间的专利的交叉授权和共享。我们从移动通信标准的演进过程就可以看出，标准的演进也是标准联盟的演进。企业对此要从战略的高度从长计议。

不能成为国际标准制定的主导者，就面临加入哪一方标准的技术联盟的问题。作为联盟的成员，可以享受专利授权等优惠，而游离于任一标准联盟之外，单打独斗是不行的。这就是所谓的"不胜则盟"。为什么"不胜则盟"成为一句格言？因为战争结盟也好，市场竞争结盟也好，要达到的目的在性质上是一样的，都是为了获取更大的利益和安全。企业选择应当加入哪一方的技术联盟时，要从联盟主导企业的优势、对自身优劣势的权衡、与联盟中成员企业的关系以及市场竞争大势出发，慎重决策，多从利益的权衡出发决策，尽量少受其他因素的影响。

华为公司的标准竞争策略，强调开放合作；强调支持全球统一标准；强调构筑强大的知识产权能力；强调即使拥有知识产权优势，也不要强势不饶人；在标准竞争中强调开放、妥协、灰度的原则，有胸怀才能有天下。以下几段论述引自华为公司总裁任正非的几次讲话和有关文章。

遵循在自主开发基础上广泛开放合作的原则。重视广泛的对等合作和建立战略伙伴关系,使自己的优势得以提升,优势更优。和平与发展是国家之间的主旋律,开放与合作是企业之间的大趋势,大家都考虑到未来世界谁都不可能独霸一方,只有加强合作,你中有我,我中有你,才能获取更大的共同利益。[1]

我们要站在全局的观点上,对未来信息传送的思想、理论、架构做出贡献。未来的网络结构一定是标准化、简单化、易用化。我们一定不要用在高速公路上扔一个小石子的办法,形成自己的独特优势。要像大禹治水一样,胸怀宽广地疏导。我们不能光关注竞争能力以及盈利增长,更要关注合作创造,共建一个世界统一标准的网络。要接受上世纪火车所谓宽轨、米轨、标准轨距的教训,要使信息列车在全球快速、无碍流动。我们一定要坚信信息化应是一个全球统一的标准,网络的核心价值是互联互通,信息的核心价值在于有序的流通和共享。而且这也不是一两家公司能创造的,必须与全球的优势企业合作来贡献。[2]

我们要清醒认识到,未来一定会有一场知识产权大战,我们要构筑强大的知识产权能力,来保护自己不被消灭,但我们永远不会利用知识产权去谋求霸权。当我们想从这里谋取利益,实际就开始走向死亡。[3]

在知识产权的问题上,尽管我们很努力,尽管我们做得很优秀,但是在人类历史的长河中,还是不够。所以在谈判过程中,我们

---

[1] 任正非:《华为的红旗到底能打多久》,1998。
[2] 任正非:《变革的目的就是要多产粮食和增加土地肥力》,2015。
[3] 任正非:在 IP 交付保障团队座谈会上的讲话,2014。

要学会适当地妥协,这就是"开放、妥协、灰度"。不要强势就不饶人,得意变猖狂是小人,我们要做肚量大的人。"一纸书来只为墙,让他三尺又何妨?万里长城今犹在,不见当年秦始皇。"就是说其实我们在合理谈判的前提下,可以对西方公司让步一点,因为我们还会更强大。你们可以去安徽桐城的六尺巷,好好体验一下古时候伟大人物的胸怀,有胸怀才能有天下。[①]

我们习惯于把竞争考虑成只有一个胜利者,像踢足球或下棋,但世界上的事情很少这样,在很多情况下,双方合作比双方互相背叛好。做得好的关键不在于征服对方而在于引导合作。[②] 竞争的最终目的是什么?应当是稳定的合作,而不是以邻为壑。标准竞争亦是如此,我们支持世界上各个产业有各自统一的标准,因为多个标准是一种对资源的浪费。但统一的标准不应当成为个别企业用来牟取独家垄断利益的手段,这一标准应被用于造福世界。

9.4

活在生态,赢在生态

未来的竞争是商业生态圈之间的竞争。从产品竞争到标准竞争再到商业生态圈的竞争,这是一个对竞争影响因素的视角不断拓宽的过程,是对竞争本质的认识不断深化的过程,也是竞争趋向更大规模合作的过程。

[①] 任正非:在与法务部、董秘及无线员工座谈会上的讲话,2015。
[②] 阿克塞尔罗德.合作的进化[M].修订版.吴坚忠,译.上海:上海人民出版社,2016:130.

商业生态系统日益成为竞争的焦点

扬西蒂（Marco Iansiti）和莱维恩（Roy Levien）合著的《共赢》一书开头就是一句精辟的论述："战略日益成为一门管理自身不拥有的资产的艺术。"[①] 类似的观点我们在乔治·盖斯（George T. Geis）的《重新定义并购》一书中也可以看到："利用并购向价值链上游或下游移动，充满了种种风险。例如，我们讨论过，在苹果刚刚推出 iTunes/iPod 平台时，如果它买下了环球音乐（上游垂直整合），有可能面临什么样的矛盾。其他音乐供应商肯定不太愿意和一家有可能成为自己竞争对手的公司合作。研究结果表明，为确定垂直整合的程度以及战略合作/外包的程度，管理者显然经常会做出艰难的选择。孤立地追求垂直整合还是战略外包，恐怕都是次优选择。管理者必须解决企业的总体整合界限问题，而不是孤立地进行分析。"[②] 几位作者的论述都涉及一个热门概念：商业生态系统。

商业生态系统概念是从生物生态系统概念引申而来的。

穆尔（J. F. Moore）最早提出商业生态系统这一概念，他认为："对大多数公司而言，唯一真正可持续的优势来自竞争中的创新。而创新企业不能在真空中发展，它们必须吸引各种各样的资源，吸引资本、合作伙伴、供应商和客户来创建合作网络。"穆尔主张："为了将系统的方法扩展到战略，我建议不要将公司视为单一行业的成员，而应将其视为跨多个行业的商业生态系统的一部分。"穆尔接着指出："一个商业生态系统，就像生物生态系统一样，从一个随机的元素集合逐渐过渡到一个更有组织的社区。商业生态系统是由资

---

① 扬西蒂，莱维恩.共赢：商业生态系统对企业战略、创新和可持续性的影响[M].王凤彬，王保伦，等译.北京：商务印书馆，2006：3.
② 盖斯.重新定义并购：谷歌是如何兼并收购的[M].阎佳，译.北京：中国人民大学出版社，2016：148.

本、客户兴趣和创新所产生的人才的原始旋涡凝聚而成的，就像成功的物种源自阳光、水和土壤养分等自然资源一样。"穆尔进一步指出："从表面上看，商业生态系统之间的竞争是一场争夺市场份额的战斗。但在表面之下，这些新的竞争是关于谁将领导未来的斗争。"[1]

穆尔的开创性的观点得到了越来越多的学者的响应。像我们上面提到的扬西蒂和莱维恩就认为："我们发现，生物生态系统或许比其他任何形式的网络都更适于用来比拟我们所要研究的商业网络。生物生态系统的特征是，具有大量的具有松散连接的参与者，其中每个参与者都依赖其他参与者。……如果生态系统健康，那么各物种就能够繁衍生息。如果生态系统不健康，各物种就会深受其害。……在生物网络中，各成员的地位并不是相同的。就这些网络的绝大多数而言，出现了一个广泛联接着其他成员的'中心'物种（不管这一中心的规模有多大）。"[2]

商业生态系统除具有生物生态系统的基本特征，即具有大量的松散参与者、参与者之间相互依赖、各物种的繁衍生息取决于生态系统的健康，以及存在核心物种的特征外，还具有创新功能、成员的流动性，以及智能等特征。对于商业生态系统中的"物种"——企业，扬西蒂和莱维恩将其概括性地分为三类，即网络核心型企业、支配主宰型企业和缝隙型企业。由于生态系统健康与否关系到生态系统的稳定性、持久性和生产力，两位作者提出三个度量指标，即生产率、鲁棒性和缝隙市场创造力。其中，生产率主要是指要素生产率和创新能力及产出；鲁棒性主要是指存活率、投资回报率和生态系统结构的持续性；缝隙市场创造力主要是指企业多样性和产品及技术的多样性。生

---

[1] Moore J F. Predators and Prey: A New Ecology of Competition[J]. Harvard Business Review, May-June 1993: 75-86.
[2] 扬西蒂，莱维恩.共赢:商业生态系统对企业战略、创新和可持续性的影响[M].王凤彬，王保伦，等译.北京:商务印书馆，2006:14.

态系统越具有多样性,缝隙市场就越多,也就越能够吸引更多的缝隙型企业加入。

在专注于发展商业生态系统,以健康的生态系统充分连接、渗透、广泛服务于消费者和企业以及各类组织,并使自身获得优异的绩效和快速的成长方面,腾讯公司应当是代表性企业之一。

成立于1998年的腾讯(Tencent),从最初推出QQ开始产品和服务的多元化扩张,到2011年推出微信后,战略方向有一个质变,即从产品的多元化向"连接一切"的愿景发展,将不具备领先优势的搜索、电商、O2O(线上到线下)以及小的业务砍掉,逐步明确以"社交"为连接,建设"泛娱乐+生活"的生态系统,吸引更多的合作伙伴加入,与合作伙伴共赢。腾讯的生态布局如图9-3所示。[①]

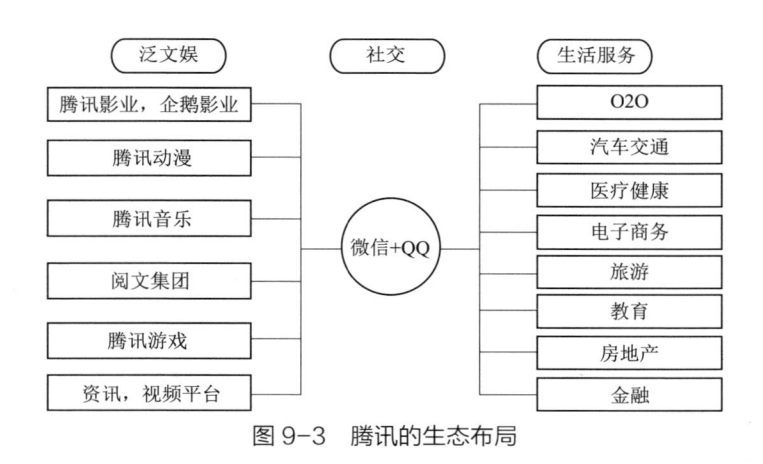

图9-3 腾讯的生态布局

像这样多元化的、覆盖范围广泛的业务领域,如果靠腾讯一家来做,是无论如何也做不好的。腾讯通过开放流量、开放平台,吸引各

---

① 徐井宏,李东红. 重构:国内外企业生态战略案例研究[M]. 北京:清华大学出版社,2019:127.

领域众多的合作伙伴共同做大产业生态。例如，在金融领域，除腾讯自营的微信支付、财付通、理财通、腾讯征信、微众银行、腾讯操盘手业务主体以外，还与中国邮政储蓄银行、陆金所、众安在线、富途证券、人人贷、好买财富、乐刷、元宝铺、Watsi 等以资本纽带结成伙伴，通过腾讯的金融平台为客户提供全方位的金融服务。腾讯吸引的这些业务伙伴，大都是每个领域的领先企业，但如果让它们自己一切从头做起，而不是借助腾讯的生态系统，也不可能做好。

如何培育一个健康的商业生态系统

核心企业是商业生态系统的决定性力量。可以说，商业生态系统就是围绕核心企业构建起来的。商业生态系统的健康、规模和可持续性取决于核心企业的生态战略。核心企业的生态战略主要包括：生态系统的价值创造和价值分享、整合以及治理。

扬西蒂和莱维恩认为，概括起来说，一个有效的网络核心型企业战略有两个基本构成要素。第一，为其生态系统创造价值。除非网络核心企业能找到有效创造价值的途径，否则就难以吸引参与者加入该生态系统或留住这些成员。第二，在价值创造基础上，网络核心企业将与生态系统中的其他成员共享价值。而对于商业生态系统，创造价值和分享价值的一种重要途径就是搭建一个平台，它是商业生态系统存在与发展的基础。

在扬西蒂和莱维恩看来，所谓平台，是指能帮助生态系统中的成员企业通过一系列的接口或界面解决问题的一整套方案。在软件行业中，这些被称为"API"（应用程序接口）。平台就是一个能使网络核心企业与其联接的生态系统成员共享价值的"工具包"。扬西蒂和莱维恩特别强调：平台可看作针对生态系统中的共同问题而设计的通用解决方案的载体。整个生态系统就是在平台基础技术之上组织起来的，以解决问题为关注点，解决问题应该是平台的首要基本功能。正是平台构成了网络核心战略的基础。平台只有在得到广泛使用的时候才是有效的。[①]

作为商业生态领域的核心企业，腾讯最初是将 QQ 和微信作为连接生态系统合作伙伴的平台，而随着公司业务的发展和战略的进一步明确，在实现"连接＋内容"的战略中，"云"起到了根基的作用，公司的平台由此日益转向云。腾讯云平台提供面向游戏、金融、医疗、电商、视频、O2O、微信、旅游、移动应用、政务、在线教育等多领域的专业解决方案服务。可提供的产品多达几十种，包括：计算、存储、视频服务、数据库、网络、CDN（内容分发网络）与加速、互联网中介件、管理工具、域名与网站、安全、开发者工具、企业应用、物联网、人工智能、金融服务、移动服务、通信服务、游戏服务、大数据基础服务、大数据可视化服务、大数据应用服务、数据处理以及区块链等。[②]

商业生态系统是繁荣还是衰退，一个重要的影响因素是价值分享。在商业生态系统居于中心位置的核心企业面临着一个巨大的诱惑，即利用这一位置为自己获取短期利益，而牺牲掉与之联接的相关企业所构成的整个商业网络的长期利益。这样做最终将使它自食其果，因为它损害了自己荣辱与共的整个生态系统的健康。苹果公司的生态系统为什么吸引了那么多的合作者为其开发应用程序？皆因利益使然。苹果公司与合作者的利益分享比例是 3∶7，苹果拿小头，合作者拿大头。苹果拿的尽管是小头，但苹果商店有几百万个应用程序，结果苹果拿的还是大头。所以，老子说的"将欲取之，必固与之"，不是权术，而是生意的大道，是商业规律。

---

① 扬西蒂，莱维恩．共赢：商业生态系统对企业战略、创新和可持续性的影响 [M]．王凤彬，王保伦，等译．北京：商务印书馆，2006：215．
② 徐井宏，李东红．重构：国内外企业生态战略案例研究 [M]．北京：清华大学出版社，2019：141．

商业生态系统的一个重要基石是整合。扬西蒂和莱维恩指出：对企业而言，制定和执行战略都依赖于对网络环境中三大竞争基石的理解。第一个基石是架构（architecture），它界定了企业如何划定其技术、产品和组织间的边界；第二个基石是整合（integration），它界定了企业跨边界合作及共享资源和技术组件的有效方式；第三个基石是对网络的市场管理（market management），它决定了企业如何跨边界完成交易，如何在左右商业网络运作的复杂的市场动力机制下开展运营。[①]

所谓整合能力，是指一个企业所具有的将其内部和外部的各种不同资源和技能按照目标进行分类和协同的能力。大量研究表明，在一个复杂的环境中，单个企业的自发努力不可能有效地建立起一项大规模经营的业务，企业迟早都要面对整合的挑战。从生态系统的视角来看，创业就是一种整合能力的体现——追求机会而不顾手中的资源，没有哪个企业家是手中握有充足的资源才创业的，即使是吸收外部风险资本注资，也是一种资源的整合。而在扬西蒂和莱维恩看来，创新本质上也并不是一种发现，而是一种从生态系统中借力并使企业已形成的能力与新的机会相整合的艺术。如此看来，遭到诸多非议的"次级软件"现象——未完工的和常常不完善的产品竟得到广泛的传播，与其说是产品更新换代速度过快的产物，还不如说是有意设计的从外部群体借力战略的一个要素。这种战略把产品同生态系统中外部群体的互动视为一个无尽头的产品开发过程的一部分。这已发展成当下热门的持续交付开发模式。我们上文提到的谷歌公司安卓操作系统的开发，也是一个整合生态系统内外部能力的成功例子。安卓最初是由安迪·鲁宾开发的，后被谷歌于 2005 年 8 月收购。之后谷歌与 84 家硬件制造商、软件开发商及电信营运商组建开放手机联盟，共同研发改良安卓系统，

---

① 扬西蒂，莱维恩.共赢：商业生态系统对企业战略、创新和可持续性的影响[M].王凤彬，王保伦，等译.北京：商务印书馆，2006：199.

完成开发后，谷歌以 Apache 开源许可证的授权方式，发布了安卓的源代码。至今谷歌的安卓核心开发团队仍保持 200 多人的规模，安卓系统的后续开发和升级，更多靠的是整合。

对缝隙型企业来说，从生态系统中借力更能说明整合能力的重要性。缝隙型企业成功的关键是专业化。但是专业化要获得极大的成功，一定是在大市场、大平台基础上的专业化。只有大平台才能使更细致的分工与大市场整合在一起，我们前面提到的生态系统的缝隙市场创造力就是这个意思。要使缝隙型企业能专注于特定的细分业务领域，与此同时，又能充分地利用平台来解决其他所有方面的问题，那么，它们就能极大地提高自身的绩效和长期生存能力。

核心企业维持生态系统健康的另一个重要基石是对生态系统进行有效的治理。扬西蒂和莱维恩指出：事实上，我们考察生物生态系统发现，生物界中的核心物种，是通过影响整个系统的特定行为而维持其生态系统健康的。核心物种的影响力并不体现在规模上，而是体现在那些使它们成为生态系统总体健康基本决定力量的关系上。[①]

商业生态系统本身就是一个巨大的市场。核心企业的全资子公司、参股企业、合作伙伴都是一个个的经营实体，它们之间的关系是市场交易关系。所以，影响市场交易的交易成本、契约以及信任机制同样适用于商业生态系统，因此，就像市场需要规制和治理一样，商业生态系统也需要规制和治理。

在商业生态系统治理方面，首先是对价格机制的运用。在运用价格机制方面，不完全是由市场这只看不见的手自发调节，也包括核心企业为获得生态系统的整体价值最大化而对某些自己掌控业务的局部利益与整体利益、短期利益与长期利益进行战略取舍。例如，微信对

---

① 扬西蒂，莱维恩. 共赢：商业生态系统对企业战略、创新和可持续性的影响[M]. 王凤彬，王保伦，等译. 北京：商务印书馆，2006：109-112.

社交信息的免费政策，就为微信用户的普及从而带动其他业务的发展创造了条件，这就是商业生态系统的治理。再有，就是对生态系统关联效应的治理。所谓关联效应，即生态系统的某个成员企业的突出业绩会为其他成员企业增加价值，但某个成员企业的败德，也会给其他成员企业和整个生态系统带来损失。这就需要对生态系统成员的败德行为进行治理，要发挥看得见的手的作用。最后，生态系统也不是越大越好。商业生态系统是一种网络系统，因此存在网络效应是显然的，梅特卡夫定律（Metcalfe's Law）表明，网络价值以用户数量平方的速度增长，也就是商业生态系统存在边际收益递增的规律。但存在边际收益递增也必然存在边际收益递减的问题，也就是当网络规模超过一定限度，网络的价值存在边际收益递减。所以，核心企业如何控制生态系统的边界，有所为，有所不为，是生态系统治理的关键问题。解决生态系统边界的控制问题，并无一定之规，而是如何恰当把握生态系统阶段性扩张的节奏。当生态系统扩张呈现明显的边际收益递增时，可以加大扩张的力度；而当出现扩张的边际收益递减征兆时，就应放慢扩张的节奏，加强生态系统内部关系的整顿和治理。

在商业生态系统治理上，也存在囚徒困境，即个别合作伙伴利用生态系统的品牌、规模、市场地位等优势搭便车，只求索取不求贡献。因此，商业生态系统必须充分运用市场竞争的优胜劣汰机制，给搭便车者以惩罚，用囚徒困境的专业术语来说，核心企业必须是"可激怒"的。这里的关键还在于核心企业的经营宗旨，如果核心企业是短视的，追求短期的利润最大化，则必然会导致生态系统成员的短视；反之，如果核心企业重视生态系统的长期利益、可持续生存，则合作伙伴也会关注长期目标，因为短视行为不符合其自身的长期利益、长期生存。核心企业的短视，必然带来合作伙伴和缝隙企业的短视，结果就是引起生态系统的衰退。核心企业重视长期利益，就不在乎合作伙伴和缝隙企业是短视还是有长远观点，这就是囚徒困境为什么会使抱有完全自私的动机的企业选择合作的原因。商业生态系统是一种长期合作系统。

总之，因为今天的企业必然属于某个或某几个商业生态系统，所以，企业的可持续性实际上是整个生态系统健康状态的函数，而不仅仅是各企业自身能力的函数。因此在做出经营决策的时候，无论是核心型企业还是缝隙型企业，都应该将维护生态系统的健康摆在其议事日程的重要位置，甚至是首要位置。

华为公司的商业生态战略

华为公司的商业生态战略有几个要点，我们下面通过引述华为公司总裁任正非的讲话来说明这几个要点。

- **产业链的整体强健是华为生存之本**

  现代企业竞争已不是单个企业与单个企业的竞争，而是一条供应链与其他供应链的竞争。企业的供应链就是一条生态链，客户、合作者、供应商、制造商在同一条船上。只有加强合作，关注客户、合作者的利益，追求多赢，企业才能活得长久。[1]

  将来的竞争就是一条产业链与其他产业链的竞争。从上游到下游的产业链的整体强健，就是华为生存之本。[2]

  我们要重视生态环境的建设，要有战略性的思维，认真思考我们的生态环境是什么，我们怎么去改善我们的生态环境，通过什么手段去建立良好的生态环境。[3]

  随着公司的发展和变化，我们的商业环境会变得越来越困难，

---

[1] 任正非：《华为公司的核心价值观》，2007年修改版。
[2] 任正非：《深淘滩，低作堰》，2009。
[3] 任正非：《对"三个胜利原则"的简单解释》，2010。

我们也要有很多化解商业困难的措施。我们虽然已经强大，但内部还存在着不少问题，我们要学会"恃强示弱，内刚外柔"。别得意便张狂，学会处理好内部关系与外部关系。表面的强大，不是强大。①

- **企业管理关键是面向市场做要素整合**

企业管理关键是面向市场做要素整合，把资金、技术、人才、市场、研发、生产制造、企业内外产业链等面向市场竞争的所有资源和要素有效整合起来，并在市场竞争中获胜，这是管理的价值，也是管理的目标。②

强化与产业优质资源战略合作，提高自身竞争力。如果产业链有厂家能达到我们要求的水平，也要买他们的产品。我们要用开放的心态对待。如果我们不买，他们就把产品卖给别人，组合产业所有与我们不合作的资源，达到跟我们一样的竞争力量，这是不利的。所以，我们要开放，也要和欧美厂家合作，分享利益。③

- **开放、竞争、合作，构建良好的商业生态环境**

我们为什么强调开放？因为这个世界太大了，太平洋这个管道太粗了，未来没有一家能垄断这个世界，不开放就是死路一条。为什么有人不愿意开放？就是被既得利益绑架了。所以一定要消灭既得利益，这是我们一贯的做法，你们看我们公司什么赚钱，就在消灭什么，因为你自己不降下来，别人一定会取代你。石器时代结束，不是因为石头没有了。所以我们一定要坚持开放，这一点不要动摇。不要说我们是弱者，我们是强者也要开放，开放后我们什么优势都没有了，没有优势了就逼着我们自己必须努力，

---

① 任正非：《成功不是未来前进的可靠向导》，2011。
② 任正非：《提供给新华社的通讯稿》，2009。
③ 任正非：在固网产业趋势及进展汇报会上的讲话，2015。

管理政策 / 388

结果反而我们会有优势。①

华为跟别人合作，不能做"黑寡妇"。黑寡妇是一种蜘蛛，这种蜘蛛在交配后，母蜘蛛就会吃掉公蜘蛛，作为自己孵化幼蜘蛛的营养。以前华为跟别的公司合作，一两年后，华为就把这些公司吃了或甩了。我们已经够强大了，内心要开放一些，谦虚一点，看问题再深刻一些。不能小肚鸡肠，否则就是楚霸王了。我们一定要寻找更好的合作模式，实现共赢。研发还是比较开放的，但要更加开放，对内、对外都要开放。想一想我们走到今天多么不容易，我们要更多地吸收外界不同的思维方式，不停地碰撞，不要狭隘。②

华为发展壮大后，不可能只有喜欢我们的人，还有恨我们的人，因为我们可能导致了很多个小公司没饭吃。我们要改变这个现状，要开放、合作、实现共赢，不要一将功成万骨枯。前20年我们把很多朋友变成了敌人，后20年我们要把敌人变成朋友。当我们在这个产业链上拉着一大群朋友时，我们就只有胜利一条路了。③

- **"深淘滩，低作堰"，不要因短期目标而牺牲长期目标**

"深淘滩，低作堰"，是李冰父子2 000多年前留给我们的深刻管理理念。同时代的巴比伦空中花园和罗马水渠、澡堂，已荡然无存，而都江堰仍然在造福于成都平原。为什么？李冰留下"深淘滩，低作堰"的治水准则，是都江堰长生不衰的主要"诀窍"。其中蕴含的智慧和道理，远远超出了治水本身。华为公司若想长存，这些准则也是适用于我们的。④

深淘滩，就是确保增强核心竞争力的投入，确保对未来的投入，

---

① 任正非：在惠州运营商网络BG战略务虚会上的讲话及主要讨论发言，2012。
② 任正非：《以客户为中心，加大平台投入，开放合作，实现共赢》，2010。
③ 同前注。
④ 任正非：《深淘滩，低作堰》，2009。

即使在金融危机时期也不动摇；同时不断地挖掘内部潜力，降低运作成本，为客户提供更有价值的服务……低作堰，就是节制对利润的贪欲，不要因短期目标而牺牲长期目标，自己留存的利润低一些，多一些让利给客户，以及善待上游供应商。[①]

生态系统的协同制约着创新的先发优势

领先企业都试图通过创新获得产品的先发优势，但实践表明，抢先向市场推出创新产品，并不一定获得先发优势，先发优势的程度取决于生态系统协同蕴含的风险。罗恩·阿德纳（Ron Adner）在他的《广角镜战略：企业创新的生态与风险》一书中结合苹果公司 iPod 的成功案例讨论了生态系统协同对创新先发优势的制约作用，并就此提出了一个分析矩阵，很具有启发性。[②] 我们下面简述这个例子及其分析结论。

iPod 的产品创意不是时任苹果公司首席执行官乔布斯的创新。到 2001 年 iPod 产品推出之前，在美国市场上大约有 50 款便携式 MP3 播放器出售，但没有一家公司能够取得市场主导地位和大规模的商业成功。乔布斯知道，仅靠这款 MP3 播放器本身是毫无用处的。他懂得，为了让这款设备产生价值，系统中其他合作创新者需要同步"归位"。2001 年 10 月，苹果正式推出 iPod，2003 年 4 月，苹果宣布 iTunes 音乐商店上线，用户可以花费 99 美分从 iTunes 上下载一首自己喜爱的歌曲，花 9.99 美元下载一个音乐专辑。iPod 因其与 iTunes 音乐管理软件的无缝对接而得到了巩固，取得了巨大的商业成功。

苹果公司是三年后加入的"迟到者"。但这种逻辑应该倒过来：也

---

① 任正非：在运作与交付体系奋斗表彰大会上的讲话，2009.
② 参阅罗恩·阿德纳.广角镜战略：企业创新的生态与风险[M].秦雪征，谭静，译.南京：译林出版社，2014：124-136.

许其他公司都是"早了三年"。乔布斯在做每件事的时候，往往都会晚一些，因为他希望一切都已经为他准备好。由于在生态系统中，仅仅靠提供竞争对手无法比拟的出众产品，是远远不够的。我们需要确保我们的产品所需要的、可以实现其价值的所有其他元素，一定要全部到位。显然，乔布斯清楚地看到，除非用户可以很方便地获得MP3制式的歌曲，否则MP3播放器的需求将无法释放。

阿德纳就此提出了一个分析产品中的先行优势与生态系统合作者关系的矩阵（见图9-4）。①

		补充者合作创新的风险	
		较低	较高
创新者的执行风险	较低	象限一： "先行者获胜" 先行者优势维持基准水平	象限三： "快点，但要等待" 先行者优势减少
	较高	象限二： "成王败寇" 先行者优势得以提高	象限四： "视情况而定" 先行者优势取决于哪一种风险先得到化解

图9-4　先行者矩阵

在创新的执行风险较低，同时合作创新风险也较低的情况下（象限一）中，先行者享有明显的优势，这种情况下，新产品一旦推向市场，合作创新就会迅速跟随。当创新的执行风险较高，也就是产品创新难度较大，而合作风险较低时（象限二），也就是合作者——内容提供商、配件供应商、分销商、维修服务商等——的进入门槛较低时，先行者则会获得一个更加明显的优势。对应"低执行风险/高合作风险"的情

---

① 罗恩·阿德纳. 广角镜战略：企业创新的生态与风险[M]. 秦雪征，谭静，译. 南京：译林出版社，2014：129.

形（象限三），在这个场景下，以产品先发为基础的逻辑，在缺乏生态系统合作者同步创新的情况下停滞不前，在这里，第一个克服了其执行风险的公司不得不等待，眼看着丧失宝贵的入市先机。当创新风险与合作风险均较高时，回报速度会较低——这是该有警惕和耐心的时候，是做出积极准备的时候，但不是咄咄逼人地推出新产品的时候。

  这些研究结果的意义是深远的。首先，将先发优势作为一种固定模式来思考是错误的。相反，我们看到，先发优势受制于生态系统中合作创新的风险的性质。生态系统是一幅拼图，你需要一块一块地将其拼起来，那份大奖不会授予拼出第一块的参与者，因为直到整个拼图完成之前，什么也不会发生。大奖最终会落到拼出最后一块的参与者手里，或者说落到生态系统整合者的手里。[①] 其次，为一款新颖的产品或一种全新的技术，选择一个恰当的问世时机，需要有清醒的头脑，要注意周围有什么人或什么事物，将会起到协助或阻碍作用。从生态系统的角度来了解你的努力，将会提高你的成功概率。最后，苹果公司并没有将 iPod 作为一个产品推出。在与 iTunes 音乐管理软件相结合之后，iPod 变成了一个解决方案。通过转到解决方案，苹果公司将创新的执行挑战的难度大幅提高，这就有效地降低了竞争对手们之前的努力的价值，提高了对手面临的模仿障碍。

  由于相关知识、能力和知识产权可能分散在诸多竞争对手与可能的合作者之间，故此，生态系统的构建、价值的创造与分享、生态系统的治理已成为现代企业战略不可或缺的一环。竞争最终趋向合作，而合作因竞争的存在得以持续。

---

① 罗恩·阿德纳. 广角镜战略：企业创新的生态与风险 [M]. 秦雪征，谭静，译. 南京：译林出版社，2014：135–136.

第10章 集权与分权

无为而无不为。
——老子《道德经》第四十八章

组织结构决定了一个组织内部的责任和权力如何划分。组织结构是由什么决定的？钱德勒的战略决定结构原则解释了多元化战略与分权化结构的关系，然而，基于核心能力的战略应该由什么样的组织结构来支撑？这个重要的战略与结构问题似乎被组织理论忽略了。从心理学的视角来看，组织结构取决于人类解决问题的思维方式。而组织结构一旦形成，就会比战略具有更大的稳定性和持久性，从这个意义上说，结构也影响战略的选择。

直线职能制和联邦分权制是两种基本的组织结构，其他类型的组织结构可以看作在这两种基本结构类型上的变体。斯隆的"集中政策，分权经营"的组织设计原则以及在美国通用汽车公司的成功实践，为大型多元化企业的组织结构设计树立了标杆，直到今天还具有重要的指导意义。

平台组织和模块化结构的结合，提出了一个根本的问题：理想的组织是什么样的？简言之，理想的组织应当是既拥有大公司的规模优势又具有小公司主动灵活的特性。稻盛和夫在日本京瓷公司创造的阿米巴组织模式，为互联网时代企业的组织结构提供了一种选择。企业和市场不再是两种非此即彼的经济组织,企业的内部市场化试图实现管理协调和市场竞争两种机制的结合。几乎所有企业始终面临如何激活企业的内部组织同时又不失控的挑战。

企业的组织改革似乎在印证"天下大势,分久必合,合久必分"的古谚,这促使我们在进行组织改革之前应当自问:我们面临的是组织问题,还是管理问题?是组织结构不合理和责权不清使人们把大量的精力和时间浪费在协调上,还是管理的流程不顺和用人不当使人们避难就易试图通过拆并组织解决问题?组织与管理是相互补充的,不应当用组织变革代替改进管理的不懈努力。

本章重点讨论战略与结构、分权化与集中控制、基于核心能力的组织结构,以及平台与模块化结构的设计原则和实践。

10.1

战略决定结构

钱德勒在《战略与结构》一书中指出:"1950年,我开始对美国大公司的组织结构改变进行初步研究。我发现大多数基本变化都是从一个中央集权的职能部门化的组织结构(后来的经济学家称它为U型结构)转变为多分部的拥有一个公司总部和大量以产品或地区划分的分部的组织结构(即M型结构)。这种需要与其说产生于公司的更大规模这一事实本身,毋宁说是产生于公司高层经理决策愈益增长的多样性和复杂性。"[1] 显然,是高层决策负担超载导致了分权化事业部(business

---

[1] 钱德勒.战略与结构:美国工商企业成长的若干篇章[M].孟昕,译.昆明:云南人民出版社,2002:3.

unit，又称为业务单位或分部）式结构的发展。而这种超载主要是由于实行多元化战略进入了多元化的领域造成的。哪怕是进入相关多元化领域也会导致决策负担的超载和复杂化。所以，企业规模的增大和业务领域的多元化必然带来组织结构的分权化。

那么多元化战略的类型决定了哪些分权化组织结构的类型？二者之间存在什么联系呢？

多元化战略与分权化结构

战略是为了实现企业的长远目标所做的重大取舍和采取的关键举措，以及对资源分配优先次序的锲而不舍的承诺。战略应当在组织结构中有明确的承载部门，这些部门构成组织的基本单位，整个组织是围绕这些基本单位构建的。

结构是对一个组织的活动、责任、权力和信息沟通路线在管理层、部门和岗位之间如何划分的设计。组织结构的设计规则应当具有清晰性和必要的灵活性。组织结构主要是由战略决定的，这确保了设计规则的逻辑的清晰性，组织是实现目标的手段；同时，清晰性要求每个部门和岗位的活动、责任、权力和沟通路线是明确的，要尽量避免出现多头指挥的现象。再有，清晰性还要求组织结构的设计原则应在可能发生冲突的地方分清主次，如在市场体系的部门划分上，一般有地区、产品和客户三个维度，组织设计的原则要求明确这三个维度中哪一个是主维度，哪两个是次维度，主维度与次维度之间是什么责任、权力和报告关系，以防止实际运作中因为结构设计不明确导致的冲突。由于组织设计规则不可能覆盖所有的情况和环境的各种变化，所以设计规则应当为部门主管留有一定的自由裁量权。除战略的决定作用外，组织结构的形成还受到多种因素的影响，比如企业家和经理人解决问题的思维方式是改良的还是激进的，企业的文化是尊重传统的还是开放和鼓励创新的，等等。

企业的组织结构实际上是企业内部责任和权力结构的体现。企业的管理责任可分为最终成果责任和职能责任，管理权力可分为集权与分权两种类型，相应的组织结构可概略性地分为集权化结构与分权化结构。集权与分权是对立统一的。没有分权，集权也就失去了存在的价值，绝对的集权只有在个人独资制企业中才可能存在，但谁会将其称为集权化的企业呢？反之，没有集权，企业就会肢解成多个独立的实体，就完全市场化了，企业就不存在了。所以，我们只能在集权与分权的程度上把握组织结构的集权化和分权化的概念。集权和分权是两个极端，中间有多种不同程度的组织结构形态。

企业管理权力分为直线权力与职能权力。直线权力为直线部门主管所拥有，主要指经营决策权、指挥权、计划与控制权、预算分配权、经营业绩考核权、人事权等，人事权包括对下属的工资、职务晋升、职责分配、岗位任命、奖惩、雇佣和解雇等的决定权。职能权力是职能部门主管履行专业职责的相应权力，主要包括经营决策方案建议权、专业标准制定和监督执行权、流程制定和监督执行权、职能部门预算分配和支出审批权、职能部门内部人员的职责分配、岗位调整、业绩考核决定权、工资和职务晋升的建议权、对下级对口职能部门的指导权和监督权等。集权与分权主要指的是在管理层和事业部之间直线权力的集中与授权，它是事业部相对独立运作和承担最终结果责任所必要的，是与其利润、收入和投资回报责任相对等的权力。

从组织结构角度出发，根据德鲁克的组织结构分类法，按照直线权力的集中与授权，分为直线职能制和联邦分权制以及模拟分权制三种主要形态。联邦分权制又可进一步分为事业部制和控股公司制。[1]

直线职能制是整个企业按一套直线部门和职能部门划分，主要适

---

[1] 参考德鲁克. 管理：任务、责任、实践 [M]. 孙耀君，等译. 北京：中国社会科学出版社，1987：682.

用于中小企业，或技术、市场强相关的企业，在这种情况下，强行划分为相对独立的事业部，将导致内部共享资源被分割、事业部之间依赖性过强、难以核算经营责任、内部交易成本过高的现象。直线职能制组织结构在规模适度时执行力强、效率较高；但当规模达到一定程度，内部分工进一步细化，则存在规模效率递减的问题。不过这种规模效率递减的问题是假定发生在原有的管理体系和管理能力基本保持不变的情况下，如果不断变革管理体系并不断提高管理能力，规模在很大的范围内可能是效率递增的。如华为公司在规模达到500亿人民币时，虽然研发系统分为固网、无线、光传输、数据通信等多条产品线，市场体系覆盖100多个国家，按理说具备了按产品和按市场分权化运作的条件，但由于核心技术的强相关性，客户的高度集中性，华为仍坚持采用直线职能制结构，通过不断的管理流程变革和数字化管理变革，解决由于规模增大带来的效率和反应速度下降的问题。尽管华为曾邀请世界著名管理咨询公司IBM和美世（Mercer）对其组织结构改革提供咨询建议，这两家咨询公司的顾问也曾建议华为可考虑采用按产品建立分权化的事业部制，但华为仍不改变其既有的组织结构，直到规模超过1 500亿人民币（200亿美元），才将分权化提上日程，不过也不是完全意义上的分权化事业部制。这个我们后面还要专门讨论。

当企业的技术先进性在主要方面达到行业领先水平，市场份额进入寡头垄断行列，为了寻求更大的增长空间，高层就自然将多元化提上了决策日程。多元化应当是企业知识和能力剩余驱动的，而不是机会主义地什么赚钱干什么。我们注意到，如果技术的先进性和市场地位未达到行业领先水平，过早地实行多元化战略，尤其是不相关的多元化战略，会使原本就紧缺的资源和能力进一步被稀释，反而会削弱原有的技术先进性和市场地位，使企业流于平庸。这是需要警惕的。

多元化战略必然导致分权化的组织结构，而分权化的组织结构又会使战略进一步朝向多元化的方向发展。钱德勒在《战略与结构》一书中研究了四个具有代表性的美国公司的分权化结构改革及分权化结构设计原则，覆盖了流程型制造企业、离散型制造企业、资源采掘业和批发零售业。我们特别关注其中两家大型多元化的制造企业，即杜邦公司和通用汽车公司的分权化组织结构的设计原则和实践。这两家公司同属杜邦家族控股，并有家族成员领导和参与两家企业的董事会和执行委员会，故其分权化结构改革思路具有连贯性，我们放在通用汽车公司的组织改革举措中一起讨论。

斯隆为通用汽车公司制定的战略与组织政策

斯隆为通用汽车公司设计的分权化组织结构，大量吸收了杜邦公司分权化组织设计的思想。杜邦公司是一家生产炸药、涂料和尼龙纤维等多种化学产品的大型企业集团。其分权化的组织设计原则具有开创性，并被带到了通用汽车公司。

斯隆接手的通用汽车公司是由企业家威廉姆·C.杜兰特（William C. Durant）创建的。杜兰特是一位典型的企业家，他显示出的不寻常的远见、勇气、胆略、想象力和洞察力，无人能出其右。杜兰特通过并购将多家品牌的汽车公司收入麾下，这看起来是想满足市场多样化的口味，但这些品牌市场定位模糊，相互重叠。其次，杜兰特试图通过零件和附件的制造提高通用汽车公司的纵向一体化程度。杜兰特是个极端的分权主义者，但强于并购疏于管理，结果使得通用汽车不久就因扩张过度而陷入了财务困境。

斯隆面临的挑战是：如何整合杜兰特留下的多产品、多品牌、横向和纵向延伸过宽、公司的中央管控薄弱，每个子公司独立运作、各行其是，但大都处于亏损状态的摊子。斯隆没有选择仿照福特公司（Ford）那样的单一产品线的战略和直线职能制组织模式，而是从深入研究市场和消费者需求的角度出发，基于通用汽车公司已有的多元化产品现状独辟蹊径，走出一条不同于福特公司的新路子。

斯隆的组织结构改革事实上是与重新定义通用汽车公司的战略同步进行的。

斯隆的管理概念用他自己的话来说可以概括为三个要点，即分权化的组织计划、财务控制以及通用汽车公司的"生意"概念（concept of the business）。这三个要素构成了通用汽车经营方式的基础。生意概念就是战略决定分权化的组织结构，而基于投资回报率的财务控制决定了在事业部之间如何分配资源以及如何评价事业部总经理的业绩。

如何使通用汽车公司的生意概念既有助于整合杜兰特留下的产品多元化的摊子，也与福特公司的生意概念有差异？在深入研究消费者的需求后，最终斯隆提出的通用汽车的产品政策有三个要点[1]：

> 第一，公司应针对每一个价格区隔生产一种产品线，从最低价直到高级的、严格量产的轿车，但我们不应进入超豪华价格领域，因为产量太小；第二，价格等级不应在产品线之间留下较大的空档，但其间隔应当足够大以使其数量保持在合理范围内，以便确保大量生产的最大优势；第三，公司在价格区间或等级上不应有重叠。我们将这一产品政策简单地定义为"为每一个钱袋和用途生产一款轿车"（a car for every purse and purpose）。

这一产品政策定义了每个事业部活动的边界，使每个事业部只为特定的市场进行生产。

---

[1] Sloan Jr. A P. My Years with General Motors[M]. New York: Bantam Doubleday Dell Publishing Group, Inc., 1963，1990: 65.

图 10-1 所示是 1920 年斯隆最初的通用汽车公司重组计划的组织结构。①

斯隆关于通用汽车公司的分权化组织的设计建立在两条基本原则之上，它们是：

1. 每个经营单位总经理的责任不应当受到任何限制。由总经理领导的这样的经营单位应当完全拥有每一种必要职能，以使之充分发挥首创精神和实现合理的发展。

2. 某些中央组织功能对于实现合理发展和公司活动的适当控制是绝对必要的。②

斯隆自己也承认："多年后，再回头看看这两条基本原则，我忍不住对上述语言表述上的矛盾感到可笑。然而这种矛盾性恰恰是问题的关键。在要点 1 中，我以这样的话'不应当受到任何限制'最大化了事业部运营的分权化。在要点 2 中，我以'适当控制'的表述对事业部总经理的责任施加了限制。组织的语言总是苦于找不到某些恰当的词汇来表达人类相互作用的真正的事实和情境。人们通常在不同的时期强调其中一个方面，在另一个时期又转向另一个方面；例如先是事业部绝对的独立，然后又是对协调的需要，接下来则是将整个概念作为指导原则。……但是，尽管在语言和细节的某些方面有所保留，我仍然坚持我这两条原则的立场。这两条基本原则触及了我直到今天所

---

① 说明：图 10-1 主要是依据艾尔弗雷德·D. 钱德勒的《战略与结构》中给出的 1920 年斯隆最初的通用汽车重组计划（见该书第 144–145 页），为便于下文的讨论，本书在引用时，根据斯隆的《我在通用汽车的岁月》一书的通用汽车公司最初分权化改革的组织图（见该书第 57 页）做了适当补充。
② Sloan Jr. A P. My Years with General Motors[M]. New York: Bantam Doubleday Dell Publishing Group, Inc., 1963，1990: 53.

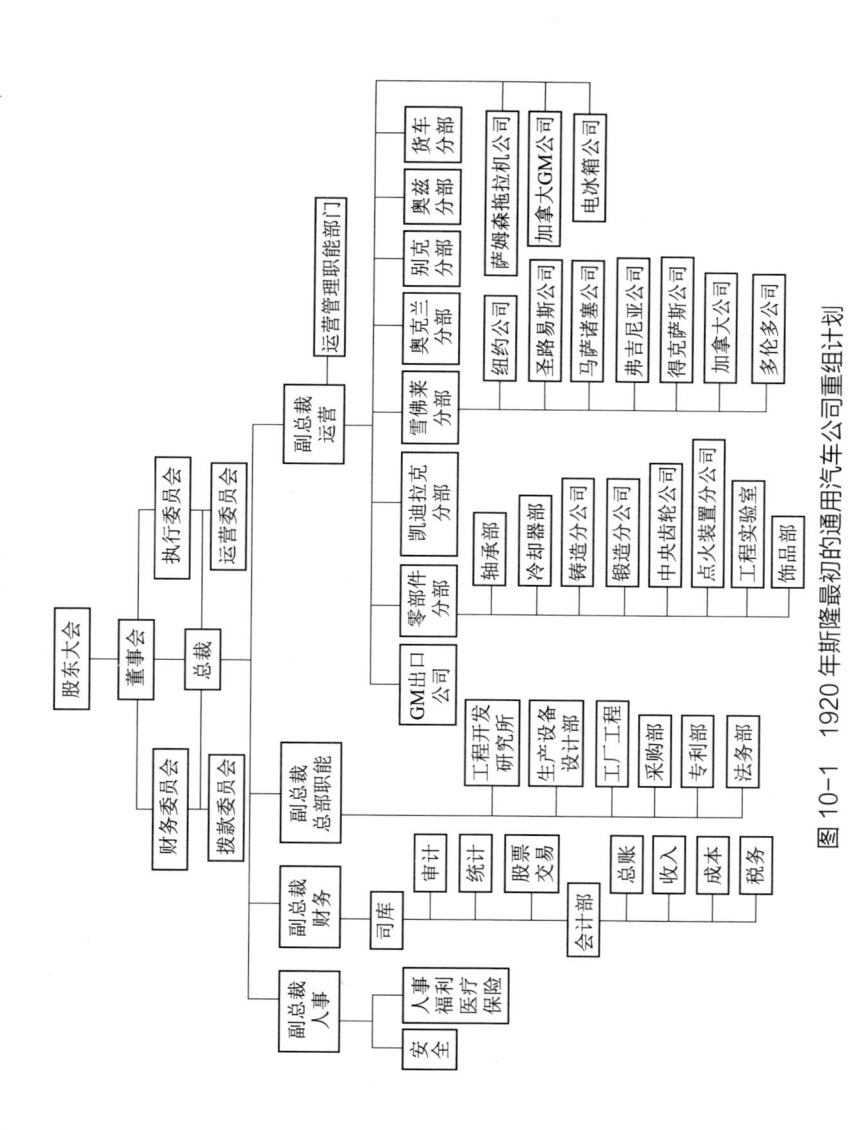

图 10-1 1920 年斯隆最初的通用汽车公司重组计划

第 10 章 集权与分权 / 401

了解的管理问题的核心。"①

我们整理了以这两项核心原则为基础，斯隆为建立新的通用汽车公司分权化组织结构所采取的关键举措②：

1. 将通用汽车公司现有的独立运作的子公司改造为事业部。事业部与独立子公司的区别是什么呢？就是事业部的利润上缴集团，由集团按照战略和投资回报最大化目标来配置。用财务概念来表述，事业部是利润中心，子公司是投资中心。这一步组织改革简单地说就是"削藩"。这是从各事业部与中央组织的关系角度明确界定组成公司业务活动的各事业部的职能。事业部享有经营决策的完整责任和权力。

2. 通过改组执行委员会，建立真正意义上的公司中央核心管理团队。新的组织设计原则废除了原有的财务委员会和执行委员会，并重新建立一个小型的最高执行委员会。这个委员会由四个人组成，其中关键是"没有一个人是公司任何部门的首脑"。通过这种方式，部门首脑将把他的精力全部用在他部门的具体业务上，而执行委员会将指导并控制公司作为一个整体的运营。同时也只有这样，执行委员会才能够公正和公平地对待事业部，以及处理事业部之间的摩擦。

3. 公司的所有经营管理职能由总裁集中控制，执行委员会把自己的职责限定在政策事务上。将直接向总裁报告的人数限制在可行的范围之内，目的是使总裁能够更好地执行更宏观的公司政策，而不必与那些本可以委托给下级经理人员处理的问题打交道。斯隆对此项组织举措的主张是：

---

① Sloan Jr. A P. My Years with General Motors[M]. New York: Bantam Doubleday Dell Publishing Group, Inc., 1963, 1990: 53.
② 根据钱德勒.战略与结构：美国工商企业成长的若干篇章[M].孟昕，译.昆明：云南人民出版社，2002：111，以及 Sloan Jr. A P. My Years with General Motors[M]. New York: Bantam Doubleday Dell Publishing Group, Inc., 1963, 1990 的有关论述整理。

> 我从来不相信一个集体能管理任何事情。一个小组可以制定政策，但是只有个人才能管理政策。……我于是提议，总裁应当拥有不是更少而是更多的职权。这个主张并不像初看上去那么令人惊讶，因为它遵循了一个原则，即个人而不是群体应当负责管理。[1]

4. 个人负责，集体决策。斯隆认为：

> 对处于领导地位的执行官来说，存在一种不经过有时很艰巨的讨论过程而自己做决策的强烈诱惑，因为要说服他人接受自己的想法是非常麻烦的。集体并不总能比某个特殊的个人做出更好的决策，甚至有些决策可能低于平均水平，但是在通用汽车公司，我认为记录表明我们的决策在平均水平之上。[2]

5. 事业部总经理向执行委员会报告。事业部总经理的工作将根据投资回报率来评估。

6. 区分直线权力和职能权力，以及总部职能管理与事业部职能管理各自的重点。总部职能管理部门更关注长期问题，以及具有广泛应用前景的问题。相应的事业部职能部门更多地致力于已经发展出的政策和项目的应用。

7. 强调统一的会计核算作为基本的管理工具的重要性。然而，为了不侵犯各事业部总经理的自治权，财务副总裁只履行所有与公司整体有关的财务和会计职能，每一具体事业部的会计则应服从其总经理的完全控制。

---

[1] Sloan Jr. A P. My Years with General Motors[M]. New York: Bantam Doubleday Dell Publishing Group, Inc., 1963, 1990: 101.
[2] Ibid., p.435.

8. 事业部之间的转移价格须以现行市场价格为基础制定。各个事业部的产品和零部件无论是供给通用汽车公司的其他事业部还是对外销售，均采用现行的市场价格。各事业部之间不再协调价格。

9. 采购实行公司和事业部两级分工协作方式。公司级采购主要负责大批量、标准化的原材料和零部件采购，以获得规模经济；事业部采购负责专业零部件和附件的采购，以加快响应速度。如果事业部主管确信他能使采购条件更加有利，而又不能说服采购部，那么，问题将上交执行委员会做出最终裁决。

10. 明确委员会的定位和功能。通用汽车的组织结构中大量地设置各种类型的委员会，以协调分权化事业部之间的活动，交流信息、经验和新的思想，对公司和事业部的经营和管理提出咨询建议。对于各类委员会如何运作，以下试举几例。[①]

成立总采购委员会的初衷，是为了协调事业部分散采购，制定统一的采购政策。但是由于以下原因：第一，事业部产品的采购数量已经大到靠事业部自己就足以与供应商谈判最低的可能价格；第二，管理上存在问题，一些供应商由于未能与公司签订供应合同，于是直接与事业部签订价格更加优惠的供应合同；第三，还有很大数量的零件品种是某个事业部专用的，而不是全公司通用的。最终，总采购委员会真正能够发挥作用的领域是那些标准化的材料，如轮胎、钢材、文具等。总采购委员会真正的和持续的成功在于标准化的物料领域。

总技术委员会成为公司在工程方面的最高咨询实体，其成员包括公司工程部门的负责人、事业部的总工程师、研发部门的负责人，最初成立时斯隆本人亲任主席。总技术委员会会议通常在开会时先朗读一两篇论文，该论文涉及某个具体的工程问题或器件，与该次会议讨论的

---

① 参考 Sloan Jr. A P. My Years with General Motors[M]. New York: Bantam Doubleday Dell Publishing Group, Inc., 1963，1990: 104–113.

主题有关。更经常的结果是，信息很方便地从一个人那里传递给所有的人。委员会成员返回他们的事业部时，对汽车工程方面的最新进展和当前存在的问题有了更广泛的理解，并且知道了公司其他部门在干什么。

斯隆担任总裁后，他感到应当采取一些措施使总经理以定期的方式接触最高层政策小组的成员，他因此重新恢复了运营委员会——其成员包括执行委员会所有的总运营官以及主要事业部的总经理——使之成为两类执行官定期接触的主要场合。运营委员会不是政策制定实体，而是一个讨论政策和需要哪些政策的论坛。像销售委员会、技术委员会、采购委员会、动力和维修委员会、工作管理委员会等，均属于这类性质的委员会。

总技术委员会是最高咨询实体，总经营委员会也被冠以咨询的称谓，就是说，在没有财务的参与下，它们都不能仅根据技术或运营制定重大决策，因为公司的目标是追求投资回报。

11. 建立公司级的工程部门。随着时间的推移，通用汽车公司改变了产品研究小组，从承担公司任务的人员归属事业部转变为永久性的分立的组织，从事四个领域的研究和测试的连续过程——动力开发、传动开发、结构和悬挂开发，以及新型轿车的设计。最终，通用汽车公司将其从事业部中分离出来，将他们集中在工程部门，称之为开发小组。它们构成了通用汽车公司今天工程部门的核心。

12. 分离研究与开发。这虽然不属于斯隆对通用汽车公司最初的重组计划，但由于其是大公司研发组织改革的大趋势，故将这项斯隆随后在通用汽车公司实施的改革举措也列在这里。

1955年，通用汽车研究的一个新阶段开始了，其标志是任命了著名的核物理科学家劳伦斯·R. 哈夫斯泰德（Lawrence R. Hafstad）为研究副总裁。当然，哈夫斯泰德博士并无相关教育背景；他从来没有与汽车公司打过交道。他的任命反映了一个事实，即强调研究实验室的工作逐步转向新的、广泛的研究问题的研究方向。

今天，研究实验室的工作主要有三项工作。第一，解决公司范围的问题，它可能被召唤到需要运用其专业知识提供帮助的任何地方，比如：消除齿轮的噪声、测试铸造材料的缺陷，或者是减少震动等。第二，从事具有创造性质的、超出了问题解决范围的工程改进。这些问题涵盖了从变速器平滑性的改进以及有关喷漆、轴承、燃料的问题，一直到高水平的应用研究，例如：燃烧机理、高压缩比发动机、制冷剂、柴油发动机、汽油透平机、自由活塞发动机、铝发动机、金属和合金钢、空气污染，以及诸如此类的问题。第三，鼓励一些强化的基础研究。[①]

区分更带有基础或基本类型的研究与应用研究的界限一直都是一个困难的问题。一个看来被广泛接受的概念是，基础研究是出于个人兴趣对知识的追求。按此观点，显然它基本不属于工业的研究范围。换言之，即使是企业的纯研究部门，也有其商业目的。所以，企业从事的基础研究与其战略在大的方向上应当是一致的。

分权化组织设计的辩证思维

斯隆关于通用汽车公司组织的分权与控制的两个要点中，要点1以"不应当受到任何限制"最大化了事业部运营的分权化。在要点2中，以"适当控制"的表述对事业部总经理的责任施加了限制。斯隆称"这种矛盾性恰恰是问题的关键"。这种管理思维在华为公司总裁任正非那里也有所体现。任正非形象地称此为"拧麻花"，即两股对立的力量同时作用，相反相成。就像拧麻绳一样，一个往左使劲儿，一个往右使劲儿，结果是相反的力量使绳子越拧越紧。任正非先生有一次还特别提到，当他参观埃及的金字塔时，在展厅里发现一根陈列在橱窗里的

---

① Sloan Jr. A P. My Years with General Motors[M]. New York: Bantam Doubleday Dell Publishing Group, Inc., 1963, 1990: 250.

四千多年前的麻绳，至今还拧得紧紧的。

让我们回到斯隆的分权化组织设计的两个要点上来。与直线职能制相比，从组织机制上看，直线职能制是一种上下一致的机制，战略制定与执行的职责集于直线主管一身，长远目标与短期目标的实现系于一人。但这种组织的一致性并不能确保结果的一致性，相反，往往是顾了短期，丢了长远；注重了效率，忽略了市场。为什么会造成这种结果呢？因为直线职能制经常使直线主管处于一种两难的困境，既要管战略，又要管赢利；既要管长期目标，又要管短期效益；既要管结果，又要管过程，难免顾此失彼。用拧麻花的观点来看，它的上下两股劲在朝一个方向上使，因此越拧越松。而分权制就不是这样，它是一种上下相反的机制，它将直线职能制主管的两难困境适当分离。公司总裁主要负责战略和政策制定，事业部总经理主要负责竞争对策和赢利；总裁不管日常运营，集中考虑企业发展的大计，事业部总经理则深入市场竞争和经营管理的细节，追求效率，追逐利润，快速响应客户需求变化。这里令我们感兴趣的是，达到这种理想效果的组织设计原则是互相冲突的。这就是斯隆一贯主张的："我仍然坚持我这两条原则的立场。这两条基本原则触及了我直到今天所了解的管理问题的核心。"正是这种矛盾的体制，树立了企业发展的里程碑。这真是一个将矛盾思维运用于管理的成功范例，从这个意义上说，斯隆也好，任正非也好，他们都是深谙"拧麻花"的辩证管理之道的大师。

管理是一种平衡矛盾的艺术。集权与分权、扩张与控制、规范性与灵活性、集体奋斗与尊重个性等，相反相成。睿智的管理不否定事物的对立面，而善于运用对立面制约事物发展的偏向，激发事物发展的活力。正如管理大师亨利·明茨伯格（Henry Mintzberg）所言，管理是实践、科学、艺术和手法的总和。手法就在于把握矛盾的尺度。管理之难，在于尺度的把握。不知诸位注意过 DNA 的双螺旋结构吗？四千年前的麻绳、DNA 的双螺旋结构、管理的悖论，何其相似！世界真奇妙。

10.2

分权与控制

分权化组织的有效运作最关键的不是分权,而是控制。分权与控制是相辅相成的。控制有效,就敢更大程度地分权;控制不住,宁可不分权。我们在上一节主要讨论了分权化组织的设计原则,组织设计的部门责任和权力的划分就隐含着控制。此外,还有财务与人事控制。斯隆认为,通用汽车公司的发展很大程度上是财务领域进步的结果。斯隆在通用汽车实行的财务控制政策,已成为分权化事业部控制的标杆。

斯隆在通用汽车公司实行的财务控制

斯隆在他的《我在通用汽车的岁月》一书中用了很大的篇幅讨论通用汽车公司的财务控制。这方面,负责公司财务的唐纳森·布朗(Donaldson Brown)做出了重要贡献。布朗曾在杜邦公司销售部门供职多年,这一深厚的业务背景使他能够从业务视角看待财务控制。他主张财务不能存在于真空中,而应与运营结合在一起。他创造的"投资回报率 = 销售利润率 × 投入资本周转率"的公式,即著名的"杜邦公式",从业务角度诠释了投资回报的本质,并被沿用至今。

斯隆在通用汽车公司采取的主要财务控制措施有:

1. 建立项目拨款的审批原则。分权化的事业部制有一个行为特征,就是各个事业部都争着上项目向总部要资源。因此,必须建立项目拨款审批原则,以使公司有限的资源按收益最大化的目标合理配置。通用汽车公司的项目拨款申请若想得到批准必须满足四个原则:

(1)作为一个商业项目,是否合乎逻辑和必要?
(2)项目在技术上是否可行?

（3）项目是否适合公司的整体利益？

（4）从投资回报率和公司整体角度看，项目是否比同时考虑的其他项目更具有价值？[1]

2. 明确预算支出的分级授权。通用汽车公司的最高领导决定资本分配的系统化程序的实施。该程序规定，事业部总经理对预算内一定数额以下的资金请求有权签字批准。这一限额之上的拨款请求则要由总裁及公司总部职能部门经理的共同签字才能批准。更大的数额须经执行委员会的批准，最高数额的审批权则属于财务委员会。

3. 现金控制。此前，通用汽车现金管理的现状简直令人不可思议。每个事业部控制自己的现金，将收到的现金存在自己的账户上，并从同一个账户上支付现金开支。事业部的现金收入从不直接流经公司账户。事业部之间现金的平衡状况差异很大，相互间不能调剂余缺。

从1922年起，通用汽车公司建立了合并现金控制系统，这在当时是大型公司控制的新概念。公司统一在美国各地的100多家银行设立了存款账户，所有现金收入都存入这些存款账户作为通用汽车公司的存款额。所有的支出都在公司中央财务部的统一管理之下，事业部无权控制从这些存款账户的现金转账。无论何时，一家银行的存款超过了一个设定的最大值，余额将自动通过电话转入几家预定持有这些剩余资金的银行之一；无论何时，只要某一事业部需要资金，它将通知总部，用电话将所需资金从这些储备账户或剩余资金账户之一中转出。这样一种系统有许多有利之处，但最重要的是其汇集了大量稳定可用的现金。通用汽车公司还建立了公司内部的结算程序，在此程序下设在总部的公司财务部作为票据交换所处理事业部相互之间收付的结算业务，从而减少了转移的现金数量。

斯隆指出，有了这个系统，我们开始提前一个月计算下一个月每

---

[1] Sloan Jr. A P. My Years with General Motors[M]. New York: Bantam Doubleday Dell Publishing Group, Inc., 1963，1990：120.

日的现金收支计划,通盘考虑销售计划、工资计划、采购付款计划等。对照这条计划曲线,我们比较每日的公司实际现金余额。实际曲线偏离计划曲线将会是一个信号,我们可以发现偏离的原因,并在公司层面采取纠正行动。这一系统还使我们能够将多余的现金进行投资,主要是投资于短期政府债券。因此,我们从正常保有的现金中获得了收入,提高了我们使用资本的效率。这种现金管理技术一直被沿用至今。①

4. 完善事业部的考核。在建立正式的事业部考核制度之前,问题的严重性在于,没有人知道每个事业部对公司整体利益的贡献大小,没人知道低效率发生在哪里,没有分配新投资的客观依据。因此,关键的不是利润的数量问题,而是利润与实际投入在一项业务上的资本投资价值的关系问题。除非这项原则在任何可能被采纳的计划中被完全认识到,否则不合逻辑的和不可靠的结果和统计数字就不可避免。斯隆的观点是:

> 我认为生意的战略目标是资本回报。我的观点是,以投资回报率作为衡量一项事业的价值的标准是一条一般原则。这一思想是我思考管理问题的基础。开发正确的统计方法,以清楚地反映每个事业部投入资本与净收益的关系,使得公司能够按照使公司整体利益最大化的原则配置其追加的资本。②

斯隆特别强调,问题并非简单地使特定的、短期的回报率最大化。他同意唐纳森·布朗的观点,认为基本的考虑因素是长期的平均投资回报率。按照布朗的概念,通用汽车的经济目标不只是生产最高的投入总资产回报率,而是与市场可获得的最高销量相一致的最高的投资

---

① Sloan Jr. A P. My Years with General Motors[M]. New York: Bantam Doubleday Dell Publishing Group, Inc., 1963, 1990: 123.
② Ibid., p.50.

管理政策 / 410

回报率。长期的投资回报率应当与对业务的健康成长的最高期望相一致。也就是说,仅考核投资回报率,会形成所谓的"分母型管理",即只顾短期的投资回报率,而不愿意考虑长期的投资,因为长期投资回报率通常在短期内不产生回报,只会增加投资,即增加投资回报率的分母,反而降低了当期的投资回报率。因此,投资回报率的考核必须与业务的期望增长率结合进行,因为增长是需要投资驱动的。

分权化、激励与经理人的人性

分权化是一种基于经理人人性的组织和机制设计,这是它成功的原因。因此,实行分权化的事业部制,虽然授予了事业部总经理经营决策权、资源支配权、人事权等尽可能充分的直线权力,使他们的权力和成就欲求得到很大的满足,但仅此还不够,还应当有与事业部利润挂钩的刺激性报酬,即事业部总经理的责、权、利应当是对等的。

在这个问题上,斯隆的观点是:

> 经验使我相信,对于那些负责一项事业的主管,两个重要的因素是激励和机会。前者主要来自刺激性的报酬,后者则来自分权化。但是事情还不止于此,这就是本书的主题,即优秀的管理是集权与分权的一种调和,或者是"协调控制下的分权化"。从分权化我们得到首创精神、责任、个人的发展、贴近实际的决策,以及灵活性——总之,是一个组织适应新环境的所有必要的素质。从协调我们得到效率和经济性。
>
> 通用汽车公司起始于1918年的红利计划,是公司管理哲学和组织的一个组成部分,我相信,也是公司发展的一个基本要素。我们的管理政策,正如1942年年报正式表述的那样,"是由这样的信念演变而来,即最有效的结果,最大的进展,以及企业稳定

性的取得,来自将它的经理人尽可能地置于把事业当成自己的事情来经营的地位。这种政策提供了通过发挥个人的首创性取得成就的机会,以及随业绩的成长而改善个人经济状况的机会。公司通过这种方式吸引和留住管理人才"。[1]

斯隆在《我在通用汽车的岁月》一书中专门描述了通用汽车刺激计划的细节。他写道:虽然通用汽车红利计划的第一次实施是在1918年8月27日,但它的基本原则一直没有改变——公司及其股东利益的最佳促进方式是使其关键员工成为公司繁荣的合伙人,每个个体应当得到与其对所在事业部利润和对公司整体利润的贡献成比例的奖赏。当然,随着时间的推移,红利计划也在调整。例如,1957年刺激计划扩展到包括股票期权计划,面向一组最高层的经理人。在今天,红利可能来自净收益,也就是公司收益超过其净资本的6%的部分。年度红利储备贷方余额的最大数额限定在税后净收益扣除6%的净资本回报后剩余部分的12%,红利与工资委员会经过斟酌决定后的贷方余额可能少于这个最大限额。在1962年,多达14 000员工被授予红利——总计为94 102 089美元的通用汽车股票和现金。此外,在股票期权计划下或有的贷方余额数额为7 337 239美元。……大体上,分配给经理人的股份数量取决于他在公司中的职位。通用汽车保留了一个不可改变的选择权,那就是在任何经理人退休或是他在公司内的职位和业绩发生变化时,公司将回购经理人的全部或部分股份。显然,对奖励给经理人员的股份的回购规定非常重要,也就是配股只针对那些能够对公司利益做出贡献的经理人,而不是让人终生享受公司收益。

斯隆对他创设的红利计划不无自豪,在书的结尾处他还再次提到:

---

[1] Sloan Jr. A P. My Years with General Motors[M]. New York: Bantam Doubleday Dell Publishing Group, Inc., 1963, 1990: 407,429.

红利计划真的值得所有经理人花费时间和精力去管理它吗？在它上面投入成本值得吗？我对此深信不疑。我相信红利计划过去是，也将继续是通用汽车公司取得非凡成功的一个主要因素。[1]

华为公司财务的三个垂直管理

华为公司在向相关多元化的组织结构演进的过程中，特别强调财务的集中控制。在华为，对分权化组织体系的财务控制体现在账务、资金和审计的集中管理上。从任正非的多次讲话中，可以看出华为建立这三条财务控制线的指导思想。

- **现代管理体系就是一种不信任体系，但操作过程中是以人为善的**

  现代管理体系就是一种不信任体系，否则就没必要流程化、认证化，加强监控，只是国际教科书上不这么称而已。虽然是不信任制度，但操作过程中是以人为善的。世界的事物是防不胜防的，但不能因为防而使整个流程运行不起来。华为公司这种体系将使我们不断地进化。[2]

  公司的管理哲学，就是天上的"云"。管理哲学、战略诉求、行业环境等内在及外在因素，共同形成了牵引公司运营的"云"。"雨"就是公司的经营活动，有业务活动，也有财务活动。云下的雨，流到"沟"里，保证执行的准确度，这些雨沿着"沟"流入大海，就完成了水的循环。在"沟"的关键节点上，还有财务的监控活动，水要沿着沟流，还要保证速度和质量。[3]

---

[1] Sloan Jr. A P. My Years with General Motors[M]. New York: Bantam Doubleday Dell Publishing Group, Inc., 1963, 1990: 427.
[2] 任正非：与采购系统干部座谈纪要，2000。
[3] 任正非：华为总裁办电邮文号〔2013〕91号。

任务式指挥需要组织整体的改变，需要在责任、权力、组织、资源、能力、流程和信息系统等多个组织管理要素上的支撑。在责任分工方面，将战术指挥重心下沉一线，高层和机关聚焦战略制定、方向把握及资源调配；在权力授予方面，行政管理和作战指挥权力分离，基于清晰的授权规则和下属的任务准备度进行合理授权；在组织配置方面，根据作战需要，模块化地剪裁和调整一线组织；在资源布局方面，战术资源贴近一线作战部队，战略资源集中布局，快速有效响应；在能力建设方面，以战略要求为主线，开展综合性能力建设；在流程运作方面，作战流程是面对复杂多变、不确定的环境，聚焦作战能力的实现，行政管理流程则严谨全面；在信息系统支撑上，通过构建互通的信息环境，使各级指挥官在任何时间或地点获取到完成任务需要的信息，对作战环境形成共同的理解。[1]

- **账务、资金、审计实行中央集权**

三个中央集权：资金管理权、账务管理权、审计权，坚决不能下放。其中，资金管理权决不是管、卡、压，而是要灵活快速服务，代表处资金使用很灵活。账务管理权，集中做账，口号是"不为客户负责，不为业务负责，不为领导负责，为真实性负责"，跟所有业务管理组织脱钩。审计是事后监管。[2]

（1）第一层日清日结应该在业务运行中完成，财经组织要思考如何在服务业务的同时，履行好监督职责。业务主管要对真实性、合理性负责。（2）第二层日清日结在账务管理部，在账务处理的过程中，要核对业务单据是否齐备合规，是否具备启动付款的条件；

---

[1] 任正非：华为总裁办电邮讲话〔2014〕78号。
[2] 任正非：华为总裁办电邮讲话〔2017〕30号。

也要核对我们的应收账款是否被清晰、完整地记录，并与客户完成直接对账工作。（3）第三层日清日结在资金管理部，要核对全球所有账户的支付记录，是否与账务记录相符。当日支付，当日对账，同时支付差错应在一个工作日内识别及处置。通过三层日清日结机制的运行，驱动业务真实性、合规性的提升。三层日清日结之间要建立有效的沟通机制、及时反馈，推动问题的解决。①

- **财务定位是一个保守的组织，资金安全是第一位的**

    现金要统一在长江流，账套要统一在同一轨道上。所有现金一定在长江里流，不允许有很多水库，这些水库存在必然会控制长江的流量，如果长江的流量来自银行融资，无疑就增加了成本。②

    我们的财务定位是一个保守的组织，安全是第一位的。听了风控的汇报，看来我们选择伦敦作为财经风险控制中心，是正确的。科学家要敢想敢干，敢于去冒风险，与保守的财务是矛盾的。我们2012实验室的收敛值是小于0.5，也就是说我们允许有一半以上的研究项目失败。而资金的安全，公司决不允许失误，我们要重视资金人才的培养、选拔与引进，充分发挥他们的作用。③

- **审计起到的是威慑的作用，坚持查处分离原则**

    审计部是对结果负责，对行为负责任，不对流程负责任。它保持很大的独立性，起到的是威慑的作用，因为每年一万个要被

---

① 任正非：华为总裁办电邮讲话〔2017〕42号。
② 任正非：国内账务体系工作思路汇报纪要，2001。
③ 任正非：华为总裁办电邮讲话〔2015〕75号。

检查的东西，只能做一百个，但是你不知道我是做哪一个，抓住了就一查到底。审计部不是一个政策部门，不能说我可以手轻一点或是重一点，只对结果负责任。它把责任查出来交给审计委员会处理。①

坚持查处分离的原则，严格调查，宽大处理。我们对干部要有一种宽容的态度，但也有严肃的态度。所谓严肃的态度，就是指我们调查细节是严格、认真的，该了解的情况还是要了解，但是在处理上，尽可能宽大。所以，审计通过报告来披露真实情况，包括被调查人态度好坏，有没有重大立功表现……处理权放到人力资源委员会的纪律与监察分委会，要有这样一层隔离。②

最后，我们总结一下，多元化公司相对于控股公司的优势是什么呢？波士顿顾问公司的创始人布鲁斯·亨德森（Bruce D. Henderson）认为，相对于控股公司来说，所有的多元化公司都有一个共同的特点：能够掌控金融资源的内部配置。多元化公司的内在优势在于它可以在业务组合之间保持平衡和协调。没有平衡和协调优势的公司管理结构只能是一个负担。对一些不太成功的多元化公司，如果用公司组合形式进行管理，其面貌将焕然一新。③

对于分权化的组织设计，在讨论了那么多斯隆的分权化组织设计的思想和原则后，我们还有一点需要特别提到的是斯隆对实行分权制的企业经理人的提醒，那就是：

对分权制来说，必须警惕权力重新集中于上层的趋势，其表现

---

① 任正非：华为EMT纪要〔2008〕17号。
② 任正非：在调查工作授权及流程优化汇报上的讲话，2015。
③ 斯特恩，斯托克.公司战略透视：波士顿顾问公司管理新视野[M].波士顿顾问公司，译.上海：上海远东出版社，1999：290.

管理政策 / 416

之一是，高层委员会过问和干预了过多的事业部运作细节。[1]

10.3

基于核心能力的组织结构

我们用了很大的篇幅讨论了多元化战略下的分权化的事业部结构设计的原则，但战略显然不仅是多元化战略，还有一种重要的战略理论是核心能力战略，它是由普拉哈拉德和哈默尔首先提出来的，我们在"目标与能力"一章中对此已进行了详尽的讨论，现在的问题是，基于核心能力的多元化战略应当采用什么样的组织结构？

核心能力的产品技术体系及相应的组织结构

遵循战略决定结构原则，普拉哈拉德和哈默尔的基于核心能力的产品技术体系架构，既是一种战略结构也是一种组织结构的基础。我们先从基于核心能力的产品技术体系架构入手，来分析基于此架构的组织结构应当具有什么特征，然后依此理论框架来分析华为公司的组织改革实践。图10-2是基于核心能力的产品技术体系架构原文的中译版本。[2]

---

[1] Sloan Jr. A P. My Years with General Motors[M]. New York: Bantam Doubleday Dell Publishing Group, Inc., 1963, 1990: 178.
[2] Prahalad C K, Hamel G. The Core Competence of the Corporation[J]. Harvard Business Review, May–June, 1990: 5–15.

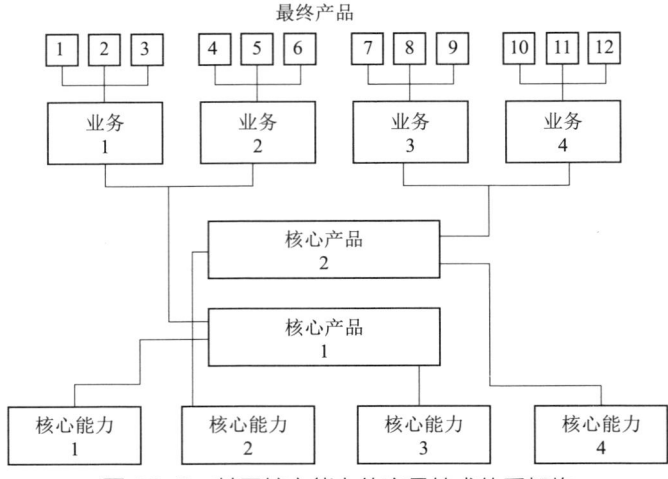

图 10-2 基于核心能力的产品技术体系架构

两位大师指出：基于核心能力的多元化的公司的产品和技术体系就像一棵大树。树干是核心产品，枝条是业务单位，叶子、花朵和果实是最终产品和解决方案。提供养分、支撑物和稳定性的根系是核心能力。这个形象、清晰的树状图，可以使我们从战略上深入理解基于核心能力的产品和技术体系的结构，以及从组织上推论出基于此树状结构的组织结构框架。

核心能力解决了聚焦与多元化的矛盾。核心能力是聚焦的、共享的，而最终产品是多元化的，从而满足客户的多样化需求。所以，不能从最终产品的视角评价多元化战略，也不能仅从业务单元结构评价多元化战略，而要看多样化的业务组合背后的核心能力组合是聚焦的还是分散的，要看核心能力组合的逻辑联系是紧密的还是松散的。

核心能力解决了分权化的战略业务单元（SBU）与公司之间战略的一致性问题。按照定义，SBU 可以直接面向市场制定和实施竞争战略，由此带来的问题是，SBU 的战略与公司战略之间如何取得一致？强势的 SBU 战略、弱势的公司战略是现实中大量存在的情况。但是，如果 SBU

战略和能力是建立在公司的核心能力平台和核心产品平台基础上的,那么 SBU 就不可能背离公司的核心能力与核心产品另搞一套,公司也就可以通过核心能力、核心产品以及预算拨款控制 SBU 的战略方向。这样使得公司既可获得分权化带来的参与市场竞争和满足客户需求的主动性,又可保持战略的一致性和内部的凝聚性,达到整体大于部分之和的效果。

那么,基于核心能力的产品与技术体系的组织框架是什么样的呢?如图 10-3 所示,它分为三个层次,即核心能力的研究平台、核心产品的开发平台,以及最终产品和解决方案的业务单元。

那么,实践中有没有公司的组织结构是与上述基于核心能力的产品和技术体系架构相吻合的呢?有的,华为公司组织结构的演进及其形成的结构框架就可以由此得到解释。

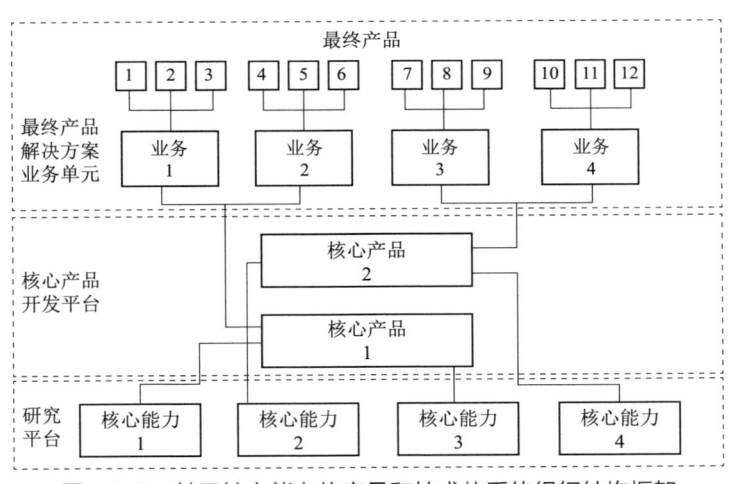

图 10-3 基于核心能力的产品和技术体系的组织结构框架

华为公司组织结构的演进

华为公司从创业阶段直到成长到上百亿美元的规模,一直采用的是直线职能制结构。这一结构的框架如图 10-4 所示。

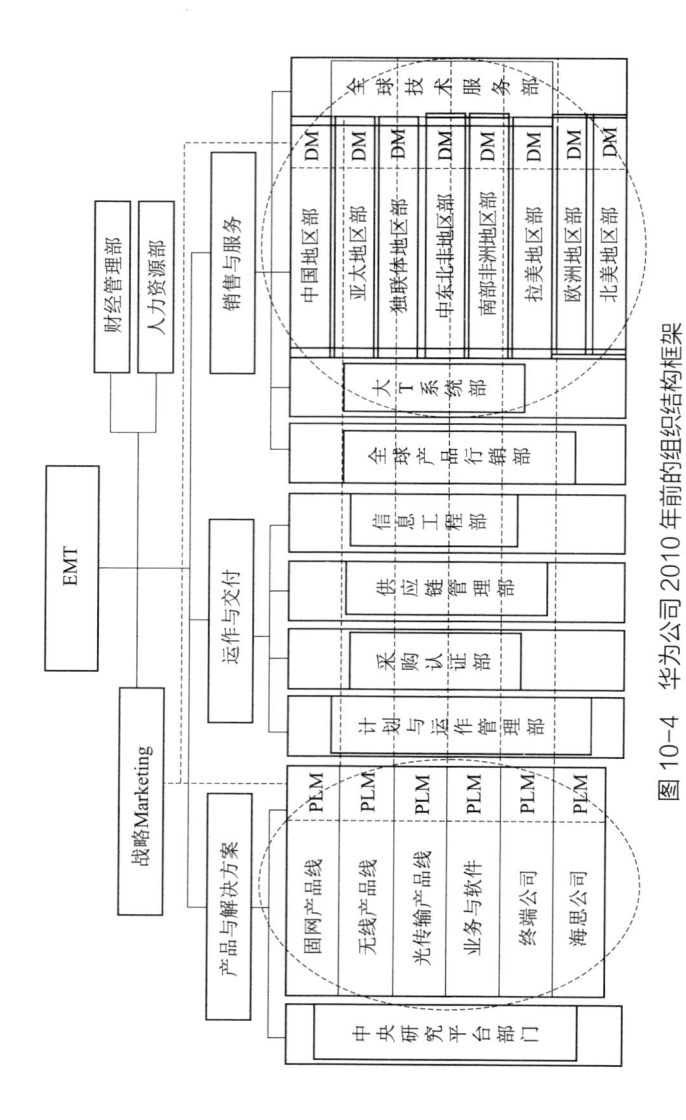

图10-4 华为公司2010年前的组织结构框架

说明：PLM 指产品线营销，DM 指地区部营销，大 T 指跨国电信运营商。

管理政策 / 420

管理理论界的权威观点认为直线职能制结构存在规模效率递减的趋势。那华为如何解决规模效率递减问题呢？就是采用将成本中心转变为利润中心的方法，将产品线这样的成本中心和区域销售组织这样的费用中心和收入中心转变为利润中心，使它们在承担最终成果责任的同时拥有更大的经营自主权和更强的与收入、利润和现金流目标挂钩的激励。

但是，将产品线和区域销售组织这两大成本和费用中心体系转变为两大利润中心体系遇到的困难，是责权不对等的问题。以产品线为例，将其转变为利润中心，但其只对研究与开发和产品线营销拥有控制权，而对诸如采购、制造、物流、交付和市场销售等影响利润的诸多职能却不具有控制权，这在管理会计上称为可控性，也就是产品线对利润不具有可控性，责权不对等。那么，在责权不对等的情况下产品线怎么承担利润责任和按利润中心运作呢？华为的做法，一是将产品线的利润责任重新定位，使之尽可能具有可控性，为此引入了一个新的销售毛利概念——贡献毛利，其定义是产品线扣除产品成本和自身的研发和管理费用后对公司毛利的净贡献。二是将影响产品线利润责任的最主要的业务部门，即区域销售组织，也转变为利润中心，使产品线最担心的销售订货、产品定价、交付周期、收入确认以及货款回收有一个强大的利润中心体系对其承担责任。这样区域销售组织出于对自身利润目标的关心，就会千方百计增加销售订货，合理定价，尽可能缩短交付周期，以便尽早实现收入确认和回款。而产品线在自身可控的范围内，尽可能缩短产品开发周期和上市时间，降低产品销售成本，使产品具有技术先进性且能更好地满足客户需求，这样既支持了区域销售组织销售和收入目标的达成，同时也确保了自身收入和利润目标的实现。三是对处于内部价值链中的采购、制造、物流、交付和服务部门，将直接和间接影响这些部门收入、利润和回款的因素也纳入 KPI 目标并与部门的奖金挂钩。这样,在全公司范围内建立起一个围绕收入、利润和现金流的连带责任体系,每一个部门在为实现公司利润目标做出贡献的同时,也实现了自身目标,并可以获得相应的奖金。这一体系虽然按照西方管理会计的标准来衡量属于责权不完备、不完全可控的利润中心运作体系,是难以运行的,但在华为公司崇尚集体奋斗的文化氛围内却运行得很好。

按利润中心考核、运行和激励,关键是责任会计核算。而对于责任会计核算来说,首先是对责任中心"利润"概念的合理定义,这种按责任中心可控性定义的"利润"也可称为"责任利润";其次是合理确定责任中心之间产品和服务协作的转移价格。表 10-1 给出了华为公司各责任中心的责任利润概念。

表 10-1 财务损益表和责任中心的责任利润概念

损益表	责任中心
销售收入	
减:产品制造成本	制造毛利中心(供应链系统)
期间成本	
服务费用	销售毛利中心(全球技术服务)
毛利	
销售费用	贡献毛利中心(销售系统)
研发费用	贡献毛利中心(产品线)
管理费用(含 IT 费用)	
财务费用	贡献利润中心
税前利润	税前利润中心(子公司)
所得税	
净利润	净利润中心(子公司)
资本成本	
经济增加值 EVA	EVA 中心

从表中可以看出,按照管理会计的可控性原则确定的每个与利润直接相关的责任中心的责任利润概念是不一样的。制造系统可控的是材料和零部件的采购成本、直接人工和制造费用,这三者构成产品制造成本,销售收入减去产品制造成本是产品制造毛利,此后发生的期

间成本、服务费用、销售和一般管理费用、研发费用等,是制造系统不可控的,所以制造系统的责任利润概念是产品制造毛利,其责任中心定位是制造毛利中心。类似地,技术服务系统的责任利润概念是在制造毛利基础上再减去产品服务成本和费用,其责任利润概念是产品销售毛利,其责任中心的定位是销售毛利中心。产品线的责任利润概念是该产品线的产品销售毛利减去产品线的研发费用和营销费用后对公司毛利的净贡献,由于没有与之对应的财务损益表项目,故华为公司引入了一个新的概念——贡献毛利,产品线的责任中心定位为贡献毛利中心。类似地,区域销售组织,如地区部和代表处的责任利润概念是销售收入减去产品销售成本再减去区域销售组织自身的销售费用和销售管理费用,得到区域销售组织对公司毛利的净贡献,其责任中心定位也是贡献毛利中心,但这个贡献毛利的计算与产品线有所不同。表10-2是中国地区部(也适用于代表处)管理会计损益表的一个示例。

表10-2 中国地区部管理会计损益表示例

国内销售收入
减:制造成本
期间成本
用服费用
销售毛利
减:直接销售费用
非正常损失
贡献毛利
减:公司期间费用分摊
贡献利润

地区部贡献毛利的计算是基于财务损益表的销售毛利的,然后就与地区部自身的费用有关了。中国地区部贡献毛利的计算公式为:

贡献毛利 = 国内销售收入 × 产品制造毛利率 – 国内技术服务费用 – 直接期间费用 – 直接期间成本 – 非正常损失

表示成公式即：

C = RV × MG − SC − SA − DC − LT

其中

C：中国地区部贡献毛利

RV：中国地区部当年实现的销售收入（包括产品和服务销售收入）

MG：与国内销售收入对应的产品制造毛利率

SC：国内技术服务费用

SA：中国地区部直接期间费用＝国内销售费用

DC：中国地区部直接期间成本＝运杂费＋销售代理费

LT：中国地区部非正常损失＝合同更改损失＋退换货损失＋借货损失＋坏账损失＋逾期欠款损失（非正常损失不在销售成本和期间费用中重复计算）

区域销售组织实行贡献毛利核算、考核和与贡献毛利挂钩的奖金计划后，地区部和代表处的经营行为发生了根本变化。以前在销售过程中经常发生向公司商务部门要优惠的商务条件，否则合同丢了不负责；或者海外地区部和代表处为了争取销售订单，向顾客不合理地承诺交货期，造成时间来不及不得不空运，因此大幅增加了运费；还有合同签订质量不高，合同更改率偏高，对合同更改损失不承担责任；类似的损失还大量发生在退货、借货等销售行为中；对逾期欠款的催收一推再推，造成大量的逾期欠款核销和坏账损失；等等。实行贡献毛利考核、核算和激励政策后，这些行为及其导致的后果大量减少，效益明显。

在贡献毛利考核与核算推行了三年，形成了稳定的机制后，华为公司又将公司期间费用按预算比率根据各自的销售收入分摊到产品线和区域销售组织，公司为这项政策起了个形象的名称——"吃水线"，意思是贡献利润率达不到公司期间费用分摊率，该业务单位的业绩处于亏损状态，还在"吃水线"以下。贡献毛利超过"吃水线"的部分称为贡献利润，是利润中心对公司利润的真正贡献。这一政策的实行，使得产品线和区域销售组织的利润中心的"贡献利润"更接近公司的税前利润（不含投资收益、非营业收入与支出、汇兑损失等），这一责任会计的核算方法和概念沿用至今，而且被注入了战略补贴等战略操作，成为一项不仅反映利润中心的当期贡献还反映利润中心的战略贡献的指标。

还是以中国地区部为例，其贡献利润的计算如下：

期间费用分摊额计算公式：

E = RD+MK+GA+FA

其中

E：期间费用分摊额

RD：研发费用分摊额 = 国内销售收入 $\times a\%$

MK：公司 C-Marketing 和战略投入费用分摊额 = 国内销售收入 $\times b\%$

GA：公司管理费用和 IT 费用分摊额 = 国内销售收入 $\times c\%$

FA：财务费用分摊额 = 公司销售收入 $\times d\% \times$ 中国地区部占用资金比例

其中 a、b、c、d 分别为相应费用占公司销售收入的比例

贡献利润计算公式：

P = C−E

P：贡献利润

C：贡献毛利

在利润中心的贡献毛利和贡献利润的核算、考核和激励取得明显效果后，华为公司又尝试在利润中心的责任体系中加入资产责任，采用"虚拟现金流量表"核算区域销售组织利润中心的现金净流量，并将其纳入考核与奖金激励计划。所谓"虚拟现金流量"，即将区域销售组织向公司的要货，在货到所在国的国家仓库后，就视同区域销售组织用现金向公司采购存货，在虚拟现金流量表中为现金流出，影响净现金流量，而且其资金成本要明显高于同期银行长期贷款利息，这样能促使区域销售组织减少资金占用，加快资金周转。现金的流出还包括利润中心发生的费用、当地采购和薪酬支出；现金的流入为应收账款的回收和预付账款的流入等。虚拟现金流量表和责任中心损益表的应用，使得业务单位的主管真正像企业家和经理人一样不只是做业务，还是在做生意。

华为公司的直线职能制组织结构从公司创立起一直实行了20多年，到 2010 年，随着公司规模进入全球通信网络设备产业的领先行列，电信设备产业的市场空间不再能够支持公司的持续快速增长，所以公司开始向相关多元化业务领域拓展。相应地，公司的组织结构也向分权化的事业部制结构转变。

2011 年，华为公司发布了新的"多核"业务的组织结构，见图 10-5。华为邀请了国际知名咨询公司为该结构的设计提供了咨询服务。

从图 10-5 中可以看出，这次组织结构改革有几个要点：

（1）从原有的单核业务的直线职能制向多元化的分权制结构转变，分离出企业业务、终端业务和其他业务单位，按事业部模式运作，对最终成果负责。

（2）建立现代公司的治理结构，治理结构的直线权力线是股东大会—董事会—首席执行官，在经营决策方面，常务董事会与 EMT 合署讨论和制定决策，实行轮值首席执行官制度，由轮值首席执行官主持执行管理团队会议。

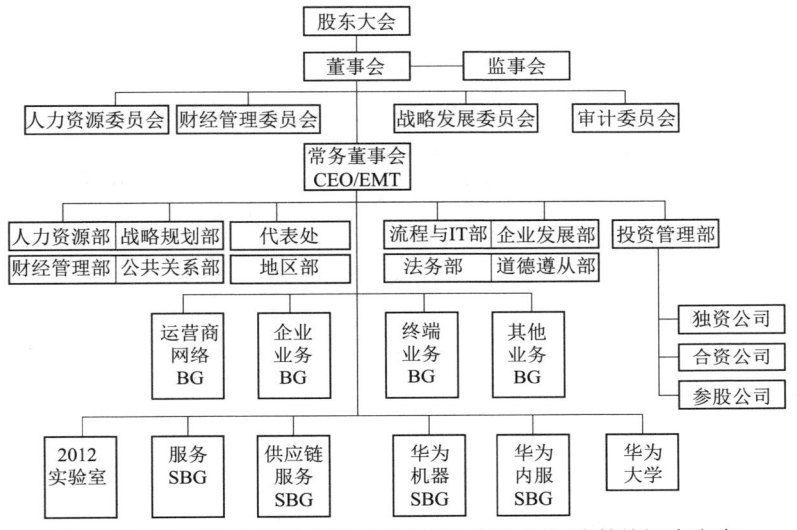

图 10-5　2011 年华为公司分权化事业部制组织改革的初步方案

（3）实行新业务在初创期独立运作的组织政策，赋予其履行职责的相应权利。

（4）各事业部负责自身的产品开发、解决方案开发和产品营销。

（5）区域销售组织仍是公司的销售平台，但允许事业部尝试在区域或国家发展垂直管理的销售组织。

（6）分离研究与开发，建立公司的研究平台。

（7）采购、供应链、制造、交付作为公司的公共平台，支撑各事业部的运作，为了确保质量、提高效率及降低成本，引入外部市场竞争机制，事业部有权选择外部供应商。

我们看到，这一步组织改革的步伐迈得够大的，几乎是一步到位跨越到西方公司典型的事业部制组织模式。但在运行两年后，暴露出了一系列问题，主要有：

（1）事业部间产品、零部件和技术的相互依赖性很强，产生大量的协作需求，而协作中的内部转移价格的确定非常复杂，大家为此争

第 10 章　集权与分权　/　427

吵不休，定价难度很大。

（2）事业部直接介入区域销售，导致与区域销售组织间在客户关系、市场划分、直销和分销的差异化运作、销售政策协调、销售人员考核和激励政策等方面的矛盾和冲突加大。

（3）事业部之间争上新项目，争夺资源的竞争加剧，资源配置效率下降。

（4）产品开发与营销密切结合，使事业部将研发的很大精力放在满足客户的定制化需求和实现当期经营目标上，事业部目标短期化，从而削弱了核心产品的开发和核心能力的培育，公司的长期目标和战略被架空了，不能在事业部真正落地。

（5）新业务的商业模式还在探索阶段，就大量投入资源追求规模扩张，导致投资的回报率严重下降，甚至亏损经营。

我们看到，上述问题都是分权化的事业部组织结构的症结性问题。西方管理理论和西方公司典型的事业部制组织模式，强调事业部的责权要对等，其责权要尽可能不受任何限制，要研、产、销一体化运作，这些规则不完全适合华为公司的战略和产品组合，或者说，不完全适合华为这种基于核心能力的相关多元化战略的组织。

2014年华为对分权化的组织结构进行了进一步调整，新的组织结构方案如图10-6所示。其调整重点是：

（1）实行相关多元化战略、进入相关业务领域的战略不变，但多元化战略铺开的面要收缩，紧紧围绕华为核心技术和主航道业务，逐步开展。

（2）将核心产品和核心技术开发从事业部中分离，与事业部的客户需求定制和解决方案开发解耦，建立核心产品开发平台，支撑各事业部的客户解决方案开发和营销运营。对此，华为总裁任正非强调：

"战略竞争力量不应消耗在非战略机会点上。"我们公司一定要成功地抢占战略高地。为此，我们把研发和区域营销组织切开了，研发是一个独立的模块。研发若跟区域捆在一起，就是去满足低端客户需求，放弃了战略机会。优质资源向优质客户需求倾斜，要放弃一部分低端客户需求。将来我们不会在所有领域都做到世界领先，可能会收缩在一块领域，所以非主航道的领域，交不出利润来，就要缩减。①

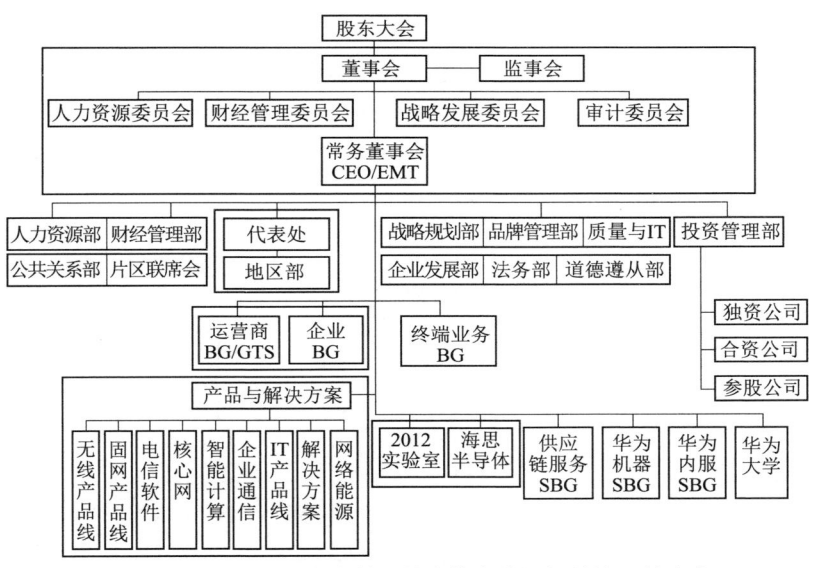

图10-6　2014年华为基于核心能力的组织结构调整方案

（3）统一按区域维度建立公司级销售组织，事业部（华为称为BG）授权公司区域销售平台代为销售，提供技术支持、商务审批和激励政策。仅在事业部产品在区域或国家的销售达到经济规模后，才允许其销售组织独立运作，但要接受公司区域销售平台的行政管理。

---

① 任正非：《遍地英雄下夕烟，六亿神州尽舜尧》，2014。

（4）改变新业务在初创期就独立运作的政策，更多地强调依托核心产品平台和区域销售平台开展业务，减少探索商业模式的代价。

（5）由于终端业务与公司通信网络设备主业务无论在产品上还是在客户需求和销售模式上都存在较大差异，且终端业务独立运作后发展势头很好，故保留其独立的产品开发和营销体系，形成一体化的事业部。其中，其制造职能外包给公司制造平台和外部OEM企业。

华为2014年的组织结构调整，最明显的特点表现在：初步形成了研究平台、核心产品开发平台、事业部运营平台和区域销售组织平台的结构。重新加强了核心产品开发平台和以区域作为主维度的销售平台。而且从此，华为公司多元化组织的发展更多地采取演进的方式而不是"革命"的方式。对此，我们可以在华为公司2019年的组织结构图上看得更清楚，如图10-7所示。

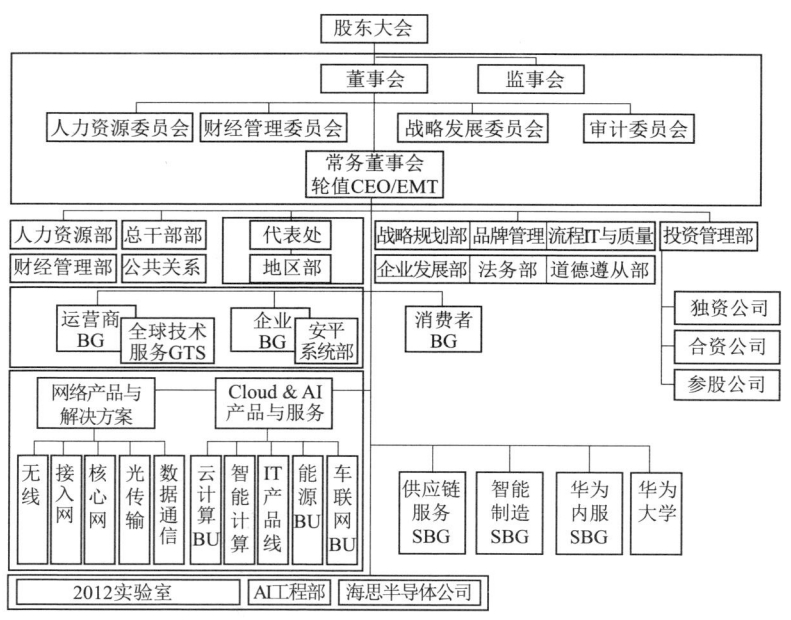

图10-7　2019年华为组织的多元化扩张结构

2019年的华为公司组织结构有几个特点。一是，在四大平台基础上的新业务的演化路径。新业务在公司内部的纵向演化路径是：从研究，到产品线，到业务单位（BU），再到事业部BG，最终到责权完备的一体化的事业群（如消费者BG）。比如，车联网业务，就是从研究平台发展到产品线，又进一步发展到目前的业务单位，经过几年的演进，已经是一个技术研究、产品开发和销售一体化的业务单位，未来随着业务规模的进一步扩大，会向一体化事业部甚至是事业群的方向发展。这样的新业务的组织演进路径使得新业务从一开始就具有坚实的技术基础和规模化的市场发展空间。二是，新业务单位可能从多个平台上衍生出来。如在研究平台上发育出来并逐步分离运作的人工智能工程部和海思半导体分公司，在核心产品开发平台上发育出来并逐步独立运作的云计算BU、数字能源BU，在BG平台上逐步发育出的安平系统部（面向平安城市以及未来的智慧城市）、全球技术服务部GTS等。消费者BG业务群正在按生态圈战略进入消费者生态的各个领域，其新业务的发展路径是生态圈导向的。三是，核心产品平台的进一步分解，从单一平台到多个平台，支撑相关的事业部和事业群。四是，区域销售组织向"一国一公司"的方向演变，与事业部和事业群之间不再只是职能协作关系，还要逐渐形成交易关系。

我们从华为组织变革的案例中能得到哪些启示呢？

（1）战略决定结构，多元化战略必然要求分权化的组织结构。非相关多元化战略的分权化组织之间很少有依赖关系，结构相对简单，也容易运作，但核心技术、核心产品或市场高度相关的多元化战略的组织结构怎么设计？怎么运营？华为的实践具有很大的参考价值。将核心技术与核心产品的开发分离出来，建立大的平台，统一支撑相关事业部或业务单位的运作，既有利于核心能力的提升，又可简化分权化事业部或业务单位之间的依赖关系。

（2）组织结构的变革可以是逐步演进的，即使是从集权到分权的大的变革也可以是逐步完成的，不一定要采取激进的变革策略。尽管组织增长到一定规模后，其边际效率是趋向下降的，但向分权化的转变过于理想化，企图一步到位，也会出现"企者不立，跨者不行"的尴尬现象。最后可能是进两步退一步，浪费了时间，交了许多学费。那么，采取转变开始就设计好蓝图，然后一步一步逐渐推进的策略是否更好？华为曾尝试一步到位，但最后发现采取演进的方式给组织带来的震荡更小，犯错的概率更低。

（3）新业务是在初创期就独立运作还是在母体平台上探索出成功商业模式后再独立运作？西方管理理论的主流观点主张"创建一个独立的机构，使这个机构直接面对确实需要这种技术的新型消费者群体"[1]。华为实践表明，为新业务创建单独的业务单位，赋予其更大的经营自主权，对新业务的发展是绝对必要的，但是否一定要创建独立的机构，从母体中分离出去，像初创企业一样独立运作，要根据企业和市场的具体情况决定。华为新业务的组织策略也是一种演化的方式，先在母体平台上建立单独的业务单位，自主运作，借助平台的资源优势快速突破关键技术，开发出差异化的产品并深度接触目标客户，把握新业务客户需求的本质，在探索出成功的商业模式后独立经营，公司大规模投入，也不失为一种成功的策略。扬西蒂和莱维恩的实证研究表明："随着传统研发部门逐渐转向独立的企业形式，我们千万不能忽视其整合的难度也越来越大这个挑战。这种挑战可能是致命的。在作为我们样本的因应1997年互联网发展形势而创建的30个主要'公司剥离'企业中，截至2001年，没有一个仍作为自主运作单元存留下来。绝大多数这些组织都被重新整合进母公司了。"[2]

---

[1] 克里斯坦森.创新者的窘境[M].胡建桥，译.北京：中信出版社，2010：101.
[2] 扬西蒂，莱维恩.共赢：商业生态系统对企业战略、创新和可持续性的影响[M].王凤彬，王保伦，等译.北京：商务印书馆，2006：242.

这一研究结果值得注意。

（4）集权与分权并非只有两种极端的状态，非此即彼，而是可能存在多种亦此亦彼的中间状态，这也使组织变革采取演化方式成为可能。组织变革可以是在战略和方向确定后，经历某种或一系列中间状态，逐渐演变到目标状态。所谓演化就是经历中介向对立面的转变过程。要重视研究中介和中间状态的作用。

（5）组织结构模式的选择和变革的方式受人类问题解决的理性选择特性的影响。为什么华为最终选择了分权化组织变革的演化方式呢？除了是由战略决定的，还与企业家和经理人的思维方式有关。马奇和西蒙的研究结论是："组织结构和功能的基本特征来源于人类问题的解决过程和理性选择的特性。"[①] 这一结论在华为公司的组织改革中得到了验证。华为公司总裁任正非先生的思维方式有三个主要特征：（1）遵循满意准则，不追求完美；（2）强调"开放、妥协、灰度"，所谓灰度，即在对立的事物之间求得平衡的恰当尺度；（3）主张改良、渐进，不主张激进的变革。我们看到，由集权到分权的组织变革是复杂的、不确定的，应当将其看作一个探索和学习的过程，切忌简单化、折腾、翻烙饼。

10.4

模块化组织与平台架构

对人类来说，管理复杂系统或解决复杂问题的唯一方法就是将系统或问题分解。在许多具有复杂系统的领域中，模块化都被证明是一个有用的概念。模块化作为一种生产原理，有着悠久的历史，制造商

---

① 马奇，西蒙 H A. 组织 [M]. 第二版. 邵冲，译. 北京：机械工业出版社，2008：152.

们已经使用它一个多世纪了，比如在汽车产业、计算机产业等。然而，模块化组织却是较新的概念。在许多情况下，组织模块化是产品模块化架构的延伸，当企业开始用松散耦合的形式取代紧密集成的等级结构时，组织就变得越来越模块化。这方面，组件化业务模型（Component Business Model，简记作 CBM）给出了一种将复杂组织模块化的设计方法，它分离了复杂性与系统结构的相互依赖关系，尤其适用于平台架构的模块化设计，一个成功的平台必须有更模块化的开发方法。传统平台公司与现代平台之间的区别在于后者新增了数字技术，它大幅扩展了平台的覆盖范围、速度、便捷性，并提升了平台的效率。平台架构的运作机制是内部资源与外部资源的结合，是基于组件的内部市场化与外部市场化的结合。

用模块化解决复杂系统问题

在许多具有复杂系统的领域中，模块化都被证明是一个有用的概念。所谓复杂，即包含许多部分、方面、细节、关系、概念。所谓模块化，就是内部的要素紧密联系在一起，而模块之间相对独立，较少依赖性。作为大系统的单元，这些模块虽然在结构上相互独立，但是它们会共同发挥作用。因此，系统作为一个整体必须提供一个架构，从而既保证结构的独立性又保证功能的一体化。美国学者卡丽斯·鲍德温（Carliss Y. Baldwin）和金·克拉克（Kim B. Clark）认为：对理解新兴产业结构的本质来说，模块化是一个最重要且最有解释力的理论概念。[1]

鲍德温和克拉克举了 IBM 在 20 世纪 60 年代开发大型计算机 System/360 的例子，这也是在计算机发展历史上首次成功运用模块化设

---

[1] 鲍德温，克拉克. 设计规则：模块化的力量 [M]. 张传良，等译. 北京：中信出版社，2006: v.

计规则开发复杂的计算机系统。IBM 和其他大型机算机制造商的早期机型的设计是封闭式的，它们都有自己的操作系统、处理器、外设和应用程序软件。这给新机型的引入和以前机型的维护带来很大的工作量，大大影响了许多客户的租赁或购买欲望。System/360 的开发人员用模块化规则解决了这个问题。他们设计了适合不同应用程序和不同大小机型的相同的指令集，并可以共享外围设备。IBM 建立了一个中央处理器控制办公室，该办公室建立并实施了可见的总体设计规则，这些规则决定了机器的不同模块如何协同工作。分散在世界各地的几十个设计团队必须严格遵守这些规则。当 IBM 采用这种方法使新系统与现有软件兼容时，为公司及其客户带来了巨大的商业和财务上的成功。当然，从长远来看，模块化也削弱了 IBM 的统治地位，因为新公司生产了与 IBM 机器兼容的插件模块——打印机、终端、内存、软件，甚至中央处理器本身。遵循 IBM 的设计规则，但专长于某一特定领域，这些新公司通常可以生产出比 IBM 内部生产的更好的模块。最终，它们抢走了大型机的大部分市场份额。

鲍德温和克拉克还进一步研究了模块化组织的激励问题。他们认为，如果一个模块化产品中的创新竞争方式是很多创业企业竞逐，只有胜者才有希望得到奖赏，奖赏的形式是首次公开募股或被细分市场中的领导企业高价收购，那么每个创业企业将会比大型垄断企业内部的研发团队有着更大的研发热情。[1]

这个观点很值得注意。当产业是模块化的或分散化的，面对外部同行企业的竞争，内部同类开发团队的热情和效率会相形见绌，因为前者的回报预期更高，回报的可能方式更多。处在这种竞争环境下，大企业内部必须按模块划小核算单位，并将报酬与这些单位各自的市场收益挂钩，从而缩小与外部竞争者的激励差距和由此引起的效率差

---

[1] 鲍德温，克拉克. 设计规则：模块化的力量 [M]. 张传良，等译. 北京：中信出版社，2006：vii.

异。我们后面将要提到的日本京瓷公司的阿米巴组织，就是这方面的一个成功例子。

模块化组织结构

在鲍德温和克拉克看来，在传统的直线职能制组织中，随着任务数量和未标明连接点数量的不断增加，任何一个简单的变化都可能有许多未预料到的分叉，这些分叉可能带来严重的后果，使任务结构的组织映射变得相当缺乏灵活性，工作团队的结构、交流渠道、信息筛选以及解决问题的策略都将变得相对固化，从而导致所谓的"复杂性大灾难"（complexity catastrophe）[1]。模块化是解决这种灾难的一个潜在方法。

模块化组织本身是一种创新。组织模块化是产品模块化架构的直接结果，一旦产品变成模块化的，组织也必然变成模块化的。一般来说，当企业开始用松散耦合的形式取代紧密集成的等级结构时，组织就变得越来越模块化了。例如，当一个公司使用合同外包而不是内部制造时，就已经在应用模块化准则了。模块化组织通过在大型组织中使用小单元来运作，每个单元负责一个特定的领域，它是半独立的，对各种业务问题做出自主的决策。模块化组织的特点是结构扁平化，减少决策层级，快速响应市场变化。模块化组织可以提高企业在高新技术领域和成熟市场中的效率，充分利用企业的资源。模块化组织使用单元这种较小的规模，不仅是为了更好地管理每个单元，也是一种重新组织公司内外相互依赖关系的方式。

马里奥·贝纳西（Mario Benassi）通过调查研究，针对模块化组织

---

[1] "复杂性大灾难"是斯图尔特·考夫曼（Stuart Kauffman）描述陷入寻求次优均衡的陷阱时所用的一个术语。这种陷阱的出现是由于价值（适应性）函数的基本参数有一些不为价值寻求主体所知的相互依赖关系。复杂性是指参数之间的相互依赖程度；大灾难是指结果相对于空间中的全局优化来讲是次优的。

的优缺点提出了一些有益的见解。我们把其中的要点简述如下。模块化组织有几个优点。第一个优点是明确了模块单元的领域和最终成果责任，为它们配备适当的资源，并赋予它们自主决策的权利。这使得单元能够做出更好的决策，也刺激了其他单位，因为内部供应商可能会被外部供应商所取代。第二个优点是提高了员工的组织认同。一个单元的员工可以更积极地参与管理过程，无论他们在公司的职位是什么，都可以获得有关他们单元的所有相关信息。他们可以提出建议，参与决策。这种参与性的提高会使员工更清楚地认识到组织的目标和挑战，会更积极主动地为实现单元目标和组织目标做出贡献。第三种优点是灵活性。通过赋予各单元自主决策的权利，并允许它们管理自己的资源，单元和整个企业可以更好地适应变化的环境。

模块化组织也有一些弱点，需要在设计模块单元时仔细考虑。第一个弱点是规模经济性。模块化组织由于规模较小，有可能造成规模不经济，这需要在设计时在平台的规模经济性与模块单元的规模和自主决策权利之间有效地进行权衡，避免过度划小模块单元而丧失了平台的规模经济性。第二个弱点与协调成本有关。例如，允许模块单元自主管理其供应来源可能导致与公司采购平台和外部供应商的多个接口，这会增加协调的成本，降低集中采购的成本优势。第三个弱点是过度模块化会阻碍知识的共享。一个组织被分解得越多，虽然可能会促进组件、解决方案和工作方法的创新，但也可能使模块单元将这些创新看作自己的独门技巧而不愿意与其他单元共享。所以，如何划分模块单元，实现扬长避短，是组织设计者应当慎重考虑的问题。我们需要有适当的模块化设计方法，在这方面，组件化业务模型就是一种有效的方法。

组件化业务模型

简化系统要求分离复杂性与系统设计结构的相互依赖关系。换句话说，系统结构应不随复杂性而发生大的变化，应具有相对稳定性。我们已经指出，模块化结构具有这样的特点，因为模块化意味着模块单元相互之间是独立的，而其内部是紧密联系的。模块化单元的划分通常依据两种原则：一种是按流程的阶段划分，这种方法存在单元之间相互依赖性过强的问题，仅适用于流程型企业，如钢铁企业、化工企业、能源企业等；还有一种是按专业化原则划分，或称为按能力中心建立部门，这样就使业务、流程的变化与结构分离了。

产品和复杂系统模块化的实践表明，分割和聚集共同要素和相似任务，通过归纳提高其层级，使之适用于更多的子系统，这是模块化也是简化复杂系统的必由之路。此外，模块化设计中的中央处理控制及设计规则制定非常关键。所以，越是模块化，越是分散化，要集成为系统，就越是需要强化中央控制组织。

对于如何按专业化原则划分模块单元，IBM 全球企业服务部的 IBM 商业价值研究院提出了一个模型——组件化业务模型，见图 10-8。

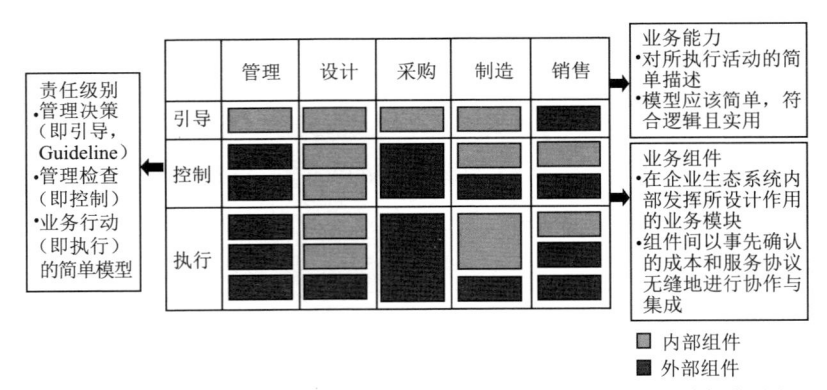

图 10-8　按照责任级别和能力组织活动，实现内部专业化和外部专业化

笔者尝试用 IBM 的组件化业务模型构造了一个人力资源管理系统的组件化业务模型，如表 10-3 所示。类似地，我们可以方便地构造诸

管理政策　/　438

如财经、研发、制造、采购、销售平台的组件化业务模型,作为建立各业务领域模块化组织架构的重要参考。

组件化业务模型可用于构建平台组织的内部模块化架构。这样,就实现了内部按专业化原则划分部门,并区分专业模块的层级,模块之间相对独立,模块内部专业知识、技能和流程的联系密切。岗位设置可遵循专业化原则按专业化流程进行,职责、权限、技能和知识界面清晰。从外部来看,在外部模块单元或业务单元调用管理和支撑服务平台的某项功能时,可直接对接相应模块的接口,减少了多维部门划分原则带来的职能重叠、专业资源分散、接口混杂的弊端。

组件化业务模型也是一个专业能力模型,它既有助于在此基础上构建平台组织的内部模块化结构,也有助于进行变革规划。通过组件化业务模型的分解,可以识别出哪些业务或专业能力是薄弱的,从而为变革规划提供变革重点、优先次序和变革项目绩效度量的依据。

平台架构

《平台革命》一书的作者 G. G. 帕克等人认为,从根本上讲,平台的概念很简单,即创造一个场所,在这里让生产者与消费者通过能为双方产生价值的互动而集中到一起。对于这一构想,人类已实践千年,城市和乡村中的传统露天市场,就是供农夫和手工艺者销售货物的平台。在伦敦和纽约这样的城市中得到发展的传统股票市场也同样如此。当然,传统平台公司与现代平台之间的区别在于后者新增了数字技术,它大幅扩展了平台的覆盖范围、速度、便捷性,并提升了平台的效率。[1]

---

[1] 帕克,范·埃尔斯泰因,邱利达. 平台革命:改变世界的商业模式 [M]. 志鹏,译. 北京:机械工业出版社,2018:60.

表 10-3 人力资源管理体系的组件化业务模型

	人力资源规划	员工招聘与调配	薪酬管理	绩效管理	培训与发展	员工福利与健康	人力资源数字化管理
指引	• 企业战略规划与年度经营计划 • 外部劳动力市场分析 • 人力资源规划 • 人力资源法律法规	• 组织结构图 • 部门人力需求统计 • 年度招聘计划 • 人才吸引政策 • 继任计划	• 薪酬政策 • 报酬要素 • 工资制度 • 奖金制度 • 年度薪酬预算与计划 • 股权激励政策	• 企业经营目标分解 • 企业绩效文化 • 团队绩效或个人绩效导向	• 管理者和员工技能提升计划 • 员工培训预算 • 企业文化	• 员工福利相关法规 • 职业安全法规 • 五险一金法规	• 人力资源数字化管理规划 • 人力资源数字化度量指标体系 • 人力资源数字化管理标杆
控制	• 人力资源管理度量指标体系 • 员工满意度调查	• 员工离职率 • 优秀人才离职率 • 人才政策吸引力评价	• 市场薪酬调查 • 高管及专门人才激励评价 • 投诉处理	• 目标管理方法培训 • 绩效等级分布合理性 • 沟通与面试	• 管理者素质模型 • 培训效果评估	• 员工健康状况评价 • 管理者及员工工作压力评估	• 数据真实性审计 • 人力资源IT服务水平
执行	• 人力资源计划实施订正 • 员工满意度改进 • 劳资关系管理	• 校园招聘 • 网上招聘 • 能力测试 • 面试与甄选 • 任职资格管理 • 人员配备 • 管理者轮岗 • 离职管理	• 职位分析 • 工资及奖金计划实施 • 利润分享计划或股票期权计划实施 • 员工持股或股票期权计划实施	• 部门绩效目标制定 • 个人绩效目标制定 • 绩效评级 • 关键事件评价 • 绩效评价及结果应用	• 新员工入职引导 • 管理者及员工技能提升计划 • 培训方案设计与培训课程开发 • 网上认证	• 退休管理 • 五险一金管理 • 管理者及员工体检 • 员工安全保障 • 安全应急响应	• 人力资源管理软件应用 • 员工能力数字化模型 • 数据采集 • 员工数据库维护

管理政策 / 440

平台在具有以下三个特征的市场中将会成功发展：1. 至少有两类不同的参与者（双边市场）。这是一个必要的条件，因为平台的商业模式是基于交易的。2. 通过协调或连接不同群体的成员产生效益——产生的外部性形成利润的基础。例如，谷歌的搜索平台是免费的，但基于搜索平台外部性的广告是谷歌的主要收益来源之一。3. 一个中间人可以通过协调各群体的需要来改善他们的处境。

相比于传统管道，平台享有两大重要的经济优势。其中之一是生产和销售方面无与伦比的边际经济效益。爱彼迎（Airbnb）在扩展业务时，花费的边际成本几乎可以忽略不计，即所谓的"零边际成本"，因为爱彼迎在其列表上多添加一间房的成本微乎其微。再就是网络效应，即网络价值以用户数量的平方的速度增长，它进一步提升了平台迅速扩大规模的欲望和能力。那些依旧以内部资源作为竞争基础的公司正逐渐发现自己很难与各大平台竞争。那么，核心能力理论过时了吗？并没有过时，设计平台和迅速改进平台的能力仍然是核心能力。但作为其理论基础的资源基础观理论可能就要修正了，至少不能再是基于企业内部资源的资源基础观了，而是扩展为获取和控制外部资源的能力的资源基础观。爱彼迎没有一间属于自己的房间，但是它将世界上所有闲置的房间都作为自己现实的和潜在的资源；亚马逊通过电子商务积累了大量的用户数据，从而成为其发展云计算和人工智能的资源基础。未来企业的核心能力将从管理内部资源的能力扩展到吸引和管理外部资源的能力，将企业核心能力建立在内部资源和外部资源的结合和相互转化之上。

库苏玛诺等学者将所有的平台分为两种类型。一种是创新平台（Innovation Platforms），使第三方公司能够在核心产品或技术上添加互补的产品和服务，典型的例子包括：谷歌的安卓操作系统、苹果手机的操作系统 iOS、微软的云计算系统 Microsoft Azure，以及亚马逊云计算服务（AWS）。另一种是交易平台，可以进行信息、商品或服务的交换。

比如亚马逊市场（Amazon Marketplace）、苹果的应用商店 AppStore、脸书的社交网络 Social Network、爱彼迎、优步（Uber）等。此外，还有既具有创新平台性质又具有交易平台性质的混合平台，如亚马逊的云计算服务就是一个混合平台。平台的竞争具有赢家通吃的特征。为了创建一个成功的平台业务，公司之间在先入为主、抢占地盘和扩大市场份额方面运用定价策略、交叉补贴甚至免费策略展开激烈竞争，不惜经受长期亏损。亚马逊就是一个典型例子，在经历了 7 年亏损后，最终成为电子商务和云计算的翘楚。近年来两个最明显的例子就是优步试图征服世界上每一个城市的疯狂努力，以及爱彼迎希望在全球范围内实现房间共享的愿景。

库苏玛诺等学者还对平台失败的原因进行了研究，他们得出了几点关键的结论。[1]

第一，在创建平台上，不仅要建立进入壁垒，而且要增加用户转换成本，这决定了平台创建者将投资投在哪里能取得最大效益。尽管平台提供了巨大的上行机会，但追求平台战略并不一定会提高企业成功的概率。由于平台市场会出现很多问题，企业家和管理者需要共同努力，从失败中及时吸取教训。

第二，由于平台最终是由网络效应驱动的，所以定价合理以及确定补贴哪一方仍然是最大的挑战。优步的洞察力在于，它认识到了网络效应，故而通过大幅降低市场双方的价格和成本来推动销量增长。当优步还在努力扭亏为盈、实现经济效益时，谷歌、脸书、易贝、亚马逊、阿里巴巴、腾讯以及其他一些成功的平台已经通过积极补贴市场的至少一方，实现了向高利润的转型。

第三，要把信任放在首位和中心。让客户或供应商在没有历史、

---

[1] 参阅 Cusumano M A, Gawer A, Yoffie D B. The Business of Platforms: Strategy in the Age of Digital Competition, Innovation, and Power[J]. New York: Harper Business, 2019.

没有与市场另一端的联系的情况下冒险，通常对任何平台业务都要求过高。易贝未能像阿里巴巴对淘宝那样，在中国建立起信任的机制，这是平台管理者能够也应该避免的错误。

第四，进入时机至关重要。早是最好的，虽然不是成功的保证，但迟到是致命的。微软因推迟开发手机操作系统导致的灾难性后果，使之在与苹果的 iOS 和谷歌的安卓的竞争中败下阵来，就是一个例子。

一个成功的平台必须有更模块化的开发方法。平台系统由核心组件、补充组件及二者的接口组成。一个精心设计的平台结构应是一个稳定少变的核心层撑起一个发展多变的周边层。

鲍德温和伍达德（C. Jason Woodard）认为，本质上，"平台架构"是一种模块化，它将系统划分为：（1）一组设计稳定的组件；（2）一组允许——实际上是鼓励——变化的互补组件；（3）稳定性和多样性的结合是通过"稳定而通用"的接口来实现的，它控制组件的交互。接口规范是平台的一部分，事实上，它们可能是在长时间内保持真正稳定的唯一组件。平台架构将系统划分为稳定的核心组件和可变的外围组件。通过促进核心组件的重用，这种划分可以在系统层面降低多样性和创新性的成本。整个系统不必为了生成新产品、适应异质口味或响应外部环境的变化而被发明或从头重建。通过这种方式，平台系统作为一个整体变得可进化：它可以以低成本进行调整，而不会失去其特性或设计的连续性。当底层系统很复杂，但是需要适应不断变化的品味和技术时，平台架构是有用的。根据定义，复杂系统由许多部分组成，这些部分必须协同工作才能形成一个有效的整体，但紧密的一体化可能导致僵化。相反，平台架构使系统具有可演化性，即使是核心组件也可以发展——只有接口需要稳定。[1]

---

[1] Baldwin C Y, Woodard C J. The Architecture of Platforms: A Unified View[C]. Research Collection School of Information Systems, 2009:19–44.

芬威克（M. Fenwick）、麦卡赫利（J. A. McCahery）和韦尔默朗（E. P. M. Vermeulen）认为，平台公司不仅仅利用新技术来实现感兴趣的第三方之间的经济或社会互动，这些公司还以更扁平化和更具包容性的方式组织其内部操作，以支持多个涉众之间的协作。通过这样做，他们把在平台服务和功能上提供持续创新的机会最大化了。正是这种特性的组合（他们分别称之为"交易平台"和"创新平台"）将平台公司与更传统的商业组织区分开来。他们提出作为平台运营的企业的三个相互关联的战略：（1）利用当前和先进的数字技术，创建更多"社区驱动"的商业组织形式；（2）建立"开放、无障碍的平台文化"；（3）促进有意义的"内容"的创作、管理和消费。他们将此三个战略的综合运用称为公司治理的终结和平台治理的到来（见图10-9）。[①]

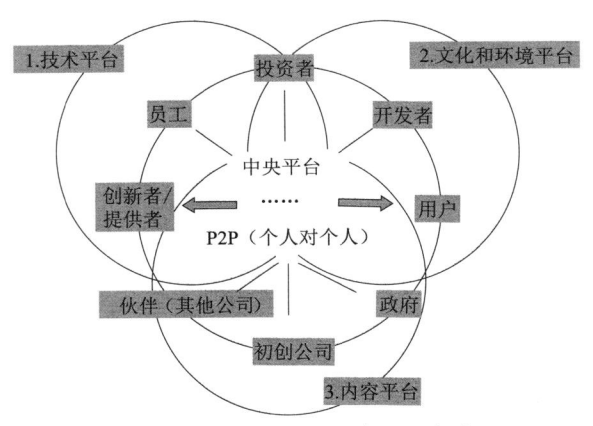

图 10-9　未来的智能平台和平台治理

芬威克、麦卡赫利和韦尔默朗指出：最成功的"新"公司明白，信

[①] Fenwick M, McCahery J A, Vermeulen E P M. The End of 'Corporate' Governance: Hello 'Platform' Governance[J]. European Business Organization Law Review, 2019, 20:171-199.

管理政策　/　444

任、价值和财富是通过创建智能平台来发展的，而不是对工人和产品静态的、等级化的管理。许多已成立的公司也认识到这种新业务模式的机遇，但仍坚持现有的结构、流程和方法。事实证明，向数字时代的转变对现有企业构成了巨大的挑战，这并不令人惊讶，因为这需要对企业的组织和运营进行根本性的变革。

企业要么作为一个平台运营，要么在一个平台内"整合"。数字时代的未来将是平台驱动的生态系统，其中有多个玩家参与。最有影响力的公司将是那些将自己定位为平台领导者（通常控制着平台）的公司。平台是对快速发展的技术和竞争激烈的全球市场现实的适应。

内部市场化

平台组织的成功运作要求内部结构模块化，模块化组织的活力在于市场价格机制的运用，也就是与外部市场对接的内部市场化。

马奇和西蒙认为，这正是价格机制论点的证据：（1）在完全竞争和不存在外部经济（即某个分权单位的创新和效率改进使其他分权单位受益，但这些外部受益单位并不承担相应的成本）的情况下，最优决策可以通过分权手段（对各个次级部门的利润最大化）获得；（2）由于分权手段比集权手段需要的信息和计算更少，因此最优决策实际上能通过分权手段获得而不能通过集权手段获得。

他们进一步指出，如果严格遵从"最优化"的要求，我们不可能找到任何比价格机制更有利的新机制。原因是：

第一，如果私利是唯一可靠的人类动机，那么公司决策的分权必须和次级决策者选择能促进公司利润最大化方案的机制一起发生。近年来流行的实现手段是分部门的部门损益表。

第二，在有利的环境下，尤其是当各个部门相互充分独立以及不存在外部经济或不经济时,价格机制对确保公司内部分权决策可能是有用的手段。

第三,内部运用价格不仅要求没有外部经济,而且要求有能合理估计决策或估计边际成本和收益(反过来暗示目标必须是操作性的)的有效技术。如果没有这些技术,价格可能不是分权的有效机制。因此,实行组织内部分权决策不受内部价格运用的限制。

第四,既然没有理由假定任何决策技术——不管是集权还是分权的——能让组织达到真正的"最优",对决策机制的搜寻就不能过于严格地以最优化为标准,而是必须找到满意的"可操作的"技术。①

也就是说,模块化组织在缺少外部市场为价格提供测量标杆的情况下,确定内部模块化分权单位之间的转移价格通常被内部不完全竞争和存在外部经济的问题所困扰。在此情况下,企业还是要坚持分权化的方向,原则上尽可能直接采用外部市场价格进行内部分权化单位之间交易的结算。而在缺乏外部价格参照的情况下,可以依据成本加成等经验原则定价。在确定转移价格和核算各个模块化分权单位的损益时,追求满意准则而不是最优准则。由于模块在设计时就充分考虑了独立性,所以模块单位间的依赖性只占很小的比重,追求满意准则通俗地说就是抓大放小,这样就把各个分权单位经理人的注意力引向价值的创造而不是对转移价格细节的斤斤计较上。

平台化架构是集权与分权的统一,是规范性与灵活性的统一。平台的模块化结构是分权的、自主的、可灵活组合的,而平台的核心组件和接口又是集中的、规范的和稳定的。灵活性靠的是授权和分权,

---

① 马奇,西蒙 H A. 组织 [M]. 第二版. 邵冲, 译. 北京: 机械工业出版社, 2008: 189.

规范性靠的是流程和规则。平台的规范性保证了平台服务的质量和效率，提高了平台对合作伙伴的吸引力。实际上，流程是分权与集权的统一。流程实现了重复工作的一致性，这是集权；而有了好的流程和系统，就可以充分授权，这又是分权。

没有规范的流程，这样的组织是高度依赖人的，甚至例行的工作也是因人而异的，虽然灵活，但可能是低效率的、不稳定的。流程的规范性和组织的灵活性是一对矛盾，其背后是组织和人的矛盾，这将是我们下一章的讨论重点。

第11章 组织与人

善用人者，为之下。
——老子《道德经》第六十八章

企业，或一般称之为组织，就是将个人组织起来，完成凭一己之力不能完成的任务并获得利润和成长的经济机构。人，在组织可以获取的所有资源中，是唯一能够增长和发展的资源。组织与人是基本的价值创造要素，同时也是企业的基本矛盾。在现代社会中，个人有加入组织的必然性。个人加入组织意味着将行为的控制权交给了组织，但个人保留了合作和贡献的意愿。要把个人的合作和贡献意愿充分调动起来，就需要在组织目标与个人目标之间求得一致，将组织目标转化为团队和个人目标，同时在实现组织目标的过程中也使个人目标得以实现并获得成长。

既然目标对组织和个人如此重要，那最直接、最有效的管理就是通过目标进行管理。首次提出目标管理方法的是管理大师德鲁克，目前广泛应用的绩效度量和管理的方法都是在目标管理体系基础上发展出来的。进一步说，人们实现组织目标的行为是受动机驱使的，动机来自未满足的需要，组织应提供多种与绩效表现挂钩的报酬和激励形式满足成员的需要，从而强化成员实现组织目标的动力。

员工的潜力是无限的。利益分享和参与管理是资本与劳动、管理层与员工合作创造价值的有效方式,是员工物质和精神多层次需要的满足方式。迄今为止,管理实践中发展出多种利益分享和参与管理的形式,其中划小核算单位、实行利润中心的核算与自主运营就是一种员工广泛参与管理和运营的方式。在这方面,稻盛和夫在日本京瓷公司创造的阿米巴组织的成功非常值得研究和借鉴。

组织既是成员满足需要和实现成长的手段,也是成员工作和生活的环境。现代人的大部分活动时间是在组织中度过的,工作不仅是人们谋生的手段,也应当是人们生活的意义。怎么创造一种组织环境,使个人在组织中工作时感到愉悦和富有成就,其潜力和创造力得到充分发挥,这是管理的重要任务。

以上这些关于组织与人的重要问题,就是本章的讨论重点。

11.1

组织目标与个人目标

任何企业都必须成为一个密切协作的整体,把个人努力凝聚和整合在一起,指向企业目标。确定企业目标并将其转化为团队和个人目标,使之落在实处,产生预期的结果,这是管理的任务。有效的管理是围绕目标和成果的管理过程,简称为目标管理。首先提出目标管理这一管理哲学的是德鲁克,随后的平衡计分卡、KPI 和目标与关键结果(Objectives and Key Results,简记作 OKR)等基于目标和成果的管理体系都是在此基础上发展出来的。

目标管理

通过目标进行管理（Management by Objectives，简记作 MBO），简称为目标管理，这一管理哲学是管理大师德鲁克首次提出的。他在《管理实践》一书中指出："企业的运作要求每一个职务都要朝向整个企业的目标。管理者的成就必须用这些成就对企业的成功做出了什么贡献来衡量。管理者必须知道和懂得，要实现企业的目标，要求他做些什么。"[1]

德鲁克进一步指出，在每一个领域中，只要企业绩效与成果对企业的生存和兴旺有直接的利害关系，就需要定出目标来。他认为有八个领域必须定出绩效和成果的目标，它们是：市场地位、创新、生产率、物质和财政资源、赢利性、经理人的绩效和培养、工人的工作和态度、公共责任。[2] 这八个领域的目标不应当被孤立地和狭隘地看待和完成，它们指向一个共同的目标，即更好地满足客户日益增长的现实需求和潜在需求，实现企业的长期生存和发展。正是在这个意义上，德鲁克提出了企业的目的是"创造顾客"（to create a customer）这一经典命题。这是企业的大目标、大方向，是企业存在的意义。企业每一个岗位上的管理者都应牢记这一目的，使自己和所负责的部门的工作朝向这一目的。就像一个通俗的故事所说的：有三个石匠，有人问他们在干什么活。第一个回答说："挣钱过日子。"（I am making a living.）第二个一边敲石头一边说："我干的是全国最好的石匠活。"（I am doing a best job of stonecutting in the entire country.）第三个抬起头来，眼睛有所憧憬地说："我在建一所大教堂。"（I am building a cathedral.）[3] 只有始终牢记目的是"建大教堂"，才能做好打石头这样的具体工作。德鲁克还特别强

---

[1] 德鲁克.管理实践[M].帅鹏，刘幼兰，丁敬泽，译.北京：工人出版社，1989：146.
[2] 同前注，第 76 页.
[3] 同前注，第 146 页.

调,在这八个方面的目标中,经理人的培养、工人的工作和态度,以及公共责任方面的有形的和无形的企业目标是最容易被忽视的,如果缺少这三个领域的目标,只重视其他的目标,是一种十分短视的表现。

德鲁克认为,管理者往往不会自动地指向一个共同的目标,相反,由于企业本身的性质,包含着三个偏离正确方向的强大因素:一个是大多数管理者从事的是专业化的工作,这限制了他们的全局视野;二是管理的等级结构,使得大多数管理者不能站在更高的层次上看待自己的工作对企业目标的贡献;三是各级管理层的眼光受所在部门的职责和职权的限制,他们不会主动关心其他部门的事情,部门之间相互隔绝。如何克服以上这些问题,加强部门间的协作,使每个管理者的目标都指向共同的企业目标呢?这就需要进行目标管理。

目标管理要求每一个管理者的工作目标要根据他为了使他所属的更大的单位获得成功而应当做出的贡献来确定。因此,目标管理是从企业目标向下层层分解的过程,其逻辑是目标-手段逻辑,即实现上一层管理单位的目标的手段构成下一级管理单位的目标,依此逻辑一直分解到每个基层管理者。手段就是实现目标的举措和预期的成果,所以目标管理又被称为成果管理。

目标的制定需要上级与下级充分进行沟通,而不是上级将目标分解后一厢情愿地强行压给下级。通过充分的沟通和实事求是地考虑下级的挑战、资源和能力,最后确定下级的具有挑战但是经过努力可以达到的目标,并由下级自愿做出承诺。所以目标管理是一种承诺管理,不再只是通过目标规定责任,而是通过承诺建立起责任。

由于最后确定的目标是经过各级管理者承诺的,所以目标管理的最大一个优点是能够通过管理者的自我控制进行管理,从而替代传统的通过统治(domination)进行的管理。所以,目标管理是一种确定目标后的授权管理,要做到责权对等,充分发挥下级实现目标的主动性和创造性。

目标管理不是分解制定目标后就万事大吉了,目标管理是一个过程,需要上级给予下级必要的指导和帮助。只有下级完成了目标,上级的目标才可能完成;下级完不成目标,上级的目标承诺也会落空。权力是可以授予的,但最终的责任是授不出去的。

总之,目标管理的一个主要作用是,每一个管理者都要明确他的目标与企业整体目标的联系,并对他的工作结果负完全的责任。德鲁克指出:企业需要的是这样一种管理原则,它能够使个人的力量和责任心充分发挥出来,同时又指出共同的目标和努力的方向,建立协作关系,协调个人的目标而谋求共同的利益。能够做到这一点的唯一的原则是通过目标和自我控制进行管理。[①]

那么,下级的目标是实现上级目标的举措和成果,而上级的目标,或者说企业的目标又根据什么制定呢?应当根据企业的长远目标,也就是愿景和战略制定。这就是平衡计分卡的由来。

平衡记分卡

按照西方经济学的理论,企业的目的是实现股东价值最大化。衡量股东价值的指标基本上是财务指标,包括销售收入增长、自由现金流、净利润率、投资报酬率、经济增加值等。这些指标有一个共同的特征,即它们都是企业的短期绩效指标。但根据定义,价值是未来自由现金流的贴现,而未来的自由现金流是要靠现在的投入以及核心能力的不断增强创造的,因此对上述财务绩效指标的依赖会使企业过度关注短期的财务绩效,妨碍企业增强创造未来经济价值的能力。那么企业未来的绩效是由什么因素驱动的?怎么度量?企业的绩效度量体系怎么从企业的愿景和战略中推导出来?它应当具有什么结构?这些长期困扰企业界和学术界的问题,促进了平衡计分卡方法的形成。

---

① 德鲁克.管理实践[M].帅鹏,刘幼兰,丁敬泽,译.北京:工人出版社,1989:163.

罗伯特·卡普兰（Robert S. Kaplan）和大卫·诺顿（David P. Norton）合著的《平衡计分卡：化战略为行动》一书，系统地提出了企业愿景和战略的度量指标和分解体系，该体系包括四个领域绩效的度量，即财务、客户、内部流程以及学习与成长。他们将其称为"平衡计分卡"(the balanced scorecard)。他们在书中写道，"我们称之为'平衡计分卡'，顾名思义，它反映了如下多种平衡关系：短期与长期目标、财务和非财务目标、滞后和领先指标、外部和内部业绩视角"[1]。一个典型的平衡计分卡结构如图11-1所示。

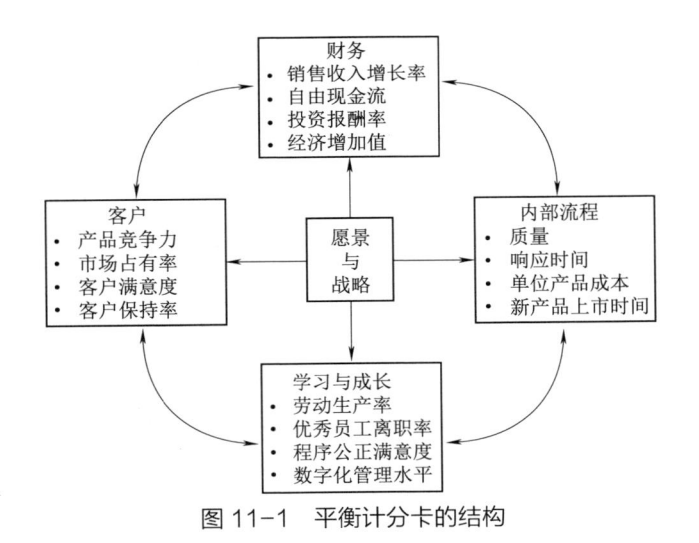

图 11-1　平衡计分卡的结构

我们是从一般意义上扼要地给出了四个领域的绩效度量指标。在财务方面，我们强调销售收入的增长率，该指标直接影响企业的利润绩效、市场地位绩效和运营资产周转绩效；当然，还可以增加新产品销

---

[1] 卡普兰，诺顿.平衡计分卡：化战略为行动[M].刘俊勇，孙薇，译.广州：广东经济出版社，2004：13.

售收入占比的指标，以度量销售收入质的增长；强调自由现金流，是防止出现损益表上有利润而资产负债表上缺现金的虚假繁荣情况；投资报酬率应至少高于市场资本成本；而经济增加值则反映了净利润扣除资本成本后的剩余收益，这才是真正增加股东价值的利润。在客户领域，产品竞争力指标可以进一步具体化，比如产品的领先性，产品的先发优势、性价比优势，是否为客户首选的产品，等等；市场占有率是度量企业市场地位的直接指标，还可对市场进行进一步细分，用战略市场占有率或者价值市场占有率对市场地位做更有针对性的度量；客户满意度可根据第三方机构市场调查报告给出的数据来度量，也可以用品牌认知度从一个侧面来度量；客户保持率可以直接度量，也可以用客户重复购买率来度量。内部流程是企业竞争力的内在决定因素，包括质量、供应链响应顾客订单的时间或交货期、主导产品的单位产品成本，以及反映新产品开发周期的新产品上市时间，等等。学习与成长领域的绩效是最难量化的，因此也是最容易被忽略或轻视的领域，但这一领域关系到企业长期竞争力的培育，其影响在短期内是很难恰当评价的；我们选择了劳动生产率（也可以是人均附加值）来度量人力资源管理的综合绩效；选择优秀员工离职率来度量企业的人事政策在吸引和保留优秀员工方面的绩效；选择员工对绩效考核、工资奖金评定以及晋升的程序公正性的满意度调查结果，反映企业人力资源政策的公正性和公平性；用数字化管理水平度量信息技术在人力资源管理领域的应用程度。

平衡计分卡方法有许多优点，主要是：第一，它是一个企业绩效的全面度量体系。我们知道，管理的一个重要命题是："不能度量就不能管理。"如果对管理绩效的度量大都是一些定性的指标，那我们的绩效考核只能停留在口头上，对管理能否达到目标是不清楚的，相应的责任和任务是无法落实的。要改进部门和流程的绩效，首先要能够对其绩效定量地度量。比如，在运营流程方面，华为公司从2013年起，采用"5个1"指标全面度量从订单到货款回收的端到端运营流程的绩效。"5个1"指标是指：合同/PO（客户订单）前处理时间1天，从订单到站点设备发货1周/成品发货准备1天，从订单到全球客户指定站点的平均物流时间1个月，软件从订单到下载准备1分钟，站点交付验收周期1个月。通过"5个1"目标牵引，将产品开发、销售、供应、交付、客户界面、回款周期（站点设备以客户初验报告作为收入实现标志，然后客户才付全款）等环节集成和打通。经过五年的坚持推行，公司的整体运营达到了产业的世界领先水平。

第二，平衡计分卡不仅仅是一个战术性的或经营性的度量系统，它是一个战略管理系统。其重点在于：（1）阐明并解码企业的愿景和战略；（2）连接各领域的战略目标和指标并与责任单位的管理者充分沟通；（3）将战略目标和指标转化为行动；（4）对行动结果进行度量；（5）加强反馈和学习。只有平衡计分卡从一个度量系统转变为一个管理系统时，它才能发挥真正的威力。

第三，平衡计分卡把业务单位的战略成果指标（滞后指标）和动因指标（领先指标）适当地结合起来，强调为未来投资的重要性。平衡记分卡采用了度量企业未来成果的驱动因素指标，弥补了仅仅度量过去业绩的财务指标的不足。企业普遍存在的问题是，当它们纯粹以财务指标评价绩效时，为加强研发、系统、业务流程和员工能力而进行的投资很难得到预算的有力支持并坚持投下去，因为传统的财务会计模式把这种投资计入期间费用，所以削减这方面的投资就变成增加短期利润的一条捷径。特别是在战略绩效的动因指标方面，这些指标反映的许多是企业的无形资产，通常我们很难为无形资产估算出一个可靠的价值，这些资产包括新产品的技术专利、工艺能力、员工技能、组织氛围、客户体验、数据库和IT系统等，这种困难使这些资产无法在企业的资产负债表中得到体现和恰当的核算，但是，这些资产和能力偏偏又是企业在今天乃至未来激烈的竞争市场中制胜的关键。平衡计分卡在很大程度上克服了传统财务会计的局限性。

第四,平衡计分卡在企业的愿景和战略与基层管理者和员工的工作之间建立了联系,使每位管理者和员工都能看到自己如何为企业的成功做出贡献。如果缺乏这种连接,个人和部门只能优化自身业绩,而不知道如何为实现战略目标做出贡献。

不过,世界上任何事物都不可能是完美无缺的,平衡计分卡也一样,它并非一个完美的方法,也存在一定的局限性和适用性。

一是,平衡计分卡仅适用于在战略业务单位(strategic business unit, SBU)层面进行编制。企业中那些既不属于制定公司层面战略,也不属于制定业务层面战略的业务单位和职能部门,不适合运用平衡计分卡,换句话说,尽管平衡计分卡本身全面地诠释了企业的愿景和战略,但没有解决如何将其落实到基层和一线部门的问题。

二是,尽管平衡计分卡的结构很全面,但也存在指标偏多的问题。平衡计分卡有四个领域,每个领域可能需要4~6个不同的指标,实际应用中,企业的平衡计分卡通常有20个指标甚至更多。20个指标是不是太多了?哪个企业的管理层有精力和时间同时关注20项不同的任务?由于指标偏多,相应的代表指标重要性的权重就会很分散,这使得关键指标的权重被摊薄了;而为了突出重点将权重向关键指标集中,又会使其他指标的权重过小,变得无足轻重。这是应用平衡计分卡方法经常面临的困扰。

三是,平衡计分卡强调了企业绩效度量体系的愿景和战略导向,但结果导向就不突出了;强调了战略牵引,执行力的问题就容易被淡化;做什么的问题设计得很全面,而怎么做的问题只设计到战略层面,没有真正落实到任务层面。这也是实行平衡计分卡的企业绩效考核逐渐演变为KPI体系的原因——重指标,轻执行。所以许多实行平衡计分卡方法的企业,在执行层仍然保留了日常使用的绩效考核系统,并没有从根本上改变绩效考核方式。

所以，许多企业，尤其是新创企业和处于激烈竞争市场中的高技术企业，在绩效管理方面并没有选择平衡计分卡方法。这些企业强调的是战略目标要聚焦，方向要明确，想法很容易但执行最重要。这就是为什么OKR方法在这类企业中日益流行的原因。

OKR——目标与关键结果

OKR，即"目标与关键结果"方法，最初是由英特尔公司的首席执行官安迪·格鲁夫（Andy Grove）从1971年起率先在公司内推行的，取得了优异的成绩，随后被谷歌、康柏、亚马逊、甲骨文、推特、领英等高科技公司和比尔及梅琳达·盖茨基金会等机构采用，对它们取得的巨大成功发挥了关键作用。OKR管理方法是一种由公司、团队和个人协同制定目标并落实到关键工作结果上的方法，是确保将整个组织的力量都聚焦于完成对所有人都同样重要的事项的一套管理方法。它取代了传统的KPI方法。OKR方法经著名风险投资公司KPCB（Kleiner Perkins Caufield & Byers，其中国子公司称为凯鹏华盈）的合伙人兼董事长约翰·杜尔（John Doerr）的大力宣传和推广，被更多的高科技公司采用，也成为像KPCB这样的风险投资公司在投资后对投资对象的管理改进和价值提升做贡献的主要手段之一。

OKR方法强调目标应该是重要的、具体的、具有行动导向并且能鼓舞人心的。如果设计合理并且实施得当，目标能够有效地防止思维和执行过程中出现模糊不清的情况。关键结果是检查和监控如何达到目标的标准。有效的关键结果应该是具体的、有时限的且具有挑战性的，但又必须是能够实现的。最重要的是，它必须是可度量的、可验证的。如果没有一个具体数字可以度量这些结果，那么它就不能算是一个关键结果。图11-2给出了当年英特尔公司的8086微处理器与摩托罗拉公司的 68000 微处理器展开激烈竞争时的 OKR 的例子。

```
英特尔公司的目标
使 8086 成为性能最好的 16 位微处理器系列
关键结果（1980 年第二季度）
1. 开发并发布 5 个基准，显示 8086 系列的性能（应用开发部）
2. 重新包装整个 8086 系列产品（市场营销部）
3. 将 8MHz 部件投入生产（工程部、制造部）
4. 最近 6 月 15 日，对数学协处理器进行采样（工程部）
```

```
工程部门目标（1980 年第二季度）
5 月 10 日前向 CGW 公司交付 500 个 8MHz 部件
关键结果
1. 4 月 5 日前完成成像照片
2. 4 月 9 日前向芯片制造厂交付 2.3 版本
3. 5 月 15 日前完成磁带测试
4. 最迟 5 月 1 日，芯片制造厂开始制作产品样品
```

图 11-2　英特尔公司 1980 年第二季度的 OKR 举例 [1]

从图 11-2 中可以看出，企业顶层管理的 OKR 是由目标-关键结果构成的，每一级部门的 OKR 也是如此。可见，关键结果是每一级部门 OKR 的组成部分，它必须是具体的、可度量的，是实现目标的关键措施。缺少关键结果的目标是空洞的，容易流于形式，这是 OKR 与 KPI 的主要区别。其次，在 OKR 中，是关键结果的可度量性和时限性使目标具有可度量性，而不只是目标本身具有可度量性。比如，"使 8086 成为性能最好的 16 位微处理器系列"，如果仅从目标的可度量性来看，只需进一步定义什么是"性能最好"就符合要求了，但这没有说明如何做才能实现性能最好。所以，OKR 是将做什么与如何做、由谁来做和做成什么样都结合在目标中，这是 OKR 与平衡计分卡的一个重要区别。平衡计分卡覆盖的领域比较全面、均衡，但对实现目标的举措不做具体的规定。

---

[1] 杜尔. 这就是 OKR[M]. 曹仰峰，王永贵，译. 北京：中信出版社，2018：54.

这看起来是一种授权方式，但它是否能让目标实现具有一定的不确定性。

OKR 是在美国科学管理之父弗雷德里克·W. 泰勒（Frederick Winslow Taylor）的科学管理思想和德鲁克的目标管理和自我控制思想的基础上发展起来的。泰勒对管理技术的定义是："确切地知道你希望人们做什么，并检查其是否以最佳、最经济的方式做到了。"[①] 泰勒主张，找到完成任务的最佳和最经济的方式是管理者的责任，操作者只需被动地严格按照管理者教给他的方法去做即可。而 OKR 系统往往允许员工自主设置目标及大部分或全部的关键结果。再有，安迪·格鲁夫认为，目标管理的缺陷是，在许多企业，目标是顶层规划后再层层缓慢传达下来的，会逐渐退化为 KPI，最终成为没有灵魂的数字。最可怕的是，目标管理经常会同员工的工资与奖金挂钩，如果冒险可能受到惩罚，员工为什么还非要冒险呢？那么，为什么 OKR 一般不采用员工工资和奖金与目标挂钩的方法呢？因为 OKR 的目标具有更大的挑战性，就像谷歌公司前董事长拉里·佩奇所说的："当你设定的是一个疯狂而富有挑战性的目标时，即使没有实现它，你也仍然会取得一些不小的成就。"[②] 可以想见，如果实行工资奖金与目标挂钩，那员工会接受疯狂而富有挑战性的目标吗？这就是目标管理方法的内在局限。所以，OKR 结合了科学管理和目标管理方法的优点，避免了两种管理哲学的局限性。为什么？因为人和环境不同了，现在高技术企业的员工具有更高的学历、更丰富的知识和更大的创造潜力；同时，劳动力市场更具竞争性和流动性。绩效考核与激励方法必须适应变化。

约翰·杜尔总结了 OKR 的四大"利器"，即：聚焦、协同、追踪和充分延展，挑战不可能。

[①] 泰勒 F W. 科学管理原理[M]. 胡隆昶,冼子恩,曹丽顺,译. 北京：中国社会科学出版社，1984：33.
[②] 杜尔. 这就是 OKR[M]. 曹仰峰，王永贵，译. 北京：中信出版社，2018：187.

利器 1——对优先事项的聚焦和承诺：高绩效组织应该聚焦重要的工作，同时清楚什么是不重要的。对于部门、团队和个人来说，OKR 是一种精准沟通的工具，能消除困惑，让管理者和员工聚焦到关键的成功要素上。

利器 2——团队工作的协同和联系：OKR 具有透明性，上到首席执行官，下至一般员工，每个人的目标都是公开的。每个员工都将个人目标与公司计划紧密地联系起来，进而明确两者之间的依赖关系，并与其他团队展开通力协作。OKR 通过上下协同，加深了员工的主人翁意识，促进了个人的参与和创新。

利器 3——责任追踪：OKR 是由数据驱动的。定期检查、目标评分和持续的重新评估可以让 OKR 充满生机——所有这一切都基于客观、负责的精神。

利器 4——充分延展从而挑战不可能：OKR 激励员工不断超越之前设定的各种可能，甚至超出人们的想象力。通过挑战极限和允许失败，OKR 能够促进员工释放出最具创造力的雄心和自我。[1]

OKR 的实施还结合了持续性绩效管理 CFR，即对话（Conversation）、反馈（Feedback）和认可（Recognition），使领导者、员工和组织提升到全新的水平。

企业管理需要区分重要性和紧迫性。重要性通常是涉及企业长远利益的选择和决策，这种决策不能着急，要充分讨论，让各种意见得到充分发表，不能把重要的事情当作紧迫的事情来处理。紧迫的事情往往关系到企业当前的生存，解决不了紧迫问题，谈何长远发展？现实中经常遇到既重要又急迫的问题，这就要考验领导者的洞察力、抓主要矛盾的判断力以及执行力。目标的制定是战略性的，具有重要性和相对稳定性，重要的事情不着急；关键结果的确定大多是战术性的，

---

[1] 杜尔. 这就是 OKR[M]. 曹仰峰，王永贵，译. 北京：中信出版社，2018：21-22.

一般更具有紧迫性，措施必须具体、明确、得力，并允许根据变化了的情况进行调整。平衡计分卡更适合大型企业或战略业务单位制定全局性的目标体系，目标管理和 OKR 则强调聚焦和执行，更适合重要性和紧迫性结合的情况。

绩效考核与程序公正

  管理者和员工对绩效考核的最基本的要求是公正性。哪怕目标再大、再难，只要对团队和个人的贡献的评价是公正的，管理者或员工就会勇于承担实现这些目标的责任。绩效考核结果的公正性面临许多挑战：一是，目标的挑战性和实现难度很难做到均衡一致，这种情况在研发体系和销售体系中普遍存在，所以，仅根据目标的实现程度对员工的贡献进行评价就可能有失公正；二是，对业绩目标和提升能力的目标、短期目标和长期目标等不同性质目标的贡献很难直接进行量化比较，比如成熟市场的签单金额和突破新市场的第一单金额，很难直接比较哪一个的贡献大；三是，存在项目因不可预料因素导致延期甚至失败的可能，所以仅以成败论英雄就很难说是公正的。因此，对管理者和员工的绩效和贡献做出公正的评价是一个很大的管理挑战。解决这个问题的方法就是用程序的公正性保证评价结论的公正性。绩效考核的程序公正性主要包括三个方面：一是坚持集体评价，二是评价结果公开，三是要保证对评价结论的反馈和申诉处理的通道的畅通。

  谷歌公司的创始人拉里·佩奇和谢尔盖·布林一直坚持重要的人事决定由群体做出而不是由经理一人拍板。下面是谷歌管理者不能单方面做出的一些决定：

- 雇用谁
- 解雇谁

- 如何评估一个人的表现
- 给某个人加薪多少，给多少分红或分配多少股权
- 选谁来拿最佳管理奖
- 给谁升职
- 代码何时才算合格，才可以纳入公司的代码库
- 一种产品的最终设计以及何时投放市场[①]

此外，谷歌还有例行的向上反馈调查问卷。下面是该问卷的样例。[②]

  1. 我的经理给我可行的反馈意见，帮助我改善绩效表现。

  2. 我的经理不会随便插手我的工作（例如不会介入不应由其负责的细节问题）。

  3. 我的经理会从人性角度出发体谅我。

  4. 我的经理使团队将注意力集中在最重要的目标结果和工作成果上。

  5. 我的经理定期分享自己的上级和领导给出的相关信息。

  6. 我的经理与我就过去 6 个月的职业发展情况进行过有意义的探讨。

  7. 我的经理会向团队明确说明目标。

  8. 我的经理具备高效管理团队所需的专业技术能力（比如，技术部门会编写代码，财务部门懂会计学）。

  9. 我愿意向其他的谷歌人推荐我的经理。

  再有，就是宽容失败。谷歌的理念是：经过精心筹划的冒险之举

[①] 博克.重新定义团队：谷歌如何工作[M].宋伟，译.北京：中信出版社，2019:xxii.
[②] 同前注，第 208 页。

本身也是值得奖励的，特别是面对失败时。否则，员工就不会愿意冒险。①

用管理团队集体评议的程序公正确保绩效考核、涨薪和晋升决定的结果公正和公平，华为公司也是这样做的。以下是华为公司总裁任正非的有关讲话摘录。

> 在干部的使用上一定要坚持集体地讨论干部，集体地使用干部，不要少数几个人在一起就把干部圈定了，我们要多看干部好的一面，但也要看到其不足的一面，最重要的是在干部任免上千万不要拉帮结伙，不要因为是我的干部就帮着说话，要帮公司的利益说话，帮公司活下去说话。②
>
> 考核为什么要这么多指标？绩效考核也不要搭载这么多指标，关键过程行为考核是用来选拔干部的，人家事都做成了，过程为什么要成为评奖金的指标呢？我们不要在一个东西上承载太多内容，让人都变成小人了。我做了大的成绩，还要考我这考我那，扣来扣去都没有了，那我以后也不创造价值了，专注行为。考核指标不要占太多内容，KPI 项不能太多。③
>
> 我们要贯彻这样一种制度，公开绩效考核结果，用"公开"监督干部和行政管理团队运作，就是更多地加强公开性，不要怕公开。从今年开始，考核要公开。公开才会使各级主管和行政管理团队的权力受到制约，想作弊都难，作弊老百姓就会来拱你。我给人力资源部批了一个绩效考评的文件，我认为环评以后再公开，涉及人很多，矛盾不知道在哪，不好解决，我认为环评最后

---

① 博克.重新定义团队：谷歌如何工作[M].宋伟，译.北京：中信出版社，2019：271.
② 任正非：《认清形势，坚定信心，以开放的心胸和高昂的斗志和公司一起渡过难关》，2002.
③ 任正非：广州代表处座谈纪要，2013.

结果要公开，但初评结果也要公开，以使矛盾在小的时候就能解决掉。考核公开以后，激励也就简单了，谁创造的绩效多，谁就涨工资，不该涨的就不涨，这样才有一个正确导向，才能让大家拼命往前冲。①

人类社会走过这么曲曲弯弯的道路，我们今天已经开始摸到真理的脚了，不要总认为我们做这个事情是失败了，什么叫成功、失败？你走了此路发觉不通，你告诉你的同志这条路走不通咱们换条路走，那也是成功。在这些所谓的失败过程中，也培养你极其丰富的经验。我们评价一个人不要用简单的、黑白分明的评价方式，这样的方式不行。我这是指你们研究类项目，不是指确定性项目。②

11.2

薪酬与激励

薪酬，包括工资、奖金、津贴、福利，在有些企业还包括股权分红，是企业管理者和员工从企业得到的基本经济报酬。对于企业所有者来说，薪酬是企业的成本，是为获取企业的收入和利润的支出；从员工的角度来看，薪酬是员工的收入，是其为企业创造价值的回报。这里存在一个矛盾：薪酬应当被当作价值创造的成本还是作为价值创造的投资？如果是作为成本，它应当被控制在尽可能低的、至少是必要的水平上；如果是作为投资，它应当根据追加投入的边际效益来确定。

---

① 任正非：以"选拔制"建设干部队伍，推进组织公开性和均衡性建设，2011。
② 任正非：在诺亚方舟实验室座谈会上的讲话，2016。

早在科学管理运动中，泰勒主张的科学管理的基本思想就是高工资与低成本是可以同时实现的，关键在于科学管理和先进技术的应用带来的高生产率。即使一个世纪过去了，泰勒的这一思想仍然有效，我们看那些成功的高技术企业，无不是高工资、高收益、高价值，它们真正掌握了这一创造价值的诀窍。我们这一节的阐述就试图揭示这一诀窍。让我们先从薪酬管理的基本问题入手。

薪酬管理的基本问题

怎么系统地思考企业的薪酬管理？应当明确回答四个基本问题。

1. 薪酬是报酬什么的？（what）

薪酬应当报酬和激发人的所有实际为组织创造价值的要素及其贡献，包括教育背景、技能、责任、绩效、奋斗精神、创造价值潜能和忠诚。教育背景表现为专业、学历、学位、毕业学校的知名度；技能包括工作经历、经验和解决问题的能力；责任包括任职岗位的重要性、对风险的担当；绩效是对组织目标的贡献；奋斗精神是工作态度、工作的投入程度以及对下属和同事的表率作用；创造价值潜能是为组织持续创造价值的潜力；忠诚是服务组织的年限，以及组织利益与个人利益冲突时的一贯选择。

薪酬是员工素质的一种市场价格，它也是由需求和供给决定的。管理者之间和劳动者之间薪酬水平的逐渐拉大以及流动性的增大，反映了企业和各类组织对高级人才的需求和竞争强度的加大，是经济发展和劳动力要素市场日益完善的标志。同等素质的管理者和劳动者在区域劳动力市场上的平均薪酬水平，是企业制定薪酬政策的重要参考依据。而对高级人才的争夺已经远远超出了区域劳动力市场的范围而进入全球范围，所以高级人才的薪酬水平在全球范围日趋接近。这使得今天一个国家的人口红利已经不再是过去那种体力劳动者数量和素质的成本优势的概念了。

上述多种薪酬的报酬要素，对企业薪酬政策的要求是什么呢？

2. 怎么报酬？（how）

薪酬管理的第二个基本问题是怎么报酬。薪酬是一个组合，薪酬组合的每一种报酬形式应当有一个准确的定位，而不应当都拿绩效来说事。

工资是报酬什么的？许多企业的人力资源政策将工资视为是报酬绩效的，其实这只适用于涨工资的情况，涨工资依据的是你过去的绩效，但工资一旦涨上去，就与绩效无关了，所以每月照发的工资实际上是针对责任和能力的报酬。有人可能会说：我的受教育程度是我人力资本投资的体现，它应当包含在我的工资中。我们认为，那是包含在你入职时的起薪中，而入职以后的涨薪应根据你在本职工作上的绩效表现确定，这与你的受教育程度无关。就像华为公司的薪酬理念所说的："茶壶里的饺子，倒不出来，我们是不承认的。"当然，华为的薪酬政策假定，有更高教育背景、受过更严格的研究训练的员工，应当比其他员工在同类同级别的岗位上做出更大的贡献，从而享受更高的工资。如果不是这样，就是你的技能还有待提高，你也可以申请调换到更能发挥作用的岗位上。所以通过岗位责任绩效反映的能力涨薪是公平的，不应当指望工资体现所有的报酬要素。

奖金是报酬什么的？奖金是报酬超额绩效的。例行绩效是岗位责任的应有之义，在这个岗位上工作，就有完成该岗位的规定任务、创造该岗位规定绩效的责任，只有创造出超额绩效，才应得到奖金。如果完成规定任务也可以得到一份奖金，那么这份奖金的性质实际是风险工资，是随企业的绩效浮动的，大家一视同仁。有的企业会在这份规定比例的奖金基础上乘以个人绩效目标完成系数，这就与奖金的概念接近了。研发工作和职能工作由于存在很大的不确定性或者绩效难以在短期内准确度量，所以适合高工资、低奖金或平均奖金的政策；销售工作由于绩效容易量化，故适合低工资、高奖金的情况，采用销售佣金或提成的方式发放，这最能体现奖金是报酬超额绩效的性质。

股权是报酬什么的？股权是报酬管理者持续为企业创造价值的潜力和管理者的奋斗精神和忠诚度的，对于选择专家事业生涯通道的员工也是适用的。股权的分红来自企业的剩余价值，它是一种剩余索取权，是承担风险的。股权的政策要解决过去的价值贡献者与今天和未来的价值贡献者的利益分配问题。股权是所有权，一旦拥有，原则上是可持续享受分红和可继承的，除非企业有回购股权的规定。如果企业持续采用股权对所有员工进行激励，随着企业的成长，股权的盘子越来越大，后入职员工个人被授予的股权数量和比例越来越小，其激励作用是逐渐减退的。例如，谷歌就遇到了这样的问题。随着公司的发展壮大，谷歌意识到需要调整薪酬分配方式。低薪水和首次公开募股的股权承诺对最优秀人才的吸引力不可能一直持续下去。谷歌的联合创始人谢尔盖·布林说，当一家公司只有几百人的时候，股权是非常大的激励因素，因为所有人都可以拿到足够多的股权，有机会赚到非常多的钱。但是数千人的公司，这种做法的激励效果就不那么明显了，因为人太多，股权分配之后摊得太薄，而人们希望得到真正的奖励。[1]如今谷歌已经是几万人的公司，这个问题就越来越凸显了。所以，股权激励并不像初看上去那么吸引人，这也是新创企业通常实行低工资、高配股的薪酬政策，而在上市和组织规模扩大以后，会逐步转变为主要靠薪酬结构的整体设计报偿员工的原因。一般来说，股权激励更适合对高层管理者和高级专家，而对普通员工尤其是新员工，适合采用其他的薪酬政策，如以利润分享的方式进行长期激励。对此我们在后面还要专门讨论。

---

[1] 博克.重新定义团队：谷歌如何工作[M].宋伟，译.北京：中信出版社，2019：249.

3. 报酬多少？（how much）

薪酬管理的第三个基本问题是：报酬多少？决定报酬有多少的薪酬政策要解决两个问题：一个是各类人员的市场薪酬水平如何，我们要按市场水平的何种百分比确定各类人员的薪酬水平？再一个是企业内部各级岗位的薪酬差距应有多大？

企业薪酬水平与市场薪酬水平的比较一般分为五个层级，分别是：基本工资、保证性收入（基本工资＋各种津贴）、所有现金收入（保证性收入＋奖金）、含分红的全部收入（所有现金收入＋分红）、含公司社保的全部收入（含分红的全部收入＋五险一金）。企业的薪酬政策应确定薪酬的五个层级相对于市场薪酬对应层级的比例，比如，可能是基本工资水平相当于市场基本工资最佳水平的70%，而所有现金收入相当于市场最佳水平的90%，这是一种低工资、高奖金的薪酬政策。也有的企业基本工资水平和所有现金收入水平仅相当于市场平均工资水平和所有现金收入水平，但加上公司社保的全部收入（不含分红）高于市场的含社保的全部收入平均水平，说明这样的企业工资和奖金收入虽然偏低，但福利很好，并实行稳定的雇佣政策，对于应聘者也还是具有吸引力的。还有的企业为了争夺人才，把基本工资承诺得很高，但没有社保和分红，对这样的企业应聘者要小心，当心落入薪酬陷阱。所以，只看基本工资或所有现金收入的高低是片面的，只比较基本工资相对于市场平均水平的高低是不全面的。

企业各级岗位薪酬水平的内部差距大小，是企业薪酬政策的另一个权衡的重点。将企业各级岗位的薪酬水平绘制成一条曲线，称为薪酬曲线。薪酬曲线的形状应根据什么确定呢？应根据各级岗位的责任和贡献大小确定，后者被称为绩效曲线。薪酬曲线应当依据绩效曲线确定，这应当作为薪酬政策的一条原则。薪酬曲线与绩效曲线的关系我们下面还要专门讨论。

企业另一个普遍存在的问题是，员工在其职业生涯初期的平均薪酬收入与其贡献相比较低,在职业生涯后期由于多次涨薪和职位晋升,拿到的太多,超出了其绩效贡献,这种现象尤其在企业的中层管理者中体现得比较普遍。这个问题仅靠薪酬设计是很难解决的,还应与绩效考核、末位淘汰以及人员流动等其他人力资源管理制度相结合,所以,人力资源管理体系是一个系统,其中各个组成部分相互之间的关系应慎重设计,互相支撑,将把人才放在最适合其发挥作用的岗位上作为共同的目标,并充分释放其创造价值的潜能。

4. 支付能力如何?(affordability)

尽管我们把薪酬看作对管理者和员工岗位责任绩效的报酬,但一个企业的薪酬水平不可能脱离市场水平和企业的支付能力任意制定,过高的薪酬如果不能转化为更高的收入和利润,就是一种成本,是内部劳资之间的交易成本,会损害企业的市场竞争力。由于工资支付的刚性特征,如果这一比例过高,会削弱企业抵抗产业周期性波动的能力,加大企业的风险。实践表明,面临产业周期性调整时,指望降薪来降低薪酬的刚性成本通常不具有可行性,那么就只有裁员,而大幅裁员对士气的影响很大,而且裁掉的如果是一些不能在短期内为企业创造效益的部门的员工,可能伤及企业的长远利益。另一方面,为了提升利润率而有意压低薪酬占收入的比例,降低薪酬成本,又会伤及多数管理者和员工的收入,难以吸引优秀人才甚至导致内部优秀人才的流失。所以,探索薪酬占销售收入的合理比例,并使之具有可持续性,是企业的一项关键的宏观薪酬政策。维持这一恰当比例根本上还是要靠提高劳动生产率。

我们从上面的讨论可知,企业薪酬政策的关键是企业的薪酬曲线,企业薪酬曲线反映了各级岗位的责任和绩效贡献,所以,薪酬曲线形状的确定本质上是一种价值判断,即岗位级别和人才对企业价值的贡献大小。我们的一般原则是,薪酬曲线应依据绩效曲线确定。那么今天的绩效曲线相对于过去的绩效曲线发生了什么变化?不同行业的绩效曲线具有何种不同的特征?

第 11 章 组织与人 / 469

绩效曲线与薪酬曲线

谷歌公司的薪酬理念的基本假定是：今天的企业绩效曲线依据一个基本的事实，即组织中大多数的个人表现符合幂律分布（power law distribution）。主要贡献并非由大批平均水平的员工通过数量优势做出的，而是由少数精英员工通过强大的表现做出的。工业和体力劳动为主的组织，技术能力有限，对最低和最高产量有严格的标准。在这些地方，员工的表现更接近于正态分布。在这种环境下，极少有机会能取得非凡的成就。但除此种情况之外，幂律分布都占据主导。[1] 比尔·盖茨的观点更加激进，据说他这样说过："一名了不起的车工工资应该是普通车工的几倍，但是一位了不起的软件编码程序员的工资应该是普通程序员的一万倍。"[2] 多数组织都低估了最优秀的员工，给他们的奖励也有所不足，甚至还不自知。实际上，在传统企业制度下，生产力最高的员工等于补贴了企业中生产力低下的员工。

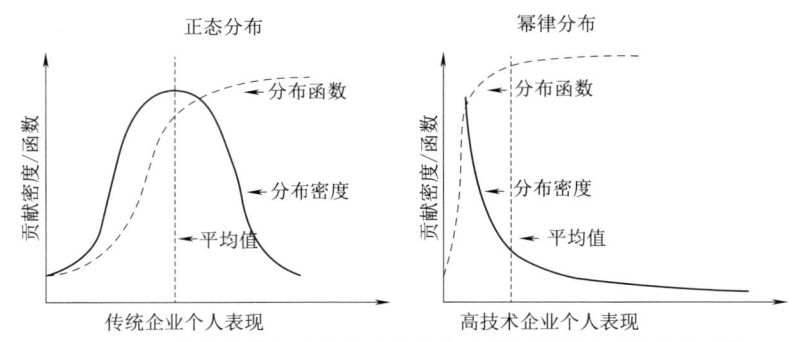

图 11-3　传统企业与高技术企业个人表现与贡献密度的分布对比

---

[1] 博克. 重新定义团队：谷歌如何工作 [M]. 宋伟，译. 北京：中信出版社，2019：192 页.
[2] 同前注，第 255 页。

高技术企业人才的绩效表现曲线符合幂律分布,这是一个重要的研究结论,它为薪酬曲线提供了依据。薪酬怎样确定才算是公平的呢?按理说,薪酬与绩效表现匹配才能算得上公平。而幂律分布的特征在于,其平均数通常要比中位数或众数高得多。这意味着当薪酬也按照幂律分布进行分配时,大多数人都会处在平均数以下。薪酬曲线越接近幂律分布,收入分配的差距就会越大,这就会带来组织成员能否接受的问题。同在一个团队中奋斗,但薪酬差距巨大,那么团队合作如何实现?这里,人才的概念,既包括科技人才,也包括管理人才。管理人才的贡献通常比较容易评估,可以根据其所主管的部门的绩效进行评估,因此管理人才的收入差距通常可以合理地拉开,也容易为人们所认可。但科技人才的绩效表现就不那么容易评估了。不过,好在科技人才的价值有市场标准,而且科技人才其实是彼此了解的。所以,难点不在于评估管理人才和科技人才的绩效表现,而在于能否打破人们对公平的传统认知,使薪酬曲线尽量向绩效曲线靠近,从而吸引和留住顶尖人才,使他们充分发挥出创造潜力。

基于绩效曲线的薪酬曲线应当是什么样的呢?图11-4定性地给出了作为薪酬基础的工资曲线的形状。一般来说,对于新入职的员工,应根据其绩效采取"小步快跑"的加薪机制,以激励其快速适应岗位要求,迅速融入团队,提升专业能力和绩效;对于基层员工,他们是干活的主力,其薪级虽然不高,但如果取得优异绩效,其工资可以达到中层管理者或专家的水平,这样也容易留住他们;对于中层员工,他们是各级管理或技术岗位的主要管理者和专家,工资应随职务晋升的速度趋于平缓,目的在于适当降低对个人绩效的强激励,促使他们关注部门或团队的绩效并帮助下属取得优异绩效,他们的薪酬收入中来自主管部门或团队的绩效奖金的部分会逐渐增大;对于高层管理者,由于他们承担的责任更大,故工资水平相应地有较大幅度的提高,每次加薪的幅度也相应增大,同时公司一般会给他们配股或授予期权，故其薪酬中来自股票分红或期权的收益会超过工资收入，所以工资曲线不能完全与他们的绩效表现吻合，不能全面反映他们的收入状况。

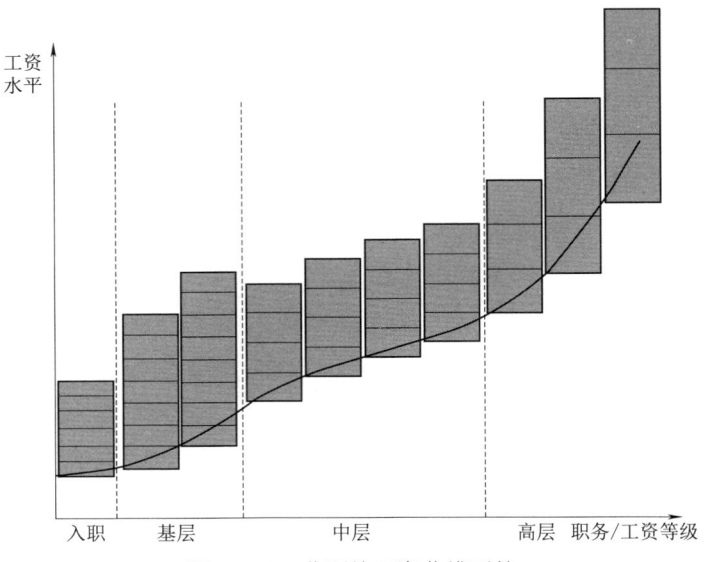

图 11-4 典型的工资曲线形状

我们看到，工资曲线应与员工的责任和绩效曲线大体吻合，但要有一定的灵活性。比如，在谷歌，几乎每个级别的薪酬差距都很容易达到300%~500%，甚至还为业绩优异的员工预留了足够的薪酬空间。事实上，我们有很多情形是"低级别"岗位员工收入比相对"高级别"岗位的员工平均收入高很多。谷歌采用的薪酬体系能够充分认可员工工作的贡献。[1]

《重新定义团队：谷歌如何工作》一书的作者、谷歌公司人力资源

---

[1] 博克.重新定义团队：谷歌如何工作[M].宋伟，译.北京：中信出版社，2019：259.

副总裁拉斯洛·博克（Laszlo Bock）认为，要有效实施这种极端奖励政策，需要具备两种能力。第一，要非常清晰地理解哪些影响是被考量的角色带来的。这需要客观地评估非个人因素的影响，比如：哪些变化是由环境造成的？有多少是因为团队的努力或公司的品牌效应？这番成就的效果是短期的还是长期的？在对其他影响因素做过评估之后，你就可以查看可用的预算，决定报酬分配曲线的形状。第二，极端奖励的分配必须公正，评估结果必须公开。如果你无法向员工解释清楚奖励差异巨大的原因，也不能给出具体的指导建议，有助于他们将自身表现提升到此等超高水平，那么你所做的可能会在员工中孕育嫉妒甚至愤恨。

公正性感知非常强大，几乎影响到人们对工作中一切事物的看法，特别是他们对自身价值的认知度、对工作的满意度、对上级的信任度以及对组织的忠诚度。极端奖励体系要同时满足分配公正和程序公正（员工获得突出绩效的方式要合规，极端奖励必须是群体评估的决定，评估结果要公开）两项要求，这是至关重要的。

除了工资、奖金、津贴这种现金收入外，薪酬激励可能还包括一种或多种利益分享来源。

利益分享

薪酬是一个组合，包括多种报酬形式，其中，利益分享就是一种重要的报酬形式，其根本作用就是将管理者和员工的收益与企业的利润或单位的产出挂钩，将管理者和员工的努力聚集于提高企业的效率，减少浪费，增加企业的利润。

迄今为止流行的利益分享计划有多种形式，在美国，实行利益分享的企业占全部企业的 47%。我们下面简要地摘录 2006 年美国国家经济研究大会报告（A National Bureau of Economic Research Conference

Report)《运作中的分享资本主义：雇员所有权，利润和收益分享，以及广覆盖的股票期权》[1]的研究结果，以窥一斑。

1. 分享资本主义的主要形式

"分享资本主义"（Shared Capitalism）是指工人的薪酬或财富取决于企业或工作群体绩效的激励计划。其主要形式包括：

雇员所有权（Employee Ownership） 雇员所有权的程度因企业而异，从雇员拥有企业全部所有权到拥有部分所有权或具有投票权的少数股权，通常是通过信托基金或其他法律实体以群体的方式持有。在美国，雇员所有权的一种主要形式是 ESOP，它是联邦法律准许的，允许公司出钱（一般是按照员工投入退休金的同等数额出资）给一家信托基金，由它代表工人购买公司股票，或借钱给参与雇员所有权的工人购买公司股票，并以公司股票的分红分期偿还。在这种方式下，工人获得了所有权而不必用自己的收入投资购买公司股票。

雇员个人股票所有权（Individual Employee Stock Ownership） 这种方式是指工人购买企业的股票并依据股票数量拥有个人投票权。美国工人可以通过他们公司的 401（K）计划购买公司的股票，作为退休金计划，用他们的工资购买股票的金额免缴个人所得税。有些情况下，企业可以通过雇员股票购买计划（Employee Stock Purchase Plans）对雇员超出退休金计划购买企业股票的部分给予低于市场价 10%~15% 的折扣。

利润分享（Profit Sharing） 当公司赚钱时按利润的特定比例支付给工人。支付方式可以是现金奖金，按年度或在一年内分几次支

---

[1] Kruse D L, Freeman R B, Blasi J R. Shared Capitalism at Work: Employee Ownership, Profit and Gain Sharing, and Broad-Based Stock Options[C]. Chicago, IL: The University of Chicago Press, 2010.

付，也可以纳入退休金计划，称为延期支付的利润分享（deferred profit sharing）。有些公司以公司股票支付利润分享奖金，从而成为一种雇员所有权计划。利润分享的比例可以是预先规定的，也可以是公司在年底斟酌决定的。

收益分享（Gain Sharing） 这种分享方式支付给工人的报酬是基于他们所在部门的绩效，而不是企业的绩效。该系统通常以生产率或成本节约来度量绩效。在收益分享方式下，一个工人群体是从他们的努力绩效中获得收益的，而与公司绩效或其他工人群体的绩效无关。非营利组织，包括公用事业，也可以实行收益分享，这些组织是不可能采用利润分享计划的。

股票期权（Stock Options） 这是一种介于利润分享和雇员所有权之间的混合方式。股票期权给予雇员以一定的价格在特定时段购买股票的权利，称为期权授予（grant or vest）。雇员得到股票价格增值的收益而不会因股票价格下跌蒙受损失。高技术新创企业没有资源按大公司的水平支付雇员薪酬，它们发现，可以用授予股票或期权的方式吸引年轻的、受过高等教育的员工。20世纪90年代末和21世纪初期，一些公司的高管滥用权力操纵股票期权的授予价格和行权价格，背离了股票期权设计的初衷。

股票增值权 (Stock Appreciation Rights，SARs) 这是公司与员工之间签订的一种契约性协议，该协议规定了员工有权获得一定数量的股票在一个规定时段内增值的部分。它与股票期权的区别在于：被授予者不需出钱购买股票增值权；被授予者只获得规定数量股票在SARs授予日到行权日期间的增值部分（全部或一定比例），而并未得到公司的任何股票，SARs计划不要求公司扩充资本发行实际股票；SARs计划的最大优点是它的灵活性，它可以灵活地对下述方面进行设计：谁有资格被授予SARs，应当被授予多少，授予的规则，行权时间和比例，流动性的考虑，对以股票方式支付增值权需要对股票的出售附加哪些限制等。但这种灵活性也是其面临的最大挑战。SARs 很像虚拟股票（Phantom Stock），它一般是以现金支付，但也可以用股票支付。SARs 通常与股票期权一起实行，以便为购买期权提供资金，或者是供行权日到期时支付税金。这样的 SARs 通常称为"协力股票增值权"（Tandem SARs）。

2. 研究的主要发现

分享资本主义是美国经济模型的重要组成部分。2006 年，一项美国全国范围内的综合社会调查结果表明，大约 47% 的美国工人参与了至少一种形式的分享制，利润分享的比例占 38%；收益分享的比例占 27%；拥有公司股票的占 18%；拥有公司股票期权的占 9%；分享资本主义覆盖了 5 340 万美国工人。从 20 世纪 70 年代至今，分享资本主义的薪酬模式增长得很快。

分享资本主义改善了企业的绩效。对劳动者的实践产生巨大影响的是雇员参与委员会，它增加了雇员参与管理的机会。正是参与委员会的这种不断扩大的效应才使得分享资本主义的各种形式对产出产生了影响。正如美国的数据所表明的，最大的效果发生在分享制的薪酬与促进工人参与管理的政策相结合的情况下。

工人的相互监督有助于克服搭便车问题。许多经济学家对分享资本主义感到担心。一个原因是对"搭便车问题"（free rider problem）的忧虑，它使得"囚徒困境"，即从其他人的努力中获得回报和规避责任具有存在的理由。按照搭便车的观点，分享资本主义不可能在激励工人做得更好方面获得成功。观察表明，运作有效的分享资本主义可以在很大程度上通过同事之间的互相监督减少搭便车的问题。另一个引起担心的理由是，分享资本主义通过将个人的雇佣和财富/收入与其雇主的绩效挂钩，增加了雇员的经济风险。当安然公司破产时，它的工人失去的不只是自己的工作，还有他们以公司股票形式保有的退休金和储蓄。

在分享资本主义下工人对逃避责任的反应。绝大多数工人相信他们能够容易地观察到同事的逃避责任现象。在按某种形式的分享资本主义方式付酬的工作场所，工人最可能采取行动反对逃避责任的现象——这里的分享资本主义方式，均包含工人参与管理或以团队的方式工作。当工人信任管理层且劳资关系良好，公司采用高绩效人力资源政策，低水平的监督和支付的固定工资达到或高于市场水平且包括刺激性报酬时，对于上述分享资本主义形式的积极反应达到最大。与理论假设一致，消除搭便车现象和反对逃避责任行为在规模越小的企业中效果越显著，特别是在实行了分享资本主义付酬的小企业中更加明显。工人在强烈反对逃避责任行为的环境下工作更努力，也会带动其他人更努力地工作。

新经济公司中大量采用分享资本主义。分享资本主义普遍存在于每一个大规模的产业。利润分享或收益分享常见于制造业、金融业和计算机服务业（>50%），而雇员所有权和股票期权最常见于运输业、通信业、电力、金融和计算机服务业。尤其在计算机服务业，数字表现出高度的一致性，反映出在新经济公司，也就是高度依赖人员技能和创造力的公司，大量采用这些激励方式。而分享资本主义在农业、采矿、建筑业中较少流行，因为这类产业需要更密切的监督。与人们的预想一致，分享资本主义能够促进团队合作，利润分享或收益分享计划下的雇员更可能以团队的方式工作，相互间可以观察到对方的绩效，且需要的监督较少。这一调查结果建议，利润分享或收益分享可能是促进重复性例行工作的团队合作的主要方法，而雇员所有权和股票期权可能影响其他的产出（例如认可度、忠诚度、离职率等）。

分享资本主义与参与决策制度的相互补充。基本的问题是：这些薪酬的新形式和雇员参与方式有多重要？这些薪酬的新形式与雇员参与计划结合到什么程度？它怎么影响雇员的行为和态度？研究人员发现：(1)新的基于群体、公司绩效、公司股票所有权的薪酬形式增加得很快;(2)薪酬的一部分与公司或群体绩效挂钩并与工人参与决策联系在一起,这些制度形成了劳资关系的互补方案;(3)不仅如此,雇员参与计划和分享制薪酬改善了诸如工作满意度、对企业的态度、留在企业工作的可能性等。给予工人更大的决策权力而没有相应的财务激励则可能对动机有相反的影响——"他们想让我做更多而不想付给我更多"。另一方面,给予工人分享资本主义报酬而不给予他们更大的决策权同样可能对生产率的提高有负面影响。

利益分享不是资本主义独有的经济模型,资本与劳动,或者管理层与员工是一对企业管理的基本矛盾,这对矛盾的实质是利益上的冲突。更一般地说,凡存在利益分配和利益冲突的地方,分享都是最终的解决方案。利益分享在较大程度上实现了资本与劳动、管理层与员工利益的一致性和目标的一致性。这是企业管理的制度性建设的方向。

非物质激励——荣誉

马斯洛认为,所有的人类关系,所有的人类制度,以及整个人类文化,都是以人性为依据的。由于我们对人性所知甚少,通常是一些不正确的人性理论在代替有条理、有根据的论据以及业已证实的规律发生作用。这些关于人性的理论,不管正确与否,一直都是各种神学、政治和经济哲学,以及人类据以生存的社会信仰的根基。[1]对人们行为的激励因素绝不仅仅包括物质因素,还包括多种非物质因素,例如,认可、荣誉、信任、表扬等。组织成员的个人目标,绝对不限于经济目标,应该从广义上去理解。企业应当对非物质激励进行系统设计,

---

[1] 马斯洛.动机与人格[M].许金声,等译.北京:华夏出版社,1987:333.

稳定推行，这是在满足员工的高层次需要，而不应当将其视为可有可无的东西。

华为公司就非常重视非物质激励，按照华为公司总裁任正非的说法：

> 非物质激励要系统性地规划，不是发个奖章就行了。这方面俄罗斯军队就做得很优秀，俄罗斯在阅兵典礼上永远有一个老兵方队，这个很有震撼力，对军队的激励作用很大。我们现在开股东代表大会，英雄们坐那么长时间的飞机回来，讨论完分红后，说你们就走吧。我们是不是也向俄罗斯学习？英雄们回来了，我们组织向他们汇报一下公司的战略，让他们彰显一下老战士的光荣？[1]
>
> 我们要建立一个荣誉累积制度，作战英雄得到的荣誉，累积起来对他们未来长期要有好处。比如在艰苦地区工作了，在健康保障上有哪些好处？要制订这么一个福利计划。这个计划从总包里面出钱，给了你就挤占了别人的，而不是额外增加。这样我们就让荣誉是有价值的，现在光是在家里挂一个奖牌是不够的。假积极一辈子就是真积极。我们实行一系列的激励制度，使得大家假积极一辈子就够了。[2]

这就是华为文化。这种荣誉奖励的系统设计、持续运作，就形成一种氛围，使得老员工即使退休了，也以此为荣，感到这一辈子是有意义的；新员工加入这个组织，很容易被这种文化所感染，就会影响他的行为。正所谓：蓬生麻中，不扶自直。

---

[1] 任正非：在 EMT 办公例会上的讲话，2013。
[2] 同前注。

11.3

员工参与管理

分享制成功的关键在于员工参与管理

我们在上文引述的美国全国范围的综合社会调查结果表明,对劳动者的实践产生巨大影响的是雇员参与委员会。正是参与委员会的这种参与管理的效应使得利益分享的各种形式对产出产生了影响。最大的效果发生在分享制薪酬与提高工人参与决策的政策相结合的情况下。大量实践表明,仅有利益分享还不是从根本上调动员工积极性的举措,关键在于参与管理。德鲁克早就指出:在现代化的大规模生产和流程生产中,工人的参与是精髓所在——很可能是关键的决定因素。我们可以通过四条途径来达到培养有责任心的工人的目标。这四条途径是:慎重安排工作岗位,高标准的工作要求,为工人提供自我控制所需要的信息,为工人提供参与管理的机会——这可以使工人具备管理工作的眼光。四者缺一不可。[1]德鲁克特别指出,只要雇员把企业的目的看成追求利润,他就会深信他的利益和企业的利益有根本的分歧,他还会确信一个古老的说法:生产产生利润,换句话说,就是他产生了利润。但是,假如企业的目的是创造顾客,那就会产生和谐而不是矛盾。[2]

所以,尽管利益分享与员工参与管理结合可以更大程度地发挥分享的激励作用,但如果管理层设定的要与员工共同实现的目标是企业利润的最大化,那么即使利润分享比例设计得再诱人,员工与管理层

---

[1] 参阅德鲁克.管理实践[M].帅鹏,刘幼兰,丁敬泽,译.北京:工人出版社,1989:361.
[2] 同前注,第376页。

还是离心离德的，管理层还是不能把员工的积极性真正调动起来。只有如德鲁克所说，向着创造客户、更好地满足客户需求、发展新客户、开拓新市场的目标努力，通过企业的发展实现员工个人的成长，才可能使管理层和员工、资方和劳方实现真正的合作，达到双方的目标。

参与制更本质的问题则在于，人在经济利益之上还追求什么？从人性的角度来说，自尊、被认可、被尊重，以及权力和影响力，这是人们看重的。创建人力资源管理学科的哈佛商学院以迈克尔·比尔（Michael Beer）为首的五位教授在《管理人力资本》一书中论述道：我们希望表明一个观点：在形成所有的人力资源管理政策时，"雇员影响"在最广泛的意义上是一个中心的议题。所有的政策、技术和工作体系的设计与管理、薪酬机制的设计与管理，以及招聘、升迁、安置和解雇制度的设计与管理，都应该从这样的角度来检查：在这些领域做决策时，给了雇员多大的影响力？要达到自己的目标，公司必须找到驱动人们向一个共同目标前进的动机和控制的组合。那些在人力资源管理上卓有成效的公司——如 IBM 公司、惠普公司以及林肯电气公司——当它们发展自己的人力资源政策，并且使之与复杂的现实相适应时，都明显地或暗含地遵从了一些关于人的基本假设。人们想要自治，想要获得成就感，想要被某些群体认同，想要活得有意义，以及想要成长的假设，都可以加到这个清单上。[1]

企业要不要实行利益分享和参与管理，有关利益分享和参与管理应该与哪些经营活动、雇员需要和人力资源管理政策相联系，薪酬应该在多大程度上和怎样被用作刺激因素，奖励如何与个人对组织的贡献挂钩，这些都是企业家和经理人应当思考和决定的问题。这方面，美国林肯电气公司的激励体系时至今日仍然给我们很多启示。

---

[1] 参阅比尔，斯佩克特，劳伦斯，等.管理人力资本[M].程化，潘洁夫，译.北京：华夏出版社，1998：13，31.

林肯电气公司的激励体系

美国林肯电气公司总部设在克利夫兰，是专业从事工业焊接设备和材料研究、生产和销售的著名企业，是世界焊接工程的领导者。公司始建于1895年，1909年制造出世界首台焊接设备，是一家拥有百年历史的焊接设备制造企业。该公司在20世纪20年代就发展出一套独特的以计件工资、利润分享、员工参与和长期雇佣来激励员工的制度，这套激励制度的设计理念和员工参与管理的"咨询委员会"的运作很具有启发性。下面是笔者根据林肯电气公司的创始人之一詹姆斯·林肯（James F. Lincoln）的自传《林肯的激励系统》一书整理出的一个简要的案例。[①]

林肯的激励系统

林肯电气激励系统的效果

林肯电气公司（Lincoln Electric Company）创立于1895年，注册资金是借来的250美元，从创立至20世纪40年代末，一直是靠企业利润内部融资支持企业的发展。自1921年实施激励管理制度至《林肯的激励系统》一书写作之时（1944年），生产焊接设备的单台工时下降了80%。由于不断改进制造方法，在此期间，同样一台焊机的价格也从1 500美元下降到200美元左右，与单台工时减少的幅度大体相当。

在1929年至1944年期间，林肯电气公司工人的年平均工资从2 000多美元增长到接近6 000美元，相当于同期产业年平均工资水平的2倍多。同样在此期间，股票红利从每股5美元增加到60美元左右，最高时达到每股80美元。这一切证明了激励管理具有

---

① Lincoln J F. Lincoln's Incentive System[M]. New York: McGraw–Hill Book Company, Inc., 1946.

高小时工资–高红利–高雇佣–高生产率–低售价的效果。单位工资的产出水平指数从1933年相当于产业的平均水平，到1942年增长到高出产业平均水平的1倍以上（487.9美元/220.7美元）。

林肯电气公司的激励管理理念

詹姆斯·林肯是林肯电气激励系统的设计者和推动者。他认为，人具有无限的潜在能力，在适当的条件下，可以被大量地开发出来，这是管理的巨大机会。任何人在任何时候的产出都是他累积的能力开发的结果。在开发人的潜在能力方面，最有效的两个途径是利用危机（crisis，对个人来说即竞争）和激励（incentive）。

詹姆斯·林肯认为，能够提高工人对自己和自己的工作的自豪感的唯一方式，是将他们置于这样的地位，在此位置上他们的技能及其发挥程度将根据他们的产出得到报偿。这种报偿必须与他们的技能及其发挥程度对等。而做到这一点的唯一途径是以直接的和精确的比例对其产出付酬，即某种形式的计件工资。没有其他可能的报酬方法比按件付酬更公平。在詹姆斯·林肯看来，资方（管理层）采取削减计件单价的劳工政策，是没有意识到在任何工厂运营中日常管理费用通常远大于直接工资。因此，对于工作以更快的速度完成的任何系统，即使工人是按之前的计件单价取酬的，公司节约出来的费用也远大于工人增加的收益。

任何成功的激励系统必须与经营利润挂钩。利润是对经营活动成功与否的度量，正因为如此，它也是对所有参与者的贡献的度量。应当确保经营活动的每一个参与者根据其对经营活动成功的贡献得到报偿。

毫无疑问，对于产业的劳资合作来说，最大的威胁是"集体谈判"。在激励管理系统中，工人的组织完全有理由存在。劳工关注的问题不同于资方。这些分离的观点有必要遵循各自的发展路径，只有这样才能获得相互理解。劳资双方建立这种必要的理解的方法在林肯电气是成立"咨询委员会"（advisory board）。

林肯电气激励系统的操作要点

林肯电气激励系统的五个特点：

- 按件付酬
- 给予工人能够施展才华的工作
- 按功劳晋升，长期雇佣，从内部选拔管理者和培养专家
- 工人参与管理，确保经营活动计划为每个员工知晓，并及时反馈结果
- 工人、顾客、股东分享利润

对于如何实施按件付酬，詹姆斯·林肯强调，如果想使激励管理取得完全成功，除了按件付酬，没有其他的方法能够精确地度量工人的能力和正确地报偿他们。实施计件工资系统要达到两个目的：（1）运用工人们的智慧和技能使生产达到最大速度；（2）最大限度地开发工人的潜在能力。实施计件工资的两条基本原则是：（1）开发完成工作的最佳方法并设定按此方法工作的合理价格；（2）价格一旦设定，就应将其视为契约，不能改变，不论工人的收益多少。

林肯电气公司实行全员利润分享制。所分享的是税前利润，以年终奖的方式发放。每年发放的奖金总额由董事会决定。每年分派的奖金额介于工资总额的78%到129%之间。每个人分享到的奖金的数量取决于每半年一次的"绩效评级"（merit rating），它根据与部门或工作小组其他成员绩效的比较来度量个人的绩效。所有员工的绩效评级经过归一化处于100分的相对尺度内。"绩效评级"的分数从最低45分到最高160分，差距很大。为了确定员工的"绩效等级"，需要对以下四个因素分别进行评估：

1. 可信赖度（dependability）
2. 质量

3. 产量

4. 建议（ideas）与合作

工厂厂长负责工厂所有员工的评估。对于办公室的员工，管理者依据同样的项目对下属进行评级。至少有一位执行总裁负责对所有员工的评级进行复审。如果员工对评级结果不满意或不清楚，公司鼓励他们与所在部门的主管进行讨论。

林肯电气员工参与管理是通过咨询委员会的运作实现的。咨询委员会由每个部门各自选出的一位代表组成，每年选举一次。领班也按数量选举他们的代表。这些代表，加上每家工厂的厂长，再加上总裁，组成咨询委员会，由总裁任主席。所有影响企业的事务都要在咨询委员会上讨论和决定。虽然总裁认为咨询委员会的决定不符合公司的政策时有否决权，但他从来没有行使过。咨询委员会成员并非对所有问题总是意见一致，但是任何决定必须经全体委员一致同意才能付诸实施。

从1914年到"二战"期间，咨询委员会完成了下述工作：

1. 1914年工人的工作时间从每周55小时减少到50小时，与此同时，工资率提高10%。

2. 1915年确立了实行至今的按件付酬方法。

3. 1917年决定了工人从公司结余中的分享收入可用于购买普通股。工人可以自行决定他希望收入中有多少用于购买公司的普通股。对于购买公司股票，工人须先提出申请，在资格获得上级批准后方可购买。工人中途离开公司，公司将按当前价格回购其持有的股票。股票价格由董事会决定，每年设定一次，价格大约是年度每股标准分红率的16倍。通常，大约半数工人是公司的股东。员工退休后，可以继续持有公司的股票。

4. 1918年确定了每位员工的人寿保险政策。保险费从员工的收益中支付，群体购买保险可以享受较低的价格。

5. 1920年确定了公司所有员工的带薪休假政策。这成为一种惯例，每年8月有两周时间工厂停产，所有员工带薪休假。

6. 1934年确定了年终奖政策。每年12月发放，数额取决于公司当年的收益状况，总额由董事会决定，但不保证每年都有。年终奖的分配由总裁决定，同时考虑部门主管的建议。年终奖是在税后扣除了红利和资本积累后的剩余，其数额足以使林肯电气的工人们享有产业的最高小时工资水平，但林肯电气的计件工资单价却是电气产业中最低的。

7. 1936年为每个工人设立了年金。年金将由公司在员工退休后每月支付直到其去世。公司将其列入经营成本。

8. 1941年设立了一个信托基金（trust）作为那些在战后不得不解雇的工人的离岗津贴。

9. 1942年确定在公司所有的参军者服役期间保留雇佣资格和利益。

小结

我们看到，林肯电气员工通过民主选举产生的"咨询委员会"参与了几乎所有有关员工利益的人事政策的讨论和决定，咨询委员会所有的决定都是经委员们充分讨论达成一致的，这里没有个人独断，没有少数服从多数，从而使咨询委员会决定的人事政策符合全体员工的共同利益，使员工有了影响自己利益和公司发展的主人翁的感觉，这是员工把公司事务当成自己的事的关键。同时，由企业家担任咨询委员会的主席，拥有否决权，从而确保了咨询委员会的决定与公司政策的一致性，并非一味满足员工的要求。再有，咨询委员会的讨论议程，是在公司董事会制定的公司整体政策框架内的执行问题，是经营活动的细节问题，不干预公司重大经营战略和政策的制定，从而保证了公司经营决策的集中。

林肯电气的创始人推行激励系统的出发点是坚定地相信人的

潜在能力是无限的，把开发人的潜能作为企业激励管理的目的，这是林肯电气成功的基本哲学。林肯电气的激励系统是按件计酬、员工参与管理（咨询委员会运作）和利润分享三位一体的体系，这三个因素对林肯电气获得巨大成功并延续百年缺一不可。林肯电气生产率提高所带来的成本降低首先是惠及顾客，其次是奖励员工，最后才是分给股东。这种优先次序确保了顾客、员工和股东的长期利益。林肯电气激励系统长期成功的关键是领导力，而领导力又来自领导者的经营哲学、眼界和胸怀。最后，我们认为，林肯电气激励系统是具有普遍的借鉴意义的，是可以学到手的。因为它是基于人性的，是主张资本与劳动的合作和利益分享的。

京瓷公司的阿米巴经营法

日本京瓷公司由稻盛和夫创立于1959年，京瓷公司在全球的事业涉及原料、零件、设备、机器以及服务、网络等各个领域。主要产品涉及精密陶瓷零部件、半导体零部件、电子元器件、精密陶瓷应用产品、通信设备。1984年，稻盛和夫又亲手创建了第二电电公司，即KDDI公司。在稻盛和夫的经营下，这两家公司双双成为《财富》世界500强企业。2010年2月1日，稻盛和夫以78岁的高龄出任申请破产保护的世界第三大航空公司日本航空的董事长，仅用了两年多时间，日航不仅扭亏为盈，重新上市，而且做到了三个第一：一个是利润在世界航空产业第一，一个是准点率世界第一，一个是服务水平世界第一。那么，稻盛和夫是如何取得这样巨大的成功的呢？这种经营奇迹是怎么创造出来的？关键是两个根本原因：稻盛和夫追求的正确的做人准则的经营哲学，以及阿米巴（Amoeba）经营法。所谓阿米巴经营法，就是把组织划分成一个个小的团体，各自独立核算，让全体员工参与经营，充分调动管理者和员工的积极性，释放员工的潜能，并在公司内部培养具备经营意识的领导人。概括地说，阿米巴经营的目的有三个：第一，确立与市场直接挂钩的分部门核算制度；第二，培养具有经营者意识的人才；第三，实现全员参与的经营。[①]京瓷公司、KDDI 公司、日航集团横跨了制造业、通信业、航空服务业等多种行业，它们的成功说明阿米巴经营法具有普遍的适用性，值得所有企业认真研究推广。

要实施阿米巴经营法，必须符合下述条件：

首先，必须按照收入和费用支出实际发生的单位来建立阿米巴组织。实施阿米巴法首先面对的是如何切割划分经营组织的问题。复杂的组织的切割划分，必须依据收入和费用支出实际发生的匹配单位来进行。要做到这一点，稻盛和夫认为要有三个条件：第一，切分的阿米巴为了能够独立核算，必须有明确的收入，并且能够计算清楚获得这种收入所花费的支出；第二，作为最小组织单位的阿米巴，必须是能够独立完成一项业务的单位，组织只能分割到这样的程度——一定要有利于阿米巴长及阿米巴成员通过钻研创新来改进工作；第三，组织分割必须有利于执行整个公司的目标和方针。

其次，必须采用统一的、可比的指标核算各个阿米巴的产出和贡献。京瓷公司采用单位时间核算各个阿米巴的贡献。在单位时间核算制度中，事业活动的成果是用"附加价值"这一尺度来衡量的。这个"附加价值"就是从销售收入中减去生产产品所用的材料费、机械设备的折旧费等，并减去除劳务费之外的所有费用所得到的数字。这样，阿米巴单位的附加价值 = 外部销售和内部协作的收入 – 本单位产出的成本和本单位可控的费用。为了使各单位之间的附加价值可比，也为了让大家很容易就看得明白，稻盛和夫提出了"单位时间附加价值"的概念，即用总附加价值除以总劳动时间，算出每个小时的附加价值。

---

① 稻盛和夫. 阿米巴经营 [M]. 曹岫云，译. 北京：中国大百科全书出版社，2015：24.

他把这一指标简称为"单位时间"。① 这样，采用单位时间附加价值指标就使不同部门绩效和贡献的衡量具有可比性，该指标本质上是在衡量劳动时间的投入产出效率，这有利于减少冗员，减少劳动时间和机器闲置的时间，精简二线人员，提高一线作业人员的比例，以及增加阿米巴单位的产出和降低成本及费用，提高劳动生产率和薪酬的投入产出率。这既适用于以体力劳动为主的企业的阿米巴经营，也适用于高技术的知识劳动密集型企业的阿米巴经营。

再次，阿米巴的产出和阿米巴之间的协作均以市场价格为基础进行结算。阿米巴经营的目的之一，就是要实现"与市场直接挂钩的分部门的核算制度"。为此，阿米巴的产品、零部件以及工艺协作服务，无论是对外销售还是对内协作，其经营和结算的定价都以市场价格为基础，通过公司内部买卖，将市场竞争压力和价格直接传递到各个阿米巴，各个阿米巴依据这种买卖价格展开生产经营活动。稻盛和夫特别指出：虽然只是公司内部买卖，却不可设定一个让各阿米巴平摊利润的方法。归根结底，要根据市场价格来决定各阿米巴之间的买卖价格。另外，由于各阿米巴之间在公司内部反复进行买卖，在公司内部也会形成市场。例如，同样的加工，有几个阿米巴都能做，那么就可能同其中提出更有利条件的阿米巴进行交易。还有，如果公司内部的阿米巴在成本或质量方面出现问题，也可以不同它交易，而到公司外部寻找加工企业。②

最后，阿米巴实行现金本位经营原则。所谓现金本位经营原则，就是把焦点集中在"现金的流动"上。所谓利润，本来是指支付了所有费用之后剩下的钱款。然而，在近代会计制度中，因为依据所谓"发生主义"（权责发生制）的原则进行会计处理，所以，接受或支付钱款

---

① 稻盛和夫. 阿米巴经营[M]. 曹岫云，译. 北京：中国大百科全书出版社，2015：101.
② 同前注，第158页。

的时点,与会计上列入收益和费用的时点,会出现差异,即实际的资金流动与结算表上损益的变动无法直接挂钩。这样,经营者就很难把握经营的实态。因此,应该回归会计的原点,着眼于经营中最重要的"现金",以现金为基础做出正确的判断。为此,在单位时间核算表中,资材的采购按照"即用即买"的原则,在购入时点即将所有费用入账(收付实现制),让当月的业务活动产生的资金流动全部如实地反映到核算表上。这样,会计处理同实际现金的流动就比较接近。[①]

总之,阿米巴经营法是一种将市场机制引入企业内部的经营方法,这里的关键点包括:阿米巴的划分、阿米巴的利润中心定位、单位时间附加价值的核算、按市场价格确定内部转移价格、公司内部阿米巴之间的买卖关系,以及下游部门选择上游阿米巴和外部供应商的竞争机制。京瓷公司创造的单位时间附加值的收益计算标准,既抓住了企业经济效益的实质,即附加价值和劳动时间,又实现了各阿米巴单位之间可比,这样就在阿米巴单位之间引入了公平的竞争。从人的需要的角度来看,阿米巴经营满足了人的友爱和归属的需要、认可和尊严的需要、成就和权力的需要。

阿米巴经营的目标是全员参与经营。不仅经营者要掌握公司的现状,全体员工也要能看清公司的经营状况,为此,就要力求经营的透明化。公司的信息尽量向员工公开,这就营造了全员主动参与经营的氛围,就能够实现全员参与经营。因为履行自己的责任,员工就能品尝到工作的喜悦和成就感。[②] 阿米巴经营法真正调动了员工参与管理和经营,这里的员工参与管理不是让员工提提改进建议、形成决议后分头落实就够了,而是有切实的市场竞争压力和与利润挂钩的利益激励机制。而传递这种压力的方式就是通过基于市场价格的内部核算把市场

---

① 稻盛和夫. 阿米巴经营[M]. 曹岫云,译. 北京:中国大百科全书出版社,2015:131.
② 同前注,第132页。

竞争压力传递到每一个阿米巴单位，用内部核算的盈亏结果建立责任、考核及与绩效挂钩的激励机制，让员工在企业内部就有参与市场竞争的压力、意识、责任和利益。

阿米巴经营也是培养领导人、提升全体员工经营意识的最佳教育体制。稻盛和夫说过，在京瓷刚起步，还是一个零细企业的时候，他就不断地对与他共同奋斗的伙伴们诉说他的宏大理想："现在我们要把京瓷做成原町第一的公司，原町第一以后就要西京第一，然后是中京第一、京都府第一，京都府第一以后就要日本第一，日本第一以后就要成为世界第一。"对于领导人自身而言，当然要明确做事业的目的。而一个企业为了团结一心，推进事业，就必须明确事业的"大义名分"，也就是这个事业对于社会具备何种意义，将做出何种贡献，必须确立高层次的事业目的。[1]京瓷公司的经营理念是："在追求全体员工物质和精神两方面幸福的同时，为人类社会的进步发展做出贡献。"这就是京瓷公司事业的大义名分。正是这种经营哲学与阿米巴经营的结合，才是成功推行阿米巴法的关键，才是创造经营奇迹的根本。

阿米巴经营法把利益分享和参与管理直接落实到内部经营单位，把大企业的规模优势与小企业的灵活主动结合在一起，是激活大企业的一种有效的管理哲学和管理方式，是在环境快速变化、技术日新月异、竞争与淘汰日趋激烈的市场中的有效生存机制。

组织认同

马奇和西蒙认为，要让员工参与，切实提高产量，必须至少满足两个关键条件：（1）员工对组织的基本态度必须充分乐观，这样他们才会珍惜参与机会，并提高对组织目标的认同感；（2）员工必须通过观

---

[1] 稻盛和夫. 阿米巴经营[M]. 曹岫云，译. 北京：中国大百科全书出版社，2015：212.

察或其他途径，获取生产过程中维持产品质量的重要信息。[1]

个人为什么愿意将组织目标作为个人的努力目标呢？因为个人目标是在完成组织目标的过程中实现的。这就是切斯特·巴纳德分析得出的结论。既然存在组织目标与个人目标的矛盾，就要讨论认同问题。"认同的过程就是，个人用组织目标代替个人目标，作为制定组织决策时所采用的价值指数的过程。"[2] 个人对组织的认同，既可以是对组织目标的认同，也可以是对组织存续价值的认同。

"认同"在心理分析文献中指的是一种特定的情感联系，是群体凝聚力的根本机制。弗洛伊德这样描述其性质：

> 我们已经着手进行了这样的推测，群体成员之间的相互联系是这种认同的本质，而且以情感上一个重要的共同品质为基础，我们还可以猜测这个共同品质是与领导者相联系的本质。[3]

我们赞同弗洛伊德的这个猜测，员工参与管理和经营，是由于对组织的认同，而对组织的认同，本质上是对组织领导者的认同。我们从上面所举的林肯电气公司和京瓷公司的案例中，可以看出一个共同点：这两家公司的成功实践都源于员工对企业领导者的认同。这种认同来自什么呢？根本上来自领导者的胸怀。而领导者的胸怀又来自哪里呢？《菜根谭》里讲："德随量进，量随识长。"什么是识？就是远见卓识，就是对事物本质的认识，就是洞察力。这里的洞察力在于对人性本质的洞察，而这种洞察力首先来自对自身本性的反思，即回答：如果我处在员工的地位，我会怎么想，怎么做？什么是我需要的？什

---

[1] 马奇，西蒙 H A. 组织 [M]. 第二版. 邵冲，译. 北京：机械工业出版社，2008：189.
[2] 西蒙 H A. 管理行为 [M]. 第 4 版. 詹正茂，译. 北京：机械工业出版社，2004：272.
[3] 同前注，第 263 页。

么是我不接受的？己所不欲，勿施于人。经营企业就是经营人。领导者要想让众人追随自己，就要与之分享利益，就要授权。其实本来领导者就没有利，没有权，就因为他们让出了本来就不属于自己的利益和权力，才得到大家的拥护，调动起大家和自己同心协力去实现共同的目标，才有了事业、声望、利益和权力。因此，领导者又何乐而不为呢？

11.4

企业内部环境

企业怎么打造一个顾客至上、勇于创新、宽容失败、群体奋斗、高度凝聚和富有活力的员工队伍呢？除了需要绩效考核、薪酬激励等制度因素和物质因素外，还需要精神因素，需要塑造一种环境和氛围。当你首次进入一家优秀企业时，你直接看到和感受到的可能是美丽的园区、静谧的办公楼、井然有序的接待、专业的展厅讲解、午餐时忽然涌出的欢声笑语的年轻人、员工谈到公司创始人时流露出的敬仰……但真正给你留下深刻印象并促使你深入思考的是这一切背后浸透的精神，一种使人置身其中犹如卷入一股洪流的无形的力量，它究竟是什么呢？

企业文化

塑造企业内部环境最重要的力量是企业文化，其力量甚至超过了战略、考核和薪酬激励的作用。德鲁克曾打趣地说："文化把战略当早餐。"（Culture eats strategy for breakfast.）也就是说，文化比战略的内涵更丰富，影响力更深远，文化塑造战略。我们不妨来看看几家顶尖公司的文化。

2014年担任微软公司新任首席执行官的纳德拉，在2019年年报中致股东的信里指出：我们正在努力缩小我们信奉的文化与微软每一位员工的生活经历之间的差距。每天我们都在实践"客户至上"——倾听并创新以满足客户未明确表达的需求。我们像一个整体一样运作，为客户建立并提供最佳的解决方案。我们努力使我们的工作场所更加多样化和包容，以服务我们在世界各地多样化的客户，并创造一个每个人都能做到最好的工作场所。在过去的一年里，我们通过引入一个以科学为基础的全球同盟计划，加强了我们的成长型思维文化与我们实现多样性和包容性的方法之间的联系。[①] 早在上任之初的2015年7月，在奥兰多举行的微软全球销售大会上，纳德拉就透露了一项新的公司使命："赋予这个星球上的每一个人和每一个组织更多权力，实现更多成就。"比尔·盖茨最初的使命是"让每个家庭的每张桌子上都有一台电脑"，显然，新的公司使命远远超越了产品的范畴，但实质没有变。我们从这段话中看到纳德拉致力塑造的微软文化的精髓：客户至上、多样化与包容、一个微软，以及成长型思维。最终目的是创造一个每个人都能做到最好的工作场所。

如今，微软再次成为吸引顶尖工程人才的磁石，被评为美国五家最适合员工的人工智能公司之一。"我们的行业不尊重传统，"纳德拉说，"它尊重创新。"在他任职的头四年里，他做出了许多大胆的科技决策，例如对量子计算和混合现实的投资，以及 HoloLens 等创新——HoloLens 是一种使人们能够与全息图交互的全息计算机。今天，超过95%的《财富》世界500强企业选择了微软的云计算服务 Azure。微软已经欣然接受了 Windows 的开源竞争对手 Linux，"而不是把 Windows 当作安全毯一样紧紧抱住"。纳德拉以260亿美元收购领英，将领英的

---

① 引自 Nadella S.(2019): The letters to Shareholders. 微软公司2019年年报。

5亿专业用户与8 500万Office 365用户结合起来,为微软的人工智能业务提供了强大的数据储备。

我们再来看亚马逊公司的文化。

贝索斯2015年在致股东的信中提到了亚马逊的文化,他认为:"我们共享一种独特的组织文化,这种文化非常关注并以坚定的信念践行几个原则。我这里指的是始终盯着顾客而不是竞争对手,是对发明和成为先驱者的渴望,是不惜遭遇失败,是对长期目标的耐心,以及对卓越运营的职业自豪感。从这个角度看,亚马逊云计算服务和亚马逊的零售业务的确非常相似。"K. 索兰基(K. Solanki)的研究表明:亚马逊的员工表示,对他们来说最重要的企业价值观是透明和正直,团队合作和胜利,速度和创新,乐趣和激情,员工多样性。[1] 他认为亚马逊的组织文化特征如下:

- 贝索斯将亚马逊文化定义为"角斗士文化"
- 为每个员工明确目标并确保他们达到目标,高水准的工作是亚马逊管理者推动他们的团队为客户提供不断提高的服务水平的工具
- 内部文化培育人力资源创新和绩效驱动的工作环境,鼓励员工创新
- 所有员工都专注于卓越的客户服务,突出和持续改善客户体验,其品牌识别基于提供创新的客户体验,这一特征使亚马逊成为2019年世界上最受欢迎的公司之一

我们再来看惠普公司创始人亲手培育的惠普之道。

创始人的亲述是公司文化最准确、最生动的描述。对惠普公司文化的描述见于创始人戴维·帕卡德的《惠普之道》一书。1957年,即公司

---

[1] 引自 Solanki K. To what extent does Amazon.com, Inc. success be accredited to its organizational culture and ND Jeff Bezos's leadership style? [J]. Archives of Business Research, 7(11), 2019: 21–40.

上市的那一年，比尔·休利特（Bill Hewlett）和戴维·帕卡德正式确立了"惠普之道"，它由五项基本准则组成[①]：

（1）惠普公司的存在就是为了做出科技贡献，所以唯一该做的就是寻找与实现这一目标一致的机会

（2）惠普公司要求自身和惠普人做出优秀业绩，利润的增长既是保持成功的一种手段，也是衡量成功的标准

（3）惠普公司认为，只有选对了人，相信他们，给他们自由寻找实现目标的最佳方式，并让他们分享工作带来的收益，才会得到最好的成果

（4）惠普公司有责任为公司所在社区谋福祉

（5）正直

帕卡德对这五项基本准则的解释是：我们存在的真正原因是我们提供了一些独一无二的东西。我们存在的原因和我们成功的衡量标准就是我们能制造出多好的产品。最佳客户满意度才是唯一可以接受的目标，如果你不能领导你的团队实现这个目标，我肯定我们可以找到有能力做到这一点的人。企业要最大限度地实现效率，获得成功，必须达到一些要求，其中一个就是，要挑选能力最强的人负责企业内部的每项任务。对管理者和员工的要求是表现卓越，如果表现不佳，惠普就没有你的立足之地了。公司主张参与式管理，提倡个人自由和首创精神。诸如利润分成这样的福利也不是专门发放给那些表现出色的个人或团体，而是合格的员工人人有份。我们必须在公司大力发扬一种团结互助的精神，将这种精神渗透到每个员工心里，认可和尊重这种精神是"惠普之道"的基石。

[①] 帕卡德.惠普之道[M].周钱，刘勇军，译.重庆：重庆出版社，2016：2.

客户至上，目标远大，创新领先，不惧失败，追求卓越，团结协作，正直诚实，广开言路，包容差异，体恤员工，分享利益，贡献社会，这些是领先公司的企业文化的共同特征，是领先公司吸引和留住优秀人才的魅力所在，是领先公司之所以领先的原因。列夫·托尔斯泰说过："幸福的家庭都是相似的，不幸的家庭各有各的不幸。"企业何尝不是如此！所以《追求卓越》也好，《基业长青》也好，试图深挖卓越企业不为人知的与众不同之处，但总结出的卓越企业的特质都是类似的。卓越企业和一般企业的差别就在于卓越企业说到做到了并坚持了自己的价值观，而一般企业只是将这些朴素恒久的原则挂在嘴上，没有真正落实在行动上、细节上。

卓越企业人与人之间、部门与部门之间洋溢着合作精神。那么，为什么具有利己动机的个人之间愿意选择合作？为什么利己者同时也是利他者？

群体选择

为什么在每一个人都有自私动机的情况下，人们在组织中会选择合作？为什么在组织中合作的倾向会大于竞争的倾向？《合作的进化》一书的作者阿克塞尔罗德的研究表明：达到稳定的相互合作的可能性取决于双方继续打交道的机会的大小，人们会因为彼此之间存在持续的相互关系而合作。[1] 这就是我们在前文讨论过的囚徒困境的出路——重复囚徒困境。合作进化要求个体有足够大的机会再次相遇，使得他们能形成在未来打交道的利害关系。合作的基础不是真正的信任，而是关系的持续性。关系的持续性的实质是长期利益，而企业实际上就是一个人与人之间有着持续的相互关系的利益共同体。

---

[1] 阿克塞尔罗德. 合作的进化 [M]. 修订版. 吴坚忠, 译. 上海：上海人民出版社, 2016: 41.

由此我们看到，组织理论关于分权化组织设计的一条原则是分权事业部之间的依赖关系要尽可能小，这样可以减小事业部之间协作的交易成本。但从合作的角度看这条原则，可以推断，事业部之间的依赖关系越小，事业部之间的合作意识也越淡薄，分权化组织的离心倾向会越大。因此，分权化组织的设计要在事业部之间、事业部与集团支撑平台之间以及事业部与总部职能管理平台之间的独立性与相互依赖性问题上做出适当的权衡，使得从独立性中获得责任和对市场的快速响应，从依赖性中获得合作与全局观。

《超级合作者》一书的作者诺瓦克（Matin A.Nowak）和海菲尔德（Roger Highfield）提出了五种合作机制，即直接互惠、间接互惠、群体选择、亲缘选择和空间博弈。我们这里更关注的是影响组织中人与人之间的合作倾向的前三种机制。

所谓直接互惠，就是简单的平等交换原则。我给你挠了背，也指望着你能为了回报我而给我挠挠背。虽然利他主义与进化论传统观点中的"自私"行为截然相反，但若揭开其背后的真实动机，就会发现利他行为其实是有许多附加条件的。虽然看似矛盾，但"利他"行为很可能直接源自理性玩家的"自私"动机。每个人类个体都拥有利他和欺诈的倾向。[1]

而间接互惠是，"我给你挠挠背，就会有其他人来给我挠挠背"，这就是对间接互惠的最好解读。我们付出成本与某个人合作，不指望这个人给予直接的回报，相反，这种行为相当于购买了一个名声，确保将来你能从其他人那里得到回报。只要期望的未来收益超过所需付出的成本，利他行为就会产生。当我们知道自己今天的行为有可能影响未来时，我们的行为方式就会发生改变。这一推论也被称为"黄金法则"，

---

[1] 诺瓦克,海菲尔德.超级合作者:利他主义,进化,以及为什么成功需要我们彼此合作[M].龙志勇,魏薇,译.杭州:浙江人民出版社,2013:41.

具有超越一切文化和宗教的高度:"对待别人就像你希望别人对待你的方式一样。"类似的说法也出现在希腊哲学("你希望邻居对你怎样,你就怎样对待邻居"——毕达哥拉斯)、佛教("将此身置于彼身,便无杀戮,亦不致彼生杀戮之心")、基督教和犹太教("爱人如己")、印度教的《摩诃婆罗多》("不要对他人做那些自己认为会伤害自己的事情")、穆罕默德的告别讲道("不要伤害任何人,这样也不会有人伤害你"),以及道教("齐同慈爱,异骨成亲")中。[1]

所谓群体选择表明,合作主导的群体会以更快的速度发展壮大。现在我们已经找到了各种实验和理论证据可以证实,群体选择是一个基础性的、颇具特色的过程,并且存在于所有类型的进化之中——从单细胞生物到人类等社会生物。群体选择并不假设个体是持合作还是自私的态度,也不认定基因本身是不是自利的。群体选择只是表明,一旦群体中存在某种机制,能使个体利益与群体利益较好地达成一致,如果这种机制能够提升整个群体的表现或适应性,那么在激烈的群体间竞争中,这些群体就能取得优势。不同的群体有着不同的适应能力,具体取决于利他主义者在群体中所占的比例。[2]诺瓦克和海菲尔德认为,进化的力量能够对文化产生影响,起到为文化塑形的作用。这一观点是极具启发意义的,据此我们可以推论,企业文化的形成是企业在市场竞争中生存进化的结果,企业家不过是更早地觉悟到这一点。

西蒙也赞成从进化的角度解释利他行为。他说:现代进化论提醒我们,不要将利他动机当作人们的本性。在标准的自然选择模型里,好人通常不适应,他们的繁殖速度远没有自私的同胞快。这种论断通常用来作为效用函数中的自私的个人经济标的。不过,这个论断是错

---

[1] 诺瓦克,海菲尔德.超级合作者:利他主义、进化,以及为什么成功需要我们彼此合作[M].龙志勇,魏薇,译.杭州:浙江人民出版社,2013:74.
[2] 同前注,第118页。

误的。考虑了有限理性的自然选择模型实际上强烈地支持这个观点：组织忠诚对多数人都有强大的激励作用，即使他们明白并不能从中获得任何"私人"利益。大量经验证据表明，大多数人都很容易受到教化。这里论证的目的是，证明这种易教化性及其导致的利他主义与适者生存的前提完全一致。事实上，上述论述表明，自然选择强烈预示着社会性动物中存在易教化性和利他主义。①

华为公司的文化也验证了合作的群体选择机制。华为公司总裁任正非就一再强调：

> 市场部有个很著名的口号："胜则举杯相庆，败则拼死相救。"不管谁胜了，都是我们的胜利，我们大家一起庆祝；不管谁败了，都是我们的失败，我们拼死去救。企业文化就这样逐渐形成了。②
>
> 下一个时代是群体奋斗、群体成功的时代，这个群体要有良好的心理素质。别人干得好，我为他高兴；他干得不好，我们帮帮他，这就是群体意识。③
>
> 企业就是要发展一批狼，狼有三大特性，一是敏锐的嗅觉，二是不屈不挠、奋不顾身的进攻精神，三是群体奋斗。企业要扩张，必须有这三要素。所以要构筑一个宽松的环境，让大家去努力奋斗，在新机会点出现时，自然会有一批领袖站出来去争夺市场先机。④
>
> 要实现团队的奋斗，协同的奋斗。要从考核激励上将以客户为中心的"胜则举杯相庆，败则拼死相救"的光荣传统制度化地巩固下来。要从虚拟统计、虚拟考核入手，从激励机制上保证后

---

① 参阅西蒙 H A. 管理行为 [M]. 第 4 版 . 詹正茂，译 . 北京：机械工业出版社，2004：279–281.
② 任正非：《持续技术领先 扩大突破口》，1996。
③ 任正非：在 "96 科技夏令营开幕式" 上的讲话，1996。
④ 任正非：《华为的红旗到底能打多久》，1998。

方支持队伍与前方作战队伍、主攻队伍和协同作战的友军一起分享胜利果实。①

我认为华为文化的真正内核就是群体奋斗。②

企业在创业期间自然形成的群体奋斗文化是生存选择的结果，是进化的结果，因此是企业的宝贵财富。当企业在未来的成长中遇到困境时，它应当问一问自己：当初创业时是靠什么生存下来的？我们要克服当前的困境，应当从哪里寻找精神力量？

纪律与自由

个人加入组织，意味着对部分个人行动控制权的放弃，接受组织的安排，遵守组织的纪律，为实现组织目标而努力。但对个人行为的约束，不应该导致对人的思想的束缚，尤其是对高技术企业来说，创造需要自由，所以，如何平衡纪律与自由这一对矛盾，就成为高技术企业创新管理的关键。这方面走得最远的是谷歌和 3M 公司。谷歌允许员工有 20% 的自由创新时间，研究自己喜欢的项目，语音服务（Google Now）、谷歌新闻（Google News）、谷歌地图上的交通信息等，都是这 20% 时间的产物。3M 也允许员工有 15% 的预算用于自由创新，便利贴（Post-It）等众多产品都来自这 15% 的自由支配预算项目。这些都是激发创新和创意的有力举措。但也有谷歌员工开玩笑地说，实际上是"120% 的工作时间"，编外项目是在工作之余干的，而不是在上班时间完成的。而 3M 也不是对员工 15% 的自由创新预算放手不管，每隔两年，公司就要对员工的自由创新成果进行评估，以决定公司是否继续

---

① 任正非：EMT 纪要〔2008〕21 号。
② 任正非：《从"哲学"到实践》，2011。

拨付预算支持该员工做下去。所以，没有绝对的自由，自由应受管理。那么如何把握创新中纪律与自由的分寸呢？我们看看华为总裁任正非是怎么说的。

任正非先生认为：

> 知识经济时代，企业生存和发展的方式也发生了根本的变化，过去是靠正确地做事，现在更重要的是做正确的事。过去人们把创新看作冒风险，现在不创新才是最大的风险。[1]
>
> 我们处在一个创新的时代，把很多不确定性、确定性工作都流程化后，就抑制了新东西的产生。首先要肯定日本是一个伟大的国家，将规范的管理落实到了基层，车间的螺丝刀、零件、纸巾……摆放得都规规矩矩、清清楚楚，青年工人进来后需要严守这个规则，青年人创造的冲动就没有了。英国也是伟大的国家，给世界输出的文化是规则，但英国把流程规范到最末端，失去了灵活性。而美国人是一批新教徒和异教徒移民，把英国制度撕裂，大的法律框架是规范化的，但管不了末端，所以美国把英国文化做了变异，创造了一个灿烂的美国两百年。[2]
>
> 华为公司未来的胜利保障，主要是三点要素：第一，要形成一个坚强、有力的领导集团，但这个核心集团要听得进批评。第二，要有严格、有序的制度和规则，这个制度与规则是进取的。什么叫规则？就是确定性，以确定性应对不确定性，用规则约束发展的边界。第三，要拥有一个庞大的、勤劳勇敢的奋斗群体，这个群体的特征是善于学习。[3]

---

[1] 任正非：《华为的红旗到底能打多久》，1998。
[2] 任正非：华为公司总裁办电邮讲话〔2016〕69号。
[3] 任正非：华为公司总裁办电邮讲话〔2014〕86号。

"从泥坑中爬起来的都是圣人",研发要坚持开放与创新,要宽容失败。在研发上,相当大的内容是创新,但创新最大的可能是错误,而不是成功。如果不宽容错误,不宽容从泥坑中爬起来的人,那就是假创新,不是真创新。走对了路升得快,走错了路升得慢,但即使所有人都走对路了,只有你走错了,也不要担忧。只要有后发之劲,就有机会重新起来。因此要宽容失败,宽容失败的人,我们才有明天和光辉的未来,否则我们就没有明天。[1]

我们对研究与创新的约束是有边界的。只能聚焦在主航道上,或者略略宽一些。产品创新一定要围绕商业需要。对于产品的创新是有约束的,不准胡乱创新。贝尔实验室为什么最后垮了?电子显微镜是贝尔实验室发明的,但它的本职是做通信研究的,它为了满足科学家的个人愿望就发明了这个电子显微镜。发明后成果丢到外面划不来,于是就成立了电子显微镜的组织作为商业面的承载。所以无边界的技术创新有可能会误导公司战略。我们说做产品的创新不能无边界,研究与创新放得宽一点但也不能无边界。我们要成就的是华为的梦想,不是人类梦想。所以我们的创新应该是有边界的,不是无边界的。[2]

凝聚与耗散

凝聚是员工心中的向往,是正能量的汇聚。它来自对工作的意义的理解和对公司发展方向的认可,凝聚需要表达,需要交流,需要彼此了解、心心相印。如果有意见不能自由发表,这样的凝聚是被压抑的服从,凝聚的是行为不是人心。员工心中有不满与怨气,对公司政

---

[1] 任正非:在 PSST 体系干部大会上的讲话,2008。
[2] 任正非:《一杯咖啡吸收宇宙的能量》,2014。

策有不同的看法，就要有渠道发泄出来，这就是耗散。没有耗散就没有凝聚。

谷歌公司文化的三块基石，即有意义的使命、信息的透明度、真正的话语权，就是凝聚与耗散的三种强大力量。谷歌的使命是"整合全球信息，使人人都能访问并从中受益"，这样的使命使个人的工作有了意义，因为它不是一种商业目标，而是一种道德目标。[1] 人们都希望自己的工作有意义，没有什么比知道自己正在改变世界能起到更强有力的激励作用。谷歌的信息透明度具体体现在每周（现在是每月）举行的 TGIF（Thank God it's Friday. 感谢上帝，今天是星期五啦！）全员会议中，每次都是由创始人或者首席执行官亲自主持会议，会议内容主要包括：通报过去一周的最新情况，分享产品和商业策略，庆祝伟大的工作成果，从失败中吸取教训，当场回答员工提出的各种问题。尽管会议的内容有可能被泄露到外界，给公司造成损失，但谷歌坚持这项议程。因为公开信息可以证明你相信员工是可信的，相信他们的判断力。把当前发生事情的来龙去脉讲给他们听，这样可以使他们更高效地完成工作，做出在自上而下管理模式下难以想象的贡献。[2] 谷歌文化的第三块基石——真正的话语权，意味着给员工在公司运营、人力资源政策，甚至首席执行官或高管的讲话等事情上真正的发言权和评论权。它有助于增强员工对公司的责任感以及改善公司的决策和政策。

关于凝聚与耗散，华为公司总裁任正非有自己的一套理论，他称之为耗散结构。他认为：

> 板块之间肯定会有冲突。地理板块冲突造成地震和火山爆发，沉淀下来就是新大陆。华为肯定有板块之间的冲突、矛盾，这个

---

[1] 博克.重新定义团队：谷歌如何工作[M].宋伟，译.北京：中信出版社，2019：31.
[2] 同前注，第38页。

矛盾如何解决？就是要有良好的耗散结构。旧的凝聚力一定要转化为新的凝聚力，新的凝聚力如何解决企业的生存发展问题？就是凝聚完的东西一定要耗散掉，否则无法产生能量。一定要寻找到企业的内在矛盾，一定要深入考虑企业的内在矛盾，一定要有良好的耗散结构。①

公司的运作应该是一种耗散结构，应该让公司在稳定与不稳定、平衡与不平衡间交替进行，这样公司才能保持活力。②

公司的管理是一个耗散结构，就是在平衡与不平衡间耗散，在稳定与不稳定间耗散，华为公司已经进入一个比较好的历史时期，我们要敢于耗散，今天敢于说自己，将来别人有事时，我们已经平息了。我们这次把马来西亚事件写成了报告文学，这个报告文学就是新年贺词，让大家看看公司怎么丑的，高级干部怎么丑的，敢于把丑向全世界公布，就是因为我们敢于胜利。③

讲到耗散结构，华为公司实际上是处在一个相对较好的时期，要加大投入，把这些优势耗散掉，形成新的优势。整个社会都在衰退，经济可能会循环衰退，我们虽然跟自己过去相比增速下降了，但和旁边相比，活得很滋润，我们今年的纯利会达到20亿~30亿美元。因此，对未来的投资不能手软。不敢用钱是我们缺少领袖，缺少将军，缺少对未来的战略。④

为了能够让所有员工第一时间知晓公司最新的重要政策以及总裁任正非和高管的重要讲话，为了有一个窗口向全公司曝光公司运作中存在的问题的真相，为了有一个开放的、透明的信息平台让员工自由

---

① 任正非：《走出混沌——为华为公司设计未来》，1998。
② 任正非：在"2001年应届毕业生招聘动员暨培训会议"上的讲话，2000。
③ 任正非：《以"选拔制"建设干部队伍，推进组织公开性和均衡性建设》，2011。
④ 任正非：与2012实验室座谈会纪要，2012。

地发表对公司政策以及各种问题的看法,华为公司从2008年起,在公司的内网上开辟了一个被称为"心声社区"的交流平台。

如2020年7月11日至7月17日的《心声社区每周信息摘要》主要有:一、《通报批评》引发热议,跟帖800余条。员工对解冻表示欢迎,赞成内部合理流动是有利于发挥公司组织潜力与个人专业潜力的政策,某些业务部门用组织命令阻止流动是封建的土围子。受到批评的部门回应他们的反思学习及行动计划。二、网友发帖质疑子公司董事会在实际业务中体现的价值,批评子董"官越来越多,干活的越来越少"。三、对合同在代表处审结存在问题的批评。反映一线代表处解决方案人员的大量时间都花在了内部胶片上;代表处首席财务官(CFO)履行职责和权力过程中存在的问题;现在的一系列举措不是在做强代表处的战斗部,而是在做大代表处的管理层,这还怎么打仗?

中国古代关于广开言路多有论述,如:"防民之口,甚于防川,川壅而溃,伤人必多,民亦如之。是故为川者,决之使导;为民者,宣之使言。"(《国语·周语上》)又如:"贤路当广而不当狭,言路当开而不当塞。"(《宋史·乔行简传》)这些道理,对于治理企业,凝聚员工,亦不乏启示。

混沌与秩序

玛格丽特·惠特利在《领导力与新科学》一书中对组织的混沌状态下了一个定义:当一个系统处于人们无法知道其下一步将做什么的状态时,我们称之为混沌系统。这样的系统绝不会重复过去的行为。创新实际上面临的就是这样一种混沌状态,创新需要混沌,效率需要秩序。但新秩序从何而来呢?到哪里去找秩序的源头呢?

在化学领域,伊利亚·普利高津(Ilya Prigogine)的研究工作告诉我们一个自相矛盾的真理:无序可以成为新秩序的源头。普利高津将这些新发现的系统称为"耗散结构",以说明它们自相矛盾的特性。"耗散"意味着损失,是指能量逐渐衰减的过程,而"结构"则表示实际的秩序。普利高津发现,能量衰减的耗散活动是建立新秩序所必不可少的。惠特利认为,耗散结构理论告诉我们,无序可以成为新秩序的源头,成长往往起源于不平衡,而不是平衡。实际上,组织管理中我们担心的大多数事情,如解体、纠纷、混乱等,都无需视为会给我们带来灾难的消极因素;相反,它们可以更有效地激发人们的创造性。科学家们认为,无序和秩序的关系是"秩序源于混沌"或者"变化产生秩序"。普利高津的研究成果让我们看到了新的、大有希望的未来。它证明了,任何开放系统都有能力对变化和无序状态做出反应,在更高的组织水平上重新组织自我。无序状态是一个关键的角色,它对系统的发展起积极作用,它可以推动系统进行自组织,并建立新的形态。[①]

由此我们可以得出一个认识,旧的结构不耗散就形不成新的结构。系统不能形成新结构是因为积聚了多余的能量,而且这些多余的能量积聚在了不适当的地方,只有将其耗散掉才能形成新的结构。成长起源于不平衡而不是平衡。或许可以假设,成长趋向平衡,且止于平衡。只有打破旧的平衡,才能实现新的成长。

惠特利继续阐述道:人们对秩序和混沌二者之间的关系有了新的、正确的认识。现在人们认为这是镜像关系的两种力量,是你中有我、我中有你的状态。系统可以进入混沌状态并且具有不确定性,但在混沌状态内部,系统被维持在秩序井然并可预测的界限内。在很多情况下,科学家都认为秩序和形态的生成并不需要通过复杂的控制,而是仅仅应用少数几个指导原则就可以了,这些原则可以通过个体的自主训练而实现自我复制。不论是大型的生态系统还是小型的微生物群体,所有系统的存在与发展都是基于几个主要原则进行的。这几个主要原则

---

① 惠特利. 领导力与新科学 [M]. 简学, 译. 杭州:浙江人民出版社, 2016: 34.

规定了系统的总体特性，与此同时，系统内的个体都拥有高度的自主权。[1]

那么现实中这些主要原则是什么呢？其实就是企业的核心价值观。谷歌的核心价值观，又称为谷歌文化的基石，它们是：有意义的使命，信息的透明度，真正的话语权。谷歌的组织和管理系统就是如实地、高度自主地在此基础上演化形成的。类似地，华为的核心价值观也有三条：以客户为中心，以奋斗者为本，长期坚持艰苦奋斗。这就是华为的组织、流程和管理体系建立的原则。不符合这三条核心价值观的东西最终都会被耗散掉。它是企业组织与管理体系的内在秩序。

惠特利在她的书中特别引用系统科学家埃里克·扬奇（Erich Jantsch）的观点来说明打破平衡对组织进化的作用。作为一名科学家，扬奇强烈要求管理者转换角色，成为"平衡破坏者"。他认为，我们不应该继续做控制者，而要成为"重要的破坏者"，我们主动挑起事端，看一看能否将局势搞乱，甚至让其分崩离析。最后，事态乱到系统必须重新进行自我组织，建立新的形态并呈现新的行为。如果我们勇于做"平衡破坏者"，并且认识达到不平衡状态增强了我们的活力，就会发现，这样做其实是轻而易举的。[2]

华为公司总裁任正非虽然已经不再参与华为公司的日常经营管理工作，但他始终关注华为的成长，经常扮演一个"平衡破坏者"的角色，引入一些混沌因素，打乱一些已经开始阻碍公司发展的固有秩序。他相信华为具有自组织能力，会产生新的形态和新的行为。例如，他建议设立"心声社区"这个网络交流平台，让公司的重要文件和公司领导的重要讲话直接向全体员工发布，不经过中间传达环节，员工可以在这个平台上自由地评论甚至批评公司的政策，曝光存在的问题。在

---

[1] 惠特利. 领导力与新科学 [M]. 简学, 译. 杭州：浙江人民出版社，2016：22.
[2] 同前注，第134页。

他的建议下，EMT 在每月的例行办公会议上设立"EMT20 分钟"议题，让两位做出突出业绩的基层员工或团队主管分享他们的工作成就和心得，与公司最高领导层直接对话。同样是在他的建议下，公司设立了蓝军组织，专门挑红军（产品开发团队）设计方案的毛病，促使红军完善他们的方案。他在 2014 年 12 月提出"要让员工在最佳的年龄段上，在最佳的角色上，做出最佳的贡献，得到合理的回报"的方针，开启了全公司范围的"破格提拔"行动，并使之成为一项制度。他通过每年在海外国家代表处的巡视，发现代表处主任的综合领导能力不足、薪级偏低，于是提出代表处主任要高配，要有"少将连长"，打破"以岗定级，以级定薪，人岗匹配，易岗易薪"的工资制度，促使有经验的高级管理者重回一线岗位。他为了加强吸引世界顶尖人才的力度，建议按高于发达国家人才市场相应的薪酬水平，大幅提高顶尖人才的招聘起薪，大胆起用他们主持尖端项目的研究和开发任务，大大提高了华为人才队伍的素质和创新能力。为了加强基础理论研究，他提出与世界一流大学开展合作研究的方针，他指出："我们对大学的投资支持方针是，我支持这个教授，不要你的论文，不索取你的专利所有权，不求拥有，也不求成功，即使不成功，你告诉我为什么不成功，用过程、阶段性成果来给我们讲讲课。"[①] 任正非把他的这种管理哲学叫作"乱中求治，治中求乱"。

美国心理学家以及组织理论家马奇把促进创新的机制形象地比喻为"接纳玩耍"。他引用美国作家马克·吐温的话说："工作和玩耍是用来描述在不同条件下同一件事的两个词。"

在《马奇论管理》一书中，马奇从多个角度反复论证了玩耍对于创新与探索的重要性。他指出：当你玩耍的时候，你可以做其他情况下你不能做的事情。然而，当你不玩耍的时候，如果你要做这

---

① 任正非：在巴展和乌克兰讲话要点，2016。

些事情，你必须给出正当的理由。玩耍是标准理智观的副产品。严格坚持目的、一致和理性，就限制了寻找新目标的能力。玩耍放松那种坚持，允许我们"不明智地"，或者"不理智地"，或者"愚蠢地"行动，以探索有没有其他目的观或者一致观可选。而且，它这样做的时候，还能让我们坚持对智慧必要性的基本承诺。[1] 按照马奇的说法，想象的主要作用不在于产生新想法，而在于保护新想法免遭证伪。想象不可能比因循更正确，但是比因循更清醒、更自主、更扣人心弦。

马奇接着对组织如何接纳玩耍进一步论述道：我们要接纳社会组织中的玩耍。组织设计应该关注如何让明智选择既有玩耍的一面又有理智的一面。既然有关社会设计的文献大都关心如何增强决策的理性，那么管理者就有可能忽略玩耍的重要性。所以，我们的问题主要是如何加强玩耍的一面。我们鼓励（并且坚决要求）组织通过玩耍从控制、协调和沟通当中暂时解脱一下。组织要想在规范的理性操作下坚持新想法，就需要运用某种保护机制，比如，组织宽裕、管理激励、象征行为、模糊性和松散耦合。[2]

当组织决策具有明显的路径依赖时，当创新在难题面前一筹莫展时，需要引入适当的"玩耍"行动打破思维惯性和困境，探索新的方向并尝试新的思路。玩耍相对于理智来说是一种混沌，而秩序恰是从这种混沌中演化出来的。

---

[1] 马奇.马奇论管理：真理、美、正义和学问[M].丁丹，译.北京：东方出版社，2010：57.
[2] 同前注，第84页。

第三篇

変革

古希腊哲学家赫拉克利特说：人不可能两次踏入同一条河流。因为水在不停地流动。世界万物随时在变，商业活动也是如此。变化带来机会，变化带来创新，变化带来发展，变化也蕴含风险。

技术革命是推动社会、经济发展和企业变革的动力。我们所处的时代，技术进步的速度超过以往任何时代。历经百年辉煌的企业如今不少已是步履艰难，而今天叱咤风云、赢家通吃的企业二三十年前不是默默无闻就是尚未诞生。今天，所有的企业在第四次工业革命面前都感受到了生存的压力、创新的压力、变革的压力。创新有风险，但不创新才是最大的风险；变革很困难，但因循守旧就是死路一条。

社会和经济组织的进步是一个从量变到质变、演化和革命相继呈现的过程。经济组织过去的成功会形成传统、惯例和路径依赖，它既有助于未来的成功，也是变革的最大阻力。经济组织的发展之所以存在路径依赖，根源是既得利益。所以变革就是对利益格局和权力格局的重构。

市场竞争类似于生物竞争，企业必须通过市场竞争的生存考验，这一总的思想，长期以来，一直是经济思想的一部分。企业像人一样具有生命周期，也有生老病死。但企业是法人，理论上其生命可以无限延续，不像自然人那样受限制。然而，众多企业的生命又是如此短暂。所以，如何可持续地、健康地活下去，是企业面临的最重大的课题。

社会和经济组织的发展是一个否定之否定的螺旋式上升的过程，其生命周期的每一个阶段都可看作对前一阶段的否定。这种过程呈现出回归原点的特征，也就是重拾创业精神。创业精神和创业时期形成的核心价值观与成功的经营理念，是企业的宝贵财富，它是企业可持续成长的守护神。

变革呼唤领导，也将领导从管理中分离，使之成为近二三十年管理研究的一个热点。领导理论的兴起丰富了管理的内涵，促使我们重思管理。不过，也要防止为了突出领导的作用而贬低管理的做法，毕竟领导是管理的一个职能，没有管理的领导力与没有领导力的管理都是缺乏成效的。

第12章 繁荣与危机

祸兮，福之所倚；福兮，祸之所伏。

——老子《道德经》，第五十八章

所有经历过快速成长的企业，都会遇到繁荣转化为危机的问题。是什么导致了企业的衰退？怎么对危机未雨绸缪？怎么通过变革重整旗鼓？变革呼唤杰出的领导者，从外部引入变革的领导者成为一种普遍的现象，那么为什么外部企业就能培养出杰出的领导者而本企业却不行？是什么地方出了问题？企业如何从内部培养出未来的领导者？

本章先从讨论惯例（conventions）与路径依赖的概念入手，同时结合日产复兴的案例，以日本企业制度为例，进一步讨论惯例与路径依赖如何既成就了企业的繁荣又成为变革的阻力，使企业深陷危机。接下来讨论危机的征兆，并对美国通用电气公司（GE）从繁荣到衰退的案例进行分析，以说明导致危机的因素可能潜伏在带来过度繁荣的举措中。最后讨论变革与领导力，并结合日航重整的案例，总结企业走出危机、重整旗鼓的关键变革举措及变革策略。

12.1

惯例与路径依赖

大企业都经历过繁荣和巅峰时期,也大都陷入过危机,许多企业从此消失。那么,是什么导致了企业从繁荣陷入危机?

企业演化与生物演化存在相似之处,生物演化是基因决定的,企业类似生物基因的因素是什么?是企业的惯例和路径依赖。

惯例是企业一向的做法,它是企业的非正式约束

《现代汉语词典》给惯例下的定义是:一向的做法;常规。对企业来说,惯例是企业做事的方式和决定做什么的方式所遵循的常规。例如:企业高层管理团队是实行集体决策制度还是个人决策制度?什么情况下实行集体决策,什么情况下实行个人决策?集体决策是实行少数服从多数原则,还是在存在严重分歧时由一把手做出决定?这些都取决于企业的惯例。惯例存储着企业过去的专门操作知识,是企业记忆的承载。企业过去成功的经验往往是通过惯例传承的,在这个意义上,可以将惯例看作企业中类似生物基因的因素。

惯例往往凝聚了道德的力量,是企业非正式的约束。非正式约束是一个宽泛的概念,包括声誉、普遍接受的行为准则(codes of conduct)、行为规范(norms of behavior)以及惯例。如日本大企业的终身雇佣制,它不是劳动法的规定,也不是企业劳动合同中列明的条款,但它实际上约束着企业对员工的雇佣承诺,以致企业在遇到经营困境时也很难做出裁员的决定。道格拉斯·C.诺斯(Douglass C. North)指出:非正式约束普遍存在。在我们与他人的日常互动中,不论是在家庭内部还是在外部社会交往中,支配结构的绝大部分是非正式约束。既然非正

式约束是普遍存在的，是支配结构的绝大部分，那么，以法治国辅以以德治国就是必要的，也是必然的。问题是什么情况下必须靠法律来治理，什么情况下要发挥非正式约束的治理作用以及怎么治理。

惯例往往限制了企业适应新技术和环境变化的选择范围。理查德·R. 纳尔逊（Richard R. Nelson）和悉尼·G. 温特（Sidney G. Winter）指出：我们关于惯例的概念与较为正统的关于能力（一个企业能够使用的技术）和选择（正统企业理论的利润最大化准则）的观念相反。最重要的是要认识到，惯例化行为的灵活性是范围有限的，而且一个变化的环境可以迫使企业在试图修改惯例时冒生存的风险。[1] 在有限的信息和范围有限的选择下，最大化只能是一种理论的假定，即使是在有限选择中的最大化选择，也可能在实际上并非最大化的选择。由于每一步的选择是满意的，不是最优的，所以企业的成长主要表现为一种演化的过程。但是，演化并非一成不变的，演化意味着不断探索，不断变革，只不过变革是演化过程中的一小步。在有限选择下的步子迈得过大，可能是灾难性的。演化是企业面对不确定的环境和未来所能做出的适合的选择。

惯例本质上抵制变化，它把企业应对环境不确定性的行动纳入其轨道。诺斯指出：嵌在习俗、传统和行为准则中的非正式约束可能是刻意的政策难以改变。这些文化约束不仅将过去与现在和未来联结起来，而且是我们解释历史变迁路径的关键所在。[2] 惯例的典型行为特征就是路径依赖。

路径依赖

保罗·戴维（Paul A. David）在 1985 年首次提出了路径依赖（path

---

[1] 纳尔逊，温特. 经济变迁的演化理论 [M]. 胡世凯，译. 北京：商务印书馆，1997：432.
[2] 诺斯. 制度、制度变迁与经济绩效 [M]. 杭行，译. 韦森，译审. 上海：格致出版社，2016：7.

dependence）的概念。随后，他又在多篇论文中进一步发展了路径依赖概念。戴维指出："一个动态的过程，其演变受其自身的历史支配时，这个过程就是'路径依赖'的。因此，这一概念在其范围内是非常普遍的，其含义等同于发展序列（developmental sequences，无论是在进化生物学还是物理学中）和社会动态（social dynamics，包括经济或政治主体之间的社会互动），都是以积极的反馈和自我强化的动力学为特征。""路径依赖的概念的正式化，将被视为一种有用的精确测量方法，用于描述那些在运行中既不是完全确定的，也不是纯粹随机的特殊的动力系统，在这些系统中，历史的具体细节控制着发展的展开过程。"戴维进一步指出："尽管经济主体的行为可能是基于当前环境的理性计算的深思熟虑的结果，但决策环境本身的特殊性很可能是那些遥远的关键事件所引起的偶然事件链的结果。"[1]

那么，是什么导致了路径依赖？

道格拉斯·诺斯进一步论述了制度变迁和技术变迁的路径依赖特征。他指出："制度是人类设计的约束，它们既包括非正式的约束（制约、禁忌、习俗、传统和行为准则），也包括正式的规则（宪法、法律、财产权），目的是在交换中创造秩序和减少不确定性。历史在很大程度上是一个制度演变的故事，在这个故事中，经济的历史表现只能被理解为一个连续故事的一部分。经济变化的路径依赖性质是制度框架的收益递增特征的结果。"类似地，"技术的发展也凸显出技术变迁方式的路径依赖特征。假使技术是沿着一条特定的路径发展的，那么，在报酬递增的情况下，其他可选的路径和技术将被人们弃之于不顾，这样，发展也将完全被导入一条特定的路径。虽然这样顺势发展的结果，并不总是最优的"。诺斯的结论是："技术变迁与制度变迁是社会与经

---

[1] David P A. Path Dependence: A Foundational Concept for Historical Social Science[J]. Cliometrica, 2007, 1(2):91–114.

济演化的关键,这二者都呈现出路径依赖的特征。报酬递增是这二者的基本要素。路径依赖意味着历史是重要的。不去追溯制度的渐进性演化过程,我们就无法理解今日的选择。"[1]

可见,技术的路径依赖和制度的路径依赖都有一个客观的基础,就是报酬递增。当报酬递增时,其他的路径选择会被放弃;而当报酬不再递增甚至递减时,企业从上到下都会发出变革的呼声。只要报酬递增出现拐点,技术变迁和制度变迁就要出现大的改变了,路径依赖就要受到挑战了。例如,第四次工业革命的颠覆性技术,如物联网、大数据、云计算、人工智能等,这些技术变革是否带来了明显的报酬递增?原有技术的报酬是否出现了下降趋势?这是新技术革命能否引发制度和管理变革的关键。问题就在于,领导者要能够在技术或制度还处于报酬递增时期时,就预见到报酬递减时期的到来,适时地发起变革。

道格拉斯・诺斯引述布莱恩・阿瑟(W. Brain Arthur)的阐述说明导致路径依赖的原因。在阿瑟看来,技术变迁的路径依赖过程可以用四个一般属性来描述[2]:

1. 不可预测性。结果是不确定的。人们认为走熟悉的路线比冒险走一条不熟悉而且充满风险的路线要好得多,但从长期来看,路径依赖的结果也存在不确定性。

2. 非遍历性。有几种可能的结果(多重均衡),历史会在有限的、可能的选择中进行选择,而不会遍历所有可能的选择。而且由于历史对选择的影响,这种选择通常不是最优的。

3. 低效。路径导致的行动将市场锁定在一个较差的解决方案

---

[1] 诺斯.制度、制度变迁与经济绩效[M].杭行,译.韦森,译审.上海:格致出版社,2016:90,122.
[2] 有关阿瑟观点的概述,可参见道格拉斯・C.诺斯《制度、制度变迁与经济绩效》一书第111页的简短阐述。

中。这种现象在技术变迁中不乏先例,只要踏上了某个特定轨道,可能导致一种技术淘汰另一种技术,尽管人们最终可能会发现:这一技术路径或许比那个被抛弃的更没有效率。

4. 锁入(Lock-in)。一种解决方案一旦达成,由于存在巨大的转换成本,行动者被困住了。

那么,阿瑟关于技术变迁路径依赖的观点能被引申到制度变迁上去吗?诺斯认为,事实上,技术与技术之间的竞争只是间接的,而运用竞争性技术的组织之间的竞争才是直接的。这个区分很重要,因为结果反映的不仅是竞争性技术的特点,还可能反映组织能力(企业家的经验和默会知识)上的差异。实际上,阿瑟最终研究的是组织决策。[①]

这样的例子也发生在企业的数字化变革中,比如云计算选哪家的云服务,它是一种体现组织能力的决策,它决定了企业数字化变革的路径依赖,因为转换成本太高而决策的信息又很不完整。

那么,什么情况下路径依赖必须改变?怎么改变?

首要的原因是,当新技术革命呈现出收益递增的效应,而原有技术的收益增长出现停滞甚至下降趋势时,原有技术变迁的路径依赖就到了必须改变的时候了。比如,亚马逊推出的云计算服务 AWS(Amazon Web Service),从 2006 年上线到今天,AWS 提供的云服务已超过 200 项,涵盖计算、存储、数据库、网络、分析、机器学习与人工智能、物联网、移动、安全、混合云、虚拟现实与增强现实、媒体以及应用开发、部署与管理等诸多方面。其中很多服务是亚马逊 AWS 首创的,有些至今仍然是非常独特的,例如云上区块链服务、云上卫星地面站数据服务,以及云上机器学习平台服务等。亚马逊发布的 2020 年第二季度财报显

---

① 诺斯.制度、制度变迁与经济绩效[M].杭行,译.韦森,译审.上海:格致出版社,2016:111.

示，该季度收入889亿美元，同比增长40%。在全球经济受新冠肺炎疫情冲击而一片萧条的形势下，亚马逊的收入反而逆市上扬，这很大一部分要归功于亚马逊AWS，它在2020年第二季度为亚马逊带来108亿美元的收入，在整体收入中占比约12%。过去12个月，亚马逊云计算收入累计超过400亿美元，这在企业IT市场已经是相当可观的规模。

其次是制度创新，这在新的竞争对手进入市场，带来了新的商业模式时体现得尤为明显。比如，在传统的打印机市场，施乐公司建立的商业模式是通过卖设备或者在打印中心提供打印服务赚取利润。而新竞争对手如日本的佳能、理光，携更加简单、小巧、便捷的桌面打印解决方案进入市场，不是通过卖设备赚取利润，而是通过卖耗材赚取利润，并因此把小型桌面打印机的价格降得更低，迅速扩大市场占有率，这就使得原有的打印机设备垄断厂家也不得不改变原有商业模式形成的制度路径依赖，以适应新的竞争环境。

而最明显的触发路径依赖变革的因素是，相对于竞争对手，企业的市场份额和绩效呈现明显的下降趋势，甚至连年亏损。对于上述触发路径依赖变革的因素，我们还会结合下文中"戈恩与日产公司的复兴"的案例进一步讨论。

阿瑟认为，如果我们将路径依赖定义为个体参与者或组织失去了在备选方案中进行选择的能力的情况，那么指望同样的参与者能够打开路径的假设显然是难以实现的。路径依赖行为，严格地说，排除了路径突破行为。那么，有没有可供选择的突破路径依赖的策略呢？

通常认为，突破路径依赖要靠杰出的领导者，带领企业进行大刀阔斧的变革，但也不尽然，突破路径依赖是可以通过演化的方式水到渠成地实现的。路径依赖现象面临的矛盾是：路径依赖是自我强化的，因为其收益递增；另一方面，路径依赖又是选择日益减少的，这使企业在面临新技术革命时显得僵化，甚至导致企业落伍、衰落。所以，在路径依赖还在给企业带来效益时，应当未雨绸缪，对未来路径依赖走向反面有所准备，也就是适当维持一种打破路径依赖的力量。这不是维持平衡，而是相反相成。这就是约尔格·叙多（Jörg Sydow）等学者提出的"矛盾干预"（the Paradoxical Intervention）的策略。[1]

"矛盾干预"策略的思路很简单。既然路径依赖最初是由小事件和偶然的环境因素引起的，一旦它们占上风，就会把一个人或一个组织引向一条特定的道路，逐渐缩小选择的范围，那么，摆脱路径依赖也可以通过有意识地引入小事件来增加选择，触发路径的改变。在不排除更复杂情况的前提下，约尔格·叙多等学者建议为中断路径依赖的情况定义一个最小条件。由于路径依赖的过程被定义为逐步缩小选择范围，这个最小条件是插入至少一个可供选择的行动过程，冲击或者打断路径依赖过程中的自我强化模式，恢复有效的选择过程。当然，为路径依赖打开一个选择的窗口是必要的，但新的选择必须是一个更好的选择，因为植入一个更差的选择不会构成一个真正的选择，不可能打断自我强化过程。

马奇认为，组织从事的活动可以分为两种：一种是利用，一种是探索。所谓利用，就是利用已知的、有改善潜力的、效率较高的东西；所谓探索，就是考察新的可能性，尝试未知的东西。组织要适应环境，长期生存，就既要利用，又要探索。如果组织只忙于利用，就会发觉自己越来越擅长一项越来越接近被废弃的技术，不能发现新的方向，不能发展新的能力；如果组织只忙于探索，就永远不能保持新发现的优势，永远积累不了足够的胜任力来证明新发现是有价值的。理性决策者眼中，这个问题（探索与利用的平衡问题）表现为搜索与行动之间的平衡问题；在进化学者眼中，这个问题表现为变异和竞择之间的平衡问题；在制度变迁学者的眼中，这个问题表现为变化和稳定之间

---

[1] Sydow J, Schreyögg G, Koch J. Organizational Path Dependence: Opening the Black Box[J]. Academy of Management Review, 2009, Vol. 34, No. 4: 689–709.

的平衡问题。①

企业的路径依赖是在历史上成功的事件基础上逐渐形成的惯例和制度，收益递增是其存在的客观依据，程序化和稳定性是它的特征。但重要的是要认识到，技术和市场环境是不断变化的，导致路径依赖失败的因素从一开始就存在，这就是它排斥其他的选择。由于世界上唯一不变的事情就是变化，所以任何成功的惯例和制度最终都会走向反面，成功不是一位引导我们走向未来的可靠向导。因此，保护批判的声音和反对的力量是使企业保持活力和主动适应环境变化的一种有效机制。对此，我们在第 14 章中还要深入讨论。

如何克服变革中的路径依赖？德鲁克给出了思路。他指出，变革的引领者需要认真地问一个问题："如果我们没有这样做，在了解到我们现在所了解到的情况后，我们还会涉足这个领域吗？"德鲁克给出的建议是："整个组织要遵循的第一个原则应是有组织地放弃昨天。"②

戈恩与日产公司的复兴

日产汽车公司是日本第三大汽车公司，1999 财年亏损 6843 亿日元，这已经是连续第五年亏损，公司已经滑到了破产的边缘。1999 年法国雷诺（Renault S.A.）汽车公司收购了日产 36.8% 的股份，控股了日产，并任命卡洛斯·戈恩（Carlos Ghosn）出任日产的首席运营官（COO）。戈恩上任后，对日产进行了大刀阔斧的改革，推行了日产复兴计划（Nissan Renaissance Plan，简记作 NRP），仅用了一年时间，就使深陷亏损的日产重回正轨，堪称奇迹。那么，戈恩采

---

① 参阅马奇. 马奇论管理：真理、美、正义和学问 [M]. 丁丹，译. 北京：东方出版社，2010：119.
② 德鲁克. 21 世纪的管理挑战 [M]. 朱雁斌，译. 北京：机械工业出版社，2018：82.

取了哪些关键举措？我们从戈恩复兴日产的关键举措中可以得到哪些启示？笔者将戈恩复兴日产的举措整理成一个简要的案例，材料来自戈恩的自传《极度驾驭》[①]和杂志及期刊的有关报道及评论文章。笔者试图从中总结出打破路径依赖的启示。

戈恩与日产的复兴

戈恩复兴日产的关键举措

为了复兴日产，戈恩果断采取了下列举措：

- 调整目标的优先次序。明确公司复兴的优先目标：既要采取果断措施降低成本，又要集中资源投资未来。
- 转变日产管理层过度强调市场份额的经营理念。戈恩强调，企业经营的目标是追求效益，而不是市场份额。追求市场份额是手段，不是目的。手段应服从于目的。
- 打破成规，与时俱进。戈恩认为，现代企业的经营管理必须与时俱进，墨守成规只能让企业走向衰退，即使那些"成规"曾让企业辉煌过。
- 推行成果主义，必须以贡献大小来评价一个人的价值。公司的负责人如果拿不出成绩，就得承担相应的责任，换上其他可以拿出成绩的人，这才是商界的原则。
- 成立跨功能团队，加强部门之间的协作。戈恩认为，不论哪个公司，其最大的能力都是隐藏在部门与部门之间的相互作用中的合作力量。跨功能团队（Cross Function Team，简记作 CFT）这项戈恩在米其林集团巴西子公司创造的管理模式，在日产迎来了它的完全成熟期。在就任首席运营官不到两周的时间里，

[①] 参阅戈恩. 极度驾驭：日产的"文艺复兴"[M]. 崔贵子，译. 上海：上海社会科学出版社，2003.

戈恩成立了9个跨功能小组，其各自的项目有：（1）事业发展；（2）采购；（3）制造、物流；（4）研究与开发；（5）市场、营销；（6）一般管理费用；（7）财务成本；（8）减少车种；（9）组织及决策程序；以及后来成立的设备投资CFT。CFT不是决策机构，而是负责提案的组织。实际做决策的是经营委员会。
- 制定日产复兴计划并落实各级管理者的目标和责任。

推行日产复兴计划

复兴举措的实施必须制订明确的计划，并严格执行。以下是戈恩领导制订的日产复兴计划（2000—2002年度）纲要：

一、保证必达目标

（1）2001年3月31日前实现财政扭亏为盈。

（2）2003年3月31日前实现营业利润率提高到4.5%以上。

（3）2003年3月31日前实现把有息债务从14 000亿日元削减至7 000亿日元。

二、主要改组策略

（1）2003年3月31日前裁减员工总人数的14%，即21 000人（其中日本国内16 500人，即从现在的148 000名员工裁至127 000人）。

（2）2002年3月31日前，关闭3个车辆组装工厂和2个动力供给零件工厂，削减国内生产能力的30%，制造平台数由现在的24个削减至15个。

（3）2002年3月31日前，削减采购成本20%，供应商将由现在的1 145家减至600家以下。

（4）出售非核心事业系列公司的股份和资产。

三、资源的再配置

（1）2000—2002年度开发22种新产品，努力重建品牌实力。进行对技术的再投资。

（2）每年度的投资额由 2 100 亿日元增至 3 100 亿日元。

1999 年 10 月 18 日发布

从日产复兴计划中我们看到：

戈恩重新确立了经营的优先目标，那就是赢利。

在固定成本驱动的汽车产业，生产能力利用率低是产品成本居高不下的主要原因之一。如果投鼠忌器，不敢关闭工厂，那么只能将生产能力削减量平均分摊到各个工厂，结果导致各个工厂均陷于开工不足的窘况，这种自欺欺人的做法只会加速弱化成本竞争力，从而导致更大的风险。

日产采购价格偏高的原因之一是供应商过多，分散了采购量，导致采购规模不经济。所以必须大幅度削减供应商数量，强化与极具竞争力的全球性供应商的联系，并努力争取使其为日产提供最优质的技术和品质保证，以及最优惠的成本价格及最短的交货期等。

日产复兴计划是一项长期计划，所以复兴日产并不急于勉强完成削减负债降低财务费用的目标，而是毅然决定出售大量非核心资产，以便为将年度投资额由 2 100 亿日元增加至 3 100 亿日元筹集资金。单靠降低成本并不能真正复兴日产，复兴日产必须要对未来进行投资。

新产品开发是日产复兴计划的核心所在。日产降低成本和出售非核心资产的目的，是把资金集中到核心事业上来，也就是集中到汽车的设计、开发、生产制造、市场营销和销售这条主线上来。戈恩认为这是日产复兴计划的整体性意义——将日产引导回能够获得持续性效益增长的轨道。

"说易行难。"再好的计划，如果执行不了，就是一张废纸。因此，完成日产复兴计划的关键在于计划的具体实施。复兴计划设定的所有全局目标，都规定了具体的目标分解指标，同时还建立了明确的责任体系，并指定了各个目标的全权负责人。日产复兴计划改变了日产的工作作风，管理人员再也不能像以前那样，优哉游哉地每3个月才集中检查一次进度了，这样的做法是行不通的。

日产复兴计划的实施结果

以下是截至2001年3月31日，复兴计划在2000财年的进展情况统计：

一、保证必达目标完成情况

（1）合并营业利润达到2903亿日元，消灭了财政赤字。

（2）销售营业利润率达到4.75%。

（3）负债额削减至9530亿日元。

二、主要改组策略

（1）裁员14200人（由148000人裁至133800人）。

（2）关闭3个国内车辆组装工厂。

（3）采购成本降低11%，超出8%的年度必达目标。供应商数量由1145家缩减至810家。

（4）出售不动产、有价证券、非核心类系列公司和资产（总计3410亿日元）。

三、资源的再配置

（1）推出4种新产品。

（2）投资额由纯销售额的3.7%增长至5%。

（3）投资3亿美元在巴西建立汽车工厂，投资9.3亿美元在美国密西西比州建设新车辆组装工厂，取得印度尼西亚相关企业的股权和经营权。

日产复兴计划在第一年度首战告捷。

日产复兴的启示

卡洛斯·戈恩复兴日产的举措，看似简单，日产的原管理层不应该想不到，但为什么下不了手进行彻底的改革呢？原因就在于他们受制于日产长期形成的惯例和严重的路径依赖。因此戈恩实行的改革实际在于打破已经导致企业衰落的路径依赖。

路径依赖及其变革之一：日本大企业普遍实行的终身雇佣的惯例，使得经营者不敢采取关闭工厂的果断措施，因为关闭工厂就意味着大量裁员，这会遭到企业工会和员工的强烈反对。

路径依赖及其变革之二：日本大企业僵化的"下包体制"。日本经济从20世纪60年代到80年代的长期繁荣，使许多大企业都将自身的零部件业务外包给供应商，与供应商建立了长期合作关系。供应商为了满足大企业的特定需求，大都改造了自身的生产系统，大量购置和开发专用设备，以提高零部件质量和生产效率。这就是日本的"下包体制"，它是一种利益共同体体制，存在高度的相互依赖性。这套体制在不断提高效率的同时，也日趋僵化，以至于当母公司增长出现停滞和下降时成为严重拖累公司的因素，导致危机进一步加剧。

路径依赖及其变革之三：日本企业将保护从业员（员工和管理层）和股东的利益作为企业的优先目标，而员工和股东更关注的是短期利益。当企业效益大幅下降时，经理人的做法通常是采取临时性和短期性的措施进行补救，最直接的做法就是削减那些在短期内不创造效益的长期战略投资，如R&D投资，这是引鸩止渴。企业陷入衰退不是短期因素造成的，一定是长期性的、战略性的因素造成的。要使陷入衰退的企业从根本上走出困境，仅靠削减成本是绝对不够的，必须在削减成本的同时加大长期投资。这是最难做到的。戈恩对此认识得很清楚，他强调必须对未来进行投资，或者说要做具有战略性的长期投资。

路径依赖及其变革之四：盲目的多元化扩张分散了企业可用于投资未来的资源，即使是在企业繁荣时期，这也是不可取的。这些投资和资产大多仅有微不足道的回报，反而会在危机时期动摇企业断臂求生的决心。然而，为什么企业会拥有大量非核心业务和资产呢？是多元化所致。而为什么要实施多元化扩张呢？因为日本大企业实行的终身雇佣、年功序列、年功工资的制度导致了员工的退出障碍，进而使得员工只能通过企业的不断成长才可能获得自身的晋升和涨薪，这就形成了企业内在的扩张冲动。为了实现将年度投资额由2 100亿日元增加至3 100亿日元，日产汽车公司毅然决定出售大量非核心资产。

路径依赖及其变革之五：目标和责任体系不明确、不严厉，导致执行不到位。其表现形式是完不成目标的主管还照旧履职。日本大企业实行的"从业员主权"以及从内部选拔和由卸任领导人指定继任者的惯例，阻碍企业在业绩下滑时撤换需要承担责任的领导人。所以，扭转危机必须强化执行力。戈恩的管理风格是：再好的计划，如果执行不了，就是一张废纸。必须以成果大小来评价一个人的价值。公司的负责人如果拿不出成绩，就得承担相应的责任，换上其他可以拿出成绩的人。

路径依赖及其变革之六：日产公司董事会成员有37人之多，决策效率低，执行的责任和权力不明确。戈恩赴任时的职务是首席运营官，全权负责运营，这是日产公司之前从未有过的职务头衔。为了提高最高管理层的决策效率，塙义一社长和经营委员会决定把董事由原来的37人减少到10人，并在高级管理层设立了首席执行官和首席运营官职务，强化了个人责任制。

路径依赖及其变革之七：日产管理层原有的思维方式是改革的阻力。戈恩引入的新的思维方式是成果主义，设立了奖金、加薪、升职等奖励制度，该制度与公司的年度预定目标和努力目标直接挂钩。员工的业绩大小是评定其奖金、加薪、升职等的唯一参照标准。这与日本企业年功序列制的惯例是相悖的，然而却是日产复兴的动力。日产复兴的根本在于改变人们的思维模式，只有在形成新思维的基础上，才可能打破落后于时代的惯例和路径依赖，接受一系列新的管理模式。

戈恩认为，在日产推行改革，与西方企业的文化差异并不是最大的障碍，从商业角度看，利益才是驱动人们完成任务的根本因素。可见，惯例和路径依赖本质上是一种权力和利益分配的固有机制，只有从改革利益分配机制和固有的权力架构入手，才能从根本上改变导致企业衰落的惯例和路径依赖，使日产复兴。

12.2

危机的征兆

从戈恩复兴日产的案例中我们看到，日产的危机冰冻三尺绝非一日之寒，早在企业还处于繁荣时期，就埋下了危机的种子。老子曰："将欲歙之，必固张之；将欲弱之，必固强之；将欲废之，必固兴之；将欲取之，必固与之；是谓微明。"微明就是征兆。扩张是收缩的征兆，强大是衰落的征兆，兴旺是废弃的征兆，给予是获取的征兆。我们下面尝试梳理一下导致危机的因素和征兆。

企业衰落的征兆

增长率低于行业平均水平　增长是企业拥有活力和竞争力的主要特征，也是预示企业是否出现衰退的主要征兆。如果在主要市场上企业的增长速度落后于主要竞争对手的增速，那说明企业的市场地位和竞争力在下降；如果企业的增长速度甚至落后于行业的平均增长速度，那可以认为企业已经病入膏肓了。《华为公司基本法》关于成长速度专列了一条，明确规定："我们追求在一定利润率水平上的成长的最大化。我们必须达到和保持高于行业平均的增长速度和行业中主要竞争对手的增长速度，以增强公司的活力，吸引最优秀的人才，和实现公司各种经营资源的最佳配置。在电子信息产业中，要么成为领先者，要么被淘汰，没有第三条路可走。"

企业通过削减创新投入维持利润率　管理层过于关注短期业绩，甚至用削减 R&D 投资的方式粉饰利润率。如惠普在卡莉·菲奥莉娜担任首席执行官期间花了大约 190 亿美元收购康柏，以扩展终端商品化产品市场地位的规模和范围来加快惠普向个人电脑及服务器行业的转型。由于个人电脑和服务器产品的低毛利率拉低了惠普的整体利润率和投资回报率，菲奥莉娜大幅削减了研发支出，使之下降到收入的 5.36%，进一步加剧了从普拉特担任首席执行官时期已经开始的改变长期投资与短期业绩之间优先次序的进程。研发投资的削减使惠普创业成功的文化和价值观被稀释，逐渐失去了创业和原创性的创新精神。

回不去的低端市场　企业由于追逐中高端客户的高利润率市场，其能力结构和成本结构发生了根本性的改变，导致低端产品变得越来越无利可图，而不得不选择放弃。这恰恰是 BCG 矩阵的业务组合战略所主张的：企业应当剥离低成长性、低利润率的"瘦狗"业务，集中资源投入高成长性、高毛利的"吉星"业务，从而提高企业的整体价值。但放弃低端业务就为新创企业腾出了市场空间，使之进入低端市场并站稳脚跟，然后逐步蚕食在位企业的中高端市场，最终可能颠覆在位企业。所以，放弃低端市场可能是在位企业衰落的征兆。

优秀人才的流失　企业靠增长势头、领先优势、基础性创新投入，以及富有激励性的报酬结构吸引优秀人才，留住优秀人才。而一旦发生优秀人才大量流失，则一定是上述优势开始减退的征兆。

热衷于通过大规模并购而不是创新提升核心竞争力实现增长　企业热衷于通过大规模并购这条捷径实现规模扩张和大举进入新领域，现行的会计制度也为此大开方便之门，如鼓励杠杆收购，这样可通过抵押被并购企业的资产借贷获得并购资金，借贷的利息可以减少纳税，从而降低并购成本；又如将并购溢价计入商誉，不影响当期利润，商誉的逐年摊销还可避税，等等。然而许多大规模并购往往徒有规模的轰动效应，实际上弊大于利，并购后的整合往往成为并购企业的沉重包袱。阿尔卡特公司并购朗讯公司就是一个典型的例子，花费六年时间都未能扭亏为盈，终落得被诺基亚公司收购的结局。像这种大规模并购导致公司亏损的所谓"战略举措"，实际上为并购企业植入了衰落的因素。

企业规模的边际效益下降，内部交易成本上升　按照交易成本理论，既然市场这么完美，那么为什么会存在企业？当然反过来，问题也是一样。如果企业比市场更有优势，那么为什么不是将所有的生产集中于一个大的企业中？为了解答这一问题，科斯引入了交易成本的概念。在他看来，企业和市场是组织的两种形式。企业选择市场还是企业的组织形式取决于对交易成本的权衡。显然，企业能够成长到什么规模，取决于企业管理协调的效率，企业管理协调的效率决定了企业的交易成本。如果企业的交易成本超过了市场交易成本，企业就会解体，企业的生产要素就会恢复到市场交易状态。所有导致企业交易成本上升的因素，如"部门墙"越来越厚、最终成果责任不落实、激励不到位、官僚主义、腐败等，最终都会危及企业的生存。

危机的征兆通常是过去合理的制度、惯例和实践开始走向反面。发现危机的征兆，观察趋势比了解现状更重要。财务报表反映的是企业已经成为过去的现状，现状并不说明问题，变化和趋势才能揭示问题的实质。

企业内在的自发演变趋势

企业为什么会衰落？因为企业自发的演变趋势是趋向衰落，而不是趋向繁荣。我们之前引述过经济学家弗兰克·奈特的说法——滚滚红尘的每一种运动，都是也可以被视为趋向平衡的发展。水流趋向于同水平面，气流趋向于同气压，电流趋向于同电压，辐射趋向于同温度。每一种变化是对导致该项变化的力量的平衡，该项变化趋向于带来这样的条件，在此条件下该变化不再发生。水流不止，风吹不息，这一切仅仅是因为阳光的普照。太阳产生的热能不断地制造着不平衡，而水与风的持续运动不断追求平衡。企业趋向衰落的趋势，就是一种自发地趋向平衡的趋势，就是一种销蚀管理带来的变化的趋势。那么企业有哪些自发的演变趋势呢？我们不妨试举几例。

自发趋势之一：偏离以客户为中心的自发趋势

以客户为中心对企业来说似乎是不言自明的道理，然而企业却不可能自发地趋向以客户为中心，企业的自发演变趋势是偏离以客户为中心，为什么？

企业目的　如果说企业的目的是追求利润最大化和股东价值最大化，那么企业的发展就会以股东为中心而不会以客户为中心。满足客户需求是手段不是目的，当手段与目的冲突时，比如客户需求的变化促使企业必须加大创新投入，与此同时，资本市场要求更高的投资回报，企业这时会牺牲客户的利益而确保股东的利益。

企业规模　随着企业规模的扩大，内部分工不断细化，内部岗位与部门距离客户越来越远，感受不到市场竞争的压力和满足客户需求的迫切性，对客户的抱怨无动于衷。

故步自封　企业的成功会滋生骄傲自满的心态，不再虚心地听取客户意见，甚至对客户颐指气使。

流程异化　流程是为了使重复发生的业务和工作程序化、标准化，以消除混乱，防止错误，提高效率，进而更有效地响应客户需求。然而随着流程的不断完善，也会滋生官僚化。逐渐地，执行流程的作业人员以遵守流程、明哲保身为目的，忘记了完善流程和遵守流程最终是为了更好地满足客户需求。

技术导向　从事研究与开发的科学家和工程师往往追求的是技术

领先而不是为客户创造价值和企业的商业成功，忘记了打石头是为了修教堂。

人性的弱点　偏离以客户为中心的源头还是人性。人的行为的原动力都是利己的。人通过两种方式达到利己的目的——通过利己的方式而利己，或通过利他的方式而利己。以客户为中心是以利他的方式利己，只有将客户的利益与个人的利益挂钩，才能激发个人利他的动机和行为。

自发趋势之二：分散企业战略焦点的多元化扩张冲动

成功的企业都是聚焦的企业，利润来自核心业务，这是大量实证研究证明的道理。然而企业为什么屡屡盲目扩张、偏离焦点呢？因为企业内部有一种内在的多元化扩张冲动。这种盲目扩张冲动有多种原因，其中之一是职业经理人的动机与目标。

经营者们追求庞大的企业规模，因为这既能够提高职业经理人的声望，又能巩固职业经理人的地位，还能为职业经理人带来高得令人咂舌的薪酬，这必然促使职业经理人利用各种手段迅速扩张企业规模，特别是比起靠创新和核心能力驱动的增长，借助资本市场和其他融资来源的资本驱动的多元化并购扩张速度更快。然而后一种扩张方式往往使企业面临多年的整合问题，背负沉重的债务负担，严重分散了企业的战略焦点和经营者的精力。

再有就是来自因企业人力资本和管理能力的富余产生的扩张冲动。为什么企业的成长存在着一个限度？对这个问题，彭罗斯认为可以从三个角度去解释，即管理能力、产品或要素市场、不确定性和风险。随着时间的推移，从企业的运营中获得的经验导致了知识的增加，这一过程也产生了许多生产性服务（尤其是管理能力），但如果企业无法扩张，就无法利用这些服务。这些服务就为扩张提供了一个内部诱因，同时也为扩张提供了新的可能性。企业有这样的动机：不仅要充实大规模运作以消除闲置的生产性服务，而且要通过扩张，尽可能充分使用最有价值的专业的资源服务。如果企业的扩张速度——无论是有意还是无意——快于必要经验的获得速度，则企业的效率就会受到损害，即使对其管理结构进行了优化调整。[1] 显然，企业现存的人力资源既刺激了扩张也限制了扩张的速度和边界，但现实是只有企业的扩张大大超出了自身能力，才可能被迫停下来，扩张的欲望才可能恢复理性。

自发趋势之三：奋斗精神减退的懈怠趋势

每个企业都有创业期间艰苦奋斗的成功故事。然而，为什么奋斗精神难以长久保持呢？为什么员工在富裕之后会懈怠呢？

借用热力学第二定律，可以说明长期艰苦奋斗不可能自发地实现。华为公司总裁任正非先生正是借用了热力学第二定律，来解释人在富裕之后懈怠的天性。他说：

> 热力学第二定律阐述了，自然界不可能将热量从低温物体自动地传导到高温物体，必须有动力才能完成这种逆转。人的天性在富裕以后会怠惰的，这种自发的趋势，人的主观能动性是可以改变它的。我们组织的责任就是逆这种自发的趋势而行动，以利益的分配为驱动力，反对怠惰的生成。组织的无作为，就会形成"熵死"（在不可逆过程中，热寂死亡时熵值单调最大）。我们坚持"以客户为中心，以奋斗者为本，长期艰苦奋斗"，不是自发趋势，不可能等待而来，不进则退。[2]

为什么员工在富裕之后会懈怠呢？经济刺激是否能长期扭转这种自发趋势呢？

经济刺激的边际效应是递减的。奈特认为：人们通常假定，薪酬

---

[1] 参考彭罗斯.企业成长理论[M].赵晓，译.上海：上海人民出版社，2007：54-83.
[2] 任正非：《从哲学到实践》，2011。

越高,会诱使个人劳动越多(更辛苦或工作更长的时间)。这种假设似乎自然成理,却失于肤浅。稍做考察就会发现,该假设之于理性行为实为谬误。一个理性行事的人,他的行为动机必定遵循效应递减原理。在赚钱和非经济用途之间,他往往按如下方式分配自己的时间:尽量投入较少的时间挣更多的钱。平衡点取决于金钱和闲暇的比较曲线的形状。[①]

仅仅是为了满足消费的欲望,其奋斗精神必然会随着消费需求的满足而减退,也就是说经济刺激的边际效应是递减的。然而,人生的意义不仅仅是满足消费的欲望,还在于发现生活的乐趣,追求认可、权力和自我实现,这些都使人生更有意义。越是知识型员工,越是追求那些有挑战的、创造性的、标新立异的事物所带来的价值。物质是基础,但其边际效应是递减的,只有精神追求才能提供不竭的前进的动力。所以,企业应当追求远大的目标,让物质与精神结合起来,使工作与对事业的追求可以持久地激励员工。

自发趋势之四:机会和利益分配的平均化趋势

企业的利益分配的自发演变呈现出平均化的趋势。为什么社会的财富分配差距呈现日益扩大的趋势,而企业的利益分配趋势却呈现平均化的趋势呢?这是由企业的个人绩效分布决定的,我们在第11章中已经讨论过这个问题。传统产业中的企业个人绩效曲线呈近似正态分布,这是因为传统产业技术进步的速度较慢,而且技术创新多为改进性的,很少有颠覆性的,故而掌握专门技能和知识的广大员工是创造企业价值的主体,而顶尖人才的创造性贡献占比相对较小。价值创造的关键主要不在于突破性创新,而在于产品质量、成本、交货期和服务的不断改进。

但是对高技术企业来说,情况正好相反,技术进步的速度很快,突破性、颠覆性的创新不断涌现,市场竞争激烈,所以顶尖人才的

---

① 奈特.风险、不确定性与利润[M].郭武军,刘亮,译.北京:华夏出版社,2011:91.

价值贡献处于关键地位。以往经济学描述的社会财富分配的 20/80 准则——20% 的人口占有 80% 的财富的规律——之所以长期保持相对稳定，与生产要素——劳动、土地和资本——对价值创造的贡献大体上是吻合的。但这一规律对于高技术企业已经不适用了，在高技术企业中，往往是占员工总数不到 10% 的优秀人才，创造了企业 90% 的价值。因此，重视技术创新就要改变价值分配结构，使之符合个人表现（绩效）的分布特征，拉开优秀人才特别是顶尖人才与一般员工的分配差距。否则，就激发不出企业员工的创造力，留不住顶尖人才。

自发趋之五：利出多孔滋生腐败的趋势

多元化公司或多种经营公司，往往存在"利出多孔"的现象，即高层管理者的利益存在多个来源。一些企业利用多元化扩张，成立非主业的、名目繁多的子公司，这些经营实体的隶属关系复杂，企业治理结构不规范，高层管理者大量兼职，时间精力分散，利出多孔。

企业的高层管理者缺乏自律，滥用职权，以权谋私。如介绍亲戚朋友应聘公司岗位，不遵守供应商认证程序，指定某家与自己有私人关系的企业为公司的供应商或外协厂家。企业对高管从关联交易中谋取私利查处不严。英国历史学家阿克顿勋爵（Lord Acton）说过："权力导致腐败，绝对的权力导致绝对的腐败。"不受制约和监控的权力必然导致腐败。

华为公司对高管和骨干员工的管理有一项非常严格的规定：利出一孔。华为公司总裁任正非先生说：

> 我们坚持利出一孔的原则。EMT 宣言，就是表明我们从最高层到所有的骨干层的全部收入，只能来源于华为的工资、奖励、分红及其他，不允许有其他额外的收入。从组织上、制度上，堵住了从最高层到执行层个人谋私利或通过关联交易的孔掏空集体利益的行为。相信我们的人力资源政策，会在利出一孔中，越做

越科学，员工越做干劲越大。我们没有什么不可战胜的。[1]

"利出一孔"的思想，最早出自《管子·国蓄》。管子曰："利出一孔者，其国无敌；出二孔者，其兵半诎；出三孔者，不可以举兵；出四孔者，其国必亡。先王知其然，故塞民之养，隘其利途。故予之在君，夺之在君，贫之在君，富之在君。故民之戴上如日月，亲君若父母。"可见我国古代政治家、哲学家管仲早就对利出多孔的弊端进行了深刻的总结。

通用电气公司重回制造业

总之，企业繁荣的背后都蕴含着衰退的因素，正所谓物极必反。企业是一个矛盾的综合体，矛盾在发展过程中一定会向对立面转化。可惜的是，许多曾经辉煌甚至成为产业标杆的企业，却未对繁荣中的危机因素给予足够的重视，未能防微杜渐，及时发起变革，把危机消灭在萌芽期，以致危机爆发时遭受重创。例如通用电气公司从巅峰跌落的案例，足以使我们引以为戒。以下是通用电气公司重回制造业的案例，材料来自《杰克·韦尔奇自传》[2]《变革：制造业巨头 GE 的数字化转型之路》[3]，以及杂志和网络上的报道和评论资料。

通用电气公司重回制造业

美国通用电气公司自1878年其前身爱迪生电灯公司创立至今，

---

[1] 任正非:《力出一孔，利出一孔》，2012。
[2] 参阅韦尔奇, 拜恩. 杰克·韦尔奇自传 [M]. 曹彦博, 孙立明, 丁浩, 译. 北京：中信出版社，2001.
[3] 参阅中田敦. 变革: 制造业巨头 GE 的数字化转型之路 [M]. 李会成, 康英楠, 译. 北京：机械工业出版社，2018.

已走过140多年的历程。公司于1880年在美国纽交所上市，1896年道琼斯工业平均指数设立，通用电气公司是最早被纳入指数的12家公司之一，并创造了保留在指数中时间最长的纪录。公司曾是世界范围内少见的国际化、多元化发展的成功典范，业务涉及航空发动机、核电设备、可再生能源、石油天然气、运输机械、精密医疗器械、家用电器、金融服务、数字化等多个领域，业务遍及全球180多个国家。然而，就是这样一家美国的标杆型传统企业，也未能摆脱衰退的命运，在2018年6月被剔除出了道琼斯工业指数。人们不禁要问：这一切是怎么发生的？

杰克·韦尔奇的数一数二战略

通用电气公司在杰克·韦尔奇的首席执行官任内发展达到顶峰。韦尔奇在1981年至2001年期间担任通用电气公司董事长兼首席执行官。当时通用电气公司的业务从烤面包机到发电厂，几乎无所不包。从担任首席执行官那天起，杰克·韦尔奇就将"持续性的盈利增长"作为自己的经营目标。

1981年12月，在韦尔奇作为公司首席执行官第一次与华尔街的分析家见面时，他带来的重大信息像扔了一枚炸弹。他说通用电气将是这样一家公司："只有能够洞察到那些真正有前途的行业并加入其中，并且坚持要在自己进入的每一个行业里做到数一数二的位置——无论是在精干、高效，还是成本控制、全球化经营等方面都是数一数二，或在某项前沿科技方面遥遥领先，在市场竞争中有明显的优势，才能成为赢家。"这就是韦尔奇为通用电气公司制定的新战略，简单明了。韦尔奇画了三个圆圈，分别代表通用电气公司的三大类业务：即核心业务，包括大型家用电器、照明、涡轮机、运输车辆、发动机和建筑设备；高技术业务，包括医疗、材料、电力、航天、飞机发动机；以及服务业务，包括金融、信息、建筑工程和核能。不在这三个圈里的业务，像中央空调、电视、音响、小型电器、开关、电缆等，都属于要整顿、出售或者关闭的业务。韦尔奇的数一数二战略获得了巨大的成功。他就任前的1980年，通用电气公司的营业收入为268亿美元，20年后的2000年，营业收入增加了约5倍，达到1298亿美元，纯利润达到127亿美元。股票市值由1980年的140亿美元增加到2000年8月的6 010亿美元，20年增长了42倍。

向金融服务的转型埋下了危机的伏笔

由于长期实施韦尔奇的数一数二战略，通用电气公司的几乎所有传统业务都达到了该产业的天花板，增长停滞，唯有金融业务——专业保险、专业融资和中间市场融资——增幅显著。韦尔奇早在20世纪70年代中期参观了通用电气公司的合作伙伴——日本横河电机工厂的组装线后，就惊叹于日本企业高效的生产体制，他认为在制造业领域与日本企业竞争没有胜算，于是决定进入那些"不受日本企业攻击的领域"。从他就任通用电气公司的首席执行官后，就大胆推进"脱离制造业"战略，经过慎重考虑，韦尔奇把目光放在了金融和电视广播两个领域上，开始大力发展金融服务。通用电气公司的金融服务业务发端于20世纪30年代家电的消费信贷业务，随后扩展到为客户购买通用电气公司的工业设备时提供的融资租赁服务，20世纪90年代，通用电气公司进入了信用卡等消费金融、房地产金融领域，在全球范围收购了很多证券公司、租赁公司、消费者金融公司。通用电气公司凭借"世界最强企业"的名声获得高信用评级，在短期金融市场以低成本发行票据筹措资金，然后通过向客户贷款获取利润。1980年，通用电气公司金融服务集团拥有10家企业，资产110亿美元，仅在北美发展。到了2001年，通用电气公司金融服务集团在48个国家有24家企业和3 700亿美元资产，盈利52亿美元，占通用电气公司总收入的41%。

韦尔奇认为，通用电气公司金融服务集团是将金融和制造业融为一体的典范，让创造型人才与制造业的原则以及资金结合在一起，这种方法确实奏效了。但是，这种将金融与制造融为一体的战略，使金融服务收入和利润在通用电气公司总收入的占比迅速增大，超过了40%，从而改变了通用电气公司的经营重心。此外，通用电气公司的金融服务大量抽走了制造业务的自由现金流，影响了制造业务的研发投入，使其发展更显疲态。更重要的是，通用电气公司不能像银行那样吸收存款，而是靠票据融资从银行获得借款再贷给客户和消费者赚取利润的，这其中隐含着巨大的风险。

伊梅尔特时代

2001年杰夫里·伊梅尔特（Jeffrey R.Immelt）接替韦尔奇担任首席执行官。此前，伊梅尔特曾担任通用电气医疗系统部门（现在被称为GE Healthcare）的总裁兼首席执行官。伊梅尔特继任后，为通用电气公司规划的战略是一条产业与金融双轮并行的发展道路。在伊梅尔特领导下，公司分拆后的金融板块的资产规模已能排名全美前十，但通用电气公司金融服务相比传统混业经营金融公司的存贷结合式发展模式存在明显缺陷。通用电气公司金融公司吸收存款能力薄弱，放贷资金几乎全部来自依托母公司通用电气3A评级的外部融资。美国"9·11事件"以及随后的房地产次贷泡沫导致的信贷环境吃紧，使得通用电气公司金融在2003—2007年年均资金缺口达211亿美元，2007年一度达到400亿美元。而同期的产业部门产生的年均63亿美元的净现金流，也被大部分放入通用电气公司金融的资金池。为了弥补资金缺口，通用电气公司金融依靠发行商业票据进行债权融资。在2008年金融危机前，通用电气公司是全球最大的商业票据发行商，2006年和2007年商业票据借款分别达到1 012.79亿美元和1 076.77亿美元。数据显示，2007年，通用电气公司金融部门的权益乘数（总资产/股东权益）高达11.21，导致通用电气公司整体的权益乘数也达到6.89左右，远高于一般的制造业公司。这一切表明其中潜藏着巨大的风险。

2008年金融危机爆发，短期金融市场的流动性急剧萎缩，导致通用电气公司被迫靠着票据的借新还旧勉强维持。金融危机使得通用电气公司持有的消费者金融和房地产金融产生了大量不良债权。通过对这些债权的清算，通用电气公司在2015年计提了160亿美元的特别损失。金融危机也使通用电气公司的战略从注重研发和制造到金融服务导向的不良后果充分暴露。回顾通用电气公司金融成为通用电气公司的主导业务的二十年来，业绩从高速增长到增速不断下降，再到遭受系统性金融危机而濒临破产。而支撑通用电气公司发展的研发实力及电力、航空、医疗三大核心业务，虽然仍保持着全球领先的市场地位，但也因企业文化不再注重研发而受到影响。2017年8月通用电气公司董事会免去了伊梅尔特的董事长及首席执行官职务，由约翰·弗兰纳里（John Flannery）接任，而后者由于未能扭转通用电气公司金融业务亏损导致的集团业绩下滑和股票价格大跌的趋势，上任仅一年就被董事会撤换。2018年6月通用电气公司被剔出了道琼斯工业指数。跨越20世纪的标志性企业通用电气公司从神坛上跌落了。

剥离金融业务重回制造业

金融危机后，伊梅尔特开始反思，认为韦尔奇留给自己的摊子铺得太大，许多业务都距离高科技的电力、航空、医疗的核心业务太远，这种架构让公司难以在未来的种种挑战下存活下来。因此，2009年，伊梅尔特把韦尔奇在多元化时代并购的媒体和娱乐子公司NBC环球卖给了有线电视巨头康卡斯特公司（Comcast Corp.）。2015年4月通用电气公司发布了"2018年以前基本退出金融业务"的声明。直到分拆金融业务时，公司工业业务的回报率是17%~18%，而金融服务的回报率仅有6%~7%。

重返制造业，不是简单地回归传统。

伊梅尔特敏锐地感受到了时代的变化。他决定要带领通用电气公司向"数字化制造"转型。于是，通用电气公司开始大幅度增加数字化相关产业的投资。2011年，通用电气公司为了提升自己的软件开发能力，在靠近硅谷的加州圣拉蒙建立了全球软件研发中心。该中心的目标是自主开发大数据分析以及人工智能不可或缺的软件系统。这个为了软件开发而在硅谷设立的研发中心，2015年被扩建为通用电气公司数字事业部（GE Digital）。伊梅尔特计划在2020年之前，将软件开发和数字化服务部门的数字化营业收入规模提升到150亿美元，并进入世界软件公司前十名。

在韦尔奇时代，通用电气公司的资金主要用于收购金融和媒体公司，对研发领域的投资很少。但是，近年来通用电气公司对研发领域的投资逐年增加。伊梅尔特就任首席执行官前的2000财年，通用电气公司在研发领域的投资为22亿美元；而在2016财年，对研发的投资高达55亿美元。

虽然通用电气公司现在依然实行兼并重组战略，但成长战略的原则已经变为通过自身开发的新产品、新服务实现内生式增长，这与韦尔奇时代实现战略目标的手段已经完全不同。比如，2011年发布的推行"工业互联网"的平台软件"Predix"，就不是通过外部收购获得的，而是由公司位于硅谷的软件研发中心开发的。

我们期待，通用电气公司在经历了"脱离制造业""将金融与制造融为一体"到"重回制造业"的否定之否定的螺旋形成长过程后，会迎来更有竞争力和更可持续的长期增长。

我们从通用电气公司的大起大落中可以得到什么启示呢？第

一，企业不能什么赚钱就做什么，什么一时不赚钱就砍掉什么。制定企业的长期战略应深入思考和明确回答彼得·德鲁克的三个经典问题：我们的企业是个什么企业？我们的企业将是个什么企业？我们的企业应该是个什么企业？企业应坚持自身的长期定位，不能一味迎合资本市场对利润最大化和价值最大化的短期诉求。尤其是金融业务，本来是作为支持通用电气公司核心业务的辅助业务发展起来的，但由于其业务流程简单、资源容易获取、投机性强、在经济繁荣时期回报率较高、通过高杠杆率可迅速做大，就不顾风险地投入，甚至为此不惜改变资源配置结构，改变业务组合重心，最终将宏观经济危机的风险直接传导到企业内部，危及企业的生存，这不能不说是一个深刻的教训。

第二，制定战略必须立足于企业的长远利益，处理好短期利益与长期利益的关系。试问为什么要数一数二？其中的逻辑是，数一数二是核心竞争力领先的标志，只要取得核心竞争力的优势，规模和利润就会随之而来。数一数二战略的实质是聚焦核心业务，拒绝平庸，做到领先，取得产业市场的垄断地位。韦尔奇在整顿通用电气公司已有的业务组合时推行的是数一数二战略，但面向企业未来的战略选择时，就背离了数一数二原则，重新落入了什么赚钱就干什么的窠臼，不顾风险地追求短期收益。这是战略上的短视。制定战略必须立足于企业的长远利益，解决实现长远目标和现有能力的差距问题，这才叫战略。

第三，坚持数一数二战略不是一条捷径，而是一条不断强化核心竞争力优势、不断提高产业进入门槛的艰苦卓绝的长期路径。而脱离制造业选择金融业，则是选择了一条增长的捷径，特别是采取票据融资、进入房地产金融和次级贷款领域更是捷径中的捷径。世界上的事情都是收益与风险并存的，韦尔奇在任后期背离了数一数二原则，选择了发展金融业务的捷径，虽然延续了公司发展的高增长势头，但也让继任者产生对路径的依赖。在伊梅尔特的任期内，运气就没有那么好了。2008年的金融危机重创了通用电气公司的金融业务，严重拖累了整个公司的业绩，股价从2008年1月的每股36美元跌至2009年3月的每股7美元，最终领导层不得不在2015年宣布"2018年以前基本退出金融业务"的决定。

第四，任何成功的战略都有其局限性，都有可能在实现目标后迷失方向，这是战略本身的内在矛盾决定的。包括数一数二战略，在其成功实施的同时，其负面因素也在孕育，这个负面因素就是市场空间的限制。当在一个细分产业市场上做到数一数二后，继续增长的机会在哪里？应该根据什么原则选择未来的市场机会？是拓展现有市场空间、在更大的市场范围内发挥已有的数一数二优势，还是进入新的更有前途的市场作为追赶者重新开始数一数二者的征程？韦尔奇或其继任者如果能够坚持韦尔奇最初提出的数一数二战略，就不会对金融业务过于热衷，不会采取蕴含巨大风险的商业模式寻求快速增长和机会收益以迎合资本市场的诉求。这又回到了要深入思考和回答"我们的企业应该是个什么企业"的问题上。战略就是做取舍，没有舍弃就没有战略。

第五，金融与制造业融为一体的战略必须分清主次，控制其中蕴含的风险。制造业务要发展到产业数一数二的地位，不仅需要技术创新，而且需要市场开拓，而市场开拓往往离不开金融支持。所以，通用电气公司当年进入金融业，为消费者和产业客户提供购买产品和设备的融资，这是制造业务发展的必然。但金融与制造业融为一体的战略必须分清主次，发展金融业务是为了支持制造业务的发展，而不是脱离制造业务，喧宾夺主，甚至从制造业务抽取现金支持金融业务的发展，这种融合方式就是本末倒置，最终会动摇企业的根基。

我们看到，规模和竞争力，也就是通常所说的大和强，是一对矛盾，其对立统一和向对立面的转化，是推动企业发展的内在因素。竞争力是规模的基础，脱离了这个基础片面地追求规模，将是无源之水、无本之木。这是常识。是遵循常识而不是机巧、捷径和资本运作造就了伟大的企业。

适者生存仅在与"不适者不能生存"的关系上才是有意义的，换句话说，进化必要有淘汰，发展必要有变革。

12.3

变革与领导力

企业历史表明，大企业一旦进入下降通道，就很难重整旗鼓。但是，大企业是一定会进入下降通道的，所以如何防止大企业进入下降通道以及一旦进入下降通道如何重整旗鼓就是一个具有挑战性的管理难题。解决这个难题需要深刻的变革，而变革呼唤领导力。

领导力的本质

领导力是当前管理学界讨论最多但看法最难一致的一个概念。市面上阐述领导力的著作可谓汗牛充栋，但大多读来不免让人感到肤浅，只有少数学者对领导力的研究有深刻洞见，其中，笔者认为最深刻的是沙因和巴纳德的领导理论，以及詹姆斯·伯恩斯（James MacGregor Burns）和约翰·科特（John P. Kotter）的领导理论。前两者的领导理论侧重从企业文化角度讨论领导的作用，对此我们在第5章中已经有过详细的阐述；后两者是从变革的角度考察领导力，这是本节的讨论重点。

詹姆斯·伯恩斯认为：要了解领导力的本质，就要了解权力的本质，因为领导力是权力的一种特殊形式。40年前，伯特兰·罗素（Bertrand

Russell)把权力称作社会科学的基础概念,"就如同能量之为物理学的基本概念一样"。这是一个很有启发意义的比喻,它提示我们,权力的源头可能就在于权力的掌握者和对象所具有的无限的欲求(wants)与需要(needs)。伯恩斯指出,权力首先是一种关系,它涉及权力持有者和权力接受者双方的意图或目的;因此,它是集体的行为,而不只是一个人的行为。基于这些假设,我们将权力看作这样的过程:在这一过程中,具有某种动机和目标的权力持有者(P),通过利用他们权力基础中包括技巧因素在内的各种资源,有能力确保改变一个对应者(R)——人或动物的行为及其环境。[1]

伯恩斯认为,领导力最重要的变量仍然是目的。他为领导力下的定义是:领导者诱导追随者为了特定的目标而行动,这些目标体现了领导者和追随者双方的价值观念与动机——欲求和需要,渴望和期望。领导的天才体现在察觉他们自己和他们追随者的价值观念与动机并据此采取行动的那种方式。[2]

伯恩斯强调:根据定义,改革领导通常暗含道德领导之意,而这就产生了一种特殊的负荷,那意味着,改革家们在试图达成道德目标时绝对不能采取不适当的手段,因为不适当的手段可能玷污和扭曲他们的道德标准。正是改革的这种本质限制了战略选择。[3]

那么,作为一个领导者,我们该怎样运用影响力呢?伯恩斯给出了四点建议:

第一,要在我们的内心弄清自己的个人目标。我们是否真的要领导任何人?往哪儿领导?为了什么目的领导?

第二,我们试图领导的是谁?

---

[1] 参阅伯恩斯.领导论[M].常健,等译.北京:中国人民大学出版社,2006:7.
[2] 同前注,第13页。
[3] 同前注,第166页。

第12章 繁荣与危机 / 545

第三，我们要走向何方？检验领导实践的最终标准是实现那些满足人们的持久需要的预期的、真正的变革。

第四，我们怎样克服实现目标的阻碍？

领导的首要职能是发起和实现成功的变革

约翰·科特是第一个将领导与管理加以区分并详细论证的学者。在科特看来，领导和管理的主要职能不同。前者可以开创有用的变革，而后者可以创造有序的结果。领导和管理这两个术语和概念的存在本身，就意味二者既有区别又有联系。在现代管理出现以前，领导与管理的概念是重合的，管理是包含在领导职能里的。管理概念的兴起，是适应第一次工业革命后大规模劳动分工的协作要求以及生产和销售组织规模急剧扩大的需要，是一个巨大的进步；而在管理被人们普遍重视和普遍应用时，将领导从中区分出来，是现代管理发展的又一次进步。

科特认为，领导的核心职能是创造顺应环境且行之有效的变革。领导行为体系包括以下三个要素：

第一，定向。确定未来的愿景，并为实现这一愿景制定变革策略。试图在某一方面成为最好的，这是成功商业愿景中非常普遍的观念。要有效制定企业的愿景和发展方向，不仅需要具备相关行业的丰富知识，理解有效商业战略的要素，有承担风险的魄力，还应当能够将愿景和目标与组织成员的个人目标结合，使他们认识到实现组织的愿景与实现他们个人的目标是息息相关的。

第二，联盟。与潜在的合作对象为实现企业的愿景和目标形成联盟，即利益共同体。现代企业的一个核心特征就是相互联系，其中任何人都不是独立的，大多数员工都因为工作、技术、管理体系和职级与他人联系在一起。一旦企业试图改革，这些联系就对实施领导力形成了特殊挑战。要达成联盟，需要具备多种沟通技巧。

第三，激励。要激励员工，需要理解基本的人性。通过诉诸人类非常基本但常未得到满足的需要、价值和情感，使团队战胜变革中遇到的重大障碍，沿着正确方向前行。领导范畴下的激励可以通过很多不同方式体现出来，通常的手段包括：（1）阐述愿景时充分强调听众的价值，使他们获得尊重感；（2）让员工充分参与决策过程，决定如何实现愿景中与他们密切相关的部分，使他们获得掌控感；（3）积极支持员工为实现愿景而做出的努力，为员工提供指导、反馈并树立榜样，帮助他们提升专业水平，增强他们的自尊心；（4）对他们取得的一切成功公开表彰嘉奖，给予员工认可和关爱，培养员工的归属感和成就感。[①]

将领导的首要职能定位为发起和实现成功的变革，这是对领导的一个本质认识，也是对领导的一个极高要求，它是真正将领导与一般管理相区别的关键标志。

变革型领导与交易型领导

詹姆斯·伯恩斯认为，对人们实施领导的过程是：具有特定动机和目的的人，在与其他人的竞争和冲突中，调动各种制度的、政治的、心理的和其他方面的资源，去激发、吸引和满足追随者的动机。领导的第一要务是使追随者意识到他们自己的需要、价值观念和目的。领导者与追随者关系的本质，是人们为了追求一个共同的目的而进行的互动。这种互动采取了两种根本不同的形式。第一种形式，我称之为交易型（transactional）领导，当一个人为了交换有价值的东西而主动与他人联系时，这种领导就产生了。这种交换在性质上可能是经济的、政治的或者心理的。与之相对照的是变革型（transforming）领导。当

---

① 参阅科特.变革的力量：领导如何不同于管理[M].王雯潇，译.北京：中信出版社，2019：59–81.

一个或更多的人与其他人结合（engage），使领导者和追随者彼此将对方的动机和道德提升到更高的水平时，出现的就是这种领导。[①]

在各种各样需要特殊的政治技巧的领导行为中，对改革运动的领导必定是其中最难的。改革既需要方向明确、坚定不移，又需要灵活、妥协、让步和耐心。因此，改革始终是在变革与交易之间保持平衡——在制度和精神上变革，在过程和中间结果上交易。重大的变革都会面临重重阻力，这要求领导重大变革的领导者应兼具狐狸和刺猬的品性。他应当既是一只"知道很多事情"的狐狸，又是一只"认准一件大事"的刺猬。这也是杰出领导者往往集交易型与变革型于一身的原因。交易是为了减少变革的阻力，失去了变革这个目的，交易就失去意义了。交易是手段，变革是目的。

现实中不乏领导者强力推进变革而最终功亏一篑的事例，其中的一个重要原因是未能动员被领导者广泛参与。而要使被领导者广泛参与，又有赖于在变革目的和方案与变革将为被领导者带来的利益之间达成共识。对变革达成共识需要信任和紧迫感，而信任和紧迫感来自变革领导者的个人魅力和高超的领导艺术，这就是领导力。关于这方面，稻盛和夫领导日航复兴的案例，有助于我们加深对领导力的认识。

稻盛和夫如何重建日航

2010年1月19日，以经营困难和资不抵债为由，日航向东京地方法院提出申请，要求适用企业再生法实行破产保护。这家亚洲最大的航空公司，背负着总额高达2兆3221亿日元[②]这一日本战后实体企业最大的债务，轰然倒下，成为2010年日本新春时节最具冲击力的新闻。

---

① 参阅伯恩斯. 领导论[M]. 常健, 等译. 北京：中国人民大学出版社, 2006: 7-14.
② 按当日日元兑美元汇率折算, 相当于255.79亿美元。

管理政策　/　548

2010年2月1日,在日本国土交通省的坚决要求下,年近78岁的原日本京瓷公司董事长稻盛和夫临危受命,接任日航会长(即董事长),以其坚强的、充满魅力的领导力,开始了大刀阔斧的改革。重建第一年,日航就扭亏为盈,营业利润超过1 800亿日元,第二年超过2 000亿日元。到2012年9月19日,日航再次成功上市,仅用了两年零八个月的短暂时间就获得了重生。那么,稻盛和夫是怎么在这么短的时间里重建日航的?我们从中能得到什么启示?笔者整理了日航重生的案例,材料来自大田嘉仁所著《日航的奇迹》[1]、引头麻实编著的《日航的重生》[2]和稻盛和夫所著《阿米巴经营》[3]《阿米巴经营实践》[4]等多部著作以及网络上的多篇报道和评论文章。

重建日航

稻盛和夫重建日航的方略

日航为什么会破产?在1983年开始的五年中,日航超越了常年的竞争对手泛美航空等同行企业,成为世界第一。日航在1987年11月转变为完全的民营企业。此后,日航开启了可形容为莽撞的多元化战略之路:接连不断成立子公司,进入酒店领域、教育领域、IT领域、餐饮领域、出版领域等。但日航私有化之后最初的经营者是官僚出身,而且从半官半民时代留下的官僚体制也未改变,所以无法缓解劳资对立的矛盾。日航还购入了大量的巨型客机,再加上由于政府的干预,很多亏损航线也继续运营,导致企业经营长期处于不稳定状态,最终滑向了破产的境地。

---

[1] 参阅大田嘉仁.日航的奇迹[M].曹寓刚,译.北京:东方出版社,2019.
[2] 参阅引头麻实.日航的重生:稻盛和夫如何将破产企业打造为世界一流公司[M].陈雪冰,译.北京:中信出版社,2014.
[3] 参阅稻盛和夫.阿米巴经营[M].曹岫云,译.北京:中国大百科全书出版社,2015.
[4] 参阅稻盛和夫.阿米巴经营实践[M].曹寓刚,译.北京:中国大百科全书出版社,2018.

稻盛和夫认为："重建日航只要依靠哲学和阿米巴经营就行了。"故他赴任日航会长时只带了两名助手：一位是他的秘书大田嘉仁，协助稻盛和夫推行意识改革的负责人；另一位是森田直行，曾担任过京瓷副会长的负责阿米巴经营的专家。

稻盛和夫认为，重建日航首先要使日航的全体干部员工上下一心，为了共同的目标而努力。而要提升员工的一体感，最重要的事情就是确定企业的根本，即经营理念。故此，稻盛和夫刚就任会长时就明言，日航的经营目标是"追求全体员工物质和精神两方面的幸福"。稻盛和夫成功地经营京瓷公司就是以此为目标的。稻盛先生说："京瓷的成长，不是因为有了先进的精密陶瓷技术，而是因为注重人心，以心为本，在此基础上全员团结一致，为达成高目标而奋斗，这才是成长发展的根本原因。"

最终日航的经营理念确定为以下内容：

- 追求全体员工物质和精神两方面的幸福
- 为旅客提供最好的服务
- 提高企业自身价值，为社会的进步发展做贡献

稻盛和夫为日航规定的企业目的与他经营京瓷的企业目的是一样的，都是为了追求员工物质和精神两方面的幸福。其内在假定是，只有满意的员工才能不断向旅客提供最好的服务，进而提高企业自身的收入和利润，使员工得到较高的收入，使股东得到高回报，为社会的进步发展做出贡献。这就是稻盛和夫经营理念中目的和手段之间、出发点与结果之间的逻辑关系。

制定日航哲学并贯彻到每一位员工

稻盛和夫领导的日航重建，首先从意识改革入手。

在日航的管理者们看来，实施结构改革才是最重要的事情，他们不认为通过意识改革可以实现重建。结构改革对于重建来说确实非常重要，比如稻盛和夫在日航推行的阿米巴经营模式，重

新划分责任中心，就是一种结构改革。但改革是要人去实施的，人是由动机和理念支配的，所以，机构改革必须与意识改革同步进行，两手都要抓，而且两手都要硬。没有同步的意识改革，结构改革的推进会遇到很大的阻力。没有结构改革，仅凭意识改革，人们不知道应当往何处用力。

稻盛和夫认为人的本质是美好的。稻盛先生说，人的本质充满了真、善、美，充满了正确的、善良的、美好的东西。在每个人的内心深处，在灵魂层面上，人始终追求爱、真诚、和谐。所谓"爱"，就是把别人的欢乐视为自己的欢乐；所谓"真诚"，就是总想着为社会、为别人做些什么；所谓"和谐"，就是不仅希望自己，同时希望周围的人也都能获得幸福。人的本质原本就这么美好，日航哲学的根基就在于此。

稻盛和夫的助手大田嘉仁与日航的管理者和员工反复讨论，终于制定出指导日航干部员工行为的"日航哲学"，并将其编辑成手册，员工人手一册，经常拿出来学习、讨论、对照。日航哲学的结构是：

第一部分　为了度过美好的人生

第1章　成功的方程式

　　　人生・工作的结果 ＝ 思维方式 × 热情 × 能力

第2章　具备正确的思维方式

　　　以"作为人，何为正确"进行判断

　　　拥有美好的心灵

　　　拥有谦虚、坦诚之心

　　　保持开朗、积极向上的态度

　　　小善乃大恶，大善乃无情

　　　在相扑台的中央发力

　　　要把事情简单化

　　　事物本身兼具两面性

第3章　怀抱热情，踏实努力，持之以恒
　　认真、拼命地投入工作
　　踏实努力，持续积累
　　工作时要"有意注意"
　　自我燃烧
　　追求完美

第4章　能力必定会提高
　　能力必定会提高

第二部分　为了创建一个崭新的日航

第1章　每个人都是日航
　　每个人都是日航
　　直言相谏
　　率先垂范
　　成为旋涡的中心
　　对珍贵的生命负责的工作
　　常怀感谢之心
　　从旅客的视角观察

第2章　提高核算意识
　　销售最大化，费用最小化
　　提高核算意识
　　光明正大地追求利润
　　经营要依据正确的数字

第3章　齐心协力
　　最佳交接
　　矢量一致
　　贯彻现场主义
　　贯彻实力主义

第 4 章　燃起团队的斗志

　　怀有强烈而持久的愿望

　　不成功不罢休

　　有言实行

　　具备真正的勇气

第 5 章　不断创新

　　今天胜过昨天，明天胜过今天

　　乐观构思，悲观计划，乐观实行

　　思考到"看见结果"为止

　　决策果断，行动迅速

　　勇于挑战

　　树立高目标

　　日航哲学和日航的改革举措为什么能深入人心？这是由于日航的干部和员工从内心感受到，本来与日航毫无关系的稻盛先生，不求任何回报，自我牺牲，一心一意要让日航重建成功，那么作为员工，哪还有懈怠的理由？再有就是，日航哲学体现出稻盛先生的认真、大爱、利他之心和发自内心的善意，这些做人做事的准则，为日航的干部和员工所尊崇。

推行阿米巴经营机制

　　"能力"是什么？如果说，企业最为本质的资产就是员工，那么，能将员工的能力充分发挥出来的经营体系就是最重要的"能力"。只要有这样的体系，技术能力、生产能力、财务能力自然就会提高。稻盛和夫相信，任何人都具备无限的潜能，而阿米巴经营就是将这种无限潜能释放出来的经营体系。建立阿米巴组织的原则是：企业的收益来自哪里，就要在哪里建立阿米巴经营组织。在创造利润的基本经营单位和关键环节上着力，建立阿米巴的机制，核算细节，让单位所有员工知道，调动全员参与经营。

阿米巴经营的目的是实现全员参与的经营，因此需要把组织尽可能划小，将组织运营交给这些小组织的领导人。关于如何划分阿米巴组织，稻盛和夫认为要满足三个条件：第一，切分的阿米巴为了能够独立核算，必须有明确的收入，并且能够计算清楚获得这种收入所花费的支出。第二，作为最小组织单位的阿米巴，必须是能够独立完成一项业务的单位。第三，组织分割必须有利于执行整个公司的目标和方针。由于航空公司的收益来自航班，所以稻盛和夫指示，要构筑一套分航线、分航班核算，能够实时了解其损益的机制。稻盛先生还认为，核算应深入每一个创造收入或降低费用的经营细节。例如，空中售卖针对的是搭乘飞机的乘客，这个业务应该可以确保利润，有必要让其作为一项业务进行独立核算。并且，应该由对客户需求最为了解的航空乘务员来决定销售什么商品，并决定商品价格。

同时，为了让全体员工都参与经营，要尽可能地将经营数字公开，要构筑实时了解经营数字的机制。对于这一点，起初干部们很抵制，认为经营数字只要干部们知道就行了。理由是，如果让员工看到经营数字，有人就可能将数字泄露给其他公司，这会有损公司的竞争力。但稻盛和夫坚持认为，如果不能将经营数字向员工公开，就不可能进行核算，就不可能激发员工主动地改进，阿米巴经营也就是一句空话。

稻盛和夫始终认为，不管什么企业，营业利润率至少应该达到10%。经营企业并不那么难，只要全员瞄准销售最大化、费用最小化，拼命努力，结果就能获得高收益。

阿米巴经营对扭转日航的亏损起到了立竿见影的效果。

重建日航的其他举措

除了上面重点阐述的日航重建的两大根本方略外，在日航的重组计划中还包括了一系列重大的重组举措,下表列出了重组计划中的一些要点。

表 12-1 日航重组计划的要点

	项目	要点
短期和中期内可预计收支改善的政策	削减机种	共计 103 架飞机退役,机种由 7 种削减为 4 种
	优化航线网络	国内航线谋求高频率、小型化,并使网络系统保持一定水准
		国际航线以欧美主要城市和亚洲航线为主,度假航线改为火奴鲁鲁和关岛专线
	集中航运的经营资源	出售国外业务领域的子公司,暂停货机的运行,转而利用客机的货运仓
	构建灵活的组织和管理体制	避免组织在结构和功能上的重复,明确各航线和各部门的收益责任
		明确集团各公司的损益责任,加深集团全体在实际管理和经营方针方面的共享
	大幅缩小自营机场规模(机场成本结构改革)	缩小办公空间,退还部分机场航站楼空间,从而削减不动产租金,缩减人员和人事费用
		大幅缩小关西国际机场和中部国际机场的自营业务,提高销售额
	人员缩减	保证安全性的同时进行必要的人员缩减,通过提前退休、出售子公司等措施,员工由 2009 年的 48714 人精简到 2010 年末的 32600 人
	调整人员工资及福利待遇	以员工的业绩和实际表现为核心进行能力评估,并将之反映到待遇上
		将福利待遇维持在航空运营商的最低水准和最小范围内
	压缩成本	统一处理各部门的采购需求
		强化对使用衍生工具的燃油对冲的风险管理
	设备瘦身	引进效率高的小型飞机,国际航线引进波音 787
	优化子公司结构	强化地方子公司的地域联系,实现单一机种的高效飞行
	更新 IT 系统	更新陈旧的 IT 系统,推进生产力高、功能强、成本低的业务基础构建

第 12 章 繁荣与危机 / 555

总结

2012年前，经历了破产重组的日本企业，能够重新上市的不过9家，剩下的130家，有一半已经彻底消失，可见重组之难。我们从表12-1的重组计划要点中可以看到，这些举措就是重组严重亏损的上市公司通常采用的改革举措，无非是撤换不称职的高管、裁员、降薪、削减成本和费用、剥离或出售亏损的非主业的资产、调整战略方向等，只不过是力度大小不同而已。但为什么重组亏损的上市公司很少成功呢？为什么稻盛和夫在上任之前就胸有成竹地断言"重建日航只要依靠哲学和阿米巴经营就行了"，结果不出两年，他的预言就应验了呢？这不仅堪称奇迹，而且其中有规律。

重组衰落的大企业呼唤极富魅力的领导者。稻盛和夫就是一位个人魅力型的领导者。其魅力不仅在于他成功地使其创建的京瓷公司和日本第二电电公司发展为《财富》世界500强企业，更在于他无私无畏的品格和一贯秉持的利他主义的人生哲学。然而，仅有魅力是不够的，还要靠领导者将其秉持的普适的经营哲学渗透到全体员工心中，并建立起一整套关系每个员工切身利益的经营体制，从而调动起全体员工的主动性和创造性，这才是成功的关键。

企业靠精神和经营体制制胜，而精神的灌输和经营体制的建立，取决于领导者的人生哲学和领导力。

重建日航的启示

第一，关于企业的目的。企业目的也称为使命，要求在客户、员工、股东之间确定优先次序。英美的主流企业理论将股东放在第一位，其逻辑是，股东是企业最终风险的承担者，从而拥有剩余索取权，也就是对企业利润的索取权,为了使利润最大化,就必须满足客户的需求并使经营有效率,包括合理地控制员工的薪酬。在这种企业目的和企业运作逻辑下,员工是被雇佣者,资本按照劳动契约支付员工的报酬,员工也按照契约做出他对企业的贡献。员工很清楚企业是属于股东的,剩余价值是属于资本的,所以员工不可能尽心尽力为企业做贡献,企业也不可能释放价值创造要素的全部潜能。

京瓷和日航的企业目的是将员工放在第一位,以追求员工物质和精神两方面的幸福为目的,其逻辑是,有了满意的员工才会有满意的客户,只有满意的员工才能为客户或旅客提供最好的产品和服务,进而提高企业的收入和利润,以及提高员工的收入,也使股东得到满意的回报,并为社会的进步发展做出贡献。在剩余索取权上,股东与员工分享利润,分享剩余价值。这有助于调动员工尽心尽力地为企业创造价值,提高企业自身的价值不仅意味着提高股东的回报,也使客户和员工都能获益。这就是把追求员工物质和精神两方面幸福作为企业目的的企业使命和价值创造之间的逻辑关系。

那么,有没有将客户的利益放在第一位的优秀企业呢?有的,华为公司就是一个典型的例子。华为公司是一家全员持股的企业,华为公司创始人和总裁任正非先生认为:"华为的董事会主张不以股东利益最大化为目标,也不以利益相关者(员工、政府、供应商等)利益最大化为原则,而坚持以客户利益为核心的价值观,驱动员工努力奋斗。在此基础上,构筑华为的生存。"[1] 华为的员工也是华为的股东,所以华为的企业目的不会将谋求自身利益放在第一位,而是将客户的利益放在第一位,通过利他而利己。只有客户满意,才有企业的价值,才有员工的利益,也才有股东的回报,这是华为企业目的的内在逻辑。它在企业目的层次上实现了客户、员工、股东利益的一致性,从而能够

---

[1] 任正非:华为公司 2012 年年报。

充分调动起员工（也是股东）的积极性和创造性。

我们看到，如何定义企业目的和使命，决定了企业如何创造价值，靠谁创造价值，为谁创造价值。这里的关键是什么样的企业目的和使命能充分调动起生产要素的财富创造潜能。

第二，不仅要靠精英管理更要靠全体员工参与管理。稻盛和夫创造的阿米巴经营模式，是在创造利润的基本经营单位和关键环节上着力，划小核算单位，核算到每一个经营细节，及时反馈经营单位和公司的经营结果，让所有员工都知道自己和团队努力的成果，并将经营结果与奖励挂钩，从而调动全员参与经营。调动全员参与经营是阿米巴经营模式的本质。与此相反，笔者看到许多企业并没有把经营管理的责任和创造性来源放在全体员工身上，而是过度依赖精英管理，千方百计、不惜重金地猎取业界的精英，指望以此带来优秀企业的经验、流程、制度和诀窍，使自己的企业轻易地乘上价值创造的快车。笔者不否定精英对改善经营管理的重要性，但也注意到这种方式的局限性。这种局限性在于，它忽略了蕴藏在全体员工中巨大的创造潜能。今天乃至未来，随着员工教育程度的普遍提高，随着信息和知识日益广泛地传播，员工日益成为价值创造潜能的富矿，亟待发掘。

第三，意识变革与经营模式变革需要同步进行。企业的任何变革，哪怕是优化一个业务流程，改变一个绩效考核指标，都是在改变员工的观念，更不要说战略方向的调整、组织结构的改革、激励政策的改革。衰退企业的重整旗鼓，更需要改革涉及的利益主体在观念和态度上的配合。稻盛和夫深谙此道，在重振日航时显示出的高超领导艺术，最值得我们学习。

第四，领导必须是产生结果的。领导变革是一个信心与结果不断相互强化的过程。真正的领导不仅仅是象征性的，也无法仅靠以身作则、自我牺牲就动员起广大被领导者，领导必须是产生结果的，必须在变革的每一个阶段产生实实在在的结果,这样才能克服随着变革的深入可能遇到的更大阻力。领导者的权力和魅力根本上建立在被领导者欲求与需要的满足上。领导最持久的结果,是创建一个即使在具有魅力的领导者离去很长时间后,仍然可以继续发挥作用的制度。

第13章 演化与革命

> 不失其所者久。
> ——老子《道德经》,第三十三章

第一次和第二次工业革命引发了所有权与管理权分离的管理革命。管理革命塑造了现代企业,促进了资本市场的发展。管理革命实际上是从集权到分权、从经验管理到科学管理、从把企业看作一个经济系统到把企业看作一个社会协作系统的整个管理体系的革命,是一个演化与革命交替进行的过程,是一个量变到质变的过程。正是矛盾的对立统一和向对立面的转化推动着管理革命的进程。

今天,历史又处于新的管理革命的起点,以先进通信技术、云计算、物联网、大数据、人工智能、生物基因技术、新能源和新材料为代表的第四次工业革命正在引发新的管理革命,这是新技术革命推动的以创新和创业为特征的管理革命,其迅猛性、深刻性、颠覆性超过了以往的管理革命。以创新和创业为特征的新的管理革命必然凸显企业家的作用,所有权与管理权的分离在主导了近一个世纪的企业发展后,又转向所有权与管理权的结合,特别是所有权与价值创造要素的结合。

创新是企业顺应管理革命的新趋势,在动荡的世界中生存的不二法则。创新有风险，但不创新是最大的风险。创新是有边界的，而缺乏正确方向和边界约束的创新有可能把企业引入困境。创新是由市场来组织更有效还是由企业来组织更有效？是市场控制公司还是公司控制市场？这个在最初的管理革命中提出的根本性问题，在新的管理革命到来时，再次成为实践探索和学者争论的焦点。

本章首先追溯工业革命与管理革命的历史，总结其中的启示，然后重点讨论如何在新工业革命引发的诸种矛盾中进行权衡和取舍，如何应对新管理革命的复杂性和不确定性的挑战。

13.1

工业革命与管理革命

世界已经经历了三次工业革命，目前正进入第四次工业革命时代。以蒸汽机、通信技术和铁路为代表的第一次工业革命和以电力、内燃机为代表的第二次工业革命促进了大规模生产、大规模分销和零售，以及能源和运输企业的扩张；横向多元化和纵向一体化方向的扩展掀起了企业合并的浪潮，管理大规模的、复杂的企业促使职业管理层的兴起以及所有权与管理权的分离，由此产生了管理革命。管理革命的展开大大促进了生产力的发展。管理革命是一个演化和革命交替进行的过程。今天，在第四次工业革命的推动下，管理革命呈现出新的趋势。

那么，管理革命经历了哪些重要的、里程碑式的变革？这些里程碑式的变革对今天的企业管理有什么影响？这是我们处理继承与创新这对矛盾以应对新的管理革命需要探讨的问题。

所有权与管理权的分离，职业管理层的形成

管理革命是从所有权与管理权的分离开始的，二者的分离是由于职业管理层的形成。而职业管理层形成的主要原因，是企业规模和经营范围的扩大导致管理的复杂性增加，超出了所有者的管理能力。钱德勒在《看得见的手》一书中详尽地、有说服力地描述了这一过程。

蒸汽机和电报、电话技术的发明和商业应用推动了大规模铁路网的建设。最初的铁路都是分段建设、相互连接成网的，铁路网的复杂的调度与协调，远远超出了企业家（同时也是所有者）的管理能力，导致事故频繁发生。其中最严重的一次为1841年10月5日的客车相撞事故，1名列车员和1位乘客身故，另有17位乘客受伤。按照纽约和伊利铁路总裁丹尼尔·麦卡勒姆（Daniel Craig Mccallum）的分析，造成这一情况的根本原因是缺乏合适的内部组织和管理方法，他认为：

> 一条50英里长的铁路的主管可以亲自照顾其业务，且经常参与细节问题的处理。但管理一条500英里长的铁路就完全是另一种情况了。任何适用于短程铁路的方法，在此完全不能适应长程铁路的需要；我深信导致长程铁路失败的真正原因在于缺乏一套经过适当修改并能严格执行的、在细则上尽善尽美的管理方法。[①]

此次惨剧以及一再发生的事故，使美国企业界首次形成一套现代化的、分工细致的内部组织结构，而这一内部组织结构是以中层管理者的出现为特征的，标志着现代工商企业开始形成。

促使现代工商企业形成的另一个因素是企业合并。这场大规模的

[①] 钱德勒.看得见的手：美国企业的管理革命[M].重武，译.北京：商务印书馆，1987：111.

企业合并运动，也是从铁路公司开始的，最终使得从事美国陆上运输的无数的佣金代理商，货运业者，捷运公司和篷车、驿马车公司，以及运河、湖泊、河流及沿海岸的船舶运输公司都消失了。取代它们的是少数多单位的大铁路企业。其结果是，一趟装运和一次交易抵得上从前的许多次，从而完成了从市场协调到通过管理加以协调的转变。这场从 19 世纪 40 年代开始的转变，到 19 世纪 80 年代终告完成。①

美国第一家将许多小型工厂合法联合的企业，出现在石油工业中（标准石油公司），该工业在 1870 年已经极有成效地掌握了大量生产、资本密集的技术。标准石油公司是一种新的托拉斯组织形式。按照 1882 年 1 月 2 日签署的协议，40 家公司的股东以其股票换取新成立的标准石油托拉斯的证券。托拉斯授权由九位董事组成的一个办事处对几家标准石油公司的下属公司的事务进行全面监督，同时在各州成立州特许的子公司以接管联盟在该州经营的财产。显然，合并后的公司面临的管理问题，比那些由内部扩充而成长的公司面临的问题更为复杂。高层管理的实践和程序，是从经由合并（而不是建立广泛的销售和采购组织）而形成的工业企业中发展起来的。②

在 19 世纪 90 年代到 1917 年这段时间内，美国工业通过大规模和大范围的合并，在主要产业中形成了寡头垄断格局，大公司不但在国内，而且在海外也都支配了自己的工业。这一合并浪潮也标志着美国大公司所有权与管理权的分离基本完成，职业经理人掌握了企业的管理权。我们看到，只有在管理上的有形之手在协调经济内部的物质流动方面被证明比市场力量的无形之手更为有效之后，现代工商企业才成为一种可行的机构。

---

① 钱德勒. 看得见的手：美国企业的管理革命 [M]. 重武，译. 北京：商务印书馆，1987：144.
② 同前注，第 376 页。

另一种促使所有权与管理权分离的因素是股权的分散化。新的合并企业为了取得固定资本和流动资本而出售股票，这就使得股份所有权分散了，而且这种股权分散在合并形成时就已经开始。在通过内部扩充而变大的企业中，总公司的高层管理人员都是主要的股东或这些股东的亲信，但是在新的合并企业中，高层管理人员则是支薪的经理，他们只拥有少量的股份，与分散的股东并无私交。正是这第二种情况，使得所有权与管理权分离的现象第一次出现在除铁路和电报以外的美国工商企业中。

一旦管理集中化和纵向结合完成以后，管理权和所有权之间的分离就扩大了。广泛持有股票的、分散的所有者很少有机会参与任何一级的管理决策，而经理人中也只有少数几位拥有大量投票权的股份。[1]

历史学家在观察美国经济体系的发展时，往往比较关注家族式（即企业家式）资本主义的延续，而不关心经理式资本主义的扩展。实际上，早在19世纪80年代，美国的铁路经理已具备了职业化人员应该有的标准条件。他们毕生沿着一条确定不移的事业道路前进。这时，他们已自视为（也被别人视为）属于一种与众不同的新兴商业阶层——职业化的商业经理人员阶层。

钱德勒通过对众多行业的大量分析指出，生产率的提高和单位成本的降低（通常总是把它等同于规模经济性）主要是来自通过能力在数量上和速度上的增加，而不是由于工厂或设备在规模上的扩大。这种经济性主要来自对工厂内材料流动的结合和协调的能力，而不是工厂内工作的更趋专业化和进一步的分工。没有协调的专业化是不足取的。通过大量生产与大量分配的结合，一个单一的企业就能完成制造

---

[1] 钱德勒. 看得见的手：美国企业的管理革命[M]. 重武，译. 北京：商务印书馆，1987：385-395.

和销售一个产品系列涉及的许多交易和作业程序。管理的有形的手已经取代了市场的无形的手，协调着从原料和半成品的供应者开始，经过所有的生产和分配过程，直到零售店和最终消费者的整个流程。这些活动和它们之间的交易的内部化降低了交易成本和信息成本。更重要的是，公司能够把供应协调得更接近需求，能够更集约地利用劳动力和资本设备，从而降低其单位成本。①

当一家以上的大型结合企业支配了一个产业时，它们之间的竞争存在于生产和分配的每一个阶段。这些企业之间的竞争，归根结底乃是它们的经理和组织之间的竞争。一家公司的成功，主要决定于其管理层级的质量，而这又反映了高级主管在挑选并评估其中层经理、协调其工作以及制定全盘计划和给整个企业分配资源时的能力。

按照钱德勒的定义，现代工商企业将许多单位置于其控制下，这些单位的活动和它们之间的交易因而被内部化，它们是由支薪经理而非市场机制控制并协调的。在现代工商企业中，经理人员变得越加职业化时，企业的管理就会和它的所有权分开。到 20 世纪中叶，在美国的主要经济部门中，少数大量生产、大量零售和大量运输的企业的支薪经理人员，已经在协调经过了生产和分配流程之后的商品的日常流量，并为未来的生产和分配调配资源。这时，美国企业界的管理革命乃告实现。②

为什么一些企业家家族会放弃企业的管理权呢？钱德勒的解释是，除非家族成员本身受过职业经理的训练或历练，否则他们很难在高层管理中发挥重要作用。由于创始人家族仍在他们创立的企业中保有一定的股权，由此分得的企业利润通常总能保证他们有一笔很大的收入，这些

---

① 钱德勒. 看得见的手：美国企业的管理革命 [M]. 重武，译. 北京：商务印书馆，1987：325-328.
② 同前注，第 11 页。

家族成员缺乏经济刺激，也就懒得在经理职位晋升的阶梯上以及企业的管理上多花时间了。因此，到了20世纪中叶，在美国大型工业企业中，曾有两代以上家族成员参与公司管理决策的只剩下少数几个企业。由此看来，仅仅以满足个人和家族的消费需求为目的的创业和经营企业，企业是做不大的。企业家的创业动机最初可能是改善自身和家族的生存状况，但随着企业的成长，必须在经营目的上有一个质的升华，即升华到经营企业是为国家和社会创造财富，同时也为自己和家人创造幸福，这样才会产生经营企业的持久动力。这种升华可能潜伏在企业家创业的梦想中，也可能是演化出来的或逐渐形成的。这是企业家奋斗精神的一个重要来源。

然而，尽管所有权与管理权的分离使职业经理人接过了企业的经营权，尽管随着股权的分散化，机构投资者逐渐掌握了企业的多数股权，但仍然有一些企业的创始人家族试图保持对公司的控制权，由此就产生了公司治理问题。公司治理体制决定着公司中谁有权做出投资决策、做出何种类型的投资决策以及如何分配这种投资产生的收益。尤其重要的是应当如何选拔、激励和培养公司经理人。

公司治理的一般问题如下：

- 经理人和董事会及首席执行官代表谁的利益？是股东、利益相关者还是企业？
- 怎么使经理人及董事会在短期利益与长期利益之间做出合理的权衡和决策？
- 在追求企业规模、赢利以及核心能力优势方面，何者为先？
- 经理人和高层管理团队的激励问题。
- 如何选拔继任的经理人？是从内部选拔，还是从外部聘任？如果实行内部选拔政策，如何从内部培养出未来的胜任的经营者？

我们下面以福特公司的双重股权制度为例，研究一下创始人家族如何保持对公司的控制权。本案例资料主要来自网络上刊载的有关文章。[①]

福特家族通过双重股权保持对公司的控制权

上市公司的双重股权（Dual Class Stock）结构（即通常所谓的A、B股）很有意思，也存在颇多争议。在双重股权结构方面，福特汽车公司（Ford Motor Company）是一个值得研究的案例。

福特汽车公司的历史

福特汽车公司由亨利·福特于1903年创立，其创造的大规模生产流水线，以及质量可靠、价格低廉、广受欢迎的T型汽车，为数百万美国家庭提供了便捷的交通工具，改变了美国的汽车工业和交通方式，甚至改变了美国人的生活方式。今天，福特公司是世界上最大的汽车制造商之一，2017年全球营收为1 567亿美元，在2018年《财富》美国公司500强中排名第11位。百余年来，福特公司一直处于连续的家族控制之中，是世界上最大的家族控制公司之一。

福特汽车公司的双重股权结构

福特家族的超级投票权早在1956年福特公司上市之前就确立了。20世纪30年代中期，亨利·福特和他的儿子埃德塞尔·福特二世在他们的遗产规划中建立了两级股权结构：慈善机构福特基金会（Ford Foundation）获得了大部分股份，但他们保留了一小部分具有表决权的B类股份，从而确保了家族控制权。20年后，当基金会推动公开发行股票时，家族保留了12%的所有权，但同时保留了40%的投票控制权。

[①] 本案例资料来自 https://www.forbes.com/sites/joannmuller/2010/12/02/ford-familys-stake-is-smaller-but-theyre-richer-and-remain-firmly-in-control/#46b0343c2174，https://www.thebalance.com/examples-of-dual-class-structures-358090，https://www.autonews.com/article/20130626/OEM02/130629906/bill-ford-nearly-doubles-stake-in-ford-supervoting-shares，以及 https://247wallst.com/autos/2020/05/05/ford-stock-is-trouble-for-ford-family。

普通股的所有者有权选出 60% 的董事会成员，而 B 类股的所有者有权选出 40% 的董事会成员。同时，清算条款确保在发生灾难性清算时，福特家族带走的股份，要比通过经纪账户在公开市场上购买公司股票的普通股东多。

根据最近公布的一份证券备案文件，时任福特公司董事长比尔·福特在 2013 年 6 月 19 日收购了近 370 万股 B 类股，这些股份是由一名家庭成员转让给比尔·福特的。交易后，比尔·福特拥有约 810 万股 B 类股。B 类股占福特已发行股份的不到 2%，但拥有 40% 的投票权。比尔·福特目前持有公司创始人亨利·福特的后裔持有的近 7 100 万股 B 类股的 11.5%。

一些分析师认为，比尔·福特增持股份可能令投资者感到欣慰。特纳投资公司（Turner Investments）的全球股票分析师埃里克·特纳（Eric Turner）表示：" 比尔·福特相对于家族其他成员拥有更多控制权，可能对公司更有利，因为他非常具有投资意识。" 分析师称，比尔·福特在家族中备受尊敬，并因其在 2009 年金融危机加剧之际将福特从崩溃的边缘挽救出来的努力而得到认可。2006 年，他辞去了首席执行官一职，聘用了时任波音公司高管穆拉利（Alan Mulally）。这一举措帮助福特成为 2009 年唯一一家免于接受联邦救助的美国汽车制造商。

福特家族今天怎么会只剩下 2% 的股权呢？最初的稀释是逐渐发生的，但在过去十年里加快了步伐。2000 年，在比尔·福特成为董事长后不久，公司进行了一次复杂的资本重组，此举稀释了家族的持股比例，使其持股比例从 5.9% 降至 3.9%，但通过保护其 B 类股票不受稀释，巩固了他们对公司的控制。

为什么会存在这种情况？福特家族拥有全部 7 000 多万股 B 类股票。对他们来说，这是一种确保他们控制公司的方法，无论他们需要发行多少股票来避免破产。一些人辩称，双重股权结构在本质上是不公平的，因为这是将所有权与投票权脱钩。而比尔·福特在2013年的股东大会后对记者表示："拥有家族投票权和所有权真的能让公司保持专注，不受干扰，存活下来，最终繁荣发展。"

我们从本案例得到的启示是：

第一，持股比例与控制权（投票权比例）可以不同，这本质上是创始人家族与机构投资者和职业经理人之间的一种利益和权力的交换。这在公司上市时就要确定下来，否则日后将很难改变。

第二，创始人家族并非只满足于从所持股份获得满意的收入，他们更看重企业的控制权，他们认为这是保证企业持续成长和家族获得持续满意收入的关键。

第三，按照詹森等学者提出的委托-代理理论，经理人作为股东的代理人，是为利润最大化（对非上市公司）或股东价值最大化（对上市公司）而经营企业的。但经理人和最高管理层也有自己的利益，他们要巩固自身的地位和实现自身利益的最大化。这就是所谓的内部人控制问题的由来。两个利益集团的利益最大化目标并不总是一致的，甚至是以损害股东利益为代价的，这取决于谁拥有公司的控制权，也是家族要掌握公司控制权的原因。

第四，创始人家族股东与经理人相比，谁更会放眼长远？由于股权的分散化，中小股东并不关心企业的投资决策，而是根据股价的变动决定买入还是卖出公司的股票。机构投资者往往在公司的董事会中占有相当比例的投票权，所以，可以视为股东代理人的经理人主要是为机构投资者的利益最大化而经营企业的。但机构投资者追求自身利益最大化的行为也具有投机性和短期目标导向，他们可能为此而不惜出售企业。由此看来，创始人家族比经理人更加放眼长远，而创始人家族一旦失去控制权后将无能为力。

第五，怎么激励经理人，以实现经理人与股东的利益一致？这是所有权与管理权分离后公司治理的关键问题。近三十年来股票期权的激励方式日益在上市公司中流行，股票期权与公司的股票市场价格挂钩，其假定是资本市场是有效的，也就是股票市场价格能恰当反映公司的经营业绩，但这一假定是缺乏实证依据的。而且通过期权将经理人的收益与公司的股票市场价格挂钩，而经理人又控制不了公司的股票价格，这必然使经营目标随资本市场的变化而短期化。

我们看到，虽然所有权与管理权分离了，但公司的控制权仍然是争夺的对象。创始人家族要不要保持公司的控制权？为什么要保持控制权？怎么保持？管理革命实际上没有完成，它并不因职业经理人掌握了企业的管理权而结束，在企业繁荣与衰落的过程中，不断有新的问题出现。所以，管理革命既是一场革命，也是一个演化过程。

集权与分权——分权经营与集中控制的悖论

管理革命不限于所有权与管理权的分离，它是一场管理思想、管理组织、管理方法的全方位的革命。作为管理革命的一个重要方面和重要标志，所有权与管理权的分离随企业规模的增长和业务范围的扩大而发生。职业经理人正是在这一组织改革基础上成长起来的。

钱德勒对美国大公司的组织结构改革进行的研究表明，大多数基本变化都是从一个中央集权的职能部门化的组织结构（后来的经济学家称它为 U 型结构），转变为多分部的拥有一个公司总部和大量以产品或地区划分的分部的组织结构（即 M 型结构）。这种转变与其说产生于公司规模逐渐增大这一事实本身，毋宁说是产生于公司高层经理决策日益增长的多样性和复杂性。[①] 企业规模的增长和业务范围的扩大必

---

① 参阅钱德勒.战略与结构：美国工商企业发展的若干篇章[M].孟昕，译.黄一义，林大建，译校.昆明：云南人民出版社，2002：3.

管理政策 / 570

然带来组织结构的调整，某种结构的组织规模的增长超过一定限度后，其边际效率是递减的。

在美国企业史上，宾夕法尼亚铁路是第一家发明直线参谋制的完整概念的企业。其确立的权力原则是：只有总部的和地方分部的直线官员可以发布命令并做出处理职员的决定，包括有关纪律、工资、工时、职责分配、雇用和解雇的各种决定。那些在总部、分部或基层从事财务会计、成本核算、人事和行政管理的部门管理人员以及道路、动力和车辆的维护保养部门的管理人员，属于参谋人员，他们的职能是从事专业管理和支持直线经理履行职责，不具有命令和处理直线管理者和分部职能部门管理人员的权力。

20世纪20年代在通用汽车公司和杜邦公司发展起来的多分支部门的、分权化的组织结构，为那些有多元化的产品和地区市场的公司所采用，成为多元化组织结构的标杆。这种组织结构后来被管理学家德鲁克称为联邦分权制。

通用汽车公司是由企业家杜兰特于1906年创办的。杜兰特在创建通用汽车公司时同时采用了三种扩张战略。第一种战略是以多样化的轿车适应消费者多样化的口味和经济水平。第二种战略是保证事业的横向多元化，不仅生产轿车，还生产货车和拖拉机，试图在工程方面覆盖汽车工业未来的多种可能性，因此兼并和收购了各种类型的汽车制造商。第三种战略是努力通过零件和附件的制造提高通用汽车的纵向一体化程度。杜兰特先生是个极端的分权主义者，精于扩张但疏于管理。通用汽车不久就因扩张过度而陷入了财务困境。我们看到，即使是采取多元化的扩张战略，同时在三个维度上进行多元化扩张，也会因为管理能力无法驾驭多样化的复杂性而陷入困境。通常情况下，即使是多元化扩张，一个时期也应沿着一个维度多样化。必须阶段性地审视扩张的维度，避免陷入多维度的扩张陷阱。

斯隆当时是随零件和附件企业集团被杜兰特招入麾下的，担任通用汽车的联合汽车公司（United Motors）的总裁。在通用汽车由于盲目扩张陷入困境濒临破产时，杜邦公司收购了通用汽车公司。面对如何整合收购后的通用汽车公司，斯隆向兼任通用汽车公司董事长的皮埃尔·杜邦提交了一份业务和组织整改的报告。斯隆后来在他的自传中阐述了他在报告中开始形成的管理思想。他指出，为了将通用汽车的业务聚焦，"我将我的思想集中在某些因素上，这些因素在我看来对一个企业的演进起着最重要的影响——从一般意义上说，它们是通用汽车创始和发展出的分权化的组织计划，它的财务控制，以及它对于激烈竞争的汽车市场以自己的方式所表达的生意概念。在我看来，这三个要素构成了通用汽车经营方式的基础"[①]。斯隆的报告不但指导了通用汽车公司随后的战略和组织改革，也影响了杜邦公司的分权化组织结构改革。斯隆随后被任命为通用汽车公司的总裁。

斯隆的报告一开始就指出：本研究的目的是为通用汽车公司建立一个组织结构，它将明确规定公司运作的权力路线并使各分支机构达致协调，同时消除那些到目前为止仍存在的无效率环节。这篇研究报告基于"两项原则"，它们是：

  1. 每个经营单位总经理（chief executive）的责任不应当受到任何限制。由总经理领导的这样的经营组织应当完全拥有每一种必要职能，以使之充分发挥首创精神和实现合理的发展。
  2. 某些中央组织功能对于实现合理发展和公司活动的适当控制是绝对必要的。

这也是被华为公司总裁任正非先生形象地称作"拧麻花"的机制，

[①] Sloan Jr. A P. My Years with General Motors[M]. New York: Bantam Doubleday Dell Publishing Group, Inc., 1963,1990: xviii.

即矛盾的两个方面都追求其最大化，而二者相互作用形成的合力，使整体利益最大化。这里没有处理矛盾通常采取的妥协、折中，因为那意味着双方利益也是整体利益的某种程度的损失。用管理学家玛丽·福莱特（Mary Parker Follett）的话来说，这是一种整合，即找到使矛盾双方都能够接受的解决方案。

需要强调指出的是，斯隆的分权化的组织结构设计是与他对通用汽车公司的战略定义一致的。有别于福特汽车公司的"使汽车成为每个家庭的代步工具"的战略，斯隆基于通用汽车产品和业务单位多样化的现实，经过深入思考后提出，通用汽车的生意概念应当是"为每一个钱包和用途各生产一种汽车"，也就是说，应当形成一种市场划分政策，使每一个经营单位只为特定的市场进行生产。尽管从其自传的叙述顺序上来看，关于通用汽车的生意概念是排在分权化组织改革之后论述的，但分权化组织的结构设计肯定是在这一战略指导下进行的，否则就不会有将十几个轿车品牌和业务单位整合为六个市场定位明确、边界清晰的业务单位的改革方案。

究竟是采取直线职能制还是联邦分权制的组织结构，是由战略和业务的复杂性决定的。分权制的根本原则是使"相关而不是相似之事"相互协调。把相似的工作组织在一起是专业化分工原则，它是直线职能制组织结构的设计原则；而把相关但不相似的工作结合起来是流程和结果导向原则，是面向最终结果的分权制组织结构的设计原则。

关于分权化的组织结构设计、生意概念、各经营单位之间以及与总部零部件部门之间依据市场价格制定转移价格的原则、现金的集中统一管理、依据投资回报率考核经营单位绩效和分配资源的原则，以及执行委员会和各个经营委员会的组织原则等，我们在第10章已经讨论得很详细了，这里就不再赘述了。

在20世纪20年代和30年代，这种具有总办事处和自主的、统分结合的分支公司的结构类型，开始被其他大型工业企业采用。这种结构类型提供了一种把各成员单位合并为一个单一的、集中的、按职能划分部门的结构更灵活和更有效的、可供选择的组织形式。它与控股公司，即联合企业或联合企业集团的区别在于，各分支公司或业务单位是利润中心而不是投资中心的，其利润上缴总公司由总公司集中分配，从而可以更有效地支持公司战略，也可以更有效地协调短期利益与长期利益的矛盾。它与直线职能制组织的区别是每个分支公司或经营单位是自主开展经营的，并对最终结果负责。

然而，尽管分权化可以确保灵活性、首创精神并强化最终成果责任，但保持必要的集中控制对于贯彻企业战略、统一分配资源以确保公司的长远利益是不可或缺的。不过这二者是矛盾的，如何处理这对矛盾是分权化始终存在的问题，它既能推动企业发展，也可能导致企业内部分裂。

科学管理运动，体制是第一位的

管理革命在运营层面的体现是科学管理运动。其主要的创新是标准化、流程化、定量化和系统化，以及推动管理层与工人之间的合作。

1851年伦敦博览会上展览的美国产品，不仅优于他国产品，而且有个独特之处——零部件经过了严格的标准化，可以互相替换，这样，随机挑选零部件就可以组装出完整产品。其实，1851年伦敦博览会最突出的亮点，就是博览会辉煌的水晶宫大厦，它是标准化的一个成功案例。大厦的大梁、圆柱、窗框条和水槽按照统一规格制造，整幢大楼的零部件具有完全的互换性。设计师帕克斯顿既是个管理天才又是个技术天才，按照他的指示，合计总长达两百英里的窗框条被切成了长度相等的小段，不需要木匠手艺也能轻松地被安装到位。虽然不能说没有人注意到大厦构件的标准化，但可以肯定地说，当时很少有英国人认识到标准化的重要性。[①] 事情往往是这样的，自己为什么成功，可能是世界上最难认识的事情，至少是自己最难认识的。这是个悖论：最明白自己的人往往不是自己。

实现零部件的标准化和可替换性，对制造业乃至整个人类有三个重要意义。首先，人们可以把机器或产品的备用零部件事先生产出来并储存起来，这使得分散在各地和各种场合下使用的机器或产品不用工匠就能维修，只需用备件替换损坏的零部件即可，这是个很大的进步。其次，这也为后来的"大批量生产"打开了大门。最后，标准化的大批量生产的规模经济性为大众市场的创建提供了条件。所以，没有标准化，就没有大批量生产，也就没有大众市场。

更多大规模的标准化、系统化，以及科学方法在管理中的应用，在20世纪初蓬勃兴起的科学管理运动中达到高潮。这一运动吸引了一大批具有实践经验的工程师和学者，许多人做出了重要贡献。而这一运动的思想领袖正是"科学管理之父"弗雷德里克·W.泰勒。

泰勒的父亲是律师，母亲是清教徒，家庭环境对泰勒的思想倾向产生了重要影响。泰勒以优异成绩通过了哈佛大学的入学考试，但由于他学习非常刻苦，导致视力严重下降并患上经常性的头痛，不得不中途退学，在费城的米德维尔钢铁公司的机修厂当了一名普通工人。在这里，泰勒由于表现优秀，在6年时间里从一名普通工人一路晋升为领班、负责维修的总机械师，最后成为总工程师，并在此期间利用业余时间完成了史蒂文斯理工学院的自修课程，成为美国机械工程师学会的会员。由于是从工厂的基层做起，泰勒对工厂管理存在的问题有切身的体会。

---

① 参阅霍博K，霍博W.清教徒的礼物：美国梦的胜利、崩溃和重生[M].丁丹，译.北京：东方出版社，2016：82.

第13章 演化与革命 / 575

在泰勒所处的时代，工厂管理存在的问题是：

- 机器已经大型化了、流程化了，但生产和作业还是凭经验进行管理，操作的随意性很大。领班不知道每班能够生产多少，应该生产多少，只是根据经验确定工时定额，机器大生产的潜能得不到发挥。
- 工人存在消极怠工现象，虽然实行了计件工资制，但工人仍在有意控制每班的产量，因为他们担心若提高产量，厂方会提高定额标准。劳资矛盾很尖锐。
- 领班和车间管理者也存在消极怠工现象，其表现是"绕着问题走"，出了问题把责任推给工人。

泰勒将上述消极怠工现象的原因称为"本性磨洋工"（natural soldiering）和"故意磨洋工"（systematic soldiering）。前者的出现是由于人的天性趋向于轻松随便，后者则是工人与管理者之间的不信任和错综复杂的人际关系引起的。怎么使工人"出力"和"出活"，成为泰勒关注的焦点。

泰勒最初的想法是改进激励制度。他主张将当时工厂管理中广为流行的计件工资制改为差别计件工资制。所谓差别计件工资制，是对同一种工作设有两个不同的工资率：对那些按标准时间或更短的时间高质量完成工作的工人，按一个较高的工资率计算工资；对那些超过标准时间、工作质量差的工人，则按一个较低的工资率计算工资。差别计件工资制的实行，起到了促使工人提升产量和防止工人消极怠工的双重效果。

但进一步的问题来了：差别计件工资制的标准时间怎么确定？泰勒反对按过去的经验确定标准时间，他主张应当将每项操作活动妥善地分成若干基本动作，然后对每个动作的操作方法和工时进行彻底的研究，找出最佳的方法和操作工时，制定成动作时间标准。以后每遇到一种活动时，先将其分解为基本动作组合，然后依据基本动作的标准时间汇总成活动的数量和工时定额。这就是后来发展为一门管理技术的动作研究和时间研究。

这样，将通过动作研究和时间研究制定出的标准定额与差别计件工资制同步实施，符合了工人的利益，消除了工人对工作进行科学研究的担心，从而大大提高了生产率。这套方法在米德维尔钢铁厂维修车间的推广，提高了产量和工人的满意度。

泰勒认为，管理这门学问注定会具有更富于技术的性质。那些现在还被排除在精密知识领域以外的基本因素，很快都会像其他工程的基本因素那样得到标准化，并被接受和利用。管理会像一门技术那样被研习，它不再依靠从个人经验和有限观察中得到的一些模糊概念，而将成为建立在一种被广泛承认、有明确界说和已经确立的基本原则之上的方法体系。管理技术的定义是"确切知道要别人干什么，并注意让他们用最好最经济的方法去干"，而雇主和工人的关系无疑是这项技术的最重要部分。[①]

泰勒依据他的成功实践，提出了科学管理的四项原则：

第一，对工人操作的每个动作进行科学研究，用以代替老的单凭经验的方法。

第二，科学地挑选工人，并进行培训和教育，使之成长；而在过去，则是由工人自己挑选他的工作，并任其所能进行自我培训。

第三，与工人亲密合作，以保证一切工作都按已开发出来的科学原则去进行。

第四，资方和工人们之间在工作和责任上几乎是均分的，资方把

---

① 参阅泰勒 F W. 科学管理原理 [M]. 胡隆昶，冼子恩，曹丽顺，译. 北京：中国社会科学出版社，1984：33.

自己比工人更适合的那部分工作承揽下来；而在过去，几乎所有的工作和大部分的责任都被推到了工人身上。①

科学管理是建立在对单位工时的精确和科学的研究基础上的。一般来说，任何科学的管理制度，都是从最基础的研究单元开始就应用科学的研究方法，直到建立起最终的制度大厦。没有立足于基础单元的科学管理，就不可能有真正系统的、整体的科学管理。

泰勒进一步指出，管理的首要目的在于实现高工资和低劳动成本（工资总额占销售收入的比例）的结合，这也是衡量良好管理的标准。而要实现高工资与低劳动成本这两个看似冲突的目标的结合，关键在于提高劳动生产率；要获得高劳动生产率，就需要推行科学管理，以及实现资方或管理层与工人的密切合作。

工会最初抵制泰勒的科学管理方法，认为泰勒制不过是榨取工人劳动能力的方法。在马萨诸塞州沃特敦兵工厂出现了泰勒制推行后的第一次罢工，也是唯一一次罢工。国会为此组织了专门的调查并召开了听证会。泰勒在出席国会听证会时阐述了他的科学管理思想，其要点是：

> 过去，人是第一位的；未来，体制（system）是第一位的。科学的体制会将人的潜力发挥到最大程度，从而使劳动生产率得到极大的提高。
>
> 管理是一门科学。用科学方法对管理的每一个要素进行研究，制定出科学的程序和定额，在这个意义上，科学管理亦可称为科学的定额管理。
>
> 高工资与低成本结合是完全可能的。关键是通过科学管理大大提高生产率，使劳资双方都能从合作中获得更大的收益，而不

---

① 参阅泰勒 F W. 科学管理原理 [M]. 胡隆昶，冼子恩，曹丽顺，译. 北京：中国社会科学出版社，1984：170.

必再为分配比例而争执不下。

科学管理的实质是在一切企业或机构中的管理层和工人中的一次完全的思想革命。在科学管理中，劳资双方在思想上要发生的大革命是：双方不再把注意力放在盈余分配上，不再把盈余分配看作最重要的事情。他们将注意力转向增加盈余的数量，他们会懂得，当他们用友好合作、互相帮助来代替敌对情绪时，通过共同努力，就能创造出比过去大得多的盈余，完全可以做到既增加工人工资也增加资方的利润。

这里，另一个思想转变对科学管理的存在是绝对重要的，那就是，无论工人还是工长，双方都必须承认，对工厂内的一切事情，要用准确的科学研究和知识来代替旧式的个人判断或个人意见。这包括完成每项工作所采用的方法和所需要的时间。[1]

许多对科学管理做出重要贡献的先驱者都受到了泰勒的科学管理原则和思想的启发，其中具有代表性的有弗兰克·吉尔布雷斯（Frank Bunker Gilbreth）和亨利·甘特（Henry Laurence Gantt）。吉尔布雷斯在体力劳动的操作方法上很有造诣，例如，他对砌墙这项古老的手艺进行科学研究，将原来的18个动作简化为5个，使生产效率提高了2倍多。甘特主张，要提高工业效率，只有将科学分析的方法运用到工作的全过程中才能实现。他发明的甘特图将整个项目流程分解到活动，并显示出各种活动的开始和结束时间的先后关系，以及项目的关键路线，这种方法直到今天还被使用。

泰勒提倡的科学管理运动，使管理摆脱了过去的经验模式，开始向一门科学技术的方向发展，在此方向上发展出的运筹学、规划论、管

---

[1] 泰勒 F W. 科学管理原理 [M]. 胡隆昶，冼子恩，曹丽顺，译. 北京：中国社会科学出版社，1984.

理信息系统、企业资源计划系统，一直到今天的物联网、大数据分析等方法，形成管理革命的一条注重科学、方法和数据的发展脉络。泰勒强调：过去，人是第一位的；未来，体制是第一位的；构成管理科学的不是个别要素，而是诸种要素的结合；要靠科学，而不是单凭经验的方法；要协调，不要各行其是；要合作，不要个人主义；追求最大的产出而不是有限的产出；要让资方和劳方都获得最大的收益而不只是资方的收益最大化。这些始终是科学管理应遵循的原则。管理科学强调对要素的科学研究，更强调系统的重要性；重视要素自身的精确性，更重视要素之间的联系与整合；强调方法和工具的科学性，更强调人与人、资方与劳方的合作的重要性。这些管理哲学对今天的管理实践仍具有启发性和指导意义。科学管理没有过时，其内涵随着时代的发展在不断丰富。

组织与人：寻求为共同目的的合作

在管理学历史上，没有任何一项研究能够像在美国西方电气公司霍桑（Hawthorne）工厂里进行的研究那样，获得如此多的注意。人们对此做过各种不同的解释，它在赢得广泛赞誉的同时，也受到严厉的批评。下面是笔者依据乔治·埃尔顿·梅奥（George Elton Mayo）所撰的《霍桑试验与西方电气公司》[1]一文以及丹尼尔·A.雷恩（Daniel A. Wren）所著的《管理思想史》[2]一书的有关叙述整理的霍桑研究的案例。

霍桑研究

1925年夏，受科学管理运动的影响，美国国家科学院国家研

---

[1] 参阅梅奥. 霍桑试验与西方电气公司 [M]// 孙耀君. 管理学名著选读. 北京：中国对外翻译出版公司，1988：79-122.
[2] 参阅雷恩. 管理思想史 [M]. 第五版. 孙健敏，黄小勇，李原，译. 北京：中国人民大学出版社，2009：321-342.

究委员会的工业照明委员会的研究者们在西方电气公司开展了一项研究，他们试图回答一个非常朴素的问题：工厂里的照明对工人的生产力有什么影响？

第一阶段的霍桑实验

研究者们挑选了两组具有相同经验和绩效水平的绕线工人，将其中一组设置为变量组，另一组设定为控制组（照明条件不会发生变化）。这次实验的结果是：无论照明条件如何变化，变量组和控制组的产量均有提高，而且发现，即使在照明不充分的条件下，产量仍然提高了。实验反复进行了两年，终于不得不放弃了。实验报告中的结论是：影响照明和工作效率的变量太多，最重要的一个问题可能是"人类个体的心理状态"。

西方电气公司工厂决定继续这项实验。实验对象选择从事继电器装配的女工。在这次研究过程中，研究人员改变实验条件，在变量组加入了一项激励计划，使女工们的收入与小组的绩效挂钩，而不是像车间工人那样实行集体工资制。在后来的研究阶段中，研究者又分别观察了加入中间休息时间，以及提供一顿午餐对产出的影响。实验表明，产量的总体趋势是上升的。实验人员将产量增加的原因按重要性顺序归为：（1）小规模的群体；（2）监督的类型；（3）更高的收入；（4）对实验的新鲜感；（5）公司管理者和研究人员对这些操作工人的关注。

梅奥的假设和验证

为了帮助解释实验的谜团，研究人员邀请了哈佛大学的乔治·埃尔顿·梅奥教授参与研究项目。

梅奥在1930年开始深入地参与研究。他通过观察和访谈认为，"小组心理态度的显著变化"是解释霍桑谜团的关键因素。根据他的观点，实验组中的工人组成了一个社会单元，享受着研究人员越来越多的关注，并且在实验中产生了一种参与感。

为了验证上述判断，研究人员设计了新的研究方案。这次挑选绕线部门的男工来组成实验小组，实验小组的工人们被安置在一个单独的房间里，观察者待在一个不引人注意的地方。实验小组工人的收入与小组的产出挂钩。研究人员首先注意到的一件事情是，这些工人对于一天的公平工作量是多少有明确的理解，而且这种"公平工作量"低于管理层规定的产量标准。工人们认为，如果产量超过了这个非正式标准，管理层就会提高产量标准，工资率就会被削减。研究者们发现实验组的工人行为可以概括为三点：（1）对产出的限制是故意的，是由群体设置的，而不管管理层对产出的预期是多少；（2）工人们在报告产出时采取了平均方法，如果某一班的产量超出了标准，工人们会将超出的部分隐瞒不报，而在下一班减少产量，用其补上，以免产生过快或过慢的现象；（3）群体形成了自己的一套办法来使出格的成员重新遵守集体规范。霍桑实验的研究者们认为，值得注意的是这样一个事实：车间中的社会群体能够对成员个体的工作行为施加强有力的控制。

绕线组研究的第二个方面是对工作中人际关系的观察。实验组的正式结构包括三个工作小组，分别由绕线工、焊工和检验工组成。对绕线组中社会关系的分析揭示了在正式结构内部存在两个非正式的"小群体"，这两个小群体跨越三个正式小组，他们将一个绕线工、一个焊工和一个检验工排除在外，原因是他们曾经向监工打过小报告，以及检验得过于严格。梅奥领导的研究小组在对实验小组中人际关系的观察和解释方面获得的开创性成果要多得多。

研究者们发现，对工人来说，非正式群体有两种功能：（1）它保护工人们免受群体内部成员轻率行为的伤害，例如生产冒尖或生产落后；（2）它保护工人们免受管理层的外部干预，例如提高标准、削减工资率或制止他们的嬉戏。这种小群体是对工人的行为和情绪进行控制的一种工具。

梅奥的研究贡献

梅奥对管理者提出的忠告是，应把组织视为一个社会系统。员工们具有物质需求，但他们也具有社会需求。一方面有正式组织及其规则、秩序和工资制度的存在，另一方面又有非正式组织及作为其基础的各种情绪和人际活动的存在。它给管理带来的问题是，非正式组织不应被视为坏的，而应被视为正式组织的一个必要的、彼此依赖的方面。将组织视为一个社会系统，有助于管理层处理正式组织所要求的"效率逻辑"与非正式组织要求的"情绪逻辑"之间的冲突。管理者必须在确保经济目标的同时，维持社会组织的平衡，并且使个体通过为这一共同目标贡献力量，获得使他们愿意合作的个人满足。

梅奥在哈佛大学的同事罗斯利斯伯格（F. J. Roethlisberger）评价道：梅奥是思想领域中一名探险者……（霍桑实验的）数据并不是他的功劳，得出的结果也不是他的功劳，但是，对于结果的解释以及从中提出的新问题和新假设是他的功劳。

我们赞同罗斯利斯伯格的评价。提出新问题、新假设和新思想是最重要的，数据只是对事实的描述，怎么解释数据才是最重要的。我们可以简单归纳一下梅奥的理论贡献。

1. 认为组织是一个社会系统，存在组织与个人、个人与群体，以及正式组织和非正式组织的复杂关系。这些复杂的关系既是组织运转的动力，也可能成为组织实现目标的障碍。组织要完成自身的目标和任务，就要在这些复杂的关系中取得目标和利益的一致。

2. 对人的行为动机的"社会人"假设。通常认为，科学管理对人的假设是"经济人"假设，即人们追求自身利益的最大化，驱使人们行为的动机是利益动机。而梅奥在加入霍桑研究后的第一个假设是:"小组成员心理态度的显著变化"是解释霍桑谜团的关键因素。也就是说,人们不仅追求物质利益,还具有追求安全、友爱、认可等的社会动机,在一定条件下,人们会为了这些社会动机而牺牲部分经济利益。或者用边际效益的概念来表述,人们物质利益满足的边际效益是递减的,超过了一定程度,就会让位于社会动机。所以,应当把工人看作"社会人"。组织要获得个人和非正式群体的合作,仅靠物质刺激是不够的,还应当努力使员工的社会动机获得满足。

3. 指出大规模工业管理的三项基本原则:

- 将科学技术应用于管理
- 系统地安排各种作业
- 组织持续的团队合作

上述前两项原则由于科学管理运动的普及,受到人们的重视与关注,也是科学管理持久不衰的研究和实践课题。相形之下,第三项原则几乎完全被忽视了。然而,如果这三项原则失去平衡,作为一个整体的组织就不会成功。因为机构越大越复杂,就越需要依靠组织的每个成员齐心协力地合作。

玛丽·帕克·福莱特是与泰勒同时代的学者。她的解决群体与个体冲突与合作的整合思想,即寻找双方都能接受的解决方案,是富有启发性的。她指出,群体原则的本质是显示出个体差异并把它们整合为统一体。她引用了古希腊先哲赫拉克利特的话:"自然追求对立的东西,它是用对立的东西制造出和谐,而不是用相同的东西。"福莱特的论点是:"只有通过群体组织,我们才能发现真正的人。个人的潜能在被群体生活释放出来之前只能是一种潜能。人们只有通过群体,才能发现他们的真正本质，获得真正的自由。"[1]

福莱特认为，群体努力的目标就是超越其组成部分，实现整合统一。她假定，人们可以通过以下四种方式来解决任何利益的冲突：（1）其中一方自愿服从；（2）通过斗争，一方胜过另一方；（3）妥协；（4）整合。很明显，第一种方法和第二种方法是不被接受的，因为为了占据支配地位，双方需要动用力量和权力。妥协同样无效，因为它只是推迟了对这一问题的解决，而且真理并不总是"处于"二者之间。整合方法包括找到令双方都满意的解决方案——没有妥协，也没有支配。

福莱特认为，管理者不是控制个别的要素，而是控制复杂的相互关系；管理者控制的不是人，而是情境；管理的成果是情境中一个富有成效的结构。领导者的首要目的是界定组织的目的。领导者应该使他的同事认识到，要达到的不是他个人的目的，而是基于群体的愿望和活动产生的共同目的。最好的领导者并不要求人们为他服务，而是为共同的目的服务。[2]

整合，即从更广阔的视角提出令双方都满意的解决方案，我们今天称之为双赢。福莱特的整合思想是令人赞赏的，它超越了人们通常采取的解决群体与组织、群体与个人冲突的斗争和妥协方法。尽管寻找整合的方案需要更多的耐心并发挥更大的创造性和想象力，但我们不应放弃努力。

巴纳德关于将组织看作一个社会协作系统并深入分析组织的效果与效能的关系，在此基础上归纳经理人员职能的思想。其影响相当深远。

巴纳德曾在哈佛大学攻读经济学，用3年时间（1906—1909）完成了课程要求，但由于缺少实验学科的学分而未能得到学位。不过，

---

[1] 雷恩.管理思想史[M].第五版.孙健敏，黄小勇，李原，译.北京：中国人民大学出版社，2009：348.
[2] 同前注，第355页。

虽然没有学士学位，由于其对组织的本质和目标的理解与理论贡献，他被授予了 7 个荣誉博士学位。1909 年，巴纳德进入美国 AT&T 公司统计部工作，1927 年，巴纳德担任新泽西州贝尔电话公司（New Jersey Bell）总裁。

巴纳德认为，组织是一个社会协作系统。个人参加组织是为了做个人做不到的事，所以协作存在的理由是克服个人能力的局限。如果不以人类行为的心理力（Psychological Force）的某些假设为依据，就不可能构建起协作体系或组织理论，也不可能对组织、经理人员或参加组织的其他人的行为做出有意义的说明。据此，巴纳德首先从深入分析组织目的和个人动机入手，基于二者之间的区分，巴纳德提出了他的效果—效能二分法（Effective-Efficient Dichotomy）。巴纳德指出，正式的协作系统需要有一个目标或目的，如果协作成功，这个目标就会实现，这说明这个系统是有效果的。但效能的问题则不同；人们之所以参与协作是为了满足"个人动机"。效能是个人动机满足的程度。协作效能是个人效能的结果，如果一项行为没有使动机得到满足，或者产生了与之相抵消的不满意，那么即使它是有效果的，我们也认为它是无效能的。[①]

巴纳德认为，从生产性的观点来看，效能不仅取决于生产什么和生产多少，还取决于给予每个做贡献的成员个人什么和给予多少。从这个观点来看，协作过程只不过是交换过程，即分配过程。后者成为有效能协作的基础。因此，协作的效能一方面取决于它生产些什么，另一方面取决于它如何分配它的资源和如何改变其成员的动机。一个协作体系的效能就是它为成员个人提供满足以维持体系的能力。

如果一个人认为他对协作体系做出贡献的行为是（或将会是）无

---

① 参考巴纳德. 经理人员的职能 [M]. 孙耀君，等译. 北京：中国社会科学出版社，1997：17.

效能的，他就会停止（或暂停）做出贡献。如果他的贡献是协作体系不可缺少的，那么对他个人的无效能就成为协作体系的无效能。因为协作体系不能再存续下去，从而对全体成员都成为无效能的。因此，协作体系的效能取决于边际贡献的效能，或者说取决于边际贡献者。这意味着一个协作体系的效能的唯一衡量尺度是它的持续能力。[①]

巴纳德将效果与效能两分法及其相互关系以及对组织持续生存的影响视为组织理论的一条普遍原理。直到今天，这一观点仍获得普遍的认同，成为管理思想上的一个里程碑。

巴纳德的管理思想中最有争议的是他关于权威取决于接受的观点。他认为，一个命令是否有权威取决于接受命令的人，而不取决于"权威者"或发出命令的人。一个人只有在同时具备以下四个条件时，才会承认一个命令对他是有权威的，这四个条件是：（1）他能够而且的确理解了命令；（2）在他做决定时，他认为这个命令同组织目的是没有矛盾的；（3）在他做决定时，他认为这个命令，整体来讲同他的个人利益是一致的；（4）他在精神上和肉体上能够执行这个命令。符合个人动机是接受任何一个命令的基础。

巴纳德并不回避人们可能产生的问题：既然原则上和事实上权威是由下属个人决定的，那么我们考察的重要而持久的协作有可能实现吗？巴纳德认为这是有可能实现的。除了上面讲的四个条件，还有一个通常被忽略的因素，即每个人都有一个不考虑其权威性而接受命令的"不计较区"（Zone of Indifference）。"不计较区"的宽窄取决于诱因超过负担或牺牲的程度（后者决定着个人同组织结合的程度）。由此得出的推论是，对那些只是勉强或被诱使去做贡献的人来讲，能接受的范围是很有限的。共同体的共同感对人们的态度施加影响，使他们不

---

① 参考巴纳德. 经理人员的职能[M]. 孙耀君，等译. 北京：中国社会科学出版社，1997：48.

愿对不计较区以内或接近不计较区的权威提出疑问。[1]

权威取决于接受的观点，并非剥夺了管理者的权威，管理者的职位权威是组织赋予的，具有合理性与合法性。但超越合法的职位权威行使权力，是不被下属接受的，即使下属出于畏惧不得不服从，但心中是抵制的。这种执行是没有效能的，其效果也是大打折扣的。满足巴纳德总结出的权威取决于接受的四个条件，是有效履行职位职责的关键。而管理者能否扩大和稳定下属的"不计较区"，关键在于建立起信任。华为公司的分配理念中有一条原则："不让雷锋吃亏，奉献者定当得到合理的回报。"这实际上就是在建立和扩大员工行为的"不计较区"，这项政策落实得越好，员工对公司的信任就越高，员工就不会对上级的指示斤斤计较、将信将疑，他们相信，只要努力取得成绩，组织不会亏待自己。巴纳德的权威取决于接受的观点，实际上来自他多年担任高级管理职务的切身体会，而不是逻辑推导的结果。

在上述管理思想和理论的基础上，巴纳德提出了经理人员的职能：

- 提供信息交流的体系
- 促成必要的个人努力
- 提出和制定目标

巴纳德的思想影响到霍桑研究者的思想，特别是影响了梅奥，使其把组织作为生物有机体的观点发展为把组织作为协作的社会系统的观点。巴纳德的思想后来还影响了赫伯特·西蒙及其有关组织决策的思想。巴纳德对管理革命的思想贡献，直到今天还产生着持久的影响。

---

[1] 巴纳德. 经理人员的职能 [M]. 孙耀君，等译. 北京：中国社会科学出版社，1997：131–134.

管理的职业化与管理教育

管理革命开启了管理的职业化进程,对职业管理人员的巨大需求,必然推动管理教育的发展。

现代管理学院的成立,对于新的多业务单位工商企业中管理的职业化有着重要的意义。宾夕法尼亚大学于1881年成立了沃顿商业和财务学院,教授一些商业会计和法律之类的企业管理课程。在1899年以后的十年内,企业管理教育成了美国许多最著名的大学和学院课程的一部分。到1908年哈佛大学成立自己的企业管理研究院时,专业化的、企业管理的研究生教育也开始迅速发展起来。哈佛大学企业管理研究院从一开始就是为大型多业务单位企业培养经理人员的。在1911—1912学年,研究院开设了一门关于经营政策的课程,其目的是从高层管理的观点出发,发展出一套解决经营问题的方法。经营政策很快就成了哈佛大学企业管理研究院的基础课程,而案例分析也成了主要的研究方法。[①]

要发展管理教育,就要有一套管理理论与方法体系。微观经济学为管理的产业分析以及战略和政策分析提供了理论和方法,科学管理运动推动了科学方法以及数学和统计学方法在管理中的应用。而在管理理论方面,除了像巴纳德这样的管理大师在思想上的贡献,还有像亨利·法约尔(Henri Fayol)这样的具有丰富的高层管理经验的先行者对管理理论框架的贡献。

亨利·法约尔出生于法国一个小资产者家庭,19岁时毕业于法国圣艾蒂安国立矿业学院,取得矿业工程师学位,随即进入科芒特里煤矿,成为一名采矿工程师。由于他在防治令公司颇感困扰的地下煤矿火灾方

[①] 参阅钱德勒.看得见的手:美国企业的管理革命[M].重武,译.北京:商务印书馆,1987: 551.

面的显著贡献，25岁时被任命为科芒特里矿井矿长，6年后，又被晋升为科芒特里矿井组的经理。1888年，法约尔所在的科芒特里-福尔尚布德公司由于煤矿储量枯竭，陷入财务困境，法约尔临危受命，担任公司的总经理。上任后，他通过关闭亏损的矿井和工厂、重组业务、收购新的煤矿资源、成立研究部门，以及进军炼钢和特种钢领域，使公司重整旗鼓，取得了骄人的业绩。法约尔在本职工作中取得的成功至今仍是法国工业史上的美谈，他也因此被授予荣誉团军官爵位。1918年，法约尔辞去总经理职务，保留董事职务，接受聘任，担任高等商科学院教授。

与泰勒长期从事工厂管理工作，其管理视角聚焦于将科学方法应用于提高生产过程效率不同，法约尔长期担任一家一体化大型企业的总经理职务，他关注的重点在于企业从生产、销售、会计到融资的全过程，他将管理视为不同于技术工作但对于获得经济效益至关重要的一种职能。随着管理职务的晋升和企业规模的扩大，法约尔的研究重点也从解决企业的技术问题转向建立企业的管理体系。

法约尔从自身的管理经历中认识到发展管理教育的重要性，但为什么学校和大学却忽视管理教育而只注重传授技术方面的知识和技能呢？在法约尔看来，原因就在于缺乏管理理论。因此，从1900年起，他就开始在矿业和冶金行业的各种重要会议和期刊上提交和发表管理论文。他的题为《工业管理与一般管理》的论文发表在矿业学会公报的第三期上。1925年，国立矿业学院校友会在巴黎举行盛大宴会，庆祝他毕业65周年。同年，他的《工业管理与一般管理》一文由杜诺德兄弟图书公司出版。

法约尔在《工业管理与一般管理》中给管理下的定义是：管理就是实行计划、组织、指挥、协调和控制。计划就是探索未来，制订行动计划，合理配置资源；组织就是建立企业的资源配置体系和人员分工责任体系；指挥就是下达命令以调动、连接和联合所有活动和力量朝向目标；协调就是解决各职能之间相互配合的问题；控制就是确保一切都按已制定的规章和下达的命令进行。法约尔对管理的定义是基于管理过程的职能，它为后来管理学理论体系的建构奠定了基础，直到今天，虽然学者们对管理职能的识别和定位有不同的观点，但管理学的理论体系仍是按管理过程的职能划分的。

法约尔总结了管理的14个要点：（1）劳动分工；（2）职权与责任；（3）纪律；（4）统一指挥；（5）统一领导；（6）个人利益服从整体利益；（7）人员的报酬；（8）集中；（9）等级制度；（10）秩序；（11）公平；（12）人员的稳定；（13）首创精神；（14）人员的团结。

在上述14个要点中，最受人们重视的是职权与责任、统一指挥、统一领导、集中、秩序、公平和首创精神原则。法约尔强调，人们在想到权力时不会不想到责任，也就是说不会不想到执行权力时的奖惩；责任是权力的孪生物，是权力的当然结果和必要补充；凡权力行使的地方，就有责任。对于统一指挥原则，法约尔强调，无论对哪一项工作来说，一个下属只应接受一个领导人的命令，如果两个领导人同时对同一个人或同一件事行使他们的权力，就会出现混乱。统一指挥准则是一项普遍的、永久必要的准则，如果这条准则受到破坏，那么权力将受到损害，纪律将受到破坏，秩序将受到扰乱，稳定将受到威胁。统一领导原则表示，对于力求达到同样目的的全部活动，只能有一个领导人和一项计划，它或多或少总是存在着。对于集中原则，法约尔指出，集中或分散的问题是一个简单的尺度问题，问题在于找到适合该企业的尺度。法约尔对秩序原则的阐述是，表面的秩序可能掩盖实际的混乱，有时相反，表面看起来混乱而实际是有秩序的。为了建立一个企业的社会秩序，应该使每个人都有一个位置，每个人都在指定的位置上。完善的秩序要求合适的人在合适的位置上，使每个人都在他能发挥出自己最大能力的岗位上任职，这就是最理想的社会秩序。对于公平原则，法约尔强调在对待下属时，应该特别注意他们希望公平，希望平等的愿望。为什么说"公平"，而不说"公道"？因为公道是实现已订立的协议。但这些协议不能什么都预测到，要经常地说明它，补充其不足。对于首创精神，法约尔认为，想出一个计划并保证其成功是一个聪明人最大的快乐之一，这也是人类活动最有力的刺激物之一。在由于对权力与纪律的尊重而造成的局限中，需要极有分寸地，并要有某种勇气来激发和支持大家的首创精神。应该使领导者能够牺牲自己的虚荣心去满足其下属人员的虚荣心。[①]

法约尔特别强调，在管理方面，没有什么死板和绝对的东西，这里全部是尺度问题。原则是灵活的，是可以适应一切需要的，问题在于懂得如何使用它。这是一门很难掌握的艺术，它要求智慧、经验、判断和注意尺度。

法约尔的管理原则思想，虽然今天似乎已成为管理常识，不再被人们特别是学者们在其著作中提起，但这只能说明这些原则已经深入人心，融入了管理实践。并且我们不得不承认，法约尔在100年前确立的管理原则，有些在我们今天的管理实践中执行得并不到位，我们往往是在经受了挫折、混乱、推诿、损失之后，才真正认识到遵守这些原则的重要性。

笔者在这一节着重阐述了管理革命的几个重要方向，包括所有权与管理权的分离以及公司治理演进的方向，集权与分权的趋势以及大型多元化企业组织结构演进的方向，科学管理以及为管理科学和信息管理开辟的发展方向，组织与人和劳资为共同利益和目的进行合作的演进方向，以及为大规模培养职业管理人员而对管理教育的巨大需求和要求。笔者重点阐述了为管理革命在实践上和理论上做出重要贡献的企业家和学者的管理思想。我们看到技术革命是推动管理革命的根

[①] 参阅法约尔. 工业管理与一般管理 [M]. 周安华，林宗锦，展学仲，等译. 北京：中国社会科学出版社，1982：23–45.

本力量。今天，第四次工业革命又会对管理革命提出哪些新的挑战，引领管理革命朝哪些新的方向演进呢？

13.2
第四次工业革命及其对管理的挑战

技术革命是推动社会、经济系统和企业变革的主要力量。从 18 世纪中期以蒸汽机、通信技术和铁路为代表的第一次工业革命，到 19 世纪末和 20 世纪初以电力、内燃机和大规模生产体系为代表的第二次工业革命，再到 20 世纪 80 年代以计算机、现代通信技术和互联网为代表的第三次工业革命，无不是推动企业战略转型和管理变革的巨大力量。如今世界已进入以先进通信技术、云计算、物联网、大数据、人工智能、生物基因技术、可再生能源和新材料为代表的第四次工业革命。第四次工业革命给企业的战略转型和管理带来的深刻变革集中体现为数字化和智能化。领导数字化和智能化变革潮头的企业赢家通吃，在第四次工业革命中掉队的企业将很难继续生存。

当然，这一管理转变除技术革命原因外，还包括全球化、国际竞争加剧、市场管制放松、资本密集型企业产能过剩、石油卡特尔造成的能源价格巨幅波动、国际资本市场的投机和羊群效应、高风险债券冲击、劳动力结构变化等影响因素，当然，它们的产生都离不开新技术革命。所以，有必要从更宽广的视野，考察新技术革命及其给管理带来的挑战。

第四次工业革命

历次工业革命都是通信工具、能源来源和交通方式技术革命的结合。

这三种基本的生产力要素分头并进，相互作用，一个领域的技术革命带动了其他领域的技术进步，共同推动了社会组织和经济体系的变革。

第一次工业革命始于18世纪中期，是由蒸汽机的发明、通信网络和大规模铁路网的建设触发的革命，引领人类进入了机械生产时代，生产力大幅提高。同时，大型铁路公司复杂的专业管理导致所有权与经营权的分离，职业管理人员作为一个阶层开始形成。第二次工业革命发生于19世纪末至20世纪初，随着电力、内燃机和生产流水线的出现，大规模生产以其明显的规模经济优势席卷世界，引发了一浪高过一浪的兼并与收购浪潮以及产业的迅速集中，《谢尔曼反托拉斯法》的出台才使得这一过程有所收敛。产业的集中化进一步巩固了职业管理人员的地位。第三次工业革命始于20世纪60年代初，在80年代呈现出突飞猛进的势头。这一次工业革命通常被称为计算机革命，催生这场革命的是半导体技术、大型计算机（60年代）、个人计算机（70和80年代）和互联网（90年代）的发展。戈登·摩尔（Gordon Moore）于1965年发表在《电子学》杂志上的论文《让集成电路填满更多的原件》（*Cramming More Components onto Integrated Circuits*）中做出了最著名的预测：

> 在保持元件成本价格最低的情况下，其结构复杂程度每年大约增加2倍……可以确信，短期内虽然这一增长率不一定会加快，但肯定还会继续保持。而从长期来看，这一增长率会略有波动，但我们有充分的理由相信，这一增长率至少还能持续10年。

1975年，摩尔把他成倍增长的预测从1年修正为约2年，即今天人们普遍采用的18个月综合计算能力提高一倍的说法。而摩尔定律的有效性，到今天已经持续了超过50年。这是一个令人震惊的技术变革周期，它滚滚向前的车轮，不知碾碎了多少掉队的企业。

哈佛大学教授戴尔·乔根森（Dale Jorgenson）在21世纪初的一项研究得出的结论是：2000年很大一部分的增长来源于创造信息技术的部门以及最大化使用IT设备和软件的经济部门。相应地，伴随着生产过程日益信息化、自动化，管理过程也日益向信息化、软件化转变，特别是借助互联网的一系列创新正在颠覆传统的商业模式，管理的重点日益从正确地做事向做正确的事转化，领导职能日益在管理过程中凸显。第三次工业革命是在为一场更深刻、更广泛的工业革命和管理革命做准备。

世界经济论坛主席克劳斯·施瓦布（Klaus Schwab）将我们当前所处的时代称为第四次工业革命的开端。第四次工业革命建立在数字技术基础上，涵盖了诸如云计算、物联网、3D打印、区块链、人工智能、无人驾驶交通工具、纳米技术、生物基因技术、可再生能源、能源存储、材料科学等诸多领域，将给经济、社会和企业带来深刻变革。

云计算 云计算（Cloud Computing）是分布式计算的一种。美国国家标准与技术研究院（NIST）给出的定义是：云计算是一种按使用量付费的模式，这种模式提供可用的、便捷的、按需的网络访问，进入可配置的计算资源共享池（资源包括网络、服务器、存储、应用软件、服务），这些资源能够被快速提供，只需投入很少的管理工作，或与服务供应商进行很少的交互。现阶段的云计算通过不断进步，已经不仅是一种分布式计算，而是分布式计算（Distributed Computing）、并行计算（Parallel Computing）、效用计算（Utility Computing）、网络存储（Network Storage Technologies）、虚拟化（Virtualization）、负载均衡（Load Balance）等传统计算机和网络技术发展融合的产物。云计算是当前的一个热门名词，很多专家认为，云计算会改变互联网的技术基础，代表了企业IT应用的未来。正因为如此，很多大型企业都在研究云计算技术、大规模建设云计算和存储的基础设施以及提供云计算和云存储的服务，亚马逊、谷歌、微软、IBM等IT业国际巨头以及阿里巴巴、腾讯、华为、百度、中国移动、中国联通和中国电信等国内ICT业领先公司都加入了这场空前的竞争。

物联网 麻省理工学院自动识别中心的创始人之一凯文·阿什顿（Kevin Ashton）于1995年最先提出了"物联网"（Internet of Things，IoT）这一术语。物联网平台的传感器和软件将人、设备、自然资源、物流网络、移动方式、消费行为、交流方式以及经济和社会生活中的各个方面连接起来，不断为各个节点（商业、家庭、交通工具、组织）提供实时的大数据。这些海量的数据通过先进的大数据分析技术，为监控、管理与预测提供精准数据，从而大幅提高资源利用率和生产率，降低服务成本，改善生活质量，保护环境，确保安全（如飞行安全、食品安全）等，深刻改变着世界。

区块链 区块链是一种分布式信任机制，可以通过分布式方式追踪可信的交易记录。比特币和数字货币都是基于区块链技术产生的。基于区块链的金融服务将赢得大量用户；随着区块链中直接产生新的服务和价值交换，金融机构将实现非中介化；由于区块链里可进行任意种类的价值交换，可交易资产将呈现爆炸式增长，并能使任意物质成为可进行交易的资产；合同、法律服务与区块链代码的关联越发紧密，将被用作牢不可破的加密方式或是编程设计的智能合约；由于区块链本质上是一个全球范围的存储所有交易信息的分类账户，交易的透明度将大大提高。①

人工智能 人工智能是研究人类智能活动的规律，构造具有一定智能的人工系统，研究如何应用计算机的软硬件来模拟人类某些智能行为的基本理论、方法和技术。人工智能学科研究的主要内容包括：知识表示、自动推理和搜索方法、机器学习和知识获取、知识处理系统、自然语言理解、计算机视觉、智能机器人、自动程序设计等。人

---

① 施瓦布.第四次工业革命：转型的力量[M].李菁，译.北京：中信出版社，2016：167.

工智能的一大场景是人机交互。随着近十年来半导体技术的不断突破，人机交互的概念逐渐从狭义走向广义，由一开始的"人与计算机接口"（Human-Computer-Interface，简记作 HCI），悄然转变为"人机接口"（Human-Machine-Interface，简记作 HMI）。近日，埃隆·马斯克（Elon Musk）发布了脑机接口技术的最新研究成果，将人工智能芯片植入人的大脑，读取人的意识信息，将人机交互提升到了一个新的层次——脑机交互。

3D 打印 3D 打印，又称"增材制造"，是一种根据 3D 数字图纸或模型逐层打印，从而制造出实体的技术。最终，许多材料都将成为 3D 打印的原料，例如塑料、铝、不锈钢、陶瓷，甚至高性能合金等。3D 打印与传统的集中化生产差别较大，主要体现在以下几个方面：第一，除了创建软件外，人们几乎不需要参与任何操作，从而使得传统的"人工制造"转变为"信息化制造"。第二，3D 打印企业既免除了知识产权保护限制，也显著降低了产品的打印成本。第三，3D 打印属于增材制造。传统的制造方式是一个减材过程，在这个过程中，大量原料被浪费，而增材制造所需的原料一般是减材制造的 1/10。第四，3D 打印可以实现产品的个性化制造。第五，因为物联网具有分布式、协同以及横向扩张的特点，比起传统的通过垂直整合形成的集中化企业，3D 打印这种小型信息化制造具有绝对优势，拥有一台 3D 打印机就可以开启事业。第六，通过本地介入物联网基础设施，大幅降低供应链环节及成品交付环节的物流成本。[1]

机器人 机器人技术已经开始影响各行各业，从制造业到农业、零售业及服务业，无所不包。机器人在制造业以及服务业中的金融业、会计和审计行业、物流业、餐饮业等行业正在取代人力，其制造和服

---

[1] 里夫金. 零边际成本社会：一个物联网、合作共赢的新经济时代 [M]. 赛迪研究院专家组, 译. 北京：中信出版社, 2017: 90.

务质量更精准、效率更高、成本更低。目前已经出现制造业向发达国家"回流"（用机器人取代外包）的趋势，这将给全球化和国际分工格局带来深刻变化。

无人驾驶汽车　无人驾驶汽车是通过车载传感系统感知道路环境，自动规划行车路线并控制车辆到达预定目的地的智能汽车。无人驾驶汽车集自动控制、体系结构、人工智能、视觉计算、先进通信技术等众多技术于一体，是计算机科学、模式识别和智能控制技术高度发展的产物。随着无人驾驶汽车的商业化应用和无人驾驶汽车技术的成熟，交通事故会大大减少，同时，所有权向使用权、市场机制向共享机制转变的过程可能进一步加速。

生命科学和生物基因工程　比尔·盖茨对即将到来的信息和生命科学的结合非常感兴趣，他说："这是信息时代，而生物信息是我们正在破译并试图改变的最有趣的一个方向。问题在于怎样去做，而不是是否要做。"生物基因工程的两个重要研究和应用领域是基因测序和基因编辑。包括心脏病和癌症在内的许多医学难题都有基因的因素，因此，如果我们能以高效、低成本的方式确定一个人的基因构成，就会彻底变革个性化医疗和治疗效果。基因测序可以直接测试特定的基因变异会引起哪些症状和疾病。目前，基因测序的成本的花费已经大大低于1 000美元。事实上，基因编辑技术可应用于一切类型的细胞，可以帮助人们创造出转基因动植物，改良成年有机体（包括人类）的细胞。这门科学发展非常快，限制其应用的并非技术，而是法律、监管和伦理方面的问题。另外，不同技术之间会相互融合，相互促进。未来，3D打印将会与基因编辑相结合，用于制造活体组织，以实现组织的修复和再生。我们将这一工艺称为生物打印，该技术已经用于制作皮肤、骨骼、心脏和心血管组织。最终，打印出来的干细胞层将用于制作移植器官。[①]

---

① 施瓦布.第四次工业革命：转型的力量[M].李菁，译.北京：中信出版社，2016：24.

可再生能源技术 可再生能源是从可再生资源收集的能量，例如从阳光、风、雨、潮汐、波浪和地热等资源获得的能量。可再生能源通常在四个重要领域提供能源：发电、空气和水的加热或冷却、运输，以及农村（离网）能源服务。可再生能源系统正迅速变得更加高效和廉价，它们在总能耗中所占的份额正在增加。截至 2019 年，全球范围内超过 2/3 的新用电装机容量是可再生能源。目前，依赖化石能源的能源结构已经造成全球气候变暖和严重的环境污染，如不从根本上改变这种能源结构，是无法实现联合国气候大会确立的到 21 世纪末全球升温幅度控制在 2 摄氏度以内的目标的。所以发展可再生能源技术已经迫在眉睫，关系人类的生存。

第四次工业革命给企业带来的机遇和挑战

针对上文提到的第四次工业革命的代表性技术，我们讨论一下这些技术革命对企业数字化转型和商业模式变革的影响。

工业互联网 正如著名风险投资家马克·安德里森（Marc Andreessen）所言，"软件正在占领世界"，所有的产业都随着数字技术的发展而逐渐开始变化，如美国通用电气公司 2011 年 11 月提出了"工业互联网"的概念。工业互联网是指在工业机械上安装传感器以监控工作状态，通过互联网收集机器运行数据，之后通过对这些数据的分析，发现机器在运行过程中的浪费情况和问题点，并对其进行改善，从而提高生产效率。这就是所谓的"数字孪生"（digital twin），即工业设备和产品都具有"物理模型"和"数据模型"两种模型（将工业机械的运行状况公式化）。通用电气公司不仅特别重视自身与工业设备相关的"软件"和"数字化服务"，而且面向产业客户销售和提供数字化服务。为此，2015 年通用电气公司将其设立在硅谷的研发中心扩建为通用电气数字事业部，独立运营。"通用电气数字"合并了各事业部的软件开发团队和集团内的信息部门，计划在 2020 年之前，将软件开发和数字化服务部门的"数字化营业收入"规模提升到 150 亿美元，并进入世界软件公司前十名，与微软、亚马逊、谷歌、SAP 等软件巨头并列。[①] 工业互联网代表了迈向数字化制造业的方向。

构建或接入万物互联的数字化平台 无论是自身的工业互联网，还是向产业提供数字化服务，必须有成熟的数字化服务软件平台作为依托。提高工业机械生产效率的方法不只是数字孪生，还有一种重要的方法，那就是"数字主线"（digital thread），即连接各种工业机械产生的数据的"数字线"。通过数字主线可以发现一种工业机械发生故障会不会对其他机器的开工率造成影响，以及哪个机器哪个流程是系统整体瓶颈等问题。通用电气公司将这个过程称为"运营优化"。故障预测和运营优化，是通用电气公司提供给客户最大限度地提升工业机械效率的核心服务。通用电气公司数字化革命成就的集大成者是 Predix 云平台。其前任首席执行官杰夫·伊梅尔特将通用电气公司数字事业部开发的 Predix 定义为"工业互联网的平台"。无论是预测机械的故障，还是提高生产率的数字化服务都是建立在此平台之上的。Predix 云平台的最底端是运行应用程序所必须的服务器环境，即基础设施即服务（Infrastructure as a Service，简记作 IaaS）；之上是提供中间件的核心平台（Core Platform）层，即平台即服务（Platform as a Service，简记作 PaaS）；核心平台的上一层是通用电气公司利用核心平台层开发的工业应用程序，即软件即服务（Software as a Service，简记作 SaaS）。从 2016 年 2 月起，通用电气公司开始向外部客户提供 Predix 的云服务，用户只需接入通用电气公司核心平台的 API，开发自己的应用程序，或租用 Predix 云平台的应用程序，即可实施自身的数字化转型，而无须

---

① 中田敦. 变革：制造业巨头 GE 的数字化转型之路 [M]. 李会成，康英楠，译. 北京：机械工业出版社，2018：9.

在 IT 基础设施和数字化平台上投入巨资重复开发。世界著名公司在推行自身的数字化以及向产业客户提供数字化服务时，都提供自身已经运营成熟的基于云的数字化平台。如西门子的开放的、基于云的物联网操作系统 MindSphere。对于客户来说，MindSphere 物联网操作系统提供了连接和数据分析的新维度，为过程和结构的设计、制造，提供有更大灵活性的解决方案。连接 MindSphere 也是客户的新的、数据驱动的商业模式变革的一个基本方面。未来大多数企业的数字化都会通过接入某个工业互联网头部企业的云平台的方式实现自身的数字化转型。

通过平台效应实现零边际成本扩张 平台效应指的是以数字业务为主的组织通过打造网络平台，匹配多种产品和服务的买家和卖家，获得越来越大的规模收益的一种效应。对行业主导企业来说，打造平台胜于打造产品，而从某种意义上说，打造产品也是为了打造平台。平台一旦形成，就很容易以近乎零边际成本的方式推出更多的产品和服务。这也是许多企业打造平台和推广平台多采用免费模式的原因。基于平台的零边际成本扩张不仅给平台企业带来巨大的利益，也成为基于互联网的新创企业依托平台生存发展普遍采用的商业模式。

数据成为战略资产 受技术发展水平的限制，古典经济学家将生产要素归结为劳动、土地和资本，数据还未作为基本的生产要素。我们今天所处的时代相比古典经济学家生活的时代，甚至相比计算机开始大规模应用于商业之前的时代，已经有了巨大的进步，一个根本的变化是数据的收集技术已经使大量信息可以被廉价地捕捉和记录。在谷歌这样的信息公司眼里，数据开始被视为一个新的生产要素。土地和自然资源对谷歌来说不重要，重要的是智力劳动者和数据，谷歌的使命是："整合全球信息，使人人都能访问并从中受益。"谷歌的搜索、地图、视频、人工智能、无人驾驶汽车、云计算等所有的业务、模型和算法，都建立在大数据基础上，大数据是谷歌的价值所在。

《大数据时代》一书的作者迈尔-舍恩伯格（Viktor Mayer-Schönberger）和库克耶（Kenneth Cukier）认为，大数据的精髓在于我们分析数据时的三个转变，这些转变将改变我们理解和组织社会的方法。第一个转变是，在大数据时代，我们可以分析更多的数据，有时候甚至可以处理与某个特别现象相关的所有数据，而不再依赖于随机采样。大数据让我们看到了样本无法揭示的细节信息。第二个转变是，研究数据如此之多，以至于我们不再热衷于追求精确度。适当忽略微观层面上的精确度会让我们在宏观层面拥有更好的洞察力。第三个转变由前两个转变促成，即我们不再热衷于寻找因果关系，而应该寻找事物之间的相关关系。[①] 笔者对第三个转变持保留意见，尽管相关关系本身意义重大，但研究事物之间的因果关系毕竟是我们认识世界的基础。不过从重视单个事物的微观结构到重视事物之间的联系，确实是我们认识世界的一种进步，大数据对这种进步功不可没。

数据成为企业的战略资产引出的一个难题是，其价值怎么度量？怎么核算？在资产负债表中怎么体现？如果人力资本、数据资产等无形资产的价值都不能恰当地在资产负债表中得到体现，那传统的资产负债表对新经济公司还有什么意义呢？2012 年 5 月 8 日脸书上市时，根据会计准则计算出的账面价值为 63 亿美元，而首次公开募股的市场估值是 1 040 亿美元，二者怎么会产生如此之大的差距呢？目前还没有很好的方法能解释这一点。然而人们普遍开始认为，通过查看公司"账面价值"（大部分是有形资产的价值）来确定企业价值的方法，已经不能充分反映公司的真正价值。事实上，账面价值与市场价值（即公司被买断时在股票市场上所获得的价值）之间的差距在几十年中一直在不断地扩大。公司账面价值和市场价值之间的差额被记作"无形资产"。

---

① 迈尔-舍恩伯格，库克耶. 大数据时代：生活、工作与思维的大变革 [M]. 盛杨燕，周涛，译. 杭州：浙江人民出版社，2013：18.

20世纪80年代中期，无形资产在美国上市公司市值中约占40%，而在2002年，这一数字已增长为75%。[1] 未来，随着大数据的战略价值日益增长，这一比重还会增加。今天，无形资产已经包含商誉、品牌、专利等计入正规金融会计制度的非有形资产部分，虽然数据还没有被列入企业的资产负债表，但这只是一个时间问题。

协作共享 1991年，芬兰赫尔辛基大学的一位名叫莱纳斯·托瓦兹（Linus Torvalds）的年轻人针对类似Unix操作系统的个人计算机开发了一款免费软件内核，这款名为Linux的软件内核使全世界成千上万的个人用户能够通过互联网彼此协作，共同提高免费软件代码的质量。今天，世界范围内速度最快的500台超级计算机以及90%的世界500强企业都在运行Linux系统，其适用范围甚至涵盖平板电脑和手机等嵌入式系统。[2] 操作系统和重要的平台软件的开源、开放、免费、协作开发、利益共享已成为后来者挑战在位者的基本策略，而在位者还能凭借封闭、保密、法律法规的保护稳占既得利益而不思变革吗？

所有权正在向使用权转变 共享经济正在大行其道，它向我们提出了一个根本性的问题：究竟什么是值得拥有的？是平台还是平台背后的有形资产？全球最大的出租车公司优步没有一辆车，广受欢迎的社交媒体公司脸书不制作任何内容，最有价值的零售商阿里巴巴没有任何存货，最大的住宿提供商爱彼迎名下没有任何房产。[3] 这种所有权向使用权转变的大趋势，正在重塑企业的商业模式，那些重资产行业的企业是时候重新思考自己的商业模式了。

赢家通吃 在很多行业，数字化时代的生存逻辑使得第一和第二

---

[1] 迈尔-舍恩伯格，库克耶.大数据时代：生活、工作与思维的大变革[M].盛杨燕，周涛，译.杭州：浙江人民出版社，2013：21.
[2] 里夫金.零边际成本社会：一个物联网、合作共赢的新经济时代[M].赛迪研究院专家组，译.北京：中信出版社，2017：179.
[3] 施瓦布.第四次工业革命：转型的力量[M].李菁，译.北京：中信出版社，2016：21.

之间的差别堪称天壤之别。正像一则备受争议的耐克广告所宣传的:"你不是赢得了银牌,而是输掉了金牌。"[1]每当一种市场被数字化后,赢家通吃的经济学逻辑就会变得更加引人注目。如今,大多数(互联网上的)功能分区都被一家主导型公司或寡头垄断。比如谷歌主导搜索分区,脸书主导社交分区,易贝主导拍卖分区,苹果主导在线资源传送,亚马逊主导零售。排在第一位的产品将占有优势的市场份额,或攫取全部市场的大部分利润。如苹果公司的利润连续多年占全球手机市场的 80% 以上,而排在第三位以及其后的同类产品或企业可能仅能在盈亏平衡点附近惨淡经营,或不得不黯然离场。这就是赢家通吃现象。降低价格这种拯救二流产品的传统做法,对于产品性能已经与世界一流产品相差甚远的公司来说,也毫无助益。数字化产品的经济规模巨大,能给市场领先者提供巨大的成本优势和空间,进而能从价格上击败任何利润还很可观的竞争对手。而一旦固定成本被覆盖,每个边际单位的生产成本就几乎可以忽略不计了。[2]

  数字化、互联网和资本市场进一步助推了赢家向相关领域的扩张。特别是那些有着互联网基因的赢家,携资本、人才和数字技术的强大优势,不断通过收购与兼并进入相关的和不相关的领域。比如阿里巴巴,最初是从电子商务起家,做大以后就顺势进入支付领域,支付宝已成为第三方支付市场的领先者;然后是云服务、人工智能、共享单车、物流配送,以及向国际市场的拓展。

  赢家通吃现象在人才的争夺上也是愈演愈烈,市场头部企业不惜重金在世界范围延揽顶尖人才,一掷千金。赢家通吃市场的一个重要特征是薪酬、奖金和股权激励越来越向少数顶尖人才集中。因为这些企

---

[1] 布莱恩约弗森,麦卡菲.第二次机器革命:数字化技术将如何改变我们的经济与社会[M].蒋永军,译.北京:中信出版社,2014:172.
[2] 同前注,第 179 页.

业制造出来的产品价值，往往取决于少数顶尖的杰出人物的创造力，因而按其在创造产品价值上的贡献决定这些人的薪酬和激励就成为顺理成章的规则。赢家通吃实质上变成了顶尖人才的通吃。

为什么赢家通吃的市场现在如此普遍？除了上面提到的信息、产品和服务的数字化变革愈演愈烈的原因外，通信技术的大幅提升以及网络及其标准化应用也起到了关键作用。在一个全球化和开放的市场中，每个企业都在各自的细分市场上与全世界的顶尖企业竞争。产生赢家通吃市场的力量日益强劲，未来还会更强。企业一旦获得了平台的优势，其进一步推出新产品和服务几乎是零边际成本的，由于基于平台的扩张几乎是零边际成本的，所以赢家不仅可以从市场扩张中收回先期平台投入的巨大成本，而且随着规模和范围的扩大，企业的盈利率会进一步提高。赢家通吃在经济学上的解释就是规模经济和范围经济。零边际成本社会加剧了赢家通吃的现象。那么，哪些市场在向赢家通吃市场演变？笔者的观点是，只要市场具有潜在的规模经济性，最终都会演变为赢家通吃市场。互联网、现代通信技术和人工智能技术会加速这个演变过程。

人们可能会问：赢家通吃不就是垄断吗？为什么国家不加以限制呢？原因就在于，全球市场竞争已经演变为国家之间的竞争，一国的垄断企业已经成为该国国家竞争力的体现，承载着该国的国家利益和社会利益，所以国家之间的竞争演变成各国垄断企业之间的竞争就毫不奇怪了。那么赢家通吃对中小企业的影响如何？中小企业必须选择进入某个赢家的生态圈，而要想进入赢家的生态圈，就要求企业成为细分市场的赢家。要成为细分市场的赢家，只有长期聚焦、专注。这就是赢家通吃市场中的中小企业生存策略。这使我们想起爱德华·张伯伦的垄断竞争理论。张伯伦援引经济学家弗兰克·奈特的话说："实践上，每一项交易都是一个局部的垄断，考虑到这一事实，值得注意的是，经济学理论排斥性地要么只与完全垄断相关联，要么只与完全竞争相关联。"张伯伦的观点是:"自由企业的一个本质部分是,每个商人都试图建立他们自己的垄断,将这一垄断扩大到任何可能的地方,并护卫着它,以免其他厂商企图扩大他们的垄断。"[1]也就是说,不追求垄断,就会在竞争中被淘汰出局。出局者是被垄断竞争挤出市场的,而不是被完全竞争,即我们通常理解的价格战挤出去的。所以,几乎所有的市场,无论是整体市场还是细分市场最终都会是垄断竞争市场,都会是赢家通吃市场。

数字化促使价值创造和分配趋向幂律分布 在美国,自从大萧条以来第一次,超过一半的收入集中在了10%的顶层美国人群中——这一年是2012年。1%的顶层人士获得了整个国家超过22%的收入,这一份额是20世纪80年代初期的两倍还多。1%的美国人中又有1%的超级人士(在美国仅有几千人)年收入超过了1 100万美元,这些人所占的收入份额达到了美国全部收入的5.5%。[2] 社会中产阶层呈钟形曲线分布的时代结束了,我们现在正迈向经济价值创造和分配呈现幂律分布的时代。一个幂律分布的平均数通常要比中位数或众数高得多。实际上,这意味着当收入按照幂律分布进行分配时,大多数人都会处在平均数以下。幂律分布增加了收入的不平等。这将加剧社会的动荡,会造成劳资关系的紧张,会使企业的薪酬政策面临困境。如果按照价值创造的幂律分布调整薪酬曲线,对大多数企业员工来说,这是否与他们的公平观冲突而让他们难以接受?而不按照幂律分布确定薪酬政策,就吸引不到更留不住顶尖人才,这将导致企业的收入萎缩和薪酬支付能力下降,这也不符合大多数员工的利益。数字化和幂律分布的大趋势可以说是势不可挡的。

---

[1] 参阅张伯伦.垄断竞争理论[M].周文,译.北京:华夏出版社,2009:3,218.
[2] 布莱恩约弗森,麦卡菲.第二次机器革命:数字化技术将如何改变我们的经济与社会[M].蒋永军,译.北京:中信出版社,2014:148.

低成本劳动力不再是企业的优势 人工智能擅长模式匹配及自动化处理，使其可担任大型组织的很多工作。人工智能将在未来取代很多目前需要人工完成的工作。牛津大学马丁学院进行的一项研究调查了工作岗位被人工智能及机器人取代（及电脑化）的可能性，根据他们的模型计算，从 2010 年算起的 10~20 年内，美国有 47% 的工作岗位极有可能被机器人取代。① 2013 年，美国有 2 190 万成年人失业、不适合就业或无意就业，并且这部分人不再体现在官方统计中；2011 年，全球有 25% 的成年劳动力失业、不适合就业或无意就业。虽然失业有很多原因，但经济学家刚刚开始意识到，技术替代才是"罪魁祸首"。②

几十年来（如果不是几个世纪），几乎每一种经济体系都是通过技术手段来达成用资本代替劳动力目标的。工人成本再低，也不如替代他们的信息技术、机器人和人工智能成本低且高效。在第四次工业革命时期，如果低成本劳动力不再是企业的竞争优势，全球制造业就很可能回归发达经济体。一旦发生这种情况，低收入国家就会面临困境。这些国家原有的比较优势是提供劳动密集型商品和服务，但这些优势会被自动化和机器人迅速削弱。这对那些当前经济正蓬勃发展的国家将产生毁灭性的打击。③

知识型劳动者也是牺牲品 大多数专业领域都会涉及 IT 和大数据算法，包括放射科医师、会计师、中层管理人员、平面设计师乃至营销人员在内的各类知识型员工都已经非常强烈地感受到这一点：模式识别软件已经渗透到了各个专业领域。这标志着世界上大量人工工厂岗位的消失。尽管仍然需要一些人工劳动制造机器人并研发新的软件

---

① 施瓦布.第四次工业革命：转型的力量[M].李菁，译.北京：中信出版社，2016：163.
② 参阅迈尔-舍恩伯格，库克耶.大数据时代：生活、工作与思维的大变革[M].盛杨燕，周涛，译.杭州：浙江人民出版社，2013：123.
③ 参阅施瓦布.第四次工业革命：转型的力量[M].李菁，译.北京：中信出版社，2016：79.

来管理生产流程，对程序和系统进行维护和升级，但是随着智能技术自我编程能力的不断提升，连专业和技术型劳动力也在逐步减少。[1] 这对于企业的人力资源管理意味着什么？人力资源管理部门与研发、工艺、制造等部门一同推动以机器代替人？事实上，是推动企业生产力的提升，推动企业竞争力的提升，也就是用同样的薪酬总额支出，使员工平均薪酬处于劳动力市场最佳水平，而薪酬总额占销售收入的比例更具有成本竞争力，从而为企业创造更大价值。科学管理之父 F.W. 泰勒当年大力宣称的高工资与低劳动成本的结合，在一个世纪后正在变为现实。

经济学家保罗·克鲁格曼（Paul Krugman）曾说过："生产率不是一切，但从长远来看，它几乎就是一切。""因为一个国家在一定时间内提升其国民生活标准的能力，几乎取决于提升其人均产出的能力。"实际上，创新就是生产率提高的过程。《第二次机器革命》一书的作者布莱恩约弗森和麦卡菲指出，我们并没有理解经济失利的原因。实际上，所有问题都有一个单一的、很少被注意到的根源：在过去至少300年的时间里，我们一直依靠"采摘最容易采摘的果实"而生存……然而在过去40年时间里，那种"容易采摘的果实已经采摘完了"，而我们却在假设"这些果实还挂在那里"。我们没有意识到，现在我们正处在一个技术平台上，"果树上已经变得光秃秃的了"，而我们还以为"果实累累"。[2] 传统技术和设备之树上的果实已经被采摘完了，新技术革命的土壤上长出的数字化和人工智能之树正枝繁叶茂。许多先觉的企业已经开始采摘它们上面的果实了。

---

[1] 里夫金.零边际成本社会：一个物联网、合作共赢的新经济时代[M].赛迪研究院专家组，译.北京：中信出版社，2017：126.
[2] 参阅布莱恩约弗森，麦卡菲.第二次机器革命：数字化技术将如何改变我们的经济与社会[M].蒋永军，译.北京：中信出版社，2014：86.

西门子公司向工业4.0的战略转型

我们从西门子公司面向第四次工业革命（工业4.0）的战略转型中，可以看到领先企业是怎样在战略上、组织上、文化上应对第四次工业革命的。以下是笔者整理的西门子面向第四次工业革命的战略转型案例。本案例所有材料均来自西门子公司董事长2013—2020年的股东大会致辞，故仍保留了第一人称。

西门子公司面向第四次工业革命的战略转型

150年前，维尔纳·冯·西门子（Werner von Siemens）发现了发电机-电力原理——这是当时电气工程的一场革命，为西门子的许多业务奠定了基础。2017年，美国《福布斯》杂志采访了来自60个国家的15 000名思想领袖，询问了他们认为的世界上最好的公司，评选标准包括诚信、诚实、社会行为、作为雇主的声誉以及产品质量和性能。结果，西门子成了第一，它是世界上最受尊敬的公司。

西门子的使命和愿景

我们为客户努力工作，为员工提供导向，为股东和社会创造持续的价值。这就是我们的使命，这就是我们的承诺！西门子将成为领先的高性能数字化公司，为全电气化、自动化和数字化系统制定全球标准。今天的竞争格局更加多样化，只有成为由客户、商业伙伴、大学、初创企业和竞争对手组成的全球网络的一部分，才能成功；只有那些能够最好地适应如此迅速变化的环境的公司才能成功。

西门子有望成为值得信赖的合作伙伴。适用于我们的标准尤其高，这是我们的荣幸。信任是我们最宝贵的资产，西门子的管理层和员工都知道这一点，我们非常清楚其中的责任。而西门子的话引导我们履行这一责任:"在我们这个时代的科技竞赛中,我们只需要确保在我们主要聚焦的领域中持续处于世界级的领先水平。"未来,这正是我们要做的。

面向第四次工业革命的组织变革

2014年5月,我们提出了"2020愿景"战略,并确定了七个主要目标。这些目标包括严格的公司管理和加强我们的投资组合,以及培养一种所有权文化。

我们剥离了西门子医疗保健业务以及西门子能源,并且让它们上市。剥离后的西门子公司(Siemens AG)称为工业西门子公司(Industrial Siemens),将把数字产业、智能基础设施和西门子移动业务捆绑在一起。新的工业西门子公司的业务完全体现了我们对工业未来的成功公式:E-A-D,即电气化、自动化和数字化。该公司正在进行工业历史上最大的变革之一——第四次工业革命,或者用一些人的话说,构筑物联网。2018年3月16日,西门子医疗保健公司(Healthineers AG)在法兰克福证券交易所上市,这是我们聚焦公司的第一步,也是非常好的第一步。西门子医疗保健公司的股价此后上涨了50%以上,远远超过了德国MDAX股指的涨幅。在医疗技术领域,我们正密切关注未来的趋势,例如在分子诊断学领域,或在生物技术领域,或在手术室,分子诊断学可以使疾病得到更早和更精确的诊断。2020年5月22日,西门子公司董事会和监事会一致通过了分拆西门子能源公司(Siemens Energy)并择机上市的决议。西门子能源公司专注于化石发电、电力传输、可再生能源、石油和天然气行业,以及氢和存储技术等新行业,没有任何一家公司能像西门子能源公司那样完成这项任务。

至此,西门子品牌将包括三家专注于各自市场的公司:工业西门子公司、西门子医疗保健公司和西门子能源公司。这三家公司都是出色的企业，具备成为各自市场领导者的条件。

2016年年底，西门子成立next47公司，集孵化器和创业投资于一体，这是一家独立于西门子三大核心业务领域的初创公司。"next"代表我们想要采取的下一步，这应该是一大步！"47"代表我们公司成立的年份——1847年。通过next47，西门子希望能找回创业精神，培养新想法和新冲动，并在公司建立强大的创新文化，掌握2047年的科技趋势和发展先机，引领西门子工业生态的重塑。

加大创新投入，鼓励创业精神

西门子是一家科技公司，我们的动力是创新，创新是我们成功的基础。过去一直是这样，现在更是如此。但问题是：我们如何做到，以及如何做到最好？在一个流程规范的大公司中，我们如何创造一个能最有效地培养创造力、合作精神和个人责任感的环境？我们如何创造一个环境来巩固企业家精神，并将容错视为一种积极的价值？我们如何创造一种环境，将变化视为机遇，并将整个世界作为一个市场来开放地对待？因为，对变化的适应能力最终决定了公司的成败，甚至整个经济的成败！

因此，我们特别在三个领域开辟了新的道路。第一，我们希望鼓励西门子员工贡献自己的想法，为此，我们设立了创新基金。第二，我们认为思想领袖、科学家和公司创始人的专业知识尤其重要，因此，我们去年成立了西门子技术与创新委员会（STIC），该委员会在技术和创新领域向管理委员会提供建议。第三，我们对初创公司的参与已经取得了显著的成功。我们自己已经成立了超过12家创业公司，并投资了超过8亿欧元的初创公司股权。我们希望在未来向初创企业和初创企业文化敞开西门子的大门，这一举措将使我们把大公司的优势与创新、灵活的创业优势结合起来。

我们的研发活动集中在14个面向未来的领域。其中最重要的是人工智能、网络安全、数字孪生、分布式自动化和能源系统、电动交通基础设施，以及增材制造（即3D打印）。那些想要塑造工业未来的人必须成为这些领域的领导者！2019财年，我们仅在研发上就花费了57亿欧元，比2013年增长了40%。

我们坚决摒弃短期思维和机会主义。在金融市场上——不仅仅是在金融市场上——有太多的人为了即时获利而出卖未来。我们需要更多的勇气来扭转这一趋势。在管理公司和国家经济方面，我们需要一种更加可持续的方法。

不断评估和优化投资组合

当我们从战略和运营的角度评估我们的投资组合时，我们将解决以下问题：

第一，未来的增长领域是什么？涉及什么市场，什么地理区域，什么技术？第二，我们公司的最大利润在哪里？从长远来看，我们怎样才能赚钱，从而为股东和员工创造持久的价值？第三，为什么客户应该选择西门子而不是我们的竞争对手？我们成功的因素是什么？我们的能力是什么？我们需要迅速获得什么能力？第四，西门子从当前和未来的业务中获得了什么协同价值？为什么我们作为一个整合的公司会更好？第五，在我们的业务覆盖的市场中，哪些地方出现了根本性的结构变化，即所谓的范式转变？这些变化对我们的战略、公司的持续生存或进一步发展有什么影响？

我们投资组合中的很大一部分已经处于主要全球趋势的"最佳位置"，这些趋势包括城市化、人口变化、资源效率和全球化。

成为数字化的先驱和领先者

数字化正在成为塑造未来的决定性因素，几乎在任何领域，这是我们的战略重点，也是我们建立公司结构的方式。如果要我说一个我们必须赢的领域，那就是数字产业。如果你想在这里成为赢家，在这里成为佼佼者，你必须成为这个领域的先驱和大师。你必须总是比你的竞争对手领先几步。我们正在让公司为未来和未来的变化做好准备。我们这个世界不断加深的数字趋势是卓越的"范式转换者"。在未来，数字化将比过去更能塑造我们的经济和社会，它已经带来了实质性的变化。想想音乐产业、摄影、零售业、能源市场或印刷媒体，大品牌消失，昨天还完全不为人知的公司突然成了全球市场的领军人物。

在数字工业的世界里，每一件真实的东西都会有一个物理实体和虚拟实体，即"数字孪生"，所有的东西都将被连接起来并能够交流。在"数字孪生"的帮助下——工厂的数字描绘——未来将有可能模拟、测试和优化工厂的整个生产过程。我们是世界上唯一一家能够创造完整的"数字孪生"产品和所有工厂流程的公司。客户从这些现实世界的虚拟模型中获得了巨大的好处——更高的效率、灵活性和生产质量，大大缩短了将新产品推向市场的开发时间。

在第四次工业革命中，我们是塑造未来生产体系的领导者。今天，我们在产品和工厂系统还未成型之前就已经在进行模拟了。通过这种方式，我们可以为客户提供更低的开发成本，更快的市场成熟、优化和资源友好的生产，以及最高的质量。除了我们的软件业务，我们还在不断扩大我们的数字服务业务。今天，已经有大约80万个西门子系统与我们的诊断和远程维护平台相连接。我们为客户监测和优化涡轮机的运行；我们集中控制世界各地风力发电厂的运作；我们确保电脑断层摄影系统、铁路系统和成千上万的建筑物的最高质量。

我们——德国工业，尤其是西门子——必须发展、定义和领导这些创新。因为我们在这里的成就将决定德国工业的命运，也将决定我们自己公司的命运。

小结

西门子向第四次工业革命的战略转型，是继承与创新的结合，是创新与创业的结合，是聚焦核心业务与多业务协同的结合，是企业经济目的与社会责任的结合，是演化与变革的结合。贯穿其中的主线，是创始人西门子留下的宝贵的精神遗产，这是企业应对技术革命的挑战和机遇、生存和发展的生命力源泉。

从西门子向第四次工业革命转型的案例中我们能得到哪些启发呢？

一是，数字化改变的是企业的技术基础、组织结构和文化，但并不改变企业的性质，即企业的目的和使命，企业使命通常是创始人留下的最重要的嘱托。西门子在数字化时代仍始终坚持为客户努力工作，为员工提供导向，为股东和社会创造持续的价值的使命；坚持创始人西门子向市场的承诺："在我们这个时代的科技竞赛中，我们要确保在我们主要聚焦的领域中持续处于世界级的领先水平。"这是西门子过去成功的原因，也是在数字化时代持续成功的保证。

二是，战略决定结构，数字化时代企业要抵制住赢家通吃的诱惑，只有聚焦才能保持领先，只有领先才能持续生存。大型联合企业的每项业务模块都应当清晰地定位。应当不断审视业务组合，关注哪些业务将发生结构性变化，必须进行范式变革。

三是，找回创业精神，大企业培育创业精神的一种有效方式，是在组织结构中、在主要业务体系之外，建立独立的创业公司，孵化新创企业，激发创业活力，就像西门子的"next47"子公司那样。

四是，加大创新投入，特别是面向未来的不确定性的投入。发挥公司风险投资的作用，投资初创公司股权，保持在产业创新前沿的存在。

五是，坚决摒弃短期思维和机会主义，顶住金融市场短期获利的压力，因为没有长期目标就没有战略，没有长远投入就没有未来。

13.3

管理革命的新趋势

一个多世纪前由管理的复杂性和专业性促发的管理革命，在进入数字经济时代，面对第四次工业革命的挑战时，又呈现出新的演变趋势。这里我们特别关注新管理革命的以下五个重要趋势：公司治理的重点转向创新资源的配置与利用，从管理确定性到管理不确定性，大公司设立基础研究实验室又掀起热潮，创始人的作用不可替代，以及天才引领与员工参与的结合。

公司治理的重点正转向创新资源的配置与利用

管理革命从所有权与管理权的分离开始，就产生了公司治理问题，以及有关公司治理的相关假设和理论。公司治理从公司控制权的争夺，演变到剩余索取权的争议，再到股东价值最大化和委托-代理理论的提出，今天又转向创新的资源配置和利用。其背后是资本市场与公司内部人员（包括管理者和员工）的较量，是价值创造与价值分配动力的较量。

在英美等国家，有关公司治理的争论主要是在居于主导地位的股东理论与其挑战者——利益相关者理论之间展开的。其实这两种理论的核心关注点是相同的，都是关注剩余收益的分配，其重点在于谁应得到剩余收益，以及这种分配对公司的价值创造产生什么样的影响。股东理论主张剩余收益归股东所有，按股权即投资比例分配，股权代表了股东承担的投资风险的大小，作为股东是公司利益相关者中唯一没有契约保证的固定回报的经济参与者，而管理者和员工的工资、贷款人的借款本息、土地所有者的租金等，都是有契约保证的，唯有股东的回报是没有契约保证的，故股东理应享有剩余索取权。利益相关者理论主张剩余收益归利益相关者所有，因为即使股东理论的拥护者也承认这样一个事实，即"剩余收益"无法归因于任何单一生产要素，它是由企业创造出来的，并且在时间上可以持续；因为利益相关者参与了公司价值当然也包括剩余收益的创造，所以，也应当拥有剩余索取权。但这种理论没有实际上也无法给出剩余收益的分配原则，因为各个利益相关者的价值创造贡献和承担的风险在理论上难以度量。然而，这两种理论都忽略了一个问题，即剩余收益是如何通过资源的开发和配置创造出来的。换言之，公司价值的持续创造才应当是公司治理的重点，价值的分配是为了价值的创造，没有价值的持续创造拿什么分配呢？

创新是数字经济时代企业生存和发展的唯一驱动力，是公司价值创造的源泉，其重要性如何强调也不为过。而传统的英美等国家的主流公司治理理论强调的是追求股东价值最大化，以及为达此目的的资源配置过程，而忽略了现代公司治理的核心问题是什么样的体制才能支持创新，什么样的资源配置结构才能支持创新所需要的长期投入和组织学习过程。可以说这才是现代公司治理问题的本质。我们看到，存在着两种相反的公司治理方向：一种是追求公司的股票市场价值也就是股东价值的方向，这种治理方向实际上关注的是公司短期的盈利而不是公司长远的创新投资，其背后是资本市场的力量；另一种是追求公司可持续成长的治理方向，该方向必然导向创新和创业，其背后的推动力量是创始人、创始人家族、经理人的企业家精神以及员工的人力资本。

那么，什么是创新的资源配置和利用的治理机制呢？经济学家玛丽·奥沙利文（Mary A. O'Sullivan）强调，创新的资源配置过程具有三个主要机制：（1）开发性——必须毫无顾虑地将资源投入收入不确定的投资项目中去；（2）组织性——收入是通过人力和物质资源的整合产生的；（3）战略性——资源配置要能克服那些既定市场和技术条件的限制，这些条件限制一般被称为市场进入壁垒。奥沙利文进一步指出，为使创新的资源配置过程具有开发性、组织性和战略性，创新的公司治理体制在任何时候都必须具备三个条件，包括财务承诺、组织整合和内部人控制，这三个条件结合在一起才能确保创新资源配置的组织控制，而不是市场控制，即被那些内在的企业经营和人力资源控制的技术和机制所决定，而不是被外在的市场力量严格决定。奥沙利文对这三个条件的解释是：第一个条件，财务承诺是指这样一种制度支持，要求内部人能够决定收入和人力中有多少资源能够投入创新的开发和利用中，创新的财务承诺不能仅由外部市场和股东决定。第二个条件，组织整合是指这样一种制度支持，它对置身于企业内部复杂劳动分工中的参与者提供激励，使他们放弃在公开市场上出售其"人力资本"的打算，而将技能和精力投入实现企业目标的持续努力与合作中去，有望分享企业成功创新带来的收益是根本的激励。最后一个条件，内部人控制是公司资源配置和收益的实际控制权掌握在这些人手中，即掌握在那些与产生创新的组织学习过程结为一体的决策者手中。这就是说，公司治理应保证那些控制资源配置和利用的高层管理者有能力和动力进行长期的、持续的创新投资。总之，财务承诺、组织整合和内部人控制是支持创新过程的关键机制——知识和资金的组织控制，而不是市场控制。[1]

从美国和其他发达国家产业发展的经验来看，公众投资人投资于生产性资产的概念实际上是站不住脚的。股票市场从来不是企业长期投资资金的重要来源，不要说那些中小股东，就是作为大股东的机构投资者，也大多是短期利益导向的，很少考虑股票收益的下降

---

[1] 参阅奥沙利文.公司治理百年：美国和德国公司治理演变[M]. 黄一义，谭晓青，冀书鹏，译.北京：人民邮电出版社，2007：61-62.

是否是由于公司投资未来所造成的短期现象。一旦公司的季度业绩低于预期，马上就会造成股票的抛售，导致股价的下跌，从而对公司管理层形成极大的压力，促使其采取措施维持收益预测和股价。大量研究表明，在整个20世纪，美国公司的利润留成、折旧和债务融资——不是股票发行——才是企业投资的主要资金来源。公司经理人迫于股票市场的压力，为了维持和推高股价，宁可采取股票回购或多元化并购的方式来抬高股价，这些资金本来是可以用于创新投入的。所以，我们有理由怀疑金融经济学关于金融市场的有效市场假设，如果金融市场的有效市场假设不能得到实证研究的充分证明，那金融经济学大厦的根基岂不要动摇了？如果金融经济的收益远远高于实体经济，那谁还会去经营实体经济？如果大国经济体系由于实体经济企业外流导致空心化，以及由此导致国家竞争力下降，那么金融市场难辞其咎。

让我们看看在股东价值目标而不是核心能力的创新目标驱动下，优秀企业是如何衰落的。笔者曾在绪论中阐述了惠普公司七次转型的案例，而这七次转型的标志性事件是对康柏公司的收购，以下是笔者专门整理的惠普公司围绕收购康柏公司的公司治理斗争的案例。资料来自《惠普之道》[1]《七次转型》[2]《勇敢抉择》[3]，以及网络上的有关介绍和评论文章。

惠普收购康柏的公司治理斗争

1939年，在美国加州帕洛阿尔托市（Palo Alto）爱迪生大街367号的一间狭窄车库里，两位年轻的发明家比尔·休利特和戴

---

[1] 参阅帕卡德.惠普之道 [M].周钱，刘勇军，译.重庆：重庆出版社，2016.
[2] 参阅伯格曼，等.七次转型：硅谷巨人惠普的战略领导力 [M].郑刚，郭艳婷，等译.北京：机械工业出版社，2018.
[3] 参阅菲奥莉娜.勇敢抉择 [M].蒋旭峰，译.北京：中信出版社，2009.

维·帕卡德用手头仅有的538美元，怀着对未来技术发展的美好憧憬和发明创造的激情创建了惠普公司，开始了硅谷的创新之路。1987年，惠普创业的车库，被美国政府命名为硅谷诞生的里程碑。

进入20世纪90年代，两位创始人相继退休。1995年，戴维·帕卡德出版了《惠普之道》一书，对其经营惠普的核心价值观做了经典的阐述。

惠普之道

书中写道，1990年8月，戴维·帕卡德在最后一次全员大会的发言中，提出了引导惠普持续发展的三大原则：

首先，惠普致力于做出根本性的贡献，而不是模仿性产品；

其次，惠普的团队应当关注外部的竞争者，而不是内部的斗争；

最后，惠普应该持续发现并进入新的科技领域。

戴维·帕卡德曾经说过："有些人误以为我们的终极目标就是赢利，此言差矣，赢利只是实现其他目标的手段。"

戴维·帕卡德在《惠普之道》一书中指出，我们最重要的管理任务之一便是在短期利润、绩效和对未来实力与发展的投资之间保持适当的平衡。多年以来，我们投入研究与开发的年度支出总共占销售额的8%~10%，在最近几年里超过了10%。

惠普实验室是美国大公司最早建立的独立的基础研究实验室之一。惠普的业务单位主要是开发各种产品和服务，以满足客户需求。而惠普实验室的职责是投身于惠普关注的基础科学和技术领域，开发新的突破性技术，增强惠普的核心能力，同时负责惠普的战略制定和调整，在惠普现有的战略之外创造新的商机。

作为惠普之道的一个重要组成部分的分权化组织原则，有助于惠普在测试测量仪器仪表业务上取得成功，但这也造成公司在与当时垂直整合的计算机大型企业进行系统业务的竞争时，表现不尽如人意。

菲奥莉娜的管理风格

从20世纪70年代初到90年代末，惠普的表现没有标准普尔和道琼斯工业平均指数的其他个股那么出色，特别是在90年代中期以后，惠普的业绩开始下滑，到了1999年3月，公司已经连续8个季度表现低于分析家的预期了。此时的惠普亟需任命一位战略思路清晰、雷厉风行、大刀阔斧改革的领导者，而在临近退休的惠普董事长兼首席执行官普拉特看来，公司内部没有一个在其业务线之外有很多经验的合适人选。惠普有87个事业部和子公司，虽然事业部制有利于培养未来的经理人，但管理这么复杂的分权化的组织不是从某个事业部直接提拔上来的总经理所能胜任的。缺乏从内部培养未来的公司接班人的长期计划，使得惠普在选择首席执行官的继任者时陷入尴尬境地。于是，董事会提名委员会第一次开始从公司外部寻找合适的人选，经过几个月的搜寻，目标最终锁定在朗讯科技公司的副总裁卡莉·菲奥莉娜身上。

菲奥莉娜拥有斯坦福大学的中世纪史和哲学学士学位，马里兰大学史密斯商业学院的工商管理硕士学位以及麻省理工学院斯隆管理学院的理科硕士学位。卡莉·菲奥莉娜的职业生涯主要是从事销售和服务管理，曾任AT&T战略与营销部副总裁以及从AT&T拆分出的朗讯科技公司的运营执行副总裁、消费品部总裁、全球服务提供事务部总裁等重要职务，业绩出色，自1998年起，连续6年被《财富》杂志评为"最有权威的商界女性"之一。

当44岁的卡莉·菲奥莉娜来到惠普担任首席执行官时，她带来了一系列"第一"：第一位从惠普外部聘任的首席执行官，第一位出身行业以外的首席执行官，第一位非工程师出身的首席执行官，也是第一位担任硅谷老牌科技公司领导的女性。菲奥莉娜加入惠普，给惠普带来了改革的紧迫感。在21世纪到来的时刻，网络信息技术的兴起在她看来就像当代的文艺复兴。文艺复兴归根结底是人的想象力的解放。

菲奥莉娜采取的第一个重大改革举措是改革惠普分散的业务组织结构。她认为，80多个业务部门太多了，公司需要采取一些行动增强业务基础。她大幅度减少了产品部门，将87个产品业务单位整合为17个，这17个部门的研发依靠两个主要的科技团队。另一方面，对整合后的业务组织实行前端/后端结构。后端组织即产品部门，只负责研发和未来的产品营销，不对损益负责；一旦产品开始制造，它们就被转移到前端。前端组织包括销售、产品营销、制造和供应链，是一个销售平台，整合了多个事业部的销售组织，对损益负责。产品部门不再承担损益责任，这是惠普自成立以来工作方式的根本变化，实施这样的变化是一个重大挑战。对于这种新的前端/后端模式的组织结构，惠普高层管理人员非常不适应，即使是相互喜欢和信任的高管，也难以解决在前端与后端部门间的资源分配问题，因为结构的后端面向产品，前端面向客户，二者是拧着的。完全按前端反馈的客户需求开发产品，将削弱长期和战略产品的开发；完全按后端主张的技术先进性开发产品，又会脱离客户需求，难以确保商业成功。这个组织改革由于惠普高管的不配合，实施了一段时间后不得不放弃。

菲奥莉娜的第一个重大的战略增长举措，是2000年9月宣布要斥资180亿美元收购四大会计师事务所之一的普华永道的业务。此举是试图获得能够让惠普更好地与IBM竞争的高端信息服务能力，并增强惠普的企业业务地位，且不再依赖商品化个人电脑业务。这个收购战略意图是正确的，但终因收购交易的代价太高，以及投资者的意见分歧，不得不放弃。

在战略增长方面，菲奥莉娜对惠普的看法是，惠普的整套管理体制的重心已经变成了渐进主义。每个经理都在忙于完成自己的赢利目标。从本质上来讲，经理人的所有时间以及大部分生产研发资源都集中在了当前的产品线上。如果一项产品的改进需要大量的投资，而这种投资又非一个部门在某一年所能承受，那么这项改进项目就会夭折。惠普的视野要逐渐转移，不能只在渐进式增长的业务上投资。

对于惠普之道，菲奥莉娜认为，她要做的最重要的一件事就是要在继承和创新之间取得平衡。她选择"继承"一词，是因为公司留下来的精神财富是重要象征，也是强大的精神支柱；选择"创新"一词，是因为创造一直是比尔·休利特与戴维·帕卡德的核心价值观，她认为选择继承与创新既能保留创造的意味，又能体现进取的精神。而现在的公司已经失去了平衡。现在的惠普更重视守成而不是创新，更重视产品而不是客户，更重视独立而不是合作，更重视当前的收益而不是长远的发展，更重视风险规避而不是当机立断，更重视稳妥而不是速度。惠普需要重新实现合理的平衡。

为什么要收购康柏

菲奥莉娜认为，目前要在市场上成为领头羊，必须使自身规模达到一定程度，能够在全球大展拳脚，能成为行业标准的制定者，还能够吸引到商业伙伴。她认为，惠普需要在一些规模不断扩大的市场上取得更大的份额，包括网络存储设备、Windows 和 Linux 服务器、服务和支持业务以及新设备和新市场等。要想取得领导地位，全公司上下需要一种更先进、利润更高而且更加平衡的运营模式。

在很长时间内，惠普的计算机业务在公司里的作用是有争议的，计算机业务的增长率较高，但相对惠普仪器业务而言利润较低。此外，惠普并不是计算机行业的领导者，这些事实使得惠普后来的许多经理人走了弯路，即追求通过并购扩大规模优势而不是通过创新取得行业领导地位。

菲奥莉娜说她从2000年互联网泡沫破裂起就开始关注康柏。菲奥莉娜认为，在个人电脑业务方面康柏和戴尔不分伯仲，在商用机市场方面康柏做得比惠普好，在增长最快的服务器市场，康柏也把惠普压得喘不过气来。康柏收购了Tandem公司和美国数字设备公司（DEC），获得了高端电脑和服务器的生产能力。她判断，科技行业的周期性经济衰退和结构重整格局对康柏的压力比对惠普还要大，因为康柏的产品种类不如惠普多，所以他们的市场地位、财务状况以及股价受到的冲击更大。"我们彼此需要，但是他们需要我们的程度更甚。"

菲奥莉娜认为，惠普的个人电脑业务过于依赖微软和英特尔，但是惠普在和他们谈判时处于劣势，因为惠普的采购量不够大，无法获得像康柏和戴尔那样的优势。惠普的工业标准服务器业务缺乏知名度和规模效应，尽管公司管理层投入了更大的关注，但效果依然不好。持续的增长对惠普是至关重要的，因为只有这样才能实现自己的目标并保持竞争优势。因为公司是在变幻莫测的高科技领域厮杀，故步自封只会丧失阵地。

2001年，惠普董事会经过持续9个月的多次讨论，终于达成收购康柏的决议。2001年9月4日宣布收购，2002年5月3日完成收购，收购金额为190亿美元，2002年5月6日，合并后的新公司的股票在纽约股票交易所上市。

从菲奥莉娜代表董事会对外宣布收购康柏到完成收购的这段时间，惠普公司内部有些人提出了反对意见，认为这是一个突然掉头的战略。尽管将重点放在商品化业务的规模和范围上并强调服务在这些业务中的价值有一定道理,但这也使大量以技术和产品为导向的员工开始质疑菲奥莉娜是否真的有清晰的战略思路。推动惠普在商品化业务方面的大规模扩张,改变了惠普作为一家以原创性和突破性创新为本的企业的性质。而且由于大规模商品化计算机业务摊薄了毛利率,为了维持一定的利润率以支撑公司股票在股市的表现,公司不得不削减研发费率。在菲奥莉娜任职期间,平均研发支出下降到收入的5.36%,这进一步加剧了从普拉特时期已经开始的战略资源配置的短期性和长远性之间的不平衡。

在一开始就反对收购康柏的是董事会内外的家族成员和退休的高管。

董事会与惠普家族成员的分歧

菲奥莉娜对董事会的一致决策程序有自己的看法,她指出,在惠普,人们从前一直用完全一致的决策方式。诚然,有时候观点一致很重要,但是有些时候也需要由一小部分人为整个集体做出决定。在惠普,如果要求完全一致,几乎肯定会让决策胎死腹中。这需要在决策上花费太多时间,这意味着每个人都要举手赞成,可实际上任何人都有可能反对。

在菲奥莉娜对外宣布董事会收购康柏的决定后,董事会成员、创始人比尔·休利特的儿子沃尔特·休利特打来电话。作为惠普的股东,在电话里他语气冰冷,用寥寥数语告诉菲奥莉娜他将向公众宣布反对这起并购,并用他手中以及休利特基金会掌握的股份对并购案投反对票。沃尔特·休利特担心新公司规模会过大,无法实现新的增长。两位创始人的儿子说惠普之道会因为这次合并而受损,崇高而又卓越的管理哲学也会就此沦落,而当前大家正需要这样的管理哲学。

在接下来的一次董事会上,沃尔特·休利特鼓动所有的董事

"改变我们的决定"。他近乎哀怨地请求:"我们难道非得合并不可吗?"但菲奥莉娜坚持董事会的收购决议,她认为,负责任的高管和理性的人们不会花9个月做出一个决定,过了几天又食言了。沃尔特·休利特的要求不仅是对董事会集体讨论的侮辱,而且他忘了我们是花大价钱兼并了另一家公司,如果中途反悔,损失很大,两家公司都要大伤元气。

2001年12月7日,菲奥莉娜接到帕卡德基金会董事长苏珊·帕卡德(基金会持有惠普股权)的电话,她在电话中告知,帕卡德及其家族最终决定反对公司合并方案。他们进行了"独立性"评估,愿意相信自己的判断力,而不是惠普董事会的判断力。

现在的局面是两个创始人的家族、两个基金会和一位惠普前任首席执行官都反对董事会的收购决定。

菲奥莉娜承认表示:"诚然,我们董事会里有一个人持反对意见,我很遗憾沃尔特·休利特反对这一合并计划。沃尔特·休利特人很好,也很有风度,他有权表示反对,但是我们也一样有权反对他。"

黯然离场

2001年9月4日,惠普董事会对外公布了收购康柏的消息。这一天一开始就糟糕透顶。不出所料,两家公司的股价大跌。

2005年2月6日是个周日,菲奥莉娜在家里准备周一董事会要用的材料。就是在这次董事会上,董事会成员做出了解除菲奥莉娜董事长和首席执行官职务的决定。菲奥莉娜的解聘没有正式的交接仪式,这使得菲奥莉娜很诧异——除非在一些极端特殊的情况下(首席执行官爆出了舞弊或是渎职的丑闻),否则几乎每位首席执行官的交接仪式都差不多。一次顺利的过渡是对首席执行官本人的尊重,一个认真安排的交接仪式对公司的良好治理也很重要。因为在这样的大变动时代,顺利交接有利于公司的平稳过渡并为公司的未来指明方向。

不是在董事会正式会议上，而是董事会散会后由留下的两位成员告知菲奥莉娜："卡莉，董事会决定对公司的高层进行调整。真的很抱歉。"这次会谈不到3分钟就结束了。菲奥莉娜还被告知，董事会觉得她应该对外宣称，这是她自己的决定。

2005年2月9日，菲奥莉娜自己向媒体公布了被惠普董事会解雇的消息。

我们从惠普董事会在并购康柏的决定上的治理斗争的案例中，可以得到如下启示：

一是，公司治理应维护公司的长远利益，应与公司运营形成制衡。从并购康柏的决定可以看出，惠普的公司治理更符合股东价值最大化的目标，而不是注重创新的资源配置与利用。前者注重增长、提升股价、赢利；后者注重创新、核心竞争力的提升和企业的长远利益。公司运营追求短期利益最大化无可厚非，而公司治理应与之形成"拧麻花"的制衡机制，追求公司的长远利益。

二是，公司并购应以提升公司的核心能力和创新能力为目的。为提升核心能力的并购和为增强创新能力的并购，趋向于小规模的、具有协同效应的、讲究质量的并购，像思科公司那样；而追求规模和提高市场份额的大规模并购，并不利于提高核心能力和创新能力。甚至公司在资本市场上的表现，也会受到并购后艰难的整合的拖累。

三是，在重大决策上重视直觉的作用。对于并购康柏，弗兰克（菲奥莉娜的丈夫）问得好："你们能做到吗？"菲奥莉娜回答："能。""你们应该这样做吗？""应该。""董事会想这样做吗？""想。""那你为什么不因此而感到兴奋呢？"这把菲奥莉娜问住了。可见，重大决策要符合直觉，因为影响因素太多，定量分析不可能完全把握。直觉就是对各种影响因素的一种综合的、凭经验和常识的模糊判断，它更多的是一种价值判断。

管理政策 / 626

四是，公司的治理机制应保障家族成员在董事会的重大决策中的作用。像并购康柏这样耗资巨大的、有可能改变公司战略方向的、与公司核心价值观冲突的决策，必须经过慎重和彻底的讨论以及一致通过的决策程序。通常家族成员只拥有公司的少数股权，在董事会中只拥有少数投票权，所以，只有遵守重大决策必须经董事会成员一致通过的原则，才可能使家族成员行使守护创始人价值观、守护公司长远利益的权利。

五是，应发扬创始人核心价值观中的创新精神而不是在核心价值观的继承与创新之间搞平衡。虽然历史上的改革者往往都持有类似王安石的"天变不足畏，祖宗不足法，人言不足恤"的主张，以壮其改革的勇气和魄力，但创始人的核心价值观，像"惠普之道"，是经历过创业艰难和成功的检验的，是企业的宝贵财富，企业发展出现停滞甚至危机，往往是偏离了创始人的核心价值观的结果。所以，对惠普之道进行继承与创新的平衡是一个伪命题。因为要继承的就是惠普的创新精神，而不是在两者之间搞平衡。

六是，董事会主席最重要的治理职责就是培养接班人。惠普在两位创始人离开公司以后，出现了群龙无首的局面，没有了掌舵人，继任的董事长和首席执行官担负不起领导公司继往开来的重任，以至于不得不从外部聘任首席执行官，结果埋下了冲突的种子。所以，创始人终将离去，选拔和培养接班人是创始人和每一届董事会主席的首要责任。而且，公司治理要有一种当公司偏离正确方向时的自我纠偏机制。惠普的案例表明，这种自我纠偏机制的权威来自家族继承人和忠诚于公司的高管。

从管理确定性到管理不确定性

第四次工业革命推动的管理革命新趋势的另一个重要特征是，从管理确定性到管理不确定性。

不确定性是利润的来源。按照弗兰克·奈特的观点，不确定性不同于风险，它发生的概率是不可预知的、不可量化的。对于发明创造、发现新资源等活动，一旦这些活动失去了投机特性，那么，针对这些活动的回报与其他任何种类的生产性行为产生的工资、利息以及租金并无二致。只有变化规律不可预知的不确定性，而不是可以估计其发生概率的风险，才是利润的真正来源。

第四次工业革命的技术创新引发了更大的不确定性。工业互联网、数字孪生、虚拟现实将深刻改变制造业与服务业，低成本的优势渐失后企业甚至整个产业向何处去？接入云计算平台使复杂的计算功能像电能和自来水一样随用随取，按使用量付费，这时企业还会拥有昂贵的IT重资产吗？物联网、传感器、大数据分析和人工智能将根本改变医疗、教育、养老等的运行方式，医院、学校、养老院未来怎么生存和运作？自动驾驶将从根本上改变人们的出行方式，未来的人们还那么热衷于拥有自己的座驾吗？当掌握了数字化平台的企业赢家通吃时，新创企业将如何进入市场？创业者将如何创业？我们已日益临近人工智能的奇点，届时脑机接口和嵌入我们大脑的芯片将使我们的智力、知识和技巧出现爆炸性的增长，这样的人类将如何管理？未来的组织将会是什么样子？凡此种种，由数字化引起的产品和服务形态的变化，商业模式的创新和再造，以及反垄断、隐私保护、安全、环保问题，还有低技能工人、处理程序化业务的专业人员的大量失业、转行、再教育、终身学习问题等，将蕴含着巨大的不确定性，也蕴含着无数的机会。

在不确定环境中，许多曾经被视为基业牢固、文化历经风雨的百年老店轰然倒塌。实践证明，曾经被柯林斯在畅销书《基业长青》中标榜的优秀企业许多未能确保基业长青。作者认为，之所以如此是因为它们最多只能算作优秀，还达不到卓越的标准。而他在《从优秀到卓越》一书中精挑细选、倍加推崇的卓越企业，如今不少不是已经销声匿迹就是陷入了挣扎求生的境况中。如何从优秀到卓越？作者的新作《选择卓越》认为，在不确定的时代，只是把已经在做的事情做好是不够的，关键在于进行多方面的试验，扩大选择范围，发现正确的方向，在正确的方向上集中资源。作者将这种创新管理策略称为"先发射子弹，再发射炮弹"，对此我们在第 8 章中已有深入讨论。

总之，如何管理新技术革命引发的更大的不确定性，如何从中发现机会，如何规避和克服创业的风险，如何在不确定的环境中创造卓越绩效，如何在不确定的未来持续生存，这些是管理面临的巨大挑战。不过我们相信，问题的产生与解决问题的方法是同时存在的，矛与盾是相长的。新的管理创新将会而且正在不断涌现出来，新技术革命必将为管理实践和管理理论带来深刻的、革命性的变化。

大公司再次掀起设立基础研究实验室的热潮

第四次工业革命促使企业管理的重心从确定性向不确定性转移，其直接结果就是研究与开发在组织上的分离。许多大公司都设立了专门从事基础研究的实验室，形成基础研究推动的产品和服务创新与市场需求拉动的产品和服务创新的"双轮驱动模式"。

回顾美国大公司设立基础研究实验室的历史，可以发现这一趋势经历了兴起－衰落－再度兴起的循环，这与交易成本理论的假设十分类似：市场和企业是两种可以相互替代的经济组织。如果把基础研究的收益／投入也看作一种交易成本，那上述循环实际上是企业控制－市场控制－企业控制的循环。

阿罗拉等学者研究了美国创新系统演变的历史，他们认为，1980年以来，企业进入了"新"的创新生态系统时期。新型创新生态系统的特点是高校与企业之间的创新分工不断深化，高校以研究为中心，企业以开发为中心。美国创新生态系统转变的特征之一是大型企业基础研究实验室的衰落。这些变化使技术市场更具吸引力，而内部研究的吸引力相应降低。促成这一转变的关键因素是1980年的《贝赫-多尔专利和商标修正法案》(Bayh-Dole Patent and Trademark Amendments Act)。该法案允许联邦政府资助的大学研究成果归大学所有，并由大学独家授权。自第二次世界大战以来，联邦政府资助了超过一半的大学研究，并拥有这些研究成果的权利。然而，这些发明中只有少数真正进入了市场。贝赫-多尔法案的预期好处之一是通过将产权转让给大学来促进这些未充分利用的资源的开发，这样大学就可以按照现行市场价格独立授权这些权利。[1]

阿罗拉等学者指出，美国的政策对大企业研发也有重要的影响。历史上促使许多大公司建立或扩大研究实验室的一个因素是反垄断压力。在20世纪早期和中期，人们担心经济和政治权力过度集中于占主导地位的公司手中，会抑制市场竞争，于是政府出台的一系列反垄断法规限制了大公司通过合并和收购来发展的能力。在此期间，如果大公司想要发展，通常别无选择，只能投资于内部研发。从20世纪80年代开始，反垄断的压力减弱了，通过收购实现增长重新成为内部研究之外的可行选择。投资于内部研究的动力相应下降。然而，随着谷歌、脸书和亚马逊等巨头继续壮大和积聚市场力量，政治反弹和更激烈的反垄断审查可能会卷土重来。就像20世纪的杜邦公司和AT&T公司一样，这些新经济巨头可能将研究及其军事和地缘政治影响视为对抗激进反垄断执法的保险政策。

---

[1] 参阅 Arora A, Belenzon S, Patacconi A, et al. The Changing Structure of American Innovation: Some Cautionary Remarks for Economic Growth[J]. Innovation Policy and the Economy, 2020, vol. 20: 39-93.

阿罗拉等学者认为大企业的研究正在衰落，同时被大学研究所替代，但是也有例外，一些大企业，如脸书、亚马逊、谷歌、微软等对数据科学、机器学习和人工智能方面的研究进行了重大的投入。在信息与通信技术领域前1%的企业的研发支出在销售额中所占的份额远高于其他行业，这反映了企业研发力量相对于市场力量的重要性，而在制药/生物科技领域就更是如此。

以人工智能领域为例，由于该领域未来可能改变各个产业和整个社会的运行方式，而且技术进步速度飞快，故已经成为高科技大公司投资研究的重点，这些公司纷纷建立专门从事人工智能研究的实验室、部门或子公司。我们不妨试举几例。

DeepMind Technologies最初是英国的一家人工智能研究实验室，成立于2010年9月。2014年被谷歌母公司字母表公司收购。DeepMind公司总部设在伦敦，在加拿大、法国和美国设有研究中心。2015年，它成为谷歌母公司字母表的全资子公司。2016年，DeepMind的深度学习程序AlphaGo在一场五局对弈中击败了世界冠军职业围棋手李世石（Lee Sedol），此消息迅速登上了世界各大报刊的头条。DeepMind Technologies的目标是将"机器学习和系统神经科学的最佳技术结合起来，构建强大的通用学习算法"。与IBM的"深蓝"（Deep Blue）或沃森（Watson）等其他人工智能系统不同，DeepMind声称其系统不是预先编程的，它从经验中学习，只使用原始像素作为数据输入。据2020年12月的最新报道，DeepMind开发了一款软件，可以准确预测蛋白质在几天时间里会折叠成什么样的结构，从而解决了过去50年的一项"重大挑战"。这可能为更好地了解疾病和药物研发铺平道路。

开放人工智能（OpenAI）是一家人工智能研究实验室，由营利性公司OpenAI LP及其母公司OpenAI Inc.组成。该公司与DeepMind和脸书的FAIR实验室被公认为人工智能领域领先的三家公司，其既定目标是促进和开发友好的人工智能，以造福整个人类。该组织于 2015 年底由特斯拉公司首席执行官马斯克等人在旧金山成立，2019 年 6 月，OpenAI LP 从微软融资 10 亿美元。

FAIR 是脸书人工智能实验室（Facebook AI Research）的缩写，属于社交媒体脸书公司。人工智能已经成为脸书的核心，FAIR 现在是脸书一个更大的人工智能组织的一部分，该组织从事人工智能研发的各个方面，从基础研究到应用研究和技术开发。FAIR 的宗旨是：我们的最终目标是理解智能，发现它的基本原理，让机器变得更加智能。2020 年 1 月，FAIR 的人工智能负责人提到了 FAIR 开发的四项技术，它们对脸书的商业发展产生了巨大影响，这四项技术是：Pytorch，一种很受欢迎的深度学习编程语言，脸书发明了它，并将其开源，脸书用它编写了大部分自己的机器学习应用程序；一种计算机视觉系统，可以方便地检测和分类图像中的物体；自动语言翻译；还有罗伯塔，另一种语言算法，它允许脸书对仇恨言论和欺凌行为进行自动内容审核。[①]

微软研究院（MSR）是微软的研究子公司。它是由理查德·拉希德（Richard Rashid）于 1991 年创建的，旨在通过与学界、政府和行业研究人员合作的技术创新来推进最先进的计算和解决困难的世界性问题。2010 年至 2018 年，全球共有 15.4 万项人工智能专利的申请，其中微软占比最大，为 20%。根据行业出版物的估计，从 2002 年到 2010 年，微软每年在研究计划上的支出约为 60 亿美元，自 2010 年以来，每年的支出在 100 亿到 140 亿美元之间。大多数公司的研究实验室通常专注于直接改进公司未来产品的研发工作，然而，微软研究院的主要任

[①] 参阅 https://engineering.fb.com/2018/12/05/ai-research/fair-fifth-anniversary/, FAIR turns five: What we've accomplished and where we're headed, By Yann LeCun, Jerome Pesenti, Mike Schroepfer, 2018.

务是进行基础科学和工程研究，目的是在计算机科学和一些相关领域发表一流的学术论文。

亚马逊的云计算服务更像是它的研究实验室，但是亚马逊同时把它看作一项业务。亚马逊作为网购的鼻祖，自1995年在网上卖出第一本书之后，就开始不断建立自己的IT基础设施（服务器、宽带等）。后来发现这些IT基础设施的运作能力能够当成虚拟货品卖给开发者和初创企业，这样他们就不用花大量金钱和精力购买硬件以及建立内部软件和程序了。这促成了亚马逊云计算服务在21世纪初的创立。2006年3月，亚马逊推出了弹性计算云（Amazon EC2）、亚马逊简单储存服务（Amazon S3）等，用亚马逊云计算服务的创始人安迪·嘉西（Andy Jassy）的话说，这可以帮助开发人员解决将数据存储在何处、是否安全、是否在需要时可用、服务器维护相关的成本，以及是否有足够的可用存储空间等问题，使开发人员能够专注于数据的创新。2020年，亚马逊云计算服务已提供超过175种产品和服务，包括计算、存储、网络、数据库、分析、应用服务、部署、管理、移动、开发工具和物联网工具，其中大量吸收了人工智能技术。2020年亚马逊云计算服务的收入达到454亿美元，比2019年增长30%。

大公司，尤其是信息与通信技术领域和制药与生物科技领域的大公司纷纷建立基础科学研究实验室的实践，给管理提出了诸多挑战：

一是，大公司是否要建立基础研究实验室是出于商业目的的抉择，而不是通常所谓的社会责任的体现。它反映出市场力量与企业力量的相互替代作用。

二是，大公司建立基础研究实验室是受技术进步速度推动的，这种现象多发生在那些技术进步日新月异，新理论、新见解、新方法层出不穷的产业。技术进步速度越快，大企业反而越趋向于在内部设立基础研究实验室。

三是，大公司建立基础研究实验室，多发生在产品或服务领先竞争对手进入市场对企业的生存与发展具有战略意义的产业。像第四次工业革命的代表性技术人工智能、通信技术、云计算、物联网、生物基因技术等，企业不能等读到科学家在顶级期刊上发表的论文或听到科学家在世界性学术会议上阐述最新研究发现时才开始动手研究，那就为时已晚了，落后就意味着竞争出局。

四是，曾经在后发经济体和传统产业盛行的"从模仿到创新""后发制人"的发展方式已经过时，甚至由于竞争对手知识产权的封锁早已走不通。必须通过注重研发投入，独辟蹊径。

五是，在第四次工业革命的冲击下，企业的创新仅靠客户需求导向的"拉动"模式是不够的，必须采用基础研究"推动"与客户需求"拉动"的"双轮驱动"模式。

最后，大公司从事基础研究对管理的挑战还表现在：怎么平衡对基础研究的投入和股东对当期回报的诉求的矛盾？要不要约束基础研究的方向？怎么平衡企业的商业目的与基础研究的科学目的？怎么评价从事基础研究的科学家的贡献并给予相应的报酬？怎么在商业公司结果导向的文化中植入鼓励科学家探索的文化？怎么把握宽容失败和保护反对的声音的尺度？

应对这些挑战，需要发挥富有远见和洞察力的领导力，需要企业家精神。

创始人的作用无可替代

纵观企业历史，优秀企业都是在创始人治下就已经脱颖而出，成为行业翘楚的。即便美国通用汽车公司是经过职业经理人的整顿与卓越管理才走上正轨的，但斯隆的管理革命也是在杜兰特打下的基础上完成的。正是因为有了杰出的创始人，才有了杰出的公司。这样的例子还可以举出很多，例如：

沃尔玛公司是在创始人萨姆·沃尔顿手上从美国阿肯色州本顿维尔小镇起家，走向全美国，最终成为世界上最大的零售连锁企业，多年蝉联《财富》500强首位的。

通用电气公司最初是由天才发明家托马斯·爱迪生创立的，曾入选标准普尔500指数达一个多世纪，几乎是标准普尔指数自创立以来硕果仅存的公司。

西门子公司是由发明家维尔纳·冯·西门子于1847年创立的，是交通和电气设备、能源设备和精密医疗设备的世界领导者，在高科技领域历经百年长盛不衰。

苹果公司是创始人史蒂夫·乔布斯在车库中创立的，后虽几经周折，但最终王者回归，创造出了划时代的智能手机，开辟了移动互联网时代，其创业和创新经历堪称传奇。

惠普公司是创始人比尔·休利特和戴维·帕卡德在自家车库中创立的，在惠普创立之后的几十年中，一直被推崇为硅谷的标杆企业。

这些企业之所以伟大，是因为创始人伟大而朴实的经营理念和价值观的代代传承。而这些创始人之所以伟大，在于其青年时期的不平凡的经历。不平凡的经历塑造了创始人伟大的人格，而具有伟大人格的创始人造就了伟大的企业。

19世纪末20世纪初，随着所有权与管理权的分离，管理革命完成了，职业经理人走到了前台，企业在职业经理人手中获得了长足的发展。特别是第二次世界大战以后，职业经理人更是大放异彩，其中不乏一些杰出的职业经理人接手陷入困境的公司，实施大刀阔斧的改革，荡除企业的积弊，拨正企业的航向，使企业焕发生机的经典案例。例如：

"二战"结束后，福特汽车公司总裁亨利·福特二世，聘任以查尔斯·桑顿（Charles Thornton）、罗伯特·麦克纳马拉（Robert McNamara）为首的美国战时陆军航空队统计管制处的十位精英，进入公司的计划、财务、事业部、质量等关键部门担任高管。他们发起了一场以数据分析、市场导向、效率主义和管理控制为特征的数字管理革命，根除了福特公司的经验管理痼疾，使福特汽车公司重振辉煌，也开创了美国企业数字化管理的先河，后人以"蓝血十杰"尊称他们。[①]

1925年，沃尔特·克莱斯勒（Walter P. Chrysler）全资收购了麦克斯韦尔－查默斯（Maxwell-Chalmers）汽车公司，于1925年6月6日创建了克莱斯勒公司（Chrysler Corporation）。公司长期保持美国第三大汽车公司的地位。然而，进入20世纪70年代，由于经营不善，公司陷入困境。1980年，公司聘请了曾任福特汽车公司总裁的李·艾柯卡（Lee Iacocca）担任总裁。为了降低成本，艾柯卡没有简单地采取大规模裁员的举措，而是提出"共同牺牲"的普遍降薪的理念，并首先将自己的年薪从36万美元降到1美元，由此大大提振了员工的士气。艾柯卡的经营理念是："一切企业经营归根到底就是三个词：人才、产品和利润，没有人才，后两者都无法实现。"艾柯卡大力提拔新人担任关键岗位的主管，投资开发新产品并大获成功。1986年，克莱斯勒公司进入《财富》美国500强企业前列，李·艾柯卡成了美国的英雄人物。

IBM公司由托马斯·沃森（Thomas J. Watson）于1924年创立，在沃森父子两代的经营下，IBM曾是全球IT业第一巨头，人称"蓝色巨人"，但后因经营不善陷入困境。1993年4月1日，郭士纳临危受命，接任IBM董事长兼首席执行官。郭士纳上任伊始，便对IBM的旧有模式进行大刀阔斧的改革，更新管理团队，裁撤冗员，调整结构，重振大型机业务，向信息服务转型，使IBM这只大象重新开始跳舞，取得了巨大成功，成为屈指可数的美国大型企业陷入困境后重整旗鼓、成功转型的标杆。

[①] 此处借用了《蓝血十杰》一书的中文版译名，原书英文名为 *Ten Founding Fathers of American Business*，直译为《美国现代企业管理的十位先贤》。

管理政策 / 636

1981年4月，杰克·韦尔奇就任美国通用电气公司的首席执行官，上任之初，他提出整顿通用电气公司业务组合的战略，即著名的"数一数二"战略。通过剥离、出售、收购关闭，使通用电气公司多元化的、分散的业务组合进一步向核心业务聚焦，从而大大提升了通用电气公司的投资回报率，赢得了资本市场的追捧，到他2001年卸任时，通用电气公司的市值增长了40倍。韦尔奇也被尊称为20世纪美国最伟大的两位经理人之一（另一位是曾任美国通用汽车总裁的斯隆）。

虽然所有权与管理权的分离最终完成了企业管理权向职业经理人的转移，管理革命的完成促进了企业规模的扩张，但这并不意味着企业创始人作用的式微，相反，职业经理人的成就是在创始人打下的基础上实现的，创始人的作用不可替代。今天，在第四次工业革命的浪潮中，管理革命的演进特征是向创始人的作用回归。创始人企业家重新站到了历史的潮头，创新和创业精神以及注重长期投资从未像今天这样重要。追求股东价值最大化的新制度经济学理论正在成为空中楼阁，资本市场追求季度业绩报告的急功近利的机制正成为束缚企业的枷锁。管理革命的演进路径正在悄然改变，我们不妨试举几例。

亚马逊公司1997年首次公开募股，创始人贝索斯在第一封致股东的信中就明确表示自己不会遵循华尔街的运作方式，而会专注企业的长期成长战略。他强调：由于我们对长期的重视，我们做决定的方式和投资决策会和一些公司不同，我们会根据怎样成为市场的长期领导者做出投资决策，而不是考虑华尔街对短期盈利的反应。亚马逊在贝索斯的领导下，坚持创新高投入，不惜连续7年亏损，终于成为网上购物、快递物流和云计算的世界级领导者。这是只有创始人企业家才能创造的奇迹。

谷歌公司的两位创始人拉里·佩奇和谢尔盖·布林，在2004年谷歌公司首次公开募股致股东的信中承诺："我们共同努力实现一个共同的使命，即组织全世界的信息，使其普遍可获得和有用。"他们同时强调："我们的目标是开发能够显著改善尽可能多的人的生活的服务。在追求这一目标的过程中，我们可能会做一些我们认为对世界有积极影响的事情，即使短期的财务回报并不明显。我们会要求我们的股东持长期的观点。"谷歌于2015年重组为字母表公司，在新的控股公司体制下，归属谷歌公司的业务有搜索、安卓操作系统、谷歌地图、云计算、视频、硬件和基础设施业务等商业模式已成型、已成为谷歌主要收入来源的业务；此外还拥有Calicon（抗衰老）、Verily（生命科学）、Deepmind（人工智能）、Project Loon（谷歌气球，未来通信网络）、CapitalG（风险投资）等十几家面向未来从事基础研究和风险投资的公司。拉里·佩奇和谢尔盖·布林重新定义了企业的性质："我们不会因为短期收益压力而回避高风险、高回报的项目。"

埃隆·马斯克创办了特斯拉公司、太空探索技术公司（Space X），以及专门发展电动汽车充电桩和家用太阳能发电的公司Solarcity，并亲任首席执行官或董事长。特斯拉公司推出的Model系列电动汽车掀起了新能源汽车产业的投资和创新热潮。Space X的可回收火箭使太空探索进入真正的商业运营时代，如今载人的火箭和飞船正奔向月球空间站，而近地轨道通信卫星星链计划（Starlink）正在稳步推进，其目标是提供覆盖全球的高速互联网接入服务。仅特斯拉电动汽车就已经够吸引眼球的了，而Space X公司的每一步都引起世界的惊叹。

脸书公司创立于2004年2月4日，主要创始人是马克·扎克伯格。脸书是世界排名领先的照片分享站点，截至2013年11月每天上传约3.5亿张照片。截至2012年5月，脸书拥有约9亿用户，是世界上最大的社交网站。2019年11月12日，脸书宣布推出移动支付服务Facebook Pay，大举进入金融服务领域。脸书位列2019年《财富》世界500强企业第 184 位。2020 年 7 月,《福布斯》2020 全球品牌价值 100 强榜单发布,脸书排名第 5 位。

华为技术有限公司成立于 1987 年 8 月,创始人是任正非先生。目前该公司是一家横跨通信网络设备、数据通信设备、移动终端设备、车载无人驾驶设备、云计算、芯片设计、数字能源等多元化业务的世界领先的高科技跨国企业,业务遍布 173 个国家和地区。华为公司高度重视创新,每年将销售收入的 10% 以上投入研发,近五年每年的研发投入超过销售收入的 14%,其研发投入规模排名世界高技术公司的前五位。至 2020 年,华为已拥有超过 10 万项专利,其中 90% 为发明专利。华为是一家 100% 由员工持股的企业,2020 年创始人任正非的持股比例仅有 0.75%,正是这种机制凝聚了 20 万员工长期艰苦奋斗,创造了后来居上的奇迹。

是什么导致了新的管理革命向创始人企业家回归的趋势呢?

首先,是第四次工业革命的推进速度,超过了以往三次工业革命的进步速度。信息与通信技术产业的三大定律摩尔定律(单位面积芯片上晶体管的集成度每 18 个月增加一倍,成本下降一半)、梅特卡夫定律(网络的价值是网络的节点数的平方)、吉尔德定律(未来 25 年,主干网的带宽每 6 个月增长一倍),共同推动着通信网络和信息社会的飞速发展。许多传统产业的企业都面临被颠覆的命运,要么变革,要么衰亡。这是一个创新与创业风起云涌的时代,社会呼唤创始人企业家。

其次,是常识在发挥作用。坚持以客户为中心、为客户创造价值的使命,坚持长期投入的战略,坚持创新求生存的观点,坚持通过利他而利己的经营哲学,不屈从于资本市场追求短期回报的压力,不受追求股东价值最大化的过时经济理论的束缚,不为所谓的委托 – 代理假设所左右。

再有,创始人塑造了企业文化,创始人的价值观是企业文化的精髓,是企业基业长青的根基。苹果公司的蒂姆·库克从乔布斯手中接过了苹果公司首席执行官职位，完美地继承了乔布斯的理念，并融入了他本人在运营管理方面的严谨，使苹果公司延续了乔布斯时代的辉煌，成为世界上最有价值的公司之一。微软公司的萨提亚·纳德拉，在成为微软公司的首席执行官后，面对微软公司向移动互联网转型的失利，毅然发起和领导了向云计算和人工智能的转型，以及向比尔·盖茨的创业文化的回归，终于使微软焕发活力，重新进入世界上最有价值的公司之列。

反观失败的职业经理人，他们受到多方面的束缚，错失重大的转型机会。众所周知的柯达公司，未能抓住机会向数字化转型而衰落；施乐公司未能在与日本公司的竞争中胜出以及面临数字化浪潮的冲击应对无力而导致发展陷于停滞；惠普公司未能传承创始人的"惠普之道"，逐渐失去创新活力而举步维艰。读者可能会提出这样的问题，如果创业者还健在，这些企业是否会衰落？我们的结论是：只有沿着创始人开辟的道路和价值观继续前进，才能从胜利走向更大的胜利。

所有权与价值创造要素的结合

第四次工业革命加剧了对顶尖人才的争夺。例如：人们对人工智能在企业数字化及消费领域中的应用越来越感兴趣，这在科技公司之间引发了一场争夺顶级人工智能人才的竞争。该行业的大多数顶尖人工智能科学家和先锋人才都被谷歌、脸书、亚马逊和微软等大公司挖走。这种激烈竞争导致了两个后果。首先，就像其他供不应求的领域一样，这导致人工智能科学家的薪酬急剧上升。其次，许多无法负担高工资的学术机构的人工智能科学家被推到了财力雄厚的科技公司，使得这些机构的科研水平停滞不前甚至滑坡。这不仅发生在人工智能领域，几乎所有卷入第四次工业革命的领域都出现了顶尖人才身价暴涨的情况。人们把这次人才的大流动称为第二次人才大迁徙，其规模之大、影响之深远，远超"二战"前后人才向战胜国的流动。

这是一场世界范围的顶尖人才争夺战，战火烧到了几乎所有发达国家和人口大国，深刻改变着人才所在国的制度与价值观。例如日本信息与通信技术领域的龙头企业 NEC 认识到技术优势的来源是人力资源，从而改革日本企业传统的终身雇佣和年功序列制，日本企业开始提供足够的工作机会和报酬，以获得顶级研究人员。2015 年成立的 NEC 美国实验室，提供市场水平的薪酬，推出了"专业研究人员选择性薪酬计划"，不限制非管理性研究人员的薪酬，随行就市。

高技术行业顶尖人才的薪酬暴涨，是符合高技术企业人才贡献的分布规律的，高技术企业人才的个人绩效表现符合幂律分布。[1]（见图 11-3）

不仅高技术行业如此，事实上许多组织中的个人绩效表现都符合或接近幂律分布。多数组织都低估了最优秀员工的贡献，给他们的报酬自然也就不足，这导致优秀人才流失，或者优秀人才的价值创造潜能受到压制。

在看到顶尖人才引领创新突破和企业绩效的大幅提升的同时，我们也不能忽略广大员工的贡献和他们的创造潜能。

今天的企业员工不是曾经的生产线上的操作者，而是普遍受过高等教育、具有创新素质和潜能的人才。受过高等教育的高素质员工强烈要求参与创新和管理，而不愿作为仅遵从上司指令和被控制的对象。

威廉·拉佐尼克（William Lazonick）在他的《车间的竞争优势》一书中深刻分析了工人在价值创造中的历史作用，以及如何释放其价值

---

[1] 参阅博克. 重新定义团队：谷歌如何工作[M]. 宋伟, 译. 北京：中信出版社, 2019: 192.

第 13 章 演化与革命 / 641

创造潜力的机制。他在比较和分析了英国、美国以及日本企业竞争力的消长后指出，实现高产出的关键是对劳动关系的管理。企业创造的价值是产品销售收入扣除生产产品的非直接劳动成本之后的剩余，这是可以在工人和管理层（资方）之间分享的收益。工人以工资的形式分享这个收益，而管理层以利润形式分享这个收益，但这两个份额之间不一定总是一个你多我少的零和结局。作者通过历史研究得出的一个主要结论是，企业的价值创造与工人和管理层如何分享这个创造的价值之间存在内在联系。在既定的生产过程中，被创造的价值量大小依赖于这些不同的参与者对他们在未来的收益中所能分享到的份额的预期。反过来，这些预期又是参与者们可用来攫取价值份额的个人或集体的社会权力的函数。[1]

拉佐尼克指出，日本的价值创造力更根本地在于日本制造业企业组织生产的方式。日本企业的管理者是主动地在生产一线培养技术人才，用终身雇佣和年功序列制留住技能熟练的骨干工人。美国企业的管理者则是决定如何通过流水线、自动化将技术从车间里清除出去，以保证任何一个工人都可以被轻易地取代。而英国的工业企业管理者，由于没有发达的管理科层，干脆简单地把技术留在车间，对生产流程和固定资产的利用在很大程度上受到工人的控制。所以，日本企业的竞争优势在车间，美国企业的竞争优势在于用技术替代工人，而英国工业企业之所以衰落，在于没有将管理科层建在生产一线，从而无法实现劳资合作提高生产力。一旦我们认识到了制度结构是如何影响经济行为的，日本成功的"秘密"就不必藏在文化的神秘魅力中了。[2]

从对整体经济的影响来看，市场弹性和组织感召力，哪一个更重

---

[1] 参阅拉佐尼克. 车间的竞争优势 [M]. 徐华，黄虹，译. 北京：中国人民大学出版社，2007: 236-285.

[2] 同前注，第 303-329 页。

要呢？拉佐尼克的结论是，资本主义发展史和世界产业领袖地位的变动趋势说明，不管是对工人还是对资本来说，价值创造所需要的都是他们对组织的忠诚，而不是市场的流动性。哪一个国家的企业能够把组织关怀给予它们的工人骨干，哪一个国家就能使技术得到充分的发展和利用。价值剩余在资方和工人之间的分享是一个企业乃至整个国家经济繁荣的关键。[1]

我国政府提出的 2021 年的就业目标是 1 100 万人，仅大学毕业生就有 930 万人，其中蕴含着巨大的创造潜能。应对第四次工业革命的挑战，我们既需要苹果公司创始人乔布斯那样的旷世奇才，也需要像 3M 公司发明便利贴的潜在的广大人才群体。

为了说明我们对员工参与创新和管理的重视，我们整理了 3M 公司的案例。案例根据《创新沃土》[2]《向 3M 学创新》[3]、3M 公司 2014—2020 年年报资料以及有关 3M 创新的研究论文[4] 整理。

成为所服务市场中最具创新力的公司

3M 公司成立于 1902 年，全称是"明尼苏达采矿与制造公司"（Minnesota Mining and Manufacturing Company），最初制造的产品是砂纸。经过 100 多年的不断创新，到 2020 年，3M 公司早已成长为一家跨国集团公司，拥有四个业务集团，包括安全和工业、

---

[1] 拉佐尼克. 车间的竞争优势 [M]. 徐华，黄虹，译. 北京：中国人民大学出版社，2007：343-347.
[2] 参阅甘德林. 创新沃土 [M]. 陈雪松，池俊常，张红，译. 北京：华夏出版社，2001.
[3] 梁家广，甘德林. 向 3M 学创新 [M]. 北京：中华工商联合出版社，2017.
[4] 参阅 Conceição P , Hamill D, Pinheiro P. Innovative Science and Technology Commercialization Strategies at 3M: A Case Study[J]. Journal of Engineering and Technology management. Vol.19, Issue 1, 2002: 25-38. Garud R, Gehman J, Kumaraswamy A. Complexity Arrangements for Sustained Innovation: Lessons from 3M Corporation[J]. Organization Studies. Vol.32, Issue 6, 2011:737-767. Boh W F, Evaristo R, Ouderkirk A. Balancing Breadth and Depth of Expertise for Innovation: A 3M Story[J]. Research Policy. Vol. 43, Issue 2, 2014 :349-366.

运输和电子、医疗保健以及消费产品。3M生产超过60 000种产品，其中包括黏合剂、胶带、磨料、复合材料、个人防护设备、陶瓷、窗户贴膜、光学薄膜、牙科和正畸产品、无纺布纤维、电气及电子连接和绝缘材料、医药、医疗软件以及含氟化学品等。3M公司2020年的销售收入为322亿美元，位列美国《财富》杂志世界500强排行榜第389位。

在3M成立至今的100多年里，该公司保持了持续增长和高盈利的记录，而这一切背后是持续的创新和研发投入。3M在1924年获得了它的第一项专利，近年来每年获得大约3 000项新专利。2014年5月，3M公司获得了其在全球范围内的第10万个专利。2020年《财富》全球最受赞赏公司榜单揭晓，3M位列第29位。

《基业长青》一书的作者柯林斯和杰里·波勒斯曾评价道：如果拿生命做赌注，赌我们研究的哪一家公司会在未来50~100年继续成功和适应，我们会把赌注下在3M上。3M公司作为世界上最具创新力的公司之一，是怎么做到这一点的呢？

麦克奈特的奠基性贡献

伟大的公司之所以伟大，在于其一贯秉持的优秀文化和价值观。3M的文化基于曾长期担任3M公司董事会主席和首席执行官的威廉·麦克奈特（William McKnight）提出的管理原则。1907年3M公司招聘簿记员，威廉·麦克奈特以杜鲁斯（Duluth）商科大学学生的身份前往应聘，被录用。他对自己的评价是："我知道自己并不比别人聪明多少，但我投入的时间要比别人多得多。"

麦克奈特不仅是一位伟大的管理者，还是一位管理哲学家，他塑造了一种激发员工积极性、创业精神和创新的企业文化。以下是他提出的基本管理规则：

- "3M的核心是人，我们能否成功要看我们的员工是否具有成功的能力。"这是3M员工经常引用的威廉·麦克奈特的一句话。3M员工还把"15%时间原则"的建立归功于麦克奈特。

- 下放责权和鼓励员工发挥主动性。麦克奈特认为，随着公司业务的发展，下放责权和鼓励员工发挥他们的主动性变得越来越必要。这需要相当大的容忍度。我们授予权力和责任的人，如果是好人，就会想要用自己的方式做他们的工作。

- 人们会犯错误，但不应扼杀人们的主动性。如果一个人本质上是正确的，从长远来看，他或她所犯的错误并不像独裁的管理层命令下属必须如何做时所犯的错误那么严重。当出现错误时，独裁式的管理是毁灭性的，因为它会扼杀主动性。如果我们要继续发展，就必须有很多有主动性的人。一种为员工提供心理安全的组织文化对于具有探索精神的组织是必不可少的。

- 失败是创新过程的一部分。容忍失败的想法并从错误中学习是3M创新文化的一个组成部分，在这里失败被视为一种学习经验。

- 鼓励公司内部创业精神。主导产品演化出的副产品在3M的增长中发挥了关键作用。3M允许组建非正式的创业团队，从而促进创新。这些团队由制造、工程和营销的全职志愿者组成。新的创业团队遵循的原则是：从小事做起，学习业务运作方式，然后扩大规模，"做一点，卖一点"。如果非正式的创业团队开发的一个产品被证明是成功的，这可能是迈向建立新业务单元的第一步。

- 多元化的技术基础和公司内部的技术交流有利于创新。

- 客户驱动的创新。3M致力于开发受市场驱动的产品。从早期开始，3M就意识到，为了创造真正满足客户需求的产品，销售代表和技术人员都必须与使用产品的客户经常接触。麦克奈特在作为销售经理时深刻体会到，一个销售人员如果能进入工厂，跟工人们一起使用销售的产品，了解他们的需求并向他们解释 3M 产品在哪些方面优于竞争对手，会发现更好的机会并提出创新的解决方案。

这些都促进了一种强调冒险、团队合作、创新和企业家精神的文化的形成。

3M 公司鼓励创新的政策

创新对 3M 公司非常重要，其愿景是：成为其服务的市场中最具创新力的公司，促进每一家公司，改善每一个家庭，改善每一种生活。为了促进创新精神和实现其愿景，3M 公司采取了以下一系列政策。

- 30%/4 规则。该规则规定 3M 公司每年 30% 的销售额必须来自最近 4 年推出的产品。
- 15% 规则。3M 最重要的管理原则是促进创业精神和追求创新理念的自由。在 3M，这是通过"15% 规则"实现的，该规则允许技术人员将 15% 的时间花在自己选择的项目上，不需要批准，甚至不需要告诉管理层他们在做什么。这可以说是 3M 最具代表性的创新文化和战略原则。
- 每个业务部门都直接面向市场，以响应其客户群为目标，承担起为客户开发卓越产品的责任。
- 技术在整个公司中共享。产品开发的责任属于每个部门，而技术属于公司，每个部门都可以获得整个公司的技术资源，但也有责任在整个公司中分享其服务客户的技术。
- 发挥技术组合的协同效应。3M 不断优化其核心技术的组合，以利用技术组合的协同效应开发新产品并拓展新的应用渠道。
- 强大的知识产权保护。

2015年秋天，3M在明尼苏达州圣保罗市的新实验室投入使用。这个最先进的实验室集中了700多位最优秀、最聪明的科学家，他们将开发和改进新的核心技术，支持全球的3M实验室和企业。这项投资进一步强化了3M公司的创新引擎，体现了3M对科学发现的坚定承诺，对增强3M未来的竞争优势至关重要。

3M的创新政策还体现在公司的三个战略杠杆上。第一个杠杆是投资组合管理，通过合并、剥离出售来控制集团多元化的边界，从而聚焦核心业务，就像果农每年要为果树剪枝一样，同时进行一系列战略性收购，增强核心业务的市场地位并迅速做大新业务。第二个杠杆是不断加大对创新的投资，以便为客户提供卓越的价值，并为股东提供卓越的回报。第三个杠杆是推动业务转型，它包括标准化和优化全球流程，以便能够以更大的灵活性和效率为客户服务。

通过核心技术平台和跨部门协同促进创新

3M认为最重要的创新是响应未被明确表达的需求。3M称这一领域的工作为"模糊前端"，它可以带来重大突破。像非纺织布、含氟化学品、光学照明薄膜和微型复制技术就是在这样的情况下发明出来的，这些技术使3M生产了一系列产品并使3M构筑了新的"技术平台"。新产品的产生往往源于不同领域的技术的结合，包括与制造能力的结合。这一直是并将继续是3M创新增长的一个关键方面。

3M的技术创新主要集中在大约47个技术平台上（见图6-2），这些技术平台既是多产品共享的，又具有单独面向市场的、与产品开发平行的演进路径。公司的战略就是以这些技术平台为基础，将其通过各种连接方式联系在一起，在这些核心技术的基础上为多个市场开发出丰富的产品。

在3M，研发团队分为企业研究实验室和事业部产品开发实验室。企业研究实验室专注于技术的基础研究，而事业部产品开发实验室往往专注于研究更具体的每个业务部门的产品。虽然 3M 的实验室分布在全球各地，但大多数研发人员都位于明尼苏达州圣保罗市，那里是创新社区的核心。

由专家、通才和博学的发明家组成的生态系统

对于从事创新与发明的人员构成，莫慧钫（Boh Wai Fong）等学者的研究发现[①]，3M 公司的发明人员是由专家、通才和博学的发明家组成的。博学发明家不同于通才，他们在一个或多个核心领域拥有深厚的专业知识，他们通过将其与新领域的其他技术集成，广泛应用这些专业知识从事发明和创新。

像 3M 这样的企业环境有利于培养通才和博学发明家，这是由于业务的多样性、对销售的重视以及公司（而不是单个业务单位）拥有技术的理念。对通才和博学发明家的需求将随着专业化领域的精专而增加，因为跨越知识领域的人不仅能改善专家团队成员之间的沟通，而且还能够有效地集成多种技术。

莫慧钫等学者的研究对实践的启示是，对具有不同专业技能类型（专家、通才和博学多才）的发明家的识别表明，一个组织中最有价值的发明家可能具有不同的特征和数量。因此，对企业来说，一个关键的教训是，组织不一定要把所有的发明家培养成博学的发明家，相反，一个组织应该建立一个由专家、通才和博学的发明家组成的生态系统。组织在招聘研发人员时也可以考虑这些原型。一个人有不同的兴趣，喜欢挑战不同的和新的事物，可能是一个通才或博学发明家的合适候选人；而一个人有高度的专注力并坚持不懈地研究某一个具体问题，那可能就是一个潜在的

[①] 参阅 Boh W F, Evaristo R, Ouderkirk A. Balancing Breadth and Depth of Expertise for Innovation: A 3M Story[J]. Research Policy. Vol. 43, Issue 2, 2014 :349–366.

专家。潜在的博学发明家则需要培养，这意味着如果他们有这样的倾向，组织需要为他们提供能同时发展广度和深度的空间。

平衡创新与效率的矛盾

2000年，美国通用电气公司的高管、航空发动机部门总裁詹姆斯·麦克纳尼（W. James McNerney Jr.）空降3M担任董事会主席和首席执行官，他是3M公司100年历史上第一位从外部聘任的领导人，被期望在这家以创新见长的公司引入效率。麦克纳尼带来了通用电气公司的管理哲学，他裁掉了8 000名员工（约占员工总数的11%），削减了资本投资和研发费用，加强了绩效评估程序，并收紧了3M公司的预算。他还引进了通用电气引以为傲的六西格玛项目——一套旨在减少生产缺陷和提高效率的管理技术。如果能够提高效率，加上原有的创新能力，3M的未来将无限辉煌。但是，这次改革失败了，效率没有明显提升，创新能力反而下降了。上任四年后空降的首席执行官不得不离任，内部人士再次担任首席执行官。这个案例在商学院的战略管理教学中经常被引用。按照教科书的观点，创新和效率背后的组织、流程和文化是不一样的，二者不能共存。所以，一家公司很难做到创新能力强，并且运营效率高。但是，文化虽然不能共存，目标和预算是可以平衡的。创新和效率的矛盾实质上是长远利益与短期利益的矛盾，其实"15%时间原则"既是一种鼓励创新的资源分配原则，也是一种平衡短期利益与长期利益的政策。

关于六西格玛和创新之间的冲突是否不可避免，几乎没有正式的研究。但沃顿商学院教授玛丽·本纳（Mary Benner）和哈佛商学院教授迈克尔·L. 图什曼（Michael L. Tushman）所做的引人注目的实证研究表明，六西格玛将导致更多的渐进式创新，而牺牲更多的"天马行空"般的发明。他们的研究表明，在质量提升之后，主要基于之前工作的专利占总专利的比例显著增加，而非

第13章 演化与革命 / 649

基于之前工作的专利则减少了。

3M 公司的实践实际上表明创新能力强和运营效率高的目标可以兼得。公司 1994—2020 年销售收入和净利润的数据表明，3M 公司的销售收入年递增率为 3.65%，年平均利润率为 13.8%，属于稳定增长和高收益型公司，这在传统产业中是非常难得的。

小结

一个组织要想蓬勃发展，就必须创造一种吸引优秀人才的环境，并为其发挥创新潜能提供最好的平台和服务。面对今天日新月异的技术进步，我们的关注焦点反而更需要从技术转向人。3M 的案例表明，传统的管理模式必须实行三个关键转换：从命令和控制的管理哲学转变为发挥主动性和协作的管理哲学，从看重工作的环境到看重人及其合作的环境，从要求员工被动地遵守规定到支持员工主动参与组织绩效的改进。

那么，3M 的案例给了我们什么启示呢？

一是，相信人的创造力是无穷的。古话说，"愚者千虑，必有一得"，何况受过良好的专业教育，对新事物、新知识、新技术充满兴趣，有强烈的创新欲望的年轻人呢？

二是，"15% 时间法则"是一种进化法则。我们知道，生物的进化不是计划出来的，而是一系列变异的结果，企业的进化亦是如此。变异是对环境变化的适应，正如同变化无法计划，变异也是无法计划的，但是没有变异就没有进化。以此来看"15% 时间法则"，虽然核心技术平台为创新提供了必然性的基础，但创新特别是发明具有偶然性，正是"15% 时间法则"为创新和发明的偶然性提供了空间。那种指望把创新和发明纳入计划体系的做法，由于完全排除了偶然性，故只会抑制创新和发明。今天，企业越来越重视研发，不断增加投入，但突破性、颠覆性的创新和发明不是仅靠增加投入就可以得到的，必须支持员工的大胆探索。

三是，天才是稀缺的，要使天才的创造潜能发挥到最大程度，一个组织应该建立一个由专家、通才和博学的发明家组成的生态系统，从而实现三者的有效合作。

四是，以核心能力平台支持员工创新。今天的创新和发明并非像人们想象的那样是一些"天马行空"式的突发奇想，创新和发明是需要基础的，是站在前人的肩膀上向前迈出的一步。核心能力平台是前人创新成果的积累，没有继承就没有真正的创新和发明。

五是，不断定期审视产品组合和投资组合。鼓励创新的文化同时也隐含着一种多元化的、发散式的冲动，所以必须对发明和创新进行引导，这样的创新和发明才会产生更大的企业价值。通过定期地审视投资组合和产品组合，使企业的战略不失焦点，不失方向，这才是企业和客户真正需要的创新。

六是，为增强创新和创造力而进行的组织变革并不一定朝着创建更小、更分散的单位的方向发展。通常更重要的是加强现有组织单位之间的网络和联系，以便在整个公司范围内对市场需求做出更一致的反应。[1]

我们看到，新技术革命是推动企业和社会生产向前发展的动力。新技术革命的大范围展开离不开风起云涌的创新与创业活动，企业家在其中扮演着关键角色，他们通过重新组合生产要素使企业的规模迅速扩大。而随着企业规模的扩大和管理复杂性的增加，职业管理层不断壮大，最终完成了所有权与管理权分离的管理革命，公司在支薪经理人的手中获得了长足的发展。而随着消费者需求的日益多样化、公

---

[1] 参阅 Conceicaõ P , Hamill D, Pinheiro P. Innovative Science and Technology Commercialization Strategies at 3M: A Case Study[J]. Journal of Engineering and Technology management. Vol.19, Issue 1, 2002: 25–38.

司实力的增强、资本市场的发展、科学研究的突破、政府的鼓励政策和科研投入不断增多，多种拉动力量和推动力量的交互作用又孕育了新的技术革命，新技术革命的更大范围、更深刻的推进必然引发新的管理革命。我们看到，第四次工业革命中，创始人企业家又回到了舞台的中心，所有权与管理权、价值创造与利益分配又开始新的制度整合。这是一个演进与变革的循环过程，是一个否定之否定的螺旋上升过程。下一章我们将进一步揭示这一过程的演进规律。

第14章 否定之否定

反者道之动。

——老子《道德经》，第四十章

企业有如生物，也存在生命周期现象。如果细致地划分，也存在孕育期、初创期、成长期、成熟期、停滞期、衰退期，以至最后走向衰亡，或破产，或被兼并。但企业生命周期的演化又不同于生物，生物的演化是单向的，从生到死；而企业的演化可以是螺旋形的，由盛转衰，又通过重拾创业精神的变革，从创始人确立的核心价值观中汲取力量，再获新生。这个过程就是辩证法的否定之否定的过程。

否定之否定就是周期性地回到管理的基本问题，即回答德鲁克的三个经典问题：我们的企业是个什么企业？我们的企业将是个什么企业？我们的企业应该是个什么企业？从哲学角度看，否定之否定实质上是周期性地回答哲学的三个基本问题：我是谁？从哪里来？要到哪里去？我们去读许多成功的企业家和经理人的自传，实际上都在回答这三个问题。回答这三个基本问题，涉及我们对企业的目的的认识。企业是一个经济组织，办企业要赚钱，但办企业不光是为了赚钱。

西方主流经济学假设企业的目的是追求股东价值最大化。然而员工并不关心股东价值是否实现了最大化，所以，即使是追求股东价值最大化的企业，也要有振奋人心的目标和价值观以激励全体员工为之奋斗。这个持久性的激励因素就是企业创业期间由创始人主导形成的使命与核心价值观，它是企业文化的内核，是企业的优良基因。当使命与核心价值观被一任接一任的职业经理人稀释后，企业再现辉煌的基础就不存在了。企业之所以能在衰退后重整旗鼓，是因为文化基因还在，是因为创业精神还在，而并非仅因为继任经理人的独树一帜、另辟蹊径的改革。

近几十年，管理被肢解的现象日益严重。首先是公司治理被从管理中分离出去了，因而培养接班人、延续企业的辉煌不再是管理关注的问题，管理成为只解决眼前的效率问题的战术性活动。接着领导也被从管理中分离出去了，而且为了突出领导的地位，管理被贬低为仅具有维持常态的基本功能，其目的是帮助普通人日复一日地用常规的方式顺利完成日常工作。心理学家关于管理就是决策的命题，虽然抓住了管理活动的重要特征，但也导致人们把管理决策视为近乎方法性的行为，而决策的整个运筹和执行过程的艺术性被忽略了。显然，管理理论的发展也要经历否定之否定的过程，今天我们有必要重思管理，抓住其精髓。

还是让我们从企业的生命周期入手，开始对上述观点的讨论。

14.1

企业生命周期

吉姆·柯林斯在撰写《基业长青》以及《从优秀到卓越》两本书时，

他的研究样本选择标准，除了包括"所在行业的第一流的机构""广受企业界人士崇敬""对世界有着不可磨灭的贡献"外，还有两个关键的定量标准：一是公司存在的时间，其标准是 1950 年前创立，研究样本中一半以上的公司创立了近百年或百年以上；二是公司的股票累积回报率，研究样本公司的该项指标要高于大盘指数基金的股票累积回报率的 15 倍以上。然而，许多今天的卓越公司当时还没有进入作者和公众的视野，有些甚至还未成立，如亚马逊、谷歌、脸书、奈飞（Netflix）等。虽然这难免使其研究结论的持久性受到限制，但这两本书仍不失为经典之作。

《基业长青》阐述的是卓越公司之所以卓越的原因，但在今天，当初被列入名单的卓越公司还有几家堪称卓越？列入名单的消费品类分销和零售公司正受到网络购物公司的严重冲击，金融类公司面临互联网金融公司的严重冲击，传统的汽车制造商正面临电动汽车、新能源汽车、自动驾驶汽车公司的颠覆性创新的冲击，酒店业公司正面临网上住宿中介公司的冲击，娱乐业公司正受到数字媒体公司的冲击，传统的 IT 服务公司正面临向云计算、大数据、物联网和人工智能转型的巨大挑战。即使是按照《从优秀到卓越》一书的标准再次精挑细选的 11 家卓越公司，其中几家公司是由于政府的保护才逃过了 2008 年金融危机，而电路城（Circuit City）公司已经倒闭。

这反映了企业存在生命周期现象，这是一种大多数企业都经历过的由盛而衰的宿命。

企业生命周期各阶段的特征和问题

伊查克·爱迪思（Ichak Adizes）的《企业生命周期》一书是较早对企业生命周期现象进行系统研究的著作。他将企业生命周期同生物的生命周期类比，将其划分为八个阶段，分别为：孕育期、婴儿期、学步期、青春期、壮年期、贵族期、官僚期、死亡期，并对其特征和问题进行了分析，我们将其概述如下。①

在孕育期，创始人追求的目标是满足市场需求，创造价值，做一点有意义的事。没有梦想的行动无法孕育公司。投资回报率是一个控制因素，而不是推动因素。投资回报率无法成就一家组织，但没有投资回报率会导致公司死掉。

婴儿期的企业关注产品，但在销售方面的投入远远不够，处于婴儿期的公司很少有政策、制度、流程或预算这些东西。婴儿期公司的主要问题是往往忽略现金流，对应收账款和库存管理不善，而问题就出在现金流中断上。

学步期的企业领导者关注的是销售，是机会，而不是企业运作的细节。婴儿期的成功使得创始人的欲望膨胀。问题往往出在盲目扩张、进入多个不相关的领域，分散了企业的资源。

进入青春期，由于复杂性的增加，企业面临一系列冲突，包括：老员工和新进入者的矛盾、创始人和职业经理人的矛盾、公司目标和个人目标的矛盾、规范性与灵活性的矛盾等。领导者必须下大力气为公司未来的发展建立制度、流程、政策，扭转学步期的混乱状况。

壮年期是企业生命周期的最佳阶段，也是自控力和灵活性达到平衡的一个阶段。处于壮年期的公司不再以某个人的意志为转移，它已经形成了职业管理层。指引和领导壮年期公司的是它的愿景——公司之所以存在的理由。壮年期并不是成长的终点，公司的成长仍在继续。壮年期的晚期，公司的增速明显下降，公司不愿再冒大的风险，销售额虽然还在增长，但是由新产品（如三年内开发的新产品）创造的收入占比却在下降，并且不再有突破性的新产品，新产品只是在原来产品的基础上稍加改进而已。创业精神可以说是日益消退。

---

① 参阅爱迪思.企业生命周期[M].王玥，译.北京：中国人民大学出版社，2017：29-198。

企业处于贵族期时，就开始衰退了。衰退的最早征兆是公司文化的变化。当谨慎成为考虑问题的主导原则，避险倾向超过冒险倾向，公司文化也就改变了。随着公司进入衰退阶段，权力中心会进一步转移到财务和法律部门手里，它们的角色是防止公司出错。处于贵族期的公司大量的决策都需要得到众多委员会的同意和批准，还有太多的利益集团需要加以照顾并时常需要向它们妥协。贵族期公司主要不是通过创新，而是通过花钱收购那些有活力的公司来获得发展。从壮年期往后，随着公司逐渐衰退，利润会变成决定性目标，而销售则变为约束性目标，经理人的行事方式让人觉得公司在市场上存在的主要目的就是获取利润，他们会削减广告、促销以及研发的开支，为的是使利润最大化。在这个过程中，他们还清除了那些激发公司灵活性和活力的因素。

企业一旦进入官僚期，就走在崩溃的路上了。

企业为什么存在生命周期

企业为什么存在生命周期？我们可以从热力学第二定律中得到启发。

1850年和1851年，德国物理学家鲁道夫·克劳修斯（Rudolph Clausius）和英国物理学家罗德·开尔文（Lord Kelvin）提出了热力学第二定律。克劳修斯的表述是：不可能把热量从低温物体传到高温物体而不引起其他变化。开尔文的表述是：任何热力循环发动机不可能将热量全部用于做机械功。

那么，系统不能用于做功的能量怎么表示呢？1850年，克劳修斯首次提出"熵"的概念，用来表示任何一种能量在空间中分布的均匀程度，能量分布得越均匀，系统做功的能力就越低，熵就越大。如果听任一个系统自然发展，那么，能量差总是倾向于消除的。所以，熵指的是系统的混乱程度，是对系统中无序或无效能状态的度量。熵增加原理也可被表述为：一个孤立系统由非平衡态趋于平衡态，其熵单调增大，当系统达到平衡态时，熵达到最大值。熵的变化和熵增确定了孤立系统自然演进的方向和限度。熵增加原理就是热力学第二定律。

热力学第二定律适用的条件是，系统是一个孤立的封闭系统。那么，社会系统，具体谈到企业的话，如果一家企业处于孤立的封闭状态，那么它具有什么样的特征呢？

作为社会组织的企业，也有可能是封闭的，从而我们就可以参考热力学第二定律，对这样的企业进行研究。例如，如果企业只有股东拥有剩余索取权，这个企业就已经是一个封闭的系统了，因为它把参与价值创造的管理者和员工排除在剩余索取权之外了。反之，如果这个企业只为从业者（一般指员工和管理者）谋取利益，而把股东和其他利益相关者均置于可有可无的地位，这个企业实际上也成为了一个封闭系统。再如，如果一个企业的人员不流动，不与外部要素市场进行交换，吐故纳新，这个企业同样会成为一个封闭系统。

还有一个重要的环境因素，就是技术进步。如果一个企业在创新上不敢冒险，不敢打破路径依赖，只进行小修小补，不敢进行彻底的变革，也就是企业不能与外部环境不断地交换信息、能量、资源，跟不上环境的变化，这个企业实际上就处于一种孤立的封闭状态，这很可能是企业最严重的孤立封闭状态。

企业只要处于孤立的封闭状态，听任它自然发展，内部要素的能量差异就趋向于消除，最终就会形成能量在组织空间中均匀分布的平衡状态。能量分布得越均匀，熵就越大，系统也就越缺乏对外做功的能力。所以，企业之所以存在生命周期，就是因为企业系统的自发演变趋势越来越处于孤立的封闭状态，这样的系统看似进入了稳定的、平衡的状态，但实际上是进入了一种最无序、最无效能的状态。

企业处于生命周期的壮年期的后期，即进入了一种稳定的平衡状态，这表现为一种维持运转与变革的平衡状态。此时的企业，虽然也会有小的、局部的、改良型的变革，但很难打破已经形成的平衡状态。企业往往是在多年处于生命周期的稳定状态和平衡状态后开始进入停滞、下降和衰退阶段的。那么怎么看待平衡状态呢？

美国传统字典（*American Heritage Dictionary*）上关于"平衡"（equilibrium）的解释是：表示一种情形，所有起作用的影响互相抵消，因而产生稳定、平衡或不再发生改变的系统。此定义使我们产生疑问：对组织来说，平衡是一种令人满意的状态吗？经验告诉我们：平衡应当只是一种暂时状态，平衡之后，要么是变革，要么是衰退，因为不进则退。平衡如果成为一种稳态、一种常态，就说明企业在走下坡路了，企业的生命周期就快到尽头了。

玛格丽特·惠特利在《领导力与新科学》一书中主张：平衡不是生命系统的终极目标，因为生命系统是开放系统，它们要与环境共生存。它们不追求平衡，恰恰相反，开放系统维持着一种非平衡状态。只有远离平衡，开放系统才能够变化和成长。她赞成伊利亚·普利高津的研究结论：不平衡是系统成长的必要条件。普利高津将这样的系统称为"耗散结构"，即耗散掉不能做功的能量，保持变革和创新的秩序。

对企业来说，建立耗散结构，不是要建立一种平衡的稳定状态，使各种力量——变革的力量和保守的力量、创新的力量和因循守旧的力量、捕捉机会追求成长的力量与追求财务回报规避风险的力量、追求短期收益与追求长期收益的力量——相互抵消。而是要在非平衡状态中，不断耗散或放弃旧有的有序形态，重新建立自身富有活力的形态。显然，平衡是热力学第二定律作用的结果。管理的作用就应该是逆系统的自发趋势而动，从外部吸收负熵，抑制内部的熵增，从而保持组织的活力。

所以，企业要避免进入生命周期的衰退状态，就要开放、竞争，与外界交换能量、信息、资源，要远离平衡态，建立耗散结构。

对于运用热力学第二定律解释企业生命周期的自发演变趋势，我们同惠特利一样，赞同物理学家弗兰克·奥本海默的观点："如果一个人有一种新的思考方式，为何不应用到他认为可能适用的地方呢？人们如果能够这样联想，一定非常有趣，这往往会引导我们获得新的、更深刻的认识。"[1]

华为公司总裁任正非先生就善于将自然科学的理论应用到社会组织的管理中，善于运用自然科学的理论和观点解释企业管理遇到的问题。例如，他多次阐述过热力学第二定律和耗散结构在企业运作中的表现：

> 热力学第二定律阐述了，自然界不可能将低温自动地传导到高温物体，必须有动力才能完成这种逆转。人的天性在富裕以后会怠惰的，这种自发的趋势，人的主观能动性是可以改变它的。我们组织的责任就是逆这种自发的趋势而行动，以利益的分配为驱动力，反对怠惰的生成。民意、网络表达多数是自发的，我们组织不能随波逐流。组织的无作为，就会形成"熵死"（在不可逆过程中，热寂死亡时熵值单调最大）。我们坚持"以客户为中心，以奋斗者为本，长期艰苦奋斗"，不是自发趋势，不可能等待而来，这就是不进则退。[2]

---

[1] 惠特利.领导力与新科学[M].简学，译.杭州：浙江人民出版社，2016：25.
[2] 任正非：《从哲学到实践》，2011。

我把"热力学第二定律"从自然科学引入社会科学中，意思就是要拉开差距，由数千中坚力量带动十五万人的队伍滚滚向前。我们要不断激活我们的队伍，防止"熵死"。我们决不允许出现组织"黑洞"，这个黑洞就是怠惰，不能让它吞噬我们的光和热，吞噬活力。①

　　公司的管理是一个耗散结构，就是在平衡与不平衡间耗散，在稳定与不稳定间耗散，华为公司已经进入一个比较好的历史时期，我们要敢于耗散，今天敢于说自己，将来别人有事时，我们已经平息了。我们这次把马来西亚事件写成了报告文学，这个报告文学就是新年贺词，让大家看看公司怎么丑的，高级干部怎么丑的，敢于把丑向全世界公布，我们就是敢于胜利。②

　　什么是耗散结构？你每天去锻炼身体跑步，就是耗散结构。为什么呢？你身体的能量多了，把它耗散了，就变成肌肉了，就变成了坚强的血液循环了。能量消耗掉了，糖尿病也不会有了，肥胖症也不会有了，身体也苗条了，漂亮了，这就是最简单的耗散结构。那我们为什么要耗散结构呢？大家说，我们非常忠诚于这个公司，其实就是公司付的钱太多了，不一定能持续。因此，我们把这种对企业的热爱耗散掉，用奋斗者和流程优化来巩固。我们通过把我们潜在的能量耗散掉，形成新的势能。③

公司衰退原因的整治

　　老子云："祸兮，福之所倚；福兮，祸之所伏。"企业并非只在生命

---

① 任正非:《用乌龟精神，追上龙飞船》，2013。
② 任正非:《以"选拔制"建设干部队伍，按流程梳理和精简组织》，2011。
③ 任正非:《成功不是未来前进的可靠向导》，2011。

周期的壮年期后才陷入停滞和衰退，早在企业生命周期的学步期、青春期以及壮年期早期，就已经潜伏着企业衰退的因素。因此，要延续企业的生命周期，应该从生命周期的早期就采取措施，消除那些潜在的、最终可能导致企业衰落的因素。

伊查克·爱迪思在《企业生命周期》一书中指出，学步期的问题往往出在婴儿期的成功使得创始人的欲望膨胀，开始盲目扩张，进入多个不相关的领域进而分散了企业的资源。因此，处在学步期的公司越早意识到取舍的重要性，就能越快地集中注意力，提升自身效率。

在青春期，公司应当将领导风格从目标管理（Purposeful，即明确企业为谁存在，谁是客户，要满足客户的什么需求）和创业精神（Entrepreneurial，即预测未来需求变化并据此采取创业活动调整公司的定位）转向行政管理（Administration，即制度化、程序化和组织化工作）和创业精神的结合。当然，公司应当在明确了发展方向并清晰地表达了使命和愿景后，再引入行政管理角色，否则会过早地抑制公司的成长并模糊对企业目的的认识，这一点很重要。

进入壮年期之后，公司通常都完成了所有权与管理权的分离，这有利于公司的扩张。但随着时间的流逝，这种分离的负面影响也日益明显。管理层越来越关注自身的利益，而不是股东和员工的利益；关注通过加强行政管理以提高效率、降低成本、增加利润，而不是加大长期投资以实现公司的持续增长；热衷于通过大规模并购而不是创新来实现公司规模的迅速扩张和进入多元化领域。这种扩张和赢利欲望并不是真正的创业精神，因为它与企业的使命是相违背的。所以，壮年期公司应该警惕创业精神的丧失，应当拥抱变化和变化带来的机会。伊查克·爱迪思强调，变化不应该成为异常情况。公司应该对变化有预期、有期盼、有规划，并不断经历变化。如果公司能以有计划且可控的方式不断变化，并在变化过程中保持整合和公司的整体性，公司会一直生存下去。衰退不是不可避免的，它是可以被扭转的，也是应该被扭转的。公司的诞生依靠的是想要创办公司的意识和冒险精神，而公司的衰退，并不是因为技术和生产装置的落后，而是因为创新、创造和冒险意识的下降。一旦创新、创业和冒险意识开始下滑，公司就开始衰退了。壮年期公司可以通过分权以及成立自主经营的事业部或子公司来激发内部的创业精神和创业活动，创建新生命周期曲线以使公司获得新生，防止公司陷入路径依赖的平衡态。

所以，企业生命周期不同于生物的生命周期，生物的生命周期是单向的，从生到死，中间没有循环反复和新生。而企业生命周期虽然也遵循着从诞生、强壮，到衰退的生命周期规律，但也可能由衰退到重获新生、重整旗鼓。这正是研究企业生命周期的意义，因为这让我们可以研究是什么导致了企业的由盛转衰，企业又能如何从衰退中走出来，重获新生。为什么企业具有这种不同于生物的特点呢？因为作为企业组织形式的公司是法人，它是不受人的生命限制的，理论上是可以在一代又一代领导人的传承中得到延续的。

问题是，什么是延续企业的生命线呢？什么才是企业弥足珍贵的东西？什么是企业真正能够传承的东西？什么是企业值得传承的东西？什么是企业最难传承的东西？是核心价值观，也只能是核心价值观。这也是领导人更换，但企业仍然延续的原因。不继承创始人成功的核心价值观，每一代领导人都各自独创一套价值观，看起来是在与时俱进，但对企业的延续来说，却是灾难性的。企业继任领导者既没有继承和发扬创始人的核心价值观，又没有创造出超越其任期的可以延续的企业精神，是企业不能延续的根本原因。这就是继承与创新的矛盾。解决之道只能是在继承的基础上创新，而不是"不返祖"，另起炉灶，推倒重来。

技术周期、技术创新与企业转型

被《基业长青》一书作者列入样板公司名单的"基业长青"的公司，以及被同一作者的《从优秀到卓越》一书列入研究样本的卓越公司，正面临基于互联网、物联网、大数据、云计算、人工智能等颠覆性的技术创新和商业模式创新的新业态公司的激烈竞争。例如：金融企业受到互联网金融企业和数字货币的冲击，零售企业受到网络购物企业和物流企业的严重冲击，消费品生产企业受到消费者需求热点快速转换的冲击，传统制药企业受到生物制药初创企业的严重冲击，大型汽车制造企业受到电动汽车、新能源汽车、自动驾驶技术汽车企业的颠覆式冲击等。数字化企业的赢家通吃，正把新技术和新商业模式的创新和竞争引入几乎所有的传统产业。在数字化时代，所有企业都面临数字化转型的巨大压力。

面临新技术革命、新商业模式的颠覆式创新，面临基于互联网的新兴公司赢家通吃的巨大挑战，企业应当如何应对呢？中小企业船小好掉头，大企业，尤其是一些有几十年甚至上百年历史的优秀大企业该怎么应对呢？克服路径依赖，重拾创业精神，在文化上回归创业原点，是现存企业，无论是优秀企业还是卓越企业的唯一选择。

吉姆·柯林斯在《从优秀到卓越》一书的研究中提出了几个重要的结论[①]：

- 在每一个卓越公司诞生的过程中，我们都看到了技术的因素。然而，技术本身并不是公司发展的主要原因，有选择地尝试使用技术才是发展的动因。

---

① 参阅柯林斯. 从优秀到卓越：为什么有些公司实现了跨越而其他公司却不能 [M]. 俞利军，译. 北京：中信出版社，2019：176–192.

- 一个公司之所以平庸，最重要的原因是管理不善，而不是技术落后。技术是加速器，而不是原因。
- 仅依靠先进的技术是不能把公司从低谷中拯救出来的。如果没有一个明确的刺猬理念（方向明确，专注）做指导，没有训练有素的文化，技术是无法创造出一个卓越公司的。
- 由优秀公司转变而来的卓越公司是受强烈的创造欲望和追求卓越的内在强烈冲动激励的。相反，那些平庸公司是因为担心落后而鞭策自己前进的。
- "从爬行到行走再到奔跑"是一个很有效的方法，即使在重大且急剧的技术变革时期，这个方法也不例外。

在身处重大的技术创新和管理变革的时代，企业应采取何种战略应对？华为公司的实践表明：聚焦客户持久的基本需求，坚持依靠创新和运用新技术满足客户的基本需求，按照客户基本的价值主张不断变革管理，聚焦核心，放开周边，抓住新技术、新商业模式创新的机会，在相关领域拓展企业的投资组合，在为客户创造价值的过程中推动企业成长。

以下是华为公司总裁任正非的一段精彩论述。

> 华为在通信领域不做资本性的交易，将长期保留通信网络的开发、销售和服务的体系。这个体系将来受社会进步、技术进步的影响，产品会变得越来越不值钱，像鸡肋一样。许多公司会选择逐步放弃，而人们还是需要这些东西的，我司将坚持不动摇地持续开发，维护这些鸡肋产品。
>
> 在这些低利产品中，要生存下来，唯有实现高质量、优质服务、内部运作低成本和优先满足客户需求。就像薇甘菊一样，在低生存条件下蔓延生长。以后切一块这个优质的管理平台的一部分，独

立出去再种上有上升势头的产品，必将很快增值。[1]

戴尔公司的战略转型

企业进入生命周期成熟阶段并出现衰退势头后，如何通过战略转型实现重生？我们下面通过戴尔公司的案例分析一下。案例主要依据戴尔科技的维基百科网页、戴尔科技官网、DELL EMC 的维基百科网页，以及戴尔公司历年的年报和致股东的信等有关材料进行整理。

戴尔公司的转型

迈克尔·戴尔（Michael Dell）于 1984 年创办了戴尔电脑公司（其后曾更名为戴尔公司，现在的名称为戴尔科技公司，以下简称戴尔公司），1985 年生产出第一台电脑 Turbo PC。戴尔公司最初的创新不是技术，而是直销的商业模式和高效的、支持客户定制的供应链管理。1988 年 6 月，戴尔公司首次公开上市，受到投资人的追捧。

直销模式进入成熟期，转型的压力增大

从 1997 年到 2004 年，戴尔公司经历了稳定的、快速的增长，即使在行业不景气的时候，它也能从竞争对手那里夺得市场份额。1999 年，戴尔公司超过康柏公司成为最大的个人电脑制造商。2002 年，运营成本只占戴尔 350 亿美元收入的 10%，而惠普、Gateway 和思科的运营成本分别占 21%、25% 和 46%。

20 世纪 90 年代中期，戴尔公司除销售台式电脑和笔记本电脑外，还开始销售低端服务器。1996 年，戴尔开始通过其网站销售

---

[1] 任正非：在华为大学的讲话，2006。

电脑，互联网使得戴尔公司的直销模式如虎添翼。2002 年，戴尔公司进一步扩大了产品线，包括电视机、掌上电脑、数字音频播放器和打印机。2003 年，公司更名为"戴尔公司"，以适应公司在计算机领域之外的扩张。

2004 年，迈克尔·戴尔辞去首席执行官一职，保留了董事长一职，首席执行官由凯文·罗林斯（Kevin Rollins）接任，后者自 2001 年以来一直担任总裁兼首席运营官。尽管不再拥有首席执行官的头衔，戴尔实际上是与罗林斯一起担任联合首席执行官的。

2005 年，虽然利润和销售额继续增长，但销售额的增长速度明显放缓，公司股价在那一年下跌了 25%。销售增长放缓的原因一方面是市场进入成熟期，个人电脑已成为低成本的大宗商品，而该产品线占戴尔销售额的 66%。另一方面，戴尔长期坚持的基于互联网的直销模式，已不能适应消费者消费行为的改变，越来越多的人前往消费电子产品零售店试用这些设备，现场实物和促销员的咨询体验成为消费者购买决策的决定因素。特别是，苹果 iPad 平板电脑的发布对戴尔和其他主要个人电脑销售商产生了负面影响，而戴尔公司的移动部门在开发智能手机或平板电脑方面都没有取得成功。

导致戴尔公司销售增长速度下降的根本因素还在于技术创新。一直以来戴尔公司并没有依靠创新而是以供应链效率和低价闻名。然而到 21 世纪第一个十年中期，股票分析师和基金经理们都把创新视为科技行业的下一个增长点。与 IBM、惠普和苹果公司相比，戴尔公司在研发方面的支出相对较低。在个人电脑和商业电脑市场运作良好，使戴尔公司缺乏进军未来的、更有利可图的市场的紧迫感。2006 年，戴尔公司的增长速度首次低于整个个人电脑行业的增速。到 2006 年第四季度，戴尔失去了最大个人电脑制造商的头衔。而且在五个连续的季度中，有四个季度业绩报告低于预期。终于，罗林斯于2007年1月31日辞去了首席执行官一职，创始人迈克尔·戴尔兼任董事长和首席执行官。

戴尔公司一直试图通过向企业市场扩展服务器、网络、软件和服务来抵消其个人电脑业务的下滑，个人电脑业务仍占戴尔公司收入的一半，并可以产生稳定的现金流。尽管花费了130亿美元进行收购，以使其业务组合多元化，但公司仍无法让市场相信，它已经在后个人电脑时代实现了转型，公司可以继续蓬勃发展。战略意图不清晰的分散的收购举措未能阻止其收入和股价的持续下跌。

私有化和收购EMC，完成战略转型的布局

戴尔公司于2013年10月30日私有化退市，结束了戴尔作为一家上市公司25年的历史。戴尔公司为什么要私有化呢？事后看来，转型战略和大规模收购意图已经在酝酿，其中蕴含着巨大的风险，而私有化退市有助于为即将到来的战略转型创造宽松的环境。

2015年10月12日，戴尔公司宣布有意收购企业软件和存储巨头易安信公司（EMC Corporation），670亿美元的收购价被称为"历史上估值最高的科技公司收购案"。公司对这一收购意图的预警是，该公司的战略转型可能面临暗淡的盈利前景，需要几年时间远离公众视线才能重建业务。

合并后的业务将针对向外扩展业务架构、融合基础设施和私有云计算市场，发挥EMC和戴尔两家公司的优势。2016年9月7日，戴尔完成了对EMC的收购。收购后，戴尔组建了新的母公司戴尔科技（Dell Technologies）。

这笔交易使戴尔翻开了一个令人兴奋的新篇章，长期战略的轮廓更加清晰，并专注于为客户提供一流的解决方案。作为一家私营企业，在私有化后的新的所有制结构下，戴尔将更加灵活和具有创业精神。

戴尔的这次收购欠下的巨额债务也是未来几年戴尔科技持续亏损的原因。

完成转型后的戴尔科技公司

通过私有化、收购 EMC、反向收购 VMware，迈克尔·戴尔重组了戴尔科技，并重新上市。戴尔科技公司在 2020 年年报中提到："戴尔科技是全球领先的端到端技术提供商，拥有全面的 IT 硬件、软件和服务解决方案组合，跨越传统基础设施和新兴的多云技术，使我们的客户能够构建他们的数字未来，并改变他们的工作和生活方式。""数字化转型已成为所有业务的关键，我们已经扩大了我们的投资组合，包括整体解决方案，使我们的客户能够推动其正在进行的数字化转型举措。""凭借我们广泛的投资组合和对创新的承诺，我们有能力提供从边缘到核心再到云的安全、集成解决方案，我们处于软件定义和云原生基础设施时代的前沿。"[1]

戴尔科技公司在 2020 年年报中，关于公司的战略与结构是这样阐述的：我们被分为以下业务单元，它们是我们的报告部门，即基础设施解决方案集团、客户端解决方案集团和 VMware。

- 基础设施解决方案集团（ISG）。ISG 通过建立在现代数据中心基础设施上的可信的多云和大数据解决方案，帮助我们的客户实现数字化转型。
- 客户端解决方案集团（CSG）。CSG 包括品牌硬件（如台式机、工作站和笔记本电脑）和品牌外设（如显示器和投影仪），以及第三方软件和外设。"我们提供的 CSG 产品是我们战略的重要组成部分，为我们创造了强大的现金流和交叉销售互补解决方案的机会。"[2]

---

① 戴尔科技 2020 年年报。
② 同前注。

- VMware 公司（VMware Inc.）。VMware 与客户在混合和多云、现代应用程序、网络、安全和数字工作空间等领域合作，帮助客户跨私有云和复杂的多云、多设备环境管理其 IT 资源。

在经历了 2013 年的私有化和巨资收购 EMC 之后，戴尔欠下了巨额债务，从 2015 到 2019 年的财报都显示出亏损的状况。但是，2020 年，戴尔盈利了。

尽管从财务表现上来看，戴尔科技 2020 年才实现盈利，但通过一系列的重组和收购，戴尔科技在终端用户计算、软件定义的数据中心解决方案、数据管理、虚拟化、物联网和云软件方面终于持有了面向未来的入场券，并有机会在这些领域领先。从这个角度看，戴尔科技的转型算是一定程度上的成功。

我们从戴尔公司的战略转型中可以受到如下启发：

一是，成功也是失败之母。越是成功的业务和商业模式，越可能形成路径依赖，成为企业转型的障碍。

二是，企业生命周期决定了企业一定会走到成熟和增长停滞阶段，只有真正的战略转型才能使企业重生，重新开始新的生命周期。而战术性的操作，如为粉饰企业的增长而并购与自身核心能力不相关的企业，盲目地进行多元化创新，裁减人员降低成本，不但不能实现战略转型使企业获得新生，反而会掩盖企业陷入衰退的困境，延误转型的时机。

三是，通过大规模收购实现战略转型，要有明确的战略意图。战略意图不清楚，收购的规模越大，给企业造成的负面影响越大。

四是，创新和核心技术的积累是战略转型成功的关键。

五是，资本市场对企业短期业绩的追求，会阻碍战略转型。

六是，通过退市，避免了战略转型可能发生的巨额债务和亏损给股东造成的严重损失，显示了企业家高度的责任意识，同时也为大规模的战略转型创造了宽松的外部环境。

七是，只有企业家才有这种魄力。不仅要承受大规模收购带来的沉重的债务负担和亏损，还要承受跨文化整合的风险。战略转型的巨额收购与职业经理人进行的以规模扩张为目的的收购完全不同。

14.2

重拾创业精神

企业为什么存在生命周期？本质上是因为创业成功的核心价值观，也就是创业精神，不能在一代又一代的继任者中传承。核心价值观是一种精神，如果不信仰，是很难传承的。但我们不能强迫继承人信仰创始人的核心价值观，尤其是从外部聘任的经理人，就更不能保证对核心价值观的信仰得到传承。不过，我们还很少见到继任者完全抛开企业创业成功的核心价值观而进行独辟蹊径的变革，使企业走出低谷的例子。作为睿智的继任者，应首先意识到他接手的是一个曾经取得过辉煌的企业，并且明确创始人的哪些核心价值观仍然是企业再现辉煌的精神支柱；另一方面，作为继任者，也应清楚地看到哪些在企业创始人的核心价值观基础上形成的制度已经僵化，需要进行与时俱进的变革。

创业精神弥足珍贵

创业精神，即创始人的核心价值观，是守护企业的精神支柱。精明的继任者懂得从创业精神中汲取力量的重要性，懂得从创业精神中获取领导力的合法性的重要性。在传承创业精神方面，欧洲和日本大企业的经理人普遍比美国大企业的经理人显得更执着。

在传承创始人的核心价值观方面，西门子公司的经理人就是一个典型的例子。2016 年，时任西门子公司董事长乔·凯斯（Joe Kaese）在股东大会的致辞中，就强调了重新发现创始人维尔纳·冯·西门子的核心价值观对于跟上数字时代的步伐的重要性。他说："一代企业创始人，其中包括维尔纳·冯·西门子，在欧洲创立了具有全球地位的公司。他和他的同时代人有意愿塑造现在和未来。我们必须重新发现这种心态。我们已经在这方面取得了进展。欧洲的创业社区正在成长，而欧洲大陆大部分由业主管理的中小型企业比以往任何时候都更强大！如果我们继续朝着这个目标努力，那么欧洲就能跟上数字时代的步伐——甚至更重要的是，它可以巩固并增强自己的竞争力！"

而体现宜家这家全球最大的家具商的创始人英瓦尔·坎普拉德（Ingvar Kamprad）经营哲学的 9 个信条——坎普拉德称其为"圣约"（Testament），不仅为坎普拉德家族的继承人所信奉，而且为一代又一代的经理人所遵循。我们将其摘录如下。[①]

一个家具商的圣约

有利于我们顾客的事情从长期看也有利于我们自己。……我知道我们实际上能够在所有的市场中取得重要的效果，……那是我们的责任所在。

下面的部分描述了我们的产品范围和经营哲学，它是我们工

[①] 参阅斯特内博. 宜家真相：藏在沙发、蜡烛与马桶刷背后的秘密 [M]. 牟百冶，肖开荣，译. 桂林：漓江出版社，2014：239–250. 本文在引用时参考了哈佛商学院的案例 "Ingvar Kamprad and IKEA"（案例号：9–390–132，Rev. July 22, 1996），并对其内容做了删减。

管理政策 / 672

作的支柱。不仅如此，我们所描述的原则和方法将持续地使宜家成为一家独一无二的公司。

1. 产品范围——我们的身份

范围：我们的产品应该覆盖家庭的所有区域，即室内外一切家居装饰和家居用品。另外，应该提供家庭需要的工具、用品、装饰，以及各类家庭自主装修需要的高级零配件。同时也提供公共建筑需要的部分物品。这个产品范围应该始终坚守。应专注每个产品领域内的关键产品。

产品特征：我们的基本产品必须具有独特的特征，反映我们的设计理念，尽可能简单、直接、耐用和适合日常生活。同时还反映一种轻松自然、无拘无束的生活方式。产品应该形式别致、注重色彩，令人赏心悦目，洋溢着青春、欢快的特色。在斯堪的纳维亚，人们把我们的产品看作典型的宜家的风格，在国外人们把它看作典型的瑞典风格。

质量：宜家不提供"用过即扔"的产品，顾客一旦购买，就能长期享用。当然，质量本身绝不是最终的目的，它应当总是适合消费者长期的兴趣变化。

改变：我们服务于大多数人的基本政策永远不会改变。

2. 宜家精神：坚强的和脚踏实地的

真正的宜家精神要建立在热情、不断追求创新、我们的成本意识、我们承担责任的意愿、在困境中伸出援手、谦逊地接受任务，以及我们处理事务的简单性上。是的，宜家精神依然存在，但是也需要紧跟时代的发展。但是，发展并不总是等于进步。这取决于你是否是一个宜家的领导者和负责任的人，把发展变成进步。

3. 利润给予我们资源

利润是一个美妙的词汇。让我们靠我们自己创造我们需要的资源。积累财政资源是为了长久的成功。如果我们的利润率太高,产品价格就难以降低;如果我们的利润率太低,就无法积累资源。这真是有意思的问题!这就要求我们的产品开发要经济,采购要高效,节约成本要坚守到底。这就是我们的秘诀,是我们成功的基础。

4. 用最少的投入,达到好的结果

昂贵的解决方案,常常是平庸的象征。只有知道一个解决方案的成本是多少我才会对它感兴趣。浪费资源是人类最大的弊病之一。下面这些生活小事上的浪费让我们付出的代价更大。例如,把永远也用不上的文件存入档案;花不必要的时间来证明你的做法多么正确;因为不想现在承担责任而把决策推迟到下次会议;本可以轻松地留个便条或发个传真,却要打电话说明;如此之类,难以穷尽。

5. 简单是一种美德

官僚作风使事情复杂化,让局势瘫痪。夸张的计划是灾难性的。简单是我们美好的传统,程序越简单,作用越大。简单的行为带给我们力量。

6. 大胆尝试不同的方法

敢于尝试不同的做法,我们就能发现新的方法。拒绝接受固有的模式,我们就会取得进步。保持我们事业的动力并加以发展是我们最重要的任务,这就是我希望每家店铺都不完全一样的原因。对实验有一种健康的嗜好将使我们不断前进。

7. 专注,是成功的关键

军事统帅如果分散了他的力量就注定要失败。我们太需要专注了。我们不可能在同一时间、在所有地点做所有的事情。我们的产品线不能无限扩大,也不可能满足所有人的口味。我们不可能一下子占领全部市场。专注,意味着在某个关键阶段,我们必须要忽略某些不那么重要的问题。

8. 承担责任是一种特权

　　承担责任跟每个人所受的教育、经济状况和职位级别无关。在仓库管理员、采购人员、销售人员和管理人员中，都有承担责任的人。承担责任的人是任何系统不可或缺的。主管不愿意或没有能力做出决策，就会导致不断地开会，不断地讨论，而且还常常找借口说是讲民主。人只有在睡觉时才不会犯错。犯错误是积极的人的特权，也是那些勇于改正错误的人的特权。害怕犯错误是产生官僚作风的根源，也是发展的大敌。在宜家，我们希望将员工置于中心，帮助每个人。利用你的特权吧！勇敢地做出决定并承担责任，这是你的权利，也是你的义务。

9. 许多事情等着我们去做，辉煌的未来靠我们去创造

　　幸福不是目标已经实现，幸福是在路上。一切刚刚开始，那是我们的幸运。不断问自己：我们今天做的事情，明天怎么能做得更好？这样我们就会不断前进。让"不可能"永远从我们的词典里消失。经验也是需要谨慎对待的词。经验会拖累一切演进，许多人以经验为借口，不愿尝试新东西。偶尔依靠一下经验也是不错的，但是依靠的应该是自己的经验。要牢记，时间是你最重要的资源，10分钟就可以做很多事情，而这10分钟一旦过去，就永远也追不回来了。只要是想做的事情，我们就一定要去做，而且要团结一致地去做，辉煌的未来就在前方。

　　那么，从宜家以及其他大企业的创业精神中我们能得到什么弥足珍贵的启示呢？

- 以客户为中心——这些创业几十年甚至百年以上的大企业，都是把客户放在第一位。不仅创业期间如此，就是上市后，面临资本市场追求股东价值最大化的压力仍坚持以客户为中心不动摇。结果是，以客户为中心的企业往往给股东带来更持

续的高回报。

- 正直——坚持诚信经营，不说假话，不做假账，视质量为企业的生命。创业时企业没有品牌，没有人听说过，企业靠什么让顾客买自己的产品？靠正直，靠诚信。企业做大了更是对此笃信不疑。
- 谦虚——满招损，谦受益。要虚怀若谷，永不满足，如饥似渴地学习新知识、新技能。无数实践表明，狂妄自大、故步自封，就是企业开始走下坡路的征兆。
- 创新——为客户创造价值而不是片面地追求技术领先，市场是对创新的最终检验。创新和创业的社会经济功能，就是创造性破坏，创造新的生产要素组合。创新有风险，但不创新是最大的风险。
- 专注，做到最好——企业的失败，大多由于盲目进行多元化，在无法取得卓越成就的领域盲目扩张，抑或过分强调增速而不能确保取得领先优势，或者同时犯下这两种错误。
- 简单——企业生命周期循环也可以看作简单—复杂（多元）—简单的循环。简单带来效率，效率带来低成本，低成本是竞争力的基础。
- 尊重人格——关心人胜过关心业务，维护人的尊严，尊重个性，群体奋斗。
- 协作——企业靠协作完成个人所不能完成的伟大事业，靠协作创造比市场更低的交易成本。企业的整体利益大于部门和个人的局部利益。
- 关注细节——细节是魔鬼，做好细节才有高质量和低成本。作为经理人要看方向，洞察事物的本质。但不掌握关键细节，谈何洞察力？缺乏洞察力，怎会有远见卓识！
- 分享价值——资本要与劳动分享价值，特别是分享剩余价值。

只有分享剩余价值才能凝聚员工，才能留住优秀人才，才能创造更大的企业价值。

一个企业的核心价值观很少囊括上述的每一条内容，但也不可能一条也不涉及。每个企业的核心价值观的优先次序可能不同，它显示了一个企业的个性。

从创业精神中汲取力量

临危受命、力挽狂澜的睿智的经理人，都把向创业理念的回归，作为其前进和变革的起点。他们不认为企业眼下面临的困境是创业精神造成的，他们也不认为自己是挽狂澜于既倒、扶大厦于将倾的救世主。企业重振辉煌的基础，要从企业曾经的辉煌中寻找，也就是寻找企业优良的基因。

创始人能够留下的宝贵财富是他的核心价值，是他的成功之道。技术会更新，业绩增长会停滞甚至下降，工厂会过时，创业的群体会老去，唯有思想和经营哲学可以历久弥新。

这就是惠普转型的教训。卡莉·菲奥莉娜并不重视"惠普之道"，也不打算传承"惠普之道"，而是想独辟蹊径。菲奥莉娜有自己的成功之道，而且显然对自己的成功之道很自信。收购康柏在战略上和根本上改变了惠普。但是，"惠普之道"真的需要从根本上改变吗？偏离了"惠普之道"能取得巨大成功吗？这需要我们认真研究一下"惠普之道"。我们在第 11 章中引述过创始人戴维·帕卡德在《惠普之道》一书中阐述的"惠普之道"，它由 5 项基本准则组成[①]：

（1）惠普公司的存在就是为了做出科技贡献，所以唯一该做

[①] 参阅帕卡德．惠普之道 [M]．周钱，刘勇军，译．重庆：重庆出版社，2016：2．

的就是寻找与实现这一目标一致的机会；

（2）惠普公司要求自身和惠普人做出优秀业绩，利润的增长既是保持成功的一种手段，也是衡量成功的标准；

（3）惠普公司认为，只有选对了人，相信他们，给他们自由寻找实现目标的最佳方式，并让他们分享工作带来的收益，才会得到最好的结果；

（4）惠普公司有责任为公司所在社区谋福祉；

（5）正直。

菲奥莉娜本可以继承"惠普之道"，并在此基础上有所创新、有所发现、有所创造，然而，她并没有认识到"惠普之道"的价值，而选择了一条资本市场认可的价值最大化的道路，结果不但彻底改变了惠普，也使自己的职业生涯进入了下降通道。

那么，为什么惠普这样一家硅谷的标杆型企业，没有从内部培养出未来的接班人，而不得不从外部人才市场寻找经理人呢？在这一点上，菲奥莉娜的判断是对的。惠普的分权制的文化尽管鼓励了创新与创业精神，但81个子公司和业务单元太分散了，许多业务单位规模太小了。在此基础上选拔出的经理人，尽管在经营自身负责的业务方面很优秀，但缺乏跨部门经营的历练，没有执掌大规模业务单位的经验。可见，分权化虽有助于历练经理人，但过度的分权化限制了经理人的大局观和战略远见。

继承与创新

创业成功的根本理念是不会变的，因为它的基础是常识。所以说，是朴素的思想造就了伟大的公司。但在创业成功的核心价值观基础上形成的制度、战略和流程，应当与时俱进。这就是继承与创新的辩证关系。

从优秀流于平庸的公司的继任者大都没有问自己一个关键问题：这家公司最初为什么会成功？这并不是指过去的那些战略、并购或经营方法，而是指取得成功的根本原因。提出这个根本性的问题并沿着这个问题的方向思考，其实是继任者的一种智慧。理解这家公司为什么成功，可以更清楚地认识这家公司为什么会流于平庸，以及应从何处着手扭转这家公司的颓势。

取得成功的根本因素基本是相同的，但每家企业衰退的原因都不一样。正像托尔斯泰在《安娜·卡列尼娜》书中所说的："幸福的家庭都是相似的，不幸的家庭各有各的不幸。"

小托马斯·沃森在《一个企业的信念》一书中指出："我坚信，任何一家企业为谋求生存和获取成功，都必须拥有一套健全可靠的信念，并在此基础上，提出自己的各种策略和各种行动方案。我认为，在企业获取成功的各种因素中，最为关键的一个因素就是，恪守这些信念。在企业运营中，除了这些信念以外，改革自身的一切。"[①]

小托马斯·沃森把父亲在管理 IBM 的 40 年里遵循的宗旨归纳为一组简单的格言：要对每个员工体贴备至；要不惜时间使顾客满意；要竭尽全力把事情做好。[②]

创始人为什么要著书立说？就是希望他们的创业精神和理念能够影响继任者，希望他们创立的企业能够基业长青。古人云："太上有立德，其次有立功，其次有立言，虽久不废，此之谓不朽。"[③]

一家由辉煌陷入衰退的公司，拯救者要问的一个基本问题是：这家公司有什么值得重振的东西？没有理念、核心价值观和文化的公司，

---

① 沃森. 一个企业的信念 [M]. 张静，译. 北京：中信出版社，2003：4.
② 沃森，泰特. 父与子：我在 IBM 内外的生活 [M]. 尹红，译. 北京：新华出版社，1993：297.
③ 《左传·襄公二十四年》。

根本没有什么可以拯救和重振的东西。拯救和重振一家公司，本质上是恢复它最有价值的东西，而不是也几乎不可能靠给它植入有价值的东西而获重生。

应当将创始人的理念和在这一理念下形成的战略、组织、制度、政策区分开来。创始人的理念是经久不变的，而其他的一切都是可以也应当与时俱进的。但这不是离经叛道，不是对创始人理念的否定，而是在变化了的环境下的继承和创新。

郭士纳如何领导 IBM 重整旗鼓

在职业经理人接手陷入困境的公司使之重整旗鼓方面的成功案例中，当推路易斯·郭士纳临危受命，使 IBM 重现辉煌的经典案例。我们试图从继任的经理人如何看待创始人的核心价值观以及如何改变在此基础上形成的、已经落后于变化了的环境的、僵化的制度方面，提炼郭士纳的管理哲学，以便为诠释企业的继承与创新这一重要的主题提供参考。我们下面的案例，整理自郭士纳的《谁说大象不能跳舞》一书以及维基百科等网站信息和相关杂志的研究文章。

郭士纳如何领导 IBM 重整旗鼓

IBM 公司 1914 年由老托马斯·沃森创立，历经父子两代人的细心经营，到 1971 年小托马斯·沃森因突发心脏病退休时，IBM 已成为以大型主机为核心的计算机、信息技术服务以及应用软件市场的主导企业。然而，在接连三任从 IBM 内部选拔的首席执行官的管理下，IBM 却未能抓住计算机产业向个人电脑和客户端－服务器架构转型的市场机会，到 20 世纪 90 年代初期，更是陷入连续几年的严重亏损境地，仅 1993 年就亏损了 81 亿美元。1993 年 4 月 1 日，路易斯·郭士纳被聘担任 IBM 的首席执行官，这是

IBM 历史上首次从公司外部聘任首席执行官。郭士纳对 IBM 从战略转型和出售非战略资产筹集资金,到雇佣制度改革、流程再造和文化重塑的广阔领域,进行了大刀阔斧的改革。到郭士纳 2001 年退休时,IBM 当年实现净收入 77 亿美元,经营活动净现金流比他上任时几乎翻了一倍,达到 143 亿美元,股东权益收益率从他上任时的 −35.2% 增长到 35.1%。这堪称商业史上最壮观的一场翻身仗。[1]

那么郭士纳的管理哲学有哪些特色?他与沃森父子的管理哲学有何异同?他对 IBM 采取的改革举措反映出 IBM 的文化传统出了什么问题?这是本案例要探讨的重点。

郭士纳的管理理念

郭士纳在《谁说大象不能跳舞》一书中,对他的管理原则总结如下[2]:

- 我按照原则而不是程序实施管理。
- 市场决定我们的一切行为。
- 我是一个深深地相信质量、强有力的竞争战略与规划、团队合作、绩效工资制和商业道德责任的人。我们将更加注重产品的品质,更易于合作以及重塑 IBM 在行业中的领导地位(但不是原来的垄断地位)。
- 我渴求那些能够解决问题和帮助同事解决问题的人,我会开除那些政客式的人。
- 我将致力于战略的制定,剩下的执行战略的任务就是你们的事了。不要试图在我面前说谎。要从生产线以外解决问

---

[1] 参阅 IBM 公司 2001 年年报,路易斯·郭士纳致股东的信,www.ibm.com/annualreport/2001.
[2] 参阅郭士纳.谁说大象不能跳舞?[M].张秀琴,音正权,译.北京:中信出版社,2003:23.

题，不要把问题带到生产线上。
- 动作要快，不要怕犯错误，即便犯错误也是要由于我们动作太快而不是太慢。
- 我很少有等级制度的观念。无论是谁，也无论其职务高低，只要有助于解决问题，大家就要在一起商量。要将委员会会议和各种会议减少到最低限度。取消委员会决策制度。让我们更多一些坦率和直截了当的交流。
- 我对技术并不精通，我需要学习，但是不要指望我能成为一名技术专家。分公司的负责人必须能够为我解释各种商业用语。

我们看到，郭士纳的管理原则与沃森父子并无根本的不同。"市场决定一切"和"要不惜时间使客户满意"都是把客户放在首位，只是在郭士纳的市场决定一切中还包括资本市场的要求，而老沃森的逻辑是，只要客户满意，客户就愿意付钱购买企业的产品和服务，企业就有收益，股东就有回报，员工就有收入。郭士纳坚信质量和老沃森要竭尽全力把事情做好都是在强调同样的宗旨，只是老沃森的表述更恳切。小沃森和郭士纳可以说都是计算机和信息技术的外行，但这并不妨碍小沃森决定大力投资于IBM/360型计算机并取得巨大成功以及郭士纳决定向信息技术集成服务和软件转型，因为他们都是基于商业常识做重大技术和产品决策。郭士纳说自己是"按照原则而不是程序实施管理"，但他在任期内大力推行的流程再造既基于原则也基于程序，因为他很清楚，不是要不要遵守程序而是不要遵守那些过时的、繁冗的、不创造价值的程序。这再次说明了创始人的成功的核心价值观与经理人的成功的管理原则本质上是一样的，都是商业常识。

但是在创始人核心价值观基础上形成的制度，却不是经久不

管理政策 / 682

变的。核心价值观是鲜活的、有生命的,而制度和流程一旦制定就是不可随意更改的,所以制度和流程是可能落后于变化的环境的,也因此,制度和流程应当保持与时俱进。

郭士纳对 IBM 进行的改革

据斯泰尔(Stahl)和考斯特(Köster)2016 年所做的案例研究的描述[1],郭士纳在 1993 年上任时认识到,IBM 所珍视的价值观——客户服务、卓越和尊重——已经变成了僵硬的教条,它们从公司的优势变成了劣势。"优质顾客服务"指的是在顾客的处所内维修机器;"卓越"已经演变成对完美主义的痴迷;大量必需的检查、批准和验证几乎使决策过程陷入瘫痪;甚至对个人的尊重也变成了一种权利,这样员工就可以在没挣到钱的情况下获得丰厚的福利。

针对这种现状,郭士纳有了最初的打算:

- 我们将重组 IBM,并将从以客户为导向着手,这是公司的优先性战略。
- 我们将赋予我们的实验室研究人员更多的自由,让他们放开手脚进行和实施以客户为基础的研究方法。
- 我们将更加注重产品的品质,这有助于合作以及重塑 IBM 在行业中的领导地位(但不是原来的垄断地位)。
- IBM 的所有方面都将发生改变,而且是从倾听我们的客户的呼声开始的,即按照我们客户的意见做出客户所期盼的成绩来。

郭士纳采取的改革措施包括:

---

[1] Stahl G K, Köster K. Lenovo-IBM: Bridging Cultures, Languages, and Time Zones, an Audacious Deal[M]// Mendenhall M E, Oddou, G R, Stahl G K. Readings and Cases in International Human Resource Management. London: Routledge, 2016.

- 重视实验室的贡献，但强调客户导向而不是技术导向。郭士纳经过调查得出结论："如果说 IBM 有自己的灵魂，那么这个实验室就是它的灵魂。这里所具有的求知热情，曾引领着 IBM 在过去几十年中取得许多重大的发明性成果，IBM 正是靠这些发明性成果才得以创建它的电脑工业的。但是，郭士纳告诉他们，IBM 或许需要找到更好的方式，将自己的顾客和研究人员更紧密地连接在一起，以便 IBM 的伟大发明能够帮助人们解决现实的和紧迫的问题。"

- 保持 IBM 的完整性，反对分权和横向解构。关于公司结构和战略问题，20 世纪 80 年代中期，出现了一个新的电脑产业模式，该模式认为，纵向联合的方式已经不再是电脑企业发展的出路，产业已经横向解构。一些新兴的成功的信息技术公司将提供一揽子业务中的小范围的和横向的部分产品。因此，出现了一些只销售数据库的公司，还有一些只销售操作系统的公司，以及只销售存储设备的公司。正是在这种新环境下，IBM 遭受了挫折，而且，也正是在这种情况下，公司内外的许多观察家和专家也都据此强调要将 IBM 分割成几个独立的事业部，以应对公司所处的逆境。郭士纳认为："或许这样做对，但也有可能不对。我们当然希望分权化和以市场为决策动力。但是，难道我们就没有某种独特的能力提供全面的解决方案和连续的支持（售后和全生命周期的支持）吗？难道我们就不能这样做并同时也销售个性化的产品吗？我一直怀疑分权化战略的可行性。因此，保持 IBM 的完整性，就成为第一个战略决策。而且，我相信，这也是我所做的最重要的一项决策——不仅是在 IBM，而且也是在我的整个职业生涯中最

管理政策 / 684

重要的一项决策。"

- 裁员,打破终身雇佣制。郭士纳强调,自己还向员工解释了精兵简政的含义,郭士纳对他们说:"我们必须将自己的成本降到竞争对手的水平,只有这样才能成为行业中最优秀的公司。"郭士纳告诉他们,不能再说"IBM 不裁员"。IBM 做出的一项重要改革,是针对公司许诺的终身雇佣制度,新 IBM 不是一个担保员工可以在这里拥有终身工作职位的公司。同时改变的还有废除了家长式的福利制度,IBM 必须制定一个更适合现代劳动者的福利计划。

- 废除管理委员会。郭士纳指出,在他上任之初的第一个月里,他就废除了"管理委员会"制度。他创建了一个"公司执行委员会"(CEC),包括他本人在内,共有 11 名成员。鉴于"管理委员会"的前车之鉴,郭士纳宣布公司执行委员会将不允许做以下这些事:它将不能接受解决问题的委托,不能行使代表权或者为业务部门代做决策,它只关注跨部门的政策问题。

- 建立一个新董事会。郭士纳认为,当他刚到公司董事会的时候,董事会一共有 18 名董事,其中 4 名是 IBM 的老员工。他认为,这样的董事会规模过于庞大,且公司董事会中内部的人员也太多,特别是,这些内部人员还都是公司现任和前任的在执行委员会中具有主导地位的人员。到 1994 年年底,IBM 组建了一个有 12 名董事的董事会,他是唯一的公司内部人员。由这些人组成的董事会,为 IBM 后来取得成功立下了汗马功劳。有权力、投入和有效(power, commitment and effectiveness)已经是公司一贯的、符合最严格的标准的治理方式。

- 建立真正意义上的市场营销组织。郭士纳指出,当他来到IBM的时候,市场营销并不被认为是一门独特的职业学问,而且也不被当作一门独特的职业学问来实施管理。对于那个时候的IBM来说,"市场营销"就意味着销售。IBM是建立在技术和销售基础上的。但他总是认为,一家成功的公司必须有一个以客户或市场为导向的、强有力的营销网络。这就是他在推行第二步战略——打造一个全球性的企业的时候,一定要完善和加强IBM的市场营销能力的原因。

- 实行绩效工资制。这是一种完全的绩效工资制,而不论忠诚度和资历如何。它也是一种差别工资制,也就是说,公司所有的支出都将建立在市场的基础上,员工个人收入的多少取决于市场的变化以及自己的工作绩效,员工的奖金也建立在业务绩效以及个人贡献的基础上。

- 改革股票期权制度。郭士纳的管理理念是,他希望IBM人都能像一个股东那样思维和行动——能够感觉到来自市场的压力,并充分利用资产和制定战略以便为公司创造竞争优势。一直以来,市场就是对工作绩效的一个绝对忠实的评估员,而且,他需要的是一个能够有力地推动IBM人从公司外部由外而内地看待公司的激励机制。没有什么能够比为大多数的IBM人提供一个统一的激励性待遇机会更为重要的了——这是一个主要由公司的整体运营情况而决定的机会。于是,公司针对IBM的"股票期权项目"做了三项重大的改革:第一,首次向数万名IBM员工授予股票期权。必须让所有的人心往一处想,那么,将公司的股票期权授予员工,无疑有助于让大家把关注点放在同一个目标上,放在一个共同的绩效计分板上。第二,公司建立在股票期权基础上的工资待遇制度，构成了高级经理薪水中的最大一块，将每年的现金工资待遇与公司的股票预期价值之间挂起钩来。这是他的管理哲学的一部分。第三，股票期权的决策是建立在他始终坚持的观点基础上的，那就是：IBM的高级经理将不会被授予股票期权，除非他们将自己的钱投入公司的股票之中。在他来IBM最初的日子里，他不断地在公开市场购买股票，因为他觉得让自己的钱处于风险之中是很重要的。

- 改变长期战略假设，下了两个战略赌注。郭士纳指出，第一个赌注源自客户。他坚信客户对于一种要求他们自己将不同供应商的各种零件产品组装起来的行业机构，是会越来越不耐烦的。公司的赌注就是：在未来的10年中，顾客将逐渐看到能够提供整体解决方案，即能够将各种供应商所提供的电脑零部件进行整合的技术方案，以及（也是更重要的）能将技术整合到一个企业流程中的公司。他们还打赌，信息技术产业也将变成以服务为主导的产业，而不是以技术为主导的产业。第二个赌注是：将出现一种网络化的计算模式，这种计算模式将代替1994年出现的个人电脑主宰世界的局面。如果关于一个计算时代的终结和一个新计算时代的来临的预言是正确的，那么就需要回答以下这些重要的问题：在新的计算时代里，价值会转移到哪里去？战略基础何在？先前阶段顾客对个人电脑的主导性关注（以及消费）方式将会怎样变化？在此战略假设下，最为大刀阔斧的一项决策，是决定让IBM公司放弃拿自己的OS/2系统来对抗微软的Windows系统的做法，并围绕着中间件建构IBM公司自己的软件业务。20世纪90年代结束之前，公司又制定了另一项决策：从应用软件市场中撤出来。

郭士纳的领导原则

从上述关键改革举措中可以看出郭士纳的领导原则。它有几个特点：

- 对组织文化的两面性的观点。郭士纳认为，有这样的一个看法：成功的组织机构几乎总是会建立这样一种文化氛围，即该组织文化能够强化使组织更加强大的那些因素的作用。当环境发生变化时，组织文化将很难发生变化，实际上，这个时候，组织文化就会成为组织转型和改变自己的适应能力的巨大障碍。所有的组织机构都只不过是某个人的影子的延伸。在IBM，这个人就是老托马斯·沃森。

- 所有的高绩效的公司都是通过原则而不是通过程序来进行领导的。正是基于这一理念，郭士纳在担任IBM的首席执行官后，在调查研究的基础上起草了八条原则，以此作为IBM变革的指导方针，也是可能成为IBM新文化的核心支柱。

1. 市场是我们的一切行动的原动力。

我们都是把技术搞复杂并立即又把该技术变成废物的罪魁祸首。一个公司的成功首先应来自成功的客户服务领域，而不是其他任何地方。

2. 从本质上说，我们是一家科技公司，一家追求高品质的科技公司。

科技将一直是我们的最大优势所在。我们要做的最重要的事情，就是努力将知识转化为产品，以满足客户的所有需求。

3. 我们最重要的成功标准，就是客户满意和实现股东价值。

4. 我们是一家具有创新精神的公司，我们要尽量减少官僚习气，并永远关注生产力。

5. 绝不要忽视我们的战略性远景规划。

要想获得事业成功，就必须有方向感和使命感。

6. 我们的思想和行动要有一种紧迫感。

在这个时代的这个行业中，速度往往比洞见更有用。

7. 杰出的和有献身精神的员工将无所不能，特别是当他们团结在一起作为一个团队开展工作时更是如此。

8. 我们将关注所有员工的需要以及我们的业务得以开展的所有的社区的需要。

这八条领导原则，除了强调战略远景规划和思想行动的紧迫感外，与IBM创始人老托马斯·沃森的核心价值观并无不同。这再次说明，即使是最成功的改革领导人，其核心价值观与成功创建一个伟大企业的创始人的核心价值观也无本质不同。这同时也说明，伟大企业创始人的核心价值观要深入继任经理人内心的前提必须是，继任经理人也有过同创始人类似的经历。

我们从此案例中能够获得哪些启示呢？

第一，创始人的核心价值观本质上是一种生意常识，它是经久不变的。但在此价值观基础上形成的制度和流程是可以改变的，而且必须保证与时俱进。

第二，伟大的组织机构，说到底都是某个人的影子和延伸。从这个意义上说，伟大的企业是创始人的价值观塑造出来的，是一代又一代接班人秉承创始人的核心价值观，不断创新、不断变革、辛勤努力的结果。

第三，企业能成功转型，一定是因为企业有成功的基因，而取得巨大成功的企业的创始人的核心价值观恰恰就是这种基因。识别这种基因，并从企业的高管团队和广大员工的潜意识中复活这种基因，是改革获得成功的保证。

第四，历史经验表明，真正伟大的和成功的公司，都能够坚持自己的基本业务并在某些时候对自己的基本业务进行艰难的自我更新。我们赞同郭士纳的经验之谈，他指出："在我35年的从业经验中，我看见过许多公司都在自己的基本业务陷入艰难局面的时候，选择了在一个新的行业中碰碰运气的做法。这样做的公司实在太多了。事实上，在大多数情况下，每一个公司在自己的基础业务中都会有一系列竞争优势。尽管转型或者再造一个现存业务非常艰难，但我认为，这还是比将现存的业务扔掉并进入一个全新的行业要容易得多。"

如果我们承认企业存在生命周期的假设，那企业走出生命周期的衰退阶段，就是一个否定之否定的过程。企业的衰退是对创业成功的否定，而企业克服衰退，是向原点的回归，也就是向创业精神的回归，只有创业原点能够否定衰退。企业生命周期是一种循环，不能回归原点，就无法完成生命周期的良性循环，结果就只有衰亡。这也警示我们，对企业来说，最怕的就是没有原点，没有面临衰退时可以重整旗鼓的精神力量。所以我们的企业家，在创立企业的过程中，一定要重视经久不衰的企业精神，这是企业可持续成长的保障，是企业遇到衰退时能够重整旗鼓的动力。

14.3

再思管理

像企业的发展要经历否定之否定的过程一样，管理也经历了一个否定之否定的过程。从一开始的整体的概念，到后来各职能独立出来成为单独的学科，现在又到了重新整合的时候了。我们需要拨正笼罩在管理上的职能分工的偏见，拂去覆盖在管理上的科学证伪的尘埃，破除凌驾于管理之上的领导崇拜的幻象，再思管理，还原管理的本来面目。

管理是一个端到端的过程

管理是一个系统，是一个整体，是一个端到端的过程。重要的不仅是职能要素，还有要素之间的联系。

管理是一个系统，意味着要素之间的联系比一个个孤立的要素更重要。例如，计划如果不与控制相联系，形成反馈闭环，就会变成纸上谈兵，因为计划部门对计划的实现与否不负责任。类似地，组织如果不与战略相联系，组织结构建立的逻辑就会变成领导者随心所欲的东西，而组织结构在这100多年中的演变也就无从解释了。

管理是一个整体，意味着部门绩效的优化如果脱离了整体，最多不过是一种次优化。而且追求部门绩效最大化本身就隐含着强化部门边界、弱化部门之间协作的本位主义。事实上，只有强化部门之间的协作，强调为上下游部门做贡献，才能真正发挥部门的作用，才能使整体大于部分之和。

管理是一个端到端的过程，意味着管理是一个从客户中来，到客户中去的端到端的过程。任何一种管理职能都是过程中的一个要素，任何一种管理职能存在的价值，都取决于它对整体的贡献，都必须以客户的满意度来衡量，以对企业最终结果的贡献来衡量。任何管理活动若要落到实处，都要明确干什么、怎么干、谁去干，以及干成什么样子。

亨利·法约尔是第一个从过程角度定义管理的先驱。他在《工业管理与一般管理》一书中给管理下的定义是：管理就是实行计划、组织、指挥、协调和控制。计划就是探索未来、制订行动计划，合理配置资源；组织就是建立企业的资源和人员的分工和责任体系；指挥就是下达命令以调动、连接和联合所有活动和力量；协调就是解决各职能之间相互配合的问题；控制就是注意一切都按已制定的规章和下达的命令进行。法约尔对管理的定义是基于管理过程的职能，它为后来管理学理论体系的建构奠定了基础,直到今天,虽然学者们对管理职能的识别和定位有不同的观点,但管理学的理论体系仍是按管理过程的职能划分的。

为了更深入地理解管理的各种职能,将其独立出来进行研究是必要的,但这种专业化的研究最终必须回到管理过程中去,考察其如何对组织的最终目标做出贡献。如果我们让管理中的领导、治理、人力资源管理、管理控制等职能各自独立,自成系统,那对企业就无异于九龙治水、盲人摸象。我们对管理职能的研究应当既不失专业的精深,又不失整体的全局观;既不失逻辑的严谨,又不失辩证的灵活。

管理是一个从客户中来再到客户中去的端到端的过程这一性质,意味着我们必须从端到端的角度定义管理过程的每个职能、每个部门、每个岗位的职责和绩效。比如研究与开发,如果不对所开发的产品或服务使客户满意并获得商业成功负责,研发就变成了科研人员和工程师们随心所欲的事情。美国朗讯公司的贝尔实验室拥有那么强大的科研力量,为什么不能扭转朗讯公司衰落的命运?就是因为该实验室的研究完全基于科学家的兴趣,而很少考虑客户的需求,开发出的技术和产品倒是为社会做了贡献,而对企业的商业成功贡献甚少。再比如人力资源管理,如果不以满足客户需求和取得商业成功为目的,就会演变成以人的全面发展为中心,完全从员工个人角度设计员工培训与组织发展,而不是从企业成功的需要这一角度来设计。这方面,华为公司总裁任正非先生关于员工培训有一个清楚的定位,就是"知识是劳动的准备过程,劳动的准备过程是员工自己的事情,是员工的投资行为"。他主张:

> 我们现在培训员工的方法,是巴不得全体员工都当总统。这么全面性的发展,不管员工是花草还是树木都浇水,一盆盆往上浇,

很高的成本浇出去了，可有几个优秀的人是浇出来的？我的主张是，知识要员工自己去想办法解决，知识是劳动的准备过程，劳动的准备过程是员工自己的事情，是员工的投资行为。我们要改变培训、培养的观点，不要随便用培养这个字眼，自我学习是员工的责任。员工视野不宽阔不是我们的责任，视野怎么去培养？我们不能承担无限责任。我们是选拔者，我们只有选拔责任，不承担培养责任，不要把责任都揽在自己身上。[1]

就是自身要有渴望成长的动力。自身想当将军，你就会渴望搞清楚飞机、大炮、坦克、枪，如果这辈子只想当士兵，那何必要去了解大炮？只要懂得枪就可以了。一方面相互交流，相互促进；另一方面，个人要有进步的渴望。个人如果没有渴望进步的压力和动力，任何的支撑和平台都是没有用的。[2]

所以，端到端，即从客户中来到客户中去，是定位管理职能的认识和实施管理的关键。

领导是管理的重要职能

什么是管理？管理是同他人一起或通过他人有效地利用各种资源实现组织目标的过程。管理首先是一种经济职能，是有效地获取和利用组织内外部资源实现组织目标的过程，管理学最初也是从经济学中延伸出来的。其次，管理还是一种领导职能，管理是同他人一起或通过他人实现组织目标的过程。管理与领导这两个行为过程是有机地结合在一起的。我们同意领导不同于行政管理的观点，而不是笼统地不

---

[1] 任正非：在后备干部总队例会上的讲话，2009。
[2] 任正非：与罗马尼亚账务共享中心座谈会纪要，2011。

加区分地主张领导不同于管理。领导是管理的重要职能。

什么是领导？约翰·P.科特是第一个将领导与管理明确区分的学者。他认为，从时间上看，领导力这一话题由来已久，而我们所说的管理主要是近一个世纪以来的产物，是伴随着20世纪大量复杂机构的出现而出现的。构成现代管理的核心过程如下：第一，计划和预算；第二，组织和人事；第三，掌控和解决问题。

科特认为：领导，就像这个词的字面意思那样，它并不产生连贯性和秩序，而是会带来变化。领导行为要经历三个阶段。第一，定向：确定未来的愿景，并为实现这一愿景制定变革战略。第二，联盟：与潜在的合作对象为实现企业的目标和愿景形成联盟。第三，激励：通过诉诸人类非常基本但常未得到满足的需求、价值和情感，使团队战胜变革中遇到的重大障碍，沿着正确方向前行。

科特还特别强调：领导和管理两者都是完整的行为体系，而不会互相成为彼此行为体系中的一个简单部分。但更为根本的是，领导和管理的主要职能不同。前者可以开创有用的变革，而后者可以创造有序的结果。[①]

不过，我所持的观点与科特的观点有所不同。

第一，科特认为管理只是近一个世纪以来的产物，也就是说，至少在企业出现之前，只有领导的概念，还没有管理的概念。我认为，这种从时间的早晚角度区分领导与管理是不恰当的。以我国的历史为例，早在西周时期，周公旦就开始主持制定《周礼》（最初为《周官》），完成的主要任务之一是设计了周朝政治制度的六类职官，其分工大致为：（1）天官冢宰，大宰及以下共有63种职官，负责宫廷事务；（2）地官司徒，大司徒及以下共78种职官，负责民政事务；（3）春官宗伯，大宗伯及以下共70种职官，负责宗族事务；（4）夏官司马，大

---

① 科特.变革的力量[M].王雯潇，译.北京：中信出版社，2019：7.

司马及以下共70种职官，负责军事事务；（5）秋官司寇，大司寇及以下共66种职官，负责刑罚事务；（6）冬官百工，涉及制作方面的30种职官，负责营造事务。周公旦对周朝政治制度的设计，为后世的中央行政管理体系建立了典范。再有，战国时期秦国的秦孝公执政时期，任命商鞅为左庶长，推行变法。商鞅提出了"废井田，开阡陌，奖军功，统一度量衡和建立郡县制"等一整套变法求新的策略和制度，奠定了秦国统一六国的政治经济基础。这不仅是领导，更是管理。

第二，比如过河，按照领导的定义，领导是解决过河的目标和为什么要过河的问题。而管理由于承担着过河的任务，所以既要确定过河的目标，又要解决过河的船和桥的问题。不解决过河的船和桥的问题，过河就是一种一厢情愿甚至空想。科特也承认，没有与强管理相结合的强领导会使领导者以救世主自居，形成狂热崇拜之风，为了变革而变革，甚至使变革朝着极其疯狂的方向发展。

第三，激励是领导与管理都必须具备的实现目标的共同手段。都是通过满足人的基本需要，比如生理需要、归属需要、成就需要、被认可和自尊的需要等，激励人们在实现组织目标的过程中实现个人的目标。而认为管理仅仅是通过控制机制迫使人们不偏离正轨，未免过于狭隘了。我相信，没有一个管理者不懂得激励的重要性，只是因为他们被赋予的职权和可以调动的资源与其必须履行的职责通常是不对等的，所以必须要发挥领导职能以补充其责权的不对等。没有领导力的管理者是无法实现目标的。

第四，管理行为与领导行为实际上是不能截然分开的。如果把领导行为定义为做正确的事，管理行为定义为正确地做事，就会把领导行为与管理行为完全割裂，管理就变成了只拉车不看路的执行者。现实中，不清楚自身的能力和能够调动的资源的领导者怎么决定企业该做什么事，该达到什么目标？而不清楚企业的目标，又怎么判断自己是否在正确地做事以及应该正确地做什么事？所以，领导行为是管理行为的一个重要组成部分，二者是不能截然分开的。

第五，身居高位的领导者素质的养成，虽然与遗传和家庭环境熏陶有很大关系，但与管理者素质一样，主要是后天习得的。科特将领导者素质归纳为四种，即渴望干出一番成就的旺盛内驱力、在定向过程中尤其重要的智商、心理或情绪健康以及正直。纵观历史，许多伟大领袖都是因感情用事而遗恨千古；如果一个人的品德被人质疑，那么他将很难与他人结盟。科特认为，尽管这些主要特质（智商、内驱力、心理健康和正直）看起来平凡无奇，却很少有人能够四者兼备。世界上往往是高智商人群有心理问题，心理健康的人内驱力不够，而正直的人又智力平平。我倒是很赞成杰出的企业领导人是稀世人才，但优秀管理者也是一将难求。我国古代就有对成功商人的素质总结，如被尊为治生之祖的战国时期的大商贾白圭，将成功的商人素质归纳为四种，他说："吾治生产，犹伊尹、吕尚之谋，孙吴用兵，商鞅行法是也。是故其智不足与权变，勇不足以决断，仁不能以取予，强不能有所守，虽欲学吾术，终不告之矣。"[①] 显然，智、勇、仁、强这四种素质兼备的人已不多见，一个"不足以"更是将一般人排除在了成功者之外。再者，这种成功商人的素质既是领导者素质也是管理者素质，实在不能简单地加以区分。而且这些素质既有先天的成分，也依赖后天的习得。伊尹和吕尚是在辅佐商汤和周文王立国的过程中锻炼出的雄才大略，孙子与吴子是在战争中领悟和总结出的用兵之道，商鞅如果没有在魏相公孙座门下的研习和耳濡目染也不可能深谙治国之法。归根结底还是实践出真知。

关于要否区分领导与管理，管理大师亨利·明茨伯格在他的《管理进行时》一书中提出质疑：将领导者与管理者区分开已成为流行的做法。这两者的区别在于，领导者做正确的事，应对莫测的变化；

---

① 《史记·货殖列传》。

管理者正确地做事，处理烦琐的事务。然而，实践中我们是否能做到两者界限分明？更确切地说，我们有必要去区分管理者与领导者吗？

你怎能忍受一个发挥不了带头作用的管理者？倘若管理者如此，必定导致人人气馁、丧失斗志。同样地，你又如何能容忍一个不谙管理的领导者？这样的领导者形同虚设。这样的所谓"领导者"能够了解事情的具体进展吗？实际上，我们更应担心的是"宏观领导"的状况——那些脱离实际、空谈"大局"，试图通过远程遥控来进行管理的高层管理者，没有不失败的。

我们应该要求管理者同时也是领导者，把领导能力理解成管理层的高效管理能力，而并不是把管理者与领导者截然分开。如果我们把领导层与管理层分开，对领导层顶礼膜拜，那无异于把组织的共同努力转变为一个人的功绩。因此，明茨伯格主张，将管理放在前面，把管理和领导力一并视为团体精神中根本性的要素。[①]

为什么领导力日益引起人们的重视，且当下流行将领导与管理加以区分？这是由于面临市场的激烈竞争和技术的快速进步，现代企业呼唤富有远见、具有胆略，能够引领变革的领导者。尽管如此，我们也需要能将变革落在实处，取得卓越绩效的管理者。不善于管理的领导，其宏伟的愿景、声势浩大的变革终会虎头蛇尾、功亏一篑。而只顾埋头细节的管理者，如果不能洞察大势，辨明方向，除旧立新，即使把企业运作得再好也难逃被颠覆的命运。公司的成功既依赖具有创业精神的领导，以及鼓励高素质、具有创新精神和商业头脑的人取得成功的氛围，也离不开专业化的管理、开放的经营环境和对执行细节的精益求精。所以，我赞成明茨伯格把管理和领导力一并视为团体精神中根本性的要素，把领导力视为管理的一个重要职能的观点。

---

① 参阅明茨伯格. 管理进行时 [M]. 何峻，吴进操，译. 北京：机械工业出版社，2020: 9.

领导力的大行其道促使我们重思管理，延续了近一个世纪的管理命题需要重新审视了。当市场还处于供不应求的阶段，当企业的效率问题是主要矛盾时，改善管理是首要任务。而当市场供过于求，新技术革命使得传统产业的商业模式面临颠覆的威胁，互联网企业赢家通吃时，变革以求生存和发展就成为主要矛盾。领导力概念的大行其道是对传统管理理念的一种否定；融合了领导力的管理概念，把管理和领导力一并视为团体精神中根本性的要素，是对偏颇的领导力概念和职能的另一种否定，这种管理与领导的关系的否定之否定，将使管理的概念和理论更丰富，更适应快速变化的世界。

科特的以下论断是具有指导意义的：主导当今社会的是无数组织结构复杂的企业，因此培养足够多的领导型管理者经营企业，将成为我们必须接受的巨大挑战。

管理不只是科学与艺术

自从 F.W. 泰勒首倡科学管理运动以来，管理一直通过发展科学观察、科学实验以及科学方法，争取它的科学地位。毕竟，现代社会中如此广泛存在、作用如此关键的管理，不应当在科学大厦中没有它的位置。

泰勒认为，一般情况下，任何科学的理论和方法，都是在最基础的单元上就开始应用科学方法，直到建立起最终的理论体系大厦。科学管理也不例外，它是建立在对单位工时的精确和科学的研究基础上的。没有在基础单元上的科学管理，系统的、整体的管理就不可能是真正科学的。管理技术的定义就是："确切知道要别人干什么，并注意让他们用最好最经济的方法去干。"[1] 泰勒在出席美国国会听证会时系统

---

[1] 参阅泰勒 F W. 科学管理原理[M]. 胡隆昶，冼子恩，曹丽顺，译. 北京：中国社会科学出版社，1984：33—61.

管理政策 / 698

地阐述了他的科学管理思想，其部分要点是：

- 管理是一门科学。应当用科学方法对管理的每一个要素进行研究，制定出科学的程序和定额，以代替旧式的个人判断或个人意见。
- 过去，人是第一位的；未来，体制是第一位的。科学的体制会使人的潜力发挥到最大程度，从而使劳动生产率得到极大的提高。

泰勒提倡的科学管理运动，使管理摆脱了过去的经验模式，在此方向上发展出了运筹学、统计质量控制、管理信息系统、企业资源计划系统，一直到今天的工业互联网、大数据分析、人工智能的应用，使管理走上一种注重科学、方法和数据的发展方向。

在管理学历史上，没有任何一项研究能够像美国西方电气公司霍桑工厂里进行的实验研究那样，获得如此多的注意。它在赢得广泛赞誉的同时，也受到严厉的批评。最严厉的批评是认为霍桑实验不符合科学实验的标准，没有对实验的条件进行严格地控制，因此由霍桑实验得出的结论是不科学的。但恰恰是霍桑实验，推动了组织行为学的发展，推动了对组织中人和群体的行为的研究。如果作为组织行为学理论的证明的霍桑实验不符合科学实验的标准，那作为组织行为学的理论基础的心理学的科学性是否也需要经受证伪呢？经受证伪的心理学理论还剩下多少呢？

什么是科学？管理真能成为一门科学吗？在组织环境中进行科学实验，能控制住各种复杂的社会因素影响吗？如果不能，这种实验能算是"科学实验"吗？

通常认为，管理的科学性是因为管理理论是从经验和事实推导出来的知识。首先，关于科学是从经验事实推导出来的知识，英国科学史家 A. F. 查尔默斯（A. F. Chalmers）在其《科学究竟是什么》（第三版）中认为，对于这一思想，即科学知识与众不同的特征就在于它是从经验事实推导出来的，纵使认同，也只能以一种非常谨慎和高度限制的方式认同。普遍的科学定律总会超出可用来支持它们的有限数量的观察证据，这就是它们是合乎逻辑地从那种证据中推论出来的，却根本无法被证明的原因。[1]

其次，倘若一个理论要构成科学的一部分，它必须是可证伪的。也就是说，管理要成为一种科学，其理论必须是可证伪的，而管理理论并不具有这个特征。卡尔·波普尔（Karl Popper）是"证伪主义"（falsificationism）的代表，他认为，对于否证主义者来说，不会出现关于归纳的表征和证明的问题，因为按照它们的观点，科学并不涉及归纳。波普尔进一步指出，至少弗洛伊德心理分析的某些看法以及阿德勒心理学的某些看法都有这种缺陷。[2]

当然，管理学属于社会科学，许多社会科学理论是依据归纳法得出的，其正确和错误与否，并不取决于单一的证伪，而是服从概率的证实和证伪。

既然管理的科学性既不能用归纳的方法严格证明，也不可证伪，那么管理的性质是什么呢？于是就产生了把管理中不属于科学范畴的理论、方法和实践，统统归为艺术的观点。那么什么是艺术？管理的艺术方面有什么特征？有什么限定？

柏拉图把艺术定义为模仿（imitation），这一点已广为人们接受。柏拉图所说的模仿，其含义与这个词在英语中的含义几乎一致，即看起来像是真实的东西却非真实的东西。然而，有太多的艺术都并不是模

---

[1] 参阅查尔默斯. 科学究竟是什么[M]. 第三版. 鲁旭东，译. 北京：商务印书馆，2009: 11, 62.
[2] 同前注，第83页。

仿性的，以致我们无法追随柏拉图。但艺术不可能是随便什么东西。[1]不过，《何谓艺术》一书的作者阿瑟·C.丹托（Arthur C. Danto）也承认，今天的艺术是多元主义的；20世纪60年代的大事情就是开始承认一切皆可以是艺术。

丹托认为，艺术没什么规则（至少绘画没有规则）。这就解释了为什么我们喜欢某些不怎么用心的作品超过高度完成的作品。艺术中的精神——天赋的在场——才是真正重要的。[2]

丹托引用黑格尔的观点认为，艺术是用一种特殊的方式创作出来的，"即通过感官展示最高实在性的方式，因而使它更接近感觉，更接近感受，更接近自然的显现模式"。换言之，艺术家找到了用一种感官中介来呈现理念的方式。[3]

丹托指出："理念的呈现，或者我要说的含义的呈现也许就是我们所有人都需要的关于'何谓艺术'的一种哲学理论。含义和呈现是某物成为艺术作品的必要条件。"[4]

虽然说管理是一种艺术，但它与真正意义上的艺术还是有根本区别的，至少管理有标准，它必须根据市场绩效也就是本质上是竞争的结果来决定优劣，而艺术没有评价的唯一标准。于是就产生了这样的问题：管理既是科学也是艺术能概括管理的全部性质吗？管理在科学与艺术之外还具有什么特征？

亨利·明茨伯格在他的《管理进行时》一书中指出，高效管理更依赖艺术，尤其仰仗手艺（craft）。艺术是在"直觉"的基础上产生的"远见"和"富有创造性的洞察力"。（彼得·德鲁克1954年曾经写道："'直觉'管理者的日子屈指可数了。"然而，半个世纪过去了，我

---

[1] 丹托.何谓艺术[M].夏开丰，译.樊黎，校.北京：商务印书馆，2018：2.
[2] 同前注，第101页.
[3] 同前注，第103页.
[4] 同前注，第109页.

们还没有数到头。）手艺则强调从经验中学习，管理者要在实践中摸索和解决问题。明茨伯格关于管理是艺术、手艺和科学的结合的观点如图 14-1 所示。在明茨伯格看来，只有当艺术、手艺和科学这三个维度结合在一起时才会出现有效的管理。艺术激发灵感，促进融合；手艺以实际经验为基础，实现融会贯通；科学则对知识进行系统分析，做到有条不紊。①

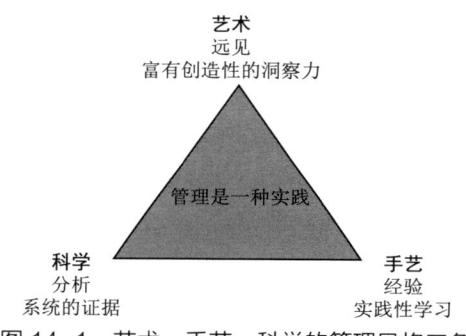

图 14-1　艺术、手艺、科学的管理风格三角

什么是手艺？手艺以实践为基础，是从大量管理实践中积累的经验和方法，是对理论、经验、方法和案例的融会贯通。在这一点上，明茨伯格与德鲁克的观点很接近，德鲁克认为②：

> 我认为只存在很少的基本问题，但是我不相信存在"一个正确的答案"。对任何管理政策以及其他社会科学理论的检验，不是看其解决办法是对还是错，而是看它们是否有效。我始终认为管理学不是神学的分支，它实际上是一门临床性的学科。在医学实践中，对

---

① 参阅明茨伯格.管理进行时[M].何峻，吴进操，译.北京：机械工业出版社，2020：11.
② 德鲁克.公司的概念[M].慕凤丽，译.北京：机械工业出版社，2006：248.

于临床学的检验不在于治疗方法是否"科学",而在于病人是否康复。

管理首先是实践,虽然与医学一样,它把很多科学研究的方法当作工具使用。这一论点在他们(包括斯隆在内的通用汽车公司的最高管理层)看来几乎完全不能接受。

我的看法是,说管理是一种手艺也好,艺术也好,实质是如何把握企业管理实践中诸种矛盾的尺度的问题。所以,我认为更准确的说法应当是管理不仅是科学与艺术,还是一种手法,即把握矛盾对立统一的尺度的能力,可以说,有效管理的一切皆是把握尺度问题。要想恰当地把握矛盾对立统一的尺度,就需要经验的积累,要不断从成功和失败中复盘、总结,广泛交流,集思广益,最后大胆决断。

对此,《基业长青》一书的作者柯林斯和波勒斯(Jerry Porras)基于他们多年的大量实证研究,也得出相似的结论。他们认为,高瞻远瞩的公司不受非此即彼的二分法的限制,而是用兼容并蓄的方法让自己跳出这种困境。高瞻远瞩的公司反对"OR(非此即彼)的暴政",而是具有拥抱两极的能力,即"AND(兼容并蓄)的精神",例如:清晰的愿景和方向感与机会主义式的摸索和实验,宏伟的、大胆的、冒险的目标与渐进式的改良和进步,长期利益与短期利益的兼顾,等等。这些高瞻远瞩的公司之所以优秀,就在于它们善于处理矛盾的对立的两个方面,拥有合理地把握其中尺度的高明手法。

正如美国小说家菲茨杰拉德指出的:"检验一流智力的标准,就是在头脑中同时存在两种相反的想法但仍保持行动能力。"这正是高瞻远瞩的公司具备的特质,是卓越企业之所以卓越的原因所在。

未来的企业竞争根本上是管理的竞争

面对第四次工业革命的冲击,我们要问:在管理与技术方面,哪一个更关键?

技术革命是推动管理变革的主要动力。第四次工业革命将深刻地改变管理的制度、理论与方法。然而,管理,尤其是企业高层管理面对的矛盾和冲突,其复杂性、动态性、把握恰当尺度的困难,绝非是单纯依靠技术、工具、方法所能解决的。互联网加速了新技术、新知识的创新和普及,任何技术差距都可以在可预见的时间内得到弥补,而最关键的是技术创新和突破背后的推动力量和组织能力、资源的整合能力,也就是管理。企业家是企业的创始人和管理者,从企业家创业开始,就是创造生产要素的新的组合,就是创新企业的生产方式和组织方式,就是追求机会而不顾手中的资源,而不是创造和发明新的技术。

道格拉斯·C.诺斯在《制度、制度变迁与经济绩效》一书中分析了制度变迁的演进路径后指出:"事实上,技术与技术之间的竞争只是间接的,而运用竞争性技术的组织之间的竞争才是直接的。这个区分很重要,因为结果所反映的不仅是竞争性技术的特点,还可能反映组织能力(企业家的默会知识)上的差异。"[①]

管理最重要的任务是创造先进的制度。

诺斯认为,制度是一个社会的博弈规则,或者更规范地说,它们是一些人为设计的、形塑人们互动关系的约束,制度构造了人们在政治、社会或经济领域里交换的激励。制度变迁决定了人类历史中的社会演化方式,因而是理解历史变迁的关键。制度对经济绩效的影响是无可争议的。不同经济的长期绩效差异从根本上受制度演化方式的影响,这也是毋庸置疑的。制度通过为人们提供日常生活的规则来减少不确定性。制度规定并限制了人们的选择集合。制度是正式的还是非

[①] 诺斯.制度、制度变迁与经济绩效[M].杭行,译.韦森,译审.上海:格致出版社,2016:111.

正式的？答案是：二者兼有。[①]

对管理来说，公司治理体制可以说是其最重要的制度，包括所有权的安排、董事会与执行委员会的权力分工与制衡、公司接班人的选任等。如何既保持对公司的控制权，同时又让所有权结构多元化以吸收多方的资源和智慧以利公司的发展？如何授予首席执行官和执行委员会足够的权力以充分发挥其主动性并取得优秀的绩效，又保持所有者对公司战略和重大问题的决策权以实现扩张与控制的恰当结合？如何从内部培养具有远见卓识、果断的执行力和善于团结一班人（特别是那些持不同意见甚至反对过自己的人）的领导者？这些都需要管理不断地探索和实验。

管理的永恒主题是增强组织活力，对人的管理是管理的主要任务。

管理是同别人一起或通过别人有效利用各种资源实现组织目标的过程。人是管理的主要对象。水既可载舟，也可覆舟。华为公司总裁任正非先生主张："华为没有可以依赖的自然资源，唯有从人的头脑里挖掘出大油田、大森林、大煤矿……"人是企业财富创造的主要动力，但人也是企业中最大的不确定因素。如何招聘、选拔、配备、激励和留住优秀人才？如何释放人的潜能？如何在留住优秀人才的同时建立制度化的淘汰机制，吐故纳新以保持组织的活力？这些问题是新技术革命对管理的最大挑战。华为公司2017年的一次战略务虚会最后的结论是：方向大致正确，组织充满活力。可见，保持战略方向的正确性，及时纠偏，根本上靠的是组织充满活力。

华为公司总裁任正非先生始终认为：

> 西方公司自科学管理运动以来，历经百年锤炼出的现代企业

[①] 诺斯.制度、制度变迁与经济绩效[M].杭行，译.韦森，译审.上海：格致出版社，2016：3-4.

管理体系，凝聚了无数企业盛衰的经验教训，是人类智慧的结晶，是人类的宝贵财富。我们应当用谦虚的态度下大力气把它系统地学过来。只有建立起现代企业管理体系，我们的一切努力才能导向结果，我们的大规模产品创新才能导向商业成功，我们的经验和知识才能得以积累和传承，我们才能真正实现站在巨人肩膀上的进步。[1]

为什么世界上出现了 IBM、微软？其实体现的不仅是技术，体现的是管理。从某种意义上看某些公司最初的技术并不比华为差，为什么没有发展起来？就是没有融入管理。什么东西都是可以买来的，唯有管理是买不来的。这是一个非常宏大的工程，不是世界顶级学府的几个高材生就能搞出来的，要靠全体优秀的华为员工共同努力、钻研和不断实践才能摸索出来。[2]

在互联网时代，技术进步比较容易，而管理进步比较难，难就难在管理的变革，触及的都是人的利益。因此企业间的竞争，说穿了是管理竞争。如果对方在持续不断地管理进步，而我们不改进的话，就必定衰亡了。我们要想在竞争中保持活力，就要在管理上不断改进。[3]

钱德勒对企业管理发展史的研究表明，当一家以上的大型结合企业支配了一个工业时，它们之间的竞争存在于生产和分配的每一个阶段。这些企业之间的竞争，归根结底乃是它们的经理和组织之间的竞争。一家公司能否成功，主要取决于其管理层级制的质量，而这又反映了高级主管在挑选并评估其中层经理、协调其工作以及制订全盘计

---

[1] 任正非：在"蓝血十杰"表彰会上的讲演稿，2014。
[2] 任正非：在管理工程事业部 CIMS 系统汇报会的讲话，1997。CIMS，即计算机集成制造系统（Computer Integrated Manufacturing System）。
[3] 任正非：《逐步加深理解"以客户为中心，以奋斗者为本"的企业文化》，2008。

划和给整个企业分配资源时的能力。[1]

正是从这个意义上,可以预言:面对第四次工业革命的滚滚浪潮,未来企业之间的竞争根本上是管理的竞争。

---

[1] 参阅钱德勒. 看得见的手:美国企业的管理革命 [M]. 重武,译. 北京:商务印书馆,1987:485.

参考文献

1. 爱迪思.企业生命周期[M].王玥,译.北京:中国人民大学出版社,2017.
2. 阿德勒.洞察人性[M].张晓晨,译.上海:上海三联书店,2016.
3. 阿德勒.人做得到任何事:阿德勒心理学讲义[M].吴书榆,译.北京:北京时代华文书局,2018.
4. Applegate L M, Collura M. Emerging Networked Business Models: Lessons from the Field[J]. Harvard Business School Note, 2001.
5. Anderson C. Free: How Today's Smartest Businesses Profit by Giving Something for Nothing[M]. New York: Hyperion, 2010.
6. 阿德纳.广角镜战略:企业创新的生态与风险[M].秦雪征,谭静,译.南京:译林出版社,2014.
7. Arora A, Belenzon S, Patacconi A, et al. The Changing Structure of American Innovation: Some Cautionary Remarks for Economic Growth[J]. Innovation Policy and the Economy, vol.20, 2020.
8. 阿克塞尔罗德.合作的进化[M].修订版.吴坚忠,译.上海:上海人民出版社,2016.
9. 阿特金森.逻辑十九讲[M].李奇,译.北京:新世界出版社,2013.
10. 岸见一郎,古贺史健.被讨厌的勇气:"自我启发之父"阿德勒的哲学课[M].梁海霞,译.机械工业出版社,2015.
11. 弗里曼,等.利益相关者理论:现状与展望[M].盛亚,李靖华,等译.北京:知识产权出版社,2013.
12. 巴纳德.经理人员的职能[M].孙耀君,等译.北京:中国社会科学出版社,1997.
13. 伯恩斯.领导论[M].常健,等译.北京:中国人民大学出版社,2006.
14. 本尼斯.成为领导者[M].徐中,姜文波,译.杭州:浙江人民出版社,2016.
15. Bain J S. Industrial Organization[M]. Berkeley: John Wiley & Son, Inc., 1959.
16. 鲍德温,克拉克.设计规则:模块化的力量[M].张传良,等译.北京:中信出版社,

2006.
17. 博克.重新定义团队：谷歌如何工作[M].宋伟，译，—北京：中信出版社，2019.6。
18. 比尔，斯佩克特，劳伦斯，等.管理人力资本[M].程化，潘洁夫，译.北京：华夏出版社，1998.
19. 布莱恩约弗森，麦卡菲.第二次机器革命：数字化技术将如何改变我们的经济与社会[M].蒋永军，译.北京：中信出版社，2014.
20. 伯格曼，等著.七次转型：硅谷巨人惠普的战略领导力[M].郑刚，郭艳婷，等译.北京：机械工业出版社，2018.
21. Baldwin C Y, Woodard C J. The Architecture of Platforms: A Unified View[J]. Research Collection School of Information Systems, 2009.
22. Boh W F, Evaristo R, Ouderkirk A. Balancing Breadth and Depth of Expertise for Innovation : A 3M Story[J]. Research Policy, Vol. 43, Issue 2, 2014.
23. Bower J L, Paine L S. The Error at the Heart of Corporate Leadership: Most CEOs and Boards Believe Their Main Duty is to Maximize Shareholder Value. It's Not.[J] Harvard Business Review, May–June, 2017.
24. 伯恩.蓝血十杰[M].陈山，真如，译.海口：海南出版社，1996.
25. 北尾吉孝."价值创造"的经营[M].王今，译.北京：商务印书馆，2000。
26. 毕海德.新企业的起源与演进[M].魏如山，马志英，译.北京：中国人民大学出版社，2004.
27. 陈鼓应.老子注译及评介[M].北京：中华书局，1984.
28. 科斯.企业的性质[M]//威廉姆森，马斯滕.交易成本经济学：经典名篇选读.李自杰，蔡铭，等译.北京：人民出版社，2008.
29. 科斯.产业组织：研究的建议[J]//威廉姆森，马斯滕.交易成本经济学：经典名篇选读[C].李自杰，蔡铭，等译.北京：人民出版社，2008.
30. 张伯伦.垄断竞争理论[M].周文，译.北京：华夏出版社，2009.
31. 克劳塞维茨.战争论：第一卷[M].中国人民解放军军事科学院，译.北京：商务印书馆，1997.
32. 克里斯坦森.创新者的窘境[M].胡建桥，译.北京：中信出版社，2010.
33. 克里斯坦森，雷纳.创新者的解答[M].李瑜偲，林伟，郑欢，译.北京：中信出版社，2013.
34. 钱德勒.看得见的手：美国企业的管理革命[M].重武，译.北京：商务印书馆，1987.
35. 钱德勒.战略与结构：美国工商企业成长的若干篇章[M].孟昕，译.昆明：云南人民出版社，2002.
36. 库斯玛诺，延岗健太郎.超越精益思想：多项目管理和产品开发[M].高文海，译.北京：商务印书馆，2004.
37. Cusumano M A, Gawer A, Yoffie D B. The Business of Platforms: Strategy in the Age of Digital

Competition, Innovation, and Power[J]. Harper Business, 2019.
38. 柯林斯，波拉斯．企业不败[M]．刘国远，等译．北京：新华出版社，1996．
39. 柯林斯，波勒斯．基业长青：企业永续经营的准则[M]．真如，译．北京：中信出版社，2019．
40. 柯林斯．从优秀到卓越：为什么有些公司实现了跨越而其他公司却不能[M]．俞利军，译．北京：中信出版社，2019．
41. 柯林斯，汉森．选择卓越：不确定性、混沌和运气[M]．陈召强，译．北京：中信出版社，2012．
42. 查尔默斯．科学究竟是什么[M]．第三版．鲁旭东，译．北京：商务印书馆，2009．
43. 查兰，提切．持续增长[M]．鲁伟刚，译．北京：中国社会科学出版社，2005．
44. 德鲁克．管理：任务、责任、实践[M]．孙耀君，等译．北京：中国社会科学出版社，1987．
45. 德鲁克．创业精神与创新[M]．柯政，译．北京：工人出版社，1989．
46. 德鲁克．公司的概念[M]．慕凤丽，译．北京：机械工业出版社，2006．
47. 德鲁克．管理实践[M]．帅鹏，刘幼兰，丁敬泽，译．北京：工人出版社，1989．
48. 德鲁克．21世纪的管理挑战[M]．朱雁斌，译．北京：机械工业出版社，2018．
49. 德姆塞茨．所有权、控制与企业——论经济活动的组织：第一卷[M]．段毅才，等译．北京：经济科学出版社，1999。
50. 稻盛和夫．阿米巴经营[M]．曹岫云，译．北京：中国大百科全书出版社，2015．
51. 稻盛和夫．阿米巴经营实践[M]．曹寓刚，译．北京：中国大百科全书出版社，2018．
52. 大田嘉仁．日航的奇迹[M]．曹寓刚，译．北京：东方出版社，2019．
53. 丹托．何谓艺术[M]．夏开丰，译．樊黎，校．北京：商务印书馆，2018．
54. 杜尔．这就是OKR[M]．曹仰峰，王永贵，译．北京：中信出版社，2018．
55. Kruse D L, Freeman R B, Blasi J R. Shared Capitalism at Work: Employee Ownership, Profit and Gain Sharing, and Broad-Based Stock Options. A National of Economic Research Conference Report[C].Chicago: The University of Chicago Press, 2010.
56. Davenport R W. Enterprise for Everyman[M]// Lesieur F G. The Scanlon Plan: a Frontier in Labor-management Cooperation. Massachusetts. Cambridge, MA: The MIT Press, 1958.
57. Lesieur F G. The Scanlon Plan: a Frontier in Labor-management Cooperation[M]. Cambridge, MA: The MIT Press, 1958.
58. 伊斯特布鲁克，费舍尔．公司法的经济结构[M]．罗培新，张建伟，译．北京：北京大学出版社，2014．
59. 弗兰克尔．人生的真谛[M]．桑建平，译．北京：中国对外翻译出版社，1993．
60. Fenwick M, McCahery J A, Vermeulen E P M. The End of 'Corporate' Governance: Hello 'Platform' Governance[J]. European Business Organization Law Review, 20, 2019.
61. 菲奥莉娜．勇敢抉择[M]．蒋旭峰，译．北京：中信出版社，2009．

62. 弗洛伊德．精神分析引论 [M]．高觉敷，译．北京：商务印书馆，2003．
63. 吉尔摩，派恩二世．真实经济：消费者真正渴望的是什么 [M]．陈劲，译．北京：中信出版社，2010．
64. 加迪斯．论大战略 [M]．臧博，崔传刚，译．北京：中信出版社，2019．
65. Goldratt E M. The Goal: A Process of Ongoing Improvement[M]. 2nd ed. Great Barrington, MA: The North River Press Publishing Corporation, 1992.
66. 盖斯．重新定义并购：谷歌是如何兼并收购的 [M]．阎佳，译．北京：中国人民大学出版社，2016．
67. 戈恩．极度驾驭：日产的"文艺复兴"[M]．崔贵子，译．上海：上海社会科学出版社，2003．
68. 甘德林．创新沃土 [M]．陈雪松，池俊常，张红，译．北京：华夏出版社，2001．
69. 郭士纳．谁说大象不能跳舞？ [M]．张秀琴，音正权，译．北京：中信出版社，2003．
70. 黑格尔．小逻辑 [M]．贺麟，译．北京：商务印书馆，2014．
71. 黑格尔．法哲学原理 [M]．张企泰，译．北京：商务印书馆，1961．
72. 黄卫伟．创业管理是经理人的基本功 [J]．中国企业家，2003（3）．
73. 黄卫伟．生意模式与实现方式 [J]．中国人民大学学报，2003（4）．
74. 黄卫伟，等．走出混沌 [M]．北京：人民邮电出版社，1998。
75. 黄卫伟．以奋斗者为本：华为公司人力资源管理纲要 [M]．北京：中信出版社，2014．
76. 黄卫伟．以客户为中心：华为公司业务管理纲要 [M]．北京：中信出版社，2016．
77. 黄卫伟．价值为纲：华为公司财经管理纲要 [M]．北京：中信出版社，2017．
78. Hawken P. Growing a Business[M]. New York: Simon & Schuster, 1987.
79. 哈特 O，等．不完全合同、产权和企业理论 [M]．费方域，蒋士成，译．上海：格致出版社，2016．
80. 哈特 O．企业、合同与财务结构 [M]．费方域，译．上海：格致出版社，2016．
81. 哈默尔，普拉哈拉德．战略意图 [J]．哈佛商业评论，5月–6月，1989．
82. 哈特 B H L．战略论：间接路线 [M]．钮先钟，译．上海：上海人民出版社，2010．
83. 霍博 K，霍博 W．清教徒的礼物：美国梦的胜利、崩溃和重生 [M]．丁丹，译．北京：东方出版社，2016．
84. Jensen M C. A Theory of the Firm: Governance, Residual Claims, and Organizational Forms[M]. Cambridge, MA: Harvard University Press, 2000.
85. 科勒，等．价值评估：公司价值的衡量与管理 [M]．第4版．高健，等译．麦肯锡公司，审校．北京：电子工业出版社，2007．
86. 库恩．科学革命的结构 [M]．李宝恒，纪树立，译．上海：上海科学技术出版社，1980．
87. 卡普兰，诺顿．平衡计分卡：化战略为行动 [M]．刘俊勇，孙薇，译．广州：广东经济出版社，2004．
88. 科特．变革的力量：领导如何不同于管理 [M]．王雯潇，译．北京：中信出版社，2019．

89. 列宁. 哲学笔记 [M]. 中央编译局, 译. 北京: 人民出版社, 1974.

90. 拉帕波特. 创造股东价值 [M]. 丁世艳, 郑迎旭, 译. 黄一义, 译校. 昆明: 云南人民出版社, 2002.

91. 梁家广, 甘德林. 向 3M 学创新 [M]. 北京: 中华工商联合出版社, 2017.

92. Lincoln J F. Lincoln's Incentive System[M]. New York: McGraw-Hill Book Company, Inc., 1946.

93. 雷恩. 管理思想史 [M]. 第五版. 孙健敏, 黄小勇, 李原, 译. 北京: 中国人民大学出版社, 2009.

94. 里夫金. 零边际成本社会: 一个物联网、合作共赢的新经济时代 [M]. 赛迪研究院专家组, 译. 北京: 中信出版社, 2017.

95. 拉佐尼克. 车间的竞争优势 [M]. 徐华, 黄虹, 译. 北京: 中国人民大学出版社, 2007.

96. 毛泽东. 毛泽东选集(一卷本)[M]. 北京: 人民出版社, 1964.

97. Magretta J. Why Business Models Matter[J]. Harvard Business Review, May, 2002.

98. Micklethwait J, Wooldridge A. The Company: A short History of a Revolutionary Idea[M]. New York: Random House, Inc., 2003.

99. 马斯洛. 动机与人格 [M]. 许金声, 等译. 北京: 华夏出版社, 1987.

100. 马克维茨. 资产组合选择: 投资的有效分散化 [M]. 第二版. 张扬, 译. 北京: 人民邮电出版社, 2017.

101. 马奇, 西蒙 H A. 组织 [M]. 第二版. 邵冲, 译. 北京: 机械工业出版社, 2008.

102. 马奇. 马奇论管理: 真理、美、正义和学问 [M]. 丁丹, 译. 北京: 东方出版社, 2010.

103. 马奇. 经验的疆界 [M]. 丁丹, 译. 北京: 东方出版社, 2011.

104. 马丁. 敏捷软件开发: 原则、模式与实践 [M]. 邓辉, 译. 北京: 清华大学出版社, 2003.

105. Mason E S. Price and Production Policies of Large-Scale Enterprise[J]. American Economic Review, Supplement, March, 1939.

106. Mason E S. The Current State of the Monopoly Problem in the United States[J]. Harvard Law Review, June, 1949.

107. Moore J F. Predators and Prey: A New Ecology of Competition[J]. Harvard Business Review, May-June, 1993.

108. McGrath M E. Setting the PACE® in Product Development: A Guide to Product and Cycle-time Excellence[M]. Kidlington, Oxfordshire, UK: Butterworth-Heinemann, 1996.

109. 孙耀君. 管理学名著选读 [M]. 北京: 中国对外翻译出版公司, 1988.

110. 迈尔-舍恩伯格, 库克耶. 大数据时代: 生活、工作与思维的大变革 [M]. 盛杨燕, 周涛, 译. 杭州: 浙江人民出版社, 2013.

111. 明茨伯格. 管理进行时 [M]. 何峻, 吴进操, 译. 北京: 机械工业出版社, 2020.

112. 马利克. 正确的公司治理 [M]. 朱建敏, 译. 北京: 机械工业出版社, 2013.

113. 曼施坦因 . 失去的胜利 [M]. 戴耀先，译 . 长沙：湖南人民出版社，2013.
114. 马基雅维里 . 君王论 [M]. 惠泉，译 . 海口：海南出版社，1994.
115. 毛丰付 . 标准竞争与竞争政策：以 ICT 产业为例 [M]. 上海：上海三联书店，2007.
116. 奈特 . 风险、不确定性与利润 [M]. 郭武军，刘亮，译 . 北京：华夏出版社，2011.
117. 诺瓦克，海菲尔德 . 超级合作者：利他主义、进化，以及为什么成功需要我们彼此合作 [M]. 龙志勇，魏薇，译 . 杭州：浙江人民出版社，2013.
118. 纳尔逊，温特 . 经济变迁的演化理论 [M]. 胡世凯，译 . 北京：商务印书馆，1997.
119. 诺斯 . 制度、制度变迁与经济绩效 [M]. 杭行，译 . 韦森，译审 . 上海：格致出版社，2016.
120. 诺斯，托马斯 . 西方世界的兴起 [M]. 厉以平，蔡磊，译 . 北京：华夏出版社，2017.
121. 纳德拉 . 刷新：重新发现商业与未来 [M]. 陈召强，杨洋，译 . 北京：中信出版社，2018.
122. 奥沙利文 . 公司治理百年：美国和德国公司治理演变 [M]. 黄一义，谭晓青，冀书鹏，译 . 北京：人民邮电出版社，2007.
123. Osterwalder A, Pigneur Y. Business Model Generation: A Handbook for Visionaries, Game Changers, and Challengers[M]. Hoboken, NJ: John Wiley & Sons, Inc., 2010.
124. Pine II B J, Gilmore J H. The Experience Economy[M]. Updated Edition. Cambridge, MA: Harvard Business Review Press, 2011.
125. 派恩二世 . 大规模定制：企业竞争的新前沿 [M]. 操云甫，等译 . 北京：中国人民大学出版社，2000.
126. Porter M E. What is Strategy[J]. Harvard Business Review, Nov.–Dec., 1996.
127. 波特，哈默尔，等 . 麦肯锡最佳管理:1980—1994 年麦肯锡一等奖 [M]. 薛有志，等译 . 长春：长春出版社，2003.
128. 波特 . 竞争论 [M]. 高登第，李明轩，译 . 北京：中信出版社，2003.
129. 平狄克，等 . 微观经济学 [M]. 第 6 版 . 王世磊，等译 . 北京：中国人民大学出版社，2006.
130. 皮凯蒂 . 21 世纪资本论 [M]. 巴曙松，等译 . 北京：中信出版社，2014.
131. Prahalad C K, Hamel G. The Core Competence of The Corporation[J]. Harvard Business Review, May–June, 1990.
132. 彭罗斯 . 企业成长理论 [M]. 第三版 . 赵晓，译 . 上海：上海人民出版社，2007.
133. 庞德斯通 . 囚徒的困境 [M]. 吴鹤龄，译 . 北京：中信出版社，2015.
134. David P A. Path Dependence :A Foundational Concept for Historical Social Science[J]. Cliometrica,1(2),2007.
135. 帕克，范·埃尔斯泰因，邱利达 . 平台革命：改变世界的商业模式 [M]. 志鹏，译 . 北京：机械工业出版社，2018.
136. 帕卡德 . 惠普之道 [M]. 周钱，刘勇军，译 . 重庆：重庆出版社，2016.

137. 荣格．荣格自传：回忆、梦、思考[M]．刘国彬，杨德友，译．上海：上海三联书店，2009．
138. 索伦森．悖论简史：哲学和心灵的迷宫[M]．贾红雨，译．北京：北京大学出版社，2007．
139. 西蒙 H A．管理行为[M]．第 4 版．詹正茂，译．北京：机械工业出版社，2004．
140. 熊彼特．经济发展理论[M]．何畏，等译．北京：商务印书馆，1997．
141. 司马迁．史记[M]．北京：中华书局，1959．
142. Stevenson H H, et al. New Business Ventures and the Entrepreneur[M]. 5th ed. New York: McGraw-Hill Companies, Inc., 1999.
143. Solow R M. Technical Change and the Aggregate Production Function[J]. The Review of Economics and Statistics, Vol. 39, No. 3, 1957, Cambridge, MA: The MIT Press.
144. 沙因．企业文化与领导[M]．朱明伟，罗丽萍，译．北京：中国友谊出版公司，1989．
145. 沙因．企业文化生存与变革指南[M]．马宏宇，唐汉英，等译．杭州：浙江人民出版社，2017．
146. 施瓦布．第四次工业革命[M]．李菁，译．北京：中信出版社，2016．
147. 斯特恩，斯托克．公司战略透视：波士顿顾问公司管理新视野[M]．波士顿顾问公司，译．上海：上海远东出版社，1999．
148. Scherer F M. Industrial Market Structure and Economic Performance[M]. Chicago, IL: Rand McNally College Publishing Company, 1970.
149. 施蒂格勒．产业组织[M]．王永钦，薛锋，译．上海：格致出版社，2006．
150. 西蒙 H，杨一安．隐形冠军：未来全球化的先锋[M]．第 2 版．张帆，等译．北京：机械工业出版社，2019．
151. Sloan Jr. A P. My Years with General Motors[M]. New York: Bantam Doubleday Dell Publishing Group, Inc., 1963, 1990.
152. Sydow J, Schreyögg G, Koch J. Organizational Path Dependence: Opening the Black Box[J]. Academy of Management Review, Vol. 34, No. 4,2009.
153. 斯特内博．宜家真相：藏在沙发、蜡烛与马桶刷背后的秘密[M]．牟百冶，肖开荣，译．桂林：漓江出版社，2014．
154. Stahl G K, Köster K. Lenovo-IBM: Bridging Cultures, Languages, and Time Zones, an Audacious Deal[M]// Mendenhall M E, Oddou, G R, Stahl G K. Readings and Cases in International Human Resource Management. London: Routledge, 2016.
155. 斯莱沃斯基，怀斯．微利时代的成长[M]．孙燕军，译．北京：北京师范大学出版社，2006．
156. 西贝尔．认识数字化转型[M]．毕崇毅，译．北京：机械工业出版社，2021．
157. 斯托特．股东价值迷思[M]．张馨月，译．北京：机械工业出版社，2017．
158. 泰勒 F W．科学管理原理[M]．胡隆昶，冼子恩，曹丽顺，译．北京：中国社会科学出版社，1984．
159. 唐伟，车红．种下股权的苹果树[M]．北京：机械工业出版社，2016．
160. 田涛，殷志峰．枪林弹雨中成长：华为人讲自己的故事（一）[M]．北京：生

参考文献 / 715

活·读书·新知三联书店，2016.
161. 蒂尔.从 0 到 1：开启商业与未来的秘密 [M]. 高玉芳，译.北京：中信出版社，2015.
162. 王海明.人性论 [M]. 北京：商务印书馆，2005.
163. 沃尔顿，休伊.富甲美国：零售大王沃尔顿自传 [M]. 沈志彦，等译.上海：上海译文出版社，1996.
164. 威廉姆森，马斯滕.交易成本经济学：经典名篇选读 [C]. 李自杰，蔡铭，等译.北京：人民出版社，2008.
165. 威廉姆森.资本主义经济制度:论企业签约与市场签约 [M]. 段毅才，王伟，译.北京：商务印书馆，2004.
166. 沃森.一个企业的信念 [M]. 张静，译.北京：中信出版社，2003.
167. 沃森，泰特.父与子：我在 IBM 内外的生活 [M]. 尹红，译.北京：新华出版社，1993.
168. 威斯通，等著.兼并、重组与公司控制 [M]. 唐旭，等译.北京：经济科学出版社，1998.
169. 韦尔奇，拜恩.杰克·韦尔奇自传 [M]. 曹彦博，孙立明，丁浩，译.北京：中信出版社，2001.
170. 惠特利.领导力与新科学 [M]. 简学，译.杭州：浙江人民出版社，2016.
171. 邦维利安，彼得·辛格.先进制造：美国的新创新政策 [M]. 沈开艳，等译.上海：上海社会科学院出版社，2019.
172. 徐井宏，李东红.重构：国内外企业生态战略案例研究 [M]. 北京：清华大学出版社，2019.
173. 野中郁次郎，竹内弘高.创造知识的企业：日美企业持续创新的动力 [M]. 李萌，高飞，译.北京：知识产权出版社，2006.
174. 引头麻实.日航的重生：稻盛和夫如何将破产企业打造为世界一流公司 [M]. 陈雪冰，译.北京：中信出版社，2014.
175. 扬西蒂，莱维恩.共赢:商业生态系统对企业战略、创新和可持续性的影响 [M]. 王凤彬，王保伦，等译.北京：商务印书馆，2006。
176. 张世英.论黑格尔的逻辑学 [M]. 第 3 版.北京：中国人民大学出版社，2010.
177. Zahra S A, Neubaum D O, Hayton J C. Handbook of Research on Corporate Entrepreneurship. Cheltenham, UK: Edward Elgar Publishing Limited,2016.
178. 郑作时.阿里巴巴：天下没有难做的生意 [M]. 杭州：浙江人民出版社，2007。
179. Zook C, Allen J. Profit From the Core: Growth Strategy in an Era of Turbulence[M]. Cambridge, MA: Harvard Business School Press, 2001.
180. 中田敦.变革：制造业巨头 GE 的数字化转型之路 [M]. 李会成，康英楠，译.北京：机械工业出版社，2018.